JUTLAND

BORNHOLM

LES ÎLES FÉROÉ

ORGANISER SON SÉJOUR

Danemark

Skagerrak
Skagen
Gæe
Kandestederne
Hirtshals
Råbjerg Mile
Hjørring
Frederikshavn
VENDSYSSEL
Jammerbugten
Brønderslev
Voergård
Hanstholm
THY
Lindholm Høse
Nørresundby
Thisted
Aalborg
Hals
MER
Limfjorden
Nissum Bredning
MORS
Nykøbing
HIMMERLAND
Hobro
Mariager
Skive
Nissum Fjord
DU
Holstebro
SALLING
Viborg
Randers
Gammel Estrup
Ulfborg
DJURSLAND
Grenå
Rosenholm
Ringkøbing
Silkeborg
MOLS
Herning
Ikast
Århus
Ebeltoft
Ringkøbing Fjord
NORD
JUTLAND
Omme
Horsens
Hov
SAMSØ
Jelling
Varde
Vejle
Esbjerg
Kolding
Fredericia
Kalundborg
Nordby
Middelfart
Otterup
FANØ
Ribe
Odense
Grand
Fladså
Trelleborg
RØMØ
Haderslev
Nyborg
FIONIE
Egeskov
Åbenrå
Fåborg
Bælt
Tønder
SUNDEVED
Svenborg
Sønderborg
Valdemar
Nordborg
ALS
TASINGE
Rudrøbing
Ærøskøbing
Marstal
Tars
Nakskov
ÆRØ
LANGELAND
Røby
LOLLAND
ALLEMAGNE
Kiel

5
FÉROÉ
KALSOY
VIDOY
FUGLOY
EYSTUROY
SVÍNOY
BORDOY
STREYMOY
MYKINES
VÁGAR
Sørvágur
Tórshavn
KOLTUR
HESTUR
SANDOY
SKÚVOY
SUDUROY
50 km
ISLANDE
FÉROÉ
DANEMARK
Göteborg
Jonkoping
SUÈDE
tegat
Helsingborg
Hombæk
Kronborg
Hundesred
Elseneur
Frederiksborg
Humlebæk
Hillerød
Rungstedlund
Øre Sund
Isefjord
Brede
Lyngby
Charlottenburg
Holbaek
KØBENHAVN (Copenhague)
Roskilde
Malmø
SEELLAND
Dragør
Sorø
Ringsted
Køge
Ystad
Suså
STEVNS
Christiansø
Næstved
VNØ
Præstø
Rønne
Vordingborg
Neksø
MØN
BORNHOLM
Møns Klint 143 m
Fanefjord
Nykøbing
FALSTER
ysted
N
0
45 km

Helsingor ancien.

Macareux de l'île de Mykines.

Ørsteds Parken à Copenhague.

Les plus du Danemark

Accueil et modernité

Un bon nombre d'idées reçues persistent encore dès l'évocation d'un pays scandinave : froideur légendaire d'un peuple qui vit au rythme des hivers invariablement longs... Et pourtant ! Ni l'humeur ni le climat danois ne peuvent être associés à un tel cliché. Si le climat est tempéré, le tempérament danois, lui, peut être parfois de feu ! Cette froideur apparente tient simplement à une forme de respect et de discrétion, de rigueur dans cette société. On peut voyager au Danemark en toute tranquillité et sécurité, sans crainte d'être apostrophé ou harcelé, ce qui n'implique certainement pas un désintérêt de la part de ces compatriotes européens ! Fiers de leur appartenance, les Danois mettront un point d'honneur à vous accueillir. Flattés de votre visite dans ce royaume encore trop méconnu, ils s'emploieront à faciliter votre séjour. Les Français sont particulièrement bien reçus au Danemark, et pour cause, les Danois étant de grands gastronomes et des amateurs de bon vin ! Les structures hôtelières sont développées et le service est à la hauteur des prestations offertes. Les déplacements sont facilités par une infrastructure routière moderne (les autoroutes sont gratuites), et les transports publics sont fiables et variés. Le Danemark est égalcment une destination idéale pour voyager en famille : un grand nombre de sites culturels disposent de locaux spécialement aménagés pour les enfants. La plupart des cafés et restaurants proposent des menus spéciaux pour les plus jeunes, les parcs d'attractions et les nombreux espaces verts offrent aussi l'opportunité de partager en famille des moments agréables et paisibles...

Un pays à échelle humaine

Peu importe que l'on dispose d'une semaine ou d'un mois... Rien ne semble exagéré dans ce petit royaume dans lequel on se déplace aisément d'un point à l'autre. Copenhague est une capitale à taille humaine, et l'on s'imprègne en un temps record de cette atmosphère bon enfant qui caractérise la ville ! Les distances réduites permettent aisément de rallier à pied les différents points d'intérêt qu'offrent les principales villes du pays. Nul besoin de mobiliser une journée entière pour visiter un musée, on s'y balade en toute tranquillité, sans traîner l'angoisse des grands espaces si l'on dispose d'un temps réduit !

Plus de treize siècles d'art et d'histoire

Rien d'étonnant à ce que le plus vieux royaume du monde soit une destination hautement culturelle. Cette dynastie royale est vieille de mille ans. Le roi Christian IV, roi bâtisseur, a légué un héritage impressionnant : on dénombre dans le centre de Copenhague pas moins de quatre résidences royales, une vingtaine de châteaux et manoirs sur la seule île de Seeland, une soixantaine sur tout le territoire ! Mais le Danemark fut également le fief des Vikings et une quinzaine de sites, véritables musées à ciel ouvert, couvrent l'ensemble du pays. Impossible également de ne pas louer l'efficacité des musées danois : des espaces clairs, aérés et modernes, en harmonie avec la nature environnante, qui ne laissent pas de glace !

Des paysages insolites

Si les deux tiers du territoire sont constitués de terrains cultivables, il n'en reste pas moins des terres « sauvages » qui offrent des paysages encore insolites : falaises de craie de l'île de Møn (au sud de Seeland) qui culminent à plus de 100 m, mais aussi Skagen et la pointe nord du Jutland qui sont appréciés pour leur lumière nordique, leurs couleurs magiques qui inspirèrent jadis les peintres danois. Difficile également de faire abstraction de la côte ouest de la péninsule, parée de ces vastes plages de sable fin et de ces mers de dunes qui attirent chaque année des milliers de visiteurs. Des forêts de hêtres, des étendues de landes et des reliefs vallonnés, un littoral exceptionnel, ajoutent une pointe d'exotisme et brisent indubitablement une certaine monotonie que l'on a, à tort, reprochée au Danemark !

La petite sirène, symbole de la ville de Copenhague.

Fiche technique

Argent

Monnaie

- **Monnaie :** la couronne danoise. Abréviation bancaire internationale : DKK ; abréviation couramment utilisée au Danemark : kr ou Dkr. Depuis 1234, les pièces de monnaie danoises sont ornées d'une couronne, mais ce nom de couronne n'a été donné aux pièces qu'en 1600, sous le règne de Christian IV. La couronne danoise était en circulation dans toute l'Union de Kalmar, qui associait le Danemark à la Norvège et à la Suède : en devenant indépendants, ces deux pays ont conservé l'appellation de couronne pour leur monnaie nationale, mais en utilisant le portrait de leur propre souverain. Les premiers billets sont apparus en 1913.
- **Taux de change :** 1 Dkr = 0,135 € • 1 € = 7,45 Dkr (en avril 2011).

Idées de budget

Le Danemark est assurément le pays scandinave le moins cher et les prix sont assez proches de ceux que l'on pratique en France.

- **Petit budget.** Compter entre 140 et 160 Dkr pour se loger dans les dortoirs des auberges de jeunesse, et de 50 à 80 Dkr pour un repas. Attention toutefois aux extra, les cafés et sorties nocturnes sont souvent très onéreux…
- **Budget moyen.** Compter entre 400 et 1 000 Dkr (chambres doubles) pour l'hébergement en chambres familiales ou dans un hôtel confortable, et entre 150 et 300 Dkr pour un repas copieux.
- **Gros budget.** On n'aura que l'embarras du choix… Le Danemark dispose d'une infrastructure hôtelière particulièrement moderne et luxueuse. De nombreux hôtels offrent des chambres à partir de 1 000 Dkr et jusqu'à plus de 2 500 Dkr pour les plus réputés. Compter au moins 600 Dkr pour un repas de gourmet.

Le Danemark en bref

Le pays

- **Pays :** Danemark, membre de l'Union européenne depuis 1973.
- **Capitale :** Copenhague.
- **Superficie :** 43 098 km².
- **Langue officielle :** danois (groupe des langues germaniques).
- **Religion :** église évangélique luthérienne, religion d'Etat.
- **Population :** 5 560 000 (en 2010).

La population

- **Densité :** 126 hab./km².

Gare centrale.

Le drapeau danois

Le Dannebrog, c'est le fameux drapeau rouge à croix blanche du Danemark, qui représente le pays depuis 500 ans et qui, selon la légende, est tombé du ciel en 1219 lors de la conquête de l'Estonie. Mais il n'apparaît sur les navires de la marine danoise qu'à partir de 1580. Aujourd'hui, il est partout. Sur les bâtiments officiels, bien sûr, à tous les coins de rues des villes, mais aussi sur les gâteaux d'anniversaire, en guirlande sur les sapins de Noël, hissé sur les hampes des jardins des maisons et des cours d'immeubles. On agite aussi frénétiquement des petits drapeaux de papier à l'aéroport pour accueillir quelqu'un qui rentre au pays ! Et les membres de la famille royale y inscrivent leurs propres armoiries.

- **Population urbaine :** 85 %.
- **Composition :** 19 % de la population a moins de 15 ans, 66 % entre 15 et 64 ans et 15 % au-delà de 65 ans.
- **Espérance de vie :** 77 ans pour les hommes, 81 ans pour les femmes.
- **Indice de fécondité :** 1,8.

L'économie

- **PNB :** $ 305 milliards ($ 2 555 milliards pour la France).
- **PNB/habitant :** $ 55 200 ($ 39 400 pour la France, chiffres).
- **Croissance :** 1,8 % (2010).
- **Taux de chômage :** 4,3 % (2010).

Décalage horaire

Même heure à Copenhague qu'à Paris ou Bruxelles, 6 heures de plus qu'à Montréal. L'heure d'été est adoptée comme dans le reste de l'Union européenne, elle est appliquée du dernier dimanche de mars au dernier dimanche d'octobre.

Saisonnalité

Le meilleur moment pour se rendre au Danemark, c'est lorsque les jours s'étirent et que les nuits sont courtes, de juin à septembre. Il n'est pas rare que, en été, la température dépasse les 30 °C. En hiver, les villes sont particulièrement animées et décorées durant tout le mois qui précède Noël (on ouvre même le parc de Tivoli à Copenhague).

Téléphone

- **Indicatif téléphonique :** + 45.
- **Pour téléphoner de France au Danemark :** composer le 00 + 45 + numéro local à 8 chiffres. Il n'y a pas de différence de numéros entre une ligne fixe et les lignes pour les portables. Les trois plus grands réseaux de téléphone portables sont Telia, TDS et Telenor. Une carte SIM avec quelques unités coûte environ 99 kr.
- **Pour téléphoner du Danemark en France :** composer le 00 + 33 + numéro local à 10 chiffres sans composer le zéro. (ex : téléphoner à Paris : 00 + 33 + 1 43 42 43 56).

Copenhague

Janvier	Février	Mars	Avril	Mai	Juin	Juillet	Août	Sept.	Octobre	Nov.	Déc.
-2°/ 2°	-3°/ 2°	-1°/ 5°	3°/ 10°	8°/ 16°	11°/ 19°	14°/ 22°	14°/ 21°	11°/ 18°	7°/ 12°	3°/ 7°	1°/ 4°

Idées de séjour

Le Danemark, avec une superficie de 43 098 km² et un réseau routier et ferroviaire particulièrement adapté, permet au voyageur le plus pressé de parcourir aisément l'ensemble du pays. On peut traverser le pays en une petite journée en prenant l'autoroute depuis Copenhague jusqu'au nord du Jutland en passant par la Fionie par exemple, et profiter ainsi des attraits de la capitale, des paysages de campagne et des châteaux de la Fionie, enfin, des forêts, de la lande et des vastes plages du Jutland.

Une semaine

La durée limitée d'un tel séjour permet tout de même d'avoir une bonne vue d'ensemble du pays. Copenhague : prévoir un minimum de 3 jours.

Copenhague

Jour 1. Strøget, l'artère commerçante principale de Copenhague. Nyhavn, un petit port de plaisance, avec ses bateaux qui reposent sur un canal bordé de vieilles maisons colorées. Christianhavn, un quartier plus calme avec le fameux « village expérimental » de Christiania qui risque de disparaître dans les années à venir... A voir absolument !

Jour 2. Le Musée national, il retrace l'histoire du Danemark. Voir aussi le Ny Carlsberg Glyptotek et son fabuleux jardin d'hiver ainsi que le Tivoli, le deuxième plus grand parc d'attractions en Europe. On peut également visiter la brasserie Carlsberg et son quartier environnant.

Jour 3. Le château de Rosenborg, musée de la Couronne. Le palais d'Amalienborg, résidence royale. La citadelle, avec ses anciennes fortifications et le symbole de la cité à proximité, la Petite Sirène.

Seeland du Nord

Jour 4. Prendre le train jusqu'à Elseneur (ou Helsingor) pour voir le château de Kronborg, un imposant château de la Renaissance situé à côté d'un petit port charmant, choisi par Shakespeare pour sa tragédie *Hamlet*. Sur le trajet du retour vers Copenhague, s'arrêter absolument au magnifique musée Louisiana consacré à l'art contemporain, avec vue sur la mer.

Fionie

Jour 5. Musée de H. C. Andersen à Odense, pour y découvrir le monde magique du célèbre conteur entouré d'un quartier ancien et coquet. Cathédrale gothique de St Knud, rues piétonnes alentour animées le soir, idéales pour sortir.

Jutland

Jour 6. Århus, Den Gammel By, le musée en plein air de la vieille ville. ARoS, surnommé le Diamant blanc, le musée national des Beaux-Arts. Le Quartier Latin, pour flâner dans les ruelles qui regorgent de cafés et boutiques branchées.

Jour 7. Si on est féru de nature, opter pour une escapade vers le cap nord de la presqu'île, qui conduira jusqu'à Skagen, puis Grenen, lieu de rencontre de la Baltique et de l'Atlantique. Si on préfère l'histoire, ne pas manquer la magnifique ville de Ribe, la plus ancienne ville et la mieux conservée des cités médiévales danoises, située sur la côte sud-ouest du Jutland.

Trois semaines et plus

Trois semaines ou un mois, c'est une durée de séjour idéale pour envisager une découverte sérieuse du pays !

Copenhague : 4-5 jours. A partir de l'hôtel de ville, la zone piétonne, Strøget, qui mène au port de Nyhavn. Le quartier de Christianhavn et plus particulièrement la commune autonome de Christiania. Le Musée national, la Ny Carlsberg Gliptotek, le parc d'attractions de Tivoli. La place d'Amalienborg et le palais résidentiel de la reine puis, un peu plus au nord, la Petite Sirène. Le château de Rosenborg et le Quartier Latin à proximité. En descendant vers le sud, une visite s'impose au musée national des Beaux-Arts. Puis, il faut se rendre au sommet de la tour ronde (*Rundetårn*) du haut de laquelle on découvre une vue imprenable sur la capitale. Enfin, les quartiers de Vesterbro et de Nørrebro sont à voir pour leur ambiance multiethnique.

Seeland du Nord : 2-3 jours. Cette région dispose de sites culturels particulièrement prestigieux, parmi lesquels, le très réputé musée d'Art moderne Louisiana, mais aussi la maison de l'écrivain Karen Blixen (auteur de *Out of Africa*) à Rungsted.

Tours de la bourse et du palais de Christiansborg.

On trouve plus au nord les châteaux royaux de Frederiksborg et de Fredensborg mais aussi le château mythique de Kronborg, celui d'*Hamlet*, à Helsingør. Enfin, la ville de Roskilde, plus centrale, vaut également que l'on s'y attarde pour y visiter le musée des Bateaux vikings et la célèbre cathédrale royale.

Sud-Seeland : 1-2 jours. Connu pour l'île de Møn et ses falaises de craie, mais aussi pour le château de Gavnø à Næstved, capitale de la région. On peut également choisir de visiter l'ancienne cathédrale royale de Ringsted ou bien la carrière de marbre de Fakse.

Ile de Bornholm : 3 jours. Cette petite île située à l'est de Seeland attire de nombreux visiteurs pour ses villages pittoresques, ses plages, et ses superbes reliefs. Ne pas hésiter à faire une halte dans les villages de pêcheurs de Teglkås et Helligpedder (au sud de Hammerhus) puis à la forteresse de Hammerhus (XIIe siècle) et enfin à manger du poisson fumé.

Fionie : 3-4 jours. Une région fameuse pour ses reliefs vallonnés et sa campagne reposante. Odense, la capitale, héberge le musée du conteur H. C. Andersen, une cathédrale gothique et un centre historique admirablement préservés. Le fjord de Kerteminde au nord-est de la capitale recèle quelques trésors dans un paysage bucolique. Le château d'Egeskov, au sud de la capitale, offre un exemple parfait de l'architecture de la Renaissance. On peut également se rendre plus au sud dans les villes maritimes charmantes et paisibles de Faaborg ou de Svenborg, point de départ de la découverte des îles de Tåsinge, Langeland et Ærø.

Jutland du Sud : 3-4 jours. Les villes de Hardeslev, Kolding, Trapholt et Ribe sont les principales étapes du sud de la péninsule. Hardeslev est principalement connue pour sa splendide cathédrale Vor Frue Kirke, Kolding pour son château médiéval Koldinghus, un bâtiment imposant, restauré en y intégrant des éléments d'architecture moderne. Trapholt abrite un musée d'Art moderne et Ribe est un bijou à elle toute seule, un merveilleux exemple d'architecture médiévale scandinave.

Jutland de l'Ouest : 1-2 jours. Esbjerg, la capitale de la région et premier port du Danemark est le point de départ de la découverte des îles de Fanø et des plages de la côte ouest.

Jutland central. Billund est une destination incontournable si on voyage en famille. Le parc d'attractions Legoland est un véritable paradis pour les enfants. Quant aux apprentis Vikings, ils pourront toujours se rabattre sur la ville de Jelling pour y découvrir les fameuses pierres runiques !

Jutland de l'Est : 2-3 jours. Deuxième ville du pays, Århus dispose à la fois des attraits d'une capitale et d'une ville de province très charmante : le sublime musée d'Art moderne ARoS, le Quartier Latin, le musée en plein air de Gammel By. On pourra également faire une halte à Højberg pour son musée de la Préhistoire, et Silkeborg pour ses lacs, ses forêts et ses musées d'art contemporain.

Jutland du Nord : 3-4 jours. Aalborg, quatrième ville d'importance du Danemark, son vieil hôtel de ville, le musée d'Art moderne, l'hôtel de Jens Bang et la vieille ville sont à voir. Ensuite, Skagen est un passage quasi obligé. A voir : ses maisons riches en couleurs, son musée des Beaux-Arts et la pointe nord de la péninsule, Grenen, l'église ensablée et la rencontre de la Baltique et de l'Atlantique. Skallerup Klit offre une halte zen et agréable, seul ou en famille, pour profiter de la mer et des charmants villages de pêcheurs alentour.

Séjours thématiques

Les châteaux scandinaves

Royaume vieux de mille ans, le Danemark se pose en véritable exemple en matière de construction de châteaux, palais et forteresses. Il dispose d'un patrimoine gigantesque alors que sa superficie représente à peine le dixième de la France. Ce patrimoine architectural est en partie le fait de Christian IV, surnommé le roi bâtisseur, féru d'architecture… Tous les styles architecturaux sont représentés : architecture médiévale, style baroque, Renaissance, rococo… Il serait fastidieux de dresser une liste exhaustive des châteaux et manoirs danois, voici cependant une sélection par région des principaux monuments.

Seeland : Copenhague. Amalienborg : résidence de la famille royale à Copenhague, de style rococo. Christianborg : héberge le Parlement danois, les salons royaux et les ruines médiévales du château de l'évêque Absalon. Rosenborg : château de style Renaissance, que l'on doit à Christian IV. Il abrite les joyaux de la couronne et les plus vieux jardins royaux du Danemark.

En dehors de Copenhague. Frederiksborg : à Hillerød, le Versailles danois, un château que l'on doit également à Christian IV. Kronborg : à Helsingør, un château renaissance et une forteresse militaire, qui font partie du patrimoine de l'Unesco. Fredensborg : la résidence estivale de la famille royale à Fredensborg.

Bornholm. Forteresse de Hammershus : les ruines d'un château fort datant du XIIe siècle.

Fionie. Château d'Egeskov : un château bâti sur pilotis, achevé au milieu du XVIe siècle, à Kværndrup. Château de Valdemar : le plus grand château privé du Danemark, construction du XVIIe siècle que l'on doit, encore, au roi bâtisseur ! Sur l'île de Tåsinge. Château de Nyborg : forteresse royale du XIIe siècle, ancienne résidence royale.

Jutland. Rosenholm : un château du XVIe siècle et des jardins de style baroque, à Hornslet. Gammel Estrup : un manoir dont l'histoire remonte au XIVe siècle, à Auning. Clausholm : une demeure baroque réputée pour la beauté de ses jardins, à Voldum. Voergård : un splendide château Renaissance à Dronninglund. Château d'Aalborg : Christian IV et Frederik III ont participé à la construction de ce château qui fait office de bâtiment administratif désormais. Château de Sønderborg : le roi Christian II fut emprisonné dans ce château du XIIe siècle.

Sur les traces des Vikings

Ces célèbres conquérants scandinaves n'avaient pas bonne réputation, et pour cause, le mot « viking » tiré du vieux nordique se traduit par « pirate » ! En s'illustrant dès le IXe siècle par une série de conquêtes et de pillages dans la majeure partie de l'Europe, ces anciens fermiers et talentueux artisans marquèrent à jamais une période importante de l'histoire scandinave. Si on part sur les traces des Vikings, on ne sera pas déçu. Superbes pièces au musée national de Copenhague, au musée préhistorique de Moesgård et au musée viking (tous deux à Århus). Pierres runiques – fondatrices du royaume – à Jelling (Jutland) où a été inauguré en 2000 un nouveau musée. Vestiges de forteresses à Trelleborg (près de Slagelse, ouest de Seeland), Nonnebakken (Fionie), Fyrkat et Aggersborg (Jutland). Bateaux vikings de pêche, de guerre et de commerce à Roskilde (près de Copenhague) où un superbe centre a été aménagé. Bateau funéraire à Ladby (près de Nyborg, Jutland). Nécropole à Lindholm Hoje (près d'Aalborg). On peut replonger dans le quotidien des premiers Danois à Ribe ou au centre expérimental de Lejre, près de Roskilde. Par ailleurs, l'été voit fleurir de nombreuses manifestations vikings : avec des jeux organisés chaque année dans plusieurs villes, ainsi que des foires et des marchés avec vente d'objets, boissons et nourritures vikings, accompagnés de duels et de promenades dans des reconstitutions de bateaux (en mai et juin à Ribe, le dernier week-end de juillet à Moesgård près d'Århus).

Vacances en famille

Comme ailleurs en Scandinavie, séjourner au Danemark avec des enfants même en bas âge n'est pas un problème. C'est un peu leur royaume si on pense à Legoland, la ville des célèbres jouets en lego, aux manèges du parc Tivoli à Copenhague ou aux nombreux autres parcs d'attractions du pays. De nombreux restaurants proposent des menus adaptés et disposent de chaises hautes pour les plus petits. Certains musées proposent également des sections réservées aux plus jeunes où ils peuvent s'adonner à de multiples activités. C'est le cas du très ludique Bornene Museum (« musée des enfants ») situé dans le musée national, mais aussi de la grande majorité des musées du pays.

DÉCOUVERTE

© VISITODENSE

Le Danemark en 35 mots-clés

Animaux

N'espérez pas voir des ours polaires ! Tout juste quelques rares phoques sur la côte ouest du Jutland. En revanche, il existe de superbes réserves d'oiseaux où on peut facilement croiser des cerfs dans les bois et des loutres au bord des rivières. Quant aux animaux de compagnie, leur accès au territoire danois est réglementé : il faut présenter à la douane un carnet de vaccinations en règle (attestant d'un vaccin contre la rage, effectué depuis au moins trente jours et au plus douze mois). Si vous continuez votre voyage vers la Suède et la Norvège, sachez que ces deux pays interdisent l'entrée de leur territoire aux animaux domestiques.

Anniversaires

Les Danois ne manqueront jamais l'anniversaire d'un ami ou d'un parent. C'est une date sacrée qui demande un minimum de cérémonie : réunion entre amis ou en famille, petits drapeaux danois plantés dans la pelouse comme dans le gâteau, voire hissés au mât de la maison quand il y en a un. Toasts et chants de rigueur. Le 16 avril, pour l'anniversaire de la reine Margrethe, la famille royale est au balcon d'Amalienborg à Copenhague. Elle salue une population débordante d'affection, qui lance des « hourras » sonores, plus proches du cri bestial venu du ventre, à la manière des Vikings, que du hurlement du supporteur de football.

Bière

C'est la boisson nationale par excellence ! Vous connaissez bien sûr Carlsberg mais vous serez étonné du choix de bières à la pression ou en bouteille qui vous est proposé dans les cafés ou les supermarchés. Du côté des grandes marques, il y a par exemple la Tuborg, alors que côté brasseries locales, des merveilles méritent d'être goûtées, citons la bière Ale n° 16 (bouteille à l'étiquette bleu pétrole entourée de vert), une bière brune qui vient de Fionie, un peu sucrée, douce et forte à la fois. N'hésitez pas à visiter justement ces brasseries locales, c'est l'occasion de découvrir des saveurs inédites. Il ne vaut pas vraiment le coup de boire du vin au Danemark car il est cher et importé (en grande partie de chez nous) sauf si vous êtes lassé de la bière, ce qui serait étonnant vu le choix proposé ! Sachez que les bouteilles et mêmes les cannettes sont consignées et recyclées après plus d'une dizaine d'utilisations.

Bio

Les Danois courent après tout ce qui est bio. Ici, on dit *Ekologisk* ou *organic*. En témoigne la livraison à domicile de petits cageots de légumes et produits bio par la société Årstidener (littéralement « les saisons »), une formule sur abonnement qui rencontre un succès phénoménal alors qu'en France, ce système demeure relativement confidentiel encore. Vous verrez souvent, sur les paliers des immeubles de Copenhague, ces cagettes que les abonnés (comme pour un journal !) récupèrent le soir sur leur paillasson en rentrant chez eux. Il va sans dire qu'ici personne n'aurait l'idée de voler ce cageot d'où dépassent des poireaux, des salades ou même d'y prélever quelques tomates, sans parler des recettes de cuisine pour les accommoder !

Bluetooth

Le Bluetooth a été conçu pour simplifier les connexions entre les appareils électroniques : cette technologie remplace les câbles entre les ordinateurs et leurs périphériques (comme les imprimantes, les scanners, les claviers, les souris) ainsi que les câbles entre différents périphériques mobiles, tels les téléphones portables, les assistants personnels (PDA) et les appareils photos numériques. Elle a été créée en 1994 par le fabricant suédois Ericsson. Mais pourquoi parler de ça ? Eh bien, parce que le nom de Bluetooth est directement inspiré du roi danois Harald Ier ou Harald Blåtand (soit « Harald à la dent bleue »), resté célèbre pour avoir réussi à unifier les Etats du Danemark, de Norvège et de Suède. En 1998, plusieurs grandes sociétés (Agere, IBM, Intel, Microsoft, Motorola, Nokia et Toshiba) s'associent pour former le Bluetooth Special

Interest Group (SIG). Le 28 mars 2006, le SIG annonce la prochaine génération de cette technologie sans fil capable d'assurer des débits cent fois supérieurs (soit 100 Mb/s ou 12,5 Mo/s). La vitesse de transmission de cette technologie devrait augmenter dans les années à venir, pour lui permettre d'être utilisée pour les vidéos « haute définition » et l'échange de fichiers avec un baladeur MP3, par exemple. La nouvelle norme incorporera une nouvelle technologie radio, l'ultra wideband ou UWB.

Christiania

Un îlot de liberté est-il possible au milieu du monde que nous connaissons ? C'est ce que cette ville libre posée sur l'île de Christianshavn à Copenhague tente de démontrer depuis 40 ans déjà. A l'origine un terrain militaire squatté par des hippies, Christiania fut longtemps un champ d'expérimentation sociale, à l'écart des lois et autres réglementations : autogestion de la population, maisons fantaisistes, liberté de mœurs, c'est ici que l'on reconstruisait le monde entre deux « fumettes ». Si le temps a passé, assagissant les gauchistes d'autrefois, et si Christiania rentre peu à peu dans l'ordre établi, ce vaste quartier au sol de terre battue conserve néanmoins à la fois son aura, celle de lieu de tous les possibles, et son caractère unique. Un lieu qui témoigne, une fois encore, la grande tolérance des Danois.

Cigarettes

Elles sont plutôt bon marché puisque l'Etat a décidé de baisser les taxes sur le tabac et l'alcool depuis ces dernières années. Le paquet de blondes locales (King, Prince, Cecil) coûte environ 30 Dkr (contre 32 Dkr en 2000) ! Les cigarettes étrangères sont un peu plus chères. Il n'est donc désormais plus nécessaire d'emporter vos provisions en partant !

Criminalité

Pas de problème majeur d'insécurité au Danemark. Attention quand même au vol à la tire dans les lieux très touristiques, et au vol de vélos dans les grandes villes. A la campagne, en revanche, c'est tout juste si on ferme les portes à clé. Il n'est pas rare de découvrir au bord d'un chemin, non loin d'une ferme, une table avec des pots de confiture maison ou quelques légumes mis en vente par le fermier du coin avec pour seule installation, un petit panier pour recueillir le prix fixé ! Reste le cas des gangs de motards : même si la chose s'est un petit peu calmée depuis quelques années, Hell's Angels et Bandidos se battent depuis le milieu des années 1990 pour contrôler le marché de la drogue dans toute la Scandinavie. Et, à la moindre provocation, ou pour de simples questions d'« honneur », ils n'hésitent pas à sortir les armes automatiques, les grenades ou même les lance-roquettes. Bilan : une dizaine de morts et 80 blessés en Europe du Nord en quelques années.

Dans le quartier alternatif de Christiania.

Design

Dans ce pays où les journées sont courtes l'hiver, et où l'on reste longtemps à la maison, on soigne son intérieur. C'est peut-être pour cela que les arts décoratifs et le design se sont élevés au rang d'art national : un créateur de lampes comme Poul Henningsen a laissé ses initiales (P.H.) comme marque de fabrique de luminaires dont on rencontre les formes dans tous les foyers danois. On retrouve les chaises de Hans J. Wegner partout en Europe. La céramique a fait naître de nombreuses vocations artistiques. Les architectes, comme Arne Jacobsen, ont dessiné eux-mêmes des meubles ou de la vaisselle.

Douceurs

Stimorol, le chewing-gum au goût très fort, est danois. De même que le Marzipan d'Anthon Berg, petit pain de pâte d'amande. Quant aux desserts danois, ils sont, dit-on, ce qu'il y a de mieux dans la cuisine du pays.

Vor Frelsers Kirke (église de Notre-Sauveur).

Église

Le séjour au Danemark est agrémenté des différentes musiques et carillons des églises danoises jalonnant le paysage des campagnes et des villes, certains sont d'ailleurs assez originaux et, la plupart du temps, agréables à écouter. Le Danemark possède sa religion d'Etat : l'Eglise évangélique luthérienne, la seule à être subventionnée par l'Etat. La liberté de culte et d'expression des autres religions est par ailleurs garantie. Le souverain en est le chef et nomme les évêques (dont une femme en 1995, à Elseneur), mais c'est le parlement qui prend les décisions pour l'Eglise, parfois même contre son gré : en 1947, le Folketing a voté en faveur de l'accès des femmes à la prêtrise, contre l'avis des évêques. Chaque Danois appartient d'office dès sa naissance à cette Eglise, pour laquelle il paiera toute sa vie des impôts, sauf à renoncer à son baptême à sa majorité, ce que peu de Danois font. Mais le dimanche, les bancs sont assez déserts : seuls 10 % des Danois sont pratiquants.

Étrangers

Les Turcs sont les étrangers du Sud les plus nombreux. L'un d'entre eux, Huseyin Tas, membre du parti libéral, a été désigné maire adjoint par le conseil municipal de Farum, au nord de Copenhague, en mars 1993. Six mois plus tard, il démissionnait après avoir reçu des menaces de mort. Depuis 1981, la loi danoise autorise les étrangers, vivant dans le royaume depuis plus de trois ans, à voter et à se porter candidat lors des scrutins locaux. Une largesse dont la portée se trouve réduite par une législation parmi les plus dures d'Europe envers les étrangers mise en place ces dernières années par la coalition de droite et d'extrême droite au pouvoir. Le racisme plutôt nouveau dans la mentalité du Danois a fait son apparition. A Copenhague, la proportion d'étrangers dépasse les 15 % (en comptant les Scandinaves et les autres Européens), les nouveaux arrivants étaient essentiellement des réfugiés Irakiens, Afghans ou Kosovars. Un sondage, réalisé en décembre 2010, montrait que 63 % des danois sont opposés à une politique d'immigration dure envers les étrangers même si 59 % d'entre eux déclarent, dans un autre sondage de mars 2011, que les immigrés vivant sur leur sol ne doivent plus bénéficier de l'Etat-providence.

Filles

Les Danoises, pas plus que les Suédoises, ne sont pas des filles faciles ! Les filles du Danemark sont blondes, mais aussi brunes et rousses. Elles tiennent farouchement à leur indépendance et ont même un comportement macho, du moins aux yeux d'un Européen du Sud : elles aiment bien décider, et si elles ne boudent pas leur plaisir, elles ne veulent surtout pas être réduites à un objet. Pour approcher une Danoise, les *french lovers* doivent avoir, en plus de leur charme latin, un minimum de conversation. Casez le plus tard possible votre *Jeg elsker dig* (prononcez « yaï èlske daï »), pour dire « Je t'aime ! ».

Hareng (Sild)

Selon les historiens, Copenhague n'aurait pas existé sans le hareng qui fit la fortune de la jeune cité. Ce poisson était si abondant dans l'Oresund, paraît-il, qu'il suffisait de glisser sa main dans l'eau pour en ramasser un ou deux. Une fois salé et mis en tonneaux, le hareng était exporté dans toute l'Europe depuis le Moyen Age. tout a changé aujourd'hui bien sûr, n'empêche que les Danois ont pris goût au poisson national, à condition bien entendu qu'il soit préparé : en saumure, mariné, en sauce épicée ou aigre-douce, accompagné d'un jaune d'œuf dur haché... il y a au moins une vingtaine de façons d'accommoder le hareng, ne soyez pas étonné si on vous le sert au petit déjeuner...

Hospitalité

Tout cliché mis à part, les Danois sont des gens fondamentalement gentils et accueillants. Ne soyez pas étonné, si vous semblez perdu avec votre carte dépliée, et qu'on vienne vous voir pour vous aider à trouver votre chemin.

Impôts

L'Etat prélève plus de 50 % des revenus des Danois, à la source : le taux le plus élevé d'Europe. Mais un sondage récent montrait que 90 % des Danois estimaient le niveau de la pression fiscale acceptable, tant qu'il s'agit de financer les services sociaux, les retraites, et aider les plus défavorisés... Ce qui n'empêche pas beaucoup de jeunes Danois de partir travailler à l'étranger, notamment à Londres, pour gagner plus d'argent.

Invasion touristique

Les Allemands sont très présents sur la côte orientale du Jutland où ils sont nombreux à louer des villas. Pas « d'invasion immobilière » car la loi danoise interdisait encore récemment à un étranger d'acheter un terrain ou une maison sur le territoire. Depuis peu, c'est possible, mais à des conditions draconiennes. Quant aux Danois, ils sont en vacances en juillet, les vacances scolaires d'été allant de la dernière semaine de juin à la deuxième semaine d'août, ce qui crée un certain encombrement dans les lieux les plus prisés.

Itinéraires

Ce guide est construit pour vous permettre de circuler dans tout le royaume au départ de Copenhague. Il existe bien sûr d'autres chemins... Sachez qu'il y a aussi la Marguerite *ruten* (route Marguerite) qui permet de faire le tour du Danemark par les chemins de traverse. Elle est signalée le long des routes par des panneaux marqués d'une marguerite sur fond brun. Ce qui est très pratique pour retrouver son chemin, car la signalisation routière est très limitée : les ponts et chaussées danois semblent faire des économies sur les panneaux !

Jeux nationaux

Le Tips (Loto sportif) et le Loto. Le backgammon : dans les cafés, sur les plages, c'est un jeu pratiqué par toutes les générations. A Copenhague, l'été dans le Strøget, contre les grilles de l'église Helligånd, les joueurs s'installent en rang de part et d'autre de caisses de bières ! On joue aussi beaucoup aux échecs.

Naturisme

Le corps scandinave se veut en osmose avec la nature. Pas de pudibonderie dans les douches des piscines, les saunas ni sur les plages. Chaque station balnéaire possède une partie de plage aménagée pour les adeptes du bronzage intégral. De même, on peut, sur n'importe quelle plage des côtes danoises, plonger dans l'eau même si l'on a oublié son maillot !

Pêche

Les nombreux cours d'eau et les lacs regorgent d'anguilles, de carpes et de truites (une licence de pêche est obligatoire). Dans les ports danois, les pêcheurs peuvent vous emmener pêcher le turbot, le maquereau, le saumon, la truite de mer et le carrelet.

Personnes handicapées

De nombreux sites touristiques sont adaptés aux personnes en fauteuil roulant : des ascenseurs ont été installés dans plusieurs châteaux. Plusieurs hôtels disposent de quelques chambres accessibles aux handicapés, un organisme danois les a testés, et ils sont signalés dans les documents des offices du tourisme. Il existe également une brochure (en anglais) très complète sur les conditions de séjour des personnes handicapées au Danemark. On peut se la procurer auprès de l'office du tourisme du Danemark en France.

Plages

Il existe de nombreuses stations balnéaires (Riviera de Copenhague et toute la Seeland), de grandes plages de galets (Fionie) et d'immenses plages de dunes et de sable blanc (Jutland). En été, la température de l'eau est en général comprise entre 18 et 20 °C (mais si !). Le drapeau bleu, synonyme de qualité des eaux de baignade, flotte sur une grande partie des plages danoises. Attention toutefois aux algues urticantes qui se développent sur les côtes orientales de Seeland, de Lolland et de Falster.

Prononciation

Si toutefois vous décidiez de vous lancer dans l'apprentissage du danois, armez-vous de patience… Si la grammaire et le vocabulaire restent tout à fait accessibles, la prononciation est une autre affaire, la consonne d est certainement la plus problématique : un compromis entre le *l* et le *d* français, bref, impossible à prononcer ! Et les Danois le savent bien ! Ils vous taquineront en conséquence, en vous proposant leur fameux *rød kål med fløde* (chou rouge à la crème), un vrai cauchemar ! Un conseil de Danois : à prononcer avec des pommes de terre chaudes dans la bouche !

Repas

Un petit déjeuner copieux le matin. Un déjeuner froid à midi (*frokost*) et, le soir à 18h, un dîner chaud (*aften*), suivi d'un café. Les restaurants servent en général le soir entre 17h30 et 21h30. Comme en France, on n'y fume plus.

Salutations

Ne soyez pas surpris si l'on s'étonne de votre façon de saluer, selon notre bonne vieille méthode française consistant à faire des baisers sur les joues de nos amis. Deux, trois ou quatre bises ? Cette question embarrassante ne se posera pas au Danemark, puisque nos voisins scandinaves se contentent d'une accolade très amicale, plus ou moins longue selon leur tempérament !

Service

A Copenhague, la mode des cafés à la française, lancée il y a une vingtaine d'années, est entrée dans les mœurs. Mais, à quelques exceptions près, les serveurs sont rares aux terrasses : n'attendez pas que l'on vous serve, il faut se déplacer soi-même au comptoir !

Saunas et piscines

Ce n'est pas la Finlande, où chaque immeuble possède le sien, mais les saunas sont quand même assez répandus au Danemark : dans certains hôtels, dans les quartiers des centres-villes, et dans les piscines notamment. A ce propos, sachez que les Danois sont très à cheval sur la propreté : non seulement la douche est obligatoire avant d'aller se plonger dans la piscine, mais, en plus, on vous fournit à l'entrée une éponge imbibée de savon pour vous laver avant la baignade !

Smorrebrod

Littéralement « pain ouvert », le sandwich danois par excellence, roi du *frokost* (déjeuner). Préparé sur du pain noir ou blanc beurré, il permet aux cuisiniers locaux d'exercer leur créativité tant du point de vue esthétique que gustatif : plusieurs centaines de variétés sont proposées. Les grands classiques : crevettes, hareng ou saumon. Ce sont les habitants de Malmö, de l'autre côté de l'Oresund, qui revendiquent la paternité du concept. Chez eux, le *smørrebrød* s'appelle *smörgåsbord*.

Sports

Parmi les sports nationaux, il y a le football, bien sûr, et le cyclisme, mais aussi la natation, la boxe, le *speedway*, le badminton (les Danois sont parmi les premiers au monde dans cette discipline), et le handball (la version en salle à sept joueurs, aujourd'hui adoptée dans le monde entier, a été créée au Danemark en 1919). Pour les touristes : surf et planche à voile, golf, équitation…

Suicide

Un fléau dans les pays nordiques, ce n'est pas un cliché. A la fin des années 1980, le Danemark avait le taux de suicide par habitant le plus élevé d'Europe occidentale, avec un record de 1 652 victimes en 1980. Mais, en vingt ans, ce chiffre a été divisé par deux

(730 cas en 2000), grâce à une mobilisation des médias et à l'apparition dans le pays des antidépresseurs. Ces chiffres cachent néanmoins une évolution plus contrastée puisque, dans le même temps, le taux de suicide, chez les 15-19 ans, a triplé...

Tempérament national

Les Danois se caractérisent curieusement par une certaine indolence ! Ces méridionaux du Nord sont des gens chaleureux, accueillants, d'un nationalisme bon enfant et d'un matérialisme qui confine au conformisme : rien de plus semblable à un intérieur danois qu'un autre intérieur danois... Quant au côté « propre et en ordre », il n'a rien de suisse. Ce n'est pas « une place pour chaque chose » mais plutôt « pour chaque chose, on peut trouver une place ». En fait, il s'agit peut-être moins de discipline que de paresse : si l'on attend pour traverser une rue que le feu soit vert pour les piétons, même en l'absence de toute voiture à l'horizon, c'est bien souvent pour n'avoir pas à regarder à droite ni à gauche, ni se presser pour un gain de temps minime. C'est aussi la peur du gendarme, car les amendes ne sont pas rares pour celui qui traverse quand le signal des piétons est rouge... En général, on prend son temps. Tout est si bien organisé, les distances sont tellement réduites, que l'on s'énerve rarement en voiture ou en faisant la queue à la poste.

Vélo

Le moyen de transport idéal au Danemark. Il est écologique, pratique et rapide en particulier dans les grandes villes mais aussi en campagne. Tout le monde possède un vélo dans ce pays où les pistes cyclables, le code de la route et tout ce qui facilite ce type de transport ont été mis en place afin d'encourager la population à faire du vélo son véhicule quotidien. En plus, le pays est relativement plat ce qui permet de circuler sans avoir des mollets d'athlètes. L'utilisation du vélo revêt un autre atout : il permet l'entretien du corps et la santé, alors pourquoi se priver !

Vice national

Certains Danois vous parleront de l'ennui, né d'un certain conformisme et d'un matérialisme bien partagé. Mélancolie des longues nuits d'hiver. D'autres souligneront le côté nombriliste et content de soi de leurs compatriotes : la plus ancienne monarchie du monde, le plus beau design... Et puis, il y a un fort sentiment de perte d'identité : la mondialisation et l'immigration semblent avoir renforcé le sentiment national des Danois, déjà très fort, où chauvinisme et nationalisme se confondent parfois.

Viking

Presque toutes les villes importantes possèdent leur musée viking ou leur monument viking, il y a, dans cette histoire, un attachement profond des Danois à cette identité culturelle ancienne qu'il cultive et dont ils sont fiers. Vous apprendrez donc beaucoup de choses sur l'histoire des Vikings et aurez sûrement l'occasion de visiter un musée viking et d'acheter des souvenirs en lien avec cette partie sulfureuse de l'histoire des Danois : les Vikings étaient considérés comme des pirates au Moyen Age même si aujourd'hui on présente une image beaucoup plus sympathique de ces barbares.

Faire – Ne pas faire

- **Messieurs, lorsqu'un ami danois vous présente quelqu'un,** ne soyez pas surpris s'il vous prend dans ses bras : on pratique beaucoup les étreintes viriles en Scandinavie, mais on ne s'embrasse pas aussi communément qu'en Europe latine...
- **À table, ne rompez pas le pain à la française à côté de l'assiette,** ne le laissez pas non plus posé sur la table, mais sur une petite assiette prévue à cet effet, ou à défaut dans votre assiette.
- **Saluez au moment de porter un toast, sans trinquer.** Et remerciez votre hôte : *Utak for mad !* qui signifie « Merci pour le repas ! ».
- **Il n'est pas d'usage de tremper ses tartines** dans le thé ou le café au petit déjeuner, cette habitude est exclusivement réservée aux personnes très âgées !
- **Évitez également de traverser sur le passage piéton lorsque le signal est au rouge** et de pester contre l'obéissance inébranlable des Danois qui suivent ces règles à la baguette !

Survol du Danemark

GÉOGRAPHIE

Situé en Europe du Nord, le Danemark avec une superficie de 43 098 km² est le plus petit pays de la Scandinavie, et ne représente quasiment qu'un dixième de la superficie de ses voisins la Suède et la Norvège ! Constitué par une péninsule au nord de l'Allemagne, le Jutland représente à lui seul les deux tiers de la superficie totale. Les deux îles principales, Fionie et Seeland se situent plus à l'est, et l'on a recensé pas moins de cinq cents îles dans ce territoire qui repose entre la mer du Nord et la mer baltique.
Avec 68 km de frontières terrestres avec l'Allemagne et 7 314 km de littoral, le Danemark est un pays essentiellement maritime et il n'est pas un point qui se trouve à plus de 52 km de la côte ! Pays principalement plat, le point culminant, Yding skovhøj, au cœur de la péninsule du Jutland, ne se trouve qu'à 173 m d'altitude.

L'église ensablée de Skagen.

On découvre d'ailleurs, à quelques kilomètres un peu plus au nord, un lieu hautement touristique, fièrement baptisé Himmelbjerget, « la montagne du ciel », qui culmine à 147 m ! Rien ne semble donc démesuré au Danemark, pas même les cours d'eaux qui creusent un relief peu accidenté : le Gudenå, la plus longue rivière, ne dépasse pas 158 km de long. La structure des sols est essentiellement constituée de roches sédimentaires qui se sont formées pendant l'ère secondaire (à l'exception de l'île de Bornholm composée de granites). Les craies et le calcaire de ses roches furent pour la plupart recouverts par des argiles et des sables pendant l'ère tertiaire. Le quaternaire a alors profondément bouleversé le paysage danois : la fonte des glaciers continentaux a engendré de puissants courants d'eau qui ont modelé le relief en créant de vastes vallées qui traversent le Jutland d'est en ouest. Les débris de roches entraînés par la fonte des glaciers ont formé une couverture morainique sur le sous-sol sédimentaire, des bourrelets de terre sur lesquels sont apparues les tourbières qui furent par la suite drainées et cultivées.

La côte littorale n'a cessé d'évoluer depuis la période glaciaire. L'érosion et l'ensablement ont considérablement modifié le contour des littoraux : la zone côtière de l'Ouest du Jutland est constituée de vastes dunes de sable puis de dunes vertes recouvertes par de la végétation. On retrouve également ce paysage de dunes à l'intérieur des terres, au cœur du Jutland notamment, dans les landes, à proximité de Billund. Les zones côtières du Sud-Ouest sont caractérisées par la présence de polders, naturels ou aménagés, dus à l'ampleur des marées et à l'affaissement du terrain. Seul le littoral est bordé de falaises. L'activité humaine a désormais pris le pas sur les phénomènes naturels et façonne radicalement le paysage danois. La déforestation, la culture des terres et l'habitat ont profondément modifié les données géographiques. Les deux tiers du pays sont exploités par des agriculteurs, 12 % par

© VISITDENMARK / THOMAS NYKROG

Grenen, point de rencontre entre la mer Baltique et le mer du Nord.

des forestiers. Il faut donc se rendre près des côtes pour retrouver une nature plus sauvage, loin de la campagne danoise... Les landes du Jutland ont tristement laissé place à de vastes coopératives et une industrie croissante qui émerge dès la fin du XIXe siècle, et le paysage danois s'est lentement uniformisé.

L'Est du Danemark se distingue par ses plaines et ses collines morainiques, fertiles. Le paysage y est largement dominé par de vastes champs cultivés. L'île de Bornholm semble toutefois épargnée par cette absence de contrastes : un relief plus accidenté, les landes de broussailles ont fait place à de jeunes forêts, des lacs remplacent d'anciennes carrières, des champs fertiles ont brisé la monotonie du paysage rural. Les sols fertiles de l'est du pays contrastent avec les terres pauvres et sableuses de l'ouest du Jutland. Les nouvelles techniques d'irrigation et la construction de coupe-vent ont pourtant favorisé l'émergence d'une culture intensive dans cette région autrefois épargnée. On y plante en général des résineux qui s'accommodent du sol peu fertile. Le Sud-Ouest, région de plaines marécageuses et de polders (marais asséchés), est plus encore marqué par l'intervention humaine puisqu'il a fallu construire des digues pour contenir les inondations fréquentes.

Le Nord de la presqu'île, composé d'un sol sablonneux, offre également une terre peu propice à l'agriculture : dunes de sable, forêts de roseaux, marais et de vastes plaines marquées par la présence de nombreuses collines caractérisent cette région.

Les îles Féroé ou Foroyar en féroen, sont un archipel de 18 îles situé dans l'océan Atlantique nord entre l'Ecosse et l'Islande. Cette province est autonome depuis 1948, elle possède son propre gouvernement pour gérer ses affaires à l'exception de la défense. Ces différentes îles, qui couvrent 1 400 km² de terres, sont dépourvues d'arbres et de végétations à cause d'un vent puissant qui souffle toute l'année. Les eaux de l'archipel sont très poissonneuses du fait de la présence d'un courant marin chaud, le fameux Gulf Stream. On compte en 2010, environ 50 000 habitants et plus d'une centaine de milliers de moutons.

Le Groenland, « la terre verte » est une immense île de 2 millions de km², située dans l'océan Atlantique en Amérique du Nord. La couverture de glace recouvre 95 % du territoire et les conditions climatiques sont extrêmes. Le Groenland est peuplé de 57 000 habitants. La capitale est Nuuk et elle est située dans le sud-ouest de l'île. Cette petite capitale compte 16 000 habitants. Sa population est essentiellement composée de Groenlandais (80 %) et de Danois (14,5 %). On y aurait découvert récemment du pétrole, et les Américains estiment que les réserves représenteraient la moitié de celles de l'Arabie Saoudite.

CLIMAT

Températures moyennes à Copenhague, Århus, Odense et Ålborg (en °C)

	Jan.	Fév.	Mars	Avr.	Mai	Juin	Juil.	Août	Sep.	Oct.	Nov.	Déc.	Moy.
Copenhague	- 0,4	- 1,7	2,8	6,3	11,7	16	18,4	18	13,9	6,4	6,4	3,4	8,4
Århus	- 0,3	- 2,1	2,6	6,1	10,9	15,4	17,7	16,9	13,1	5,2	6	2,9	7,9
Odense	0,9	- 1,2	4	7,2	12,3	16,3	18,7	18,2	14,2	6,5	6,9	3,9	9
Ålborg	0,3	- 0,7	3,7	7,5	11,5	16,3	18,8	18	14,3	6,7	6,7	4	8,9

Précipitations moyennes à Copenhague, Århus, Odense et Ålborg (en mm)

	Jan.	Fév.	Mars	Avr.	Mai	Juin	Juil.	Août	Sep.	Oct.	Nov.	Déc.	Moy.
Copenhague	57	7	11	57	80	43	91	43	50	44	46	59	49
Århus	50	12	16	58	68	74	74	46	34	57	44	6	51
Odense	41	6	12	50	57	69	57	31	31	39	41	48	40
Ålborg	32	13	22	81	78	94	102	34	44	50	74	86	59

Températures moyennes de la mer

Jan.	Fév.	Mars	Avr.	Mai	Juin	Juil.	Août	Sept.	Oct.	Nov.	Déc.	Moyenne
3	1	2	6	11	13	20	19	15	9	6	3	9

Le climat danois est tempéré et de type océanique. Les étés sont frais, avec une moyenne annuelle de 16 °C environ et les hivers sont plutôt doux avec une moyenne annuelle de 0,5 °C. L'orientation des vents et la proximité de la mer sont des facteurs déterminants en climatologie danoise. Les dépressions en provenance de Terre-Neuve se dirigeant vers le nord-est provoquent un temps très variable sur l'ensemble du territoire. Il n'est pas rare de passer d'un jour à l'autre d'un temps pluvieux et maussade à une journée clémente et ensoleillée…

Les régions côtières présentent moins de différences entre les températures hivernales et estivales, ceci en raison du rôle régulateur de la mer, et les températures sont plus basses en hiver dans les régions plus éloignées de la mer. Les vents d'ouest sont parfois violents et causent des précipitations, plus importantes pendant les mois de septembre, octobre et novembre alors que les mois de février et avril semblent plus épargnés. On compte toutefois une moyenne de 170 jours de précipitation par an ! Même si le climat ne varie pas excessivement d'une région à l'autre, on pourrait aisément partager le Danemark en quatre zones : le nord plutôt froid, le sud plus chaud, temps sec à l'est et humide à l'ouest. Le vent du nord-est, froid et sec, engendre des étés agréables, sans nuages, et les températures dépassent rarement 25 °C. Le vent du nord-ouest, plus humide occasionne plus de nuages et des orages isolés en été. La température de la mer étant plus basse que celle des terres en hiver, crée une couverture de nuages bas, parfois de la brume. Le vent du sud-est est au contraire chaud et humide, ce qui favorise également l'apparition du brouillard, l'été est cependant plus chaud que dans le reste du pays. Enfin, le vent du sud-ouest, chaud et sec, produit des étés où la température peut dépasser 30 °C ! Les hivers sont particulièrement secs et froids, ceci étant dû au refroidissement du continent.

ENVIRONNEMENT – ÉCOLOGIE

Les activités industrielles qui entraînent une consommation accrue en énergie et matières premières ont considérablement bouleversé l'équilibre de l'écosystème danois. La déforestation en vue de créer des terres arables (les deux tiers du territoire sont consacrés à l'agriculture) a largement contribué à l'augmentation des échanges d'énergie. L'énergie solaire, devenue insuffisante, est suppléée par l'utilisation de combustibles, charbon, pétrole et houille, qui impliquent un échange plus important en matières premières et, par conséquent, l'utilisation accrue de produits chimiques. On constate alors une augmentation des rejets de dioxydes de carbone, de dioxydes de soufre et d'oxydes d'azote dans l'atmosphère, mais aussi une pollution des sous-sols due à l'infiltration de métaux lourds et de produits chimiques négligemment rejetés dans les décharges. L'augmentation de l'élevage entraîne également une utilisation plus importante d'engrais industriels (multipliée par trois entre 1960 et 1980), et l'élevage intensif de porcs implique alors une production de lisier largement utilisé sur les terres arables, ce qui a des conséquences désastreuses sur la nappe phréatique et les points d'eau, acidifiés par une trop grande quantité d'azote et de nitrates. Les milieux aquatiques souffrent eux aussi du rejet des déchets industriels : l'eau appauvrie en oxygène entraîne la disparition des poissons et la prolifération d'algues qui appauvrissent à leur tour le taux d'oxygène... Dès 1974, le gouvernement promulgua une loi visant à endiguer les problèmes inhérents à cette nouvelle donne. Mais les années 1980 furent plus prodigues encore, en matière de législation visant à améliorer l'écosystème danois : l'Etat misa d'abord sur des systèmes d'épuration de l'eau. En 1990, 90 % des eaux étaient alors traitées contre seulement 20 % en 1970 ! Des centrales sont également construites afin de limiter les rejets de substances polluantes dans l'atmosphère. On choisit parallèlement d'utiliser des combustibles moins polluants et de réduire de moitié l'utilisation des pesticides et les nouvelles substances chimiques employées sont systématiquement soumises au contrôle d'experts. Idem pour le milieu aquatique, ravagé par les rejets d'azote et de phosphore. Cette lutte antipollution ne peut avoir lieu sans une réduction de l'activité agricole : la loi de 1989 vise à doubler la surface forestière d'ici le siècle prochain. L'importante taxation de l'énergie et l'utilisation accrue de l'énergie solaire et éolienne participent également d'une politique axée sur un environnement plus sain...

Pollution

Surprise : le Danemark est l'un des pays les plus pollueurs du monde ! Vous ne sentirez pas grand-chose, notamment à Copenhague, car le vent du large est salvateur. Mais les Danois, qui hurlent contre les centrales nucléaires suédoises qui leur font face, produisent chaque année plus de 70 millions de tonnes de CO_2, responsable de l'effet de serre : 80 % de leurs centrales thermiques fonctionnent au charbon. Malgré une politique environnementale précoce et très stricte (déchets et émissions de CO_2 sont fortement taxés, 10 % de l'électricité consommée est produite par les éoliennes, recyclage...), les émissions de gaz à effet de serre du Danemark ont augmenté dix fois plus vite qu'en France durant les années 1990. Par an, les Danois amassent en moyenne 3,1 tonnes de déchets ménagers, soit une augmentation de 13 % par rapport aux années 1990 !

© VISITDENMARK / WEDIGO FERCHLAND

Festival de cerf-volants à Fanø.

DÉCOUVERTE

FAUNE ET FLORE

La faune danoise doit composer avec un territoire que l'activité humaine a profondément modifié. Si elle jouit d'un climat favorable, puisque tempéré, elle reste fragilisée par une gestion trop tardive de l'écosystème : l'agriculture intensive et l'urbanisation ont eu un effet hostile sur la préservation de nombreuses espèces. Autrefois couvert d'une forêt dense de feuillus, le Danemark abritait alors une faune composite essentiellement forestière. La déforestation a évidemment bouleversé cet équilibre et les espèces les plus rares ont disparu depuis. Le défrichement a causé un amoindrissement de la variété de la faune, essentiellement composée de lièvres, perdrix et alouettes.

De nos jours, les espèces forestières constituent toutefois 54 % de la faune danoise. On dénombre environ 400 variétés de vertébrés, dont une cinquantaine de mammifères : hérissons, chauve-souris, lièvres, écureuils, souris domestiques et renards. Trois cents espèces d'oiseaux : canards sauvages, buses, merles. Une quinzaine de batraciens : salamandres, grenouilles et crapauds. Cinq variétés de reptiles, une quarantaine de poissons d'eau douce et une centaine de poissons d'eau salée : harengs, maquereaux, morues, marsouins, brochets et anguilles. On a également recensé pas moins de 200 000 variétés d'insectes ! Si le Danemark consistait autrefois en de vastes forêts essentiellement composées de tilleuls, chênes et ormes, l'arrivée d'un climat plus frais et humide a permis l'apparition du hêtre, toujours très présent dans les forêts danoises. La déforestation a radicalement bouleversé cette donne : dès 1600, la forêt ne représente plus que 20 à 25 % du territoire, 4 % seulement en 1800 ! Des mesures environnementales en 1990 ont heureusement renversé cet équilibre en ramenant à 12 % la superficie forestière avec une prédominance de conifères, hêtres, chênes et frênes. On trouve également de nombreuses variétés de fougères et de mousses. Les landes représentent désormais environ 70 000 hectares, moitié moins qu'en 1960, ceci malgré un effort notable du gouvernement ! Il existe actuellement trois parcs nationaux au Danemark. Le premier a été établi en 2008 et se situe près de la ville de Thisted dans le Nord du Jutland. En août 2009, un deuxième parc a été classé, celui de Mols Bjerge et enfin un troisième parc vient de l'être récemment en octobre 2010, celui de Vadehavet. Deux autres projets sont actuellement en cours de discussion (jusqu'à fin 2011) pour être classés parc national.

Huitrier-pie : oiseau fétiche des Féroé.

La saga des Vikings

Les premières traces d'une présence humaine continue sur le sol danois remontent à 12 000 ans av. J.-C. Jusqu'au IIIe siècle av. J.-C., la péninsule du Jutland est envahie par des hordes venues du sud-est de l'Europe et des confins de l'Asie. Puis la région se développe à l'écart de l'Empire romain. La tribu des Danes arrive de Suède en l'an 500 de notre ère pour s'établir dans l'actuel Danemark. Aucune autre immigration de masse n'a eu lieu depuis cette époque. La région devient même terre d'émigration car, très vite, les terres sont trop exiguës et pas assez productives pour une population de plus en plus importante.

Ce besoin d'expansion est aiguisé par les conquêtes de Charlemagne : les Vikings, organisés derrière leur roi, lancent une contre-offensive à l'avancée des Francs. De ces affrontements naîtront les expéditions vikings semant la terreur jusqu'à Lisbonne. Du IXe au XIIe siècle, les Vikings parlent une langue commune : le norrois, écrite en caractères runiques. Mais ils se distinguent rapidement entre peuples danois, norvégien et suédois, les deux premiers partant à la conquête de l'est, le troisième vers le sud et l'ouest. Au IXe siècle, Godfred, un roi danois régnant sur le Jutland, construit une longue fortification à la base la plus étroite de la péninsule, pour parer aux attaques des Francs. La Danevirke, entre l'Atlantique et la Baltique, est reconnue officiellement comme frontière en 811 par Charlemagne.

Jusqu'en Amérique

Sur le plan militaire, les Vikings ne sont supérieurs à leurs ennemis que grâce à leurs bateaux : plus rapides et très résistants, notamment en haute mer. Leurs voyages les conduisent très loin à l'intérieur de l'Europe en remontant les fleuves, mais aussi jusqu'au Groenland et même en Amérique du Nord, 500 ans avant Christophe Colomb ! On a trouvé des traces de leur passage au Canada (à Terre-Neuve). Tandis que l'empire de Charlemagne se désagrège, les Vikings consolident leur zone d'occupation en Europe. Passés les pillages et les massacres, c'est la pacification : le commerce et la culture se développent, ainsi qu'une législation très égalitaire, reconnaissant des droits aux femmes. L'apogée de cette domination a lieu sous le règne de Canut Ier le Grand, au XIe siècle : les Danois règnent sur la Scandinavie, l'Ecosse, l'Angleterre (nommée alors le Danelag, « le pays régi par la loi danoise »), la Normandie et l'Ouest de l'Allemagne. Le Danemark lui-même est organisé en Etat depuis la fin du Xe siècle. Plusieurs chefs militaires étaient déjà des rois vikings avant cette date, mais une pierre runique sert de repère à la fondation du royaume du Danemark. Elle a été gravée en 950 par Harald Ier « à la dent bleue », en mémoire de son père, le roi Gorm le Vieux. Le nom de Danemark y est mentionné pour la première fois, et on y apprend en même temps qu'il s'agit d'un royaume chrétien. Les Vikings, très attachés à leurs dieux, se sont donc laissés séduire par le christianisme. Deux cents ans plus tard, ils adoptent l'alphabet latin. Mais le vaste royaume viking ne dure pas. Il est même affaibli par des luttes contre les empereurs germaniques. En 1042, l'Angleterre et la Norvège se libèrent du joug danois et l'expansion du royaume se fait vers les rives de la Baltique. A la fin du XIIe siècle, l'évêque Absalon fonde Copenhague. Le Danemark s'étend alors sur la Scanie (sud-ouest de la Suède et Bornholm), la Seeland et ses îles, la Fionie et le Jutland. Le Danemark construit son unité, avec pour capitale, Roskilde.

Le génie de la reine Marguerite Ier

Le roi Valdemar Ier, dit le Grand, repousse les guerriers venus d'Europe centrale, avec l'aide des Allemands, dont il doit reconnaître la souveraineté sur son pays. Commence alors une guerre d'influence avec le puissant voisin germanique. Les successeurs de Valdemar se libèrent de la tutelle allemande, et élargissent le territoire danois sur les côtes de la Baltique. Le roi Valdemar II se rend maître de l'Estonie en 1219 et la légende dit que c'est là que le Dannebrog, le fameux drapeau danois, est descendu du ciel... En 1282, la première Constitution écrite du pays est adoptée. Elle définit un Etat de droit partageant le pouvoir du roi, obligé de réunir chaque année une assemblée (le Danehof) ayant un pouvoir de décision.

Au début du XIIIe siècle, le Danemark perd du terrain face au Saint-Empire romain germanique. Au déclin économique s'ajoutent des problèmes dynastiques (il n'y a pas de roi entre 1332 et 1340), qui vont porter sur le trône, à la fin du siècle, la fille de Valdemar IV : Margrethe. Sous son impulsion se crée, en 1397, une union tournée contre l'Allemagne, réunissant sous la couronne danoise, le Danemark, la Norvège et la Suède. Un véritable chef-d'œuvre d'intelligence politique : la reine Margrethe Ire joue de sa séduction et des circonstances pour réunir sous sa protection les trois royaumes. Fille du roi du Danemark, épouse du roi de Norvège, elle est bientôt veuve et orpheline. La mort des deux hommes lui facilite la tâche. Le décès de son propre fils dont elle assure la régence lui offre le pouvoir absolu : l'enfant était aussi le dernier descendant de la dynastie suédoise ! Les Suédois, inquiets face à la puissance allemande, préfèrent se mettre sous la protection d'une Scandinave. Ainsi naît l'Union de Kalmar, qui dure jusqu'en 1523 avec la Suède et 1814 avec la Norvège. La Suède supporte beaucoup plus difficilement le joug danois et, pendant un siècle et demi, les guerres se succéderont avec le Danemark.

La Réforme

A la mort de la reine Margrethe, Christian Ier fonde la dynastie des Oldenbourg. Christian II essaie ensuite de maintenir l'union scellée par sa grand-mère, mais les Suédois finissent par l'emporter, malgré le bain de sang de Stockholm en 1520, destiné à maintenir la présence danoise par la terreur. En 1523, l'indépendance de la Suède est reconnue. De nouvelles guerres marquent la fin du XVIe siècle, le Danemark tentant de retrouver son hégémonie. Pendant la même période, le catholicisme cède du terrain, et les thèses de Luther s'imposent dans tout le pays, surtout sous l'impulsion de Christian III. En 1536, l'Eglise catholique doit abandonner ses biens à l'Etat, le roi prenant en charge la nouvelle Eglise luthérienne. La Réforme a gagné, en même temps que la noblesse, qui a pu écraser la révolte des paysans et des bourgeois. A ces guerres civiles succèdent les guerres d'influence contre la Suède dont la puissance va alors croissant.

La monarchie absolue

A cette époque, le Danemark est un royaume prospère (de nombreux bâtiments Renaissance sont encore visibles aujourd'hui dans tout le pays). Christian IV, en accédant au trône en 1588, n'hésite donc pas à se lancer dans la construction de châteaux et demeures en tout genre, dotant Copenhague de ses plus beaux édifices. Le roi bâtisseur engage en outre son pays dans la guerre de Trente Ans, ce qui entraîne la perte de nouveaux territoires. Au milieu du XVIIe siècle, la Suède récupère encore quelques parties du royaume Danemark-Norvège, après avoir envahi tout le Danemark en 1660, et occupé Copenhague. Le déclin est catastrophique, et la même année, des états généraux (réunissant la noblesse, le clergé et la bourgeoisie, mais pas la paysannerie) donnent tous les pouvoirs au roi pour élaborer une nouvelle Constitution. Cela permet à Frederik III de donner à sa dynastie un caractère de droit divin et d'imposer un exécutif royal très fort, d'un absolutisme dépassant celui de Louis XIV en France.

Les négriers danois

Cette nouvelle Constitution, promulguée en 1665, reste en vigueur pendant presque deux cents ans. Le royaume connaît alors une période de calme, restant neutre sur la scène internationale. C'est même l'occasion de réformes sociales audacieuses, malgré une parenthèse sous le règne de Christian VII (il est déclaré fou et ses ministres et même son médecin personnel assurent l'exécutif). Les autres souverains vont très loin dans les réformes, quelques années avant la Révolution française qui n'aura de ce fait que peu d'influence au Danemark : abolition du servage, école obligatoire, interdiction de la traite des Noirs... Le Danemark – et c'est une page de leur histoire que les Danois ont eu tendance à oublier – a en effet été l'un des plus importants pays négriers au XVIIIe siècle, après la Grande-Bretagne, la France, les Pays-Bas et le Portugal : les Danois ont déporté 300 000 esclaves (sur les 12 millions d'Africains victimes du commerce triangulaire Europe-Afrique-Amériques) depuis leurs forts construits sur les côtes de l'actuel Ghana, jusqu'aux Antilles danoises, vendues en 1917 aux Etats-Unis qui les ont rebaptisées « îles Vierges ».

Copenhague sous les bombes

Pendant ce temps, l'Angleterre renforce sa suprématie sur les mers, au détriment des pays neutres, et le Danemark, un temps allié à la Prusse, la Suède et la Russie, doit renoncer, après de courtes batailles, à affronter les Anglais.

Quelques grandes figures historiques du Danemark

Gorm le Vieux. Sa date de naissance est inconnue, mais celle de sa mort, en 950, sert de référence au système monarchique ininterrompu qui a régi le Danemark du Xe siècle à aujourd'hui, même si d'autres souverains existaient avant lui.

Absalon (1128-1201). Homme d'église (évêque de Roskilde, puis archevêque de Lund), homme d'Etat (régent en 1202), mais aussi chef de guerre : il repoussa des hordes de Slaves. Il est en outre le fondateur de Copenhague en 1167.

Saxo Grammaticus (1160-1208 environ). Historien danois qui s'attachait surtout à raconter les hauts faits de ses compatriotes plutôt que leur vie quotidienne ou même politique. D'où cette Gesta Danorum, histoire des Danois, à leur gloire, rédigée au XIIe siècle en latin classique et qui a fortement marqué la mémoire et l'imaginaire des Danois jusqu'à nos jours. Son récit de la vengeance d'Amled, prince du Jutland, a inspiré Shakespeare, qui situa l'action de son Hamlet à Helsingør (Elseneur dans la version française).

Margrethe Ire (1353-1412). Seule femme au pouvoir pendant ces mille ans de monarchie jusqu'à la souveraine actuelle, elle a réalisé l'Union nordique entre le Danemark, la Norvège et la Suède. Fiancée à l'âge de six ans au roi de Norvège, Håkon, elle devient vite veuve. Son fils hérite des trônes de Norvège et de Danemark, mais il meurt alors qu'elle assure la régence. Le parlement de Scanie lui décerne alors le titre de « Dame et maîtresse mandatée, chargée de la tutelle de l'ensemble du royaume de Danemark ». Suède et Norvège firent de même : elle scella leur union et régna jusqu'à ce que la peste la rattrape. Elle mourut alors qu'elle se trouvait en quarantaine à bord de son navire dans le fjord de Flensbourg.

Tycho Brahe (1546-1601). Une figure mondiale de la Renaissance. Cet astronome a découvert l'étoile de Cassiopée. Ses travaux servirent de base aux découvertes de Kepler et de Newton sur le mouvement des planètes. Il fit bâtir sur l'île de Hven, dans le détroit du Sund, au large de Copenhague, un observatoire, un moulin, une imprimerie et un château : Uranie, décrit dans le roman de Christian Combaz (voir « Bibliographie »), et que l'on peut visiter, à condition de se rendre en Suède.

Christian IV (1577-1648). Sous son règne, le Danemark connut une ère de prospérité artistique et culturelle d'un foisonnement sans pareil. Mais aussi des guerres contre la Suède qui firent perdre quelques territoires au Danemark. Copenhague garde une importante trace architecturale de son règne : la Bourse, le château de Rosenborg, et la tour Ronde ont été édifiés au cours de son très long règne (52 ans !)

Leonora Christina (1628-1698). Fille préférée de Christian IV, elle avait épousé Corfitz Ulfeldt, président du Conseil d'Etat, accusé de détournements après la mort du roi. Avec son épouse, il s'enfuit en Suède, puis en Allemagne. Leonora Christina est arrêtée en Angleterre, puis ramenée au Danemark et enfermée, sans jugement, pendant 22 ans. Elle écrivit ses mémoires en prison : Douloureux souvenirs.

Frederik VII (1808-1863). Le dernier des Oldenbourg a signé la première Constitution du Danemark moderne, en 1849. Elle garantissait la liberté de la presse, de réunion et de culte, l'enseignement obligatoire, ainsi qu'une séparation des pouvoirs, avec deux chambres élues au suffrage universel (sans les femmes, les jeunes de moins de 30 ans et les « indigents »).

Niels Bohr (1885-1962). C'est l'un des pères de l'énergie nucléaire. Il a découvert la structure de l'atome. Prix Nobel de physique en 1922. Ses travaux aux Etats-Unis sur la fission de l'atome permirent la mise au point de la bombe atomique. Son fils prit ensuite la relève à la tête d'un institut portant son nom. Aage Bohr a reçu à son tour le prix Nobel en 1979.

Retrouvez le sommaire en début de guide

Christian IV, le roi « lumière »

Roi du Danemark et de Norvège de 1588 à 1648, contemporain de Louis XIV, c'est l'un des plus grands monarques danois, sa cour était l'une des plus renommée de son époque. Durant le règne de ce roi bâtisseur, des forteresses sont construites par les ingénieurs allemands, ainsi que des édifices grandioses à Copenhague : le château de Rosenborg, la Tour ronde de l'observatoire, l'église de la Trinité ou encore la Bourse et sa flèche ciselée. Des monuments qui reflètent sa puissance et son ingéniosité.
Doublant de superficie, la ville médiévale de Copenhague se transforme en une véritable capitale avec l'aspect qu'elle a conservé de nos jours. Roi réformateur, Christian IV réorganise toute l'armée et notamment la flotte royale danoise, qui en 1596 comprenait vingt-deux unités, et soixante vaisseaux en 1610, certains construits d'après les plans du roi lui-même. Avec une flotte agrandie et une armée réorganisée, le Danemark devient à cette époque, une puissance militaire redoutée. Dès lors, les guerres avec le puissant voisin suédois vont se succéder pendant plusieurs années. Mais grâce à Christian IV, le Royaume résiste à toutes les tentatives d'invasion.

Mais, face à l'expansionnisme de Napoléon, la neutralité danoise devient, aux yeux de Londres, une alliance de fait avec la France. Par crainte de voir la flotte danoise rejoindre les troupes napoléoniennes, les Anglais bombardent très violemment Copenhague en 1807. Jamais encore un tel pilonnage systématique d'une capitale n'avait eu lieu. Copenhague est partiellement détruite, la flotte de guerre du royaume est confisquée par Londres, et la population souffre plus encore du fait du blocus anglais...
Résultat : le Danemark est contraint de s'allier officiellement à la France. A la chute de l'Empereur, se trouvant eux aussi dans le camp des vaincus au Congrès de Vienne, les Danois perdent la Norvège au profit de la Suède, ne conservant que les îles Féroé, le Groenland et l'Islande.

L'âge d'or

Une période de pauvreté commence à partir de 1814, les réformes sociales s'arrêtent. Mais, dans le même temps, la vie culturelle devient florissante : d'Andersen à Kierkegaard, de Thorvaldsen à Eckersberg, les arts se développent sous le signe du romantisme et du classicisme. Un véritable âge d'or, qui va durer près d'un demi-siècle. De son côté, le théologien Grundtvig appelle à un réveil populaire et religieux, base philosophique d'un « christianisme heureux » original, qui conduit, notamment, à l'instauration d'écoles populaires, qui existent encore de nos jours. Sur le plan économique, la révolution industrielle est en marche, le chemin de fer se développe et, autour des gares, des villes grandissent. Sur le plan politique, on se querelle entre partisans d'un rattachement total ou d'une indépendance des duchés du Schleswig et de Holstein. Cela se traduit même par une guerre de trois ans sur le terrain, la Prusse soutenant au début les indépendantistes du Schleswig et de Holstein. Finalement, le premier sera inclus dans la Constitution de 1849, le second, laissé aux Allemands jusqu'à ce qu'une autre guerre éclate en 1864, permettant à Bismarck de récupérer le Schleswig. La nouvelle Constitution, adoptée le 5 juin 1849, s'inspire des principes de Montesquieu, avec notamment un droit de vote très étendu, qui sera élargi aux femmes dès 1915, quand nos suffragettes n'existaient même pas ! Elle met fin à la monarchie absolue de droit divin, mais son application sera difficile.

La dictature

La fin du XIXe siècle est marquée par une certaine prospérité économique et un grand dynamisme sur le plan agricole. Mais les grands propriétaires terriens font tout pour empêcher la gauche libérale d'arriver au pouvoir. Ils modifient même la Constitution en 1866, et Jacob B.S. Estrup, président du Conseil pendant vingt ans, accède au pouvoir. Il donne la priorité aux dépenses (massives) en faveur de l'armée, et, victime d'un attentat raté, il met en place un corps de police à travers tout le pays.

Chronologie

- **793 >** premiers raids vikings en Angleterre.
- **811 >** Charlemagne reconnaît l'Eder (rivière) comme frontière avec le Danemark.
- **876 >** fondation du Dannelag à l'est de l'Angleterre.
- **911 >** traité de Saint-Clair sur Epte, les Vikings renoncent à piller Paris en échange d'un territoire : la Normandie.
- **965 >** introduction du christianisme, adopté par le roi Harald « à la dent bleue ».
- **1066 >** bataille d'Hastings, Guillaume le Conquérant met fin à l'occupation danoise de l'Angleterre.
- **1167 >** l'évêque Absalon fonde Copenhague (qui deviendra capitale du royaume en 1443).
- **1219 >** conquête de l'Estonie.
- **1282 >** première Constitution écrite.
- **1350 >** la peste noire décime la population.
- **1397 >** la reine Margrethe Ire réalise l'Union de Kalmar réunissant Danemark, Suède et Norvège (dissoute en 1523).
- **1536 >** la Réforme. La religion luthérienne devient religion officielle.
- **1563 >** guerre nordique de sept ans.
- **1588 >** règne de Christian IV, le roi bâtisseur (mort en 1648).
- **1661 >** Frederik III instaure la monarchie absolue.
- **1675 >** guerre de Scanie.
- **1720 >** traité de paix avec la Suède.
- **1788 >** début de réformes mettant fin au servage.
- **1807 >** guerre avec l'Angleterre, bombardement de Copenhague.
- **1814 >** le Danemark perd la Norvège au profit de la Suède.
- **1843 >** Søren Kierkegaard publie *Ou bien… ou bien.*
- **1848 >** première guerre du Schleswig.
- **1849 >** instauration de la monarchie constitutionnelle.
- **1864 >** seconde guerre du Schleswsig.
- **1875 >** mort de Hans Christian Andersen.
- **1899 >** Compromis de septembre, fondement de la négociation entre patrons et ouvriers.
- **1901 >** instauration du parlementarisme.
- **1913 >** installation de la Petite Sirène dans le port de Copenhague.

L'homme de Tollund exposé au musée de Silkeborg.

- **1915 >** droit de vote aux femmes et aux domestiques.
- **1920 >** le Danemark récupère une partie du Schleswig.
- **1932 >** création de la firme Lego (les petites briques apparaissent en 1949).
- **1940 >** occupation par l'Allemagne nazie.
- **1943 >** révolte contre l'occupant, aide à la fuite des Juifs vers la Suède.
- **1944 >** l'Islande se sépare du Danemark et proclame son indépendance.
- **1948 >** les Féroé votent pour leur autonomie.
- **1949 >** le Danemark abandonne sa neutralité et adhère à l'OTAN.
- **1953 >** une nouvelle loi permet aux femmes d'accéder au trône.
- **1967 >** la princesse Margrethe épouse le comte français Henri de Monpezat.
- **1968 >** libéralisation de la pornographie.
- **1971 >** Christiania, « commune libre », vaste *squat* toléré par les autorités.
- **1972 >** Margrethe II devient reine de Danemark.
- **1973 >** adhésion à la Communauté européenne.
- **1979 >** autonomie accordée au Groenland.
- **1988 >** première palme d'or à Cannes pour le cinéma danois (*Pelle le Conquérant* de Bille August).
- **1992 >** « non » au traité de Maastricht.
- **1993 >** second référendum, sur un texte modifié, cette fois le « oui » l'emporte.
- **2000 >** inauguration du pont sur l'Øresund entre Copenhague et la Suède ; référendum sur la monnaie unique : 53,1% des Danois rejettent l'euro (participation record de 87%), discussions sur l'indépendance éventuelle des îles Féroé.
- **2001 >** le Danemark fait partie de l'espace Schengen depuis le 25 mars ; élections législatives anticipées le 20 novembre, le Danemark vire à droite.
- **2002 >** le pays assure la présidence de l'Union européenne. Loi sur l'émigration qui abroge le statut de réfugié.
- **2005 (septembre) >** début de l'affaire des caricatures de Mahomet, publiées dans le quotidien Jyllands-Posten. Les produits danois sont boycottés dans le monde musulman et plusieurs ambassades incendiées. Face à cette crise qui empire en 2006, l'état danois avance le principe de la liberté de la presse.
- **2007 (novembre) >** Anders Fogh Rasmussen est reconduit dans sa fonction de Premier ministre pour la 3e fois, suite aux élections législatives, remportées la coalition libérale conservatrice qu'il emmène.
- **2009 (août) >** Anders Fogh Rasmussen est nommé secrétaire général de l'OTAN. Lars Lokke Rasmussen est nommé Premier ministre.
- **2011 (novembre) >** Elections législatives.

Durant cette période baptisée dictature d'Estrup, quoique minoritaire au Parlement, la droite gouverne et la gauche reste divisée, jusqu'à ce qu'une partie des libéraux parvienne à un compromis avec la droite et obtienne ainsi la démission d'Estrup en 1894. En 1901, la droite subit une défaite cuisante aux élections, et le roi est, pour la première fois, obligé de faire appel aux représentants de la nouvelle majorité. Le parlementarisme est né à ce moment-là au Danemark.

L'Allemagne

Le royaume reste neutre pendant la première guerre mondiale, et le Schleswig lui est à nouveau rattaché par le traité de Versailles. Pendant cette première moitié du XXe siècle, la classe ouvrière s'organise en force politique et accède brièvement au gouvernement en 1924, avant d'y revenir sous une forme plus sociale-démocrate pendant les années 1930. Dès le déclenchement de la seconde guerre mondiale, le Danemark affirme sa neutralité. Mais Hitler envahit le royaume en avril 1940 en se dirigeant vers la Norvège. Un modus vivendi est trouvé avec l'occupant, le gouvernement danois continuant à fonctionner jusqu'en 1943. Cependant, la résistance s'organise rapidement, symbolisée par l'attitude du roi Christian X, qui se promène à cheval dans les rues de Copenhague et salue ses concitoyens tout en ignorant ostensiblement les Allemands. Il n'a, cependant, jamais arboré l'étoile jaune par bravade, comme la rumeur, jamais démentie officiellement, l'a longtemps fait croire. Les actes de sabotage se multiplient, le gouvernement démissionne et la domination allemande se fait plus lourde. Les nazis cherchent également à « s'occuper » des Juifs danois. Grâce à une « fuite » qui annonce une rafle massive, les fonctionnaires danois, la police, mais aussi une grande partie de la population, réussissent à faire passer par bateau, en octobre 1943, 7 000 Juifs danois en Suède... De récents travaux d'historiens ont cependant mis à mal cet autre mythe d'un Danemark « sauveur des Juifs » : l'évacuation n'est pas remise en cause, mais avant octobre 1943, une centaine de réfugiés, dont 25 à 30 Juifs, ont été expulsés vers l'Allemagne nazie par de hauts fonctionnaires danois.

La fin de la neutralité

L'après-guerre est marqué par la reconstruction économique, mais aussi par le règne des sociaux-démocrates, dont l'idéologie a parfaitement intégré les mécanismes capitalistes. L'ouverture vers l'extérieur se fait plus grande : fini la neutralité, le Danemark fait partie des membres fondateurs de l'OTAN en 1949, puis cherche à organiser une sorte de marché commun scandinave au sein du Conseil nordique (qui aboutira notamment à la création de la compagnie aérienne SAS) avant de se tourner finalement vers la CEE (adhésion en 1973). Les années 1970 sont marquées par le gauchisme qui, loin des bombes aveugles allemandes ou italiennes de l'époque, obtient de créer sa propre société alternative, notamment dans la commune libre de Christiania, aux portes de Copenhague. La crise économique consécutive au choc pétrolier de 1973 sera finalement fatale aux sociaux-démocrates qui devront céder le pouvoir aux conservateurs en 1982, pour onze ans.

Oui à l'Europe, non à l'euro

Intégré à l'Europe communautaire, le Danemark craint pourtant de se voir dilué dans ce vaste ensemble et de perdre son identité. D'où le développement d'un fort sentiment nationaliste, plus affectif que violent ou xénophobe, qui se traduit par le fameux « non » des Danois à Maastricht lors du référendum de juin 1992. La Communauté européenne négocie avec les Danois un compromis, dispensant le Danemark de quatre points du traité : la monnaie unique, la défense commune, la citoyenneté européenne, et la coopération en matière de police et d'immigration (mais le royaume finit par adhérer à l'espace Schengen en 2001). Résultat, en juin 1993, second référendum : 56,81 % des Danois disent « oui » à ce « Maastricht allégé » comme on l'a appelé. Mais ce revirement de l'opinion est dénoncé violemment par de jeunes Danois profondément antieuropéens, héritiers des gauchistes fondateurs de la commune libre de Christiania. Pour la première fois en temps de paix dans l'histoire du pays, la police tire sur les manifestants, à balles réelles, faisant onze blessés. Le 28 septembre 2000, nouvelle tentative de la classe politique, soutenue par les milieux économiques, pour faire adopter l'euro : après de très vifs débats dans toutes les familles danoises, les électeurs se déplacent en masse (87 % de participation), et le « non » l'emporte à 53,1 % contre 46,9 % : la couronne danoise est conservée.

Politique et économie

POLITIQUE

Structure étatique

C'est en 1660 que le roi Frederik III institue une monarchie absolue au Danemark, un absolutisme qui perdure jusqu'au 5 juin 1849, date à laquelle le roi Frederik VII agrée la requête du peuple danois en adoptant une monarchie constitutionnelle, garantissant aux citoyens la liberté d'expression et de religion. Le pouvoir législatif est alors exercé par le souverain, la reine Margarethe II (intronisée en 1972) et par un parlement à chambre unique (Folketing) composé de 179 députés, dont deux pour les îles Féroé et deux pour le Groenland. La constitution du gouvernement dépend donc des élections législatives qui ont lieu tous les quatre ans. Les dernières élections législatives anticipées de novembre 2007 n'ont pas perturbé le paysage politique puisque Anders Fogh Rasmussen, l'ancien Premier ministre, a été reconduit pour la 3e fois dans sa fonction de chef du gouvernement. Par contre c'est en 2001 à l'occasion de sa première nomination que la surprise était de taille puisque le parti libéral l'emportait sur le parti social-démocrate, fait inédit depuis 70 ans, et le gouvernement danois basculait à droite en faveur du Parti libéral et du Parti conservateur. L'arène politique est multipartite et comprend dix partis, pour la plupart représentés au sein du Parlement. Il est d'ailleurs fréquent de devoir composer avec un gouvernement de coalitions, à l'instar du gouvernement Rasmussen, constitué d'un bloc rassemblant libéraux et conservateurs. A la suite de la nomination de Anders Fogh Rasmussen au poste de secrétaire général de l'OTAN en août 2009, Lars Loekke Rasmussen a été désigné Premier Ministre.

Partis politiques

L'appellation des partis politiques danois prête à confusion puisqu'elle n'a strictement rien à voir avec une appartenance gauche-droite : ainsi, le parti libéral Venstre, ce qui signifie « gauche », est un parti de droite ! On compte trois partis majeurs parmi les dix partis existants :

- **Venstre, le parti libéral :** principal parti d'opposition, majoritaire aux dernières élections législatives, avec à sa tête Lars Loekke Rasmussen, actuel Premier ministre, qui a remplacé Anders Fogh Rasmussen, secrétaire général de l'OTAN. On mise sur une politique basée sur la libéralisation des entreprises, un contrôle plus strict en matière d'immigration et de droits aux immigrés, aides amoindries pour les chômeurs et baisse de l'imposition.
- **Socialdemokratiet, le Parti social-démocrate, de gauche.** Jens Christiansen, est secrétaire général ce parti, depuis 2008. Un groupe politique qui soutient en priorité le droit des travailleurs et des chômeurs et dont les idées sont relativement proches de celles du parti socialiste en France. Avec un emblème représentant une rose, difficile de ne pas faire le rapprochement.
- **Dansk Folkeparti, le parti populaire danois, extrême droite.** Un clone du Front national en France, dirigée par Madame Pia Kjærsgaard, qui fait régulièrement la couverture des journaux satiriques… Une politique qui s'approche du parti libéral Venstre, mais beaucoup plus radicale en matière de politique sur l'immigration. Pour la première fois en novembre 2001, un candidat issu de l'immigration a été élu député : Nasser Khader, né en Syrie en 1963 (alors qu'en France il n'y a jamais eu un député issu de l'immigration).

ÉCONOMIE

Les ressources

Il n'est aucun pays en Europe qui ne soit aussi dépourvu en matières premières et réserves naturelles que le Danemark. C'est pourquoi 70 % des importations consistent en matières premières et produits semi-fabriqués ! L'économie danoise et le PIB du pays dépendent donc largement du commerce avec les pays étrangers et le commerce extérieur représente à lui seul les deux tiers du PIB. On comprend alors que le Danemark soit un fervent partisan du libre-échange ! Les exportations provenaient autrefois majoritairement du secteur agricole (seulement 10 % en 1990) : des céréales telles que le blé et l'orge, largement utilisés pour la fabrication de la bière, du sucre et des pommes de terre. Les bovins, volailles et moutons, les produits laitiers représentaient également une part importante des exportations danoises. Ce sont pourtant les produits industriels qui dominent désormais le marché des exportations danoises (80 % du marché en 1990) : machines et outils, produits chimiques et alimentaires.

- **Pêche :** la réduction constante du nombre de poissons due à la pollution, a engendré une crise qui réduit de deux tiers le nombre de pêcheurs à temps plein. Cet état de fait n'a pourtant pas affecté le nombre des prises qui ont considérablement augmenté en raison d'importants progrès technologiques. Environ 90 % de la production est exportée à l'étranger.
- **Sylviculture :** la forêt produit 12 % de la consommation de bois et le Danemark est le principal exportateur de sapins de Noël et de bois ornementaux (0,3 % des exportations).
- **Énergie :** des gisements de gaz ont été découverts en 1979 et couvrent 23 % de la consommation totale d'électricité. Les aérogénérateurs produisent à eux seuls 18 % de la consommation d'électricité et représentent 3 % des exportations danoises.

Une économie florissante

Le modèle économique du Danemark est souvent montré en exemple. Avec une croissance de 3,5 % en 2006 et 1,4 % en 2007, et un taux de chômage de 3,2 %, le Danemark se porte bien malgré les contrecoups de la crise financière mondiale. Alors qu'il affichait même un excédent budgétaire conséquent grâce notamment aux activités pétrolières dans la mer du Nord durant les années 2000, l'économie danoise a connu une forte récession en 2009. Depuis, la croissance est de retour. La réforme de l'Etat-providence engagée par le gouvernement a permis de passer d'une économie poussive à une économie dynamique que bien des pays européens lui envient. La est la clef de cette réussite « flexicurité », à savoir la souplesse du marché du travail alliée à une formation efficace des travailleurs. De plus, sa position géographique stratégique entre l'Europe continentale et la Scandinavie ainsi que sa stabilité économique doublée d'infrastructures parmi les plus modernes, font du Danemark l'un des pays les plus attractifs pour les investissements étrangers.

Le marché du travail

Le nombre de chômeurs atteignait les 13 % de la population active à la fin des années 1980. Mais, en quelques années, il a diminué des deux tiers, grâce à une politique active axée sur la recherche d'emploi pour les jeunes. Cette politique généreuse financièrement exige des contreparties : les moins de 25 ans sont obligés, au bout de six mois sans travail, d'accepter une formation, qui coûte la moitié de leurs allocations. Autre clé pour comprendre la baisse du taux de chômage : le recours au temps partiel qui concerne 22 % des salariés danois. Une politique généreuse en termes d'allocations a cependant été maintenue, ce qui n'est pas incompatible avec le développement de l'emploi. Aujourd'hui le Danemark a le taux d'emploi le plus élevé de l'Union européenne (7,6 % de chômage fin 2010). Le pays manque par conséquent de main-d'œuvre, malgré un nombre de travailleurs étrangers toujours plus important.

Place du tourisme

Le Danemark connaît une hausse du tourisme de 2,6 %, avec une fréquentation accrue des touristes allemands, principaux acteurs du marché touristique danois, suivis par les Suédois, Norvégiens, Anglais, Américains et Hollandais. Il est à noter que la baisse considérable des tarifs aériens ces dernières années à destination du Danemark participe indubitablement à la recrudescence du tourisme. L'industrie du tourisme rapporte annuellement au Danemark environ 65 millions de couronnes et emploie plus de 100 000 personnes, ce qui représente environ 4 % des employés danois.

Population et langue

RÉPARTITION DE LA POPULATION

Il faut remonter jusqu'en 3000 av. J.-C. pour trouver la trace des ancêtres danois : des nomades vivant de chasse et de pêche, originaires du sud-est de l'Europe. Mille ans plus tard, le Danemark est colonisé par des Indo-européens, émigrants issus du Moyen-Orient, puis par les Cimbres, une tribu danoise du nord de la péninsule, dont les conquêtes rappellent étrangement les campagnes vikings, fameux ancêtres des Scandinaves qui peuplent le Danemark dès le début du IXe siècle. On comptait alors environ deux millions d'habitants sur le territoire. Le Danemark compte désormais 5,5 millions d'habitants, ce qui représente environ 1,5 % de la population totale en Europe. La répartition de la population est relativement égale, avec une concentration plus importante toutefois dans l'agglomération de Copenhague, qui comprend un peu moins du tiers de la population totale : 1,7 million d'habitants. Viennent ensuite les villes d'Århus (237 000 habitants), Odense (158 000) et Ålborg (108 000). La population étrangère représente 9,1 % de la population totale : une majorité d'Européens (160 000 personnes) suivis par les Asiatiques (57 000), les Africains (24 500) et les Nord-américains (6 000). Un pourcentage qui devrait se stabiliser ou diminuer dans les années à venir, en raison d'une politique de plus en plus stricte en matière d'immigration. Les moins de 15 ans et les plus de 64 ans représentent près d'un tiers de la population totale d'un pays qui a tendance à vieillir. Un problème afférent à la plupart des pays de la communauté européenne…

LANGUE

Le danois fait partie du groupe des langues germaniques. L'ancien nordique, langue viking, fut utilisé en Scandinavie du VIe au XIIIe siècle. L'alphabet alors utilisé consistait en signes divers appelés runes dont on retrouve encore des traces sur les fameuses pierres runiques de Jelling jusqu'à celles du Jutland. Les langues scandinaves se sont ensuite diversifiées en introduisant l'ancien danois jusqu'au XVIe siècle, puis le danois moderne usité de nos jours. On retrouve néanmoins de grandes similarités entre le danois, le norvégien et le suédois. Ceux qui maîtrisent l'allemand n'auront pas trop de mal à s'y faire, du moins à la lecture : la prononciation et la compréhension sont plutôt difficiles ! Utile à savoir lorsqu'on consulte un index, un dictionnaire ou un annuaire danois : il y a trois lettres de plus que dans notre alphabet, et elles se retrouvent en fin de liste, après les 26 lettres que nous connaissons en français, dans cet ordre : *æ* (« è »), *ø* (« eu »), *å* (« o »). Par ailleurs, le *y* se prononce « u ». Sachez aussi qu'en danois, le vouvoiement a été abandonné car jugé trop inégalitaire. On ne dit plus « vous » qu'à la reine… Mais ne vous essayez pas au danois en plaçant des *tak* (merci) ou *farvel* (au revoir) pour faire couleur locale, les Danois n'apprécient pas à leur juste mesure les efforts de certains étrangers qui tentent de pratiquer leur langue, même symboliquement ! Mieux vaut parler directement en anglais et pour les petits mots de la vie courante, employer tout simplement le français : les mots « merci » et « bonjour » sont encore compris, même si la francophonie est en recul. En revanche, il existe des situations pour lesquelles vous aurez besoin d'un peu de vocabulaire, pour déchiffrer un menu au restaurant ou en vous heurtant à une porte fermée. Pour ce qui est des toilettes, pas de soucis, on trouve la lettre *D* pour *Damer* et *H* pour *Herrer*, pas de confusion possible pour les francophones qui comprendront d'emblée *D* pour « Dames » et *H* pour « Hommes » (littéralement « Messieurs ») !

Mode de vie

VIE SOCIALE

Prénoms typiques

Nul besoin d'une mémoire d'éléphant pour apprendre les prénoms danois qui se répètent invariablement ! Niels, Søren, Hans, Peter, Christian, Frederik ou Morten... pour les hommes, Trine, Merete, Lene, Malene... pour les femmes. Idem pour les patronymes : Nielsen, Petersen, Rasmussen, Andersen... Niels Petersen est donc au Danemark ce que Jean Dupont est à la France ! S'ils ne peuvent se démarquer par l'originalité de leur nom, les Danois se distingueront en outre par des qualités exemplaires bien propres à leur identité : tolérance, ouverture d'esprit et discrétion. Peu ou pas de distinctions de « classes » dans ce paradis social dont les fondements reposent sur des principes très égalitaires dictés entre autres par la loi de Jante.

Famille

Dans les pays scandinaves, le rôle de la femme est très important. Déjà du temps des Vikings, les femmes se voyaient confier de grandes responsabilités. De nos jours, présentes dans des métiers dits « d'homme » (politicien, chef d'Etat, P.-D.G.), elles ont acquis une égalité réelle : on compte plus de 80 femmes pour 100 hommes au travail, les écarts de salaires sont moins élevés qu'ailleurs en Europe, et une législation sévère a été mise en place pour lutter contre les discriminations sexistes. Grâce aux nombreuses crèches (70 % des enfants de 3 à 6 ans fréquentent les jardins d'enfants), il est plus facile de reprendre rapidement le travail après avoir eu un enfant. En somme, l'Etat-providence a une attitude « maternelle » à l'égard de ses citoyens. Quant au problème des divorces, il semble que le taux de séparation ait atteint son maximum : un mariage sur deux finissait par un divorce dans les années 1970 contre près d'un sur trois aujourd'hui. Le taux de concubinage est très élevé. Il faut enfin souligner qu'il n'existe pas de fossé entre les générations. Le poids de la tradition rassemble les familles, même les plus désunies, autour des petits événements, comme le montre l'importance de la célébration des anniversaires ou encore de la fête de Noël.

Couple

Pas de puritanisme ni de pudibonderie, les couples s'affichent sans problème. On se marie tard au Danemark : à 33 ans pour les hommes, 30 ans pour les femmes. Un cinquième des couples vivent en union libre. Et les temps ont bien changé... Fini les hommes au travail et les femmes au foyer. Au Danemark, l'égalité des sexes est de rigueur, et bien réelle.

C'est pourtant souvent la femme qui « porte la culotte » au sein du couple, au contraire de nos pays latins. Les Danois se marient de plus en plus tard, mais l'on croise fréquemment des mères de plus en plus jeunes. Ceci est dû sans doute à des aides sociales particulièrement efficaces et adaptées aux jeunes parents, en général moins fortunés.

Tableau comparatif

	Danemark	France
Espérance de vie chez les hommes	77	78
Espérance de vie chez les femmes	81	84
Mortalité infantile	4,5	3,6
Coût de la santé en % du PIB	8,5	11
Dépenses totales pour la protection sociale en % du PIB	27,2	29,4

Éducation

Le système éducatif danois est assurément l'un des meilleurs au monde. Il faut dire que l'Etat dépense une partie importante de son budget en matière d'éducation : 8 % du PIB (contre 5 % pour la France). Les infrastructures scolaires sont particulièrement modernes : accès à Internet, nombreux équipements sportifs et aires de terrains de jeux… L'enseignement dispensé est beaucoup plus souple que celui que nous connaissons en France : les rapports entre enseignants et élèves sont beaucoup moins rigides (on tutoie les professeurs) et l'on insiste plus sur les contrôles continus ce qui évite parfois le stress des examens répétés. Peu d'élèves choisissent de se diriger vers des études universitaires dès l'obtention du baccalauréat : il est possible de voyager afin d'épanouir sa personnalité et d'élargir le champ de ses expériences tout en profitant d'un système de points qui permet d'accéder plus facilement à l'université. L'une des grandes spécificités du Danemark consiste en un système de bourses estudiantines que l'on octroie systématiquement aux étudiants pendant cinq ans, toutes classes confondues : environ l'équivalent de 500 € par mois ! L'enseignement parallèle tient également une part importante au Danemark : de nombreux cours du soir sont subventionnés par l'Etat, les écoles privées sont très fréquentées (*højskole*) qui proposent une foule d'activités diverses, destinées à parfaire les connaissances dans un domaine bien défini avant de poursuivre son éducation dans des établissements d'enseignements supérieurs.

Enfants

Ce sont un peu des rois au pays des contes d'Andersen : les plus grands musées (Louisiana, Musée national, ARoS) leur ouvrent spécialement des salles, les parcs regorgent d'aires de jeu. On les emmène partout avec soi (surtout à vélo, à l'arrière, ou sur une petite plateforme à l'avant), leurs papas comme leurs mamans peuvent prendre de longs congés pour s'occuper d'eux (six mois avec 90 % du salaire assuré, pour le père ou la mère, au choix). En mai 1997, le parlement danois a voté une loi leur permettant de porter plainte contre leurs parents lorsqu'ils leur donnent une fessée !

Santé

Le Danemark est également à l'avant-garde de l'Europe en matière de sécurité sociale. L'organisation de l'assistance publique date de 1849, date de la première Constitution danoise. On garantissait déjà une aide minimale aux malades, que ce soit sous forme de subventions ou de soins. De nos jours, les soins médicaux et hospitaliers sont gratuits, ainsi que les soins dentaires pour les moins de 18 ans.

Habitat

Les Danois sont pour les deux tiers propriétaires de leur lieu d'habitation et attachent une attention toute particulière à leur intérieur. On porte une grande importance à l'agencement de la lumière, et il ne se trouve pas une pièce qui ne soit agrémentée de bougies qui ornent fréquemment les rebords de fenêtres. S'il était un mot pour caractériser les intérieurs danois, ce serait *hyggeligt*. Intraduisible en français, une combinaison de confortable et agréable. Les appartements sont pour la plupart parquetés et les salles de bains rarement imposantes ! Les machines à laver se trouvent en général dans la cave collective, et sont partagées par les habitants de l'immeuble. Chaque immeuble dispose systématiquement d'une parcelle de jardin. On trouve encore de vieilles maisons à colombage et au toit de chaume, que ce soit dans les villes d'importance ou dans les villages. Parfois vieilles de 400 ans, elles apportent une touche d'authenticité dans un paysage urbain dominé

Un siècle de conquêtes pour les droits de la femme

Le Danemark a toujours été pionnier en matière d'avancées des droits des femmes, en témoignent les nombreuses conquêtes et droits acquis depuis le début du siècle, bien avant ses voisins. Le Danemark est l'un des premiers pays au monde à avoir autorisé le divorce par consentement mutuel ? en 1790. Les Danoises ont également été les premières femmes à participer aux Jeux Olympiques à Athènes en 1906. Si leur droit d'accès au trône se fait de manière égalitaire depuis des siècles, elles n'obtiennent le droit de vote qu'en 1915 (en France, il faut attendre 1944). Le principe d'égalité est posé pour l'entrée dans la fonction publique en 1921. En 1924, la première femme au monde à devenir ministre – nommée à l'Education nationale – est la Danoise Nina Bang.

par des immeubles de briques rouges et autres constructions modernes : sur les 2,5 millions d'habitations que l'on compte au Danemark, neuf dixième ont été construites après 1900 dont un tiers entre 1960 et 1970 !

Maison danoise

L'art de vivre danois est peut-être avant tout un art d'habiter la ville ou le village, l'immeuble ou le quartier, mais d'abord l'appartement ou la maison. Urbanisme, architecture et design forment ici plus qu'ailleurs un ensemble cohérent, marqué par la simplicité, la qualité et l'inventivité. La maison traditionnelle, mitoyenne et de plain-pied, aux murs de brique peints à l'huile en blanc ou jaune et au toit de tuile noire ou rouge, trouve son expression la plus éclatante au début du XIXe siècle. Les grandes difficultés du pays imposent alors la construction la plus économe possible de maisons solides et fonctionnelles, bien proportionnées et sans ornement inutile. C'est dans ces demeures simples, encore très présentes dans le centre des villes et des villages comme dans le cœur de tous les Danois, qu'Andersen ou Kierkegaard ont créé leurs œuvres. Les architectes danois d'aujourd'hui, convaincus plus que d'autres que la conception de logements reste leur vocation première, revisitent ingénieusement la maison traditionnelle « basse et compacte ». Ils s'appuient sur des artisans chevronnés et des industriels innovants pour adapter cet héritage aux nouveaux besoins (logement

© THIERRY LAUZUN - ICONOTEC

Ærøskobing, maison traditionnelle.

social, maison familiale individuelle, résidences secondaires), dans un double souci de qualité environnementale et, notamment par la standardisation qui réduit les coûts de construction, d'équité sociale. Au Danemark, l'architecte-designer Arne Jacobsen (1902-1971) est connu pour son prototype de maison de vacances modulaire Kubeflex presque autant que pour la fameuse chaise Fourmi et l'architecte Jørn Utzon (1918) pour sa « maison à plan libre », évolutive et écologique, autant que pour le célèbre Opéra de Sidney.

MŒURS ET FAITS DE SOCIÉTÉ

Mœurs

La tolérance et l'ouverture d'esprit des Danois ne sont pas une légende… Rien ne semble tabou en matière de sexe et de rapport au corps. Le Danois se dénude aisément, sans fausse pudeur. Il suffit de fréquenter les piscines ou les plages pour s'en rendre compte ! Il faut dire que le Danemark fut précurseur en matière de films pornographiques ce qui banalisa certainement toute forme de puritanisme dans le pays…

▶ **L'émancipation des femmes au Danemark :** les femmes danoises travaillent désormais à l'égal des hommes et participent aux tâches qui incombaient autrefois à la gente masculine ! Encore un exemple d'égalitarisme qui semble avoir bousculé les rapports au sein du couple : les Danoises ont du caractère et affirment de plus en plus leur état de femmes libres et indépendantes. Difficile d'être macho au Danemark et la bière danoise, faiblesse nationale, se partage désormais à deux !

Délassement national

Dans un train ou dans la rue, vous croiserez souvent un Danois une bouteille de bière à la main. Le samedi soir, cela devient un défoulement national, renforcé par la présence tout aussi alcoolisée des voisins suédois venus apprécier la vente libre d'alcool dont ils ne profitent pas chez eux.

Communauté gay

Au Danemark, les homosexuels, hommes ou femmes, peuvent se marier civilement depuis 1989 (une première mondiale) avec les mêmes droits qu'un couple hétérosexuel en matière de fiscalité ou d'héritage par exemple.

Toi qui as grandi

« Toi qui as grandi au sein d'autres milieux tu ne pourras jamais concevoir ce que la Loi de Jante peut avoir d'impitoyable. Tu vas en rire et ne comprendras jamais la mortelle passion qui a étouffé à Jante l'enfant d'ouvrier que j'étais. Par les dix commandements de la Loi, Jante tient Jante sous son talon de fer. Ecoute, les voici :

- **1.** Tu ne croiras pas être quoi que ce soit.
- **2.** Tu ne croiras pas que tu peux t'égaler à nous.
- **3.** Tu ne croiras pas que tu es plus intelligent que nous.
- **4.** Tu ne t'imagineras pas être meilleur que nous.
- **5.** Tu ne croiras pas en savoir plus que nous.
- **6.** Tu ne croiras pas être plus que nous.
- **7.** Tu ne croiras pas être capable de quoi que ce soit.
- **8.** Tu ne riras pas de nous.
- **9.** Tu ne croiras pas que quiconque se soucie de toi.
- **10.** Tu ne croiras pas que tu puisses nous apprendre quoi que ce soit. »
- **Axel Sandemose,** *Un fugitif croise sa trace*, trad. par Frédéric Durand, Écrivains de Norvège, Amiot-Lenganey, 1991.

Avis aux amateurs ou amatrices : l'un des deux époux doit être de nationalité danoise et résider dans son pays. Plus de 2 000 couples ont ainsi déjà fait leur déclaration de vie commune (parmi lesquels 350 ont ensuite opté pour le divorce). Depuis 2001, ils peuvent se marier à l'église (la célébration est assurée en partie par le maire de la commune, en accord avec le prêtre). Depuis mars 2009, le Danemark est le premier pays qui a autorisé l'adoption pour les couples homosexuels. Des nouveaux statuts qui marquent bien le degré de tolérance des Danois à l'égard d'une homosexualité d'autant mieux acceptée qu'elle demande simplement le « droit à l'indifférence ». La vie *gay* danoise est particulièrement active, tant sur le plan associatif que sur celui de la vie nocturne.

RELIGION

L'Église nationale évangélique luthérienne est une religion subventionnée par l'Etat, la plus importante au Danemark puisqu'adoptée par 84% du peuple danois. L'Etat subventionne également les communautés religieuses des chrétiens étrangers (Suédois, Norvégiens et Allemands de confession luthérienne). Un grand nombre de communautés religieuses sont également représentées, mais avec un nombre d'adeptes qui reste très minoritaire : parmi les plus importantes, l'Eglise catholique romaine (35 000 fidèles), le bouddhisme (18 000), les Témoins de Jehovah (14 000), l'église baptiste danoise (5 200), les pentecôtistes (5 000) et le judaïsme (4 000). Il faut compter également avec les religions de confession musulmane (conséquence de l'immigration), qui rassemblent environ 200 000 fidèles en plaçant l'islam comme la deuxième religion d'importance au Danemark. Cette mosaïque de communautés religieuses n'a pourtant jamais créé quelque tension que ce soit. Les religions semblent parfaitement cohabiter dans un pays réputé pour son esprit de tolérance. Le christianisme s'implanta dès le début du IXe siècle et devint religion du roi en 950 lorsque Harald « à la dent bleue » se fit baptiser. Les runes inscrits sur la pierre de Jelling témoignent encore des débuts de la christianisation du Danemark. La plupart des églises danoises furent construites quelque deux cents ans plus tard, entre le XIIe et le milieu du XIIIe siècle. La Réforme luthérienne de 1536 éradiqua alors le catholicisme en rompant avec l'Eglise papale et en instaurant le luthéranisme, seule religion autorisée par l'Etat. On compte désormais environ 2 100 paroisses et 2 000 pasteurs (formés dans les universités théologiques de Copenhague et d'Århus) dans les dix diocèses danois administrés par le ministre des Cultes. On assiste à une désaffection certaine des pratiques religieuses ces dernières années.

Arts et culture

ARCHITECTURE ET DESIGN

On mise plus sur la qualité des constructions que sur leur originalité, en portant notamment une attention toute particulière au choix des matériaux. Simplicité et modestie légendaires des Danois que l'on retrouve également en architecture : rien qui ne soit démesuré, les constructions, l'équipement et le mobilier doivent avant tout disposer de qualités fonctionnelles.

Arne Jacobsen (1902-1971). Ce professeur d'architecture et de design a laissé d'importantes réalisations dans son pays : l'immeuble SAS Royal face à la gare de Copenhague (1961), l'hôtel de ville d'Århus (en 1942, jusqu'au moindre détail de sa décoration), le siège de la banque du Danemark au cœur de la capitale (1971). Il est aussi connu dans le monde entier pour sa série de chaises Fourmi, qui s'est produite à plus de cinq millions d'exemplaires depuis 1952 ! La série 7, héritière de la Fourmi, qu'il créa en 1955 est encore aujourd'hui la chaise la plus vendue au Danemark !

Jørn Utzon (1918-2008). Architecte auteur de l'Opéra de Sydney, devenu monument symbole de l'Australie, avec ses coquilles ouvertes. Il s'était retiré du projet avant son achèvement, à la suite de dissensions avec les Australiens, mais le bâtiment reste attaché à son nom. Son fils, Jan Utzon, marche dans ses pas, il a réalisé avec son père le bâtiment qui abrite le Parlement du Koweït. Parmi les dernières réalisations du bureau Utzon au Danemark : le musée d'Art moderne d'Esbjerg, et la Maison de la nature de Skagen (inaugurée en 2000). On lui a décerné en 2003 une récompense prestigieuse dans le monde de l'architecture : Le prix Pritzker, que l'on compare souvent au prix Nobel de l'architecture !

Henning Larsen. Né en 1925. Un des grands architectes danois en activité. Il a travaillé avec Arne Jacobsen avant d'ouvrir son cabinet. En 1996, il a réalisé à Hellerup, près de la brasserie Tuborg, une tour ronde abritant au sommet un restaurant panoramique, et surtout la nouvelle extension de la Ny Carlsberg Glyptotek, qui abrite désormais les trésors des impressionnistes du célèbre musée de Copenhague. C'est à lui qu'a été confiée la réalisation du nouvel Opéra royal, dans le port de Copenhague, face à Amalienborg et à l'Eglise de Marbre...

L'opéra de Copenhague réalisé par l'architecte Henning Larsen.

Cathédrale de Roskilde, dans le Seeland.

Johan Otto von Spreckelsen (1929-1987). C'était l'architecte choisi par François Mitterrand pour réaliser la Grande Arche de la Défense. Il est mort avant de voir son superbe bâtiment achevé. Il est l'auteur de plusieurs églises de la banlieue de Copenhague (à Hvidovre, Vangede, Farum).

Morten Schmidt, Bjarne Hammer et John Lassen. Ces trois architectes, réunis dans un cabinet créé en 1986, se font remarquer par des constructions audacieuses : ils sont les auteurs, en 1999, du Diamant noir, l'extension de la Bibliothèque royale de Copenhague vers le port, avec sa façade de granit noir, nouvel emblème de la capitale danoise.

Poul Henningsen (1894-1967). Il est présent dans la plupart des foyers danois, car c'est le designer des lampes et lustres P.H., avec ces successions de rondelles de métal et de verre, diffusant si parfaitement la lumière. Il a été aussi l'incarnation de l'esprit de Copenhague : résistant de la première heure face aux nazis (comme beaucoup de ses concitoyens), il a écrit pendant la seconde guerre mondiale de nombreuses chansons, dont le sens échappait à l'occupant.

Georg Jensen (1866-1935). Ce fils d'ouvrier est devenu un orfèvre réputé pour son travail sur l'argent. Il a créé de nombreuses pièces pour la table, dont certaines sont toujours produites aujourd'hui. Son atelier a été fondé en 1904. Il est aujourd'hui intégré au groupe Royal Scandinavia, emploie vingt-cinq orfèvres sur argent, et son nom est devenu une marque de luxe qui se décline au-delà des couteaux et des fourchettes.

Lars Kristensen. Né en 1962. Parcours peu banal pour cet autodidacte francophile dont l'appartement est aujourd'hui photographié sous toutes les coutures par les plus grands magazines de décoration. Serveur dans les restaurants parisiens, avant de porter les plateaux-repas aux passagers d'Air France, il a décidé de se consacrer à sa passion en écumant les brocantes françaises et belges, pour imposer un style personnel qui a très vite fait fureur : pas un restaurant branché de Copenhague, pas une villa cossue des bords du Sund qui n'ait un jour fait appel à son talent pour dénicher l'objet qui sait allier le goût danois à l'authenticité française : statues des saints et de la Vierge, linge provençal, bols à café des années 1950, lits en fer, cloche à melon... Autant d'objets exotiques sous ces latitudes qu'il a su mettre en valeur dans une petite boutique, vite agrandie, de Store Kongensgade.

DÉCOUVERTE

ARTISANAT

Il fait partie du paysage quotidien au Danemark, certaines régions ou villes sont spécialisées dans un type d'artisanat : porcelaine royale de Copenhague (visite de la manufacture et du musée), poterie et céramique sur l'île de Bornholm, dentelle de Tønder (sud du Jutland), bateaux en bouteille (Ærøskøbing), verrerie de la manufacture d'Holmegaard (Næstved, en Seeland). On sent une attention particulière donnée aux objets de décoration et l'artisanat fait partie de cette culture, de ce goût pour l'aménagement des espaces privés ou publics (musées, boutiques, cafés ou appartements personnels). En plus, vous en avez pour tous les goûts.

CINÉMA

Le Danemark a de bonnes raisons d'être fier de son cinéma, une tradition vieille d'un siècle qui compte parmi les premières au monde. La Nordisk Film est la plus ancienne compagnie cinématographique du monde encore en activité. Elle a régné sur le cinéma mondial à l'âge d'or du cinéma muet. Les Danois affirment que le premier baiser échangé sur un écran a été vu dans un film danois. En tout cas, la première vamp de l'histoire du cinéma est bel et bien danoise : Asta Nielsen. Le Danemark s'illustra dès le début avec des cinéastes prolixes tels que Ole Nielsen (560 films à son actif !) mais surtout Carl Th. Dreyer, génie du muet, mondialement connu pour *La Passion de Jeanne d'Arc*, un modèle du genre. Il reste le maître du cinéma national, bien qu'il fût longtemps boudé.

D'abord reconnu à l'étranger. Son pessimisme et son goût pour le surnaturel effrayaient ses concitoyens. C'est surtout à partir des années 1980 que le cinéma danois marquera la scène internationale : *Le Festin de Babette* de Gabriel Axel remporte un oscar en 1987, *Pelle le conquérant* et *Les Meilleures Intentions* (sur un scénario du Suédois Ingmar Bergman) de Bille August remportent la palme d'or au festival de Cannes. Avec Francis Ford Coppola et Shohei Imamura, Bille August est d'ailleurs le seul à avoir remporté à deux reprises cette prestigieuse récompense. De nouveaux talents viennent alors s'ajouter à la scène cinématographique danoise : le turbulent Lars von Trier, que l'on ne cite plus, à l'origine du Manifeste des dogmes qu'il rédigea avec son partenaire Thomas Vinterberg et Sussane Bier, nouvelles figures montantes du septième art danois. Lars von Trier a lancé toute une génération de nouveaux cinéastes, à coup de bluff et d'innovation, avec une belle réussite dans les festivals, mais aussi aux box-offices européens (*Dancer in the Dark* reçoit la Palme d'or en 2000 et le Prix d'interprétation pour Björk ; *Festen* de Thomas Vinterberg est récompensé par le Prix du jury en 1998). Enfin, en 2011, le film *Revenge* de Susanne Bler, sacrée meilleur film des Golden Globes en janvier a reçu l'Oscar pour le meilleur film étranger lors de la 83e cérémonie des Academy Awards à Hollywood. Tous les films étrangers sont projetés en version originale, de même à la télévision. A Copenhague, certains films danois sont sous-titrés en anglais, à l'intention des étrangers. Ne soyez pas surpris par les tarifs : la place coûte jusqu'à 80 Dkr dans certaines salles. Les salles d'art et essai proposent des tarifs plus attractifs. De plus, ces salles projettent des films français et disposent toutes d'un café accueillant dans leurs locaux. Le tarif est encore réduit pour les séances du lundi et de l'après-midi.

▶ **Asta Nielsen (1881-1972).** Elle fut une immense star dans les années 1910, brune, androgyne et brûlante à la fois, inspirant Apollinaire à Paris et les publicitaires à Hollywood (son nom fut donné à des salles de cinéma, à des produits de beauté et même à une marque de cigarettes). Elle a surtout tourné en Allemagne (avec Pabst, Lubitsch) jouant Loulou avant Louise Brooks, et avec Garbo (dans *La Rue sans joie*) qui dira avoir tout appris d'elle. Elle quitta l'écran après son premier film parlant en 1932 et revint au Danemark où elle poursuivit une carrière théâtrale. En Allemagne, où elle était surnommée Die Asta, le nouveau musée du Cinéma de Berlin lui consacre toute une salle.

▶ **Carl Th. Dreyer (1889-1968).** Ce maître du cinéma danois a beaucoup tourné en France où la critique l'a toujours porté en triomphe. Il avait beaucoup de difficultés dans son pays pour trouver les financements nécessaires à la réalisation de ses films. Un véritable génie précurseur aux films d'une rigueur flamboyante. Parmi les chefs-d'œuvre qu'il a réalisés, il faut avoir vu *La Passion de Jeanne d'Arc* (1928), tourné en France avec Falconetti, et Ordet (*La Parole*, 1954) qui est, de l'avis de nombreux historiens du cinéma, mais aussi pour beaucoup de cinéphiles, le plus humain, le plus abouti, le plus beau film jamais conçu.

▶ **Astrid Henning-Jensen (1914-2002).** Elle a tourné jusqu'à l'âge de 82 ans, mais son dernier film *Bella min Bella* (1996) fut un échec commercial, éreinté par la critique. Ours d'argent à Berlin en 1978 pour *Les Enfants de l'hiver*, elle a été pendant un demi-siècle une des rares femmes cinéastes à représenter le Danemark à l'étranger.

▶ **Gabriel Axel.** Né en 1918. Il a tourné beaucoup de téléfilms pour la télévision française avant de connaître la consécration au cinéma avec *Le Festin de Babette*, adapté d'une nouvelle de Karen Blixen, oscar à Hollywood en 1987, dans lequel il réussit à faire parler Stéphane Audran en danois !

▶ **Anna Karina.** Née en 1940. De son vrai nom Hanne Karin Bayer. C'est Coco Chanel qui l'a engagée comme mannequin lors de son arrivée à Paris et lui a conseillé de prendre le nom d'Anna Karina. L'égérie (et ex-épouse) de Jean-Luc Godard a aussi été l'interprète de Visconti, Fassbinder et Rivette. Elle a également chanté Gainsbourg (*Sous le soleil exactement*, le tube de la comédie musicale *Anna*, c'est elle). Réalisatrice (*Vivre ensemble*, 1973), romancière, elle est revenue à la chanson en 2000 grâce à Philippe Katerine qui lui a fait reprendre *Ma ligne de chance* – qu'elle interprétait dans *Pierrot le Fou* – mais aussi chanter *Copenhague* et quelques autres titres bossa-nova de sa composition.

▶ **Bille August.** Né en 1948. Il a réalisé beaucoup de téléfilms avant de se lancer dans le cinéma, à la fin des années 1970. Il traite souvent du thème de l'enfance (*Zappa*) que l'on retrouve dans l'exemplaire *Pelle le conquérant*, palme d'or à Cannes en 1988. C'est l'un des rares réalisateurs (avec Coppola et Imamura) à avoir reçu à deux reprises la prestigieuse récompense : la seconde fois en 1992 pour *Les Meilleures Intentions*, traitement académique d'un script qu'Ingmar Bergman lui avait confié. Sa renommée internationale s'est encore accrue avec l'adaptation de *La Maison des esprits* (1993) d'Isabelle Allende (et son casting hollywoodien : Meryl Streep, Glenn Close, Jeremy Irons), et celle du best-seller de Peter Høeg, *Smilla* (1997), avant qu'il ne réalise Goodbye Bafana en 2007, adaptation de la vie de Mandela

Lars von Trier. Né en 1956. Son premier film, *L'Elément du crime* (1988) est rapidement devenu un film culte, grâce à ses ambiances étranges, ses recherches formelles, sa violence. Son film *Europa*, en 1990, a beaucoup dérangé, laissant la critique perplexe : petit bricoleur de génie, visionnaire ou *gagman* ? Mais après un feuilleton télé qui a tenu en haleine tout le Danemark (et les téléspectateurs d'Arte en France) – *Les Fantômes de l'hôpital* (Riget, « le Royaume ») – Lars von Trier a totalement convaincu de son talent avec *Breaking the Waves* (1996), Grand Prix du jury à Cannes, et grand succès dans les salles de tous les pays européens. Esthète déroutant et inventif, il demeure un personnage excentrique et totalement à part dans le monde du cinéma : claustrophobe, impulsif,

en recherche de paternité, fuyant le vedettariat tout en jouant les provocateurs : en 1995, il menaçait de boycotter la soirée des Bodil (les césars danois) s'il n'était pas assuré de remporter le premier prix ! Une palme d'or à Cannes en 2000, doublée d'un prix d'interprétation pour la chanteuse islandaise Björk, l'a comblé, même si cette comédie musicale tournait le dos au Dogme lancé en 1995 avec quelques jeunes réalisateurs. Mais il continue à obtenir ce qu'il veut : après Catherine Deneuve pour *Dancer in the Dark*, Nicole Kidman et Lauren Bacale pour *Dogville*... En 2009, il présente *Antichrist*, un film d'horreur dans lequel Satan serait à l'origine du monde avec Charlotte Gainsbourg, récompensée par ailleurs par le Prix d'Interprétation féminine au Festival de Cannes.

Susanne Bier. Née en 1960 à Copenhague. Elle a réalisé notamment *Brothers* en 2006 qui s'exporte très bien sur les marchés américains. En 2007, sa renommée s'accroît en réalisant *After the Wedding*, nommé pour l'Oscar du meilleur film étranger. Enfin, la consécration arrive en 2011 avec le Golden Globe et surtout l'Oscar du meilleur film étranger pour *Revenge*.

Les cinéastes du Dogme

En 1995, trente-cinq ans après la Nouvelle Vague en France, Lars von Trier et le jeune réalisateur Thomas Vinterberg s'imposaient dix commandements, rassemblés sous le manifeste Dogma95, et rejetaient tout artifice (musique, lumière, décor, caméra fixe, etc.) dans la réalisation de leurs films. Caméra à l'épaule, lumière naturelle... Cela a donné *Les Idiots*, expérience repoussant les limites du jeu des acteurs (scènes de sexe non simulées), ou encore *Festen*, plus gros succès danois à l'étranger (du jamais vu en France depuis *Le Festin de Babette* avec Stéphane Audran). Mais les deux réalisateurs ont tôt fait d'abandonner leurs préceptes, laissant à d'autres (au Danemark et ailleurs) le soin de suivre ces tables de la loi, entre défi artistique et provocation. L'un des commandements (le 8e) du Dogme spécifiait : « le cinéma de genre est inacceptable »... Le film suivant de Lars von Trier fut la comédie musicale *Dancer in the Dark*. Même s'il a inspiré d'autres cinéastes depuis, notamment à l'étranger (avec une trilogie réalisée par Jean-Marc Barr, par ailleurs acteur fétiche de Lars von Trier), le Dogme semble ne pas avoir passé le seuil de l'an 2000.

Le 31 décembre 1999, Von Trier, Vinterberg et deux autres réalisateurs tournaient simultanément quatre films, diffusés le lendemain, 1er janvier 2000, sur quatre chaînes de télévision danoises (et trois autres scandinaves) en même temps : la même histoire – la préparation d'un hold-up la nuit du réveillon – vue par quatre équipes différentes, le téléspectateur faisant son propre montage en zappant d'une chaîne à l'autre. Résultat de ce *D-Dag* (« Jour J », c'était son titre) : un « pétard mouillé » selon la critique, résultat très décevant à l'audimat. Sans compter que, sur le tournage, la foule des fêtards se campait devant les caméras pour dire bonjour à leur famille ! Aujourd'hui, les deux réalisateurs leaders du Dogme tournent avec d'importants moyens, un casting international, et en Suède, pour fuir les taxes danoises, Thomas Vinterberg a tourné son *It's all about Love* (2002) au même endroit que *Dancer in the Dark* de Lars von Trier ! La seule trace « dogmatique » à vraiment persister : le tournage, chaque année, par Lars von Trier de quelques séquences d'un film prévu pour être achevé… en 2025 !

Filmographie sélective

- ***Ordet*** (1954) de Carl Theodor Dreyer.
- ***Gertrud*** (1964) de Carl Th. Dreyer.
- ***Twist and Shout*** (1984) de Bille August.
- ***Le Festin de Babette*** (1987) de Gabriel Axel.
- ***Pelle le conquérant*** (1987) de Bille August, palme d'or à Cannes.
- ***L'Hôpital et ses fantômes*** (1994 et 1997) de Lars von Trier (série télévisée, diffusée également en salle sous le titre *The Kingdom*).
- ***Nattevagten*** (1994) de Ole Bornedal.
- ***Les Idiots*** (1998) de Lars von Trier.
- ***Festen*** (1998) de Thomas Vinterberg.
- ***Dancer in the Dark*** (2000) de Lars von Trier, Palme d'or à Cannes.
- ***Le guerrier silencieux*** (2010) de Nicolas Winding Ref.
- ***Revenge*** (2010) de Susanne Bier, Oscar du meilleur film étranger.

Films étrangers se passant en partie au Danemark

- ***Une leçon d'amour*** (1954) d'Ingmar Bergman (Svensk Filmindustri).
- ***Le Rideau déchiré*** (1966) d'Alfred Hitchcock (Universal).
- ***L'Etau*** (1969) d'Alfred Hitchcock (Universal).
- ***La Répétition*** (2001) de Catherine Corsini (Films Pelleas-Philippe Martin).
- ***Italian for beginners*** (2001) de Lone Scherfig, Ours d'argent au festival de Berlin.

LITTÉRATURE

H. C. Andersen, Karen Blixen, Søren Kirkegaard… Des noms évocateurs dont la notoriété a traversé les frontières du petit royaume. La littérature danoise s'illustra dès le Moyen Age par des ballades dont la popularité inspira les œuvres poétiques du XIXe et du début du XXe siècle. Le courant baroque fut marqué par Thomas Kingo (1634-1703), apprécié pour ses psaumes et sa poésie profane. Le siècle des Lumières imposa une figure essentielle dans le paysage littéraire danois : Ludvig Holberg (1684-1754), le « Molière danois », introduit le genre théâtral au travers de comédies satiriques, très populaires encore de nos jours. La période romantique fut alors dominée par les écrits d'Adam Oehlenschläger (1779-1850), dramaturge et précurseur du renouveau poétique danois. Ce fut pourtant H. C. Andersen qui s'appropria une notoriété internationale en produisant une littérature postromantique : les fameux Contes d'Andersen, mais aussi des récits de voyage, poèmes et romans moins connus, qui s'adressent à un public plus large. Dans un genre littéraire radicalement différent mais tout aussi remarquable : aux XIXe et XXe siècles le philosophe Søren Kierkegaard, fondateur de l'existentialisme international, imposa également son œuvre complexe et novatrice hors des frontières du royaume. Johannes V. Jensen, Karen Blixen, Villy Sørensen ou Peter Højholt sont désormais les figures de proue du XXe siècle en s'inspirant de thèmes récurrents puisés dans les voyages, l'histoire, ou des réflexions sur les problèmes d'identité.

Hans Christian Andersen (1805-1875). « Ma vie est un conte de fées », écrivait-il. Quittant à 14 ans sa misérable condition à Odense, il chercha et trouva à Copenhague les appuis nécessaires pour s'épanouir socialement et intellectuellement. De voyages en publications de romans et surtout de contes, il obtint une célébrité internationale, devenue aujourd'hui planétaire. De récentes recherches auraient prouvé qu'il était le fils illégitime du roi Christian VIII et de sa maîtresse Ellise Anhlefeldt-Laurvig...

Karen Blixen (1885-1962). La baronne Blixen est célèbre pour ses contes, mais aussi pour avoir dirigé une ferme au Kenya pendant 17 ans. Expérience qu'elle raconte dans *La Ferme africaine* dont Hollywood a tiré un film avec Meryl Streep et Robert Redford (*Out of Africa*, de Sydney Pollack). Elle a longtemps publié des livres sous un pseudonyme, avant d'être reconnue comme un véritable écrivain. Syphilitique, elle a promené à la fin de sa vie sa silhouette squelettique et sa voix rauque en Europe et en Amérique, expliquant qu'elle ne se nourrissait plus que d'huîtres et de champagne !

Georg Brandes (1842-1927). Poète et critique d'art, il a beaucoup écrit contre les dogmes de tout genre : il était athée. Vers la fin de sa vie, il a orienté quelque peu sa pensée vers un culte nietzschéen du surhomme, très en vogue à la fin des années 1920...

Thorkild Hansen (1927-1989). Journaliste et grand voyageur, la plupart de ses livres sont des récits d'aventures, de périples, de rencontres à travers le monde. Il a été archéologue et a travaillé pour la Croix-Rouge en Asie et en Afrique. Ses livres ont été traduits en douze langues (en France essentiellement chez Actes Sud). Il a publié une trilogie en forme d'enquête journalistico-historique, racontant la traite des Noirs perpétrée par les Danois, et oubliée depuis par les livres d'histoire du royaume.

Peter Høeg. Né en 1957. Tour à tour danseur, escrimeur, marin et acteur, il est devenu un romancier à succès dès son premier roman publié en 1988, L'Histoire des rêves danois. Le second, *Smilla et l'amour de la neige*, a été adapté au cinéma par Bille August. Son talent de conteur, prenant des héros menacés par les travers des sociétés modernes, en a fait un auteur de best-seller international. Dernier livre traduit en français : *La Petite Fille silencieuse* (2007).

Ludvig Holberg (1684-1754). C'est le symbole du siècle des Lumières au Danemark. Né en Norvège mais écrivant en danois, il est l'auteur de romans, pièces, et à l'origine de tout un mouvement régénérant la langue danoise et contribuant à installer le classicisme dans son pays.

Johannes V. Jensen (1873-1950). Il a dominé toute la littérature du pays pendant la première moitié du XXe siècle. Prix Nobel en 1944.

Søren Kierkegaard (1813-1855). Grand individualiste, il a beaucoup écrit sur la notion de choix (on le surnomme « le premier existentialiste »), ainsi que sur ses rapports avec Dieu, et avec les femmes (il ne s'est fiancé qu'avec une seule, Regine Olsen : leur liaison a duré treize mois avant que Søren Kierkegaard se déclare incapable de l'épouser, car il était promis à Dieu). Ses écrits philosophiques ont été très importants et très influents, surtout à l'étranger. Les Danois (du moins ses contemporains) ont préféré rejeter ce penseur qui cherchait à les secouer en dénonçant très souvent leur apathie ou leur conformisme... Et qui à la fin de sa (courte) vie s'en prenait avec virulence aux grands de l'Eglise danoise.

Sven Åge Madsen. Né en 1939. Ecrivain qui pousse la recherche littéraire très loin, travaillant sur les notions de temps et d'espace, laissant une grande liberté d'imagination au lecteur. Et les Danois le suivent : dans un pays de 5 millions d'habitants, un tirage de 124 000 exemplaires est un exploit, c'est pourtant le score réalisé par *Tugt og utugt i mellemtiden* (*Le Vice et la Vertu dans l'intervalle*) ! Son roman *Mettons que le monde existe* a été traduit en français chez Gallimard.

Henrik Stangerup (1937-1998). Ecrivain, journaliste, cinéaste, réputé pour son anticonformisme. Il a secoué le Danemark dans les années 1970 avec sa dénonciation de la social-démocratie bureaucratique dans *L'Homme qui voulait être coupable*. Il a écrit plusieurs romans d'inspiration historique. Sans doute l'auteur danois contemporain le plus traduit en français, sa carrière de réalisateur au cinéma a été moins fructueuse (il a tout de même réalisé un documentaire passionnant sur Asta Nielsen, la diva du muet). Il faut lire sa description des conférences de presse du général de Gaulle vues par le correspondant d'un journal danois à Paris (*Vipère au cœur*).

Mais aussi le féroce portrait de sa mère, actrice de cinéma (*Elle*).

▸ **Dan Turrèll (1946-1993).** Poète, auteurs de romans, dont de nombreux polars, il a donné son nom à l'un des premiers cafés de style parisien de Copenhague. Il a également été chanteur. Son dernier disque, enregistré peu de temps avant qu'il ne soit emporté par un cancer de la gorge, raconte une fois de plus sa ville. De nombreux Danois ont eu du mal à l'écouter, jugeant cette voix, trop tôt éteinte, insoutenable à entendre *post-mortem*...

MUSIQUE

Les Danois aiment à chanter et entonnent à la moindre occasion de vieux chants populaires, que l'on doit pour la plupart à la plume de l'évêque Grundtvig qui écrit plus de 1 400 hymnes au XIXe siècle. La musique danoise fut largement influencée par l'Allemagne et la plupart des compositeurs danois du XIXe siècle sont des immigrés allemands. C'est le cas de C.E.F. Weyse, célèbre pour ses romances, et F. Kulhau connu pour ses nombreuses pièces pour flûte et sa musique de théâtre. La société de musique, créée en 1836 et dirigée par N.W. Gade, s'employa à promouvoir la musique danoise. Le conservatoire royal de musique du Danemark fut créé quelques années plus tard, en collaboration avec le non moins célèbre compositeur J.P.E. Hartmann. Le XXe siècle fut particulièrement marqué par Carl Nielsen, figure majeure de la musique danoise postromantique et compositeur prodigue. La musique contemporaine s'inspire largement de l'Europe centrale, en réaction contre un certain esthétisme moderne nordique qui limitait les champs de la composition.

▸ **Friedrich Kulhau (1786-1832).** Pianiste et compositeur d'origine allemande, il s'exila au Danemark dès 1810, fuyant Hambourg alors annexée par la France, et devint citoyen danois en 1813. Compositeur officiel au Théâtre royal en 1818, on lui doit de nombreuses pièces pour piano mais aussi pour flûte traversière.

▸ **Nikolaj Frederik Severin Grundtvig (1783-1872).** L'inventeur d'un « christianisme joyeux » était un pasteur débordant d'idées généreuses sur la vie, l'éducation, la démocratie et la liberté individuelle ; des idées qui ont imprégné les Danois jusqu'à nos jours et qu'il avait lui-même mises en pratique dans de hautes écoles populaires, installées à la campagne, et rapidement subventionnées par l'Etat. Il cherchait à favoriser l'éveil de chaque élève dans une atmosphère de liberté, principe proche des utopies de nos étudiants de 1968, l'élément religieux en plus. Grundtvig est aussi l'auteur d'importants écrits théologiques et de très nombreux cantiques, dont beaucoup sont d'inspirations nationalistes, écrits après le bombardement de Copenhague en 1807 et la perte de la Norvège en 1814.

Musique dans les passages Brandts.

Carl Nielsen (1865-1931). Ce grand violoniste, compositeur d'opéras et de symphonies, est l'un des rares musiciens danois dont le talent a dépassé les frontières. Sa renommée ne cesse de s'étendre.

Johannes V. Jensen (1873-1950). Il a dominé toute la littérature du pays pendant la première moitié du XXe siècle. Prix Nobel en 1944.

Niels Viggo Bentzon (1919-2000). Figure majeure de la musique classique moderne, ce pianiste composa un nombre exceptionnel de pièces pour piano, sonates, concertos, etc., dont l'originalité confirme un succès bien mérité.

Niels-Henning Ørsted Pedersen. Né en 1946. Musicien de jazz reconnu internationalement, contrebassiste attitré d'Oscar Peterson, il se produit régulièrement en trio.

Aqua. « *I'm a Barbie girl, in a Barbie World...* », vous vous souvenez ? C'était un groupe danois, qui a vendu plus de 28 millions de disques avant de se séparer, faute d'inspiration, quelques semaines après une participation sur fond de feux d'artifices au concours Eurovision de la chanson à Copenhague, en mai 2001.

Discographie sélective

Musique classique

- **J.P. Hartmann,** *Songs.*
- **F. Kulhau,** *Flute and piano, op. 110.*
- **Carl Nielsen,** *Symphonie, de 1 à 6.*
- **Niels Viggo Bentzon,** *Piano music, vol. 1-5.*

Variété

- **Savage Rose,** *Black Angel.*
- **Gasolino,** *Gasoline.*
- **TV2,** *Hits.*
- **Caroline Henderson,** *Cinemataztic.*
- **Randi Laubeck,** *Ducks and Drakes.*
- **Kashmir,** *Travelogue.*
- **Natural born hippies,** *Popshit.*
- **Swan Lee,** *Enter.*
- **Blue Foundation,** *Blue foundation.*

Jazz

- **Niels Henning Ørsted Pedersen,** *N.H.Ø.P.*

DÉCOUVERTE

PEINTURE, SCULPTURE ET ARTS GRAPHIQUES

Ce n'est qu'à partir du XVIIIe siècle que l'on peut évoquer un art qui soit spécifiquement danois puisqu'il était auparavant directement inspiré par des artistes étrangers qui importaient leurs œuvres au Danemark.

Le néoclassicisme

Le portraitiste Jens Juel et le peintre littéraire N.A. Abildgaard marquèrent le XVIIIe siècle en apportant une identité propre à l'art danois. Le célèbre sculpteur Bertel Thorvaldsen, élève de Albidgaard sera le premier Danois à exercer son art en dehors des frontières du royaume, à Rome notamment. Un musée lui est d'ailleurs consacré dans le centre de Copenhague.

L'âge d'or et le réalisme

On s'attacha, au XIXe siècle, à peindre des paysages, monuments et scènes populaires danois. Cette tendance fut admirablement représentée par les peintres Købke, Lundbye, Skovgaard, Dalsgaard... Mais ce goût exagéré pour la représentation des valeurs nationales valut à l'art danois un accueil peu enthousiaste lors de l'exposition universelle de 1878 à Paris. Cet isolement mal perçu par les artistes étrangers, incita les Danois à repousser les frontières du royaume en partant étudier à l'étranger.

Le symbolisme et le modernisme

Introduit par le peintre Willumsen, le symbolisme fit son apparition dès la fin du XIXe siècle, avec l'émergence des peintres fioniens qui prônent une peinture plus audacieuse dans le choix des couleurs et des sujets abordés. Deux courants artistiques évoluèrent ensuite parallèlement au début du XXe siècle : le mouvement cubiste, introduit en 1918 par Lundstøm, et le mouvement expressionniste encore emprunt de forts sentiments nationalistes.

Le surréalisme

Apparu au début des années 1930, ce mouvement rompt de nouveau avec la tradition en bousculant radicalement l'ordre établi. Bjerke-Petersen, Bille, et Motersen sont alors les chefs de fil de ce mouvement anarchiste…

Le mouvement Cobra

C'est un mouvement né en 1948 à Paris à l'initiative du peintre danois Asger Jørn (l'âme véritable du groupe), de l'écrivain belge Christian Dotremont et du sculpteur néerlandais Karel Appel. Cobra : Copenhague, Bruxelles, Amsterdam. Ce manifeste, signé par d'autres artistes des trois pays (Noirier, Corneille, Constant et Doucet), se voulait un mouvement de révolte pour faire bouger l'art académique en dérangeant le regard du public. Son but était de promouvoir un art populaire authentique et vrai, curieux et franc, comme ce qui se dégage des dessins d'enfants. Art primitif, expression spontanée : il s'agissait de « libérer » les forces créatrices du peuple. Ce principe dominant chez les Danois de Cobra, paraissait beaucoup moins primordial chez les Néerlandais qui ont surtout tenu à se libérer du conservatisme régnant dans leur pays, où Picasso, dans les années 1950, était encore considéré comme un escroc et un imposteur. Le manifeste était suffisamment flou pour ne pas susciter contradictions et polémiques. Il s'est dissous finalement en 1951, sans doute dans les discussions et les doutes partagés par Asger Jørn et Christian Dotremont, qui, tous deux tuberculeux, s'étaient retrouvés dans un sanatorium de Silkeborg. Les artistes venus de cette mouvance connurent presque tous un grand succès : Jørn, bien sûr, mais aussi le sculpteur Henry Heerup, les peintres Pedersen, Alechinsky, Karel Appel… Tous sont aujourd'hui très cotés, le marché de l'art ayant récupéré le mouvement Cobra pour en faire un mythe et, surtout, une étiquette très recherchée qui se monnaie fort cher.

Le postmodernisme

Un mouvement qui s'affirme dès 1960 au travers de l'hyperréalisme, le minimalisme et l'art conceptuel. L'art contemporain étranger inspire largement les artistes danois, et plus particulièrement l'art allemand.

Les peintres

- **Christoffer Wilhelm Eckersberg (1783-1853).** On l'appelle le « père de la peinture danoise ». Ancien élève de David à Paris, membre de la colonie danoise qui gravitait autour de Thorvaldsen à Rome au début du XIXe siècle, ce professeur de l'Académie des beaux-arts de Copenhague a influencé de nombreux artistes, ouvrant une période que l'on a baptisé l'âge d'or. Parmi ses élèves : Constantin Hansen, Christian Købke et Wilhelm Marstand. Avant lui, il n'existait aucune école de peinture danoise.

- **Vilhelm Hammershøi (1864-1916).** Peintre monochromatique. Ses toiles sont souvent grises, de rares couleurs apparaissent, et c'est pourtant magnifique. Intérieurs de maisons bourgeoises presque vides, femmes représentées de dos… Mais, parfois, un détail brille dans la toile. L'écrivain français Philippe Delerm (l'auteur de *La Première Gorgée de bière et autres plaisirs minuscules*, Gallimard, 1997) a parfaitement su imaginer ce que ses toiles racontaient des petites choses de la vie dans Intérieur (Flohic, 2001). Hammershøi, auquel le musée d'Orsay a consacré, avant New York, une importante rétrospective en 1997, est présent dans tous les musées danois, et sa cote n'a cessé de monter depuis que le marché américain de l'art l'a découvert.

- **Gerda Wegener (1885-1940).** Dessinatrice, peintre, elle était célèbre dans le Montparnasse des années folles pour ses croquis de mode, ses caricatures, ses dessins érotiques et ses portraits d'élégantes Parisiennes. Mais aussi pour la vie de son mari, Einar, peintre et courtier en œuvres d'art, s'affirmant peu à peu comme transsexuel : de son nouveau nom Lili Elbe, il (elle) sera le modèle préféré de son épouse. Mais après une opération chirurgicale permettant à Einar de changer de sexe (en 1929, une première en Europe !), la justice danoise annulera leur mariage.

- **Vilhelm Lundstrøm. (1893-1950).** Peu connu hors de la Scandinavie, cet artiste, très influencé par Picasso à ses débuts, a vécu dix ans à Cagnes-sur-Mer, avant de devenir professeur à l'Académie royale des beaux-arts en 1944. Il n'a vraiment peint que deux sujets : les natures mortes et les femmes. Les toiles de sa période où domine le bleu outre-mer sont d'une grande force.

- **Robert Jacobsen (1912-1993).** Ce prolifique artiste était un novateur permanent. On connaît à l'étranger ses sculptures sur métal, on découvre dans de nombreux musées du Danemark ses travaux sur bois ou cordes et ses recherches de couleurs en peinture.

Il utilisait le plus souvent des formes de structures élémentaires (carré, triangle, arc…), et tentait de nouvelles expériences, passant à autre chose quand il pensait se répéter. Robert Jacobsen était aussi un grand collectionneur d'objets du monde entier, dignes des plus beaux musées d'ethnologie. Il s'inspirait des bouddhas de l'Inde ou des statuettes africaines pour inventer de nouvelles formes. Travaillant dans sa ferme de Torskind, dans le sud du Jutland près d'Egtved, sa dernière réalisation aura été une sculpture monumentale de quatre tonnes et six mètres de haut, qui a été installée à l'entrée du siège de l'Unesco à Paris en mai 1993, don de l'Etat danois et de la famille du sculpteur.

Asger Jørn (1914-1973). Cofondateur du mouvement Cobra, dont il était en réalité le maître, il compte aujourd'hui parmi les plus grands peintres non figuratifs du monde. Il a fait son apprentissage à Paris, dans l'atelier de Fernand Léger, avant de se lancer dans une recherche formelle voulant traduire à la fois une certaine violence et une liberté. Il fait également partie des fondateurs de l'Internationale situationniste, en 1957, avec le Français Guy Debord, l'auteur de *La Société du spectacle*. Ses peintures sont colorées et pleines de clins d'œil à la mythologie nordique. Il a fait don de ses œuvres et de ses collections personnelles au musée des Beaux-Arts de Silkeborg.

Bjørn Winblaad. Né en 1918. Peintre spécialisé dans les fresques et les céramiques. L'artiste danois qui gagne le plus d'argent, dit-on… Il a redécoré récemment, d'un bleu sombre, le restaurant du prestigieux Hôtel d'Angleterre.

Per Kirkeby. Né en 1938. Il fait partie dans les années 1960 de l'Ecole d'Arts expérimentale, école privée ouverte en réaction à l'enseignement de l'Académie des beaux-arts. C'est aujourd'hui l'un des peintres les plus cotés, que l'on retrouve dans tous les musées d'art moderne du Danemark, mais aussi le peintre danois vivant le plus connu à l'étranger. Très influencé par Asger Jørn. Après le Groenland dans les années 1960, il s'est passionné ces dernières années pour les îles Féroé.

Maibritt Ulvedal Bjelke. Née en 1967. Cette jeune artiste, diplômée de l'école des Beaux-Arts de Paris, a déjà raflé plusieurs prix avec ses tableaux épais et colorés. Sa cote ne cesse de s'affirmer sur le marché de l'art contemporain, et elle est devenue une valeur montante pour les galeristes tant à Paris qu'à Copenhague.
Sa forte personnalité s'exprime en une technique inspirée alliant papier et peinture, couleurs et coulures, pourpres princiers et blancs d'Islande. Un vrai talent, désormais attaché aux noms de galeries réputées : Weinberger à Copenhague, Suzanne Tarasieve à Barbizon.

Les sculpteurs – céramistes

Berthel Thorvaldsen (1770-1844). Le seul artiste non catholique à avoir exécuté une commande pour le Vatican (en l'occurrence le monument funéraire du pape Pie VII). Ce maître de la sculpture néoclassique, qui vécut plus de quarante ans à Rome, reçut des commandes de toute l'Europe. Accueilli en héros national à son retour au Danemark, il se fit construire un mausolée au cœur de Copenhague, léguant ses œuvres à sa ville natale.

Wilhelm Freddie (1909-1995). C'était le dernier des surréalistes vivants de la fin du XXe siècle. Il faisait scandale à chaque exposition, avec ses sculptures-mises en scène aux allusions sexuelles dérangeantes.

Bjørn Nørgaard. Né en 1947. Ses statues monumentales sont visibles sur de nombreuses places du royaume : il mélange les époques et les matériaux (béton, marbre, verre…). Mais son art s'exerce aussi bien dans le cinéma que la céramique ou la tapisserie. Il est l'auteur des 17 tapisseries commandées aux Manufactures nationales de Beauvais et des Gobelins pour les 50 ans de la reine (livrées pour son 60e anniversaire), installées dans la salle de réception du château de Christiansborg, et qui racontent 1 000 ans d'histoire du Danemark !

Morten Løbner Espersen. Né en 1965. La céramique demeure objet de création pour la jeune génération. Récompensé par de nombreux prix au Danemark, Morten Løbner Espersen, un des plus intéressants céramistes de son pays, voit son talent dépasser les frontières : à peine sorties des fours, ses œuvres, à la fois rugueuses et sensuelles, sont désormais réclamées dans les grandes expositions aussi bien à Vallauris (Biennale internationale de céramique d'Ari) qu'à Amsterdam, Séoul ou Tokyo… Renseignements : www.cyf.dk/espersen

Cuisine danoise

La cuisine danoise réserve des surprises. On mange beaucoup de pommes de terre, de pain (noir le plus souvent, mais il en existe de toutes sortes), de la charcuterie (saucisse rouge typiquement danoise, salami) de la viande de bœuf, et, bien sûr, des produits de la mer (saumons, harengs, anguilles), des baies et des fruits rouges. Pourtant, les Danois, très soucieux d'hygiène, tout en étant très écologistes dans l'âme, évitent d'acheter des produits frais : les maraîchers sont rares (pommes et salades sont souvent vendues sous plastique sur les étals), et les Danois sont les plus gros consommateurs de surgelés de toute la Scandinavie, mais aussi de toute l'Europe !

PRODUITS CARACTÉRISTIQUES

Voici quelques plats que l'on retrouve dans certains restaurants ou sur la table des familles danoises.

- ***Smørrebrød.*** C'est l'élément central du déjeuner scandinave typique : du hareng sur une tranche de pain noir, tartiné de beurre, ou encore de petites crevettes, à déguster sur du pain blanc beurré. On peut avaler (d'un trait) un petit verre de snaps, suivi d'une bonne gorgée de bière fraîche.
- ***Fransk hot dog.*** Le *hot dog* que l'on connaît est « français » selon la dénomination danoise. On le consomme avec de la moutarde, sur le pouce. On les trouve chez tous les vendeurs ambulants.
- ***Sol over Gudhjem.*** Hareng fumé avec jaune d'œuf cru et des radis, de la ciboulette, des oignons, sur du pain noir.
- ***Frikadeller.*** Quelle est la jeune Danoise au pair qui ne demande pas à sa mère en rentrant au pays, de lui faire frire des *Frikadeller*, des boulettes de viande hachée, moitié bœuf (ou veau), moitié porc ?
- ***Æblekage med flodeskum.*** Un excellent gâteau aux pommes, agrémenté de gelée de groseilles et recouvert de crème fouettée.
- ***Flaeskesteg med rødkål.*** Du rôti de porc dont la couenne est grillée et caramélisée… Servi avec du chou rouge chaud. Croustillant et très parfumé.
- ***Gammelost med fedt og sky.*** Du « vieux fromage » sur du pain noir, avec du saindoux et de la gelée de viande.
- ***Rødgrød med fløde.*** Celui-là, vous pouvez être sûr que les Danois essayeront de vous le faire prononcer : à l'entendre, ce nom de dessert est un dégueulis verbal, tant les coups de glotte sur les ø sont concentrés ! Et qu'est-ce qui se cache derrière ? Une excellente soupe de fruits rouges, qui hésite entre la compote et la confiture, en beaucoup plus liquide. On y trouve généralement des fraises et des mûres mélangées, mais les jardins et les bois du Danemark regorgent encore d'autres baies, qui servent à d'heureux mélanges. Se déguste avec une crème fouettée. La grande variété de restaurants qui se sont récemment ouverts au Danemark a modifié les habitudes alimentaires des Danois, qui profitent désormais d'une cuisine multiethnique, l'immigration ayant joué un rôle majeur en important des saveurs exotiques. Les Danois portent peu d'importance au déjeuner qui consiste en général en un repas pris sur le pouce, contrairement au petit déjeuner, complet et plus copieux : charcuterie, pain noir, fromages et sucreries. On consacre également plus de temps au dîner qui se prend tôt, vers 18h.

Recette des fricadelles

Voici la recette, donnée par Mme Grethe Madsen, de Marstal sur l'île d'Ærø : « Râper un oignon • ajouter deux cuillères à soupe de farine de blé, deux œufs, 500 g de porc et de bœuf hachés, du sel, du poivre, un peu de lait pour la consistance • rouler les boulettes que l'on met à frire dans du beurre ou de la margarine. A Kolding, la charmante Mme Hanne Ulvedal préfère ne pas mettre de bœuf – elle n'utilise que du porc sans trop de gras –, et elle ajoute 100 g de chapelure. »

© STÉPHANE SAVIGNARD

Brioche à la cannelle, un classique!

ALCOOLS NATIONAUX

Bières. Carlsberg (qui a absorbé Tuborg) est connu dans le monde entier, et domine le marché danois. Subsistent, malgré tout, hors de Copenhague des brasseurs qui se sont regroupés au sein de Bryggerigruyppen (qui vend 30 % de la bière consommée au Danemark) : Ceres (Århus), Albani (Odense), Thór (Randers), et Fakse (au sud de la Seeland). Attention : vous trouverez peu de canettes en aluminium. Elles étaient interdites jusqu'en janvier 2002. Mais le nouveau gouvernement libéral a décidé de répondre aux injonctions et menaces de Bruxelles en acceptant leur introduction, ce qui devrait faciliter la concurrence des bières étrangères (qui ne représentaient jusqu'à présent que 1,5 % des ventes de bières au Danemark). La vente de bières (et de sodas) en bouteilles de verre est restée obligatoire pendant 20 ans pour des raisons écologiques, et le système de récupération demeure : les bouteilles sont consignées (vous récupérez entre 2 et 4 Dkr par bouteille en les ramenant en magasin, c'est d'ailleurs pourquoi certains marginaux ramassent celles qui traînent dans les rues) et recyclées (une bouteille de bière est réutilisée 31 fois avant d'être envoyée à la casse pour être recyclée !). Une consigne pour les canettes en alluminium (1,50 Dkr) a toutefois été instaurée.

Aquavit. Appelée plus facilement *snaps* ici, c'est une eau-de-vie à base de pommes de terre ou de grain, agrémentée d'herbes de toutes sortes. Les Danois en consomment beaucoup, surtout parmi les plus âgés. De nombreuses grand-mères danoises prennent un petit verre d'aquavit chaque jour avec leur déjeuner. Délicieux (cul sec) avec un *smørrebrød* de hareng, poussé ensuite par une gorgée de bière fraîche. L'aquavit distillé à Aalborg tente de retrouver un public jeune avec des bouteilles au design triangulaire, que vous trouverez facilement en *duty free*. Le meilleur ? Sans aucun doute la Jubilæum, avec sa couleur dorée et ses parfums d'aromates.

Digestifs. Le *Gamle Dansk* (le Vieux Danois) est un digestif assez costaud. Le Peter Hering, un alcool de cerise réputé.

Salud !

Tchin ! *Salud !* Santé ! *Skål !* (prononcer « skôôll »). C'est le mot que l'on s'adresse lorsque l'on trinque entre amis ou en famille. Mais attention, dans les pays scandinaves, on trinque avec les yeux ! Pas de tintements. Tous les regards se croisent au moment où les verres se lèvent, et l'on boit. C'est l'occasion de porter un toast, mais on peut renouveler le geste plusieurs fois au cours de la même soirée, chacun prenant alors son verre au signal – *Skål* – de l'un des convives.

Jeux, loisirs et sports

Vous aimez le football ? Vous ferez donc partie des 2 millions de téléspectateurs danois qui se pressent devant leur écran pour supporter l'équipe nationale ! Le football est le sport national par excellence. On a même qualifié les supporters danois de roliggans, *(rolig signifiant calme en danois), en opposition à la violence des hooligans anglais ! Le premier grand succès a lieu le 21 septembre 1983, lorsque l'équipe nationale, entraînée par l'Allemand Sepp Piontek, remporte la victoire sur les Anglais au stade légendaire de Wembley. Trois semaines avant l'événement, un quotidien danois a organisé un concours dans le but de trouver une chanson fétiche pour encourager les joueurs. Le refrain de la chanson élue reprend les couleurs du drapeau pour en faire un slogan énergique :* We are red, we are white, we are danish dynamite. *Elle suit l'équipe nationale comme le drapeau national sur tous les stades depuis 1983. Outre le Football, les activités sportives ne manquent pas au Danemark : le cyclisme est particulièrement populaire (le réseau de pistes cyclables permet de sillonner le pays confortablement), le handball (l'équipe nationale féminine a remporté deux fois la médaille d'or aux Jeux olympiques de 1996, 2000 et 2004), le badminton, et plus récemment le golf. La proximité de la mer permet également de pratiquer les sports nautiques, parmi les plus populaires : la voile, natation, canoë, kayak… Les loisirs des Danois sont tout aussi variés : parcs d'attractions, dont le fameux parc Tivoli à Copenhague, plages, balades à vélo, pêche. Et si le temps n'est pas de la fête, il est toujours possible d'échanger une partie de backgammon ou d'échecs, très populaires au Danemark. (La plupart des cafés danois disposent d'un jeu qu'ils vous prêteront gracieusement !).*

DES SPORTIFS CÉLÈBRES…

- **Bjarne Riis.** Né en 1964. Le vainqueur du Tour de France en 1996. Autre professionnel danois de haut rang : Ralf Sørensen.
- **Tom Kristensen.** Né en 1968. Coureur automobile, vainqueur des 24 heures du Mans en 1997 et 2000.
- **Peter Schmeichel.** Né en 1964. Le gardien de but de l'équipe nationale de football. Son tee-shirt et ses gants étaient exposés au Musée national de Copenhague tout l'été 1992, avec la coupe ramenée des championnats d'Europe qui s'étaient déroulés en Suède ! La même année, il a été élu meilleur gardien de but du monde. Il a raccroché les crampons de l'équipe nationale en avril 2001, après 128 sélections, un record ! Autre star du football danois : Michaël Laudrup, capitaine de l'équipe nationale, anobli par la reine en avril 2000.
- **Poul Erik Høyer.** Champion olympique (Atlanta 1996) de badminton, roi des sports chez les Danois. Star féminine de la spécialité : Camilla Martin, championne du monde en 1999.
- **Ole Olsen.** Longtemps champion du monde de speedway, sport très populaire au Danemark (un circuit de moto très réduit : 2 lignes droites de 50 m et des virages). En général, le Danemark dispute le titre mondial à la Grande-Bretagne, à la Suède et à la Nouvelle-Zélande.
- **Wilson Kipketer.** Né en 1971 au Kenya, installé au Danemark depuis 1990. Il a été le premier Noir à porter le drapeau danois pour un tour d'honneur dans un stade ! C'était lors des Championnats du monde de Göteborg, en 1995, où il a remporté la médaille d'or du 800 m. Danois d'adoption, le règlement lui a interdit les Jeux olympiques d'Atlanta, mais il s'est rattrapé en battant à Zurich, en août 1997, le vieux record du monde du 800 m (établi par Sébastien Coe, 16 ans plus tôt), avant d'être sacré « Danois de l'année » et d'obtenir la nationalité danoise. Nouvelle médaille d'or aux Championnats du monde en 1999, mais il a raté de peu la première place du podium aux Jeux de Sydney : médaille d'argent au 800 m.

Enfants du pays

Helena Christensen

Née en 1968 à Copenhague. Top-modèle internationale, brune aux yeux verts. Sa mère (péruvienne) avait envoyé sa photo à Paris au magazine *Elle* : une couverture de l'hebdomadaire lança sa carrière sur les podiums des grands couturiers.

Anders Fogh Rasmussen

Né en 1953. Secrétaire général de l'OTAN depuis le 1er août 2009. C'est aussi l'ancien Premier ministre de 2001 à 2009. Leader de la droite danoise, il a souvent été surnommé par la presse, avant d'accéder au pouvoir, « M. Parfait », avec son profil lisse et son physique avenant de vendeur de grand magasin... Soutenu par une formation d'extrême droite au Parlement (le Folketing, chambre unique), son gouvernement a compté un « ministère des réfugiés, des immigrés et des questions d'intégration ». Anders Fogh Rasmussen s'était engagé à « serrer la vis » en freinant l'afflux d'étrangers et en limitant le regroupement familial. Il a aussi tenté d'améliorer un système de santé débordé (les listes d'attente dans les hôpitaux ne cessent de s'allonger) avec pour objectif de reformer l'Etat-providence. Il a aussi été très impliqué en politique étrangère, en soutenant le président américain Bush dans sa guerre en Irak en envoyant des soldats, mettant fin ainsi à un siècle de non-engagement militaire du royaume.

Musée national de Copenhague.

Prince héritier Frederik

André Henrik Christian. Né le 26 mai 1968. Après une formation militaire chez les plongeurs sous-marins de la marine royale, des études en France, puis de droit et de sciences politiques à Århus (comme sa mère), il est entré à Harvard à l'automne 1992. Il a fallu lui trouver un nom de famille pour répondre au règlement de la célèbre université américaine. La famille royale n'ayant pas de patronyme autre que le titre de la maison dynastique, on lui en fabriqua un : Henriksen, qui signifie, « fils d'Henrik ». De cette façon, de nombreux noms se sont fabriqués au Danemark il y a des siècles. Frederik, étant l'aîné, succédera un jour à sa mère.
En attendant, son goût pour la vitesse fait les délices des tabloïds locaux qui l'ont surnommé le « Turbo prince ». Il a réalisé en 2000 une traversée du Groenland en traîneau à chiens. Le 14 mai 2004, il a épousé Mary Donaldson, une Australienne, avec qui il a quatre enfants : Christian (2005) et Isabella (2007) et deux jumeaux (un garçon et une fille) nés en janvier 2011.

Michaël Laudrup

Né le 15 juin 1964. Figure essentielle du football, Laudrup débuta sa carrière dès l'âge de 18 ans en intégrant l'équipe nationale danoise. Il joua ensuite pour des clubs prestigieux tels que le Real Madrid, FC Barcelona, la Juventus. Une carrière exemplaire pour ce joueur à la retraite, qui entraîne désormais l'équipe de football espagnole du RDC Majorque, après avoir pris en main le Spartak Moscou en 2009.

Margrethe II

Margrethe, Alexandrine, Thorildur, Ingrid. Née le 16 avril 1940. Les Danois l'adorent, c'est bien connu. Une vénération très familière, quoique respectueuse. Il faut dire que les souverains danois de ce siècle ont toujours entretenu des rapports très proches avec leurs concitoyens (on ne dit pas « sujets », la monarchie absolue a été abolie il y a plus d'un siècle). Ainsi, le père de la reine actuelle se promenait-il souvent seul à pied ou à cheval dans les rues de Copenhague. Margrethe II a accédé au trône du Danemark, en 1972, à l'âge de 31 ans.

Elle était préparée à l'exercice de ses fonctions puisque la Constitution avait été modifiée en 1953 pour permettre aux femmes de devenir souveraine du Royaume, ce qui ne s'était produit jusqu'à présent qu'au XIVe siècle, le temps de la régence prolongée d'une autre reine Margrethe. Son pouvoir se limite à la représentation, mais elle joue aussi de son influence dans un rôle de médiateur unique au monde : la reine reçoit tous les quinze jours, à Christiansborg, les Danois qui en font la demande, pour une audience privée. Son discours du nouvel an à la télévision est également un rendez-vous très attendu, une occasion pour elle d'exprimer parfois des remontrances lorsqu'elle trouve ses compatriotes un peu trop contents d'eux... En plus de ses obligations protocolaires, la reine mène une vie artistique très complète. Une photo célèbre la représente accroupie sur le sol d'un atelier, dessinant les costumes de *La Bergère et le Ramoneur*, un conte d'Andersen, adapté en 1987 par la télévision danoise. Elle a créé plus récemment ceux du nouveau spectacle de pantomime du parc de Tivoli. La reine Margrethe a également signé les dessins de quelques timbres-poste, et les illustrations de l'édition danoise du *Seigneur des anneaux* de John Ronald Tolkien, de la couverture de *Tous les hommes sont mortels*, le roman de Simone de Beauvoir qu'elle a traduit en danois en collaboration avec son mari, en 1981, mais sous un pseudonyme. Elle a même inséré des collages pour illustrer des poèmes publiés par son mari en 2000, *Cantabile*. Sexagénaire au rire de petite fille, c'est une fumeuse invétérée, ce que certains Danois lui reprochent : ils ont même organisé un boycott des timbres à son effigie pour la forcer à donner le bon exemple. Une étude scientifique, menée par un professeur belge (Hugo Kesteloot) et publiée par la revue médicale *The Lancet* début 2001, démontrait que la mortalité des femmes au Danemark était, plus qu'ailleurs en Europe, particulièrement liée au tabac, et s'interrogeait sur le mauvais exemple donné par la reine Margrethe. Interrogée à ce sujet lors d'une conférence de presse, la souveraine avait répondu : « C'est une manière quelque peu sensationnelle de publier ce que la plupart d'entre nous savent déjà, que beaucoup de femmes danoises fument », tandis que son mari le prince Henrik, ancien fumeur, ajoutait qu'il « ne fallait pas se laisser impressionner ou influencer par ce qui est politiquement correct. »

Mærsk Mc-Kinney Møller

Né en 1913. L'homme le plus riche du Danemark (fortune estimée à près de 100 milliards de couronnes) a pris une retraite relative en 1993, laissant son dauphin, Jess Seeberg, gérer un véritable empire. Il avait hérité lui-même en 1965 des importantes activités de son père armateur, qu'il a diversifiées : le groupe familial gère aujourd'hui, outre la compagnie maritime Mærsk (une des plus importantes au monde), des chantiers navals, une compagnie aérienne (Mærsk Air), des supermarchés et des sociétés de prospection et d'exploitation pétrolière. Il aura été l'un des chefs d'entreprise les plus admirés et les plus respectés de toute la Scandinavie. Le plus secret aussi. En 2000, en tant que président de la fondation propriétaire du groupe, il a offert un milliard et demi de couronnes à l'Etat pour qu'il construise un nouvel opéra dans le port de Copenhague. Colossal, il a été inauguré en 2005.

Lars von Trier

Né en 1956. Palme d'or à Cannes (pour *Dancer in the Dark*), figure essentielle du paysage cinématographique danois, on lui doit entre autre le manifeste artistique Dogme 95, qu'il rédigea avec le jeune cinéaste non moins talentueux Thomas Vinterberg.

Caroline Wozniacki

Née le 11 juillet 1990. Caroline Wozniacki est une championne de tennis. Issue d'une famille de sportif d'origine polonaise, la belle blonde devient en 2010, à 20 ans le n° 1 mondial en détrônant Serena Williams. Même si elle n'a gagné aucun tournoi du grand Chelem, c'est la première Danoise à régner sur le circuit féminin de tennis. Sa carrière débute en 2005 où elle remporte le Super Bowl. Elle entre dans la cour des grands en 2008 où elle remporte ses premiers titres notamment à Stockholm et à Tokyo. En 2009, elle continue à progresser et atteint, en 2009, la finale de l'US Open mais perd devant sa rivale la Belge Kim Clijsters. En 2010, elle remporte de nombreux prix dans le monde (Pékin, Tokyo, Copenhague). Il ne lui manque que de remporter un tournoi majeur pour étoffer son palmarès. Elle atteint, début 2011, les demi-finales de l'Open d'Australie et perd devant la Chinoise Li Na. Après cette défaite, la jeune Caroline perd le titre de n° 1 mondiale.

Communiquer en danois

Si vous souhaitez vraiment aborder les Danois et comprendre le maximum de ce qui se passe autour de vous pendant votre séjour, il est très important que vous ayez quelques notions de la langue. En bredouillant, ne serait-ce que quelques bribes de danois, vous recevrez en retour un tout autre accueil.
Le danois est une langue pleine de sel et riche en images, et ce n'est sûrement pas sans raison que les Danois ont la réputation d'être le peuple scandinave ayant le sens de l'humour le plus prononcé !

Cette rubrique est réalisée en partenariat avec ASSiMiL Langues de poche

La prononciation

En danois, c'est normalement la première syllabe d'un mot qui porte l'accent tonique. Dans la transcription phonétique, nous indiquerons l'accentuation en soulignant la syllabe accentuée.
Le son nasal n'existe pas en danois. Pour vous éviter de faire la nasalisation comme en français (dent, jambon, pain, etc.), nous séparerons la voyelle du n par un tiret : **Danmark** se prononcera donc *da-nmâk.*
À écouter les Danois, on dirait parfois qu'il se disputent ou qu'ils parlent tout en étant un peu essouflés. C'est le fameux phénomène du "**stød**", le coup de glotte, un mode d'articulation typiquement danois qui peut affecter une voyelle mi-longue ou une consonne sonore dans une syllabe accentuée. Pour faire le **stød**, il faut brusquement interrompre la prononciation de la lettre pour, immédiatement après, la reprendre, mais avec beaucoup moins d'insistance.
La transcription phonétique que nous vous proposons ci-dessous reprend, tant que faire se peut, les règles de prononciation du français.
Les paragraphes phonétiques seront marqués en italiques grisés. Une voyelle longue sera suivie par deux points (:), un coup de glotte par le signe ' placé après la lettre affectée.

• *Les voyelles*

a	*a*	**bakke**	*bakeu*	colline
	a:	**tale**	*ta:leu*	parler
	â	**farvel**	*fâʳvèl*	au revoir
	â:	**far**	*fâ:*	père
e	*é*	**det**	*dé*	cela
	é:	**bede**	*bé:THeu*	prier
	è	**selv**	*sèl'*	même
	è:	**vejr**	*vè:ʳ*	temps
	eu	**komme**	*komeu*	venir
i	*i*	**vi**	*vi*	nous
	i:	**spise**	*sbi:sseu*	manger
o	*o*	**komme**	*komeu*	venir
	o:	**kone**	*ko:neu*	femme
	o:'	**kro**	*kro:'*	auberge
u	*ou*	**du**	*dou*	tu
	ou	**ude**	*ou:THeu*	dehors
	gou:'	**gul**	*gou:'l*	jaune
y	*u*	**synes**	*suneuss*	penser
	u:	**nyde**	*nu:THeu*	jouir de
	u:'	**by**	*bu:'*	ville

▸ **æ**	*è:*	**være**	*vè:^{r}eu*	être
▸ **ø**	*eu*	**øl**	*eul*	bière
	eu:	**føde**	*feu:THeu*	nourriture
	eu:'	**rød**	*reu:'TH*	rouge
▸ **å**	*ô*	**på**	*pô*	sur
	ô:	**både... og**	*bô:THeu... o^{ou}*	à la fois... et
	ô:'	**blå**	*blô:'*	bleu
	ô:'	**sprog**	*sprô:'^{ou}*	langue

• ***Les consonnes***

▸ **d**	*d*	**Danmark**	*da-nmâk*	Danemark
	-	**land**	*la-n'*	pays
	TH	**gade**	*gâ:THeu*	rue
		glad	*glaTH*	joyeux
▸ **g**	*g*	**give**	*gui:veu*	donner
	s	**genert**	*sé:nért*	timide
	-	**sige**	*si:eu*	dire
▸ **h**	*h*	**han**	*ha-n*	il
	-	**hvem**	*vèm'*	qui
	-	**hjem**	*jèm'*	à la maison
▸ **j**	*i*	**jul**	*iou:l*	Noël
	di	**jazz**	*diass*	jazz
▸ **k**	*k*	**kro**	*kro:'*	auberge
	g	**cykel**	*sugueul*	vélo
		dansk	*da-n'sg*	danois
▸ **p**	*p*	**pige**	*pi:eu*	fille
	b	**lampe**	*lâ-mbeu*	lampe
▸ **r**	*r*	**rolig**	*ro:li*	tranquille
	^{r}	**bøger**	*beu:eu^{r}*	livres
▸ **s**	*s*	**salt**	*sal'd*	sel
▸ **t**	*t*	**tak**	*tâk*	merci
	d	**kraft**	*krâfd*	force
	TH	**minut**	*minou:TH*	minute
▸ **v**	*v*	**vogn**	*vo^{ou}'n*	wagon
	-	**selv**	*sèl'*	soi-même

Grammaire

La structure de la phrase

Les phrases simples ont souvent la même structure dans les deux langues, comme dans l'exemple ci-après :

▸ Sujet	▸ Verbe	▸ COD	▸ Adverbe de lieu	▸ Adverbe de temps
Jeg	**køber**	**kager**	**i butikken**	**om søndagen.**
iâ^{i}	*keu:beu^{r}*	*ka:eu^{r}*	*i boutigueun*	*om seundaeun*

J'achète des gâteaux dans la boutique le dimanche.

Retenez, cependant, que les adjectifs épithètes se placent toujours devant le nom commun auquel ils se rapportent.

Les questions

La forme interrogative ne vous posera pas de problème. Il vous suffit d'inverser l'ordre sujet-verbe de la forme affirmative.

▸ **Kommer han i morgen?**
komeu^{r} ha-n i mo:eun
Viendra-t-il demain ?

Vous pouvez aussi avoir recours aux pronoms interrogatifs :

▸ **hvem?** *vèm* qui ?

hvor?	*vo:^{r}*	où ?
hvorfor?	*vo:^{r}fo^r*	pourquoi ?
hvornår?	*vo:^{r}nô:$^{'r}$*	quand ?
hvordan?	*vo:^{r}da-n*	comment ?
hvad?	*vaTH*	(qu'est-ce) que ?

Notez que la question "combien ?" se traduit en danois de deux manières différentes :

pour une quantité indénombrable	**hvor meget?**	*vo:^{r} mâ^{i}euTH*
pour une quantité dénombrable	**hvor mange?**	*vo:^{r} mâ-ngueu*

Les réponses avec "oui / non"

Dans un contexte familial, les Danois se contentent souvent de répondre aux questions de manière brève, avec **ja** ou **nej**. Mais sachez qu'une réponse polie exige une phrase entière. Quelques exemples :

- **Har du avisen?**
  ha:$^{'r}$ dou avi:sseun
  As-tu le journal ?

- **Ja, det har jeg.**
  ia dé ha:$^{'r}$ iâ^i
  Oui.

- **Nej, det har jeg ikke.**
  nâ^i dé ha:$^{'r}$ iâ^i égueu
  Non.

Conjugaison

• *Le présent*

On dit qu'il n'y a pas de miracle, mais la langue danoise en comporte au moins un : le verbe a une forme unique à toutes les personnes d'un même temps. En danois, la forme infinitive est précédée de **at**. Cette marque de l'infinitif disparaît dès que le verbe est conjugué. Quand vous voulez former le présent d'un verbe régulier, vous n'avez qu'à prendre la forme infinitive et y ajouter un **-r**. Voici le verbe **at smile**, *sourire* au présent :

jeg	*iâ^i*		je souris
du	*dou*		tu souris
han	*ha-n*		il sourit
hun	*houn*	**smiler** *smileu^r*	elle sourit
den / det	*dèn / dé*		il/elle sourit
vi	*vi*		nous sourions
I	*i*		vous souriez
de	*di*		ils sourient

• *Le prétérit*

La langue danoise n'a qu'un seul temps, le prétérit, pour traduire à la fois l'imparfait, le passé simple et le passé composé français.

Pour la formation du prétérit et du participe passé (qui est utilisé pour la formation du passé composé et du plus-que-parfait), on distingue en danois les verbes faibles des verbes forts.

Les verbes faibles
Les verbes faibles, nécessitent une terminaison qui s'ajoute au radical pour former le prétérit.
La plupart de ces verbes finissent par **-ede** au prétérit, **-et** au participe passé :

		Prétérit	Participe passé
at elske	aimer	**elskede**	**elsket**
ad èlsgueu	*èlsgueuTHeu*	*èlsgueuTH*	

mais certains verbes faibles prennent **-te/-t** :

		Prétérit	Participe passé
at høre	entendre	**hørte**	**hørt**
ad heu:^{r}eu	*heu^{r}deu*	*heu^{r}d*	

Les verbes forts
Les verbes forts n'ont besoin de rien ; le prétérit est tout simplement exprimé par le changement d'une voyelle à l'intérieur du radical.

		Prétérit	Participe passé
at give	donner	**gav**	**givet**
ad gui:veu	*ga:$^{'ou}$*	*gui:euTH*	

• *Le passé composé et le plus-que-parfait*

Comme en français, ces deux temps sont en danois des temps composés, formés du participe passé du verbe à conjuguer, précédé de l'auxiliaire au présent ou au prétérit :

Passé composé	Plus-que-parfait
▶ **Jeg er kommet.**	▶ **Jeg var kommet.**
iâ^{i} èr komeuTH	*iâ^{i} vâ: komeuTH*
Je suis arrivé(e).	J'étais arrivé(e).

L'auxiliaire utilisé est la plupart du temps le même qu'en français, mais attention : les verbes réfléchis sont formés par **at have**, *avoir*, contrairement au français.

• *Le futur*

Pour exprimer le futur, les Danois se servent généralement du présent + un adverbe de temps :

▶ **Jeg rejser om en uge.**
iâ^{i} ra^{i}seu^{r} om én ou:eu
Je partirai dans une semaine.

• *Être et avoir*

Comme en français, les verbes *avoir* – **at have** – et *être* – **at være** – sont très importants, puisqu'ils servent d'auxiliaire. Ces verbes sont irréguliers. Voici les temps importants :

Infinitif	Présent	Prétérit	Passé composé
▶ être	▶ je suis	▶ j'étais	▶ j'ai été
at være	**jeg er**	**jeg var**	**jeg har været**
ad vè:^{r}eu	*iâ^{i} èr*	*iâ^{i} vâ*	*iâ^{i} ha:$^{'r}$ vè^{r}euTH*
▶ avoir	▶ j'ai	▶ j'avais	▶ j'ai eu
at have	**jeg har**	**jeg havde**	**jeg har haft**
ad ha:veu	*iâ^{i} ha:$^{'r}$*	*iâ^{i} ha:THeu*	*iâ^{i} ha:$^{'r}$ hafd*

Conversation

Les mots qui dépannent

▶ Pardon / Excusez-moi…	**Undskyld…**	*o-nsskul*
▶ Où se trouve… ?	**Hvor ligger…?**	*vo:^{r} légueu^{r}*
▶ Je voudrais…	**Jeg vil gerne…**	*iâ^{i} vél guè^{r}neu*

- As-tu… ? **Har du…?** *ha:'*^{R} *dou*
- Est-ce… ? **Er det…?** *èr dé*
- Il y a… **Der er…** *dèr èr*
- Merci. **Tak.** *tâk*

- Parles-tu français/anglais ?
  Taler du fransk/engelsk?
  taleu^{r} *dou frâ-n'sg/èngueulsg*

- Je ne comprends pas.
  Det forstår jeg ikke.
  dé forsdô^{r} *iâ*^{i} *égueu*

- Veux-tu le répéter ?
  Vil du gentage det?
  vél dou guènta:' dé

- Peux-tu parler un peu plus lentement ?
  Kan du tale lidt langsommere?
  ka dou taleu léd lâ-ngsômeureu

- Comment est-ce que cela se dit en danois ?
  Hvad hedder det på dansk?
  vâTH héTHeur dé pô da-n'sg

Salutation

- Salut ! **Hej!**
- Salut-salut ! **Hej-hej!**
- Bon matin ! **Godmorgen!**
- Bonjour ! **Goddag!**
- Bonjour ! **Dav!** *(fam.)*
- Bonsoir ! **Godaften!**
- Au revoir ! **Farvel!**
- À bientôt ! **Vi ses!**
- Bonne nuit ! **Godnat!**

- Comment t'appelles-tu ?
  Hvad hedder du?
  vâTH héTHeu^{r} *dou*

- Je m'appelle...
  Jeg hedder...
  iâi héTHeu^{r}

- Comment ça va ?
  Hvordan går det?
  vo:^{r}*dan gô:'*^{r} *dé*

- Ça va bien.
  Det går godt.
  dé gô:'r gôTH

Politesse

- Oui, merci !
  Ja tak!
  ia tâk

ou

- Non, merci !
  Nej tak!
  nâ^{i} *tâk*

- S'il vous plaît !
  Værsgo!
  vèrsgo:'

- Merci pour cette agréable soirée !
  Tak for en hyggelig aften!
  tâk fo^{r} *én hugueuli âfdeun*

- Grand bien vous fasse !
  Velbekomme!
  vèlbékomeu

- C'était agréable de te/vous voir !
  Det var hyggeligt at se dig/jer!
  dé vâ: hugueuliTH ad sé dâ^{i} */ ièr*

- Il n'y a pas de quoi !
  Det var så lidt!
  dé vâ: sô léTH

DÉCOUVERTE

Transport

• *En train…*

une gare	**en station**	*én sdasio:'n*
un billet	**en billet**	*én bi:lèTH*
un quai	**en perron**	*én pèro-ng*
une voie	**et spor**	*ét sbo:'^{r}*
un départ	**en afgang**	*én a^{ou}gâ-ng*
une arrivée	**en ankomst**	*én ankô-msd*
un train	**et tog**	*ét tô:'^{ou}*
un wagon-lit	**en sovevogn**	*én so^{ou}euvo^{ou}'n*
un wagon-restaurant	**en spisevogn**	*én sbi:seuvo^{ou}'n*
fumeur	**ryger**	*ru:eu^{r}*
non fumeur	**ikke-ryger**	*égeuru:eu^{r}*

- Le train est en retard.
  Toget er forsinket.
  tô:^{ou}TH èr fo^{r}séngeuTH
- À quelle heure part le train pour… ?
  Hvornår går toget til…?
  vo^{r}nô:'^{r} gô:'^{r} tô:euTH tél
- De quel quai démarre le train pour… ?
  Fra hvilken perron går toget til…?
  frâ vélgueun pèro-ng gô:'^{r} tô:'euTH tél
- Je voudrais réserver une place dans le train…
  Jeg vil gerne reservere en plads i toget…
  iâ^{i} vél guè^{r}neu résèrvé^{r}eu én plass i tô:'euTH

• *En ferry…*

- À quelle heure y a-t-il un ferry pour… ?
  Hvornår går der en færge til …?
  vo:^{r}nô:'^{r} gô:'^{r} dèr én fèrgueu tél
- Le ferry pour … part tous les combien ?
  Hvor ofte går der færge til …?
  vo:^{r} ôfdeu gô:'^{r} dèr fèrgueu tél
- Combien de temps dure la traversée ?
  Hvor længe varer overfarten?
  vo:'^{r} lèngueu vâ:â^{r} o^{ou}eu^{r}fâ^{r}deun

• *En vélo…*

un vélo	**en cykel**	*én sugueul*
une piste cyclable	**en cykelsti**	*én sugueulsdi*
un frein	**en bremse**	*én brèmsseu*
un pneu de vélo	**et cykeldæk**	*ét sugueuldèk*
une selle	**en saddel**	*én saTHeul*
une chaîne de vélo	**en cykelkæde**	*én sugueulkèTHeu*

• *En bus, "RER" et "métro"*

un bus	**en bus**	*én bou:ss*
un car	**en rutebil**	*én rouTHeubi:'l*
une gare routière	**en rutebilstation**	*én rou:THeubi:'lsdassio:'n*
une gare	**en station**	*én sdassio:'n*
un arrêt	**et stoppested**	*ét sdôbeusdèTH*
un "RER"	**et S-tog**	*ét s-tô:'^{ou}*
une station de "RER"	**en S-tog station**	*én s-tô:'^{ou} sdassio:'n*
un métro	**en metro**	*én métro*

• *En taxi*

un taxi	**taxa**	

Hébergement

terrain de camping	**camping**	*ka:mpéng*
auberge de jeunesse	**vandrehjem**	*vandreuièm*
chambre chez l'habitant	**værelse i privat hjem**	*vèreulseu i privaTH ièm*
auberge	**kro**	*kro:'*
hôtel	**hotel**	*hotèl*
maison de vacances	**sommerhus**	*so:meur hou:'ss*
réserver, faire une réservation	**at bestille**	*ad bésdéleu*
une chambre double	**et dobbeltværelse**	*ét dôbeuldvèreulseu*
une chambre simple	**et enkeltværelse**	*ét ènqueuldvèreulseu*
une chambre à	**et værelse med**	*ét vèreulseu mèTH*
deux lits	**to senge**	*to:' sèngueu*
un grand lit	**en dobbeltseng**	*én dôbeuldsèng*
bain	**bad**	*baTH*
douche	**brysebad**	*brou:sseubaTH*
une serviette	**et håndklæde**	*ét hô:nklèTHeu*
toilettes	**toilet**	*toilèTH*
papier toilette	**toiletpapir**	*toilèTHpapir*
petit déjeuner	**morgenmad**	*mô:eunmaTH*
déjeuner	**frokost**	*frôkôsd*
dîner	**middag**	*méda*
passeport	**pas**	*pas*
blanchisserie	**vaskeri**	*vasgueuri*
cher	**dyrt**	*du:'rd*
bon marché	**billigt**	*biliTH*
partir	**at rejse**	*ad râiseu*

- Je voudrais une chambre pour deux personnes.
  Jeg vil gerne have et værelse til to personer.
  iâi vél guèrneu ha: ét vèreulseu tél to:' pèrso:'neur

Restaurant

• *Les lieux*

fast-food	**burgerbar**	*beugueurba:'r*
cafétéria	**cafeteria**	*kafétérieu*
restaurant	**restaurant**	*rèsdorâ-ng*
auberge	**kro**	*kro:'*
marchand de saucisses	**pølsevogn**	*peulseuvôou'n*

- Est-ce que cette place est libre ?
  Er denne plads ledig?
  èr dèneu plass lé:THi
- Pourrais-je avoir la carte, svp ?
  Må jeg bede om spisekortet?
  mô iâi bé om sbiseukôrdeuTH
- Je voudrais l'addition, s'il vous plaît.
  Jeg vil gerne bede om regningen.
  iâi vél guèrneu bé om râinéngueun

soupe	**suppe**	*sôbeu*
entrée	**forret**	*forraTH*
plat principal	**hovedret**	*hoveuTHraTH*
dessert	**dessert**	*déssérd*
bière	**øl**	*eul*
eau minérale	**mineralvand**	*mineuralvan'*
fromage	**ost**	*ôsd*

ASSiMiL®
Le voyage en poche
collection évasion :
l'indispensable
pour comprendre et être compris
Le Russe
Le Breton de poche
Le Grec de poche
Le Turc de poche
Le Marseillais de poche
Le Japonais
L'Italien de poche
L'Alsacien de poche
Le Chinois de poche
L'Espagnol de poche
L'Arabe Marocain de poche
L'Anglais britannique
Le "Chtimi" de poche
Parler du Nord et du Pas-de-Calais
Le Croate de poche
ASSiMiL évasion

fruit	**frugt**	*frôgd*
jus de fruits	**juice**	*diou:ss*
pain	brød	breu:'TH
poisson	fisk	fésg
poulet	kylling	kuléng
riz	ris	ri:'ss
thé	te	té:'
viande	kød	keuTH
vin	vin	vi:'n

Achat

supermarché	**supermarked**	*soubeu^r^mareuTH*
épicier	**købmand**	*keuman*

- Je voudrais…
  Jeg vil gerne have…
  iâ^i^ vél guèrneu ha:
- Je voudrais acheter…
  Je vil gerne købe…
  iâ^i^ vél guèrneu keubeu
- Avez-vous… ?
  Har I…?
  ha:'^r^ i
- Combien cela coûte-t-il ?
  Hvor meget koster det?
  vo:^r^ mâ^i^euTH kô:sdeu^r^ dé
- Cela fait combien ?
  Hvad bliver det?
  vâTH bli:^r^ dé

S'orienter

• Dans l'espace

à droite	**til højre**	*tél hôireu*
à gauche	**til venstre**	*tél vènsdreu*
tout droit	**lige ud**	*li:eu ouTH*
rue	**gade**	*ga:THeu*
route, chemin	**vej**	*vâi*
rue piétonnière	**gågade**	*gô:'ga:THeu*

- À quelle distance est… ?
  Hvor langt er der til…?
  vo:^r^ lângt èr dèr tél
- Où se trouve ?
  Hvor ligger?
  *vo:^r^ légueu^r^*

• Dans le temps

Les jours de la semaine

lundi	**mandag**	*manda*
mardi	**tirsdag**	*ti^r^'sda*
mercredi	**onsdag**	*ônsda*
jeudi	**torsdag**	*tô^r^sda*
vendredi	**fredag**	*fré:da*
samedi	**lørdag**	*leurda*
dimanche	**søndag**	*seunda*

Les mois

januar *ianouâ:'*	**februar** *féb^r^ouâ:'*	**marts** *mâ:^r^dss*	**april** *apri:'l*
maj *mai*	**juni** *iou:ni*	**juli** *iou:'li*	**august** *â^ou^gôsd*
september *sèbtèmbeu^r^*	**oktober** *ogto:'beu^r^*	**november** *novèmbeu^r^*	**december** *désèmbeu*

DÉCOUVERTE

Les expressions de temps

un an	**et år**	*ét ô:'^{r}*
un mois	**en måned**	*én mô:neuTH*
une semaine	**en uge**	*én ou:eu*
un jour	**en dag**	*én da:'*
une heure	**en time**	*én ti:meu*
une minute	**et minut**	*ét minouTH*
aujourd'hui	**i dag**	*i da:'*
demain	**i morgen**	*i mô:eun*
ce matin	**i morges**	*i mô:euss*
le matin*	**om morgenen**	*om mô:euneun*
l'après-midi*	**om eftermiddagen**	*om èfdè^{r}médaeun*
le soir*	**om aftenen**	*om âfdeuneun*
le dimanche*	**om søndagen**	*om seundaeun*
en automne	**om efteråret**	*om èfdè^{r}ô:'euTH*
en été	**om sommeren**	*om so:meu^{r}eun*
en hiver	**om vinteren**	*om véndeu^{r}eun*
au printemps	**om foråret**	*om fo:^{r}ô:'euTH*

* Dans le sens de : chaque matin, chaque après-midi, chaque soir, chaque dimanche.

- Quelle heure est-il ?
  Hvad er klokken?
  vaTH èr klôgueun
- Il est deux heures et demie.
  Den er halv tre.
  dén èr hal' tré:'
- Il est deux heures dix.
  Klokken / den er ti minutter over to.
  klôgueun / dén èr ti:' minouTHeu^{r} o^{ou}eur to:'
- Il est quatre heures moins vingt.
  Klokken / den er tyve minutter i fire.
  klôgueun / dén èr tu:veu minouTHeu^{r} i fi:^{r}eu
- Il est six heures trente-sept.
  Klokken / den er syv minutter over halv syv.
  klôgueun / dén èr su^{ou} minouTHeu^{r} o^{ou}eu^{r} hal' su^{ou}

Les nombres

- 0 **nul** *nôl*
- 1 **en / et** *én / ét*
- 2 **to** *to:'*
- 3 **tre** *tré:'*
- 4 **fire** *fi:^{r}eu*
- 5 **fem** *fèm*
- 6 **seks** *sèks*
- 7 **syv** *su^{ou}*
- 8 **otte** *ô:THeu*
- 9 **ni** *ni:'*
- 10 **ti** *ti:'*
- 11 **elleve** *èlveu*
- 12 **tolv** *tô:'l*
- 13 **tretten** *trâdeun*
- 14 **fjorten** *fjo^{r}deun*
- 15 **femten** *fèmdeun*
- 16 **seksten** *sâ^{i}sdeun*
- 17 **sytten** *seudeun*
- 18 **atten** *adeun*
- 19 **nitten** *nédeun*
- 20 **tyve** *tu:veu*
- 21 **enogtyve** *éno^{ou}tu:veu*
- 30 **tredive** *trâTHveu*
- 40 **fyrre** *feu:^{r}eu*
- 50 **halvtreds** *haltrès*
- 60 **tres** *très*
- 70 **halvfjerds** *halfjè^{r}s*
- 80 **firs** *fir's*
- 90 **halvfems** *halfèms*
- 100 **hundrede** *houn^{r}euTHeu*
- 1 000 **tusind(e)** *tou:'sén(eu)*

COPENHAGUE

La Garde Royale, place du palais d'Amalienborg.

Copenhague

La belle endormie s'est réveillée, mais a gardé ses toits d'émeraude. Elle dresse ses tours de bronze et laisse éclater les couleurs de ses murs dans une atmosphère bon enfant, rythmée par le va-et-vient de milliers de cyclistes qui cohabitent, en habitués respectés, avec le flux automobile. La brise marine vient rappeler que Copenhague est bâtie sur une île, la Seeland, en bord de mer face aux côtes suédoises. Point de passage vers le Grand Nord, et d'autant plus depuis l'ouverture du pont vers Malmö qui a mis fin à son insularité, c'est une halte qu'aucun voyageur ne peut manquer. Capitale du royaume depuis 1443, cette vaste agglomération de 1 700 000 habitants, s'étale à son aise sur 85 km². Copenhague et ses 500 000 habitants sont entourés de 52 communes. C'est une ville accueillante et aérée qui s'est développée au bord de la mer. Il fait bon s'y promener : la pollution est en deçà des normes tolérées, le piéton n'est jamais bousculé, le cycliste fonce sans problème, l'automobiliste est moins bloqué dans les embouteillages que dans d'autres villes, même si, depuis quelques années, on assiste à des heures de pointe difficiles, mais le nouveau métro rend les déplacements plus fluides.

Des bombardements anglais destructeurs

Tout a commencé en 1167 lorsque l'évêque Absalon a fait fortifier sur un îlot proche de la mer un petit port qui devint rapidement une place militaire et surtout commerciale, København, en danois : le port des marchands. Les frontières du royaume s'étendaient alors au-delà du Sund, dans la province aujourd'hui suédoise de Scanie. La Norvège aussi était danoise. Copenhague s'imposa tout naturellement comme le centre du pays et devint capitale du Danemark au XVe siècle, lorsque les souverains quittèrent Roskilde. Au XVIe siècle, Christian IV entreprit d'importants chantiers donnant une grande unité architecturale à sa capitale, avec des quartiers entiers créés à la proche périphérie et de nombreux monuments parsemant le centre. Mais la Suède toute proche, avec ses côtes à portée de canon de Copenhague, devint au XVIIe siècle une puissance importante, qui combattit l'influence danoise. Des guerres se succédèrent et prirent la ville pour cible. Copenhague se retrouva d'autant plus en première ligne que la Suède récupéra la Scanie en 1660, laissant une capitale danoise désormais excentrée du reste du royaume, sur son île de Seeland, exposée à l'ennemi. Les guerres avec la Suède provoquèrent des attaques et des sièges qui détruisirent des quartiers entiers de Copenhague. Mais le pire était à venir : en 1807, pour punir les Danois officiellement neutres mais qu'ils croyaient tacitement alliés à Napoléon, les Anglais bombardèrent Copenhague avec une intensité encore jamais vue dans l'histoire. Le château de Christiansborg, siège du pouvoir, la cathédrale Notre-Dame, le tiers des maisons de la capitale furent détruites. Pas suffisamment pourtant pour tuer l'âme de cette ville, qui garde malgré ses cicatrices une étonnante homogénéité architecturale. Le centre historique conserve quelques traces de la ville médiévale, avec ses immeubles à colombages et ses passages étroits et fleuris. La nature l'emporte toujours sur la pierre et le béton, ainsi, de vastes parcs ne sont jamais loin du centre, des lacs artificiels baignent l'ouest ; le Sund, à l'est, entre dans la ville par une trame de canaux. Le centre d'activités reste la place de l'Hôtel-de-Ville, encadrée d'immeubles de briques rouges surmontés d'enseignes clignotantes. Le jour, c'est un décor de théâtre moyenâgeux, mélangeant la Renaissance hollandaise et les formes vikings, vaste carrefour de tous les trafics entre la gare et Tivoli d'un côté, le Strøget (le quartier piéton) commerçant et les vieux quartiers de l'autre. La nuit, le Rådhusplads se donne un petit air de Broadway, seule féerie lumineuse que s'accorde une ville parcimonieuse dans ses illuminations : ici, on préfère éclairer les hôpitaux plutôt que les monuments historiques…

De nouveaux horizons

Autour, la ville s'étend de quartiers populaires en communes riches, traversée de larges avenues, un espace vert toujours à portée de landau ou de baskets. En ce qui concerne l'architecture, la croissance de la ville s'est effectuée selon la loi du fonctionnalisme le plus triste, mais c'est sans doute mieux que des gratte-ciel ou des cages à lapins décaties. Au nord, au-delà du port, s'étend la

© WWW.COPENHAGENMEDIACENTER.COM / TY STANGE

Ørsteds Parken.

banlieue chic, confortablement installée entre de grands parcs et des plages privées. Au sud, briques rouges et grisaille des logements collectifs, mais sans les terrains vagues, les vitres brisées et les boîtes aux lettres arrachées de nos banlieues. A l'ouest, on se retrouve rapidement au bord des prés, les autoroutes sont à quelques minutes du centre de la ville, sans ralentissement dû à un quelconque périphérique. Enfin, à l'est, la mer, le détroit, le Sund, ses ferry-boats, ses voiliers, ses paquebots, ses tankers et ses chalutiers. Au loin les côtes suédoises, désormais accessibles par la route. Et, dans le ciel, une dizaine de flèches et de clochers : la ville dresse avec fierté des tours en tous sens, entrelacées de queues de dragon, ou d'un escalier en colimaçon, surmontées d'une boule en or, ou encore d'un clocheton en forme de gâteaux de fêtes de famille. Sans contrainte et sans agressivité, Copenhague s'étale avec bonheur dans toutes les directions avec un rien de nonchalance. Sous le soleil ou sous la pluie glacée, ses habitants vivent apparemment sans stress et en harmonie avec leur ville, lui insufflant cette âme chaleureuse qui lui a donné sa réputation de « ville la plus méridionale de toute l'Europe du Nord ». La fin du XXe siècle a vu les horizons s'ouvrir encore un peu plus : la place de l'Hôtel-de-Ville a été rendue aux piétons, un musée d'Art moderne à l'architecture très audacieuse a été bâti au sud de la ville, mais c'est surtout le port qui connaît la plus grande transformation : au-delà de la Petite Sirène, vers la mer, de vieux bâtiments industriels sont réhabilités, des logements sont confiés à des architectes imaginatifs. A l'ouest, trente ans après l'invasion d'une partie de son patrimoine alors en friche par les « gauchistes » de Christiania (le plus grand squat toléré du monde existe toujours), la Marine a rendu une part importante de ses terrains sur l'île de Christianshavn, face au centre de la ville. Holmen est peu à peu réhabilité en lieu d'enseignement et vie, sans qu'on y bétonne, sauf pour construire un monumental opéra inauguré en 2005. C'est une autre réalisation monumentale, plus au sud, toujours sur le canal du port, qui symbolise la renaissance de la ville : un vaste bâtiment de granit sombre, le Diamant noir, extension de la bibliothèque royale, emblème d'une ville qui affiche désormais ses ambitions, tournant un peu le dos au slogan *Small is beautiful* longtemps accolé au pays. Vers le pont de l'Øresund grandit une ville nouvelle qui ambitionne de devenir la Médicon Valley de l'Europe… Copenhague se déploie vertigineusement tout en sauvant son âme : les femmes et les hommes qui l'habitent ne sont jamais les oubliés de ce développement. Et la ville veille à foncer dans le XXIe siècle sans rien oublier de son riche passé.

Grand Copenhague
Bispebjerg Kirkegard
Tuborgvej
Lersø Parkallé
LYNGBYVEJ
Lersøparken
Tagensvej
Tomsgårdsvej
Frederiksborgvej
Rovsingsgade
Lerso Parkallé
Lyngbyvej
Østerbrogade
Kalkbrænderihavnsgade
Skude Havnen
Orientbassinet
Strandboulevard
Jagtvej
Nordhavnen
Fælled Parken
Strand Boulevarden
Ostebanegade
Frederikssundsvej
Lygten
Norre Allé
Øster Allé
Nordre Frihavnsgade
Sondre Frihavn
0
700 m
ØSTERBRO
Yderhavnen
Borups Allé
Hillerødgade
Norrebrogade
Nørrebro Parken
BIegdamsvej
Classensgade
Sortedams Sø
Øster Sogade
Farimagsgade
Fredensgade
Dag Hammerskjölds
COPENHAGUE CENTRE
Kastellet
HOLMEN
Nordre Fasanvej
Aboulevarden

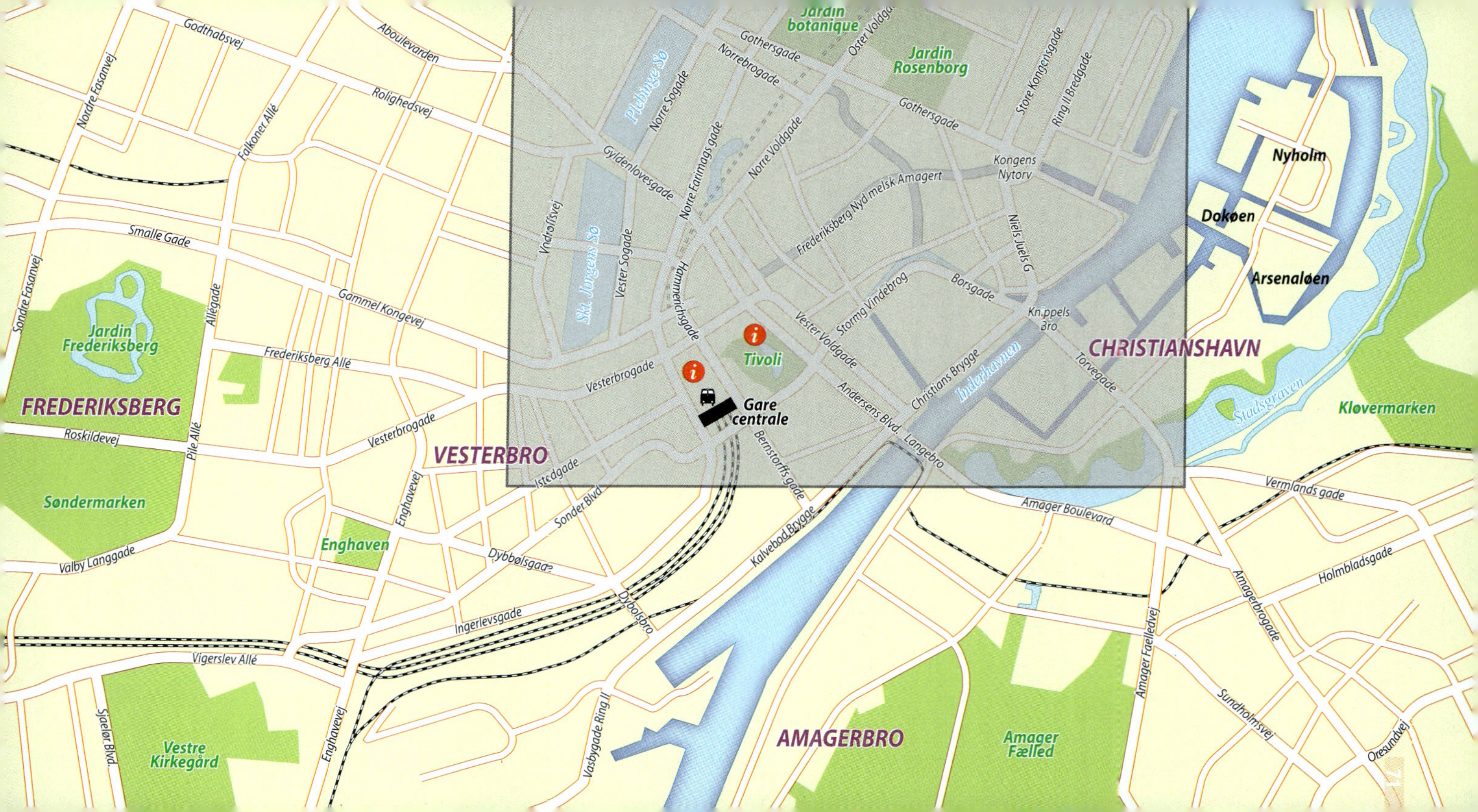

FREDERIKSBERG
VESTERBRO
CHRISTIANSHAVN
AMAGERBRO
Jardin botanique
Jardin Rosenborg
Jardin Frederiksberg
Søndermarken
Enghaven
Vestre Kirkegård
Tivoli
Gare centrale
Kløvermarken
Amager Fælled
Nyholm
Dokøen
Arsenaløen
Studsgraven
Inderhavnen
Peblinge Sø
Skt. Jørgens Sø
Godthabsvej
Aboulevarden
Nordre Fasanvej
Rolighedsvej
Falkoner Allé
Smalle Gade
Sondre Fasanvej
Allégade
Gammel Kongevej
Frederiksberg Allé
Roskildevej
Pile Allé
Vesterbrogade
Valby Langgade
Enghavevej
Dybbølsgade
Sonder Blvd
Istedgade
Ingerlevsgade
Dybbolsbro
Vigerslev Allé
Sjælør Blvd.
Vasbygade Ring II
Kalvebod Brygge
Bernstorffs gade
Langebro
Andersens Blvd.
Vester Voldgade
Stormg Vindebrog
Hammerichsgade
Vester Sogade
Vodroffsvej
Gyldenlovesgade
Norre Sogade
Norre Farimags gade
Norre Voldgade
Norrebrogade
Gothersgade
Oster Voldgade
Frederiksberg Nyd melsk Amagert
Kongens Nytorv
Store Kongensgade
Ring II Bredgade
Niels Juels G
Borsgade
Knippels Bro
Christians Brygge
Torvegade
Vermlands gade
Amager Boulevard
Holmbladsgade
Amagerbrogade
Amager Faelledvej
Sundholmsvej
Oresundvej

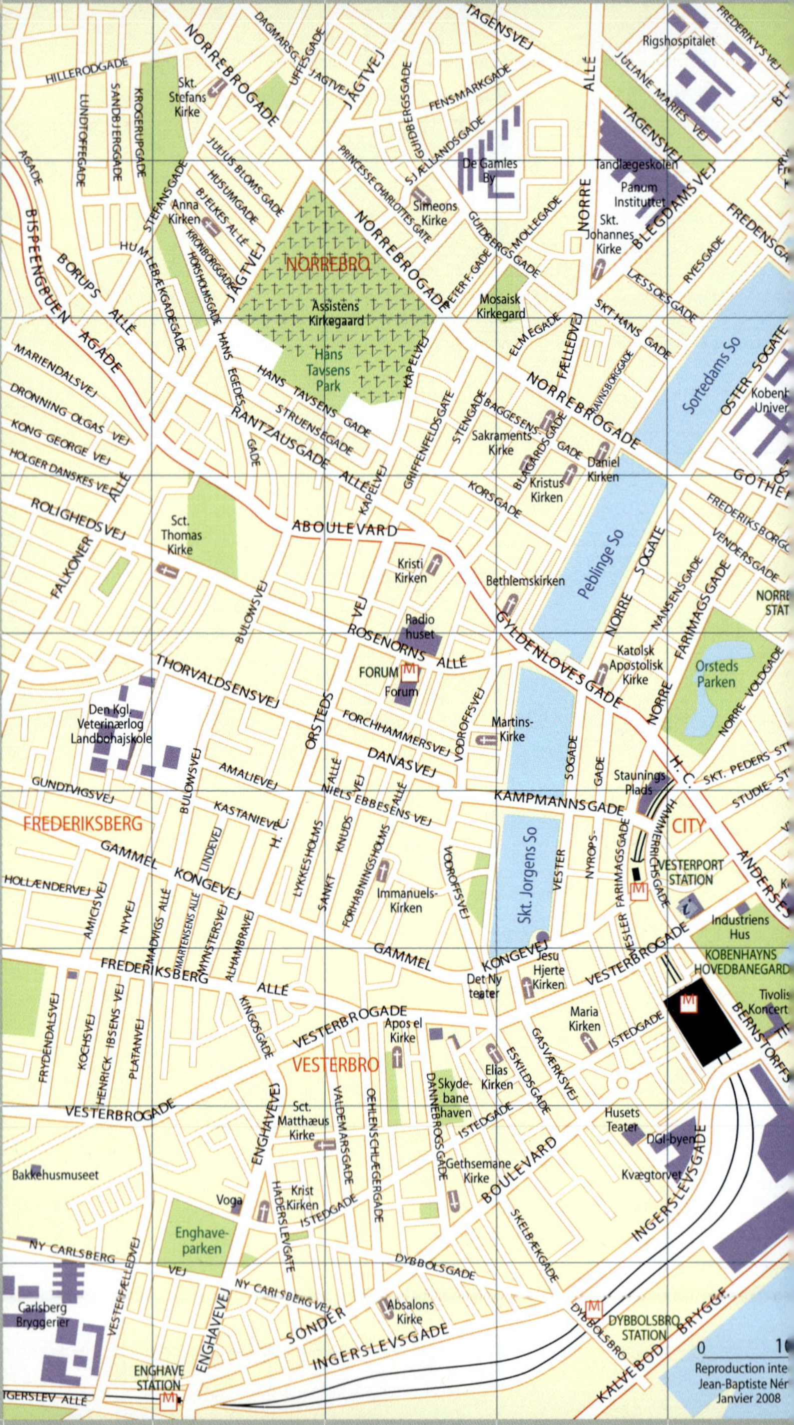
A B C D E
1 2 3 4 5 6 7 8 9
NORREBRO
Assistens Kirkegaard
Hans Tavsens Park
FREDERIKSBERG
VESTERBRO
CITY
Rigshospitalet
De Gamles By
Tandlægeskolen
Panum Instituttet
Skt. Johannes Kirke
Skt. Stefans Kirke
Anna Kirken
Simeons Kirke
Mosaisk Kirkegard
Sakraments Kirke
Daniel Kirken
Kristus Kirken
Sortedams So
Peblinge So
Skt. Jorgens So
Sct. Thomas Kirke
Kristi Kirken
Bethlemskirken
Radio huset
FORUM
Forum
Katolsk Apostolisk Kirke
Orsteds Parken
Martins-Kirke
Den Kgl. Veterinærlog Landbohajskole
Staunings Plads
VESTERPORT STATION
Immanuels-Kirken
Industriens Hus
KOBENHAYNS HOVEDBANEGARD
Tivolis Koncert
Jesu Hjerte Kirken
Det Ny teater
Maria Kirken
Apos el Kirke
Elias Kirken
Skyde-bane haven
Sct. Matthæus Kirke
Husets Teater
DGI-byen
Kvægtorvet
Gethsemane Kirke
Bakkehusmuseet
Voga
Krist Kirken
Enghave-parken
Carlsberg Bryggerier
Absalons Kirke
DYBBOLSBRO STATION
ENGHAVE STATION
HILLERODGADE
NORREBROGADE
DAGMARSG
UFFESGADE
JAGTVEJ
TAGENSVEJ
FENSMARKGADE
GULDBERGSGADE
SJÆLLANDSGADE
PRINCESSE CHARLOTTES GADE
JULIANE MARIES VEJ
FREDERIK V'S VEJ
NORRE ALLÉ
BLEGDAMSVEJ
FREDENSGADE
RYESGADE
LÆSSOESGADE
SKT HANS GADE
MOLLEGADE
PETER F. GADE
GULDBERGSGADE
ELMEGADE
FÆLLEDVEJ
RAVNSBORGGADE
OSTER SOGADE
LUNDTOFTEGADE
SANDBJERGGADE
KROGERUPGADE
STEFANSGADE
JULIUS BLOMS GADE
HUSUMGADE
BJELKES ALLÉ
KRONBORGGADE
HORSHOLMSGADE
HUMLEBÆKGADE
AGADE
BISPEENGBUEN
BORUPS ALLÉ
AGADE
MARIENDALSVEJ
DRONNING OLGAS VEJ
KONG GEORGE VEJ
HOLGER DANSKES VEJ
ALLÉ
ROLIGHEDSVEJ
FALKONER
HANS EGEDES GADE
HANS TAVSENS GADE
STRUENSEGADE
RANTZAUSGADE
KAPELVEJ
GRIFFENFELDSGADE
STENGADE
BAGGESENS GADE
BLÅGARDS GADE
KORSGADE
GOTHERSGADE
FREDERIKSBORGGADE
VENDERSGADE
NANSENSGADE
NORRE SOGADE
FARIMAGSGADE
NORREPORT STATION
ABOULEVARD
BULOWSVEJ
ROSENORNS ALLÉ
GYLDENLOVESGADE
THORVALDSENSVEJ
ORSTEDS VEJ
FORCHHAMMERSVEJ
VODROFFSVEJ
DANASVEJ
SOGADE
NORRE VOLDGADE
SKT. PEDERS ST
STUDIESTRÆDE
H.C. ANDERSENS
GUNDTVIGSVEJ
AMALIEVEJ
KASTANIEVEJ
H. C. ØRSTEDS
KAMPMANNSGADE
NIELS EBBESENS VEJ
ALLÉ
GAMMEL KONGEVEJ
LINDEVEJ
LYKKESHOLMS ALLÉ
SANKT KNUDS VEJ
FORHABNINGSHOLMS ALLÉ
VESTER SOGADE
NYROPSGADE
VESTER FARIMAGSGADE
HAMMERICHSGADE
HOLLÆNDERVEJ
AMICISVEJ
NYVEJ
MADVIGS ALLÉ
MARTENSENS ALLÉ
MYNSTERSVEJ
ALHAMBRAVEJ
FREDERIKSBERG ALLÉ
VESTERBROGADE
BERNSTORFFSGADE
TIETGENSGADE
KINGOSGADE
FRYDENDALSVEJ
KOCHSVEJ
HENRICK IBSENS VEJ
PLATANVEJ
ISTEDGADE
GASVÆRKSVEJ
ESKILDSGADE
DANNEBROGSGADE
VALDEMARSGADE
OEHLENSCHLÆGERGADE
ENGHAVEVEJ
HADERSLEVGATE
BOULEVARD
SKELBÆKGADE
INGERSLEVSGADE
NY CARLSBERG VEJ
VESTERFÆLLEDVEJ
DYBBOLSGADE
SONDER BOULEVARD
DYBBOLSBRO
KALVEBOD BRYGGE
INGERSLEV ALLÉ
0
Reproduction inte
Jean-Baptiste Nér
Janvier 2008

Centre de Copenhague

Index des rues

M-N-O

P-R-S

T-V-W

TRANSPORTS

L'arrivée à Copenhague

Avion

AÉROPORT
Lufthavnen (CPH) Copenhague
✆ +45 32 47 47 47
www.cph.dk
kundeservice@cph.dk
Kastrup, à 10 km au sud-est de la capitale, sur l'île d'Amager.
Un bel aéroport avec un parquet en bois, qui regorge de boutiques et de restaurants, idéal pour un transit ! Après avoir récupéré ses bagages, on trouve sur la gauche un long couloir où l'on peut retirer de l'argent à un distributeur automatique et louer une voiture : les agences sont placées après ce distributeur. En face, un guichet de l'office de tourisme où l'on peut se procurer la Copenhague Card (CPH Card) et ainsi rallier le centre-ville sans passer par les guichets.

De l'aéroport au centre-ville

On n'a que l'embarras du choix, et tout dépend du quartier où l'on a décidé de loger.

▶ **En train.** Solution la plus simple. Guichets et distributeurs automatiques de billets de la DSB (compagnie ferroviaire danoise) dans le vaste hall d'entrée, tout droit face à la sortie du hall de livraison des bagages. Si l'on n'a pas mis en service sa CPH Card, on peut s'y procurer un billet pour Copenhague pour 35 kr. (gare centrale : Hovedbanegården ou København H). Se diriger alors sur le quai (*spor*) n° 2 : on accède directement aux voies de la ligne Copenhague-Malmö par un ascenseur ou des escaliers mécaniques (un étage plus bas). Ne pas se tromper de quai, au risque de se retrouver en Suède. Les trains passent toutes les dix minutes et il faut compter un quart d'heure pour rejoindre la Gare Centrale, arrêts intermédiaires à Tårnby et Ørestad. Après quoi le train traverse Copenhague avec arrêts à Vesterport, Østerport et Nørreport, et continue le long de la côte jusqu'à Helsingør (Elseneur). Trajet bref, donc, et confortable puisque les wagons sont conçus pour des voyageurs munis de bagages.

▶ **En métro.** Intéressant si on loge autour de Nyhavn ou Amalienborg, ou encore à Frederiksberg. Compter 15 minutes pour Kongens Nytorv, 5 minutes de plus pour Fredriksberg. Distributeurs automatiques de billets dans la station. L'aéroport est en zone 4 du réseau. Billet simple : 34,50 kr.

▶ **En bus.** Ligne 5A pour rallier le centre de la capitale (Gare Centrale, Rådhuspladsen, Vesterport et Nørreport).

▶ **En taxi.** Compter 250 Dkr pour se rendre dans le centre de Copenhague, en un peu plus de 20 minutes, tout dépendant bien entendu de la circulation... Solution à ne privilégier que si l'on est très chargé.

Bateau

DFDS SEAWAYS
Sundkrogsgade 11
www.dfdsseaways.com
dkinfo@dfdsseaways.dk
De plus en plus, les gros ferrys sont déplacés loin du centre-ville. Celui qui partait de Copenhague pour Bornholm chaque soir n'échappe pas à la règle, puisqu'il faut désormais partir de Køge pour rejoindre l'île. On peut aussi s'embarquer pour la Norvège. Mais ne soyez pas pressés car le ferry, qui ressemble à un véritable paquebot de croisière, met 16 heures pour atteindre Oslo !

Train

GARE CENTRALE
Hovedbanegården
✆ +45 33 14 17 01
www.dsb.dk
kundehenv@dsb.dk
Au cœur de la ville, près de Tivoli et de la place de l'hôtel de ville.
Réservations de 7h à 22h ✆ 70 13 14 15.
Consigne à bagages : de 5h à minuit, 25 ou 35 Dkr selon la taille.

Voiture

▶ **Voies d'accès en voiture.** Au nord, autoroute E55 ou par le bord de mer, route 152 en direction d'Elseneur. A l'ouest, voie rapide (route 21) vers Roskilde et Holbæk. Au sud, autoroute E20 (vers le pont-tunnel qui relie la Seeland à la Fionie), autoroute E47 vers Falster au sud, et autoroute E55 vers Nykøbing et le ferry pour l'Allemagne.

▶ **Repères.** Attention si vous circulez en voiture : il y a très peu de panneaux indicateurs dans Copenhague. La signalisation est minimale pour indiquer les différents quartiers et elle se réduit souvent à des numéros pour préciser les directions et les sorties de la ville : numéros des routes et des autoroutes qui vont vers Elseneur, Køge ou Roskilde. Empruntez toujours les principaux axes pour mieux vous repérer ou consulter une carte de la ville avant et pendant votre trajet.

Stationnement. Méfiez-vous ! La fourrière enlève aussi les voitures étrangères. Pas de gros problèmes de stationnement à Copenhague, surtout en été. Mais n'oubliez pas de prendre un ticket à l'horodateur (*billetautomat*) : tarif assez élevé, dégressif selon le temps payé, et différent selon les endroits (jusqu'à 20 Dkr par heure près du centre historique. Moitié prix près de la gare). Les amendes sont très fortes, même pour un simple dépassement d'horaire de stationnement. A ce sujet, si votre voiture est équipée d'une horloge sur le pare-brise, n'oubliez pas de la régler à l'heure de votre arrivée sur un parking où le système n'est pas le ticket mais une autorisation de stationner pendant un temps limité (20 à 30 minutes) : c'est le cas notamment sur les parkings de supermarchés. Là non plus on n'excusera pas votre inattention et l'amende fait aussi mal au budget que dans les autres cas.

AUTO ESCAPE
✆ +33 892 46 46 10
www.autoescape.com
webmaster@autoescape.com
Une formule économique pour la location de voitures. Un *broker* qui propose les meilleurs tarifs parmi les grandes compagnies de location.

AVIS
Kampmannsgade 1
✆ +45 33 73 40 99
✆ +45 32 51 22 99 – www.avis.dk
customer.service@avis.co.uk

EUROPCAR – INTERRENT
Gl. Kongevej 13
✆ +45 33 55 99 00 – +45 32 50 30 90
www.europcar.dk
info@europcar.dk

RENT-A-WRECK
Amagerstrandvej 100 ✆ +45 70 25 26 70
On y propose la location de voitures d'occasion en relativement bon état, ce qui a pour avantage de pouvoir circuler à moindres frais puisque les prix de location sont les meilleurs du marché.

Place de l'hôtel-de-ville.

Se déplacer à Copenhague

Métro – S-train

Au réseau de trains de banlieue (S-train, dont les gares sont signalées par un S blanc sur fond rouge) qui dessert le grand Copenhague, s'ajoutent les deux lignes qui desservent le centre-ville et l'aéroport depuis septembre 2007. Même ticket que pour le bus et le S-train avec le même système de zone. Ouvert tous les jours de 5h à minuit, 24h/24 du jeudi au dimanche. Le ticket simple 2 zones coûte 24 Dkr et un ticket pour 10 trajets coûte 140 kr. Les enfants jusqu'à 12 ans voyagent gratuitement.

MÉTRO

www.m.dk

Ouvert tous les jours de 5h à minuit, 24h/24 du jeudi au dimanche. Le ticket simple 2 zones : 24 kr, ticket pour 10 trajets : 140 kr. Enfants jusqu'à 12 ans : gratuit.

Au réseau de trains de banlieue (S-train, dont les gares sont signalées par un S blanc sur fond rouge) qui dessert le grand Copenhague, s'ajoutent les deux lignes qui desservent le centre-ville et l'aéroport. Même ticket que pour le bus et le S-train avec le même système de zones.

S-TOG

L'équivalent du RER, il fait office de métro, traversant le centre-ville entre la gare centrale (København H) et le port (Nordhavn), desservant au passage les gares de Vesterport, Nørreport et Østerport. Fréquences : *grosso modo* toutes les 5 minutes en journée et en semaine, toutes les 10 minutes le week-end. Détail très danois et qui montre le souci de ne pas désorienter l'usager : chaque S-Tog a sa propre voie à la gare centrale de Copenhague, impossible de se tromper. Il y a six lignes, bien utiles pour quelques escapades en dehors de la capitale :

- **A (ligne bleue) :** de Farum au nord à Hundige Greve au sud. Dessert entre autres Ishøj, et donc le musée d'Arken.
- **B (ligne verte) :** entre Holte et Høje Taastrup.
- **C (ligne orange) :** de Frederikssund à Klampenborg, via notamment Valby, Charlottenlund et Ordrup.
- **E (ligne violette) :** de Hillerød à Køge, via Lyngby, Hellerup et Ishøj.
- **F (ligne jaune) :** de Hellerup à Ny Ellebjerg (c'est la seule ligne qui ne passe pas par les gares du centre de Copenhague).
- **H (ligne rouge) :** de Frederiksssund à Østerport.

Un réseau de métro qui devrait s'achever en 2018

Après avoir démantelé ses tramways dans les années 1960, la ville de Copenhague, qui doit faire face à de nouveaux problèmes de circulation (de vrais embouteillages sont désormais enregistrés aux heures d'entrée et de sortie des bureaux, malgré l'utilisation massive de la bicyclette), n'a pas voulu revenir au rail de surface et a opté pour la construction d'un métro. Les travaux ont pris du retard, car il n'est pas facile de creuser sous une ville en partie bâtie sur la mer. Cinq stations relient les 4,5 kilomètres qui séparent Lergravsparken (ancien terminus de la ligne M2) de l'aéroport de Kastrup et sont ouvertes depuis le 28 septembre 2007. Des métros légers, modernes et sans conducteur, le trafic est géré à partir de moniteurs électroniques, mais un employé est présent à bord de chaque train pour contrôler les billets ou renseigner les voyageurs. Le temps d'attente entre deux trains va de deux minutes aux heures de pointe à quinze minutes entre minuit et 5h du matin. Le service est continu ce qui est très pratique pour ceux qui arrivent ou prennent un avion tôt le matin ou tard le soir ainsi que pour les noctambules ; seul inconvénient, le tarif double entre 1h et 5h du matin, vous composterez alors pour deux trajets sur une carte ou vous prendrez directement un ticket au tarif de nuit. Deux nouvelles lignes circulaires du Metro City Ring sont en construction et devront être achevées en 2018 ; elles traverseraient les principaux quartiers de Copenhague et réduiraient considérablement les problèmes croissants de circulation.

- **Pour des informations** plus précises, aller voir le site internet du métro : www.m.dk

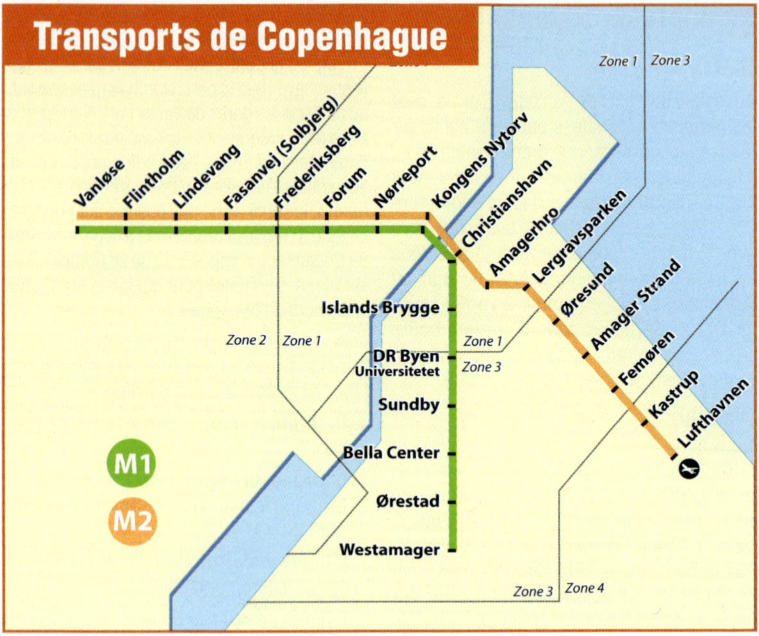

Bus

■ **MOVIA**

www.moviatrafik.dk

C'est le réseau de bus de la ville de Copenhague et sa région. Le réseau est très important et couvre une grande partie de la région. Les bus rouges passent toutes les 3 à 10 minutes. Le premier passe à 5h, le dernier à 1h. Un ticket coûte 24 Dkr, moitié prix pour les moins de 16 ans, mais des carnets de 10 voyages (Klippekort) à 140 Dkr sont vendus dans les distributeurs des gares des S-trains, ainsi que dans presque tous les supermarchés, les kiosques, les stations-service.

▶ **La Circle Line** (n° 11), ces minibus, qui fonctionnent de 9h à 20h (samedi de 10h à 16h et dimanche de 11h à 15h) qui passent toutes les 7 minutes, font le tour du centre historique. Ils s'arrêtent à proximité des principaux musées et monuments. Le circuit d'une heure est agrémenté de commentaires en anglais. Idéal pour une première découverte de la ville ou pour rallier deux musées.

▶ **Bus de nuit** fréquents au départ de la place de l'Hôtel-de-Ville : 81N, 82N, 83N, 84N, 85N, 92N, 93N, 94N, 95N, 96N, 97N. On peut utiliser un même ticket de train (S-Trains), de bus (HT) ou de métro dans une certaine zone autour de Copenhague. Notez que la Copenhagen Card (1 à 3 jours) offre la gratuité du transport sur tous les réseaux sur un périmètre qui inclut la Seeland du Nord et de l'Ouest jusqu'à Roskilde ce qui est très pratique pour visiter tout ce coin. Pour des informations plus précises sur le réseau des bus : www.movia.dk (informations en français pour une fois).

Taxi

Très chers. Beaucoup acceptent les cartes bancaires. Pas de couleur particulière pour les repérer, une simple enseigne lumineuse sur le capot. Quand le signal est vert, la voiture est libre. Prise en charge de 24 kr, 11,5 Dkr par km, plus cher le soir et le week-end. Pas de pourboires (ou rarement). Le chauffeur parle souvent anglais. Le soir et la nuit, il n'y a aucun problème pour trouver un taxi. Le sigle FRI est allumé lorsque le taxi est libre. On peut monter à quatre et s'asseoir à côté du chauffeur. Tous les véhicules sont équipés d'un support pour accrocher les vélos.

■ **DAN TAXI**
✆ +45 70 25 25 25 – www.dantaxi.dk

■ **HOVEDSTADENS TAXI**
Roskildevej 170 ✆ +45 38 77 77 77

Bateau

■ **FLYVEFISK**
9 Trangravsvej ✆ +45 32 964 964
www.flyvefisk.dk
Bateaux taxis de Copenhague. Chaque bateau peut transporter jusqu'à 12 personnes. Très pratique pour des groupes qui veulent découvrir Copenhague d'une manière originale. La course coûte 500 Dkr pour une demi-heure et 900 Dkr pour une heure. Après 21h, les prix passent respectivement à 700 et 1 200 Dkr.

■ **HAVNEBUS**
Les lignes 901 et 902 du réseau de bus HT ne sont pas des lignes de bus, mais de bateau ! La ligne 903 assure la navette entre Nyhavn et l'opéra. Ces bateaux bus effectuent (en 20 minutes, 6 fois par jour pour l'instant, de 7h à 18h, tous les jours et toute l'année, si le temps le permet) la liaison entre la Bibliothèque royale et Nordre Toldbod, non loin de la Petite Sirène, avec des arrêts de l'autre côté du canal, à Holmen, ainsi qu'à Nyhavn. N'achetez pas les billets à bord, c'est plus cher (34 kr) sauf si vous êtes muni d'un ticket de bus HT ou de votre Klippekort. Vous pouvez même embarquer votre vélo (supplément de 15 kr).

Vélo

On peut circuler de mi-mai à mi-décembre, dans les limites du centre de Copenhague, en empruntant un vélo gratuitement, comme on emprunte un caddie au supermarché, c'est un peu le même principe (en plus souple) que le Vélib parisien : il faut glisser une pièce de 20 Dkr que l'on récupère en reposant sa bicyclette dans un des 125 parkings à vélo de la ville. Il y a plus de 1 500 vélos mis à disposition chaque année, mais en pleine saison, il faut y penser dès le matin, car ils sont pris d'assaut. Une brigade spéciale est chargée de récupérer ceux qui sont abîmés, ensuite réparés par des détenus. Facilement repérables (avec des sponsors bien en vue sur les roues), ils sont assez peu volés. Ne dépassez pas la zone autorisée, une forte amende (1 000 kr !) pourrait vous être réclamée. Ils sont tout de même assez difficile à trouver et ne sont pas évidents à conduire (vélos lourds avec une forme pas tout à fait standard), vous serez plus tranquilles pour vos visites à vélo en en louant un qui vous sera personnel et en bon état de marche.

■ **CHRISTIANIA SMEDIE**
Refshalevej 2 ✆ +45 32 54 87 48
Ouvert du lundi au vendredi de 9h à 17h.
Vous croiserez partout dans Copenhague les fameux vélos de Christiania, dont la selle ainsi que le guidon – supporté par un cadran à trois branches – sont tout en hauteur. D'autres sont en fait des triporteurs, dotés à l'avant d'une sorte de nacelle pour transporter les enfants, les courses, ou le chien ! On peut acheter ces vélos sur place à la fabrique, mais les tarifs sont loin d'être cools : le premier prix est à 7 900 kr. Et puis à ce prix-là, il faudra aussi le rapporter chez soi ! On trouve aussi quelques trottinettes.

Location de vélos

Entre 60 et 130 Dkr par jour, caution et carte d'identité exigées. C'est le meilleur moyen de découvrir Copenhague si vous pouvez faire du vélo, vous êtes prioritaire sur la route et le réseau des pistes cyclables a été adapté à la ville.

Cyclistes au Trianglen à Østerbro.

C'est le moyen de transport le plus utilisé par les habitants de cette ville. Pour attacher son vélo, il suffit de bloquer la roue arrière (antivol sur le vélo lui-même) comme sur les vélos hollandais, il n'est pas nécessaire d'attacher son vélo à un poteau avec une chaîne ou un antivol U comme en France.

KØBENHAVNS CYKLER
Gare centrale ✆ +45 33 33 86 13
www.rentabike.dk
A partir de 90 Dkr par jour, caution en supplément.
Au sous-sol de la gare. On parle anglais et parfois français. Les vélos sont simples et faciles à conduire.

KØBENHAVNS CYKLERBORS
Gothersgade 157 ✆ +45 33 14 07 17
A partir de 75 Dkr par jour.

ØSTERPORT CYKLER
Gare d'Østerport, 9 Oslo Plads
✆ +45 33 33 85 13
En face de la gare, c'est la filiale de Kobenhavns Cycler dans le quartier d'Østerport.

PRATIQUE

Tourisme

MEET THE DANES
Ravnsborggade 2, 2e étage
✆ +45 23 28 43 47
www.meetthedanes.dk
info@meetthedanes.dk
Cette association permet de vivre dans une authentique famille danoise le temps de son séjour (On n'hésitera pas à se renseigner sur les tarifs, peu économiques au demeurant). Mais on peut aussi simplement s'y procurer la Copenhagen Card, réserver des visites guidées de la ville, ou récupérer le plan de Copenhague et quelques brochures.

TOURIST INFORMATION
4a Vesterbrogade ✆ +45 70 22 24 42
www.visitcopenhagen.com
Face au parc Tivoli.
Ouvert de janvier à avril : du lundi au vendredi de 9h à 16h et le samedi de 9h à 14h, fermé le dimanche ; de mai à juin : du lundi au samedi de 9h à 18h, dimanche de 10h à 14h ; de juillet à août : du lundi au samedi de 9h à 20h, dimanche de 10h à 18 ; de septembre à décembre : du lundi au vendredi de 9h à 16h, samedi de 9h à 14h, fermé le dimanche.
Des brochures, des ordinateurs et une équipe sont à disposition dans ces locaux situés à deux pas de la gare centrale. Service gratuit de recherche et réservations d'hôtels. On peut réserver directement depuis les ordinateurs ou via le personnel des guichets (prendre son numéro) qui vend également la Copenhagen Card (CPH Card). Accueil charmant, personnel prêt à aider le touriste désorienté, et petit café pâtisserie dans les locaux. On trouve aussi le *Copenhagen Post.* Info futée : chaque matin une liste d'hôtels est affichée avec des tarifs affichant jusqu'à 50 % de réduction.

Représentations

AMBASSADE DE BELGIQUE
7 Øster Allé ✆ +45 35 25 02 00

AMBASSADE DE FRANCE
Kongens Nytorv 4 ✆ +45 33 67 01 00
Fax : +45 33 93 97 52
www.ambafrance-dk.org
Dans un superbe bâtiment baroque, le palais Thot, près de Nyhavn, fut construit à la fin du XVIIe siècle sur la place bordée par le Théâtre royal et l'hôtel d'Angleterre. Réaménagé au XVIIIe siècle (façade néoclassique, salons et décoration signés Nicolas Jardin), il a été loué à plusieurs reprises à la France, qui en a fait l'acquisition en 1930.

AMBASSADE DE SUISSE
14 Amaliegade ✆ +45 33 14 17 96

AMBASSADE DU CANADA
1 Kristen Bernikowsgade
✆ +45 33 48 32 00 – www.canada.dk
copen@international.gc.ca

AMBASSADE DU LUXEMBOURG
5 Fridtjof Nansens Plads
✆ +45 35 26 82 00

Internet

Généralement entre 20 Dkr et 30 Dkr de l'heure. Pour simplement consulter vos e-mails, vous pouvez vous rendre à Huset ou dans les bibliothèques, c'est gratuit ! Voici quelques adresses sous réserve de changements.

Copenhague gratuit !

Dans cette capitale réputée pour la cherté de la vie, le Petit Futé a pourtant débusqué pour vous des produits et des activités qui ne vous coûteront pas une couronne !

Arts. De nombreuses galeries, accueillant des expositions. Pour le design, puisque le Centre danois du design est désormais payant, vous pouvez faire un tour chez Paustian : un magasin installé dans un beau bâtiment conçu par Jørn Utzon ou l'on peut voir (ou acheter si l'on a les moyens) du mobilier signé par les plus grands designers internationaux.

Cartes postales : le Danemark a inventé les cartes postales offertes dans les cafés : les *go cards* sont nées dans les années 1980, avant que l'idée n'arrive plus au sud de l'Europe ! Une touche exotique originale et économique pour envoyer quelques mots à des amis (reste à acheter le timbre !)

Cinéma : certains films de la cinémathèque (Filmhusets Cinematek, Gothersgade 55) sont projetés gratuitement (les films pour enfants, les documentaires, les courts-métrages), et on peut accéder à la vidéothèque. Projections gratuites en plein air l'été.

Consigne : on peut déposer ses bagages à Huset, où ils seront gardés toute la journée (mais il faut laisser une caution de 50 kr, récupérée avec les bagages).

Exotisme : la serre tropicale du jardin botanique (l'accès au jardin et même au Musée botanique est également gratuit).

Folklore : changement de la garde tous les jours à midi sur la place d'Amalienborg, avec orchestre et parade dans les rues (quand la famille royale est présente à Copenhague).

Guide pratique : guide en anglais très bien rédigé par Huset, *Playtime*, réactualisé chaque année.

Internet : chez Huset, dans les offices du tourisme ou les hôtels et dans les bibliothèques, accès gratuit pendant un quart d'heure. On peut aussi demander le code wi-fi dans certains bars et restaurants.

Journaux : *The Copenhagen Post*, qui coûte 15 kr, peut se trouver gratuitement sur le comptoir de certains loueurs de voitures, à l'Office du tourisme, à la réception d'une quarantaine d'hôtels, chez Huset, et dans plus de 120 cafés : entre 20 et 50 exemplaires y sont déposés chaque vendredi, mais ils partent très vite ! Gratuit également, mais en danois : *Metro* distribué dans le réseau ferré de la ville, et *Nat & Dag*, guide culturel mensuel dans les cafés.

Musées. Tous les jours : la collection David Samling (art islamique, argenterie et porcelaine européenne du XVIIIe siècle, mobilier, tableaux hollandais) ; le musée du Tabac (sur le Strøget : Amagertorv 9) ; le musée du Scoutisme danois (Spejdermuseet). Le dimanche : la Glyptothèque Ny Carlsberg. Le mercredi : musée de la Résistance danoise (Frihedsmuseet) ; le Musée national (Nationalmuseet) ; le Centre d'art contemporain (dans l'ancienne église Sankt Nikolaj, sur le Strøget) ; le musée de la Poste ; le musée national des Beaux-arts (Statens Museum for Kunst) ; le musée Thorvaldsen ; la collection Hirschsprung ; le musée de la Marine.

Musique : concerts gratuits dans le Fælledeparken, à Pavillonen, en été ; un peu partout dans la ville lors du Festival de jazz (début juillet).

Parc d'attractions : si Tivoli est payant, le parc de Bakken, plus ancien, au nord de la ville, est d'accès gratuit. Foire à l'ancienne où l'on peut venir pique-niquer (attractions payantes).

Préservatifs : dans les bars *gays* ; au bureau de tourisme de Huset.

Sites et monuments : la citadelle à Langelinie ; la *Petite Sirène* ; l'entrée de la commune libre de Christiania, la cathédrale Notre-Dame, l'église de Holmen (où la reine s'est mariée), le hall de l'hôtel de ville (mais l'accès à la tour est payant).

Spectacles : théâtre de marionnettes du 1er juin au 31 août, près de Kronprinsessegade, accessible à tous, même si on ne parle pas danois.

Sport : chaque hiver, on peut patiner gratuitement en plein cœur de Copenhague, sur Kongens Nytorv, la place où se trouve l'ambassade de France, le Théâtre national et l'hôtel d'Angleterre. Patinoire en plein air également à l'entrée du parc de Frederiksberg ; si vous êtes habile au basket, joignez-vous aux joueurs aux pieds des paniers d'Israël Plads, Enghave Plads et Fælledparken ; même chose pour jouer au foot dans ce parc.

The Copenhagen Post, un hebdomadaire futé

Créé en 1997 par San Shepherd, *The Copenhagen Post* balaie en une série d'articles concis ce qui fait la une des journaux durant la semaine au Danemark et rend ainsi accessible au lecteur anglophone (même si on ne maîtrise pas totalement la langue du père d'Hamlet) les faits divers ou l'actualité politique, économique – et même celle de la cour ! –, qui nourrissent les conversations des Danois et vous permettent de mieux comprendre la vie du pays qui vous accueille. On y trouve aussi en dernière page un coup de projecteur sur un épisode ou un personnage de l'histoire du pays. Mais c'est, bien sûr, son guide central *In and Out*, crée par le Franco-Danois Thomas Dalvang-Fleurquin, qui le rend encore plus indispensable pour quiconque séjourne dans la capitale danoise. Chaque semaine, un bar ou un restaurant est mis sur le gril par ses critiques gastronomiques, qui n'ont rien de complaisant, tandis qu'une liste régulièrement renouvelée, selon les modes et la saison, permet de ne pas se tromper pour choisir un lieu où déjeuner ou dîner en ville. Egalement l'agenda des concerts de musique en tout genre et les horaires des films anglo-saxons toujours projetés en V.O. dans les salles de cinéma au Danemark. Mais alors pourquoi ne pas indiquer aussi les films français qui sont nombreux à passer en salle ou sur des chaînes de télévision danoises, notamment les productions Besson ou certaines œuvres estampillées cinéma d'auteur ? On trouve *The Copenhagen Post* chaque vendredi dans les kiosques, à l'office de tourisme, mais il est aussi offert par certains cafés, hôtels ou loueurs de voitures.

■ **3D NET CAFÉ**
Kattesundet 14
✆ +45 33 13 42 33
Ouvert tous les jours de 12h à minuit.

■ **BOOMTOWN**
Axeltorv 1
✆ +45 33 32 10 32
Compter 30 Dkr pour une heure de connection.
A proximité de la station Vesterport.

■ **NETHULEN**
Istedgade 114, Vesterbro
✆ +45 33 24 04 07
www.nethulen.dk
Ouvert tous les jours de 9h30 à 23h, à partir de 16h le week-end.

Urgences

En cas d'accident, appelez le 112 (gratuit d'une cabine téléphonique).

Santé

Inutile de se rendre au Rigshospitalet, immortalisé par Lars von Trier dans son célèbre feuilleton *The Kingdom* (*L'Hôpital et ses fantômes*) pour les urgences, privilégiez plutôt les adresses suivantes.

■ **AMAGER HOSPITAL**
1 Italiensvej
✆ +45 32 34 32 34
www.amagerhospital.dk

■ **FREDERIKSBERG HOSPITAL**
57 Nordre Fasanvej
✆ +45 38 16 38 16
Au nord du parc de Frederiksberg.

■ **SØNDERBRO APOTEK**
158 Amagerbrogade, quartier Amager

■ **STENO APOTEK**
6C Vesterbrogade
www.stenoapotek.dk
En face de la gare centrale. Pharmacie ouverte 24h/24.

Médias

Comment comprendre ce qui se passe en voyant la télévision ou en écoutant la radio dans un pays dont on ne connaît pas la langue ? Même pour chercher les horaires d'un film dans les pages culturelles d'un quotidien, ça n'a rien d'évident ! Si vous avez quelques bases d'anglais en revanche, vous ne serez pas perdu.

▶ **Informations touristiques :** chaque mois, contrairement à ce qu'annonce son titre : *Copenhagen this week*, que l'on trouve dans les offices du tourisme et les hôtels, recense les informations pratiques, et la liste des expositions et des événements proposés à Copenhague et dans sa région.

▶ **Actualité danoise,** Information pratique, guide des sorties : *The Copenhagen Post*, indispensable hebdomadaire très bien informé, en vente le vendredi.

Francophones : vous pouvez écouter RFI (Radio France Internationale) via le réseau de télévision câblée, qui permet aussi de regarder TV5. Les journaux français, suisses et belges se trouvent principalement au kiosque du passage Jorcks, qui donne sur le Strøget, ainsi qu'à celui de Nytorv, en plus de ceux de l'aéroport et de la gare centrale.

Objets perdus

BUREAU DE POLICE DE VANLØSE
Slotsherrensvej 113
✆ +45 38 74 88 22
Pour les objets perdus, adressez-vous à ce bureau.

QUARTIERS

Copenhague-K

Code postal désignant le centre de la capitale, enserré entre le port et trois larges avenues au-delà desquelles on trouve Tivoli au sud-ouest, le parc Ørsteds au nord-ouest et le jardin royal du château de Rosenborg au nord. La cinémathèque danoise, autre lieu intéressant de la ville, fait d'ailleurs face à ce dernier parc. Beaucoup de rues à l'intérieur de ce quadrilatère sont piétonnes. Copenhague est d'ailleurs fière d'avoir inventé ces artères interdites aux voitures au début des années 1960 avec son Strøget, nom qui désigne cinq rues piétonnes en enfilade, de l'hôtel de ville à Kongens Nytorv, la place du Théâtre royal. Dans ce cœur actif et commerçant de la ville, on retrouve bien sûr le siège du pouvoir politique à Christiansborg, îlot entouré de canaux. La vie intellectuelle bat son plein près de la Tour Ronde, dans le Quartier Latin autour de la très vieille université aux murs gris, fondée à la fin du XVe siècle par Christian Ier, qui jouxte Regensen, un ensemble de vieux bâtiments situés sur Store Kannikestræde, dont une aile a échappé au grand incendie du XVIIIe siècle, qui abritent de toutes petites chambres d'étudiants très recherchées. Tout ce quartier est très différent du reste de la ville avec ses rues sombres, ses graffitis et tags sur les murs, ses pierres grises. Juste à côté, les couleurs éclatent et les roses trémières s'étirent entre les pavés du Pisserenden (littéralement le Pissoir), l'ancien quartier des prostituées, qui abrite aujourd'hui des boutiques branchées et de nombreux cafés et restaurants. Ailleurs, il faut se promener de place en place, en traversant de petits passages pleins de verdure et des rues bordées de façades aux couleurs bleu cobalt, rouge ocre, havane ou terre de Sienne...

Assistens Kirkegård.

Christianshavn

Ce quartier respire le calme avec ses jolies maisons ou immeubles anciens et ses beaux bateaux colorés au bord des canaux. Moins fréquenté et touristique que Nyhavn, il est pourtant tout aussi charmant et plus reposant. Un seul pont y conduit directement, le Knippelsbro. Ce quartier a été construit par Christian IV (d'où son nom), en 1617, sur une île entre Copenhague et Amager. Des édifices du XVIIIe siècle, deux églises très originales, des canaux, des quais (avec le Centre danois de l'architecture, sur Gammel Dock) quelques cafés et restaurants à la mode, d'autres ayant conservé une ambiance – et une clientèle – très « maritime », et, enfin, la commune libre de Christiania : cette partie de Copenhague est une sorte d'ovni alternatif aux allures de *squat* artistique. N'hésitez pas à pénétrer dans des cours – même si certains habitants s'en agacent –, vous découvrirez de superbes maisons de marchands du XVIIIe siècle (au 12 de Strandgade), ou encore les bâtiments d'un vieil hôpital transformé en Musée royal.

L'église de Notre Sauveur à Christianshavn.

C'est aussi là que se trouve Christiania, ancien havre de liberté d'artistes et autres marginaux, abrité par la nature. Commune non soumise aux lois ni aux impôts, elle était officiellement tolérée depuis trente ans par les autorités qui semblent désormais vouloir reprendre les rênes et mettre tout le monde au pas. Ce quartier est devenu le troisième lieu le plus visité du Danemark après Tivoli et Legoland.

Holmen

A côté de Christiania (qui lui appartient), la marine royale a libéré de nouveaux terrains : un espace d'un demi-million de mètres carrés, inconnu des Copenhagois jusque-là. Bâtie sur une île artificielle et occupée pendant 300 ans par l'armée, la zone interdite a été ouverte à l'occasion des festivités de 1996, l'année où Copenhague était la capitale culturelle de l'Europe. Entrepôts, vieux docks, anciens chantiers navals, casernements sont désormais utilisés par une école d'architecture, l'académie des Beaux-Arts, l'Ecole nationale du cinéma et du théâtre, et par les bureaux d'agences de publicité et de mode. Un nouveau quartier résidentiel est en train de naître, mais interdiction de construire : des logements sont aménagés dans les anciens hangars à bateaux et même dans l'immense halle qui abritait les sous-marins. Une partie demeure occupée par la marine. De Holmen, les Danois ont pu découvrir une vision inédite de leur capitale, de l'autre côté du port. C'est sur cette rive que se dresse le nouvel Opéra royal. Il est aussi prévu de relier les deux rives par un pont pour piétons et cyclistes. On envisage même un tunnel sous le port ! Tout au bout, Holmen reste la propriété de la marine, mais on peut tout de même y accéder, en passant la grille de l'enceinte militaire avant la tombée de la nuit, pour aller admirer de près de superbes installations portuaires du XVIIIe siècle, véritables monuments historiques, dont une grue édifiée en 1751.

Vesterbro

Derrière la gare centrale de Copenhague, au sud-ouest du centre, non loin de Tivoli, le petit quartier populaire et mal famé a bien changé. Il est désormais l'un des quartiers les plus branchés de Copenhague, à l'instar de Nørrebro, même s'il garde un côté sulfureux et *rock'n'roll* de par la population marginale, immigrée et les quelques péripatéticiennes qu'il reste sur Istedgade. Fameux pour ses *sex-shops*, ses grands bâtiments massifs réhabilités depuis quelques années, Vesterbro s'est doté de lieux à la mode, de cafés, de boutiques de vêtements d'avant-garde (notamment sur Istedgade) qui en font un quartier très vivant et jeune de plus en plus fréquenté par les habitants du reste de la ville. C'est d'ailleurs ici que se trouvent quelques lieux-phares de la nuit à Copenhague (bars et discothèques).

Frederiksberg

En continuant, après Vesterbro, on passe une frontière, car Frederiksberg, n'est pas vraiment un quartier mais une commune à part entière, assez embourgeoisée, où l'on paie pourtant moins d'impôts qu'à Copenhague ! C'est sur la colline qui surplombe la commune que le roi Frederik II avait établi sa résidence, un superbe et vaste château du début du XVIIIe siècle, loin du vacarme du centre de la capitale. Beaucoup de commerces jalonnent les rues principales et le calme sied aux rues adjacentes avec quelques jolies maisons ou bâtiments à voir en se baladant à pied ou à vélo. Ce quartier résolument résidentiel, aéré et verdoyant, abrite le plus grand parc de la ville, délicieux lieu de promenade, avec un canal et un zoo. Une grande partie de la communauté française y réside également, entre le lycée français Prins Henrik et la boulangerie Marie-France !

Nørrebro

A quelques kilomètres du centre-ville, par le pont Dronning Louise, c'est un quartier en pleine mutation, majoritairement jeune et multiethnique (les résidents étrangers et les immigrants représentent à eux seuls 40 % de la population) : immeubles réhabilités, loyers en hausse, lieux de rendez-vous branchés, cafés qui rappellent curieusement l'ambiance des brasseries parisiennes, nombreux restaurants exotiques. Ses habitants sont de moins en moins ouvriers et de plus en plus artistes ou étudiants, mais ils ont encore un très fort sentiment communautaire, qui provient peut-être d'un sentiment d'appartenance à une classe sociale particulière. Ici se trouvait le « carré noir » où se succédaient les descentes de police à la poursuite des *dealers*. Maintenant, on vient s'y promener pour chiner chez ses nombreux brocanteurs, ou prendre un verre sur la place Sankt Hans, bordée de nombreux cafés. Mais Nørrebro n'a pas perdu son côté autonomiste et frondeur : c'est ici que se déroulent chaque année, le 31 décembre, de violents affrontements entre la police et des jeunes d'extrême gauche, rejoints par des immigrés de la seconde génération.

Østerbro

Au nord de Nørrebro, avec son vaste Fælledparken. Quartier plutôt chic, tranquille et bourgeois, où l'on trouve également le grand stade de Copenhague, qui a été équipé d'un toit amovible impressionnant pour abriter le concours Eurovision de la chanson au printemps 2001 ! C'est presque le XVIe arrondissement de Paris avec son bois de Boulogne, son parc des Princes et ses immeubles cossus, en plus vivant, même les soirs sans match… Mais Østerbro, c'est aussi, plus au nord, la zone portuaire de Copenhague en plein réaménagement. Il y a d'abord la promenade de Langelinie, juste après l'inévitable Petite Sirène : c'est ici qu'accostent les paquebots. Les vieux hangars ont été transformés en boutiques (design, ambre, céramiques…), ou abritent des cafés aux terrasses accueillantes. Copenhague soigne sa nouvelle vitrine, en plein développement : la ville est ainsi devenue l'une des premières destinations pour les croisiéristes en Europe. La ville se vante de disposer du plus long quai du monde, après Miami, pour l'accueil des paquebots de croisière (plus de 200 bateaux et 150 000 passagers par an). Durant la seconde moitié du XIXe siècle, c'est ici qu'embarquaient les Danois qui s'exilaient aux Etats-Unis. Certains entrepôts sont préservés, voire intégrés à des bureaux ultramodernes. C'est par ailleurs l'une des rares zones de Copenhague où l'architecture de verre et de béton, que l'on rencontre dans toutes les grandes villes modernes, parvient à s'exprimer, formant une sorte de quartier de la Défense à la danoise : au milieu de l'eau, et avec des formes adoucies.

Amager

On disait volontiers dans le reste de Copenhague que les gens qui habitaient ce quartier n'en sortaient jamais, les autres ne faisant qu'y passer, pour aller à l'aéroport de Kastrup. Amager, (prononcé Amar) méprisé par ses voisins de l'autre côté du canal, semblait, il est vrai, s'être figé dans le temps : ambiance de quartier populaire ouvrier, avec ses immeubles de briques aux couleurs tristes, sans endroits à la mode ni boutiques attractives. Pourtant, il est assez étonnant et pas si désagréable de se balader dans un quartier moderne aux multiples visages. Dotée d'une longue plage avec vue sur des rangées d'éoliennes, la Suède et le pont qui relie les deux pays, la « corniche » d'Amager est le rendez-vous privilégié des jeunes Copenhagois dès qu'il fait beau et chaud.

Kierkegaard et Copenhague

« Sans doute quelques-uns de mes compatriotes croient Copenhague une petite ville, et une ville ennuyeuse. A mes yeux, au contraire, au bord d'un frais rivage, gardant même en hiver le souvenir de la forêt de hêtres, j'y vois le plus heureux séjour désirable. Assez vaste pour être une grande ville, assez petite pour que les gens y échappent au cours du marché, la consolation que donne à Paris la statistique de tant de suicides, la joie qu'y procure la liste de tant d'esprits distingués, ne peuvent à Copenhague apporter leur trouble ni jeter l'Individu dans un tumultueux tourbillon où la vie perd tout son sens, la consolation son jour de repos, la joie son jour sacré, parce que tout s'y écoule dans le vide ou la trop grande abondance d'événements. »

Søren Kierkegaard, *Coupable ? Non coupable ?*, trad. par M.-H. Guignot et F. Prior, in Étapes sur le chemin de la vie, Paris, Gallimard, coll. « Tel », 1979.

Blaise Cendrars dans les faubourgs de Copenhague :

« Je connaissais Copenhague pour y être déjà venu quelquefois en escale, mais je ne connaissais que le Copenhague de nuit, qui est un port où la bordée est bonne. [...] et je pris un taxi, m'amusant fort du Copenhague que je découvrais et dont je n'avais aucune idée, un Copenhague avec des rues encombrées de cyclistes, hommes et femmes se rendant à leur travail, garçons et filles se rendant à l'école, une foule presque campagnarde, simple, lavée, de bonne humeur, qui me surprenait quand je pensais aux grandes brasseries ouvertes la nuit et aux grandes salles de danse que j'avais exclusivement fréquentées jusqu'ici à Copenhague aux alentours du port, et où l'on ne rencontre que des filles et des navigateurs. »

▶ **Blaise Cendrars, *D'outremer à Indigo*,** in Œuvres complètes, vol. 8, Denoël, 2003.

Depuis la construction du pont vers Malmö, ce n'est plus un cul-de-sac pour les trains et les voitures, le métro s'y arrête dans trois stations (ligne M2 en direction de l'aéroport).

Ørestad

Tout un quartier – une véritable ville nouvelle – est en train de naître à l'ouest : sur 5 km de long et 600 m de large, s'édifient un vaste centre d'affaires, des usines de haute technologie et de recherche médicale, une nouvelle université, des logements, mais aussi le centre commercial Fields, le plus vaste de la Scandinavie... Baptisée Ørestad, cette cité moderne pourrait accueillir d'ici quelques années pas moins de 70 000 habitants, dont sans doute beaucoup de Suédois. Beaucoup de sièges d'entreprises se sont déjà installés dans cette zone qui ressemble à nos zones industrielles sauf que c'est en pleine ville. L'espace est énorme et les constructions étendues. La ville est en pleine mutation, pour l'instant elle a des airs de banlieue aux grandes avenues et aux bâtiments résidentiels modernes. Si vous aimez ce genre de paysage (chantiers, industries...), vous trouverez agréable de vous y balader, sinon vous ne trouverez que peu d'intérêt à le faire. A côté d'un petit port de plaisance, au milieu de ce chantier, on trouve un camping et un club de sport nautique. En attendant, certains paysages sont engloutis, l'ancienne plage sur pontons de bois est condamnée à court terme, les villages de pêcheurs sont déplacés, une Riviera faite d'îlots artificiels, de plages et de ports de plaisance se met en place...

Islands Brygge

Au sud-ouest de Christianshavn, de l'autre côté du pont Langebro, sur les quais du bras de mer qui coupe la ville en deux (la grande île et la petite île), ce quartier offre un beau point de vue sur la ville, notamment sur le Diamant noir et fait face au Vesterbro. L'architecture est simple avec une partie très récente et moderne au sud. On y trouve toute sorte de restaurants et cafés, surtout en bord de mer, pour se détendre à toute heure du jour ou de la nuit. L'été, les Copenhagois viennent y pique-niquer, faire un barbecue et même se baigner sur ses berges. Les étudiants y échouent avec plaisir en sortant de la nouvelle université d'Ørestad. C'est un quartier plutôt résidentiel qui prend des caractères de quartier de loisirs en particulier chez les jeunes. Il n'y a pas beaucoup de sites à visiter dans ce secteur mais tout un quartier agréable et neuf à visiter en marchant tranquillement au bord de l'eau (ou à vélo).

HÉBERGEMENT

L'hébergement sera la dépense la plus onéreuse de votre voyage au Danemark même si le réseau des auberges de jeunesse (*danhostel*) s'est développé et reçoit tout type de clientèle pour un prix raisonnable. Il faudra compter environ 30 € minimum par nuit et par personne. Les tarifs n'impliquent pas un manque de clientèle, les auberges et hôtels sont souvent remplis surtout en été alors n'hésitez pas à réserver à l'avance. Vous pouvez réserver gratuitement les chambres chez l'habitant sur le site Use-it, vous pouvez réserver sur Internet pour les auberges de jeunesse (www.danhostel.dk) en choisissant votre destination et le type de chambre et pour les hôtels via le site Internet de l'office du tourisme : il faut remplir un formulaire en ligne pour trouver l'établissement qui correspond à vos critères. Vous trouverez de très nombreux hôtels près de la gare, à Vesterbro : ils se touchent tous, en enfilade le long de longues rues perpendiculaires à Istedgade. Si vous aimez les cafés branchés et souhaitez profiter de la vie nocturne, vous aimerez être dans ce quartier. Sinon il existe beaucoup d'autres quartiers accueillants au charme très particulier ! Notez enfin que les hôtels des luxueuses chaînes internationales, absentes de Copenhague il y a peu encore (en dehors de Radisson SAS), ont fait leur apparition ces dernières années..

- **Auberges de jeunesse (*danhostel* ou *vandrerhjem*).** Elles sont d'un bon rapport qualité-prix en général. Il y a deux grandes auberges de jeunesse en plein centre-ville dont une près du pont Langebro et de la gare centrale (tour moderne d'une vingtaine d'étages, vous ne pourrez pas la manquer) sinon les autres auberges sont assez éloignées du centre-ville. Pour y dormir, comptez environ 150 Dkr en dortoir et à partir de 400 Dkr en chambre double. Prévoyez l'achat d'une carte internationale des Auberges de jeunesse (ou un petit supplément si vous n'en possédez pas). Renseignements sur www.danhostel.dk

- **Chambres chez l'habitant.** A partir de 350 Dkr pour une personne, 400 Dkr pour deux. Renseignements à l'office du tourisme, ou à Dansk Bed and Breakfast.

- **Hôtels.** Les prix sont relativement élevés dans les hôtels. Vous trouverez la même gamme de différentes qualités de services et de confort et vous pourrez choisir selon votre budget et vos goûts personnels (luxe moderne ou ancien, luxe exotique ou écologique...).

Locations

DANSKE B&B

41 Skt Peders Stræde ✆ +45 39 61 04 45
www.bbk.dk – bed@bbk.dk
Réservation sur le site. Villas ou appartements en B&B dans Copenhague même (y compris certains à Christianshavn où l'hébergement traditionnel est plus que rare). Formule globalement moins onéreuse qu'en hôtellerie traditionnelle et qui permet de vivre au plus près de la vie quotidienne du Copenhaguois. Une cinquantaine d'appartements disponibles.

Copenhague-K

Bien et pas cher

DANHOSTEL COPENHAGEN DOWNTOWN

5 Vandkunsten ✆ +45 70 23 21 10
✆ +45 40 15 66 15 – Fax : +45 33 32 88 89
www.copenhagendowntown.com
info@copenhagendowntown.com
280 lits, 25 chambres avec douches et toilettes privatives, 50 sans. Hébergement : 70 Dkr en dortoir, de 449 à 549 Dkr en chambres doubles. Petit déjeuner : 65 Dkr/personne. Location de draps : 60 Dkr (serviettes : 10 Dkr). Se munir de la carte des auberges de jeunesse (qui peut être achetée sur place). L'hébergement le plus central de Copenhague ! Sur une sorte de petite place, à deux pas de Sotsholmen et du Strøget, une auberge de jeunesse flambant neuve.

Confort ou charme

CPH LIVING HOTEL

1C Langebrogade ✆ +45 61 60 85 46
www.cphliving.com – info@cphliving.com
Ouvert toute l'année. Chambre double à partir de 1 000 Dkr. Si vous recherchez un endroit charmant et atypique où séjourner à Copenhague, voici une bonne adresse. Situé en plein centre, cet hôtel flottant et flambant neuf jouit d'un emplacement idéal, permettant de profiter des animations proches de la ville et de se relaxer au bord de l'eau. La vue sur le pont est magnifique et seuls les résidents y ont accès. Les chambres sont décorées avec design et confort : bois précieux, parquets flottants, baies vitrées, œuvres d'art.

BETHEL SØMANDSHJEMMET

22 Nyhavn ✆ +45 33 13 03 70
www.hotel-bethel.dk
info@hotel-bethel.dk
Chambres simples à 645 ou 845 Dkr ; doubles à 845 ou 945 Dkr, petit déjeuner inclus. Cartes de crédit acceptées.
Une adresse superbement située puisque juste en face des façades colorées de Nyhavn. Pour un prix plus que raisonnable, on aurait tort de ne pas se réveiller le matin avec une telle vue (attention, les chambres avec vue sont les plus chères) ! Décor et confort assez rustiques, mais c'est très propre et les chambres sont lumineuses. Le « Foyer des marins » est subventionné par l'église des matelots : les marins ont droit à des tarifs privilégiés, mais tout le monde est bienvenu.

DANMARK

89 Vester Voldgade ✆ +45 33 11 48 06
✆ +45 33 95 77 77
www.hotel-danmark.dk
hotel@hotel-danmark.dk
Gare centrale (København H) puis de Rådhus Plads par Vester Voldgade vers le Musée national. 88 chambres réparties dans deux bâtiments : entre 980 et 1 680 Dkr, petit déjeuner compris.
C'est en 1790 qu'une première auberge a été établie sur les lieux, à deux pas des rues piétonnes conduisant à Slotsholmen. Bien entendu, tout a été rénové depuis et l'hôtel d'aujourd'hui est installé dans le bâtiment historique et dans une extension moderne. Situation privilégiée à deux pas du Musée national, confort (même si la décoration des chambres reste sagement classique) et qualité de l'accueil, tels sont les atouts de cet hôtel. Ajoutons-en un, de taille : la cour fleurie où l'on peut prendre le petit déjeuner aux beaux jours. Les résidents ont, en outre, droit à l'accès gratuit au Spa Helle Thorup de l'hôtel Kong Arthur qui appartient au même groupe. Une des bonnes adresses à prix à peu près abordable de la ville.

FOX

3 Jarmers Plads ✆ +45 33 13 30 00
✆ +45 33 95 77 55
Fax : +45 33 13 30 33
www.hotelfox.dk – hotel@hotelfox.dk
Train : Vesterport puis Hammerichsgade à pied (300 m environ) jusqu'à Jarmers Plads, ou København H puis Vester Voldgade à partir de Rådhus Plads. 61 chambres à partir de 1 190 Dkr jusqu'à 1 590 Dkr selon taille et niveau de confort. Restaurant ouvert du lundi au jeudi de 16h à 21h, le vendredi et le samedi de 16h à 22h. On avouera un gros coup de cœur pour cet hôtel, remarquablement situé à quelques encablures du Quartier latin. Parce que les chambres ont été décorées par 21 artistes contemporains dans à peu près tous les styles : il y en a pour tous les goûts, de la 202 aux allures futuristes confiée au peintre allemand Boris Hoppek à la 106, très BD, réalisée par Geneviève Gaucher, en passant par l'atmosphère romantique de la 309 du groupe britannique Container, sans oublier la 414, toute blanche, représentative du design danois. Avouons une tendresse particulière pour la chambre suisse (409) décorée par Benjamin Guidel : sur les murs, des alpages avec troupeaux exécutés dans un style très coloré façon BD, il ne manque même pas le coucou qui a le bon goût de ne pas se déclencher en pleine nuit. Les chambres sont en outre très confortables et silencieuses.

IBSENS HOTEL

23 Vendersgade ✆ +45 33 13 19 13
Fax : +45 33 13 19 16
www.ibsenshotel.dk
hotel@ibsenshotel.dk
Train : Nørreport, puis à pied par Frederiksborggade. A l'angle de Nansensgade. 118 chambres de 860 à 1 980 Dkr selon taille et saison. Petit déjeuner : 95 Dkr par personne.
Plutôt attiré par le design minimaliste ou par une ambiance romantique ? Vous trouverez votre bonheur dans ce petit hôtel récemment rénové, situé entre les lacs et le centre piéton. Certaines suites ont conservé l'atmosphère victorienne que revêtaient autrefois les lieux avec lit à baldaquin et cheminée... Mais tout a été modernisé et les chambres (certaines sont quand même un peu petites...) sont personnalisées. La petite cour, des plus agréables, ferait presque oublier que l'on se trouve dans une capitale ! L'accueil est chaleureux et les propriétaires (le groupe Brøchner) sont adeptes de la compensation carbone, ce qui a valu à l'hôtel le label La Clef verte.

TWENTYSEVEN

Løngangstræde 27 ✆ +45 70 27 56 27
Fax : +45 70 27 96 27
www.hotel27.dk – cc.27@choice.dk
Chambre simple à partir de 1 485 Dkr, chambre double à partir de 1 865 Dkr. L'hôtel a été entièrement rénové dans un style très pur.

Pas de superflu, l'établissement est soigné et très moderne. Les 200 chambres sont toutes confortables, fonctionnelles et lumineuses. La salle de bains est un exemple de design, style et mélange de genres parfaitement bien intégrés à la chambre. Au cinquième et dernier étage, on peut apprécier une vue sur les toits, et les chambres sont plus spacieuses et disposent de baies vitrées sur les murs et au plafond. L'hôtel, très bien placé (difficile d'être plus près du centre-ville), dispose d'un parking et Internet est accessible grâce au wifi.

Luxe

■ 71 NYHAVN HOTEL

71 Nyhavn (entrée sur Kvæsthusgade)
✆ +45 33 43 62 00
Fax : +45 33 43 62 01
www.71nyhavnhotel.dk
71nyhavnhotel@arp-hansen.dk
Chambres simples de 1 750 à 2 880 Dkr, doubles de 2 050 à 2 880 Dkr, petit déjeuner à 150 Dkr par personne. Au restaurant, comptez environ 500 Dkr hors boissons.
Tout au bout de Nyhavn, l'hôtel a investi un vieil entrepôt au coin du port : briques et poutres constituent l'ossature des lieux meublés avec goût et sobriété dans un style qui s'harmonise parfaitement avec le bâtiment. Un endroit idéal pour une soirée (et une nuit) romantique que l'on peut commencer de belle manière au restaurant Pakhuskælderen aménagé au rez-de-chaussée, et justement réputé. Tout cela a un coût bien entendu, mais quand on aime, on ne compte pas !

■ KONG ARTHUR

11 Nørre Søgade ✆ +45 33 11 12 12
✆ +45 33 95 77 22
Fax : +45 33 32 61 30
www.kongarthur.dk – hotel@kongarthur.dk
Métro et train : Nørreport, puis à pied par Frederiksborggade jusqu'aux lacs : c'est tout de suite à gauche au fond d'une impasse. 155 chambres dont 11 suites de 1 740 à 2 140 Dkr, petit déjeuner compris à la belle saison. Tarifs réduits en hiver (hors événements) ou si l'on réserve par Internet avec prépaiement. Accès au Spa gratuit pour les résidents : tous les jours de 10h à 20h, le dimanche de 10h à 18h. Au fond d'une impasse ouvrant sur l'avenue bordant le Peblige Sø, cet hôtel occupe quatre bâtiments répartis autour d'un jardin central dans lequel il est particulièrement agréable de se poser en été.

Voué à la légende du roi Arthur (d'où l'aspect « moyenâgeux » de la réception), l'hôtel dispose de chambres de taille et d'exposition très variées, mais toutes confortables, meublées avec goût et sobrement décorées dans les tons bleus. Trois restaurants, un superbe Spa Helle Thorup (sauna, bain à remous, massages), un buffet appétissant pour le petit déjeuner (garanti bio), tels sont les principaux atouts de ce lieu raffiné.

ADMIRAL HOTEL COPENHAGEN
24-28 Toldbodgade
✆ +45 33 74 14 14
www.admiral-hotel.dk
admiral@admiralhotel.dk
Chambres doubles entre 1 490 et 1 870 Dkr selon catégorie et vue. Petit déjeuner à 110 Dkr par personne.
Un gros coup de cœur pour cet hôtel superbement placé face au port dans un ancien hangar à grains qui, bâti en 1787, a échappé aux flammes du grand incendie de 1795 et aux bombes des Anglais en 1807... Luxueusement rénové (briques nues et poutres de bois verni), cet hôtel est assez unique. Les chambres sont très originales : certaines ont une mezzanine, toutes sont traversées de poutres formant l'armature de cet immense grenier. Pas moins de 366 chambres. Sauna et solarium au dernier étage. Les prix sont bien entendu à la hauteur du cadre... mais en ouvrant l'œil, on peut profiter de promotions aux périodes creuses.

CLARION COLLECTION HOTEL NEPTUN
14-20 Sankt Annæ Plads
✆ +45 33 96 20 00
Fax : +45 33 96 20 66
www.choicehotels.no
cc.neptun@choice.dk
Chambres simples à 1 295 Dkr, doubles à 1 780 Dkr (mais rabais possible en périodes creuses : voir le site Internet)
Ouvert depuis 1854, cet hôtel luxueux occupe un noble immeuble sur la non moins noble place. Bien évidemment, tout a été revu depuis, et l'hôtel offre tout le confort moderne. Les chambres, vastes et meublées avec goût et discrétion, donnent pour la plupart sur une agréable cour intérieure à laquelle un ascenseur translucide donne une allure futuriste. Accueil et service irréprochables. Mais ce que l'on préfère, c'est la petite terrasse, bien agréable pour se poser au soleil devant un verre...

KONG FREDERIK
Vester Voldgade 25 ✆ +45 33 12 59 02
www.remmen.dk
Irma.Braae@natmus.dk
110 chambres entre 1 166 et 1 295 Dkr, selon taille et saison. Petit déjeuner à 125 Dkr par personne.
L'autre palace des stars, avec l'hôtel d'Angleterre. C'est ici que descendait Marlène Dietrich, nous assure-t-on. Toujours est-il que le livre d'or est impressionnant. Tout proche de la place de l'hôtel de ville et du Strøget, cet hôtel d'un confort raffiné (et feutré) et à l'atmosphère début du XXe siècle presque victorienne saura séduire les plus exigeants.

PHOENIX COPENHAGEN
Bredgade 37 ✆ +45 33 95 95 00
Fax : +45 33 33 98 33
Chambre simple de 795 à 1 765 Dkr, chambre double de 1 290 à 2 130 Dkr.
Tout proche du château Amalienborg et du port Nyhavn, sur la noble Bredgade, cet hôtel meublé en style Louis XVI est hébergé dans un bâtiment où naguère le quotidien du parti communiste danois avait ses locaux ! Difficile de retrouver trace des révolutionnaires et des typographes d'antan dans ces lieux raffinés... Service de grande qualité bien entendu.

Vesterbro

Bien et pas cher

CITY PUBLIC HOSTEL
8 Absalonsgade ✆ +45 33 31 20 70
www.city-public-hostel.dk
Accès depuis la gare centrale : bus 6A et 26 ou à pied par Vesterbrogade. Ouvert de début mai à fin août. Dortoirs de 6, 12, 22, 32 et 66 lits (les plus grands sont mixtes). A partir de 130 Dkr la nuit. Petit déjeuner (30 Dkr) et location de draps et de serviettes (on peut apporter son linge) en sus. Pas besoin de posséder la carte des auberges de jeunesse.
Plusieurs dortoirs de tailles différentes (de 6 à 60 places chacun). A Vesterbro, dans la rue qui longe le musée de la ville, dans la partie la plus animée du quartier.

DANHOSTEL COPENHAGEN CITY
50 H. C. Andersens Boulevard
✆ +45 33 18 83 32 – +45 33 11 85 85
Fax : +45 33 11 85 8
www.danhostel.dk
copenhagencity@danhostel.dk

Train jusqu'à København H, puis prendre H.C. Andersen boulevard vers le port. Chambres avec douche-W.-C. : de 520 à 780 Dkr. Lit supplémentaire : 130 Dkr. Prévoir la carte internationale des auberges de jeunesse en cours de validité, sinon carte sur place valable pour une nuit : 35 Dkr. Petit déjeuner : 69 Dkr, draps : 60 Dkr, serviettes : 10 Dkr, mais possibilité d'apporter son linge.
Un immeuble de 15 étages posé en bordure du port près du pont de Langebro et de Kalvebod Brygge. Vues superbes et intérieur *relooké* et meublé design. Le palace de la catégorie.

NEBO
Istegade 6-8
✆ +45 33 21 12 17
Fax : +45 33 23 47 74
www.nebo.dk
nebo@nebo.dk
Chambre simple de 499 à 650 Dkr, chambre double de 599 à 850 Dkr, chambre familiale à partir de 1 100 Dkr. Environ 90 chambres dont la moitié avec douche-WC en commun. Petit déjeuner inclus.
Situé derrière la gare centrale et à proximité des points d'intérêt majeurs. Cette adresse représente l'un des meilleurs rapports qualité-prix de la ville au niveau du logement. Cet hôtel est en effet géré par une fondation protestante (d'où la précision « Mission Hotel ») qui utilise la plus grande partie du bénéfice pour des œuvres de charité. Les chambres spacieuses se caractérisent par des couleurs douces et paisibles. Poste Internet à la réception, possibilité de louer des vélos.

WAKE UP
Entrée au n° 48 de Kalvebod Brygge
11 Cartens Nieburs gade
✆ +45 44 80 00 00
Fax : +45 44 80 00 01
wakeupcopenhagen.dk
wakeupcopenhagen@arp-hansen
510 chambres.
Dessiné par Kim Utzøn, un hôtel flambant neuf qui se niche en retrait de Kalvebod Brygge, dans un secteur en pleine mutation. Ultramoderne, le bâtiment a été décoré et meublé dans un style minimaliste par des designers contemporains. Chambres un tantinet exiguës cependant, avec cabine salle d'eau aux parois transparentes. Belles vues depuis les chambres des étages supérieurs.

Confort ou charme

ABSALON
15 Helgolandsgade ✆ +45 33 24 22 11
Fax : +45 33 24 34 11
www.absalon-hotel.dk
info@absalon-hotel.dk
A l'angle d'Istedsgade. 180 chambres : de 1 495 à 1 810 Dkr (petit déjeuner compris) en haute saison selon la catégorie. Dans l'annexe, chambres singles à partir de 450 Dkr.
C'est aujourd'hui la troisième génération de la famille fondatrice qui dirige cet hôtel remarquablement situé et tout à fait confortable. Les hôtes ont le choix entre des chambres standards, sobrement décorées, et des chambres supérieures meublées dans un style néoclassique très *cosy* et dotées (délicate attention !) d'un nécessaire pour se préparer un café ou un thé au saut du lit. Petit déjeuner buffet, l'un des rares où l'on trouve de véritables œufs à la coque. Accueil charmant, écran avec accès Internet à la disposition des hôtes, petite cour-jardin bien agréable aux beaux jours. En outre, l'hôtel dispose dans la même rue d'une annexe bien meilleur marché aux chambres sobres mais dotées de sanitaires et de douches communs. Un bon rapport qualité-prix qui en fait une des meilleures adresses de Vesterbro.

ASCOT HOTEL & SPA
61 Studiestræde ✆ +45 33 12 60 00
www.ascot-hotel.dk – hotel@ascot-hotel.dk
172 chambres dans trois bâtiments de différentes époques. Compter entre 995 Dkr et 1 490 Dkr (option donnant accès libre au Spa et à la salle de fitness).
Les anciens bains publics « exotiques » de la ville, bâtis en 1902 par Martin Nyrop (l'architecte de l'hôtel de ville), ont été reconvertis en hôtel. Le hall d'accueil a conservé un décor évoquant les thermes romains et la grande salle de petit déjeuner, des allures néorococo. Les chambres sont plus banales (mais dotées de tout le confort souhaitable) et certaines sont de véritables petits appartements avec kitchenette. Spa dans les locaux de l'hôtel rappelant la vocation initiale des lieux.

HEBRON
Helgolandsgade 4 ✆ +45 33 31 69 06
Fax : +45 33 31 90 67
www.hebron.dk – info@hebron.dk
Chambre simple à partir de 1 000 Dkr, chambre double à partir 1 350 Dkr. Petit déjeuner inclus.

Avec 100 chambres, cet hôtel garantit sa qualité grâce au label Best Western. Situé à deux pas de la gare centrale, cet établissement très bien tenu est décoré dans le style Art déco. Toutes les chambres disposent du confort standard (salle de bains, TV...) et, chose bien agréable, du nécessaire pour se faire un café ou un thé dès le réveil. L'accueil y est charmant et personnalisé. Accès wi-fi dans tout l'hôtel.

■ SAVOY

34 Vesterbrogade
✆ +45 33 26 75 00
Fax : +45 33 26 75 01
mail@savoyhotel.dk
Depuis la gare centrale, emprunter le trottoir de droite de Vesterbrogade sur la gauche ; l'hôtel se trouve à 500 m environ. 66 chambres. Chambre simple à partir de 700 Dkr, chambre double à partir de 1 100 Dkr, petit déjeuner compris.

Installé dans un immeuble Art nouveau construit en 1906, cet hôtel propose des chambres simples, doubles ou familiales, lumineuses (moquette bleu ciel et murs blancs), sobrement décorées et meublées en bois clair dans un style typiquement scandinave, mais certaines un peu trop petites. Les plus agréables donnent sur la cour intérieure et celles de l'étage supérieur (le sixième) offrent une belle vue sur le centre-ville hérissé de clochers. Toutes sont bien sûr équipées de salle de bains et d'une bouilloire pour qui souhaite boire café ou thé au saut du lit avant de passer aux choses sérieuses avec le petit déjeuner. Accueil particulièrement aimable. Sachez que l'ascenseur, décoré de stucs et de boiseries, est le premier installé au Danemark, et il est toujours en service aujourd'hui.

Luxe

■ AXEL HOTEL GULDSMEDEN

Helgolandsgade 11
✆ +45 33 31 32 66
Fax : +45 33 31 69 70
www.hotelguldsmeden.com
axel@hotelguldsmeden.com
Chambres simples à partir de 1 195 Dkr, chambres doubles à partir de 1 495 Dkr.

Voilà une adresse qui vaut vraiment le détour. L'hôtel Axel revendique le choix bio pour ses produits cosmétiques naturels et la nourriture qu'il propose matin, midi et soir. Le petit déjeuner est d'ailleurs aussi beau que bon, un régal pour les yeux grâce à ses couleurs, mais aussi pour les papilles : un vrai bonheur ! Les chambres adoptent une décoration de type colonial avec du mobilier indonésien et composent un ensemble tout en rondeurs et aux couleurs chaleureuses auquel participent les baignoires. Un petit balcon permet de prendre l'air. La technologie est aussi présente dans les installations audiovisuelles très modernes et discrètes à la fois. Les produits de beauté et de toilette installés dans votre salle de bains font partie de la gamme spéciale fabriquée pour l'hôtel. Spa.

COPENHAGEN ISLAND

Kalvebod Brygge 53
✆ +45 33 38 96 00
Fax : +45 33 38 96 01
www.arp-hansen.dk
book@arp-hansen.dk

Chambres simples de 795 à 1 675 Dkr, chambres doubles de 990 à 2 030 Dkr.

Inauguré en 2006 dans ce nouveau quartier qui se donne des airs de Manhattan, cet hôtel entièrement vitré offre une vue splendide sur le port de Copenhague. Le jeu entre la lumière et l'eau environnante crée une atmosphère unique, renforcé par un design discret. Les chambres sont aménagées avec des meubles d'une modernité sans précédent. Le soir, vous pourrez déguster une cuisine locale et internationale dans le restaurant The Harbour ouvert, comme son nom l'indique, sur un petit port de plaisance. Autres prestations : salle de sport, sauna, hammam, salle de conférence et accès wi-fi dans toutes les chambres.

MARRIOTT

Kalvebod Brygge 5
✆ +45 88 33 99 00
Fax : +45 88 33 99 99
www.marriott.com/cphdk

Chambres entre 1 500 Dkr et 20 000 Dkr pour la suite présidentielle.

Situé le long du canal, cet hôtel fait partie des plus luxueux de Copenhague. Avec ses 401 chambres et sa façade de baies vitrées ouvrant sur le port, on se croit facilement dans un bateau de croisière parfaitement équipé ! Le restaurant est bien évidemment excellent. L'hôtel dispose de plusieurs salles de conférence, d'un *business centre*, d'un *room service* 24h/24, d'un service de location de voitures, d'un parking intérieur, d'un sauna, d'un solarium, d'un centre de massage et de tous les services auxquels on peut prétendre dans un hôtel de cette catégorie.

NIMB

5 Bernstorffsgade
✆ +45 88 70 00 00
www.nim.dk – info@nimb.dk

13 chambres et suites : de 2 000 à 3 500 Dkr, suites de 4 000 à 6 000 Dkr. Pour ce prix-là, le petit déjeuner et les taxes sont compris...

Les *Mille et Une Nuits* à Copenhague. Un palais mauresque ouvert sur les jardins de Tivoli : coupoles, minarets, zelliges... bref, on s'y croirait ! Les chambres sont immenses, les plus grands designers contemporains de la ville y sont allés de leur création. En somme, une grande folie que l'on ne cite ici que parce qu'il faut toujours encourager la folie, malgré le prix !

RADISSON BLU

1 Hammerichsgade
✆ +45 33 42 60 00

Chambre double : 1 795 Dkr.

Entièrement rénové en 2001, cet hôtel, situé au cœur de la ville dans une tour de 20 étages est hors de prix : les amateurs d'architecture fonctionnaliste et/ou de design songeront avec émotion que c'est le célèbre Arne Jacobsen qui a conçu les lieux. L'ennui, c'est que les designers successifs de l'établissement n'ont laissé qu'une chambre témoin (la n° 606) de l'œuvre originale, tout le reste étant, sinon faux, du moins reconstitué. Cela dit, l'hôtel est au top et son restaurant offre une vue panoramique de la capitale à couper le souffle.

THE SQUARE

8 Rådhuspladsen
✆ +45 33 38 12 00
Fax : +45 33 38 12 01
www.thesquare.dk
thesaqure@arp-hansen.dk

Près de H.C. Andersens boulevard. Chambres à 1 085-2 285 Dkr (rabais possibles en réservant et payant à l'avance sur Internet... mais en option non modifiable, non remboursable).

Il ne faut pas se laisser décourager par l'allure de l'immeuble (un gros cube sans intérêt dominant Rådhuspladsen), ni par le hall aussi fonctionnel que froid. The Square est un des meilleurs hôtels de la ville, et la salle du petit déjeuner, tout en haut, offre des vues fantastiques sur le centre historique. Chambres vastes et confortables bien entendu, même si la déco peut être plus imaginative. C'est l'hôtel d'affaires dans toute sa splendeur.

Frederiksberg

■ HÔTEL JOSTY

Pile Allé 14A, Frederiksberg
✆ +45 38 86 90 90
www.josty.dk
info@josty.dk
Chambre simple 700 kr, chambre double 900 kr. Petit déjeuner 65 kr.
Voilà une adresse exceptionnelle. Située au cœur du parc de Frederiksberg, cette vieille maison de 1813 est depuis toujours un lieu de passage et de rencontres. Les chambres, mélangeant un peu tous les styles, ont un air vieillot. Les tapisseries sombres aux motifs de fleurs et d'oiseaux ne sont pas du meilleur goût mais le confort est là : douche et télévision dans les chambres, vue sur le parc, calme total. L'hôtel vit surtout de son restaurant, avec une vaste salle à manger aux lustres immenses et aux grandes peintures italiennes.

■ SANCT THOMAS

7 Frederiksberg Allé
✆ +45 33 21 64 64
www.hotelsctthomas.dk
hotel@hotelsctthomas.dk
Chambre simple de 505 à 745 Dkr, double de 954 à 995 Dkr selon saison. Accès Internet : 50 Dkr par jour, location de vélo : 100 Dkr par jour, parking : 75 Dkr par jour).
Dans un bel immeuble situé près de la place Skt Thomas, à la limite de Vesterbro et de Frederiksberg, c'est un petit hôtel familial très accueillant à l'atmosphère *cosy*. Chambres sobres, bien tenues et très confortables. Petit déjeuner agrémenté de viennoiseries « françaises ». Une bonne adresse, au calme.

Nørrebro

■ HÔTEL NORA

18 B Norrebrogade
✆ +45 35 37 20 21
www.hotelnora.dk
info@hotelnora.dk
Chambre individuelle de 760 à 950 Dkr, chambre double de 960 à 1 200 Dkr, avec petit déjeuner. Ouvert toute l'année.
Hôtel de 42 chambres situé dans le populaire quartier de Norrebro. La localisation est idéale puisqu'on est à deux pas du centre-ville mais les prix sont ici raisonnables. L'hôtel est calme et bien décoré. Certains employés parlent français. Le parking est gratuit. Un excellent rapport qualité-prix.

■ SLEEP-IN GREEN

Ravnsborggade 18
✆ +45 35 37 77 77
Accès : S-train jusqu'à Nørreport ou bus 350S, 5A. A Nørrebro, près des lacs. Nuit en dortoir : 150 kr. Ouvert de fin mai à fin octobre.
En fait, une salle de sport où, chaque été, des cloisons sont montées pour abriter des dortoirs. Evidemment, ça sent un peu les chaussettes… Mais l'accueil est agréable, on peut faire sa cuisine, c'est bien placé et vraiment pas cher.

Østerbro

■ COMFORT HOTEL ØSTERPORT

5 Oslo Plads ✆ +45 33 11 26 66
Fax : +45 33 12 25 55
www.choice.dk – booking@choice.no
S-tog Østerport : c'est juste en face. 170 chambres à partir de 749 Dkr.
Voici un hôtel curieusement situé, surplombant les voies du S-Tog en face de la gare d'Østerport. Heureusement, l'isolation acoustique est au top ! Pour le reste, les chambres sont spacieuses et confortables bien que sans grande personnalité. Accueil plutôt agréable.

Amager – Ørestad – Islands Brygge

COPENHAGEN
33 Eigilsgade
✆ +45 32 96 27 27
Fax : +45 32 96 83 08
www.hotelcopenhagen.dk
info@hotelcopenhagen.dk
Réception ouverte de 7h à 23h. Chambre simple à 495 Dkr, double à 595 Dkr.
Pas très commode d'accès (du moins si l'on est chargé en bagages), cet hôtel très années 1960 est aussi propret que vieillot : esthétique formica et lino. Chambres tout de même un peu sommaires, mais à prix quasi imbattables. L'accueil est agréable.

DANHOSTEL COPENHAGEN AMAGER
Copenhagen Amager
200 Vejlandsallé, København S
✆ +45 32 52 29 08
Fax : +45 32 52 27 08
www.danhostel.dk
danhostel@danhostel.dk
Dortoir : 145 kr, Chambre simple de 360 à 460, chambre double de 390 à 490 Dkr avec la carte des auberges de jeunesse. Un peu plus cher sans. Petit déjeuner : 55 kr. Auberge de jeunesse avec des chambres simples standards. Ambiance conviviale. Réservation en ligne sur le site : www. danhostel.dk

Dans les environs de Copenhague

BELÆGNINGEN
Avedørelejren, 22 Vestre Kvartergade
Hvidovre
✆ +45 36 77 90 84
www.belaegningen.dk
info@belaegningen.dk
Accès : S-train A, A+ jusqu'à Avedøre, puis bus 133. Une auberge récente au sud de Copenhague, dans un quartier en pleine mutation qui se donne des airs de Californie : c'est un peu la Napa Valley et Hollywood à l'échelle du Danemark ! En effet, on y cultive quelques arpents de vignes, et Lars von Trier et ses associés y ont installé leurs studios et les bureaux de Zentropa, rejoints par d'autres compagnies de cinéma et de publicité : cette « ville ouverte du cinéma » voisine avec ce tout nouvel hôtel, dans un ancien camp militaire (on peut encore voir un char dans l'une des cours !). Bâtiments entièrement rénovés et transformés en hôtel en 2001, chambres confortables mais sans fioritures. On peut louer des vélos et déjeuner ou dîner dans l'ancien mess des officiers. Et croiser les plus belles filles et les plus beaux garçons de Copenhague, si vous aimez les gravures de mode et le monde de la pub…

DANHOSTEL BELLAHØJ
8 Herbergsvejen, Bronshøj
✆ +45 38 28 97 15
bellahoej@danhostel.dk
Accès : bus 5A, 67, 68, 250S, puis 15 minutes de marche. A l'ouest de la ville, après Frederiksberg. Fermé en janvier. Dortoir : 140 kr, chambre simple à 340 Dkr et double entre 420 et 620. Une auberge de jeunesse toute peinte en jaune.

DANHOSTEL ISHØJ STRAND VANDRERHJEM
13 Ishøj Strandvej, Ishøj
✆ +45 43 53 50 15
ishoj@danhostel.dk
Accès : S-train E, A, A+ jusqu'à Ishøj station, puis bus 300S. Au sud de Copenhague, près de la mer et du musée d'Art moderne Arken.

DAN HOSTEL LYNGBY VANDRERHJEM
1 Rådvad, Lyngby
✆ +45 45 80 30 74
Accès : S-train A, B jusqu'à Lyngby, puis bus 182-183, 187. Ouverte seulement de début avril à fin octobre. La plus agréable, près du Bois aux Cerfs, tout près de la Riviera danoise.

RESTAURANTS

On trouve toutes les cuisines du monde à Copenhague, mais la cuisine danoise elle-même est excellente et préparée avec goût. Seul petit problème : il faut un peu de patience pour se faire servir dans les restaurants, surtout à Copenhague mais les choses ont tendances à s'arranger ces derniers temps. Sans doute une autre facette du côté méridional de la ville ! Dîner en ville revient assez cher, mais vous pouvez vous reporter à la liste des cafés qui offrent, midi et soir, des petits plats copieux à partir de 60 Dkr ou des buffets pour moins de 100 kr. Ce qui fait fureur en ce début de XXIe siècle : les bistrots à la parisienne et surtout les restaurants design, où la forme élaborée des chaises, des couverts et des bougeoirs fait souvent grimper l'addition plus que de raison ; la cuisine fusion qui mélange épices et légumes du monde entier, sorte de mondialisation qui dégoûterait plus d'un José Bové ; les restaurants de sushis, où l'on peut aussi repartir avec quelques petits morceaux de poissons crus sophistiqués. Mais attention, la mode change, on assiste à des transferts de chef dignes du monde du football. Bref, le petit monde de la restauration à Copenhague bouge, la liste qui suit peut subir quelques variations au fil du temps. Petit rappel : il n'existe pas de zones non-fumeurs dans les restaurants et les cafés. Enfin, sachez qu'on déjeune généralement entre 12h et 15h30 et l'on dîne à partir de 17h30. Il devient souvent difficile de trouver un restaurant ouvert au-delà de 21h30, 22h.

Dans la rue

Les Danois ont l'habitude de manger sur le pouce pour le déjeuner. Il faut dire que, dès qu'il fait beau, la ville entière est une invitation à venir s'installer sur un banc, un quai ou une pelouse. Et on trouve toutes sortes de nourriture à emporter, sans avoir besoin de se rabattre sur un quelconque fast-food mondialisé…

▶ ***Pølser :*** de nombreux vendeurs ambulants proposent, à bord de leur *pølsevogn*, des saucisses, sandwichs, hamburgers, croque-monsieur, boissons et glaces. On les croise le soir tirant eux-mêmes leur petite caravane (à l'aide d'un petit moteur tout de même). C'est là que vous trouverez le *fransk hot-dog*. Pourquoi français ? Oui, pourquoi ?

▶ ***Smørrebrød :*** il existe un peu partout encore de petites boutiques qui préparent chaque jour ces fameuses petites tranches de pains beurrées où s'accumulent crevettes, harengs, betteraves, sauce au curry ou pas, bref de nombreuses combinaisons.

▶ **Boulangeries :** repérables de loin à leur enseigne en forme de couronne de pains tressés. On y trouve peu d'articles salés en général. Les meilleurs pains s'achètent chez Reinh van Hauen puis dans la filiale de Emmery's.

Notez que les *bageri-konditori* sont ouvertes le dimanche et vendent également des boissons et des journaux.

▶ **Shawarma :** une enseigne derrière laquelle se cachent des petits restaurants arabes, le plus souvent tenus par des Libanais ou des Egyptiens. Plats à emporter également. En général, bon rapport qualité-prix. Les meilleurs sont inclus dans notre liste « quartier par quartier ».

▶ **Sushis :** la dernière mode chez les Copenhagois, les sushis à emporter, que l'on achète dans des boutiques au design nippo-scandinave qui plaît beaucoup : il faut entrer dans l'un des restaurants de la chaîne Sticks'n'sushi (une dizaine à Copenhague).

Copenhague-K et le centre historique

Strøget et Strædet

Bien et pas cher

REINH VAN HAUEN
22 Østergade
✆ +45 33 21 25 03
Près de Kongens Nytorv. Ouvert en semaine de 7h30 à 18h, vendredi jusqu'à 19h, samedi 17h, dimanche de 9h à 16h. Une pâtisserie ouverte depuis 1897 et tenue depuis lors par la même famille. Le grand spécialiste du *wiener brød* qui, comme son nom ne l'indique pas, est une pâtisserie typiquement danoise. On y trouve également de généreux sandwiches.

RIZ RAZ
20 Kompagnistræde
✆ +45 33 15 05 75 – +45 33 32 33 45
www.rizraz.dk – rizraz@rizraz.dk

Ouvert tous les jours de 11h30 à minuit. Buffet à volonté à midi : 69 Dkr, le soir : 99 Dkr. Imbattable : c'est frais, très bon, tendance légumes (superbe buffet de salades) et brochettes. Deux adresses au centre-ville : celle du Strædet en demi-sous-sol qui étale sa terrasse dans la rue semi-piétonne (même en hiver, pour le plus grand bonheur des fumeurs) ; la salle de la seconde, au cœur du Quartier latin, a beaucoup d'allure. Prix imbattables. Qui a dit qu'on se ruinait dans les restaurants danois ?

Autre adresse : 19 Store Kannikestræde.

SEED JUICE

Kobmagergade 29 ✆ +45 33 33 70 19
www.seedjuice.com
Sandwich à 49 Dkr. jus de fruits entre 39 et 51 Dkr. Ouvert tous les jours. On y trouve de délicieux sandwichs bio (saumon, pesto, thon et végétarien), qu'on peut accompagner d'un *smoothie* ou d'un jus de fruits frais. Les *mix* de fruits sont vraiment originaux. Le service est rapide et très professionnel. Une halte gourmande bien sympathique à midi.

VANDKUSTEN

17 Rådhusstræde
Ouvert les jours ouvrables de 8h à 16h. Peut-être les sandwichs les moins chers de Copenhague : on fait la queue devant cette petite boutique toute proche de Huset/Use-it. Frais et préparés en un tour de main : au choix sandwichs classiques ou végétariens et paninis divers. Et tout à côté, un *salat-bar* tout aussi bon marché.

Bonnes tables

CAFÉ SORGENFRI

8 Brolæggerstræde (angle Knabrostræde)
✆ +45 33 11 58 80
Ouvert tous les jours de 10h à 23h. Un restaurant ouvert en 1929. Le « Sans Souci » propose de vrais *smørrebrød* et d'autres plats typiques. L'endroit ressemble à une vieille taverne. Bois sombre, vieilles photos et quelques natures mortes aux murs. Une institution où il vaut mieux réserver. Si on choisit l'assortiment de *smørrebrød*, on commence par le hareng sur du pain noir tartiné de saindoux (accompagné d'un petit verre de schnaps) avant de terminer par des crevettes sur pain blanc beurré. Délicieux !

HUKS FLUKS

Gråbrødre Torv ✆ +45 33 91 92 93
Menu à 395 Dkr. « Café et bistrot » installé dans deux belles et grandes salles largement ouvertes sur la place. Briques apparentes et jambons pendus au plafond lui confèrent une ambiance hispano-danoise. Carte et menu du jour sur ardoise. On y déguste notamment d'excellentes soles meunière. Carte de vins où l'Espagne se taille la part du lion (le tout à prix raisonnables).

LA GLACE

3-5 Skoubogade ✆ +45 33 14 46 46
www.laglace.dk
Ouvert du lundi au jeudi de 8h30 à 17h30, 18h le vendredi, de 9h à 17h le samedi, de 11h à 17h le dimanche. Ce salon de thé, ouvert en 1870, propose toujours sa spécialité ancestrale, le *sportskage* ou « gâteau du sportif ». Il faut du souffle pour terminer les généreuses parts, débordantes de crème ! L'ancien chef pâtissier, Jepsen, est parti en beauté après 40 ans sur les lieux après avoir créé un gâteau, le Karen Blixen, que l'on ne déguste qu'en hiver. En été, le choix est plus restreint, car La Glace est avant tout un rendez-vous des après-midi froids et brumeux.

KØBENHAVNER CAFEEN & VINSTUE

10 Badstuestræde ✆ +45 33 32 80 81
Tous les jours de 11h à minuit. Large choix entre différentes préparations de harengs, saumon mariné, *smørrebrod* et plats traditionnels danois (dont les fameuses *frikadeller*, mais aussi filet de bœuf, rôti ou hachis de porc) à la carte, et c'est particulièrement copieux ! Les plus affamés choisiront une assiette de Copenhague : un repas complet !

■ THE ROYAL CAFÉ
6 Amagertorv ✆ +45 33 12 11 20
www.theroyalcafe.dk
Ouvert en semaine de 10h à 19h, le samedi de 10h à 18h et le dimanche de 11h à 17h.
Au fond du petit passage qui se glisse entre les vitrines de Royal Copenhagen et de Georg Jensen, ce lieu très raffiné a ouvert en 2007 et a inventé un concept original : le *smushi*, mariage a priori improbable du sushi japonais et du *smørrebrød* danois. Les plus classiques pourront se réfugier dans une valeur sûre, le hareng, ici préparé de cinq manières différentes, déguster une soupe ou se contenter de l'un des délicieux desserts. Et pour faire passer tout ça ? Eh bien, ce sera l'occasion de goûter à un vin de la Cigarrale, le domaine français du prince Hendrik…

Gråbrodretorv

Cette très jolie place arborée, bordée de maisons du XVIIIe siècle en briques, offre un bel espace où s'étalent en été les terrasses des nombreux cafés et restaurants qui la bordent. C'est d'ici que part le veilleur de nuit, comme déjà au Moyen Age, sauf qu'il n'encourage pas les bonnes gens à dormir, mais les braves touristes à écouter l'histoire de la ville au cours de sa ronde.

■ BØF & OST
13 Gråbrødretorv
Voici un endroit sympa pour déguster des plats adaptés à la saison. Si on traduit le nom, cela donne « bœuf et fromage », ce qui suffit à résumer la carte. En entrée, on conseille les mini-crevettes (spécialité danoise !) servies avec du citron et du beurre salé, ou bien en hiver, la soupe à l'oignon. Après cela, une pièce de bœuf à la sauce aux chanterelles s'avère très savoureuse. Terrasse sur la place, été comme hiver.

■ PASTA BASTA
22 Valkendorfsgade
(derrière Heiligandskirke)
✆ +45 33 11 21 31 – www.pastabasta.dk
Ouvert tous les jours de 11h30 à 1h du matin. Buffet à 89 Dkr. Plats entre 98 et 198 Dkr.
Idéalement situé, le Pasta Basta est très fréquenté par les jeunes de la capitale. Propre, clair et pas trop cher, il propose, comme son nom l'indique, une balade culinaire parmi les pâtes du monde, qu'elles soient asiatiques ou italiennes. Le buffet de pâtes froides fait la grande fierté du lieu. Bien entendu, on peut manger si on le souhaite pour plus cher... Et puis surtout, il est ouvert toute la nuit ou presque, sur deux niveaux. Quelques tables dehors en été.

■ SKILDPADDEN
9 Gråbrodretorv ✆ +45 33 13 05 06
Ouvert du jeudi au samedi de 11h à minuit, jusqu'à 23h le reste de la semaine.
Ce restaurant est petit et peu visible, mais il mérite d'être cherché. Il se trouve sur l'une des plus belles places de Copenhague, Gråbrodretorv. Vous pourrez y faire vous-mêmes vos sandwichs avec des produits frais : saucisson, jambon, saumon, fromage, crudités, sauces. Deux tailles de pains sont proposées et la garniture est à volonté. Le rapport qualité-prix est excellent.

PEDER OXE
11 Gråbrødre Torv ✆ +45 33 11 00 77
www.pederoxe.dk
reservation@pederoxe.dk
Ouvert de 11h30 à 1h du matin. Buffet de salade à 98 Dkr le midi.Plats entre 135 et 200 Dkr. Le dynamisme et l'imagination ont contribué à faire de ce restaurant l'un des plus populaires de Copenhague, bien qu'il reste (relativement) cher. Caviar suédois (œufs de lump en fait) et viandes grillées, cave riche en vins de tous les pays du monde, buffet de salades. Le service est impeccable, assuré par des étudiantes particulièrement souriantes dont certaines parlent français, et le décor très danois : parquet de bois brut, murs couleur saumon, lampes très basses qui tombent à hauteur du front au milieu des tables (avec une petite ampoule que l'on allume pour passer commande). C'est ici que l'on fête en fanfare l'arrivée du beaujolais nouveau : le patron organise la fête sur la place et offre la tournée à 1 001 personnes !

Quartier Latin

Bien et pas cher

ATLAS BAR
18 Larsbjørnsstræde ✆ +45 33 15 03 52
Ouvert tous les jours de 12h à minuit sauf le dimanche. Plats à midi entre 125 et 150 Dkr, le soir entre 130 et 175 Dkr.
Plats frais et bon marché, cuisine offrant une option végétarienne, mais pas seulement, car les amateurs de viande et de poisson y sont volontiers acceptés. On y mêle traditions mexicaine, pakistanaise, japonaise et italienne entre autres. Un véritable tour du monde. Un endroit coloré et accueillant en sous-sol.

BAGUETTE COMPANY
6 Rosensborgade ✆ +45 33 12 77 25
Ouvert du lundi au vendredi de 9h à 19h, de 10h30 à 16h le samedi. Excellents paninis… à la libanaise (et pour cause, deux frères libanais gèrent la maison). On y trouve également des salades. Une toute petite boutique, proche du château de Rosenborg, qui pratique la vente à emporter.

CAFÉ HOVEDTELEGRAFEN
Post et Tele Museum, 37 Købmagergade
✆ +45 33 41 09 86
www.ptt-museum.dk
museum@ptt-museum.dk
Ouvert du mardi au samedi de 10h à 17h (nocturne le mercredi jusqu'à 20h) ; le dimanche de 12h à 16h. Fermé les 24, 25 et 30 décembre, et le 1er janvier. Déjeuner en terrasse sur les toits de Copenhague, mais oui, c'est possible ! Il suffit de monter au dernier étage du musée de la Poste, près de la Tour ronde. Un ascenseur qui émerge du toit translucide du musée vous y conduit. Ce n'est pas très haut, il n'y a que quelques tables dehors mais, les jours de beau temps, c'est un privilège rare que de s'attabler au milieu des tours et des pointes dorées et vert-de-gris de la ville. Et ça n'a rien de ruineux.

LA GALETTE
9 Larsbjornsstraede ✆ +45 33 32 37 90
www.lagalette.dk
Ouvert du lundi au samedi de 12h à 22h et le dimanche de 16h à 22h. Crêperie bretonne au cœur du Quartier latin. Les prix sont tout à fait convenables (crêpe jambon-fromage : 60 Dkr).
Une crêperie bretonne dans la tradition (galettes au sarrasin et crêpes) au centre du Quartier latin de Copenhague. Pas dépaysant, mais bien agréable.

LA STRADA
11 Valkendorfsgade
✆ +45 33 11 44 61
Ouvert tous les jours sauf dimanche de 17h à 24h, jusqu'à 1h le week-end.
Un vrai restaurant italien à deux pas de Gråbrøde Torv où, dans une atmosphère romantique (chandeliers, cheminée...), on déguste des pâtes et une *saltimbocca* réputée, la spécialité du lieu.

Bonnes tables

■ L'ÉDUCATION NATIONALE

Larsbjornsstraede 12 © +45 33 91 53 60
www.leducation.dk

Ouvert tous les jours, dimanche uniquement le soir. Formule entrée-plat-dessert pour 325 Dkr. Authentique bistrot français depuis 1992, au cœur du Quartier Latin de Copenhague. Type de plats proposés : moules frites, acras de morue et d'écrevisse, cassoulet, caille farcie, fruits de mer, marmite de poisson, filet de chevreuil, cuisses de grenouille, crème brûlée, millefeuille aux litchis et coulis passion.

■ HACIENDA COFFEE SHOP

Ørsteds Park © +45 33 33 85 33

Ouvert tous les jours en été de 10h à 20h. Superbe endroit dans ce parc situé entre le Quartier Latin et les lacs. On peut y boire un verre ou manger des salades ou des sandwichs au milieu d'arbres superbes, un beau plan d'eau en contrebas, et parfois une formation *jazzy* ou un DJ aux platines pour l'ambiance musicale. Pas de service en salle, il faut aller chercher son repas avec le ticket que l'on vous aura délivré auparavant à la commande.

Nyhavn

■ CAFÉ ZELESTE

6 Store Strandstræde © +45 33 16 06 06
www.zeleste.dk – restaurant@zeleste.dk

Ouvert tous les jours de 11h à minuit. Plats du jour de 149 à 195 Dkr. Un peu à l'écart de l'agitation de Nyhavn, très à la mode dans les années 1980, ce restaurant attire toujours autant de monde : petite cour au milieu d'immeubles des XVIIe et XVIIIe siècles, salle à l'étage à la décoration un rien sophistiquée, petit comptoir enfumé au rez-de-chaussée. Très cosy. Un des meilleurs brunch de la ville. Cuisine très soignée.

■ CAP HORN

21 Nyhavn © +45 33 12 85 04
www.caphorn.dk – caphorn@caphorn.dk

Ouvert tous les jours de 9h à 1h du matin. Smørrebrød : de 12h à 17h, 159 Dkr les trois ; cuisine plus élaborée avec bøf bearnaise, agneau braisé ou poisson du jour : entre 170 et 195 Dkr. Situé sur le charmant port de Nyhavn, ce restaurant a investi un bâtiment datant du XVIIe siècle. Avec son parquet et sa cheminée ouverte, l'établissement a gardé toute son authenticité.

La cuisine est composée uniquement d'ingrédients garantis bio et en accord avec les saisons. L'établissement propose un brunch danois tous les jours à partir de 10h et une restauration légère à midi avec un buffet de *smørrebrød*. Pour des plats plus consistants, choix de viandes grillées et de produits de la mer, tel que la langoustine grillée marinée à l'ail. En dessert, on pourra opter pour les fromages ou une compote de fruits rouges à la crème fraîche bio. Comme ailleurs sur le quai, possibilité de manger en terrasse même quand il fait froid. Réservation conseillée. Bon rapport qualité-prix.

■ LEONORE CHRISTINE

9 Nyhavn © +45 33 13 50 40
www.leonore-christine.dk
info@leonore-christine.dk

Tous les jours de 11h à 22h.

Du nom de la malheureuse fille de Christian IV qui passa vingt-deux ans enfermée dans une tour, ce restaurant a investi une belle maison de 1690 et il est particulièrement agréable de dîner à l'étage en dominant le canal de Nyhavn. Les spécialités de la maison (poissons et fruits de mer) sont réputées. A midi, restauration plus légère avec salades, *smørrebrød* et différentes variétés de harengs.

NYHAVNS FÆGERKROGEN
5 Nyhavns
✆ +45 33 15 15 88
Ouvert tous les jours de 9h à 1h. Comptez 129 Dkr pour une assiette de harengs, 179 Dkr pour un plat principal. Cette auberge fera le régal des amateurs de gastronomie danoise, et plus particulièrement des férus de harengs ! Pas moins de 10 variétés de harengs, accompagnés du fameux pain de seigle noir. Les plus téméraires pourront agrémenter leur repas en choisissant parmi une vingtaine d'eaux-de-vie fruitées et épicées, pur produit maison.

SANKT ANNÆ
12 Sankt Annæ Plads ✆ 33 12 54 97
restaurantsanktannae.dk
Ouvert du lundi au vendredi de 11h à 16h, et le samedi de 12h à 16h.
Encore un lieu qui n'ouvre que pour le déjeuner ! Dans une atmosphère *cosy*, vous trouverez votre bonheur parmi la sélection quotidienne de, *smørrebrod*, à moins que vous souhaitiez quelque chose de plus consistant. C'est le moment de vous essayer aux *frikadeller* : au poisson ou plus traditionnellement à l'agneau. Une bonne table.

VESPA
90 Store Kongensgade ✆ +45 33 11 37 00
Ouvert du mardi au samedi de 17h30 à minuit. Formules 4 plats à 250 Dkr, menu à 400 Dkr. Dans un décor très sobre, une bonne cuisine italienne qui sait se montrer originale, et dont le menu change chaque mois. Si l'occasion se présente, il faut essayer, parmi les antipasti, la salade aux amandes (*salate mandorla*). Parmi les plats principaux, le célèbre *osso-bucco* est particulièrement savoureux, de même que le risotto aux truffes. Vin en carafe et en demi-bouteilles (ou en « pots », c'est selon), chose assez rare à Copenhague.

Face à Christiansborg

Sur Gammel Strand, face aux murs jaunes du musée Thorvaldsen, les pavés accueillent des terrasses en été et plusieurs restaurants et cafés proposent une bonne cuisine, en général très portée sur le poisson. En souvenir sans doute du marché aux poissons qui occupait ce bord du canal jusque dans les années 1970 et dont il ne reste que la présence d'un petit camion de pêcheur, de temps en temps...

SLOTSKÆLDEREN, HOS GITTE KIK
Fortunstræde 4
✆ +45 33 11 15 37
Ouvert de 10h à 17h (fermé le dimanche et le lundi). La cuisine ferme à 15h. Proche du canal, vers la Bourse, juste après la statue d'Absalon, dans une petite rue perpendiculaire à Christiansborg. Ce restaurant sent bon le vieux Copenhague. Depuis le début du siècle, des générations de politiciens danois ont traversé le canal pour venir y déjeuner.

COPENHAGUE

Les photographies dédicacées de certains d'entre eux témoignent, avec les murs marron encrassés par la fumée des pipes et des cigares, d'un passé authentique. Cette maison, fondée par M. Kik, est restée dans la famille : Gitte Kik surveille et donne des ordres derrière le buffet des *smørrebrøds*. Ici, rien que du danois, pas de sandwichs ni de salades. D'excellents smørrebrøds arrosés de schnaps ou de bières à la pression, voire d'autres liqueurs danoises, mais pas de Coca, de whisky ou de vin. Ambiance garantie : le touriste est rare, et c'est encore la cantine des députés et des ministres. Un peu cher sans doute (on s'en sort à plus de 150 Dkr pour 3 smørrebrøds et 1 verre de bière), mais on déjeune dans de la porcelaine royale ! Attention : passez sur place 2 heures avant pour avoir une table, ou téléphonez, le restaurant ne désemplit pas à l'heure du déjeuner, ce qui rend la réservation obligatoire.

Tivoli

CAFÉ KETCHUP

Vesterbrogade 3 ✆ +45 33 75 07 55
www.cafeketchuptivoli.dk
ketchuptivoli@ketchuptivoli.dk
Ouvert tous les jours de 12h à 22h. Déjeuner ou dîner à peine plus de 100 Dkr.
A ne pas confondre avec un autre café Ketchup, très à la mode dès son ouverture (mais très snob…), en ville. Endroit très populaire.

CAFE ULTIMO TIVOLI

Vesterbrogade 3 ✆ +45 33 75 07 51
www.cafeultimotivoli.dk
bindestreg@mail.dk
Ouvert tous les jours de 12h à minuit, jusqu'à 1h le vendredi et jusqu'à 23h du dimanche au mercredi. L'ancien salon de thé de Tivoli, qui a été transformé en restaurant, propose une cuisine d'inspiration italienne très appréciée. Vous ne pouvez pas le manquer : il se trouve sous une superbe coupole, face au petit lac du parc.

HARD ROCK CAFÉ

3 Vesterbrogade
www.hardrock.com
A l'entrée de Tivoli. Restaurant de cuisine américaine. Ouvert tous les jours à partir de 10h et jusqu'à minuit en semaine, 1h le jeudi et 2h le week-end. Le classique Hard Rock Café est également présent à Copenhague. Si vous voulez un déjeuner qui vous permette de vous balader la journée sans avoir faim, il y a un copieux brunch américain tous les jours jusqu'à 14h ! Ensuite il y a l'ambiance chaleureuse du bar avec ses concerts, ses événements et son happy-hour de 17h à 19h du lundi au vendredi. Pour les programmes, le mieux, vu son emplacement central, reste de passer devant ou consulter le site Web. Un grand classique, mais toujours aussi efficace pour passer un bon moment !

THE PAUL

3 Vesterbrogade, Tivoli ✆ +45 33 75 07 75
www.thepaul.dk – info@thepaul.dk
Ouvert du mercredi au samedi, le soir seulement. Récompensé par une étoile Michelin en 2004, un an après son ouverture, ce restaurant haut de gamme propose un menu unique qui change toutes les 2 semaines. On peut également réserver « la table du chef » : plats succulents, cocktails et champagne à volonté… mais attention, il ne vous en coûtera pas moins de 16 000 Dkr ! Vous avez bien lu !

Kongens Nytorv

CAFÉ VICTOR

Ny Østergade 8 ✆ +45 33 13 36 13
www.cafevictor.dk
Ouvert du lundi au mercredi de 8h à 1h, jusqu'à 2h le jeudi vendredi et samedi, de 11h à minuit le dimanche. Sandwich à 135 Dkr.
Très à la mode lors de son lancement, cette brasserie à la parisienne est devenue une institution. La *french touch* est symbolisée en façade par la fameuse carotte rouge, enseigne des débiteurs de tabac français. Mais elle se ressent aussi au niveau du service et de la cuisine. Qualité constante, on n'est jamais déçu. Si on ne veut pas se restaurer en salle, on peut grignoter ou prendre un verre dans la partie bar qui est ouverte une bonne partie de la nuit en fin de semaine.

NYTORV

15 Nytorv ✆ +45 33 11 77 66
A l'angle de Rådhusrtæde. Menus à 189 Dkr (déjeuner) et à 289 Dkr (dîner). Un agréable restaurant traditionnel : boiseries, photos anciennes et petites lampes confèrent au lieu une allure chaleureuse. Dans l'assiette : hareng mariné, poisson en sauce rémoulade, fromage du jour… et robuste *Københavner Platte*, une assiette composée qui rassasiera les plus affamés.

SAA HVIDT

4 Sorregade ✆ +45 33 91 01 91
Menu à partir de 450 Dkr.
Fredrik Hvidt est un des chefs qui montent à Copenhague ; et, comme Hvidt signifie « blanc », rien d'étonnant si le blanc est la couleur

dominante du petit restaurant qu'il a ouvert dans cette ruelle en retrait de Gammel Strand. L'attention extrême portée à la qualité des produits porte la patte d'un futur grand. Pour découvrir une cuisine danoise parfois revisitée, il faut absolument faire un tour dans ce restaurant avant que le succès ne le rende inaccessible au commun des gourmets !

Près d'Amalienborg

CAFÉ PETERSBORG
76 Bredgade ✆ +45 33 12 50 16
www.cafe-petersborg.dk
info@cafe-petersborg.dk
Ouvert du lundi au vendredi de 11h30 à 22h, le samedi de 11h30 à 16h. Rien de russe dans ce café brasserie de quartier : son nom fait référence à l'ambassade de Russie qui a occupé un temps cet immeuble. On y déguste dans une ambiance décontractée les habituels *smørrebrod* et autres assiettes composées qui font l'ordinaire de tout Danois digne de ce nom.

LE SOMMELIER
63-65 Bredgade ✆ +45 33 11 45 15
lesommelier.dk – restaurantumami.dk
mail@lesommelier.dk
Presque en face du Kunstindustrimuseet. Ouvert du lundi au jeudi de 12h à 14h et de 18h à 22h, le vendredi jusqu'à 23h, et de 18h à 22h le samedi et le dimanche. Menus à 270 Dkr (déjeuner) et 395 Dkr (dîner).
Natif de Lourdes, Francis Cardenau, qui avait fait ses armes à la Maison du Danemark à Paris, a ouvert ce restaurant très français, en s'associant à un Danois élu meilleur sommelier du royaume ! Belle alliance. La cave est d'une grande richesse : plus de 800 vins à la carte, dont on peut goûter la plupart des crus au verre. Quant à la cuisine, française, elle est bien entendu raffinée, comme le cadre de ce restaurant, une des grandes adresses de la capitale.

Christianshavn – Holmen

Bien et pas cher

CAFÉ WILDERS
56 Wildersgade ✆ +45 32 54 71 83
Ouvert du lundi au samedi de 9h à 2h, le dimanche de 10h à 14h et de 18h à minuit.
Cuisine danoise d'une légèreté toute française. Les plats sont très abordables et excellents. Ambiance sympathique et décontractée. On est certes un peu à l'étroit… Mais le rapport qualité-prix-atmosphère est meilleur que dans bien d'autres lieux.

FÆRGE CAFEEN
50 Strandgade ✆ +45 32 54 46 24
Face au canal. Ouvert de 12h à 21h30.
Ambiance café de port, décoration style manoir d'une famille noble passionnée de chasse à courre, quelques tables avec des nappes à carreaux et une patronne très sympa. Les marins fréquentaient ce lieu devenu aujourd'hui un peu plus bourgeois. Quelques tables disposées sur le quai, paisible à cet endroit, face aux voiliers. Fait office de *Bed and Breakfast* aussi.

MORGENSTEDET
Christiania, 134 Fabriksområdet
Ouvert tous les jours, sauf le lundi de 12h à 24h. Restaurant végétarien et bio. Comptez entre 80 et 120 Dkr pour le plat principal.
Une enseigne colorée attire l'attention sur cette petite maison de bois posée dans un jardinet, qui accueille ce sympathique petit restaurant végétarien et bio. C'est comme à la campagne et, du reste pour compléter l'illusion, les toilettes sont dans le jardin : une adresse pour écolos et/ou nostalgiques des saveurs (et de l'ambiance) d'autrefois.

SPISELOPPEN
Christiania
✆ +45 32 57 95 58
Ouvert tous les jours, sauf le lundi, de 17h à 22h.
Un restaurant « historique » dans la fameuse « commune libre ». Dans un hangar militaire toujours aussi peu accueillant, il faut monter deux étages (c'est au-dessus de la salle de spectacles Loppen) avant de trouver le meilleur restaurant du quartier. Cuisine d'influence méditerranéenne avec un riche menu végétarien. Vaut le déplacement pour l'ambiance. Service aléatoire… Une institution.

VIVA
570 Langebrogade Kaj ✆ +45 27 25 05 05
www.restaurantviva.dk
viva@restaurantviva.dk
Ouvert du lundi au samedi de 11h30 à 15h et de 17h30 à 22h. Le dimanche de 11h30 à 16h et de 17h30 à 21h30.
Un bateau amarré sur l'île, au pied du pont de Langebro. On peut se contenter d'y déguster de délicieux *smørrebrød* tout en profitant d'une vue panoramique sur le Diamant noir. L'ambiance y est très reposée, et l'accueil particulièrement sympathique. Pour les gourmets, restaurant plus élaboré sur le pont supérieur.

Bonnes tables

BASTIONEN + LØVEN

50 Christianshavns Voldgade
✆ +45 32 95 09 40
www.bastionen-loven.dk
post@bastionen-loven.dk
Situé au pied du Petit Moulin (Lille Mølle) près du pont qui conduit à Amager. Ouvert tous les jours de 12h à minuit (ouverture à 10h le samedi, de 10h à 17h le dimanche). Déjeuner jusqu'à 16h30, dîner de 18h30 à 22h30). Brunch le week-end et les jours fériés (de 10h à 14h) pour 165 Dkr.
Décoration simple, petits plats bon marché, service souriant et sympathique, ambiance chaleureuse, on se sent bien dans ces deux salles claires, au milieu de la verdure qui entoure ce petit bâtiment du XVIIe siècle.

CHRISTIANSHAVNS BÅDUDLEJNING OG CAFÉ

29 Overgaden Neden Vandet
✆ +45 32 96 53 53
Ouvert de mai à septembre. Plats autour de 150 Dkr. Ancien ponton d'un loueur de bateaux, on peut y manger d'excellents plats (cuisine française et danoise) pour un bon rapport qualité-prix, dans un lieu unique : l'environnement des façades du XVIIIe siècle de Christianshavn, au milieu des canards et des navires en tout genre !

SØREN K.

1 Søren Kierkegaards Plads
✆ +45 33 47 49 49 – www.soerenk.dk
Ouvert du lundi au samedi de 12h à 24h. Menu entre 285 et 340 Dkr selon le nombre de plats.
Dans le cadre superbe du Diamant noir, avec vue sur le port et Christianshavn, ce restaurant propose une cuisine raffinée : huîtres ou jambon de Skagen précèdent une sole mitonnée aux petits poulpes, ou différentes préparations à base d'agneau. Restauration plus légère pour le déjeuner. Une valeur sûre.

Luxe

KANALEN

2 Wilders Plads ✆ +45 32 95 13 30
www.restaurant-kanalen.dk
info@restaurant-kanalen.dk
A l'angle de Strandgade. Ouvert de 11h30 à minuit tous les jours sauf le dimanche. Assez chic et cher, le soir. Déjeuner à partir de 275 Dkr, dîner à partir de 490 Dkr suivant le nombre de plats choisis sur un menu qui change toutes les trois semaines.
La Venise du Nord, vous la trouverez ici, autour de cette petite maison édifiée au début du XVIIIe siècle. Un très beau décor au bord du canal, que l'on soit sur la terrasse ou à l'intérieur près des fenêtres, face aux bateaux qui glissent ou demeurent à quai. Cuisine de qualité, d'inspiration maritime (*fiske frikadeller* et plusieurs sortes de harengs au programme), réalisée par un chef qui a reçu toutes sortes de distinctions, et notamment le label Euro-toques.

NOMA

Standgade 93 ✆ +45 32 96 32 97
www.noma.dk – booking@noma.dk
Ouvert du lundi au vendredi de 12h à 14h et de 18h à minuit, samedi inclus. Plats principaux à partir de 150 Dkr et menus de 395 à 6 000 Dkr. Le célèbre chef danois Claus Meyer a ouvert ce restaurant en novembre 2003 pour le plus grand plaisir des gastronomes, amateurs de cuisine nordique. On y propose des mets originaux à base de produits en provenance du Groenland, d'Islande et des îles Féroé. Normal puisque le restaurant est installé dans la Maison de l'Atlantique Nord. Dirigé depuis 2008, par le jeune chef René Redzepi, Noma a été élue meilleur table de la planète en 2010 par la revue britannique *Restaurant Magazine.*

Vesterbro

Bien et pas cher

ANKARA

Vesterbrogade 35 ✆ +45 33 31 92 33
www.restaurant-ankara.dk/
Ouvert tous les jours de 12h à minuit. Buffet à volonté à 49 Dkr (midi) et à 79 Dkr (dîner).
Un super rapport qualité-prix pour ce restaurant qui sert une délicieuse cuisine turque et méditerranéenne. Buffet froid composé de différents types de salades, *houmous*, *feta*, olives et autres légumes du soleil, et un buffet chaud où l'on peut goûter à une grande variété de plats (agneau, poulet, calamars grillés...). C'est bon et ce n'est pas cher du tout !

BAGELMAN

107 Istedgade ✆ +45 70 20 31 07
Ouvert de 10h à 22h. Salades de 5 à 55 Dkr. Menu Bagels de 55 à 65 Dkr pièce, à emporter.
Salades fraîches, menu, pâtisseries. L'enseigne se situe entre la boulangerie et le restaurant à salades. Vente à emporter.

MOOD FOOD

103 Istedgade

✆ +45 33 22 55 10

Ouvert tous les jours de 11h à 23h, 22h le dimanche. Burgers, mezze, menu à partir de 75 Dkr. Sur place ou à emporter.

Cuisine méditerranéenne, au cœur du Vesterbro populaire et « ethnique », comme disent les Danois. La clientèle est essentiellement jeune, beaucoup de *mezze* appétissants et des *burgers* bons et copieux. Personnel jeune et turc très sympathique.

Bonnes tables

BISTRO ANDRE-CITROËN

58 Vesterbrogade

✆ +45 33 23 62 82

Ouvert tous les jours de 10h à minuit, jusqu'à 2h les vendredi et samedi. Brunch le week-end à 149 kr.

Encore une déclinaison de brasserie à la française : les quelques tables sur le trottoir rappellent bien sûr celles des cafés de Paris. Et les anciennes publicités de la marque au chevron complètent l'illusion. DJ le vendredi et le samedi soir. Brunch très copieux le week-end.

CAFÉ PEGASUS

28 Mysundegade

✆ +45 33 31 80 50

www.pegasus-cph.dk

A l'angle d'Istedsgade. Ouvert du lundi au samedi à partir de 17h.

Endroit très sympathique et agréable. Le propriétaire choisit avec soin les vins et bières qu'il propose à ses clients (très large choix de boissons). La carte change régulièrement et propose en général des tapas copieuses, ainsi que des assiettes de charcuteries italiennes ou de fromages, que l'on peut déguster dans une cave voûtée en briques, ou en terrasse. Le décor est simple, la musique agréable, et des artistes y sont exposés régulièrement.

COFOCO

7 Abel Cathrines Gade

✆ +45 33 13 60 60

www.cofoco.dk

Ouvert du lundi au samedi de 17h30 à 24h. Menu (entrée, plat, dessert) à 275 Dkr.

En demi-sous-sol, ce restaurant élégant propose de grands classiques de la cuisine française (mais pas seulement) préparés avec goût et servi avec style. Le lieu adopte la formule « table d'hôtes » avec une grande tablée où les clients s'installent à mesure de leur arrivée, ce qui a le mérite de permettre de se faire des relations… Reste à savoir en quelle langue communiquer (tables séparées pour ceux qui souhaitent plus d'intimité, préciser lors de la réservation). Bref une bonne adresse pour le « vaisseau amiral » d'un groupe de restauration qui a misé sur la qualité. Le succès ne se dément pas ! Dernière chose : que peut bien signifier Cofoco ? Eh bien, c'est pourtant simple : c'est l'acronyme de Copenhague Food Company !

DELICATESSEN

120 Vesterbrogade

✆ +45 33 22 16 33

www.delicatessen.dk

Ouvert tous les jours de 11h à minuit, jusqu'à 3h du matin le vendredi et samedi. Plats à partir de 45 Dkr.

Salades, sandwichs, soupes… le tout très bon marché, dans ce bar restaurant *lounge* à l'atmosphère très décontractée qui doit son nom au film de Jean-Pierre Jeunet.

LÊLÊ NHA HANG

40 Vesterbrogade

✆ +45 33 22 71 35

Ouvert du jeudi au dimanche de 11h30 à 23h (jusqu'à 2h le vendredi et samedi). Plats à partir de 135 Dkr.

L'un des restaurants les plus à la mode à Copenhague. La cuisine vietnamienne et de l'Asie du Sud-est est ici à l'honneur ! On vous sert des délicieux plats délicatement préparés, vous pouvez goûter à différentes soupes, comme par exemple, les délicieuses moules au lait de coco. Le restaurant est souvent complet jusqu'à une heure tardive, il vaut mieux réserver à l'avance ou patienter sinon autour d'un cocktail au bar ! L'établissement propose aussi des plats à emporter au n° 56 de la Vesterbrogade.

SPICYLICIOUS

27 Istedgade

✆ +45 33 22 85 33

www.spicylicious.dk

Ouvert le soir de 17h à 23h. La cuisine exotico-européen. Plats entre 105 et 160 Dkr.

Un endroit tendance avec une décoration exotique et classique entremêlée. Cuisine thaïe revisitée. Réserver à l'avance, l'endroit est vite plein : heureusement, on sert l'apéritif pour fair patienter les futurs clients.

Frederiksberg

Bien et pas cher

CAFE VIGGO

15 Værnedamsvej ✆ +45 33 31 18 21

Ouvert tous les jours de 10h30 à minuit (2h le vendredi, 1h le samedi, 17h le dimanche).

Mais oui, pas de doute, c'est bien lui : Gaston Lagaffe en personne qui exhibe son effigie sur l'enseigne de ce café-restaurant. Et c'est normal : Gaston en danois s'appelle Vakkse Viggo. Décoration intérieure digne d'un musée de l'école de BD franco-belge, de Tintin au Marsupilami. Cuisine plutôt française, avec de bons petits plats bon marché. Et, on parle français… normal dans la rue la plus parisienne de Copenhague…

L'OLIVIER

47 Vodroffsvej ✆ +45 35 37 47 65

En retrait de Skt Jørgens Sø. Ouvert du mardi au vendredi de 12h à 15h et de 18h à 22h y compris le samedi, le dimanche de 18h à 21h. Compter de 310 à 400 Dkr pour un repas complet, vin non compris. Un petit coin de Provence dans Frederiksberg. On peut y déguster une terrine de foie gras maison ou une soupe de poissons accompagnée de sa rouille, avant d'enchaîner sur un grand classique (lapin à la basquaise, filet d'agneau, langoustines à la sauce catalane) et de terminer par une crème brûlée.

DE SMÅ FAMILIEHAVEN

10-18 Pile Alle

Trois restaurants (Krøgers Have, M.G. Petersens Gamle Familiehave et Hansesns Gamle Familiehave) en bordure du parc de Frederiksberg dans des fermes plus ou moins authentiques dépendant jadis du château. Comme leur nom l'indique, on y vient en famille et, aux beaux jours, on dîne dans le jardin. Dans le plus grand des trois (Petersen, où il y a de la place pour près d'un millier de convives...), un orchestre de jazz joue régulièrement et les clients n'hésitent pas à danser entre les tables. Ambiance bavaroise, avec le ballet des serveurs et leurs plateaux. Cuisine rustique, c'est à dire encore plus copieuse qu'ailleurs (ce qui n'est pas peu dire !) Bruyant, convivial, bondé le samedi et surtout le dimanche à midi.

LES TROIS COCHONS

10 Værnedamsvej ✆ +45 33 31 70 55

Ouvert du mercredi au dimanche. Déjeuner de 12h à 14h30, dîner de 17h30 à 22h. Menu à 275 Dkr.

Au cœur du quartier français de la capitale de Copenhague, le groupe Cofoco a ouvert ce restaurant au décor plein de fraîcheur. On y retrouve de grands classiques bien connus, des moules marinières au steak frites, ainsi qu'un plat du jour… et l'on dégustera au dessert une crème brûlée, à moins que l'on préfère l'assiette gourmande du chef. Idéal pour cultiver la nostalgie des saveurs du pays natal.

Luxe

FORMEL B

182 Vesterbrogade

✆ +45 33 25 10 66 – www.formelb.dk

Ouvert du lundi au samedi de 18h à 1h. Menu environ 720 Dkr. Elu meilleur restaurant de Copenhague 2004-2005 et détenteur d'une étoile Michelin depuis son ouverture en 2003, Formel B joue dans la cour des grands restaurants de la ville... Cuisine d'inspiration française et danoise, innovatrice. Mais il est parfois coûteux d'être fin gourmet même si le menu comporte, il est vrai, six plats !

Nørrebro

KATES JOINT

12 Blågårdsgade ✆ +45 35 37 44 96

Ouvert tous les jours à partir de 17h30. Plats à 80-90 Dkr (et au-delà).

Un restaurant aux couleurs chaudes et sans chichis. Assis sur des tabourets, on y déguste des plats d'un peu partout, pourvu que ce soit épicé : un véritable voyage culinaire (avec option végétarienne), des Caraïbes à l'Afrique en passant par l'Indonésie.

NØRREBRO BRYGHUS

3 Ryesgade ✆ +45 35 30 05 30

www.noerrebrobryghus.dk

info@noerrebrobryghus.dk

Ouvert du jeudi au samedi de 11h à 2h. Jusqu'à minuit le reste de la semaine. Menus entre 208 et 430 Dkr. Etabli dans une usine de métallurgie du XIXe siècle, ce restaurant brasserie se démarque par l'originalité de ses menus à base de bières maison. On propose également de goûter aux différentes variétés de bières, brassées dans la cave que l'on peut par ailleurs visiter.

PICNIC

22b Fælledvej, København N

✆ +45 35 39 09 53

Ouvert tous les jours de 11h à 23h.

Restaurant « écolo », privilégiant les produits bio, et nombre de plats raviront les végétariens.

Plats à emporter, cuisine méditerranéenne, tendance turque et libanaise. Bonne atmosphère, endroit très fréquenté par certains acteurs danois. Pas d'alcool et couvre-feu assez tôt. Bon marché.

PUSSY GALORE'S FLYING CIRCUS

30 Sankt Hans Torv ✆ +45 35 24 53 00

Ouvert tous les jours de 8h à 1h du matin, de 9h à 2h le week-end. Copieux petit déjeuner à 45 Dkr en semaine, brunch à 85 Dkr le week-end.

Petits plats bon marché, d'autres plus sophistiqués, avec un goût prononcé pour le curry. Décor minimaliste dans la petite salle, ornée de fresques signées du chanteur danois Lars H.U.G. Dehors, sur la place, les tables entourent une très ancienne cabine téléphonique. Braseros et couvertures les jours de grands frais pour continuer à boire ou manger dehors…

Østerbro

L'AUBERGE

64 Østerbrogade

✆ +45 35 35 39 00

www.cofoco.dk/auberge

auberge@cofoco.dk

Ouvert du lundi au samedi 18h à 24h. Menu entre 275 et 425 Dkr (selon le nombre de plats), 650 Dkr avec caviar ; champagne entre 225 Dkr (3 coupes) et 450 Dkr (6 coupes).

Subtil contraste entre la pierre brute des murs et le mobilier design, quasi minimaliste. L'Auberge propose une cuisine raffinée (avec notamment du vrai caviar) que l'on accompagnera volontiers de champagne (même si la carte des vins ne manque pas d'intérêt, loin de là). Une des bonnes adresses qui attire les gourmets du cru (et comme ils sont de plus en plus nombreux, il est prudent de réserver !).

GOURMANDIET

7a Rosenvængets Allé ✆ +45 39 27 10 00

Ouvert en semaine de 11h à 16h (le samedi de 10h à 14h), ainsi que les mardi, vendredi et samedi soir de 17h30 à 22h. Plats à partir de 250 kr. Dans une rue résidentielle donnant sur Vesterbrogade, c'est une boucherie charcuterie qui fait office à ses heures de restaurant. Repas axés viandes bien entendu (mais attention de la viande garantie bio !), accompagnée de légumes de saison, que l'on déguste assis sur des chaises revêtues de peaux de bêtes.

KAFFESALONEN

6 Peblinge Dossering ✆ +45 35 35 12 19

Près du pont Nørrebrogade. Ouvert tous les jours de 8h à minuit, à partir de 10h le week-end. Plat du jour à 80 Dkr environ. Un café danois décoré comme dans les années 1950 (matériel publicitaire, meubles, chaises, etc.), qui propose de solides *burgers* et quelques plats danois. Si vous prenez un verre, n'oubliez pas : il faut aller se servir au comptoir. Quelques tables devant le restaurant, mais surtout, en été, un vaste ponton qui permet de déjeuner ou dîner sur l'eau. Superbe lieu, d'autant qu'on est loin du trafic automobile : seule une piste cyclable passe de ce côté des lacs !

M/S AMERIKA

Pakhus 12, 8 Amerikakaj Dampfærgevej

✆ +45 35 26 90 30

www.msamerika.dk – info@msamerika.dk

Ouvert tous les jours sauf dimanche de 11h30 à minuit. Menu midi à 275 Dkr et le soir à 325 Dkr Un entrepôt rénové, baptisé comme un bateau, dans le quartier du port lui aussi récemment rénové. Cuisine franco-danoise assez chère, mais de bon goût. Comme la décoration.

PAUSTIAN

2 Kalkbrænderiløbskaj

✆ +45 39 18 55 01 – +45 39 16 65 65

www.paustian.dk – paustian@paustian.dk

Ouvert du lundi au samedi de 12h à 15h et de 18h à 22h. Plats entre 165 et 245 kr.

Très bel espace contigu au magasin de design du même nom, conçu par l'architecte Jørn Utzon et ses fils, à la fin des années 1980, tout au nord d'Østerbro, dans la zone portuaire. Dans la salle de restaurant, le système d'éclairage est magnifique : de multiples petits *spots* suspendus à des fils électriques comme autant d'hirondelles sur le départ. Cuisine danoise originale.

Amager – Ørestad – Islands Brygge

ARISTO

4 Island Brygge ✆ +45 32 95 83 30

www.cafearisto.dk

Ouvert tous les jours à partir de 11h et jusqu'à minuit ou 2h du matin le vendredi et le samedi. Plats de moules frites à 165 Dkr.

Un pavillon posé presque au pied du pont de Langebro. Salades et steaks à midi, menus plus élaborés le soir. Carte de vins assez riche.

SORTIR

Cafés

Les cafés au Danemark sont d'une tradition récente. Autrefois, on fréquentait plus volontiers des tavernes et des pubs sombres en sous-sol, où l'on venait boire pour oublier le froid ou noyer son ennui. Dans les années 1980, de nouveaux lieux ont éclos un peu partout, avec souvent des terrasses en été, et quelquefois de la musique, des concerts. Ces cafés sont décorés avec goût, dans des couleurs claires et gaies, et exposent souvent des œuvres de jeunes artistes. Cependant, bien qu'il soit souvent « à la française », le service dans ces établissements demeure très danois : il faut aller commander au comptoir et se servir soi-même. Sauf exceptions, les serveurs dans la salle se contentent de débarrasser les tables. On y mange en général à peu de frais et les brunchs, apparus récemment pendant les week-ends danois, sont particulièrement copieux, frais et à des prix abordables. Dernière tendance en vogue : l'apparition des DJ, et l'aménagement de confortables espaces *lounge*. Notez que certains cafés figurent à la rubrique restaurants, mais que la plupart de ceux qui suivent possèdent une cuisine.

Copenhague-K

Près de Christiansborg

■ DIAMANTEN CAFÉ OG ØLHALLE
50 Gammel Strand
✆ +45 33 93 55 45
Ouvert tous les jours de 9h à minuit, le samedi jusqu'à 21h, 19h en hiver, le dimanche de 10h à 20h (18h en hiver).
Face au musée Thorvaldsen, une terrasse ensoleillée l'après-midi. Une pause agréable sur le pavé, lors du marché aux puces qui se déroule au bord du canal chaque samedi. On peut également y manger... mais on y vient surtout pour les jeux de société.

■ K-BAR
20 Ved stranden
✆ +45 33 91 92 22
www.k-bar.dk – kirsten@k-bar.dk
Face à l'île du Parlement, côté Holmen Kirke. Ouvert tous les jours de 15h à 1h, 2h le week end, fermé le dimanche.
C'est un bar à cocktails branché.

Près du Strøget

■ ABSOLUT ICE BAR COPENHAGEN
27 Løngangstræde ✆ +45 70 25 56 27
Ouvert du mardi au jeudi de 17h à 24h, le vendredi de 16h à 1h du matin et le samedi de 15h à 1h du matin.
Attenant à l'hôtel Twenbtyseven dont il dépend, voici un bar particulièrement original : tout le mobilier (y compris les verres) y est en glace. Bien entendu, il ne fait pas très chaud : une température constante de moins cinq degrés, mais par chance on prête un plaid aux clients frileux, ainsi que des gants de façon à ce que les doigts ne collent pas aux verres… On y boit de la vodka, histoire de tenir le coup. Et le concept est dérivé d'un hôtel de glace de Laponie suédoise. Une expérience à ne pas manquer !

■ CAFÉ EUROPA 1989
1 Amagertorv ✆ +45 33 14 28 89
www.europa1989.dk
info@europa1989.dk
Ouvert du lundi au vendredi de 8h à minuit (le samedi à partir de 9h, le dimanche de 10h à 20h). Comptez entre 40 et 50 Dkr pour une simple pression !
Un café avec une vaste terrasse en été (service assuré à la table, et efficace) sur cette place très stratégique au bord du Strøget, d'où l'on a une vue sur plusieurs monuments et sur l'incessant trafic piéton du quartier ! De l'intérieur, des vastes vitres permettent d'observer la rue. Bref, le café où l'on peut voir… et être vu. Attention : pas de soleil de ce côté-ci de la place le matin. Excellents sandwichs. Et presse internationale à disposition. L'addition est particulièrement salée…

■ CAFÉ KRASNAPOLSKY
Vestergade 10
✆ +45 33 32 88 00
Ouvert tous les jours de 10h à minuit, jusqu'à 5h en fin de semaine et 17h le dimanche (la cuisine est ouverte jusqu'à 22h). Bonne cuisine, bon endroit pour bruncher.
Décor high-tech, très métallique, immense comptoir en carré au centre et vaste pièce en longueur. Ce café est à la mode depuis des années et très fréquenté par les adolescents les nuits de week-ends. Certains soirs, on refuse du monde. Un portier fait barrage à l'entrée. DJ le week-end.

Le Nørrebro Bryghus.

CAFÉ NORDEN

61 Østergade
(Strøget, au coin de Højbro Plads)
✆ +45 33 11 77 91
www.cafenorden.dk
Ouvert tous les jours de 9h à minuit, à partir de 10h le dimanche.
Le plus grand café de Copenhague, dit-on, et le plus prestigieux en tout cas, en face du café Europa : on peut y prendre son petit déjeuner au soleil. Là aussi, service à la française. Montez au premier étage pour avoir la meilleure vue possible sur le Strøget. Evidemment très fréquenté tant par les touristes que par les locaux.

Près de Kongens Nytorv

CAFÉ SOMMERSKO

4 Kronprinsesgade
✆ +45 33 14 89 81
Menus de 180 à 220 Dkr.
Le plus ancien des cafés de la ville dans la tradition française : créé en 1976, il accueille très souvent des musiciens de jazz. On peut manger des salades, du chili, des plats copieux (de tradition française) à choisir sur l'ardoise. Très beau cadre, mobilier français, et un comptoir très long qui tourne autour d'une cloison au milieu d'une grande pièce. Assez jeune et très animé en fin d'après-midi. Salle de restautant en mezzanine. Brunch très couru le dimanche : les Danois se voient offrir en prime leur journal du dimanche, plus qu'épais, suppléments dominicaux obligent.

DAN TURELL

3-5 Store Regnegade
✆ +45 33 14 10 47
www.danturell.dk – cafe@danturell.dk
Ouvert tous les jours de 9h30 à minuit, jusqu'à 1h le jeudi, 2h les vendredis et samedis, 22h le dimanche. Un vrai café parisien avec cendriers Ricard, banquettes de cuir rouge, superbe comptoir… Et de l'ambiance ! Considéré comme un café intello, son nom est celui d'un écrivain poète de Copenhague, chanteur et auteur de romans policiers, qui venait souvent prendre un verre ici jusqu'à sa mort, à l'automne 1991. De nombreux artistes et intellectuels fréquentent ce lieu, des journalistes également, en voisins, puisque les bureaux du *Berlingske Tidende* sont en face. Mais on y trouve aussi des buveurs de bière patentés et quelques égarés. Ouvert en 1977 à la suite du Sommersko, le Dan Turrèll, avec ses murs jaunes et ses chaises rouges, a été décoré par Jens Birkemose, sur le modèle d'un café parisien de la porte de Clignancourt. Moins populaire et plus snob ces dernières années. Même propriétaire que le Sommersko et le café Victor.

PALÆ BAR

5 Ny Adelgade ✆ +45 33 12 54 71
Ouvert tous les jours de 11h à 1h, jusqu'à 2h du jeudi au samedi. Le dimanche à partir de 16h. Ambiance francophile dans ce classique des soirées du quartier, près de Kongens Nytorv, qui a gardé son décor d'un autre âge. Musique live (jazz). Bons petits plats danois si on souhaite y manger.

Le Nørrebro Bryghus.

Près des lacs

■ BANKERÅT

29 Ahlefeldtsgade ✆ +45 33 93 69 88

Ouvert tous les jours de 9h30 à minuit (à partir de 10h30 le week-end).

Entre Ørsteds Parken et les lacs, près de Nansensgade, la Banqueroute est le lieu où se retrouvent les artistes et les intellectuels qui habitent le quartier, mais il attire aussi la clientèle des autres quartiers de la ville. Le décor est surprenant, avec des têtes d'animaux naturalisés, des masques et des jeux d'ombre et de lumières. On peut y manger quelques petits plats, mais c'est aussi le lieu idéal pour commencer une soirée copenhaguoise... d'autant que les recettes servent à financer des adductions d'eau en Afrique.

Quartier Latin

■ ISOLA ROCK BAR

Israels Plads, 16a Linnésgade

✆ +45 22 26 81 86 – www.isolabar.dk

Ouvert jeudi, vendredi et samedi de 20h à 5h du matin. Nouveau bar très rock comme son nom l'indique. Différents concerts live dont parmi les meilleurs du pays. Le décor est simple et décontracté. Différents types de bières vous sont proposés. Se transforme en discothèque après minuit.

■ KLAPTRÆT

11-13 Kultorvet

✆ +45 33 13 40 38

Ouvert tous les jours de 10h à 1h, 3h le jeudi, 5h le week-end.

Belle terrasse qui s'étale sur cette place, non loin de la gare de Nørreport et du parc du château de Rosenborg. Très fréquenté par les étudiants pendant l'année universitaire, Klaptræt abrite aussi une petite boîte de nuit. Salle à l'étage, éclairée de projecteurs et décorée de photos noir et blanc de vieux films. Un des rares cafés ayant conservé une salle fumeurs. On y joue au Baby-foot et au backgammon...

Gråbrødretorv

■ PEDER OXE'S VINKEELDER

Gråbrødretorv 11

✆ +45 33 11 00 77

www.pederoxe.dk

Ouvert tous les jours de 12h à 1h.

Toujours plein de monde et on y boit plus de tequila que de vin rouge. Dans ce décor de cave, on peut se réfugier dans les grandes niches creusées dans les murs très épais. Les jeunes serveuses derrière leur comptoir, belles comme les blonds mannequins scandinaves de nos rêves latins, sourient et décapsulent avec une dextérité et un brio uniques les bouteilles de bière : d'un geste ample et d'un mouvement de poignet très professionnel, elles font voler la capsule et la font atterrir à coup sûr dans un panier métallique 2 m plus loin !

Vesterbro

■ BANG OG JENSEN CAFÉ

130 Istedgade

✆ +45 33 25 53 18

www.bangogjensen.dk

info@bangogjensen.dk

Ouvert tous les jours de 10h à 2h, à partir de 10h le samedi et jusqu'à minuit le dimanche. Brunch : 80 Dkr. Plats entre 60 et 90 Dkr.

Grand bar très fréquenté par la jeunesse danoise, souvent plein. Le service est sympathique. La décoration mélange une frise Art déco, des photos anciennes, des lampadaires et des gros tuyaux design. Apparemment installé dans une ancienne pharmacie, il propose un brunch et quelques plats simples au déjeuner et dîner. On y joue au Baby-foot ou on écoute du rock, de la pop ou du folk en buvant un *cafe latte* la journée et des bières ou du vin le soir dans une ambiance bruyante.

IDEAL BAR
40 Enghavevej
✆ +45 33 25 70 11
Ouvert le mercredi de 22h à 4h, jeudi de 19h à 4h, jusqu'à 5h les vendredis et samedis soir. Toujours très populaire à Vesterbro, il attire les jeunes de toute la ville. Installé dans un ancien siège de syndicats. Lampes années 1960, architecture fonctionnaliste, beaucoup d'espace. Et une boîte de nuit au-dessus, Vega, animée par les DJ les plus en vue.

Østerbro

PARK CAFÉ
79 Østerbrogade
✆ +45 35 42 62 48
www.parkcafe.dk
parkcafe@parkcafe.dk
Ouvert tous les jours de 12h à minuit, les vendredi et samedi jusqu'à 3h (la cuisine ferme à 22h). On y trouve un café, mais aussi un restaurant, 3 pistes de danse et 7 comptoirs ! On peut y dîner sous d'énormes lustres de cristal. Le lieu est assez magique. Banquettes en cuir, canapés, chaises et tables de bois, un piano perché sur une petite mezzanine (concerts très souvent), toiles classiques et modernes aux murs. Sandwichs assez chers mais copieux. L'été, la terrasse est ouverte, et le café se transforme en discothèque le week-end. Il y a toujours beaucoup de monde.

Christianshavn – Holmen

CAFÉ NEMOLAND
Christiania, 52 Fabriksområde
✆ +45 32 95 89 31
www.nemoland.dk
info@nemoland.dk
Ouvert tous les jours de 10h à 2h, 3h30 le vendredi et samedi soir, 2h le dimanche.
Le café terrasse de Christiania où l'on boit de la bière fabriquée sur place, et où l'on s'abrite dans des petits kiosques bâchés où s'étale le slogan *Say NO to hard drugs*, tandis qu'au-dessus du bar sont accrochés des pots de fleur qui donnent une touche très coquette assez surprenante…

CAFÉ OVEN VANDE
44 Overgaden Oven Vandet
København K
✆ +45 32 95 96 02
Ouvert tous les jours de 10h à minuit.Plats entre 100 et 200 Dkr. Brunch autour de 100 Dkr.
Au bord du canal de Christianshavn, avec vue sur les bateaux. Le soleil tombe sur la terrasse jusqu'en début de soirée. Les gérants actuels ont conservé la décoration de l'ancien propriétaire français : des affiches des films de Pagnol. Lieu sympathique, à la fois café et restaurant et qui vaut aussi bien pour sa situation que pour sa cuisine. La clientèle est assez mélangée, de tous âges et tranquillement bourgeoise. Les brunchs sont bons et copieux et vous pouvez le prendre le midi au soleil en terrasse s'il fait beau.

HALVANDET
Holmen, 325 Refshalevej
✆ +45 70 27 02 96
Ouvert tous les jours de 11h au coucher du soleil ! Brunch le week-end, 85 Dkr.
Une pseudo-plage avec terrain de volley et de football, sur 6 000 m² ! L'endroit idéal donc, pour le *farniente* au soleil ou pour des activités plus sportives… Les sandwiches sont délicieux et la musique branchée. Lieu pris d'assaut aux beaux jours naturellement.

MÅNEFISKEREN
43 Bådsmandsstræde
Christiania
✆ +45 32 57 14 56
Ouvert tous les jours, sauf le lundi de 10h à minuit, 1h les vendredis et samedis. « Le Pêcheur de lune » en français. Clientèle jeune dans ce très bel endroit plutôt brut, de ciment, de verre et d'acier. Ce *coffee shop* (on n'y sert pas d'alcool) accueille des concerts les jeudis et vendredis. On y trouve des sandwichs. Au comptoir, on peut tomber sur une allumée au regard vaporeux parlant moitié le danois, moitié l'anglais, ou un Inuit qui s'ennuie.

Frederiksberg

DEN BLÅ HUND
28 Godthåbsvej,
2000 Frederiksberg
✆ +45 38 87 46 88
Ouvert tous les jours de 9h30 à minuit, jusqu'à 2h le jeudi et vendredi ; de 10h à 2h le samedi, jusqu'à 22h le dimanche et les jours fériés.
Plafond peint, comptoir central, et les clients de la laverie toute proche qui sirotent en attendant la fin de la lessive ! Convivial et sympathique, avec une terrasse aux beaux jours, Le « Chien Bleu » est le rendez-vous des amateurs de jeux de société.

Autre adresse : on peut se rendre au Den Røde Hund, le « Chien Rouge », son frère situé à Nørrebro.

Un nouvel opéra

Voilà un homme généreux : le magnat danois Mærsk Mc-Kinney Møller a offert au royaume pas moins de 1,5 milliard de couronnes danoises en 2000 pour la construction d'un nouvel opéra à Copenhague. C'est l'architecte Henning Larsen (né en 1925, considéré comme un des maîtres de l'architecture moderne, dont le cabinet a déjà réalisé l'extension de la Glyptothèque) qui a eu la lourde charge d'imaginer un édifice imposant : établi sur 35 000 m², le chantier était énorme. Les débats ont été très vifs, car l'Opéra était installé à Holmen, sur un îlot relié à d'anciens docks, face à Amalienborg et à l'église de marbre... Il risquait de faire un peu d'ombre au Palais royal, même si un large canal les sépare, et si le cahier des charges imposait une hauteur maximale de 30 m. Un petit bateau a même été prévu pour permettre aux piétons et aux cyclistes de traverser le canal et rejoindre ainsi l'Opéra. Inauguré en 2005, cet édifice toise la *Petite Sirène*, plus minuscule que jamais !

■ OPERAEN (OPÉRA)
10 Ekvipagemestervej

■ PROMENADEN
58 Frederiksberg Allé
✆ +45 33 21 61 20
Ouvert tous les jours de 12h à 2h, à partir de 11h le samedi et de 11h à minuit le dimanche.
Quelques tables dehors, un billard à l'intérieur, et une atmosphère parisienne : on y écluse des petits verres du rouge maison au comptoir en lisant le journal du jour ou en devisant avec le patron, au milieu d'une clientèle de théâtreux (rendez-vous des comédiennes...). Cafés, bières, sandwichs et salades.

Nørrebro

■ THE LAUNDROMAT CAFÉ
15 Elmegade
www.thelaundromatcafe.com
Ouvert du lundi au jeudi de 8h à minuit, le vendredi de 8h à 14h, le samedi de 10h à 14h et le dimanche de 10h à minuit.
Sans doute le plus original des cafés de Copenhague puisqu'il s'agit avant tout d'une laverie : on y consomme pendant que le linge tourne dans la machine, ou on lit un bouquin car le lieu fait également office de bibliothèque... Idéal pour un *brunch* utile le dimanche...

■ STENGADE (STALINGRAD)
18 Stengade ✆ +45 35 39 09 20
Ouvert tous les jours sauf lundi, de 14h à 2h, jusqu'à 5h du jeudi au samedi.
Nombreuses manifestations musicales dans ce café éminemment branché de Nørrebro, apprécié des amateurs de rock. *Jam session* tous les mardis soir.

Islands Brygge

■ HARALDSBORG
15 Islands Brygge ✆ +45 32 54 69 02
Un endroit populaire où on ne croise que des habitués, tendance piliers de comptoir ou jeunes branchés. On vient y boire la bière la moins chère de Copenhague ou y jouer au billard. Le héros du lieu est un champion de boxe, fils de la patronne. Décor d'anciennes réclames pour de la bière sur des plaques en métal et tapisserie chargée sur les murs.

Concerts et théâtre

■ DET KONGELIG TEATER (THÉÂTRE ROYAL)
Kongens Nytorv ✆ +45 33 69 69 69
www.kgl-teater.dk – admin@kglteater.dk
Réservations de 10h à 19h. Opéras, théâtre et ballets. A l'entracte, vous trouverez déjà servies, à l'emplacement qui vous aura été désigné, les boissons que vous aurez commandées avant le spectacle (et personne ne vole la bière ou le cognac des autres, étonnant non ?). Vous pouvez même réserver un dîner, là aussi, vos assiettes et vos verres vous attendent ! Petit truc futé, pour acheter des places à moitié prix, attendre 17h et se rendre directement aux guichets. Le bâtiment est signé par l'architecte de la Glyptothèque, Vilhelm Dahlerup.

■ OPERAEN (OPÉRA)
10 Ekvipagemestervej
www.operaen.dk
admin@kglteater.dk

Havnebus (bateau bus) 903 depuis Nyhavn (navette) ou lignes régulières 901 ou 902 entre le Diamant Noir et Nordre Tolbod (Kastellet). Bus 66 depuis la station de métro Christianshavn.

C'est Henning Larsen qui a été choisi par la fondation crée par l'industriel et armateur A.P.Moller pour dessiner cet Opéra posé sur un îlot entouré de canaux. Offert à la ville et dédié à la reine Marghrette II, il a été inauguré le 15 janvier 2005, face à Amalienborg. Le résultat est une parfaite réussite alliant simplicité des lignes et luxe des matériaux (acier, marbre et verre) et des détails : reliefs de bronze dans le foyer, dus à Per Arnoldi, lustres créés par l'islandais Olafur Eliasson. Bref, la fine fleur de l'art et du design contemporain s'est donné rendez-vous sur les lieux. Présentant face au port une grande façade de verre rythmée par une grille d'acier, l'opéra compte une immense salle pouvant accueillir plus de 1 500 mélomanes et qui se niche dans une énorme boule de bois, sans compter une scène dite « expérimentale ».

Cinémas

Les séances sont assez chères le soir (près de 80 Dkr, jusqu'à 95 Dkr parfois), mais le tarif est réduit la journée, et encore plus le lundi. Tous les films étrangers sont en V.O. sous-titrée en danois. On trouve les horaires dans la presse quotidienne danoise, dans The Copenhagen Post, et dans un petit magazine gratuit (Film Kalenderen) distribué dans les cafés. La plupart des complexes se trouvent non loin de la place de l'Hôtel-de-Ville, même chose pour les salles art et essai. Détail pratique, dans les multiplexes et les grandes salles, les places sont numérotées : donc, ne vous avisez pas de vous asseoir ailleurs que dans le fauteuil qui vous est attribué, les spectateurs respectent scrupuleusement la règle même si la salle est aux trois quarts vide ! Quelques salles parmi nos préférées :

■ DAGMAR

2 Jernbanegade

✆ +45 70 13 12 11

www.dagmar.dk

Ouvert tous les jours.

C'est le cinéma que gérait Carl T. Dreyer, le grand cinéaste danois, quand il n'avait plus d'argent pour tourner, à la fin de sa vie. Très beau café.

■ EMPIRE

29F Guldbergsgade

✆ +45 35 36 00 36

Ouvert tous les jours.

Cinéma installé à Nørrebro dans une ancienne usine. A l'affiche, des films populaires et d'art et essai. Et pas d'odeur de pop-corn dans l'entrée…

■ FILMHUSET

55 Gothersgade

✆ +45 33 74 34 00

www.filmhuset.dk

dfi@dfi.dk

Fermé le lundi. Comptez environ 50 Dkr.

La cinémathèque de Copenhague face à Kongens Have, le jardin du roi près du château de Rosenborg, abrite un grand café, une salle d'exposition, une librairie, une bibliothèque, et trois salles de cinéma où l'on peut voir des films en tout genre. Entrée gratuite pour les documentaires, les courts-métrages et les films pour enfants.

■ GRAND TEATRET

8 Mikkel Bryggersgade

✆ +45 33 15 16 11

Dans une rue parallèle au Strøget, côté hôtel de ville. Ouvert tous les jours.

L'un des plus vieux cinémas de Copenhague, comprenant cinq salles, projetant une majorité de films européens.

■ IMPERIAL BIO

4 Ved Vesterport

✆ +45 70 13 12 11

Ouvert tous les jours.

Immense salle avec écran géant. Le seul à avoir résisté à la mode des mulitplexes.

Discothèques

✷ **À noter :** le billet d'entrée (75 Dkr) dans une discothèque n'inclut pas de boisson. Il faudra ensuite payer vos consommations (une bière à la pression vaut environ de 40 à 50 Dkr selon les endroits). Le vestiaire se dit joliment *garderobe*. Plusieurs boîtes de nuit dans un très joli passage du centre, Baron Boltens Gård, mais pas toujours très accueillantes (pour rentrer au Nasa, il faut être *top-modèle* ou avoir l'air très riche !). En plus de Park Café, Pavillonen, Base Camp à Holmen, et des lieux du circuit *gay*, déjà cités, voici quelques endroits à ne pas manquer pour sentir vibrer la ville la nuit.

COPENHAGUE

COPENHAGEN JAZZ HOUSE
10 Niels Hemmingsens Gade
✆ +45 33 15 47 00
Le haut lieu du jazz à Copenhague, qui rappelle le rôle de la capitale danoise dans l'essor de cette musique. Programmes variés, tous les styles de jazz étant représentés.

ELECTROLYSEN
Nørregade
Tout près de Gammeltorv. Vendredi de 23h à 8h du matin, samedi de 23h à 10h du matin. Entrée : 120 Dkr (jusqu'à minuit),150 Dkr (de minuit à 5h), 100 Dkr (de 5h à la fermeture), accès au bar inclus. Âge minimum : 18 ans.
Pas moins de cinq *dancefloors*, chacun représentant un style différent : L'Hacienda plutôt disco, Electrolysen (en plein air) consacré à la musique électro, Jukeboksen, etc.

LA FONTAINE
Kompagnistraede
✆ +45 33 11 60 98
www.lafontaine.dk
Bar qui passe de la musique jazz et ouvre tard, l'ambiance est détendue, vous êtes entouré de murs rouges avec des photos de musiciens de jazz. Les tables sont séparées les unes des autres, vous n'aurez pas besoin de crier pour parler ou d'être entassés pour boire un verre.

RIESEN
36 Oehlenschlaegersgade
www.riesenbar.dk
info@riesenbar.dk
Un tout petit endroit bas de plafond mais à l'ambiance rock'n'roll et décalée où les jeunes de Copenhague qui ne veulent pas rentrer se coucher après la fermeture des cafés à 2h ni aller en boîte de nuit s'entassent gaiement pour faire la fête.

RUST
8 Guldbergsgade
✆ +45 35 24 52 00
www.rust.dk – info@rust.dk
Ouvert du mercredi au samedi de 23h à 5h. Pour la partie club, âge 20 ans minimum. Concerts : prix variables selon la notoriété des artistes. Programmes sur le site Internet.
Plusieurs lieux, différents styles de musique. Souvent bondé, pas toujours très accueillant, mais incontournable à Nørrebro (et par extension dans toute la capitale). Terrasse en été. Et des soirées Voodoo, très courues, le mercredi.

Gay

La vie *gay* s'est beaucoup développée à Copenhague, capitale du premier pays d'Europe à avoir légalisé le mariage entre personnes de même sexe (en 1989). Un site Internet est exclusivement consacré à l'actualité *gay* (www.cglff.dk) et un guide en anglais est édité chaque année. Il est disponible dans les différents établissements cités ci-dessous. Voici une liste d'adresses non exhaustive, mais un guide *gay* en anglais est édité chaque été et disponible gratuitement dans ces établissements (il est téléchargeable sur le site Internet : www.lbl.dk). Vous pouvez également visiter le site de l'office de tourisme qui consacre une rubrique au Copenhague gay comme nous le faisons, il est très bien fait et documenté puis il est régulièrement mis à jour.

Association

MEET GAY COPENHAGEN
✆ +45 27 21 80 65
www.meetgaycopenhagen.dk
wiliam@meetgaycopenhagen.dk

Manifestations

COPENHAGEN PRIDE
Yderlandsvej 15
www.copenhagenpride.dk
anders@copenhagenpride.dk
Le site du comité d'organisation de la Gay Pride danoise, laquelle se déroule chaque année en août. Il s'agit à chaque fois d'un événement national auquel participent nombre d'acteurs économiques et politiques. La liste des festivités et événements est publiée sur le site.

FRØKEN VERDEN
L'élection de Frøken Verden (Miss Monde) est l'événement le plus couru – il a lieu tous les deux ans, les années paires : un défilé délirant retransmis à la télévision (on y a vu une *drag queen* vêtue d'une robe entièrement faite de poupées Barbie !

Cafés et bars

CENTRALHJØRNET
18 Kattesundet
✆ +45 33 11 85 49
www.centralhjornet.dk
info@centralhjornet.dk
Ouvert tous les jours de midi à 2h du matin.

Faim de nuit

- **Quelques restaurants restent ouverts toute la nuit,** jusqu'à 5h du matin, en fin de semaine : Pasta Basta près du Strøget, park café à Østerbro (jusqu'à 3h), Barcelona à Nørrebro… A défaut de manger dans la partie restaurant de ces établissements, on peut manger quelques plats ou sandwichs dans la partie bar.
- **On peut aussi trouver des smørrebrøds 24h/24 en face de la gare,** dans une petite boutique tenue par un couple de chinois sur Vesterbrogade, en dessous de l'immeuble de la compagnie SAS.
- **Les épiceries 7/Eleven sont ouvertes 24h/24 :** on n'en trouve pas moins de cinq dans le centre-ville (dont une au début du Strøget) mais aussi dans les autres quartiers de la ville (ils sont signalés directement sur les cartes du Copenhagen this week). Des dépanneurs qui offrent des produits d'épicerie, mais aussi du tabac, des pizzas, des hot-dogs et du café chaud…
- **Enfin, certaines boulangeries ouvrent très tôt leurs portes :** quel délice que de mordre dans un wienerbrød alors que le jour se lève une nuit d'été à 4h du matin (et oui, on est au nord de l'Europe), en sortant de boîte… : il y a foule les nuits de week-ends, l'ambiance est très sympa, tout le monde respire l'odeur des gâteaux chauds… Notamment sur Nørrebrogade, et à Frederiksberg chez Marie-France (Værnedamsvej), dont les vendeuses sont déjà derrière leur comptoir, vêtues de leur blouse, dès 4h du matin !

Le plus ancien des bars *gays* de Copenhague.

COSY BAR

Studiestræde 24
✆ +45 33 12 74 27
www.myspace.com/cosybar

Les nuits du parcours *gay* se terminent souvent ici, dans ce lieu improbable qui, malgré son récent coup de peinture, garde une atmosphère intemporelle. Drôle d'endroit pour des drôles de rencontres, on y croise même de pulpeuses artistes peintres hétéro ! Ce lieu unique et très étrange est l'éternel *after* des nuits copenhaguoises.

JAIL HOUSE

12 Studiæstræde
www.jailhousecph.dk
jailhousecph@jailhousecph.dk

Ouvert en semaine de 15h à 2h, les vendredi et samedi de 15h à 5h.

Bar restaurant *gay* et lesbien sur le thème de la prison. Menu sans originalité, mais on ne vient pas ici pour ça…

MASKEN BAR

Studiestræde 33
✆ +45 33 91 09 37
www.maskenbar.dk
info@maskenbar.dk

Ouvert du dimanche au jeudi, de 14h à 3h du matin, vendredis et samedis de 14h à 5h.

Une fréquention plus jeune dans ce bar qui accueille aussi la gent féminine !

OSCAR

77 Rådhuspladsen
✆ +45 33 12 09 99
www.oscarbarcafe.dk
mail@oscarbarcafe.dk

Ouvert tous les jours de midi à 22h.

Ambiance internationale pour ce bar gay de la capitale, et pour cause : derrière cette enseigne, des gays ayant déjà pignon sur rue à Sydney. Ici, rien n'est laissé au hasard, ni les murs aux tons orangés, ni le plancher peint en noir et blanc, encore moins les lampes diffusant une lumière bleutée de circonstance. Un bar de 12 m de longueur et, placardés au mur, les posters de personnalités gays. Pour ceux qui souhaitent être au fait de l'actualité gay danoise et internationale, il suffit de s'asseoir sur les divans rouges près desquels sont éparpillés les journaux et magazines dont *Out* et *Attitude*. En cuisine, la spécialité reste locale avec un large choix de *smørrebrød* et un brunch servi tous les jours pour 85 DKK. Pour les consos, happy hour entre 17 et 21h. Choix de bières locales et étrangères et carte des vins intéressante. De quoi se délecter en écoutant la musique soul, lounge, occasionnellement house, qu'on apprécie ici. Clientèle jeune. Terrasse extérieure où il faut absolument être vu...

MANIFESTATIONS

Dès les beaux jours, les Danois sont dehors et les nuits sont longues. Les prétextes pour faire la fête et se rassembler, sont nombreux. Quelques rendez-vous annuels ou bisannuels à ne pas manquer :

ANNIVERSAIRE DE LA REINE

Le 16 avril, les enfants n'ont pas école le matin, et les Danois affluent sur la place d'Amalienborg pour souhaiter un bon anniversaire à la souveraine qui apparaît au balcon de son palais à midi. Enorme affluence les années où Margrethe II fête un chiffre rond : en 2010, ses 70 ans ont donné lieu à une sortie en carrosse et à un second salut à la foule depuis l'hôtel de ville !

CARNAVAL

www.copenhagencarnival.dk

Fin mai, début juin. Rassemblement dans le Fælledparken, donnant lieu pendant deux jours à des concerts, concours de costumes, bals, etc.

FESTIVAL DE JAZZ

http://jazz.dk/en/copenhagen-jazz-festival

Premier vendredi de juillet et les dix jours qui suivent. Stan Getz et Dexter Gordon ont vécu quelques années à Copenhague à la fin des années 1950 et au début des années 1960. Il faut dire que les Scandinaves ont toujours été de grands amateurs de jazz : il n'est qu'à voir la place accordée à cette musique dans la moindre fête au Danemark ou sur les places de marché des villes de province. Mais il s'agit d'un jazz assez traditionnel et les hauts lieux d'antan ont quelque peu perdu de leur aura (ou ont disparu, comme le mythique Montmartre). Pourtant, depuis vingt ans, un festival de jazz anime pendant dix jours les rues, les cafés et les clubs de Copenhague chaque année en juillet : parades dans les rues, concerts dans les parcs, dans des dizaines de cafés et de restaurants de la ville. Beaucoup de jazzmen danois et des invités suédois, anglais, français et américains (Stan Getz avait enregistré, à cette occasion, son dernier album en 1990, on y a souvent vu Ray Charles, Sonny Rollins ou Michel Petrucciani). La plupart des concerts sont gratuits et il s'en donne jusqu'à 450 en 10 jours ! Version hivernale en salle, désormais, début novembre.

Le Festival de jazz programme 450 concerts dans tout Copenhague.

FESTIVAL DE L'ÂGE D'OR

www.goldendays.dk

En septembre, expositions, colloques, concerts, célèbrent partout dans la ville cette période particulièrement riche de la création artistique au Danemark (première moitié du XIXe siècle : naissance de l'art pictural national, écrits de Kierkegaard, musique de Carl Nielsen…). On peut aussi effectuer à cette occasion une promenade guidée (gratuite) dans la ville pour découvrir l'architecture de l'époque.

FESTIVAL INTERNATIONAL DU FILM

www.cphpix.dk

A l'image du festival de Cannes, Copenhague projette pendant les quinze derniers jours d'avril une série de films danois et étrangers, récompensés par un jury international.

NUIT DE LA CULTURE

Un vendredi d'octobre, chaque année, musées, galeries et autres lieux culturels restent ouverts jusqu'à minuit. Avec événements et expositions pour l'occasion. Plusieurs magasins ne baissent pas le rideau non plus à cette occasion : 200 000 personnes sont dans les rues !

NUIT DE LA SAINT-JEAN

www.nuitdelasaintjean.com

Le 23 juin, comme partout au Danemark, on célèbre à Copenhague la nuit la plus courte de l'année. Des feux sont allumés sur la côte au nord (Charlottenlund près d'Hellerup, Bellevue à Klampenborg) et au sud de la capitale (Amager), mais aussi en ville, au bord des lacs, à Nyhavn et dans le parc de Frederiksberg.

POINTS D'INTÉRÊT

Visites guidées

Bus touristiques

COPENHAGEN EXCURSIONS
✆ +45 32 54 06 06
www.cex.dk
Excursions touristiques en bus (bleus).

SIGHTSEEING
✆ +45 32 66 00 00 – www.sightseeing.dk
Les bus (jaunes) s'arrêtent dans les principaux sites de la ville et les prix varient en fonction du circuit choisi. Comptez entre 125 et 480 Dkr selon le parcours. Des brochures et des tickets sont disponibles dans la plupart des agences de voyage ou à l'office du tourisme.

Bateaux touristiques

Le meilleur moyen pour faire connaissance avec Copenhague. Deux compagnies se disputent le marché, au départ du canal de Nyhavn. Dans les deux cas, attention à la tête en passant sous certains ponts !

DFDS CANAL TOURS
24 Gammel Strand, A Nyhavn
✆ +45 33 96 30 00
www.canal-tours.dk
CanalTours@CanalTours.dk
Comptez 70 Dkr pour les adultes, 40 Dkr pour les enfants et les seniors. Durée : 50 minutes. Le tour guidé ne se fait qu'en danois, anglais, allemand et italien.
Tour de la ville agrémenté de commentaires globalement sans trop d'intérêt, avec un crochet par l'îlot fortifié de Tre Kroner. Egalement dîners croisières, mais ce n'est pas très confortable, et le dîner se limite le plus souvent à un assortiment de saucisses et du fromage…

NETTO BOATS
Holmens Kanal 9
✆ +45 32 54 41 02
Comptez 35 Dkr pour les adultes, 20 Dkr pour les enfants. De début avril à fin octobre, 2 à 5 départs par heure, tous les jours entre 10h et 17h, jusqu'à 19h en juillet et août. Durée : 1 heure. Départ de Holmens Kirke et de Nyhavn, à Heibergsgade.
Filiale des supermarchés du même nom. Les bateaux Netto sont moins chers que la concurrence et permettent en plus d'entendre des commentaires (enregistrés) en français lors de la promenade.

Vélo safari

On peut visiter Copenhague à vélo. Des visites thématiques « Les murs peints », « Les parcs », « Le design », « L'écologie urbaine », etc. sont organisées du lundi au vendredi, départ à 16h devant la gare centrale. Durée : 3 heures.

La Copenhagen Card

COPENHAGEN CARD
www.cphcard.com
Comptez 229 Dkr pour une journée ou 459 Dkr pour trois jours, 115 Dkr et 225 Dkr pour les 10-15 ans.
Cette carte est vendue dans les gares, dans les points de vente du réseau de bus HT, au comptoir Service information de l'aéroport, dans les hôtels, dans les agences de voyages et à l'office du tourisme de Vesterbrogade (près de Tivoli). Elle permet d'emprunter gratuitement les transports en commun dans toute la région de Copenhague, jusqu'à Roskilde, à Køge et au nord de la Seeland. Vous l'amortirez facilement en l'utilisant pour vous rendre dans des sites éloignés de Copenhague et dont le prix d'entrée est assez élevé. Méfiez-vous de l'accroche publicitaire annonçant que la carte permet d'entrer sans payer dans plus de 60 musées et monuments : de nombreux sites sont déjà libres d'accès et certains musées – comme la Glyptothèque – sont gratuits un ou deux jours par semaine. De même, les cartes réservées aux enfants, moins chères, ne sont pas nécessaires. De plus, vous n'aurez pas un accès gratuit partout : seule une réduction vous sera consentie, par exemple pour visiter les expositions de la Bibliothèque royale. Mais la Copenhagen Card offre aussi des réductions sur les locations de voiture.

Statue de l'évêque Absalon à Højbro Plads.

■ CITY SAFARI

✆ +45 33 23 94 90 – www.citysafari.dk

Plusieurs visites thématiques de Copenhague proposées en vélo.

À voir – À faire

Symboles

BORSEN (LA BOURSE)

Fermée au public.

Une flèche surprenante et parfaite dans le ciel de Copenhague : quatre dragons à sa base, dont les queues s'enroulent et s'entrelacent jusqu'au sommet. C'est encore une construction de Christian IV. La Bourse a été construite entre 1619 et 1640 par les frères Lorenz et Hans van Steenwinkel, dans un style Renaissance hollandais. En façade, nombreux ornements sculptés et incrustations de grès. La grande salle se loue, le reste est occupé par les bureaux de la chambre de commerce.

■ BRASSERIES CARLSBERG

11 Gamle Carlsbergvej ✆ +45 33 27 12 82

www.visitcarlsberg.dk

S-Tog Valby (ligne B, C et H) puis suivre Togftegards All jusqu'à Valby Langgade. Centre des visiteurs : ouvert tous les jours, sauf lundi et congés annuels, de 10h à 17h de mai à août et jusqu'à 16h le reste de l'année. entrée : 60 Dkr, enfants 40 kr. Dégustation à la fin de la visite.

Le temple de la famille Jacobsen. Ancien brasseur dans le centre de Copenhague, J. C. Jacobsen acheta en 1847 ce terrain alors en pleine campagne pour y installer sa nouvelle brasserie. Son petit garçon voyant la colline de Frederiksberg lui demanda si c'était une montagne (question normale de la part d'un enfant du plat Copenhague !) et on parla de la montagne de Carl, « Carlsberg ». Voilà pour épater les copains aux terrasses des cafés en rentrant (Tuborg c'est une autre histoire) ! L'endroit, très kitsch XIXe siècle, est en tout cas superbe : des airs de Renaissance florentine, avec quelques figures de la mythologie nordique sur les toits. Les Jacobsen, grands amateurs d'art, étaient de généreux mécènes. Ils accueillirent des artistes (Vilhelm Dahlerup, auteur de ces éléphants sculptés que vous verrez au milieu de la rue, supportant un immeuble, mais aussi architecte de la Glyptothèque), et des savants (Pasteur y fit d'importants travaux, et le Danois Emil Christian Hansen les compléta, mettant au point une levure qui servit directement à Carlsberg et qui est aujourd'hui utilisée par la plupart des brasseurs de la planète). En plus des installations modernes et des vieilles salles richement décorées, vous découvrirez des écuries : en effet, Carlsberg fait encore livrer ses caisses de bières par vingt-deux chevaux dans Copenhague (qu'on peut croiser au petit matin vers Stroget). Efficace mélange de tradition et de marketing ! Depuis 2008, la production est entièrement délocalisée dans une usine ultramoderne à Fredericia, seuls les services administratifs et la direction y sont restés sur le site de Valby.

DEN SORTE DIAMANT (LE DIAMANT NOIR – LA BIBLIOTHÈQUE ROYALE)

1 Søren Kierkegaards Plads

✆ +45 33 47 48 80 – www.kb.dk

Accès par le bus 66 ou bateau-bus, métro Kongens Nytorv. Ouvert du lundi au samedi à partir de 8h et 10h pour les expositions temporaires. Visites guidées en anglais sur réservation.

L'extension de la bibliothèque royale est l'un des symboles du renouveau de la ville qui se transforme en métropole en se dotant de nouveaux quartiers conquis sur les canaux et le port, et en se lançant des défis architecturaux. On peut toujours accéder à la Bibliothèque royale par Slotsholmen, l'îlot où se trouve le Parlement. On parvient alors dans un tranquille jardin et dans un environnement qui fait penser aux collèges anglais, avec son lierre sur les briques rouges. Une statue de Kierkegaard, quelques bancs, une petite mare aux canards. Il faut alors faire le tour (mais vous pouvez aussi arriver par l'autre côté, à pied après le pont Knippel – qui va vers Christianshavn – ou même en bateau bus) et parvenir devant la nouvelle entrée, sur une vaste esplanade : une extension moderne a été bâtie, qui enjambe une rue et impose son profil noir incliné jusqu'aux bords du canal : du granit noir du Zimbabwe, taillé au Portugal et lissé en Italie. Il recouvre cet imposant polygone coupé en son milieu par un vaste atrium. Un noir qui change de couleur selon la météo et le moment de la journée. Le plafond du passage entre l'ancienne et la nouvelle bibliothèque est signé Per Kirkeby. Cette extension est une réalisation magistrale des architectes danois Morten Schmidt, Bjarne Hammer et John Lassen, qui ont travaillé dans leur ville d'Århus sur un autre bâtiment tout aussi audacieux, surnommé le « Diamant blanc », par opposition à ce « Diamant noir », inauguré à Copenhague en 1999. Le hall d'entrée de la Bibliothèque royale est assez immense, on y trouve une librairie, un café, un restaurant, des salles d'expositions et des escaliers mécaniques qui mènent aux salles de lecture. Le Diamant noir abrite un fonds très riche : 2 millions et demi de livres, des dizaines de milliers de manuscrits, des journaux, des portraits… C'est la plus importante bibliothèque de toute la Scandinavie.

NYHAVN

M° : Kongens Nytorv.

L'ancien quartier mal famé des marins a bien changé. Sur la rive droite, ensoleillée, il y a un café par maison. Ça bouge, ça crie, ça boit et ça chante beaucoup, surtout le week-end, et ça finit en vomissures entre les navires quand ce n'est pas en début de bagarres ! Il reste quelques échoppes de tatoueurs, mais leurs enseignes sont désormais écrites en anglais. Sur l'autre rive, des bateaux restaurants cabarets. C'est un passage obligé pour tout visiteur à Copenhague, n'hésitez pas à vous installer sur les terrasses même en hiver. Nyhavn est superbe lorsqu'il fait beau, avec ses maisons aux façades de toutes les couleurs et tous les mâts nus de ses bateaux à voile dans le canal. Un bateau-phare semble installé lui aussi à demeure. C'est d'ici que partent les bateaux qui font le tour de la ville et du port : pour un simple tour, préférez le petit ponton discret à droite, moins cher que la société qui occupe le vaste ponton au pied de la grosse ancre…

LA PETITE SIRENE

Langelinie

S-Tog Osterport, Bus 29, Havnebus 901, et 902. En bord de mer, au nord d'Amalienborg, près du Kastellet.

Cernée par les Japonais, qui se font prendre en photo devant elle sur la rive et par les bateaux de touristes qui s'arrêtent derrière son rocher pour mieux la regarder sous toutes les coutures.

Le Diamant noir: la bibliothèque royale.

La Petite Sirène ne mesure que 1,25 m !

L'incontournable monument symbole de Copenhague vous décevra : elle est toute petite, à peine plus haute que le *Manneken Pis* de Bruxelles. Elle a été sculptée par Edward Eriksen en 1913, à la demande de Carl Jacobsen, le brasseur et mécène de Carlsberg : il souhaitait immortaliser les traits de sa maîtresse Ellen Price, danseuse étoile du Théâtre royal, dont il était tombé amoureux alors qu'elle participait à un ballet illustrant le fameux conte d'Andersen. Jacobsen offrit la statue à la ville, qui l'installa à l'entrée du port. Mais elle a depuis subi pas mal d'outrages ! Dans la nuit du 23 au 24 avril 1964, elle fut décapitée par un inconnu. On n'a jamais retrouvé sa tête. Jens Jorgen Thorsen, un artiste danois quelque peu provocateur – il avait projeté dans les années 1970 de réaliser pour le cinéma *La Vie sexuelle de Jésus-Christ* –, a affirmé qu'il était le coupable et qu'il confierait au Musée national une boîte contenant la fameuse tête, à n'ouvrir que cinquante ans après sa mort. Il est mort en 2000, en « exil » en Suède… En 1984, la *Petite Sirène* a, cette fois, perdu un bras… En 1993, elle a été partiellement peinturlurée de noir. En 1998, elle a été à nouveau décapitée, un communiqué d'un groupe féministe ayant revendiqué cette action pour démontrer le fantasme masculin qui voit la femme comme un corps sans tête ! Fausse piste pour la police. La tête a finalement été déposée devant le siège de la télévision publique, sans que l'on retrouve les auteurs de cette étrange décollation. Quelques semaines plus tard, la *Petite Sirène* était enchaînée à son socle, la veille d'un nouveau référendum sur l'Union européenne (adoption du traité d'Amsterdam) par des inconnus voulant montrer l'attachement des Danois à leur souveraineté ! Les héritiers du sculpteur, qui n'avaient pas dit grand-chose jusqu'à présent, n'ont réagi qu'en janvier 2000 lorsque l'image de la *Petit Sirène* a été utilisée pour la jaquette d'une cassette vidéo pornographique intitulée *Love in Copenhagen*. Ils ont intenté un procès contre le distributeur du film ! A l'occasion de l'exposition universelle de Shanghai de 2010, la *Petite Sirène* a quitté son rocher pour la première fois pour orner le pavillon danois en Chine. Ce départ qui a duré plusieurs mois n'a pas fait plaisir aux Danois qui dans leur grande majorité y étaient opposés.

RUNDETAARN (LA TOUR RONDE)

52A Købmagergade
✆ +45 33 73 03 73
www.rundetaarn.dk
post@rundetaarn.dk

Ouvert tous les jours de 10h à 17h et jusqu'à 20h du 21 mai au 20 septembre. Ouvert jusqu'à 22h les mardis et mercredis de la mi-octobre à la mi-mars. Entrée 25 Dkr, enfants 5 Dkr.

Christian IV l'a fait construire en 1642 pour en faire un observatoire astronomique (qui fait office de clocher pour l'église de la Trinité). Avec ses 36 m de haut, la vue sur la ville historique est là aussi intéressante, mais c'est surtout la montée qui est unique : pas d'escalier, mais un plan incliné en colimaçon unique dans l'histoire de l'architecture européenne, qui permettait aux chevaux de monter jusqu'au sommet. En 1716, le tsar Pierre le Grand aurait emprunté cette voie singulière avec un carrosse tiré par six chevaux ! La Tour Ronde a conservé sa vocation initiale d'observatoire, le plus ancien d'Europe encore en activité, et dispose d'un vieux télescope, qui est ouvert au public durant les mois d'hiver. Elle abrite aussi une vielle bibliothèque récemment restaurée et quelques salles où des expositions et des concerts sont régulièrement organisés.

Christiana

La visite du quartier est conseillée avec un guide, qui vous fera entrer plus en profondeur dans l'esprit de Christiania.

- **Internet :** www.christiania.org
- **Entrée principale par Prinsessegade à Christianshavn.** Visite guidée de mi-juin à fin août, tous les jours à 15h (durée 2 heures) pour 40 Dkr, toute l'année le samedi et le dimanche à la même heure. Rendez-vous à l'entrée.

NINA

✆ +45 23 23 44 96

Guide connaissant parfaitement le site de Christiana.

La commune libre ou l'utopie digérée

Que reste-t-il de ces amours alternatives, libertaires et collectivistes ? Christiania se visite aujourd'hui comme le vestige historique d'une illusion perdue. Chaque année, 1 000 habitants et 300 000 touristes ! La deuxième « attraction » la plus visitée à Copenhague, après Tivoli… Ce vaste *squat* (qui règle aujourd'hui ses factures d'eau et d'électricité à l'Etat) est à cheval sur un canal, accessible à tous. Mais quand on en ressort, il est écrit : « Vous entrez dans la Communauté européenne » ! Etrange lieu, parfois surprenant, drôle, triste aussi… il faut venir s'y promener pour comprendre l'esprit qui a fait naître cet espace unique au monde. Les touristes sont les bienvenus : un guide en danois et en anglais, avec un plan, est disponible dans plusieurs boutiques. Les restaurants et les salles de concert accueillent tout le monde. Simplement, il ne faut pas vous comporter comme dans un zoo, soyez discret en prenant des photos.

L'âge d'or

Des ruines encore fumantes de Copenhague bombardée par les Anglais, a éclos la plus fantastique période de créativité que le Danemark a jamais connue. Une production artistique et intellectuelle exceptionnellement florissante, concentrée sur la première moitié du XIXe siècle, couvrant toutes les disciplines : sculpture (avec le néoclassique Bertel Thorvaldsen), archéologie (fondation du Musée national par Christian Jürgensen Thomsen en 1807), littérature (l'« existentialiste » Søren Kierkegaard, le conteur Hans-Christian Andersen un peu plus tard), la pédagogie (le pasteur N.F.S. Grundtvig), le théâtre (J. L. Heiberg), le ballet (August Bournonville), la poésie (Adam Oehlenschlager), les sciences (le physicien H. C. Ørsted), la musique (Niels W. Gade), l'architecture (le néoclassicisme épuré, à la Scandinave avec C. F. Harsdorff, place Kongens Nytorv, ou J.-C. Hansen avec son palais de justice, sur Nytorv), la politique (avec une Constitution très libérale instaurant la monarchie parlementaire en 1849), etc. Mais c'est surtout la peinture qui bénéficie aujourd'hui de ce label Age d'or reconnu au-delà des frontières du Danemark. Christoffer Wilhelm Eckersberg, Wilhelm Bendz, Christen Købke et Johan Thomas Lundbye sont des noms que l'on rencontre dans tous les musées du Danemark. Leurs premières toiles sont nées des ruines de Rome qui les ont particulièrement inspirées au cours de longs séjours en Italie au début du XIX^e^siècle. Mais l'école de Copenhague, c'est aussi une vision très positive de la vie, qui contraste avec la période troublée à laquelle elle correspond : paysages baignés par la lumière du Nord, portraits de la classe moyenne émergente, scènes de rue, tout un Danemark paisible transparaît sur leurs toiles. Tous les deux ans, un Festival de l'âge d'or est organisé à Copenhague, avec expositions, concerts, spectacles par dizaines.

Fumée permanente

Dans Pusher Street, la rue des *dealers*, le commerce des drogues douces se fait dans la rue sur des tréteaux. Elle est vendue au poids, sur des petites balances. L'herbe est reine et, dans tous les cafés, l'odeur de *haschisch* flotte en permanence !

Cette vente libre était tolérée par la police danoise, aujourd'hui elle est plus ou moins interdite mais existe encore, en tout cas jusqu'à la prochaine descente de la police. Des tracts signalent qu'un groupe politique du Parlement européen à Strasbourg dénonçait le whisky et la nicotine comme étant plus dangereux que la *marijuana* ! Quant aux drogues dures, à la suite d'un grand nettoyage à la fin des années 1980, elles sont prohibées et même traquées sévèrement dans l'enceinte de la commune.

Superbes maisons

Passée Pusher Street, avec son ambiance zone et *stone*, on découvre un visage plus accueillant et plus tranquille de Christiania. C'est le quartier des ateliers, des cafés et des restaurants. Baraques de bois ou vieux bâtiments de pierre, on croise une population colorée et souvent proche de la caricature baba, pieds nus, cheveux longs et barbe en désordre, sur fond de vieux jeans et de tatouages. On fume et on boit de la bière en n'ayant rien à faire. Impression de passivité totale, le temps n'existe plus. Il faut se promener un peu au hasard ou guidé par le plan. Christiania est un superbe lieu de promenade, ici les voitures sont prohibées, le terrain est splendide avec son lac et la nature omniprésente. Vous découvrirez de superbes maisons. L'architecture est très variée et toujours pleine de surprises, que ce soit dans le choix des matériaux, des couleurs, des formes, aussi bien pour les vieux bâtiments de l'armée que pour les maisons créées de toutes pièces depuis 20 ans. Certaines habitations tiennent de la roulotte, d'autres de l'atelier d'artiste, et beaucoup du petit pavillon bourgeois avec antenne parabolique sur le toit !

Radio Christiania

On découvrira au détour d'une maison une fenêtre grande ouverte sur des hommes et des femmes nus se recouvrant d'argile : les bains de boue de Christiania sont réputés, mais on ne peut en profiter que si on y habite ou si l'on connaît un Christianite. Il existe également une très belle maison pour les enfants tuberculeux. Cette maladie a réapparu ici en raison des conditions d'insalubrité des squats des vieux hangars militaires. On découvrira également toute une zone un peu à l'abandon, murs de casernement gris couverts de graffitis. Dans ce quartier se trouve le studio de Radio Christiania (que l'on peut écouter dans tout Copenhague sur 90,4 MHz, ambiance début des radios pirates françaises : les portes qui grincent, les micros mal branchés ou encore les disques qu'on arrête au milieu d'un morceau pour passer à autre chose. *Cool, cool*). Il y a aussi la maison des femmes, celle des homosexuels…

La commune libre de Christiania n'a pas perdu son esprit rebelle.

Christiana : chronologie

1971. Des centaines de jeunes en mal de logement et à la recherche d'une vie différente investissent les dizaines d'hectares inoccupés au nord de Christianshavn. Le 26 septembre est proclamée la commune libre (Fristaden) de Christiania. Avec pour principes l'interdiction des voitures et des drogues dures, l'autorisation du haschich et l'autogestion. La police tente en vain de déloger tout ce petit monde.

1972. La commune libre accepte de payer l'eau et l'électricité et le gouvernement social-démocrate accepte en échange de considérer l'immense *squat* comme une « expérience sociale ».

1974. Le gouvernement conservateur nouvellement élu menace de démolir Christiania. Aux élections municipales, la commune libre présente sa propre liste et obtient une élue. Un mouvement de soutien à Christiania s'organise à Copenhague.

1975. Le Parlement décide la suppression définitive de Christiania, prévue pour le 1er avril 1976 au plus tard. Ses habitants, qui reconstruisent le site pour répondre aux normes de sécurité exigées, décident de poursuivre en justice le gouvernement pour ne pas avoir tenu ses promesses de 1972.

1976. 50 % des Danois sont favorables au maintien de Christiania. Le 1er avril, rien ne se passe. L'ordre d'expulsion a été modifié la veille par le Parlement, supprimant toute date limite au nettoyage de la commune libre. Une immense manifestation pacifiste et alternative a lieu. Suite à la publicité qui a entouré Fristaden, les touristes débarquent en masse, en même temps que tous les « paumés » d'une Europe qui ne se remet pas du choc pétrolier.

1977. La Haute Cour de justice donne raison au gouvernement contre les Christianites, qui font appel. La consommation de drogue et d'alcool augmente dans la commune libre, l'insécurité suit.

1978. La Cour suprême confirme l'illégalité de l'occupation des terrains militaires de Christianshavn. Le Parlement réexamine le cas Christiania et se donne un délai de réflexion avant de décider toute expulsion. Le mouvement punk investit les scènes du squat.

1979. L'héroïne a fait une entrée en force au Danemark, et les ravages sont grands dans Fristaden. La police multiplie les opérations coup-de-poing. Les Christianites organisent alors un blocus (la *blokade*) contre les *dealers* de blanche qui sont expulsés. Dans le même temps, les junkies sont pris en charge.

1982. La Suède lance une vaste campagne anti-Christiania, la commune libre danoise étant accusée d'être la capitale de la drogue en Europe du Nord. Les Christianites se rendent en Suède pour une opération Elske Sverige (aimer la Suède) afin de promouvoir, de pièces de théâtre en expositions, les apports culturels et sociaux de leur commune libre.

1984. Un gang de *rockers* plutôt *skin* sème la terreur. Les Bull Shits rackettent et provoquent des bagarres jusqu'à ce qu'ils soient à leur tour expulsés.

1987. Le gouvernement conservateur cherche à légaliser l'existence de Christiania, en récupérant des taxes sur les cafés et restaurants qui, bien entendu, ne paient pas de licences…

1989. La police ferme tous les bars et restaurants de Christiania. Mais des négociations continuent et la vie reprend. Une grande fête de la paix accueille Nina Hagen et le dalaï-lama.

1991. La normalisation est en marche ; les Christianites ont vieilli, se sont embourgeoisés, certains ont même des résidences secondaires dans le reste du Danemark. Christiania fête son 20e anniversaire.

1992. Un accord est signé en janvier avec le ministère de la Défense, toujours propriétaire des lieux, pour mieux contrôler la gestion des vieux bâtiments et de l'infrastructure de l'ancien terrain militaire. La moitié des ressources du « fonds collectif » va au ministère pour payer l'électricité, l'eau et les travaux de rénovation. Les habitants de Christiania se battent moins pour garder leur indépendance financière que pour se consacrer désormais à leur plan vert.

© STÉPHANE SAVIGNARD

Vor Frelsers Kirke (église de Notre-Sauveur).

Les idéaux gauchistes sont devenus préoccupations écologiques : à défaut de se battre contre toute intégration dans la société, les habitants de Christiania s'appliquent désormais à faire de leur commune une cité intégrée… à la nature. L'expérience continue…

1994. Les dealers de « Pusher Street » se mettent en grève contre la ville de Copenhague qui menaçait de fermer Christiania si la vente du haschisch ne revenait pas à un niveau tolérable !

1996. Christiania fête ses 25 ans en fanfare avec notamment la venue de Bob Dylan pour deux concerts.

1998. Plus grande descente de police de l'histoire de Christiania : non seulement Pusher Street, mais aussi les bâtiments publics et les maisons de la commune libre sont perquisitionnés. 40 policiers antidrogue (et leurs chiens) entourés d'importantes forces de l'ordre repartent avec 120 kg de hash, beaucoup de pieds de cannabis arrachés dans les jardins, et quelques joints déjà roulés.

2001. La poste danoise édite des cartes postales reproduisant des tags et graffitis de Christiania : elles sont retirées de la vente aussitôt, à la demande du maire de Copenhague qui mène une campagne active pour nettoyer les murs de sa cité ! C'est aussi l'année des 30 ans de Christiania. Ses habitants défilent, en chantant, avec chiens et chevaux, devant le Parlement de Christiansborg pour remercier les députés d'avoir accepté l'existence de leur « ville ».

2002. Les élections législatives du 20 novembre 2001 ont donné, pour la première fois depuis 1929, la majorité parlementaire aux partis libéraux et conservateurs, conséquence désastreuse pour la survie de Christiania… Dès avril 2002, le nouveau gouvernement décide de « nettoyer » la commune en éradiquant toute forme de criminalité et en interdisant le commerce jadis toléré des drogues douces. Pusher Street n'est plus désormais, et les stands de dealers ont laissé place à des groupes de policiers qui déambulent dans une commune en perte d'identité.

2004-2007. Le gouvernement de Droite a réussi à imposer la loi Christiania visant à privatiser les logements de la commune, sacrilège dans ce micro-état libre qui n'appartient encore à personne. Face à des manifestations et une vague de protestation, une bataille juridique a été lancée par les Christianites.

2011. La Cour suprême danoise a confirmé le 18 février que ce quartier très convoité par les promoteurs immobiliers devrait rentrer dans le rang et que ces terres appartiennent bien à l'Etat danois, scellant ainsi la survie de Christiania. Si la bataille juridique est perdue pour les Christianites, les deux camps sont entrés dans une phase de négociations pour trouver une sortie honorable. Seule lueur d'espoir des Christianites, le retour de la gauche au pouvoir à l'issue des législatives à l'automne 2011.

La fin des « allocs »

Pour la petite histoire, après 35 ans de cette expérience et donc le recul d'une génération, les enfants des Christianites choisissent souvent de vivre ailleurs qu'à Christiania. Et les militants d'une vie authentiquement communautaire partent vers d'autres horizons, dénonçant un mode de vie qu'ils considèrent embourgeoisé. Ils n'ont peut-être pas tort. Témoin d'une certaine hypocrisie à parler encore de squat et de vie marginale : les voitures sont interdites dans l'enceinte de Christiania, mais beaucoup Christianites en possèdent une et la garent à l'extérieur, d'où les nombreux véhicules qui encombrent les rues environnantes. Autre péril pour la communauté hippie : la fin d'une généreuse politique d'allocations chômage, car ici on exècre l'Etat, mais on passe à la caisse quand même. Désormais, les demandeurs d'emploi ne peuvent plus refuser un poste au bout d'un certain temps, sauf à ne plus rien percevoir. Et puis Copenhague s'étend et avale Christiania, avec l'ouverture de Holmen et d'une grande partie des terrains militaires tout proches. Un nouveau quartier est en train de naître, maîtrisé par des urbanistes. Plus de 35 ans après les utopistes post-soixante-huitards, Copenhague reconquiert à son tour un espace urbain confisqué par les militaires ! Le 18 février 2011, la cour suprême danoise a confirmé que ce quartier devrait rentrer dans le rang et que ces terres appartenaient à l'Etat danois. Une décision qui devrait sceller le destin de Christiania à moins que les Christianites trouvent des idées pour grappiller encore du temps…

Musées

ARBEJDERMUSEET (MUSÉE DES TRAVAILLEURS)

22 Rømersgade ✆ +45 33 48 03 02
www.arbejdermuseet.dk
Station Norreport, bus 5A, 6A, 14, 40, 42. Ouvert tous les jours de 10h à 17h, fermé les 23, 24, 25, 26 et 31 décembre, les 1er et 3 janvier. Comptez 65 Dkr, CPH Card : gratuit. Voilà un musée qui mérite d'être visité : certes le Danemark est connu aujourd'hui pour l'efficacité de sa protection sociale (au point que certains ultralibéraux n'hésitent pas à parler de « soviétisation » du pays, quitte bien entendu à venir se réfugier sous le parapluie dès lors que les choses tournent mal pour eux : réflexe courant dans la corporation !), mais celle-ci fut longue et difficile à obtenir. Le musée, installé dans le bâtiment des Travailleurs (1875) utilisé par les syndicats et les partis de gauche, ne s'attache pas à retracer l'historique des luttes ouvrières, mais à décrire la vie quotidienne des couches populaires dans la seconde moitié du XIXe siècle (distillerie reconstituée), puis au long du XXe siècle (appartement d'une famille danoise, les Sørensen, démonté du lieu d'origine, au cœur de Nørrebro, et remonté dans le musée, 2e étage). On parcourt également la reconstitution d'une rue commerçante des années 1950, avec ses boutiques spécialisées (l'ère des supermarchés n'était pas encore advenue) et on y évoque les distractions du prolétariat de l'époque : le poste de radio (que l'on louait au mois), le cinéma (la grande sortie !), le sport avec les maillots des grandes équipes de football, et les sorties estivales du dimanche au nord de la capitale avec les guinguettes établies en bordure de l'Øresund et où on pique-niquait. Que l'on soit jeune ou plus ancien, l'émotion domine car c'est le quotidien des nôtres qui est ici évoqué : certains se souviennent peut-être des garde-manger et des cubes de glace qui faisaient alors office de réfrigérateurs... Dans le musée lui-même, petit café à la mode des années 1950 proposant des pâtisseries à déguster sur des tables en formica.

DAVIDS SAMLING (COLLECTION DAVID)

Kronprinsessegade 30 ✆ +45 33 73 49 49
www.davidmus.dk
museum@davidmus.dk
S-train : Norreport, Bus 1A, 11A, 15. Ouvert tous les jours, sauf le lundi, de 13h à 17h (à partir de 10h le jeudi et 11h le dimanche). Le mercredi de 10h à 21h. Gratuit. On pénètre ici comme dans la maison d'un grand bourgeois du début du XIXe siècle. Au premier étage, de l'argenterie danoise et de la porcelaine royale, au second, du mobilier français du XVIIIe siècle, peintures et sculptures d'artistes actifs entre 1880 et 1950. Au troisième, mobilier anglais et tableaux hollandais du XVIIe siècle. Au quatrième étage, c'est là le plus intéressant, une fabuleuse collection représentative du monde musulman du VIIe siècle au milieu du XIXe siècle. De l'Espagne (Al-Andalous) à l'Inde des Moghols en passant par l'empire ottoman et la Sicile. Miniatures Persanes ou Turques, calligraphies, tapisseries, zelliges, céramiques etc..présentées de façon chronologique et géographique. Vous pouvez aussi visiter l'exposition (photos et vidéos) concernant la restauration d'une vielle demeure bourgeoise au cœur de la médina de Damas.

HIRSCHSPRUNGSKE SAMLING (COLLECTION HIRSCHSPUNG)

20 Stockholmsgade ✆ +45 35 42 03 36
www.hirschsprung.dk
S-train Østerport. Bus 6A, 14, 40, 42. A côté du musée des Beaux-Arts. Ouvert tous les jours (sauf le mardi) de 11h à 16h. Entrée : 50 Dkr, gratuit pour les enfants, avec la CPH Card, et pour tout le monde le mercredi, sauf en période d'exposition temporaire.

Il s'agit d'une très importante collection de tableaux danois du XIXe siècle (dont beaucoup peints durant le fameux âge d'or), amassée par un grand industriel juif (fabricant de tabac), Heinrich Hirschsprung, qui a été le mécène de nombreux artistes scandinaves (payant par exemple les voyages de Krøyer à Paris). Cette collection est présentée au public depuis 1902, d'où cet accrochage à l'ancienne, les murs étant couverts de tableaux à profusion jusqu'au plafond. On y retrouve des toiles célèbres au Danemark, comme le *Soir d'été à la plage de Skagen* peint par Krøyer en 1849. D'autres toiles de Krøyer sont intéressantes, notamment pour le travail sur les couleurs et sur le fameux « bleu de Skagen ». Ne manquez pas non plus cette superbe toile montrant une petite fille, dos cambré debout à l'ombre de son chapeau sur la plage, face à la mer où s'ébattent des petits garçons tout nus... Ce *Jour d'été à la plage sud de Skagen* peint en 1884 n'est pas loin de nos impressionnistes des bords de la Marne... Le musée possède également quelques toiles de Michael et Anna Ancher, l'épouse étant, plus que jamais, bien plus authentique que son mari. Comparez sa superbe *Femme dans la cuisine* (1883) aux toiles d'un réalisme presque pompier de Michael Ancher... Dans ces grandes salles, ces toiles bénéficient d'un éclairage naturel zénithal. Ce qui est un bonheur pour mieux apprécier encore les œuvres Hammershøi, le peintre des gris qui, depuis une grande exposition américaine en 1982, est particulièrement coté sur le marché de l'art : plus de vingt de ses tableaux sont présentés ici, dont plusieurs portraits et un très beau nu féminin. Ne manquez pas *La Chambre bleue* ou *Intérieur à Amaliegade* (1825) de Wilhelm Bendz. Ce grand portraitiste renouvelle l'art dans lequel il excelle. On peut voir ici son frère en compagnie d'un ami, mais notre œil est celui du voyeur qui surprend une scène privée, où chacun est à ses pensées. Autre tableau important, *Le Peintre paysagiste Frederik Sodring* (1832), réalisé par Købke. On y retrouve tous les éléments utilisés par les héritiers d'Eckersberg : lumière d'été, précision des détails dans la décoration et l'architecture, intimité des intérieurs. A noter que Købke partageait le même atelier que Sodring, qui s'est fait modèle l'espace d'une toile. On retrouve par ailleurs, au fil des salles, les vaches de Philipsen, les paysages champêtres de Skovgaard, l'Antiquité façon Hansen, l'hyperréalisme de Carl Bloch. On peut d'ailleurs voir les portraits de tous ces peintres danois que l'on apprend à connaître de musée en musée, dans l'escalier qui descend ici à la bibliothèque. L'un des tableaux vedettes du musée est signé d'un

Ny Carlsberg Glyptotek.

peintre danois majeur du XIXe siècle, C. W. Eckersberg. Cette *Femme face au miroir* qui se coiffe sans regarder son reflet a quelque chose d'à la fois bien posé et mélancolique (n° 123 dans la première salle).

KLUNKEHJEMMET (MAISON VICTORIENNE)

10 Ny Vestergade

Ouvert entre juin et septembre et uniquement en visite guidée. En anglais tous les samedis à 14h. Départ dans le hall du musée national. Entrée : 50 kr, gratuit pour les enfants.

Kitsch et drôle à souhait : cet appartement, installé dans le Musée national, est un authentique intérieur bourgeois de la fin du XIXe siècle. On y découvre, dans un univers capitonné de velours rouges à pompons (*klunkehjem*, c'est « la maison des pompons » !), une foule de gravures, de tableaux, de meubles victoriens et de bibelots en tout genre, une grande vasque en papier mâché, ou encore le premier téléphone de Copenhague. Il ne s'agit pas de pièces rapportées de divers endroits, mais bien du cadre de vie de deux vieilles filles de la capitale, qui ont légué, à leur mort, leur appartement à l'Etat danois.

KØBENHAVNS BYMUSEUM (MUSÉE DE LA VILLE DE COPENHAGUE)

59 Vesterbrogade ✆ +45 33 21 07 72

www.copenhague.dk

S-Tog Vesterport. Bus 61 et 26. Ouvert tous les jours de 10h à 17h. Entrée : 20 kr, gratuit jusqu'à 14 ans avec la CPH Card et pour tout le monde le vendredi.

Consacré à l'histoire de la capitale danoise. Dans le jardin qui précède le bâtiment, vous pouvez apercevoir une très intéressante maquette montrant la capitale en 1536. D'autres maquettes vous attendent à l'intérieur. Copenhague en 1660, avant les incendies de 1728 et 1795, et les bombardements anglais de 1807 : le quai coloré de Nyhavn se situait alors au milieu des champs. Mais, déjà, existait l'alignement de maisons jaunes d'Østerport : Nyboder. Au sous-sol, la Copenhague underground, dont quelques photos de prostituées des années 1900. Jetez un œil dans un appareil qui permet de voir comment les rues étaient éclairées à la tombée de la nuit, selon que les lampadaires des différentes époques fonctionnaient à l'huile, au gaz ou à l'électricité. A l'étage, l'évolution de la cité et de ses habitants, les différentes communautés qui habitent Copenhague, et le début de l'immigration, sans oublier les mouvements sociaux et la création de Christiana. A l'extérieur, vous découvrirez, dans la rue qui longe le musée, d'authentiques exemplaires du mobilier urbain des générations passées : becs de gaz, kiosques à journaux, etc.

MUSÉE THORVALDSEN

Porthusgade 2 ✆ +45 33 32 15 32

www.thorvaldsenmuseum.dk

Bus 1A, 2A, 15, 26. Ouvert tous les jours, sauf le lundi, de 10h à 17h. Entrée : 40 kr, gratuit pour les enfants, avec la CPH Card et pour tout le monde le mercredi.

Ce vaste musée, inauguré en 1848, est consacré à ce sculpteur « national », tout près de Christiansborg, le château qui abrite le Parlement. Sa tombe se trouve dans la cour au centre. Nombreuses statues, dont certaines monumentales. Bertel Thorvaldsen était fasciné par Rome, vous vous en rendrez vite compte ! Collection de peintures et de statues antiques. Ce fut le premier bâtiment construit au Danemark dans l'idée de servir uniquement de musée.

Grand Hall : Quelques sculptures monumentales : Copernic, Eugène de Beauharnais, Joseph Poniatowski à cheval (déguisé en empereur romain), l'empereur Maximilien en armure, Gutenberg, le pape Pie VII et Hercule. Rien que du beau monde mais cela suffit à définir le style du sculpteur : le néoclassicisme pur et dur inspiré de ce qu'il voyait à Rome.

Premier niveau : A gauche, une des frises de la cathédrale de Copenhague, à droite, Christian IV, la reine Caroline Amalie et le buste de Frédéric VI. Au fond, copies des apôtres et du Christ. Dans les alcôves : marbres inspirés de la mythologie antique, bustes de personnalités et un autoportrait.

Deuxième niveau : Une longue frise en bas-relief représentant l'entrée d'Alexandre le Grand à Babylone et une collection d'antiquités recueillies sur place. Collection personnelle de l'artiste.

NATIONAL MUSEET (MUSÉE NATIONAL)

10 Ny Vestergade ✆ +45 33 13 44 11

www.natmus.dk

Bus 1A, 2A, 6A, 12, 15, 26. Tous les jours sauf lundi 10h-17h. Gratuit. Vestiaire et boxes (caution : 10 Dkr) à l'entrée sur la droite. Visite guidée gratuite en anglais chaque mardi, jeudi et dimanche, se renseigner sur internet pour les horaires.

Cet immense musée occupe tout un pâté de maisons encadré par Vester Voldgade et Frederiksholms Kanal, Stormgade et Ny Vestergade où se situe l'entrée. Celle-ci donne sur un grand atrium entouré de deux étages de galeries : c'est ici que se trouvent l'accueil, la boutique librairie (tout au fond) et le café (au premier niveau). Sur la gauche de ce premier hall, l'Egmont Hall est dédié aux expositions temporaires, les salles qui l'entourent étant vouées aux collections ethnographiques. Sur la droite, les jardins du palais, traversés par un couloir vitré, sont entourés de trois niveaux de galeries. Bref, il y a de quoi passer une grande journée pour explorer à fond ce musée et la richesse, et la variété de collections est telle qu'il vaut mieux le visiter en plusieurs fois (la gratuité le permet) ou choisir selon ses points d'intérêt.

▶ **Les lieux.** Ce fut d'abord la demeure d'un riche marchand que l'architecte Johan Cornelius Krieger transforma, embellit et agrandit à partir de 1726, notamment en édifiant la longue aile qui borde Ny Vesterbgade. En 1743, le palais fut choisi par le prince héritier, le futur Frédéric V, et reconstruit sous la direction du maître du rococo, Nikolai Eitgved. En 1848, on choisit le palais princier pour abriter les collections royales.

▶ **Musée des Enfants (Børnenes Museum).** *Salles 51 à 55. Rez-de-chaussée sur la gauche du hall d'entrée (à côté de la salle de cinéma).*
Une salle de classe du début du siècle, une place de village pakistanais avec ses commerces, des décors évoquant l'époque des Vikings, etc. Tout un monde ludique dans lequel les enfants ne se privent pas de jouer à la marchande, de construire ou mettre à bas un mur médiéval, de naviguer à bord d'un drakkar, de grimper sur un cheval (empaillé) et de se déguiser en chevalier ou dame du temps jadis. Bref, un lieu conçu pour laisser ces chers petits se défouler pendant que l'on visite telle ou telle partie du musée.

▶ **Préhistoire danoise (Danmarks Oldtid), 13000 av. J.-C.-1050 apr. J.-C.** *Salles 1 à 24. Rez-de-chaussée, sur la droite du hall d'entrée, autour des jardins.* Nous voici au cœur de l'identité nationale danoise avec une collection extraordinaire, qui nous conduit des origines préhistoriques à la fin de l'ère viking : si l'on ne doit visiter qu'une partie de ce fabuleux musée national, que ce soit celle-ci ! Pour commencer, on découvre la doyenne des Danoises : la dame de Kjœlberg, vieille de quelque 10 000 ans, retrouvée momifiée dans la tourbe. Les peuples préhistoriques sont placés dans leur environnement (aurochs et autres bestioles), leurs croyances (chamanisme), leurs activités (chasse, pêche, début de l'agriculture et de l'élevage) : on remarque notamment une barque creusée dans un tronc d'arbre. Puis les outils, avec la découverte des vertus du silex, mais aussi de l'ambre, le tout servant à fabriquer des objets rituels jetés en offrande dans les lacs (salles 1 à 4). On explore ensuite les rites funéraires et notamment les tombes mégalithiques, précédant les tumulus où l'on a découvert de nombreuses poteries ornées de motifs de cordes (salles 5 et 6). Le travail du métal permet de forger des épées, mais aussi des outils et des bijoux (bracelets, colliers et fibules d'or dans la salle 10). Un des premiers objets incontournables vient alors dans une salle consacrée aux pratiques religieuses : le chariot du soleil (salle 12) parmi d'autres objets votifs en or tout aussi admirables. Suit ensuite une collection de « lurs », ces instruments à vent typiquement scandinaves. Et l'on arrive à la salle des pierres runiques, celle de Tirsked étant sans doute la plus belle. On aborde dès lors l'époque Viking et l'enchantement du visiteur ne fait que croître, tant par la qualité des objets exposés que par leur subtile mise en valeur, à commencer par la voiture de Dejbjerg (salle 16) et le chaudron de Gunderstrup, probablement de facture thrace, donc de l'actuelle Bulgarie... et dont on se demande encore comment il a atterri au Danemark ! (salle 17). Il y avait des sacrifices humains comme le prouve le corps de la femme d'Huldremon, elle aussi momifiée (salle 19). Les vestiges d'un navire viking (salle 20) précèdent plusieurs salles dédiées à la vie campagnarde, puis une évocation de la mythologie nordique (bijoux et cornes à boire), avant une dernière salle consacrée aux échanges internationaux. Et nous arrivons à Görm le Vieux et à Harald à la Dent bleue qui, en convertissant le peuple au christianisme, font entrer le Danemark dans l'histoire européenne, le tout symbolisé par la fameuse pierre de Jelling.

▶ **Moyen Âge et Renaissance danoise (Danmarks Middelalder og Renæssance), 1050-1660.** *Salles 101 à 126, 1er étage sur la droite du hall d'entrée (pour prendre la collection dans l'ordre, traverser le glass corridor jusqu'à la salle des pierres runiques, puis monter l'escalier sur la gauche).* C'est donc le Danemark christianisé que nous découvrons ici : après quelques reconstitutions de visages royaux d'après les ossements de la nécropole de Roskilde, on découvre des intérieurs d'églises d'époque romane (sculptures de bois polychrome, notamment d'une Vierge à l'Enfant nettement plus joviale que d'habitude). Celles-ci sont élevées en pierre et se dotent de ces clochers à pignon à redans caractéristiques de l'architecture religieuse danoise : photos, superbe porte de bois, olifants d'ivoire, reliquaires émaillés (salle 104). L'artisanat de l'époque est évoqué notamment par des chaussures médiévales et une impressionnante collection de cornes à boire : comme quoi le Viking n'était pas encore tout à fait assoupi sous le chrétien... La vie militaire (armes et boucliers) est décrite dans la salle 107. On aborde ensuite l'évolution des techniques avec l'apparition de la brique, le développement de l'art du vitrail et des fonderies de cloches (salle 108). Nombreux retables en bois sculpté, parmi lesquels un immense triptyque de 1435. (salle 109). On note également les représentations de saints, souvent héritiers des croyances populaires d'antan... Et l'on en arrive à la Réforme de 1536, lorsque Christian III emprisonne les évêques catholiques et confisque leurs biens. Fini de rigoler : les autels et autres ornementations virent à l'austérité. La vie quotidienne de l'époque est retracée avec, notamment, la reconstitution d'un intérieur bourgeois.

Histoires du Danemark (Danmarkshistorien), 1660-2000. *Salles 201 à 240, 2e étage sur la droite du hall d'entrée.* C'est à une approche à la fois historique (ordre chronologique), ethnographique et culturelle que nous convie cette très riche section, présentée de façon à la fois ludique et pédagogique, que l'on aborde (après une salle consacrée au portrait danois sous toutes ses formes) le Danemark moderne, des guerres suédoises aux loisirs du XXe siècle. Et pour terminer, un espace consacré au jouet : maison de poupées, jouets anciens et boutique reconstituée. Bref, une section indispensable pour ceux qui souhaitent apprendre à connaître de façon ludique la civilisation danoise et l'histoire du pays (assez peu connue en détail par chez nous).

Collection ethnographique (Etnografisk Samling). Cette collection se divise en deux sous-parties : Peuples du Monde *(salles 151 à 172, niveau 1, à gauche du hall d'entrée)* et Trésors ethnologiques *(salles 253 à 273, juste au-dessus).* Elle nous propose un parcours à travers les continents et les civilisations : Indiens d'Amérique, Empire ottoman, Océanie, Asie centrale, etc., illustrés par de superbes costumes et des objets, et elle met l'accent sur l'Afrique (superbe collection d'art), la Chine (mobilier, bouliers, costumes), le Japon (masques, jouets, objets rituels du bouddhisme et du shintoïsme) et surtout les civilisations du Grand Nord (chasse, pêche avec les kayaks, habillement avec les anoraks), expéditions polaires, notamment celle conduite par Knud Rasmussen en 1923-1924.

Le Palais princier (Prinsens Palæ). *Salles 127 à 134. Prendre le glass corridor à travers le jardin jusqu'à la salle des pierres runiques, puis l'escalier à gauche jusqu'au 1er étage.* Quelques salles des appartements du palais princier ont été remeublées et décorées façon XVIIIe siècle pour que les visiteurs se fassent une idée des fastes de l'époque.

Collection numismatique royale (Den Kongelige Mønt- og Medaillesamling). *Salles 141 à 146. Prendre le glass corridor à travers le jardin jusqu'à la salle des pierres runiques, puis l'escalier à droite jusqu'au 1er étage.*

Médailles commémoratives danoises du milieu du XVIe siècle à nos jours. Puis une collection de monnaies depuis les drachmes de la Grèce antique au XXe siècle. Chemin faisant on peut découvrir dans les vitrines une collection exhaustive de pièces danoises, les premiers billets de banque officiels, ainsi que quelques curiosités exposées dans une pièce donnant sur le pont de Marbre : on remarque entre autres des pièces ayant eu cours dans le ghetto de Lodz en 1943.

Collections antiques (Antiksammlingen). *Salles 301 à 321. 3e étage, directement par l'ascenseur sur la droite du hall d'entrée.* Collection relativement restreinte mais de grande qualité, consacrée à l'antiquité classique mais aussi au Proche-Orient (Phéniciens...). Elle a été constituée à partir d'un premier fonds réuni par le futur Christian VIII qui, lors d'un voyage en Italie en 1819, s'enticha d'art antique... Remarquer en particulier ces superbes idoles cycladiques, une barque funéraire égyptienne (salle 304), une korê souriante (salle 306), un buste de Socrate et un vase de Corinthe à décor de braille (salle 307), la salle consacrée au vin, des urnes funéraires étrusques provenant de la région de Volterra (salle 315), trois portraits du Fayoum et une mosaïque provenant de Carthage (salle 318).

NY CARLSBERG GLYPTOTEK
7 Dantes Plads ✆ +45 33 41 81 41
www.glyptoteket.dk – info@glyptoteket.dk
Bus 1A, 2A, 15. Ouvert tous les jours de 11h à 17h, fermé le lundi et les jours fériés. Entrée : 75 Dkr, gratuit pour les enfants, avec la CPH Card et pour tout le monde le dimanche.
L'accès au jardin d'hiver et au café est encore possible. Ce très beau musée, à l'architecture rococo signée pour l'essentiel par Vilhelm Dahlerup, auteur du Théâtre royal et du style très particulier des vieilles brasseries Carlsberg, a été construit entre 1897 et 1906 pour abriter la collection privée d'art classique de Carl et Ottilia Jacobsen, propriétaires de Carlsberg, ainsi que les œuvres des élèves de Thorvaldsen, imitations de l'art antique. Les époux mécènes et philanthropes cherchèrent à présenter les œuvres qu'ils possédaient au public et, avec l'aide de la ville de Copenhague et de l'Etat, ils édifièrent ce bâtiment.

- **Le Jardin d'hiver :** Emplacment central du musée, il est conçu comme une serre tropicale grâce à son toit translucide. Scuptures et fontaines originales parsèment ce lieu magique où l'on peut se poser sur un banc parmi les palmiers, les bananiers et autres caoutchoucs.
- **Sculpture danoise et française :** Oeuvre de Falguière (Eve), de Rodin, de Thorvaldsen etc..
- **Peintres danois de l'âge d'or.**
- **Peinture française du XIXe siècle :** une très riche collection d'impréssionistes, Sisley, Monet, Bonnard, Gauguin, Van Gogh, Pissaro, Cézanne sans oublier Courbet, Corot et Degas.
- **Archéologie :** Méditerranée ancienne, Egypte, Grèce et la Rome antique.

ORLOGSMUSEET (MUSÉE ROYAL DE LA MARINE)
58 Overgaden Oven Vandet
✆ +45 33 11 60 37
www.orlogsmuseet.dk – thm@thm.dk
Ouvert du mardi au dimanche de 12h à 16h. Entrée : 40 Dkr, 20 Dkr pour les enfants, gratuit avec la CPH Card et le mercredi pour tout le monde.
Installé dans l'ancien hôpital de la marine, dans le quartier de Christianshavn, un magnifique ensemble aux murs de ce jaune si caractéristique, et qui vaut à lui seul de visiter le musée. On peut y découvrir pas moins de 400 modèles réduits de navires, et des objets retraçant 300 ans d'histoire navale.

STATENS MUSEUM FOR KUNST (MUSÉE NATIONAL DES BEAUX-ARTS)
48-50 Sølvgade ✆ +45 33 74 84 94
smk.dk – smk@smk.dk
norreport / Osterport station. Ouvert du mardi au samedi, de 10h à 17h, nocturne le mercredi jusqu'à à 20h. Gratuit pour les collections permanentes. Expositions temporaires 80 Dkr, gratuit avec la CPH Card.

STORM P.-MUSSET
Frederiksberg Runddel ✆ +45 38 86 05 23
www.stormp-museet.dk
butik@stormp-museet.dk
Ouvert de 10h à 16h tous les jours, sauf le lundi de mai à septembre et le vendredi, samedi et dimanche d'octobre à avril. Entrée : 30 Dkr, 20 en tarif réduit et 5 Dkr pour les enfants.
Ce petit musée dans une jolie maisonnette à côté du grand parc de Frederiksberg et en face d'une église pentagonale très mignonne nous montre des dessins, affiches et peintures de l'humoriste et caricaturiste Storm Petersen. Il a aussi eu une carrière d'homme de spectacle. La collection est drôle, Vous trouverez plus

Céline, de sa chambre de l'hôtel d'Angleterre

«... tout de suite vous savez la Grand-Place... Kongens Ny Torv, la statue du roi au milieu, équestre, Christian je crois, IV... à l'autre bout, le théâtre... comme à Bordeaux, même style, mais moins réussi... oh pourtant mieux que le Châtelet !... le chenal en face, perspective des plus pittoresques, fait petit port, très coloré, d'un côté les bouges à gros numéros, vous diriez l'ancienne rue Bouterie, y compris brochets et vieilles maquerelles et leurs tapins, mâles et fillettes... plus loin les embarcadères pour tous les paquebots long-courriers... vous pensez : tout ça presque à la porte de l'hôtel, cet enchantement pour touristes... à mon sens bien plus réussi que la rue de Lappe ou les nuits d'Harlem... »

Louis-Ferdinand Céline, *Rigodon*, Gallimard, 1969.

Nyboder

Tout commence en 1606 lorsque Christian IV achète 200 hectares de terrain extra-muros. Le roi a l'ambition de développer Copenhague vers le nord en créant un nouveau quartier, baptisé « la Nouvelle Copenhague » (Nykøbenhavn) ou « Sainte-Anne Ville » (Skt. Annæby). Le « roi bâtisseur » y aménage sa résidence estivale de Rosenborg conçue à l'origine comme un simple pavillon de chasse, fait construire le quartier de marins de Nyboder, réservé aux vétérans de la Marine et protège le tout avec ce qui deviendra le Kastellet et un réseau de fortifications dont il reste quelques bastions dans le parc d'Østre Anlæg. Il laisse à la charge de ses successeurs d'aménager les lieux : c'est Christian V (au pouvoir de 1690 à 1699) qui dessine la Nouvelle Place royale (Kongens Nytorv) et la relie au port en creusant le canal de Nyhavn. Un demi-siècle plus tard, le créateur de la monarchie absolue au Danemark Frédéric V achève de donner sa physionomie au quartier en faisant concevoir par ses architectes l'ensemble des palais d'Amalienborg ainsi que l'église de Marbre qui ne sera achevée que bien plus tard, au point que le lieu est parfois appelé Frederiksstaden, « la ville de Frédéric ».

NYBODER MINDESTUER
24 Sankt Paulsgade ✆ +45 33 32 10 05
www.nybodersmindestuer.dk
mail@nybodersmindestuer.dk
Bus 1A, 15, 19 ou S-train : Østerport. Ouvert seulement en été le dimanche de 11h à 14h.
Ce sont les anciennes demeures du personnel de l'armée navale danoise. Construites sous le règne du roi Christian IV (1588-1648), elles ont été transformées aujourd'hui en musée. Un authentique vieux loup de mer (ancien officier de la marine royale) vous accueille et, dans un mélange d'anglais et de danois, il vous racontera comment il a passé les premières années de sa vie dans une maison semblable du quartier, comme tous les bébés de ces maisons : à dormir dans le tiroir ouvert de la commode en guise de landau ! Deux familles (soit une vingtaine de personnes car les enfants étaient nombreux) réussissaient à se loger dans ce minuscule espace sur deux niveaux ! Cette maison date de 1631.

de 60 000 dessins humoristiques. Le musée comporte deux étages avec deux ou trois salles à chaque fois. Au 2e étage, vous avez la collection de pipes impressionnante de Storm Petersen, si vous aimez ce genre d'objets, vous serez comblé.

Palais

Résidence royale répartie sur quatre palais autour de la place d'Amalienborg. Deux de ces palais sont partiellement ouverts au public.

AMALIENBORG PALACE (PALAIS DE CHRISTIAN VIII)
Amalienborg Slotsplads ✆ +45 33 12 21 86
Ouvert tous les jours, sauf le lundi entre octobre et avril, de 11h à 16h, à partir de 10h de début mai à fin octobre. Entrée : 60 Dkr, gratuit pour les enfants et avec la CPH Card.
Lorsque le feu détruisit le château de Christiansborg au cœur de Copenhague, la famille royale se retrouva à la rue. Elle loua une partie des quatre demeures de la place d'Amalienborg qui appartenaient à une famille d'aristocrates. Ces quatre bâtisses toutes simples ont été dessinées par Niels Eigtved, sur des plans de Nicolas Jardin, et leur disposition en biais sur la place forme un ensemble d'une simplicité et d'une élégance rares pour des demeures royales. Car, depuis la fin du XVIIIe siècle, la famille royale s'y est définitivement installée. Le roi demeure dans un palais, sa descendance dans un autre. A la mort du roi, le descendant reste dans son palais qui devient le palais royal. Actuellement, la reine Margrethe demeure dans le palais sud-est, sa mère, la reine Ingrid, décédée en décembre 2000, résidait dans le palais nord-est (aménagé en deux appartements pour accueillir les deux sœurs de la reine, l'ex-reine de Grèce Anne-Marie et la princesse Benedikte lors de leurs séjours au Danemark), le prince Frederik habite le palais nord-ouest qui deviendra donc résidence royale lorsqu'il montera sur le trône. Une partie de ce palais (appelé palais de Christian VIII) est ouverte aux visiteurs depuis 1994.

Elle raconte la suite de l'histoire des rois du Danemark, là où elle s'arrête dans la chronologie du château de Rosenborg, c'est-à-dire à l'avènement de la dynastie actuelle, celle des Glucksbourg succédant à la maison d'Oldenbourg, dont le dernier représentant, Christian VII, n'avait pas d'héritier. Onze pièces ont été restaurées et reconstituées d'après des photographies d'époque : des salons de réception et des pièces privées, utilisées par trois générations, de 1863 à 1947. En vedette, les pièces racontant le règne de Christian IX (1818-1906), appelé le Beau-père de l'Europe : il avait marié ses trois filles à des monarques européens (Edouard VII d'Angleterre, le tsar de Russie Alexandre III, et le duc de Cumberland), et son fils est devenu roi de Grèce en 1863.

■ CHÂTEAU DE CHRISTIANSBORG

Prins Jørgens Gård 1
✆ +45 33 92 64 92
www.christiansborgpalace.dk
Bus 1A, 2A, 15, 26, 29. Les ruines : de mai à septembre : tous les jours de 10h à 17h ; d'octobre à avril : du mardi au dimanche de 10h à 17h. Entrée 40 Dkr, 20 Dkr pour les enfants. Salons royaux : de mai à septembre : tous les jours de 10h à 17h ; d'octobre à avril : du mardi au dimanche de 10h à 17h. Entrée 70 Dkr et 35 Dkr pour les enfants. Parlement : entrée libre, tous les jours en été, avec visite guidée toutes les heures entre 10h et 15h, le dimanche seulement le reste de l'année.

On visite les fondations du château fort que l'évêque Absalon (sa statue est en face de l'autre côté du canal sur Højbro Plads) fit construire en 1167. On peut aussi visiter les salons royaux. On peut aussi entrer dans le Parlement. Depuis le XIIe siècle, le château a été détruit à plusieurs reprises : en 1367, puis en 1730 pour le bon plaisir de Christian VI qui voulait une demeure plus confortable, puis en 1794 par un incendie qui força la famille royale et la cour à s'installer à Amalienborg, enfin, en 1884 par un nouvel incendie. Du coup, cet endroit historique tel qu'on le voit aujourd'hui ne date que du XXe siècle : il a été achevé en 1928 ! Les murs sont recouverts de granit à l'exception de la façade principale, faite de galets donnés par 750 communes du royaume. Du premier château royal de style baroque édifié en 1730, il ne subsiste que le pont de marbre, qui mène à l'entrée principale de Christiansborg, les écuries (avec des stèles de marbre et de superbes chevaux, jetez-y un œil !), le carrousel et le théâtre de cour. La chapelle du château date de 1826. Son toit a brûlé alors qu'il était en pleine restauration, lors du carnaval de 1992, à cause d'une fusée traçante lancée par quelques fêtards imbibés de bière… La reine ne l'ouvre que pour la messe qui inaugure l'année parlementaire – la séparation de l'Eglise et de l'Etat n'a pas eu lieu au Danemark… – et, depuis la fin des travaux, quelques dimanches, selon sa volonté, pour faire plaisir aux Danois… Tout à côté, se trouve le musée Thorvaldsen avec les statues et la tombe du célèbre sculpteur danois. Mais Christiansborg, c'est avant tout le siège du pouvoir politique. Le gouvernement et le Parlement se réunissent là. Et si le pouvoir royal a déménagé et a de toute façon perdu beaucoup de ses prérogatives, il subsiste une salle de réception magnifique utilisée par la reine et le prince pour de grands banquets ou des audiences particulières.

Les tapisseries des Gobelins de la fin du XXe siècle ! On peut y découvrir de surprenantes tapisseries signées Bjørn Nørgaard : elles ont été réalisées en France, par les manufactures nationales des Gobelins et de Beauvais, qui n'avaient pas reçu de commande royale depuis bien longtemps ! C'est d'ailleurs la plus importante commande de tapisserie contemporaine du XXe siècle. Un cadeau d'anniversaire des Danois pour les 50 ans de leur souveraine : 17 tapisseries (allant jusqu'à 6,50 m par 4 m), retraçant l'histoire du Danemark des Vikings à nos jours, dont la réalisation a duré plus de 10 ans. Elles ont été installées à Christiansborg pour les 60 ans de Margrethe II (le 16 avril 2000), remplaçant dans la salle des chevaliers du palais d'anciennes tapisseries représentant la guerre de Scanie qui sont retournées au château de Rosenborg. Bjørn Nørgaard, qui a dessiné les cartons de ces fresques géantes alliant modernisme et artisanat, est plus connu pour ses travaux de sculpteur. Vous verrez, sous les lambris classiques et les lustres de cristal, le choc des couleurs est assez violent ! Amusez-vous à reconnaître certaines pages de l'histoire du Danemark ou du monde (la découverte de l'Amérique, la Réforme, ou même Marat assassiné dans sa baignoire…), et des personnages comme De Gaulle, Hemingway, Bob Dylan et même les teckels du prince Henrik… Ça fourmille de détails. Il existe un guide en français qui aide à décrypter ce très original (et très impressionnant) travail.

CHÂTEAU DE ROSENBORG

4A Øster Voldgade
✆ +45 33 15 32 86
www.rosenborgslot.dk
museum@dkks.dk

Métro : Norreport St. Bus : 5A, 6A, 14, 26, 42. Ouvert tous les jours de 10h à 17h du 1er juin au 31 août, de 10h à 16h en mai, septembre et octobre, 11h à 16h en février, avril et décembre, et de 11h à 14h en janvier. Entrée : 75 Dkr, gratuit jusqu'à 17 ans. Possibilité d'acheter un ticket pour visiter le palais de Rosenborg et celui d'Amalienborg pour 100 Dkr.

S'il y a d'authentiques gardes à l'entrée du château, c'est que c'est ici que se trouvent les bijoux de la Couronne, exposés dans les caves du château : certains sont encore portés par la reine (sauf la couronne) en quelques occasions. Avant de pénétrer par la porte coffre-fort qui permet d'accéder aux vitrines, on peut également admirer les objets du Salon vert, étonnant bric-à-brac de vaisselle (chopes en ivoire, cristal de roche) et de cadeaux amassés par la famille royale jusqu'en 1696, dans la chambre (peinte en vert) d'une tour du château. La quasi-totalité de ce petit trésor (699 pièces) a été retrouvée et exposée là, témoignage de l'art occidental et oriental des XVIe et XVIIe siècles. Le château lui-même a été édifié par Christian IV entre 1610 et 1633 par ajouts successifs d'ailes et de pièces. Il n'a subi, contrairement aux autres châteaux du Roi bâtisseur, aucun incendie ni aucun bombardement. Il servit de résidence secondaire aux souverains danois pendant un siècle, abrita la cour quelques années quand Christiansborg fut détruit à la fin du XVIIIe siècle. L'intérieur a subi quelques modifications, au gré des successeurs de Christian IV. Abritant les collections royales de bijoux et de peintures, il fut ouvert au public dès 1833. La visite est d'autant plus agréable qu'elle se fait à la lueur de la lumière naturelle, quelques salles seulement étant éclairées à l'électricité (d'où des horaires d'ouverture limités en hiver, même s'il est prévu d'électrifier toutes les pièces). Hors saison, on a l'impression de pénétrer dans un château habité... La grande salle des fêtes du second étage, où le trône du couronnement a été installé, est assez impressionnante. Tout en ivoire et en dent de narval, il est entouré de trois lions en argent du XVIIe siècle. Ce trône a servi de 1871 à 1940. Les salles illustrent de façon chronologique les différents règnes de l'histoire du pays (jusqu'à Frederik VII, pour le reste, il faut se rendre à Amalienborg, au palais de Christian VIII) au moyen de tableaux et de mobilier, dont certains éléments ont été sauvés des incendies d'autres demeures royales. N'hésitez pas à faire un tour dans le jardin du roi (Kongens Have), le vaste parc qui entoure le château. Il est très fréquenté par les habitants de Copenhague qui viennent s'y déshabiller au moindre rayon de soleil : c'est en effet le parc le plus central. Et la vue sur le château est splendide.

© THIERRY LAUZUN - ICONOTEC

Le château de Rosenborg abrite les bijoux de la Couronne.

Places

KONGENS NYTORV

Kongens Nytorv
M° : Kongens Nytorv.

Le Strøget débouche sur cette noble et vaste place, créée à partir de 1688 pour faire le lien entre la ville historique et les nouveaux quartiers édifiés extra muros. Le lieu était alors resté à l'état de terrain vague jusqu'à ce que Christian V décide d'en faire une place royale. La statue du souverain, réalisée par Abraham-César Lamoureux fut alors installée sur les lieux. Outre les habituelles figures allégoriques, Lamoureux plaça un homme nu sous les pattes du cheval qui semble le fouler aux pieds.

COPENHAGUE

Place de l'hôtel-de-ville, les Joueurs de lur.

Pour la petite histoire, ce pauvre garçon est venu symboliser l'Envie afin d'aider le sculpteur à faire tenir debout un groupe équestre assez instable… au point que l'on a dû refondre la statue en 1944 pour assurer sa pérennité. Appelé tout simplement par les Copenhaguois « le cheval », le monument est un des hauts lieux des célébrations estudiantines de fin d'année universitaire : la « danse autour du cheval » est un grand moment de la vie de tout étudiant. Récemment réaménagée, la place est aujourd'hui vouée en partie aux piétons. Tout autour, plusieurs bâtiments ne manquent pas d'intérêt :

► **Au coin de Lille Kongensgade et d'Holmenskanal,** le Magasin du Nord (devant lequel débouche désormais le métro) qui occupe en partie les locaux d'un hôtel historique, l'Hôtel du Nord (d'où son nom) : Hans Christian Andersen fut un fidèle pensionnaire de l'établissement où il logea entre 1838 et 1842.

► **Entre Holmenskanal et Nyhavn,** précédé des statues des deux dramaturges Ludwig Holberg et Adam Oehlenschläger, et coiffé par un chariot de Pégase, le Théâtre royal (Kongelige Teater) a été construit en style néoRenaissance par Vilehlm Dahlerup et Ove Pedersen (1874) à l'emplacement du précédent qu'avait dessiné Nicolai Eigtved en 1748. Depuis l'inauguration en 2008 du Nouveau Théâtre royal situé sur le port (à l'extrémité de Nyhavn), le théâtre est devenu le lieu de résidence de la troupe du Ballet royal danois.

► **Son voisin, le palais de Charlottenborg,** édifié à partir de 1672, doit son nom à la reine mère Charlotte Amalie qui l'avait acheté en 1699. Après la mort de sa propriétaire et quelques années de tergiversation, il a été affecté à l'Académie royale des Beaux-Arts qui l'occupe toujours aujourd'hui (expositions temporaires dans ses superbes salles). Au-delà de la cour intérieure, un second bâtiment (ouvrant sur Nyhavn) abrite le Kunstahallen Charlottenborg, lieu d'expositions d'art contemporain.

► **Au coin de Nyhavn et de Bredgade,** le palais Thott (Thotts Palæ), de 1683, a été bâti pour le célèbre amiral Niels Juel. Depuis 1930, le lieu abrite l'ambassade de France.

► **Le palais Harsdorff** (au n° 3-5) doit son nom à son architecte, Caspar Frederik Harsdorff, professeur à l'Académie des Beaux-Arts qui signait ainsi en 1787 une sorte de manifeste néoclassique.

► **Au coin d'Østergade, l'Hôtel d'Angleterre,** avec ses concierges en haut-de-forme, reste le palace de référence de la ville. Le bâtiment actuel date de 1874, mais c'est en 1755 que le lieu a ouvert ses portes. C'était alors un restaurant. Depuis lors, bien des célébrités y ont été accueillies, qu'il s'agisse de têtes couronnées, d'acteurs de cinéma ou de musiciens.

NYTORV ET GAMMEL TORV

Le Strøget passe au milieu de ces deux vastes places. A gauche, quand on arrive de l'hôtel de ville, Gammel Torv (la vieille place), qui a toujours été un lieu de rassemblement hétéroclite, de marchands autrefois, de punks hier, et de paumés de partout aujourd'hui. La grande fontaine se nomme Caritas ; une pomme d'or flotte sur le sommet de son jet les jours d'anniversaires d'un membre de la famille royale. A droite, Nytorv (la nouvelle place), avec ce qui a longtemps été l'hôtel de ville de Copenhague, puis le palais de justice. Edifié en pierre taillée au début du XIXe siècle dans un style néoclassique, sa récente restauration lui a permis de retrouver tout son éclat après des siècles de grisaille. Sur son fronton, l'inscription *Med Lov skal man Land bygge* signifie « Par les lois, il faut construire le pays ».

RÅDHUSPLADS (PLACE DE L'HÔTEL-DE-VILLE)

La grande place est le lieu de rassemblement de tous les Danois lors des grands événements : ils étaient des centaines de milliers à s'être rendus ici, réflexe simultané de tout un peuple, en juin 1992, alors que l'équipe nationale venait juste d'écraser l'Allemagne en finale du championnat d'Europe de football par deux buts à zéro. L'hôtel de ville lui-même a été achevé en 1903, sur les plans de l'architecte Martin Nyrup, qui s'est inspiré du Moyen Age scandinave, avec ses tours et ses briques rouges, mais on retrouve également des éléments d'architecture des palazzo de l'Italie du Nord. Au-dessus de l'entrée principale, statue d'Absalon, évêque fondateur de la ville. A l'intérieur, on peut voir l'horloge astronomique de Jens Olsen, qui, depuis 1955, donne l'heure en même temps de tous les points de la Terre, la position des planètes du système solaire, les dates des fêtes mobiles de notre calendrier... L'œuvre d'un passionné d'horlogerie (accessible tous les jours, sauf le dimanche, de 10h à 16h, le samedi jusqu'à 13h, 10 Dkr. Il ne faut pas hésiter à gravir les 346 marches qui mènent au sommet de la tour, haute de 105 m, pour découvrir un très beau panorama sur toute la ville (visites de juin à fin septembre du lundi au vendredi à 10h, 12h et 14h, samedi à 12h ; d'octobre à fin mai du lundi au samedi à 12h). Notez que tous les jours à midi, on peut entendre à la radio nationale dans tout le pays sonner le carillon des cloches de l'hôtel de ville suivi des douze coups de midi !

Passages

Il existe de nombreux passages entre les rues principales du centre-ville. On peut y découvrir de superbes maisons du XVIIe ou du XVIIIe siècle. Certains de ces passages ont été aménagés en véritables galeries marchandes, le plus souvent assez chics, comme Pistolstræde qui relie Ny Østergade au Strøget : restaurants, boutiques de luxe, végétation abondante, petite fontaine et authentiques tableaux d'artistes contemporains danois aux murs. Ou encore plus vaste, au milieu d'immeubles du XVIIIe siècle aux façades ocre pimpantes, les restaurants, galeries d'art et antiquaires de Boltens. Avec des fresques d'artistes aussi célèbres que le maître du surréalisme danois, W. Freddie. Mais cette grande cour est à la fois trop luxueuse et sans âme.

Beaucoup plus étonnant, ce passage sombre entre murs de pierres gris d'un côté et grilles de fer forgé de l'autre, qui part de Læderstræde pour arriver sur le Strøget. Sur une plaque, on peut lire que ce passage est dédié aux « vieilles vierges » : il correspondait au jardin d'un cloître catholique, confisqué lors de la Réforme. L'église du cloître existe toujours, quoique restaurée à plusieurs reprises : il s'agit de l'église du Saint-Esprit, Hellingands Kirke, qui date du XVIIe siècle. La plus ancienne partie remonte à 1475 (vers Valkendorfsgade) : c'était l'hôpital du cloître, qui sert aujourd'hui de lieu d'exposition.

COPENHAGUE

Place de l'hôtel-de-ville.

Églises

CHRISTIANS KIRKE

1-2. Strandgade, Christianshavn

Ouverte tous les jours de 8h à 18h. Entrée gratuite.

Ignorée de la plupart des touristes, nichée au fond d'une impasse (ouverte depuis peu sur le nouveau quartier qui borde le canal où se reflète le Diamant noir), cette curieuse église vaut pourtant la peine qu'on y pénètre. Eglise allemande dès sa consécration en 1759, elle devint paroisse danoise en 1901. La disposition intérieure est très particulière : un vaste quadrilatère entouré de loges en bois sur trois niveaux, une loge royale faisant face au chœur lui-même niché sur l'un des côtés les plus longs de ce rectangle. On se croirait dans un théâtre rococo !

ÉGLISE RÉFORMÉE

111 Gothersgade

Face au Jardin Royal, cette église, a été édifiée en 1689 pour accueillir les protestants français chassés par la révocation de l'édit de Nantes : on trouve dans son jardin des tombes de huguenots et on y célèbre aujourd'hui encore le culte protestant en français.

ÉGLISE SAINT-ALEXANDRE-NEVSKY

Bredgade 53 ✆ +45 33 13 60 46

Visites guidées sur demande au tél 20 76 16 47. Sinon, vous pouvez vous glisser dans l'assistance lors d'un office : vêpres le samedi à 17h, grand-messe le dimanche à 10h.

Vous ne pouvez pas la manquer, on aperçoit depuis Kongens Nytorv les bulbes dorés de son clocher. Un air de Russie ? Eh bien oui, car il s'agit d'une église orthodoxe, édifiée à la fin du XIXe siècle à la demande de Maria Feodorovna, fille du roi danois Christian IX : en épousant le futur tsar Alexandre III, elle se convertit et souhaita un lieu de prière approprié lors de ses fréquentes visites à sa famille à Copenhague. Consacrée en 1884, baptisée du nom de saint Alexandre Nevsky, héros national russe du XIIIe siècle et saint patron du tsar, elle regorge d'icônes, dont certaines proviennent des collections de la cour impériale, et abrite même une représentation de la Vierge qui pleure parfois, dit-on. L'imposant chandelier de bronze est un don du tsar. Après 1917, Maria Feodorovna se réfugia au Danemark tandis que son fils, Nicolas II, était emporté par la révolution. Elle s'occupa jusqu'à sa mort, en 1928, à l'âge de 81 ans, de sa paroisse orthodoxe. Les héritiers de la famille impériale ont obtenu de la reine de Danemark que sa dépouille soit ramenée à Saint-Pétersbourg.

GRUNDTVIGS KIRKE

5B På Bjerget, Bispebjerg

S-train Emdrup. Ouvert du lundi au samedi de 9h à 16h et de 12h à 13h le dimanche. Entrée libre.

Monumentale façade en forme d'orgue qui rappelle les crénelures des églises des campagnes danoises. C'est normal puisque cette église a été bâtie entre 1924 et 1936, en hommage au prêtre poète N.F.S. Grundtvig, qui eut une influence considérable sur la vie intellectuelle danoise de la fin du XIXe siècle. Son intérieur est tout aussi impressionnant grâce au jeu de la lumière entrant dans l'édifice et la hauteur de sa voûte, inspirée des cathédrales gothiques, la rigueur protestante en plus.

Hors du temps

En quittant l'hôtel de ville, ne prenez pas le Strøget, vous aurez tout le temps pour faire vos courses ! Contournez le Rådhus par Vester Voldgade et prenez à gauche Lavendel Stræde. Vous vous retrouvez au XIXe siècle : avancez vers la place de Nytorv, le long de cet étrange passage encadré de hauts murs gris sans grande ouverture, où les voitures passent rarement et sont interdites de stationnement. Le soir, quand les lampadaires s'allument, comme par la magie d'un allumeur de réverbères d'outre-tombe, on a l'impression qu'Andersen ou Kierkegaard (qui habitait tout près) vont apparaître en redingote et chapeau haut de forme, pressant le pas. Ici se trouvait la prison de la ville. Rien ne semble avoir changé depuis entre ces murs si épais qu'ils absorbent la rumeur de la ville. C'est un tout petit endroit, évité par les passants et inconnu des touristes, mais réellement chargé d'une atmosphère pleine de fantômes. Un peu trop ripoliné peut-être lors d'un vaste nettoyage pendant l'été 2001. Un lieu que l'on retrouve sur un tableau peint au siècle dernier par Martin Rorbye, intitulé *La Maison d'arrêt près du palais de justice*, une toile visible au musée des Beaux-Arts.

HOLMENS KIRKE

Holmens Kanal

Ouverte tous les jours, sauf le dimanche, de 9h à 14h, 12h le samedi. Entrée libre.

Juste en face de la Bourse, une ancienne forge pour les ancres marines, transformée en église en 1619. Epargnée par les bombardements, mais aussi par les incendies grâce à sa situation isolée, elle a pourtant l'air presque neuve ! Elle a tellement été restaurée qu'elle en a perdu tout son charme. Plus de traces de suie, de fanions multicolores et de coques de bateaux suspendues : tout a été nettoyé il y a quelques dizaines d'années. C'est ici que fut célébrée en 1967 l'union de la future reine Margrethe et du comte Henri de Monpezat.

MARMORKIRKEN (FREDERIKSKIRKEN)

L'Eglise de marbre, Frederiksgade 4

Tous les jours de 10h à 17h, à partir de 12h du vendredi au dimanche. Entrée libre, sauf pour le dôme le samedi et dimanche.

Tout près d'Amalienborg. L'édification de cette église ne fut pas simple. La première pierre fut posée en 1749 par le roi Frederik V. À la mort du concepteur du projet, l'architecte danois Nicolaj Egtved, le Français Nicolas Jardin prit la relève, en modifiant le projet. Mais des problèmes budgétaires vinrent tout stopper : il était trop coûteux de construire comme prévu l'église entièrement en marbre de Norvège ! Elle resta donc inachevée pendant un siècle avant que les travaux ne reprennent sous l'impulsion du théologien Grundtvig. Elle fut finalement consacrée en 1894, presque 250 ans après le début du chantier ! Un aspect extérieur imposant avec cette superbe coupole, et un intérieur d'une lumière particulière, rehaussée dans les tons bleus par la fresque du dôme représentant les apôtres. Statues de Kierkegaard et Grundtvig, entre autres. Presque un panthéon…

SANKT NIKOLAJ KIRKE

Une église au destin peu banal. Elle se trouve tout près Strøget vers Kongens Nytorv, sur une place accessible par une ruelle face au magasin Illum ou, depuis Hojbro plads par Store Kirkegade. Si la tour carrée date du XVIe siècle, l'église, qui avait brûlé en 1795, n'a été reconstruite qu'en 1915. Achevée en 1917, elle n'a pas servi aux offices religieux très longtemps. Désaffectée, elle a été reconvertie en lieu d'exposition d'art moderne très confortable. Seule la présence d'un orgue ou la forme des fenêtres (pas de vitraux ici) rappelle que l'on se trouve dans une église… Un petit café y a même été aménagé.

Vor Frelsers Kirke (église de Notre-Sauveur) et son célèbre clocher aux 400 marches.

SANKT PETRI

Angle Nørregade/Sankt Pederstraede

www.sankt-petri.dk

Ouvert du mardi au samedi de 11h à 15h.

La Copenhague médiévale transparaît ici : l'église allemande de Sankt Petri date de 1450, ne vous fiez pas au clocher qui date du XVIIIe siècle.

VOR FRELSERS KIRKE (ÉGLISE DE NOTRE-SAUVEUR)

Sankt Annægade, Christianshavn

www.vorfrelserskirke.dk

info@vorfrelserskirke.dk

Ouvert tous les jours de 11h à 16h30, jusqu'à 15h30 du 1er septembre au 31 octobre. Le dimanche à partir de midi. Entrée libre, accès au clocher payant, fermé du 1er novembre au 31 mars.

Magnifique église baroque édifiée en 1696. A l'intérieur, un très bel autel, fait de marbre et de bois dans un style proche du baroque italien. Mais c'est surtout la tour, élevée en 1750, qui vaut à elle seule le déplacement : ce clocher est vraiment unique au monde ! On peut y accéder par un escalier de 400 marches qui quitte la tour carrée pour se transformer en colimaçon à l'extérieur, s'enroulant autour de la flèche jusqu'à son sommet.

« Un tire-bouchon d'or »

« De nouveau à l'église du Sauveur que j'avais visitée en 1932. Elle est blanche et sans mystère. Deux éléphants peints en gris soutiennent son grand orgue baroque ; des putti en faux marbre font la ronde autour des fonts baptismaux, et de chaque côté de l'autel, des anges de ballet présentent les instruments de la Passion. Le soleil entre joyeusement par de grandes fenêtres. Rien de renfrogné ni d'austère entre ces murs, tout est clair, tout brille, tout respire cette piété de bon ton qui accompagne la fortune dans ces régions. L'extérieur est en brique, de cette belle brique foncée qui me rappelle nos églises du Sud et prend avec le temps toutes les chaudes couleurs qui vont du caramel clair à l'orange brûlé et du chaudron à un mordoré qui tourne progressivement au prune. Un tire-bouchon d'or s'enroule autour du clocher vert : c'est l'escalier dont on se sert si l'on veut grimper jusqu'à la boule de cuivre qui flamboie dans le ciel bleu pâle. »

Julien Green, *Journal*, 2 août 1937,
in Œuvres complètes, vol. 5,
Paris, Gallimard, coll. « Bibliothèque de la Pléiade », 1977.

La vue sur tout Copenhague est fabuleuse, mais attention au vertige ! On est à 86 m de hauteur, sur le toit de cuivre, lui-même surmonté d'une sphère dorée supportant la statue de 3 m de haut du Saint-Sauveur portant une oriflamme.

■ VOR FRUE KIRKE (CATHÉDRALE NOTRE-DAME)

Nørregade 8

Ouvert tous les jours de 8h à 17h. De 8h30 à 19h le dimanche.

Du néoclassique mastoc inspiré de la basilique Saint-Pierre de Rome, en plus glacial. Les statues des apôtres sont de Thorvaldsen. C'est ici que fut célébrée en mai 2004 l'union du prince Frederik, prétendant au trône, avec Mary Donaldson.

Parcs et autres espaces

ASSISTENS KIRKEGÅRD (CIMETIÈRE ASSISTENS)

2 Kapelvej, Nørrebro

✆ +45 33 37 19 17

www.assistens.dk

S-train Nørreport. Ouvert tous les jours de 8h à 20h de mai à août, jusqu'à 18h au printempset à l'automne, 16h en hiver. Entrée libre.

On vient ici en famille bronzer et pique-niquer au milieu des tombes – il n'est pas rare d'apercevoir l'été des seins nus entre deux sépultures –, on traverse les allées en jogging, à roller ou à vélo et, pourtant, 250 000 habitants de Copenhague sont enterrés ici. C'est que les vivants ont pris goût, eux aussi, au calme de l'endroit, très vaste (20 hectares) au milieu de l'agglomération ! Quelques tombes récentes témoignent du maintien de l'activité première du lieu, mais les rassemblements sur ses pelouses sont parfaitement tolérés. On y vient aussi faire du tourisme, comme au Père Lachaise à Paris : Søren Kierkegaard, H. C. Andersen (leurs tombes sont fléchées) ou le physicien Niels Bohr (sous une énorme colombe de béton), entre autres grandes figures danoises, sont enterrés ici. Créé au XVIIIe siècle pour « désengorger » les cimetières du centre-ville, Assistens est devenu très couru au moment de l'Age d'or, quand les ruines antiques et les poses romantiques inspiraient la mode de l'époque. C'est à cette période que les architectes commencèrent à rivaliser d'imagination : chapelle gothique pour le gouverneur Peter Von Scholten (qui milita pour l'abolition de l'esclavage aux Antilles danoises), tortue géante pour l'écrivain Hans Scherfig... Mais, dans l'ensemble, la discrétion l'emporte. Des panneaux installés aux différentes entrées du cimetière situent les principales sépultures. A vous de trouver le carré réservé aux soldats français morts pendant la Première Guerre mondiale, ou même la tombe d'une victime danoise du Titanic (Jacob Christian Milling) !

■ BOTANISK HAVE (JARDIN BOTANIQUE)

Gothersgade 128

Ouvert de 8h30 à 16h, 18h en été. Entrée libre.

Juste en face de Kongens Have et du château de Rosenborg (il faut traverser l'avenue Øster Voldgade) se trouve un vaste jardin où l'on peut admirer plus de 20 000 espèces de plantes différentes sur 10 hectares. Certaines, évidemment les plus tropicales, se trouvent dans une vaste serre chauffée qui offre, dès qu'il fait un peu froid, un sacré dépaysement ! Vous découvrirez des arbres rares, des roses qui n'existaient qu'au Moyen Age, des plantes carnivores... Au sud, côté centre-ville, le musée botanique pour les plus avertis. Au nord, vers le musée des Beaux-Arts, le musée géologique, avec des météorites et des pierres rapportées par les missions lunaires américaines d'Apollo.

COPENHAGUE ZOO

32 Roskildevej, Frederiksberg
✆ +45 72 20 02 00
www.zoo.dk – zoo@zoo.dk
S-train Valby. Bus 6A, 4A. On peut y accéder par le parc de Frederiksberg ou par Roskildevej. Ouvert tous les jours de 10h à 17h de juin à août. Entrée : 75 Dkr, 40 Dkr pour les enfants. Gratuit avec la CPH Card.

Environ 2 000 animaux et plus de 450 espèces : c'est ici que vous verrez les ours polaires et les phoques du Grand Nord. Un espace permet aux enfants de grimper par-dessus les barrières pour aller caresser et jouer avec les animaux ! Rassurez-vous, il ne s'agit pas de lions ou même de bébés tigres, mais de chèvres, de lapins et autres animaux domestiqués par l'homme ! En tout cas, cette approche ludique et pédagogique est une bonne idée qui ravit les petits. Pensionnaire rare : un tapir à chabraque (avec un dos blanc, animal en voie d'extinction), né au zoo en 2001.

FÆLLEDPARKEN

Øster Allé/Blegsdamsvej

Le plus grand parc de la capitale, vestige des prairies et des pâturages de naguère. Ombragé de vénérables arbres et doté d'un grand lac, de pavillons et de jets d'eau, le « parc du peuple » mérite bien son nom, et pas seulement grâce à ses aires de pique-nique et aux terrains de football plus ou moins officiels qui permettent aux jeunes de cavaler derrière un ballon, mais grâce aux animations qui l'animent traditionnellement : c'est le lieu de rassemblement à la fois festif et revendicatif des travailleurs chaque 1er mai, dans une ambiance très Fête de l'Huma. C'est aussi ici que se déroule le carnaval de Pentecôte, grand moment pour les amateurs de musique latino. Près du lac, le café Pavillonen abrite un kiosque à musique.

KASTELLET

La citadelle

S-train : Østerport. Ouvert tous les jours de 6h au coucher du soleil. Entrée libre.

Vous la croiserez sur le chemin qui conduit vers l'inévitable *Petite Sirène*. La plus grande fontaine de Copenhague se trouve à l'entrée : construite en 1907, elle est dédiée à la déesse Gefion qui avait transformé ses quatre fils en bœufs, pour répondre à la promesse du roi Gylfe de Suède : labourer en une nuit toute une terre qui lui appartiendrait si elle parvenait à effectuer ce travail herculéen, ce qu'elle fit !

La serre du jardin botanique.

Ainsi naquit la Seeland, selon la légende... Un pont conduit à la citadelle : elle avait été construite en 1661 (par Christian IV, une fois de plus) pour protéger l'entrée du port de Copenhague. Une partie des remparts est encore intacte. Certains bâtiments, toujours utilisés par l'armée danoise et par l'OTAN, ont été restaurés en 1996 et ouverts au public. C'est un très beau lieu de promenade : on peut monter sur les remparts herbus d'où surgissent un moulin et les casemates rouges où vivent les soldats. Ne vous étonnez pas si certains d'entre eux vous interdisent de courir ou de jeter un papier : ils montent la garde, arme à l'épaule et ils jouent du même coup un peu aux gardiens de square, mais ça ne rigole pas... D'ailleurs, sachez que la bronzette n'a pas lieu d'être sur ce gazon-là, contrairement à tous les autres parcs de la ville. Si vous ressortez par l'autre pont au nord, tournez à gauche, puis à droite par Langelinie Bro, pour arriver jusqu'à la femme-poisson...

KONGENS HAVE (JARDIN DU ROI)

Gothersgade

C'est le parc préféré des habitants de Copenhague qui viennent s'y exposer dès l'apparition du moindre rayon de soleil. Normal, c'est le plus central. C'est là que vous rencontrerez de jeunes Danoises en petite tenue à l'heure de la pause déjeuner ! Superbe vue sur le château de Rosenborg. Théâtre de marionnettes pour les enfants. Le jardin a été remodelé en respectant les plans d'origine, ceux de la Renaissance. Un bâtiment dans le style de l'époque a été construit au milieu.

Il est entouré de nombreux parterres de roses (*Rosa gallica*, *Rosa mundi*, *Rosa centifolia*, *Rosa toscana*, etc.) et de 140 pommiers. Une opération qui aura coûté un million de couronnes, décidée par une association professionnelle de jardiniers pour les 60 ans de la reine Margrethe. La souveraine l'a inauguré en septembre 2001 et l'a rebaptisé Otto Heiders Have, du nom du jardinier du roi Christian IV qui l'avait créé à la fin du XVIIe siècle.

LACS ARTIFICIELS

Vous serez surpris de découvrir, à l'est du centre-ville, quatre lacs artificiels, bordés de granit (depuis les années 1920) qui séparent le cœur de la cité des quartiers de Østerbro et Nørrebro. Ils ont été creusés pour stocker l'eau potable au XVIe siècle, puis pour servir de défense militaire. Aujourd'hui, ils n'ont aucune utilité pratique, mais ils forment comme un très large fleuve calme où se reflètent tranquillement les lumières de la nuit, les couleurs du ciel et en automne, les nuances infinies des feuilles des arbres qui bordent ces grands réservoirs. Les ponts, qui semblent les traverser, sont, en fait, des digues qui les séparent. On y fait du jogging sur les rives – à l'ouest, elles sont interdites aux voitures –, on s'amuse à faire des courses sur des sortes de pédalos sportifs – on s'y tient debout –, et, pendant les hivers les plus rudes, on patine sur l'eau gelée !

C'est un lieu de promenade où l'on vient aussi écouter chanter ou se chamailler les nombreux oiseaux qui nichent là – y compris les cygnes sur les berges. Une respiration urbaine supplémentaire qui permet à Copenhague d'oublier qu'elle n'a ni Seine, ni Tamise. Le pavillon blanc avec ses tours en forme de minarets turcs, qui se dresse entre le Skt Jørgensens Sø et le Peblinge Sø, a été édifié par Vilhelm Dahlerup (l'architecte de la Glyptothèque et du Théâtre royal), pour abriter un restaurant et la société de patinage qui s'occupait de gérer les lacs gelés en hiver à la fin du XIXe siècle. Dahlerup est également l'auteur de deux autres « ponts » qui traversent les lacs (Dronning Louise et Fredensbro). Au sud, non loin de la gare, sur les rives du lac Sankt Jørgen se reflète un gros cylindre biseauté au sommet : c'est le planétarium Tycho Brahe, construit en 1988-1989 et signé des architectes Knud et Munk. Il abrite une salle de projection Omnimax, des expositions, une boutique sur l'espace, un restaurant.

ØRSTEDS PARKEN

Herbes folles dans les plates-bandes, fleurs sans prétention au bord du petit lac, et gazon suffisamment ras pour s'étendre et bronzer en été. C'est le plus calme des parcs de Copenhague et celui qui offre la meilleure ombre, grâce à ses grands arbres ! Vers la sortie à l'angle de Nørre Farimagsgade et Ahlefeldtsgade, vous trouverez un café très sympathique, l'Hacienda. Un petit pavillon entouré de petites tables et de bancs en bois au milieu de la nature ; à l'intérieur, peu de place, mais une décoration colorée d'un goût très sûr. DJ et musiciens assurent tout l'été la bande-son de ce lieu bucolique.

ØSTRE ANLÆG

Stockholmsgade/Solvgade

Il suffit de traverser Solvgade depuis le jardin botanique pour tomber sur ce parc situé à l'arrière du musée des Beaux-Arts. Très boisé, doté d'un petit moulin, d'une suite de petits lacs (et de vestiges de bastions faisant partie des fortifications de Chritsian IV) ainsi que d'espaces de jeux réservés aux enfants, l'ensemble est agréable et permet d'apprécier l'architecture de l'extension contemporaine du musée. Il abrite en outre le bâtiment de la collection Hircshprung (accès par Stockholmgade).

PARC DE FREDERIKSBERG

S-train Frederiksberg. Accès par le parc ou par Roskildevej 32. Ouvert tous les jours de 6h au coucher du soleil.

Prenez l'entrée principale face à la très belle Frederiksberg Allé, la statue de Frederik VI vous accueillera. Un peu plus loin à droite sur le même côté se trouvent les trois « restaurants des familles ». Entrez dans le parc, la balade sera des plus agréables : larges allées, chênes et ormes de haute taille. Vous découvrirez un petit pavillon chinois sur une île. C'était autrefois un salon de thé – bâti en 1799 –, aujourd'hui on ne peut s'en approcher que le dimanche (du 1er mai au 1er septembre), entre 14h et 16h ! Vous pourrez également faire un tour en bateau conduit par un rameur, descendant de celui qui avait ramené le roi Frederik VI de retour de guerre. D'où le privilège royal accordé au brave homme et à sa descendance, d'exercer ce « commerce » des balades en barque.

Le superbe château tout en jaune et de style italien qui surplombe le parc date du début du XVIIIe siècle. Résidence royale sous Frederik VI, il est occupé depuis 1869 par l'Académie militaire et ne se visite ni en été ni en décembre.

Galeries d'art

Il existe à Copenhague plus de 130 galeries d'art, de photo, de verre, de céramique et autre... En voici quelques-unes, parmi les mieux cotées ou les plus intéressantes. Mais l'amateur d'art contemporain à la recherche de nouveau talent doit savoir qu'il trouvera le meilleur rapport qualité-prix dans les galeries de Silkeborg (Jutland), dans la patrie d'Asger Jorn.

CENTRE DE LA PHOTO

Vester Faelledvej © +45 33 93 09 96
www.photography.dk

Ouvert tous les jours sauf lundi de 10h à 17h. Dans la brasserie Carlberg située dans un vieil immeuble superbement restauré sur ses trois étages.

CISTERNEN (LES CITERNES)

25 Roskildevej Sondermarken, Frederiksberg
© +45 33 21 95 30 – www.cisternerne.dk

Ouvert jeudi et vendredi de 14h à 18h, samedi et dimanche de 11h à 17h de mars à octobre. Jeudi et vendredi de 14h à 17h, samedi et dimanche de 11h à 17h en février et novembre. Fermé en décembre et janvier. Entrée : 50 Dkr.

Près du zoo de Frederiksberg, un lieu très étrange : trois citernes, réservoirs souterrains du XIXe siècle, aménagés en lieu d'expositions. On entend toujours l'écho de l'eau dont on ne sait d'où elle provient. On est en sous-sol, il n'y a donc aucune lumière naturelle, ce qui ajoute au mystère de l'endroit et à l'originalité de la présentation des œuvres. C'est devenu un musée consacré aux artistes verriers modernes et contemporains. N'oubliez pas de prendre un pull : la température ne dépasse par les 9 °C, toute l'année. Un des lieux les plus insolites de la capitale danoise.

GALERIE ASBÆK

23 Bredgade © +45 33 15 40 45
www.maprojects.dk

Artistes danois.

GL STRAND

48 Gammel Strand
© +45 33 36 02 60 – www.glstrand.dk

Ouvert de 11h à 17h jusqu'à 20h le week-end. Entrée : 55 Dkr. Galerie d'art contemporain la plus à la mode à Copenhague. Expositions temporaires d'artistes souvent très renommés.

KUNSTHAL CHARLOTTENBORG

Nyhavn 2 © +45 33 13 40 22

Ouvert tous les jours de 11h à 18h, jusqu'à 21h le mercredi, sauf le lundi. Entrée : 60 Dkr.

Dans un superbe palais du XVIIe siècle, siège de l'Académie royale des beaux-arts. Expositions d'art contemporain, de design, etc. Ce bâtiment dispose également d'un café qui vaut le détour. On y sert une cuisine danoise, légère et bon marché, dans une ambiance tranquille.

SUSANE OTTESEN
49 Gothersgade ✆ +45 33 15 52 44
On y trouve des œuvres de Kirkeby.

V1 GALERY
69 Flaesketorvet ✆ +45 33 31 03 21
www.v1gallery.com
Une galerie *underground* d'art contemporain qui expose les œuvres de jeunes artistes danois qui expriment leurs talents en confrontant entre autre culture *punk* et politique. Une escale indispensable si l'on veut découvrir le *street art* ou l'art urbain à la danoise !

Îles

MIDDELGRUNDSFORTET
Øresund ✆ +45 38 25 44 44
www.fortet.dk – info@fortet.dk
Accès du 30 avril au 1er octobre, en 30 minutes, avec Spar Shipping au départ de Nyhavn 71 à 9h30, 11h30, 14h, 16h, 18h. Comptez 25 Dkr aller-retour, 75 Dkr pour les enfants.
Île fortifiée, abandonnée par les militaires, Middelgrunden et son fort ont été bâtis entre 1890 et 1894. L'armée l'a déserté en 1984. On peut y pique-niquer (paniers remplis vendus au café du fort), prendre un verre au café ou dîner à la lueur des chandelles dans le restaurant. Et même y dormir ! Beaucoup plus grande que Trekroner, l'île abrita jusqu'à 800 soldats. On peut visiter les chambres de protection édifiées pour résister aux armes chimiques et bactériologiques au temps de la guerre froide. Désormais, l'îlot voisine avec un parc d'éoliennes *offshore*.

TREKRONER
Øresund
Par bateau depuis Nyhavn avec Canal Tour Vandbus (Internet : www.canal-tours.dk) toutes les demi-heures. Ouvert de fin mai au dernier week-end d'août (sur demande le reste de l'année).
Y aller permet de voir Copenhague au ras de l'eau et de terminer la balade en beauté. Les Danois découvrent peu à peu cet endroit autrefois réservé à la marine. C'est une sorte de petit Fort Boyard. L'île est en réalité une construction entièrement sur pilotis, bâtie en triangle et abritant un petit port. Les bâtiments datent du XIXe siècle pour la plupart. Le phare (1868) fonctionne toujours. Dans la maison du Commandeur, jolie bâtisse rouge, un restaurant a ouvert ses portes : Søfortet Trekroner. Il est ouvert de 12h à 16h30 et le soir sur demande. Le trajet en bateau par le Vandbuss dure trois quarts d'heure.

SHOPPING

Les rues piétonnes du centre regorgent de boutiques et de grands magasins. La TVA de 25 % est partiellement remboursée aux touristes qui ne sont pas citoyens d'un pays de l'Union européenne. Le remboursement se fait au moment du départ, à l'aéroport.

Alimentation

Netto est l'équivalent des magasins français Ed. Chaîne de distribution danoise qui vend les mêmes produits qu'ailleurs, mais sans soigner la présentation. Enseigne jaune et noire. Fakta et Aldi proposent également des articles très bon marché. A ne pas confondre avec Iso, haut de gamme dans le genre (mais d'un bon rapport qualité-prix), dont les enseignes sont vertes.

FREDERIKSBERGS CHOKOLADE (TINA JACOBSEN)
64 Frederiksbergs Allé
www.frederiksbergchokolade.dk
tina@frederiksbergchokolade.dk
Ouvert du lundi au jeudi de 10h à 17h30, le vendredi de 10h à 18h, le samedi de 10h à 14h.
Chocolats maison depuis 1923. Une adresse gourmande presque légendaire.

GAMMEL STRAND S ØLLAGER
6 Naboløs ✆ +45 33 93 93 44
A l'angle de Gammel Strand.
Ceux qui croient tout savoir de la bière auront intérêt à venir rafraîchir leurs connaissances dans cette boutique ouverte en 1797 : outre les différentes variétés des grandes marques locales ou étrangères (Carlsberg, Tuborg...), ils y dénicheront les produits de brasseries bien plus confidentielles, telles que Hancock Bryggeriet ou Christoffel. Bref, une véritable encyclopédie à boire...

Ambre

HOUSE OF AMBER
1 Vesterbrogade
www.houseofamber.com
houseofamber@houseofamber.dk
Colliers, bagues, bracelets, boucles d'oreilles, broches et objets divers réalisés avec de l'ambre. Tout dépend des goûts !

Une tradition viticole au Danemark !

Pour les Vikings, qui avaient découvert l'Amérique 500 ans avant Christophe Colomb, le nom de Vinland était symbole de chaleur et d'ivresse, ils le donnèrent aux côtes de Terre-Neuve qui, à cette époque, bénéficiait d'un climat plus clément qu'aujourd'hui. Au Danemark même, les archéologues ont découvert des traces de culture de la vigne : on estime que le climat entre le XIe et le XIVe siècle était particulièrement clément, les changements climatiques n'étant pas forcément, à l'échelle de l'humanité, un phénomène récent. Ainsi, des moines faisaient leur propre vin au XIIIe siècle. Il a cependant fallu attendre le XXe siècle et Niels Vilhelm Nielsen pour que quelqu'un se lance dans une véritable production. Il ne s'agissait pas alors de vin rouge, mais de « champagne » ! Un mousseux produit dans les années 1940 (certains hivers, le thermomètre descendit à - 30 °C), dans le nord de la Seeland, mais qui ne trouva pas alors son public : à la mort de son propriétaire, le domaine périclita. Mille bouteilles furent encore produites en 1956, puis les plants furent arrachés. Au début des années 1990, dans un domaine paysager à 20 km au sud de Copenhague, Erik Juhl expérimenta des vignes en terrasses, réchauffées par la réverbération d'un étang artificiel. Le Petit Futé Danemark l'avait fait découvrir dans sa première édition. Aujourd'hui, la mode est lancée ! Les prix du vin devenus plus accessibles – un effet bénéfique du marché commun auxquels le Danemark adhéra du bout du bulletin de vote –, les voyages au sud de l'Europe s'étant démocratisés, les Danois ont mis du vin à leur table, et des pieds de vigne dans leur jardin. En ce début de XXIe siècle, on estime à 600 le nombre de cultivateurs amateurs. Les professionnels comme Jens Michael Gundersen (qui possède avec Torben Andreasen la plus grosse propriété viticole du royaume, à Avedøre, dans la banlieue de Copenhague) sont moins d'une quinzaine. Mais ils sont particulièrement actifs et dynamiques : ne pouvant commercialiser leurs bouteilles, en raison de la réglementation européenne, ils ont bataillé ferme auprès de Bruxelles qui a fini, le 1er août 2000, par homologuer le pays de la *Petite Sirène* comme pays producteur de vin ! Ils ont désormais le droit de vendre leur production. Bientôt une route des vins ? En tout cas, le domaine de Bacchus finira peut-être par rejoindre, sur les tables de la cour d'Amalienborg, le vin produit dans le Lot par le prince Henrik, dans sa propriété de Caïx !

■ **MUSÉE DE L'AMBRE**
2 Kongens Nytorv ✆ +45 33 11 67 00
Ouvert tous les jours de 10h à 18h30, jusqu'à 17h30 en hiver. Le musée de l'Ambre propose de visiter son atelier et ses collections, mais on peut y faire quelques achats.

Chiner

▶ **Antiquités.** Il faut surtout se promener sur le Strædet, cette rue parallèle au Strøget, où l'on a limité de plus en plus la circulation automobile. Les antiquaires y sont légion. Autre quartier à fréquenter, au nord de Kongens Nytorv, près de l'église de Marbre.

▶ **Brocante.** Nombreuses boutiques dans le quartier de Nørrebro. Passer le pont Dronning Louise (nombreux bus sur cet axe) et s'arrêter au début de Nørrebrogade, puis prendre à droite Ravnsborggade. Dans cette vieille rue bordée de hauts immeubles populaires, il règne encore une atmosphère plutôt prolétaire. Un peu surréaliste même aux beaux jours, quand les tapis, les sofas et les vieux coffres se retrouvent exposés sur les trottoirs. Une quarantaine de brocanteurs et antiquaires ont ici pignon sur rue et c'est un régal de fouiner : on trouve de tout et les vendeurs vous adresseront à une autre boutique sans problème si vous cherchez quelque chose de particulier qu'ils n'ont pas. On trouve également un grand nombre de boutiques de seconde main (*genbrugs butik*, en danois) qui vendent un tas d'articles d'occasion et dont les bénéfices sont versés à des associations caritatives ou religieuses. Il faut savoir toutefois qu'il est plus intéressant de chiner en dehors de Copenhague où les prix sont nettement plus élevés qu'en province : Det blå marked, Kirkens Korshær, Røde Kors…

Design

■ **BALD & BANG**
7 Rømersgade, Sous-sol
✆ +45 33 36 07 76
www.bald-bang.com
info@bald-bang.com

Des lampes danoises, d'inspiration *sixties*, ingénieusement conçues par Holger Strom, et qui comportent entre 9 et 120 composants géométriques que l'on assemble soi-même. Le résultat est surprenant ! Elles sont très populaires au Danemark. On les retrouve fréquemment dans les intérieurs danois.

BODUM HUS

10 Østergade ✆ +45 33 36 40 80
www.bodum.com

Un *designer* qui n'a pas oublié la philosophie des premiers designers danois : rendre beau les objets du quotidien, et pour toutes les bourses. Tandis que certains jouent la carte de l'élitisme côté prix, la maison Bodum, fondée à Copenhague en 1944, continue son bonhomme de chemin sur la voie du design à la portée de tous. C'est Jørgen Bodum, le fils du fondateur, qui tient les rênes de cette entreprise familiale présente partout dans le monde et dont on connaît tous au moins un produit phare (créé en 1974) : la cafetière à pression. C'est vrai que, pour tenir ses prix, Bodum fait souvent fabriquer ses produits en Asie ou en Inde. Si vous voulez du made in Danemark, regardez bien les étiquettes ! Bodum Hus est installée sur cinq (petits) étages de cet immeuble de Strøget.

GEORG JENSEN

10 Amargertorv ✆ +45 33 11 40 80
www.georgjensen.com
Accès par Illums Bolighus.

Illums Bolighus donne accès à ce bâtiment qui abrite les superbes réalisations de l'orfèvre Georg Jensen et de ses successeurs, une entreprise également membre du Royal Copenhagen : argenterie, montres et bijoux. Pour rêver un peu !

ILLUMS BOLIGHUS

10 Amagertorv ✆ +45 33 14 19 41
www.royalshopping.dk

Le département cadeaux (vaisselle et différents objets design) du magasin Illum, sur Amagertorv. Sur cinq niveaux, toutes les tendances du design, danois et étranger (italien, notamment). C'est depuis ce magasin que l'on accède au Royal Copenhagen (les porcelaines royales) et à Georg Jensen (autre fournisseur de la Maison royale).

KLASSIK

3 Bredgade ✆ +45 33 33 90 60
www.klassik.dk – klassik@klassik.dk

Près de Kongens Nytorv. On n'y trouve, sur deux étages, que du design danois d'occasion, chaises, tables, canapés et de beaux lustres mais ça ne veut pas dire qu'ils sont soldés, loin de là : tout est en parfait état, ou restauré, d'où les prix… Et parfois des expositions.

PAUSTIAN

2 Kalkbrænderiløbskaj ✆ +45 39 18 55 01
✆ +45 39 16 65 65 – www.paustian.dk
paustian@paustian.dk

Il s'agit d'abord d'un superbe édifice, situé au nord du port de Copenhague. C'est Jørn Utzon, l'architecte danois de l'Opéra de Sydney, qui est à l'origine de ce bâtiment. C'est surtout à l'intérieur que l'on peut apprécier tout le travail de l'architecte, dans l'agencement des étages, l'utilisation de l'espace et la diffusion de la lumière naturelle. Ce centre accueille les hommes d'affaires, avec salles de conférences, cinéma… mais aussi les clients – fortunés – amateurs de beau design : les plus grands créateurs danois et internationaux sont exposés ici à la vente, des tables de Philippe Stark aux chaises d'Anders Hermansen en passant par les fauteuils de l'Américain Charles Eames. Même si on n'a pas les moyens de s'offrir un canapé (le moindre coussin vaut une fortune), c'est un beau lieu d'exposition. On peut également y acheter livres et magazines internationaux sur le design et déjeuner sur place.

Les enseignes de mode sont regroupées dans le Strøget.

ROYAL COPENHAGEN (MANUFACTURE ROYALE DE PORCELAINE)

10 Amargertorv
✆ +45 33 13 71 81
www.royalshopping.dk
Accès par Illums Bolighus
Dans un superbe édifice Renaissance qui date de 1616. A l'intérieur se trouvent, sur trois étages, les produits bleutés de la Manufacture royale de porcelaine. Au premier étage, un espace solderie vous attend, mais oui : fins de série, modèles qui ne sont plus assortis, etc. Les prix, soudain, vous sembleront plus abordables !

RUD RASMUSSENS SNEDKERIER

45 Nørrebrogade
✆ +45 35 39 62 33
www.rudrasmussen.dk
post@rundetaarn.dk
C'est ici que se fabriquent les meubles au fameux design danois des années 1950 et 1960. On ne visite pas les ateliers mais, sur trois niveaux, on peut admirer les productions de chaises, tables, canapés… réalisées sur les modèles de grands architectes danois d'intérieur comme Borge Mogensen, Kaare Klint ou Arne Jacobsen. A défaut d'acheter – les prix atteignent des sommets –, on peut venir admirer ces meubles qui ont longtemps fait la renommée du Danemark et que l'on trouve dans de nombreux foyers du royaume. Un véritable musée du meuble danois du milieu du XXe siècle.

Hi-fi

BANG & OLUFSEN CENTER

Au pied du Radisson Falconer,
7 Falkoner Allé
Célèbre marque danoise de radios, téléviseurs et chaîne hi-fi haut de gamme, créée en 1925 par deux camarades d'école, Svend Olufsen et Peter Bang, dans une lointaine campagne du Jutland (le siège social est toujours là, à Struer, 11 000 habitants !). Ses produits sont aujourd'hui exposés dans les musées (notamment au Museum of Modern Art à New York) : technologie avancée, sens du design et des prix fous (une chaîne hi-fi peut coûter jusqu'à 100 000 Dkr, un téléviseur 50 000 Dkr). Son *show-room* au pied de l'hôtel Radisson de Fredreriksberg permet de rêver devant les dernières nouveautés.

Livres

Les livres sont particulièrement chers au Danemark, les tirages étant plus limités qu'ailleurs, car la langue danoise n'est partagée que par moins de 6 millions de personnes dans le monde. On peut trouver des livres en français ou en anglais dans certaines librairies.

Marchés aux puces

MARCHÉ DE FREDERIKSBERG

Sur la place de l'Hôtel-de-Ville
De mi-avril à mi-octobre, de 8h à 14h le samedi.
Plus populaire et moins cher que les autres marchés de la ville.

MARCHÉ DE GAMMELSTRAND

Gammel Strand
De début mai à fin septembre, les vendredis et samedis entre 9h et 18h, 15h le samedi.

MARCHÉ DE NØRREBRO

Nørrebrogade
Le long du mur du cimetière Assistens. De début mai à mi-octobre, le samedi de 8h à 14h.

MARCHÉ D'ISRAËL PLADS

1 Israels Plads
De mi-avril à début octobre, le samedi de 8h à 14h.

Mode

Vintage

FIL DE FER

83A Store Kongesgade
✆ +45 33 32 32 46
www.fildefer.dk – fildefer@fildefer.dk
Ouvert tous les jours sauf dimanche de 12h à 18h, 19h le vendredi et de 10h à 15h le samedi.
Belle boutique toute proche de l'église de Marbre et d'Amalienborg. Superbe mise en scène d'objets dont beaucoup vous seront familiers et, pour cause, ils viennent de France pour la plupart. Ici, les cloches à melon, les bols à café de nos grands-mères ou les statues de la Vierge sont d'un exotisme furieusement tendance sous ces latitudes protestantes. Tendance provençale mais on peut aussi trouver quelques verres ou assiettes danois. L'anti-kitsch : tout ici est choisi et mis en valeur avec goût. Il faut venir y jeter un coup d'œil et ne pas hésiter à parler français avec

le patron (parfaitement bilingue). Si Barbara ou Brel chantent dans les haut-parleurs, c'est qu'il n'est pas loin ! A noter qu'un peu plus haut dans la même rue, au n° 116, il y a un Fil De Fer Botanik, version fleuriste de la maison mère.

■ **KITCH-BITCH**
30 Læderstræde ✆ +45 33 13 63 13
www.kitschbitch.dk
news@kitschbitch.dk
Gitte Bald vous accueille dans une boutique colorée, très portée sur les objets des années 1950 et 1960. Ne pas hésiter à entrer dans cette petite boutique du Strædet.

■ **KK VINTAGE**
31C Blågårdsgade, Nørrebro
Ouvert du mercredi au vendredi de 12h à 18h, le samedi de 11h à 15h.
Une boutique au concept original : des designers danois, bénévoles, proposent de *customiser* à petit prix les vêtements que vous aurez choisis.

Créateurs

Les boutiques des créateurs danois se trouvent du côté de la place Sankt Hans, sur Elmegade. Les grands noms de la mode internationale dans le Strøget. Quelques adresses de marques danoises que l'on retrouve dans de nombreux pays :

■ **BRUUNS BAZAAR**
8-9 Kronprinsensgade ✆ +45 33 32 19 99
www.bruunsbazaar.com
Créé en 1995 par deux frères, Tej et Bjørn Bruun, cette griffe se décline désormais à l'international.

■ **CHAPEAUX PETITGAS**
5 Købmagergade ✆ +45 33 13 72 70
C'est le 23 avril 1857 qu'un jeune Parisien, François Petitgas, ouvrait cette boutique au cœur de Copenhague. A l'époque, les chapeaux étaient fabriqués aux étages supérieurs. Aujourd'hui, la maison a été vendue plusieurs fois et on y trouve casquettes, chapkas ou feutres des marques les plus emblématiques de la corporation : Stetson, Borsalino et on en passe… Des têtes couronnées (mais non chapeautées) sont venues se fournir ici, le dernier client de marque ayant été Nelson Mandela. Mais le vieux monsieur qui tient à bout de bras cette boutique historique cherche aujourd'hui un successeur... Espérons (sans trop y croire) que le lieu ne sera pas dévolu à une triste boutique passe-partout…

■ **MUNTHE PLUS SIMONSEN**
10 Grønnegade ✆ +45 33 32 03 12
www.muntheplussimonsen.dk
direct@muntheplussimonsen.com
Vêtements d'inspiration ethnique, très originaux, crés par le duo de *designers* très populaire Munthe et Simonsen.

Musique

■ **LOUD MUSIC**
05 Vesterbrogade ✆ +45 30 20 61 10
www.loudmusic.dk
Ouvert tous les jours, sauf dimanche.
Toutes les musiques, sur vinyle ou CD, disques d'occasion et neufs. Un stock riche et varié.

Le design au musée

Quelques noms de *designers* danois que vous rencontrerez partout, chez les particuliers comme dans les boutiques ou les musées : Arne Jacobsen, bien sûr, considéré comme le Grand-père du design scandinave (un restaurant porte son nom près du théâtre Bellevue qu'il a construit à Charlottenlund). Mais aussi l'octogénaire Nanna Ditzel, seule star féminine du design nordique (créatrice de la chaise Trinidad), Poul Henningsen, célèbre pour ses lampes (PH lamps), Børge Mogensen pour ses meubles tous simples, Hans J. Wagner inventeur de LA chaise scandinave, la Chaise ronde, en 1949… Vous avez aussi une sorte d'histoire du Danemark à travers aussi l'histoire des objets au musée national de Copenhague au deuxième étage.

■ **DANSK ARKITEKTUR CENTER**
27B Strandgade ✆ +45 32 57 19 30
www.dak.dk
Métro Christianhavn. Entrée : 40 Dkr. Ouvert tous les jours de 10h à 17h (jusqu'à 21h le mercredi). Une imposante construction moderne, au milieu des vieux hangars de pierres et de briques, abrite la Maison des architectes et les principaux projets architecturaux et urbanistiques du pays. On peut aussi y voir des expositions temporaires. On peut y trouver de nombreuses revues et des ouvrages internationaux sur tout ce qui concerne l'architecture, l'urbanisme et le design. Belles terrasses vitrées au premier étage avec vue sur la Copenhague monumentale.

■ **DANSK DESIGN CENTER (CENTRE DU DESIGN DANOIS)**
27 Andersen Boulevard
✆ +45 33 69 33 69
www.ddc.dk – design@ddc.dk
Ouvert tous les jours de 10h à 17h, le mercredi jusqu'à 21h, week-end et jours fériés de 11h à 16h. Entrée : adulte 40 Dkr, seniors 25 Dkr, 12-18 ans 25 Dkr. Gratuit avec la CPH Card et le mercredi à partir de 17h.
Derrière la façade de bois et de verre de ce bâtiment voisin de Tivoli, proche de l'hôtel de ville, on peut visiter des expositions temporaires d'objets ou de réalisations artistiques liées au design. Il y a surtout un espace en sous-sol qui abrite la collection permanente du centre : chaises, téléphones, vaisselle, fauteuils… un survol du XXe siècle au travers de réalisations danoises de 1950 à 2010. Beaucoup ont passé les frontières pour s'imposer dans la vie quotidienne des Européens. Intéressante librairie qui vend aussi quelques objets design.

■ **KUSTINDUSTRIMUSEET (MUSÉE DES ARTS DÉCORATIFS)**
68 Bredgade ✆ +45 33 18 56 80
www.kunstindustrimuseet.dk
info@kunstindustrimuseet.dk
Près d'Amalienborg. Ouvert tous les jours, sauf le lundi, de 11h à 17h. Entrée : 50 Dkr, gratuit pour les enfants et avec la CPH Card.
L'histoire du design depuis le XVe siècle en passant par l'Extrême-Orient. Quelques meubles et objets scandinaves des années 1970. Le musée est installé dans un ancien

LOISIRS

Parcs d'attractions

■ **LA MAISON FÉERIQUE DE H. C. ANDERSEN (EVENTYR HUSET)**
57 Rådhuspladsen ✆ +45 33 32 31 31
www.topattractions.dk
Ouvert tous les jours de 10h à 18h, jusqu'à 20h les vendredis et samedis, et de 9h30 à 22h30 en juin, juillet et août. Entrée : 67 Dkr, 54 Dkr de 12 à 15 ans, 34 Dkr de 5 à 12 ans.
Ce musée se partage curieusement la vedette avec les locaux du Ripley's beleive it or not au pied de l'Hôtel Palace. On se balade dans une maison virtuelle à travers dix galeries qui illustrent sept contes choisis et à grands renforts d'effets spéciaux. On peut également admirer le manuscrit original d'un des contes, qui aurait, dit-on, coûté des millions de couronnes…

TIVOLI
3 Vestrebrogade ✆ +45 33 15 10 01
www.tivoligardens.com – tivoli.dk
Saison d'été de mi-avril au 20 septembre : ouvert tous les jours de 11h à 23h, 00h30 les vendredi et samedi. Pour Noël de 20 novembre à fin décembre : ouvert tous les jours de 11h à 22h, 23h les vendredi et samedi. Entrée : 95 Dkr du 1er juillet au au 25 septembre, gratuit pour les enfants et avec la CPH Card ; 75 Dkr du 14 avril au 30 juin.

▶ **Amuser le peuple.** C'est juste à l'extérieur des remparts que le roi Christian VIII fit aménager ce parc d'attractions en 1843 à l'imitation du Wauxhall de Londres. Il s'agissait alors, selon le souverain (qui se cramponnait au concept de monarchie absolue), de distraire les gens de façon à ce qu'ils ne pensent pas à autre chose, c'est-à-dire bien entendu au désir grandissant de voir établir un régime constitutionnel. Le roi fit donc appel à un entrepreneur de spectacles, Georg Carstensen, qui confia à l'architecte H.C. Stilling l'aménagement des lieux, qui comprenaient en outre une salle de concerts qui donna une impulsion définitive à la musique danoise. Quant au nom, il a été emprunté aux jardins Tivoli de Paris (appellation elle-même dérivée des jardins de Tivoli à proximité de Rome).

▶ **Un monde enchanté.** On entre ici dans un monde à part. Un univers de sucreries et de décors féeriques avec jeux de lumières, de fleurs et d'eaux. Tivoli a une authenticité qui lui vient de sa longue histoire : des générations d'enfants (et d'adultes) sont venues ici s'amuser depuis 160 ans. Tivoli a reçu environ 300 millions de visiteurs depuis son inauguration. Actuellement, on en compte 4 millions et demi par saison, dont 60 % de Danois. D'où vient la magie de ce vaste jardin ? Sans doute de son atmosphère un peu surannée de fête foraine du XIXe siècle. Cela commence à l'entrée, avec les contrôleurs de billets qui ressemblent à des portiers de palace ou des garçons de piste de cirque, arborant gants blancs, casquettes et costumes à boutons dorés. A l'intérieur, on retrouve les attractions habituelles des fêtes foraines, manèges d'autrefois mais aussi montagnes russes ultramodernes, grandes roues et autres attractions propres à mettre le cœur à l'envers (l'Himmelskibet). Il y a aussi les jeux tout simples, versions plus ou moins évoluées de la pêche au canard, et stands de tir qui rappellent nos kermesses. Et bien entendu des autos tamponneuses, trains fantômes et labyrinthes de verre comme au bon vieux temps. Quant aux machines à sous, qui jusqu'à la fin des années 1990 ne permettaient de gagner que des bons pour acheter des glaces ou des places de manège, elles délivrent désormais aux heureux gagnants des jetons (*token*) qu'ils peuvent changer contre des couronnes sonnantes et trébuchantes, dans la limite de 300 Dkr, au maximum !

400 000 fleurs. Ce jardin est un endroit tranquille dans la journée : on vient s'y promener, distraire les enfants. Il y a un théâtre de marionnettes pour les tout-petits, et on peut profiter gratuitement, jusqu'à 18h, d'un terrain de jeu surveillé, près du lac, du côté du H. C. Andersen Boulevard. On peut aussi nourrir les canards, déjeuner, admirer les plans d'eau et (à la belle saison, bien entendu) les 400 000 fleurs dont un tiers est replanté à chaque saison. Lorsque la nuit vient, le jardin prend un aspect magique auquel les plus blasés se laissent prendre : des milliers de lampions et de lampes de toutes les couleurs et de toutes les formes éclairent un décor presque irréel (les fontaines, les parcs de tulipes et de narcisses, les statues et les bâtiments de Tivoli). L'architecture est aussi pleine de fantaisie : pagode, palais maures, sans oublier un galion de pirate… Tout cela rappelle le pouvoir d'attraction de l'Orient sur l'imaginaire des Européens du XIXe siècle. Au plaisir des yeux s'ajoute une animation sonore très bon enfant, avec l'orchestre de jazz New Orleans, ou encore la garde de Tivoli composée de jeunes musiciens de 9 à 16 ans qui donnent des concerts sur le podium en plein air le samedi après-midi. Chaque week-end à 17h30 et à 19h20, ils défilent à travers le parc.

Pantomimes et autres spectacles. Il y a un superbe théâtre chinois dont le rideau de scène s'ouvre et se ferme comme la roue d'un paon, le Pantomime Teater construit en 1874 par Vilhelm Dahlerup : ce fut le premier bâtiment du parc. Cette pagode a été restaurée en 2001, sans lésiner sur l'or fin. Ici se déroule chaque soir à 18h15 et 20h30 (16h et 18h15 le dimanche), sauf lorsqu'il pleut, un spectacle de pantomime qui perpétue la tradition de la *commedia dell'arte*. Les restaurants sont nombreux (plus de 40) et le parc dispose, en outre, d'une grande salle de concerts (Concerthus, 2005), précédée par une rotonde, beaucoup plus belle en photo qu'en réalité. C'est là que se trouve le grand aquarium d'eau salée, le plus grand au monde, paraît-il, sous la salle où se produisent, chaque année lors du Festival de danse de Copenhague, les troupes de ballet du monde entier. C'est aussi ici que réside l'orchestre symphonique de Tivoli qui donne une cinquantaine de concerts chaque saison. Au centre de Tivoli se trouve une magnifique construction : Glasshalen, la Salle de verre, qui accueille revues et concerts. Il faut passer, ne serait-ce qu'une soirée, dans son ambiance sereine et toujours bon enfant, pour apprécier les nombreux aspects de la culture quotidienne telle qu'elle est vécue et aimée par les Danois !

Noël à Tivoli. La fréquentation ayant baissé ces dernières années, Tivoli est parti à la reconquête d'un public plus jeune en ouvrant ses portes désormais jusqu'à 1h du matin le week-end et en présentant des concerts pop et rock tous les vendredis à 22h. Mais surtout, le parc ouvre désormais en hiver, de fin novembre à la veille des fêtes de Noël, proposant, outre ses attractions habituelles, un marché de Noël au milieu des lampions de la fête. Inutile de dire que chaque week-end les provinciaux le prennent d'assaut et qu'il y a alors un va-et-vient incessant entre la gare centrale et le parc !

Natation

Il n'existe pas moins de sept piscines découvertes à Copenhague et dans sa banlieue, mais il faut préférer les piscines saunas, bien plus typiques d'un mode de vie scandinave. Ces piscines couvertes ont toutes un sauna et/ou un hammam. Pour nager, mais aussi pour transpirer dans les saunas secs ou se laisser envelopper par les vapeurs du hammam. Quelques conseils : le port du maillot de bain est quasi prohibé dans ces endroits ! Il vous faudra prendre une douche avant d'aller nager ou barboter dans les bassins. On vous fournit en général, avec votre numéro de cabine, une éponge imbibée de savon. Ce n'est pas la Finlande, mais on se promène là avec un grand naturel, on lit son journal dans les saunas à 70 °C, on se rase, on discute… Très convivial.

Jeune garçon au Tivoli.

▶ **Attention,** car certains établissements sont fermés en été, notamment en juillet, ou ont des horaires modifiés par rapport au reste de l'année. Quelques mots à connaître, car tous les panneaux sont écrits seulement en danois et certaines (comme celle de Frederiksberg) sont grandes et ressemblent à de vrais labyrinthes sur plusieurs niveaux :

▶ **Svømmebad** (bassin pour nager)

▶ **Tørluftsbad** (sauna sec)

▶ **Dampbad** (hammam).

▶ **Important aussi pour ne pas se tromper :** *damer-piger* (dames et filles), *herrer-manddrenge* (messieurs et garçons) !

■ **FREDERIKSBERG SVØMMEHAL**

29 Helgesvej © +45 38 14 04 00

Ouvert du lundi au vendredi de 7h à 21h, le samedi de 7h à 16h, le dimanche de 9h à 16h. Entrée simple : 34 Dkr. S-Train Station Frederiksberg.

Une piscine construite en 1933 et qui vaut le coup d'œil pour ses fresques murales : de superbes céramiques Art déco représentant des thermes. Elles sont signées du peintre danois Vilhelm Lundstrøm, que l'on retrouve dans tous les musées du royaume. Grand toboggan.

■ **VANDKULTURHUSET**

65 Tietensgade © +45 33 29 80 00

www.dgi-byen.com

Près de la gare. Entrée : 60 Dkr (supplément pour les saunas, massages, etc.). De 6h30 à 22h en semaine, jusqu'à 18h en week-end.

Un bel endroit, avec un bassin original puisque, pour faire ses longueurs, on tourne en rond ! Le bassin est construit en cercle. Nombreuses activités sportives aquatiques. Restaurant, bowling à l'extérieur.

Plages

Au nord de Copenhague, c'est la Riviera : belles villas cossues, petits ports de plaisance, beaucoup de plages privées… Pour se baigner ou s'allonger sur le sable, il reste un peu d'espace, mais on peut aussi essayer des baraques sur pilotis au charme rétro et profiter d'un bord de mer magique dans la lumière électrique entre Danemark et Suède.

■ **CHARLOTTENLUND**

2 Kystvejen © +45 39 64 36 74

Bus 14. S-train Ordrup. Route 152.

Le port et Copenhague au loin, avec sa ligne d'éoliennes à l'horizon… et pourtant c'est déjà le grand large et l'eau est particulièrement propre et claire. La grande plage publique sur le sable est suffisamment éloignée de la route qui borde la Riviera pour apprécier le bruit des vagues du Sund. Sur la rive de cette grande plage flotte un grand drapeau danois sur une construction de bois sur pilotis, avec vendeur de glaces et trois espaces pour les adeptes du bronzage intégral, tranquille, sur planche : le premier est mixte, le deuxième est réservé aux hommes, la troisième section aux femmes. Très convivial. La température de l'eau est affichée à l'entrée. Mais une fois dans l'eau on se demande si les 18 °C inscrits à la craie n'étaient pas un peu trop optimistes…

Les environs de Copenhague

AU NORD DE COPENHAGUE

S'y rendre

- **En bus.** On peut faire toute la côte de la Sealand du Nord avec le bus. Il faut prendre la ligne 14 de Copenhague jusqu'à Klampenbrg, puis de là prendre le 388 qui longe toute la riviera jusqu'à Helsingor.
- **En train.** Il y a des gares tout le long de la côte. Départs de la gare centrale de Copenhague pour Helsingør (Elseneur) deux à trois fois par heure. Certains trains ne s'arrêtent pas à toutes les gares. La ligne C du S-train dessert les gares de la côte jusqu'à Klampenborg, avec des départs plus fréquents.
- **En voiture.** Il faut suivre la route 152. Bordant la mer, de Copenhague jusqu'à Elseneur, c'est la Riviera danoise : un long boulevard qui passe au milieu de grands arbres, de villas élégantes et cossues et qui, par endroits, s'élargit en quatre voies en bord de mer. Les petits et grands voiliers qui naviguent sur l'Øresund entre Danemark et Suède, forment des points blancs sur le superbe horizon bleu. On passe également tout près de petits ports de plaisance. Si vous êtes pressé pour rejoindre Elseneur, prenez l'autoroute E47 (mais vous serez alors loin de la côte).

HELLERUP

Cité résidentielle située juste au Nord de la capitale sur les bords de l'Oresund. C'est un peu le quartier huppé de Copenhague, on y trouve de nombreuses villas cossues ou des sièges d'ambassades. C'est aussi l'ancien quartier des brasseries Tuborg rachetées par le groupe rival Carlsberg, nombre de rues et même le port rappellent l'histoire de cette célèbre bière. Aujourd'hui Hellrup, est surtout connue pour ses plages l'été et l'Experimentarium qui attirent des enfants de tout le Danemark.

- **Accès :** La plupart des trains qui vont vers le Nord de la Sealand desservent Hellerup. S-Tog B (direction Hillerod) et C (direction Klampenborg) depuis la gare centrale de Copenhague. En voiture, il faut longer le Kastellet puis Osterport puis prendre la direction d'Helsingor jusqu'à Tuborghavnevej, où se trouve l'Experimentarium. En bus, prendre le 1A.

EXPERIMENTARIUM
7 Tuborg Havnevej ✆ +45 39 27 33 33
www.experimentarium.dk
info@experimentarium.dk
Ouvert du lundi au vendredi de 9h30 à 17h, nocturne le mardi jusqu'à 21h, le samedi et le dimanche de 11h à 17h. Adulte 160 Dkr, enfants 100 Dk). Les attractions à l'intérieur sont gratuites. Approche ludique des phénomènes physiques et scientifiques, façon Cité des sciences de la Villette à Paris, sur 5 000 m². Bref, la physique amusante ! Expositions temporaires. Tout autour, le quartier est en pleine transformation : les terrains étaient autrefois occupés par la brasserie Tuborg.

CHARLOTTENLUND

Juste au nord d'Hellerup, Charlottenlund est née d'un palais baroque construit au XVIIIe siècle au centre d'un grand parc (Charlottenburg Slottspark) posé en bordure de l'Øresund et remanié vers 1890 en style néoRenaissance. Mais ce qui attire aujourd'hui les foules dans ce village résidentiel, c'est avant tout son superbe aquarium et en été sa plage.

- **Accès :** par train, S-Tog C en direction de Klampenborg ou train régional pour Helsingor. Bus 14 ou 166.

DANMARKS AKVARIUM
1 Kavalergården ✆ +45 39 62 32 83
www.danmarksakvarium.dk
Bus 14, 166. S-train C Charlottenlund. Ouvert du mardi au dimanche de 10h à 18h, 17h de février à avril, en septembre et octobre, 16h de novembre à janvier) et certains lundis en période de congés scolaires. Adultes 100 Dkr, 55 Dkr pour les enfants de 3 à 11 ans.

Les transports autour de Copenhague

Plus de 70 bassins avec 3 000 poissons et autres animaux aquatiques de toutes les eaux du monde : différents milieux naturels ont été reconstitués, des mers tropicales aux mangroves, en passant par les eaux profondes et noires des océans.

■ **SKOVSHOVED HOTEL**
267 Strandvejen
✆ +45 39 64 00 28
www.skovshovedhotel.dk/
Chambre simple à 1300 Kr et double à 1500 Kr. (Parking gratuit). Réductions hors-saison.
Voici une adresse romantique pour ceux qui veulent séjourner dans la région tout en restant proches de Copenhague (15 minutes). Dans une magnifique demeure toute blanche à l'architecture scandinave du XVIIe siècle, une vingtaine de charmantes chambres lumineuses vous sont proposées. L'hôtel se trouve à quelques mètres de la gare et deux pas des plages.

ORDRUP

Juste au nord-ouest de Charlottenlund, Ordrup est bordée au nord par un grand parc : c'est ici que se niche Ordrupgaard, un des plus étonnants musées d'art du pays.

▶ **Accès :** En train, S-Tog C en direction de Kalmpenborg. Prendre le bus 388 jusqu'à Vilvordevej pour atteindre le musée, ou ligne E en train jusqu'à Lingby puis prendre le bus 388. En voiture, autoroute A19/E47 puis sortie 16 et suivre Vilvordevej.

ORDRUPGAARD
110 Vilvordevej, 2920 Charlottenlund
✆ +45 39 64 11 83
www.ordrupgaard.dk
Ouvert du mardi au vendredi de 13h à 17h, le mercredi jusqu'à 19h, les samedi, dimanche et jours fériés de 11h à 17h. Entrée : 85 Dkr, étudiants et seniors : 60 Dkr, gratuit pour les moins de 18 ans.

Les environs de Copenhague

Un double trésor se cache, à l'écart du circuit des musées de la région, au milieu d'un parc. C'est d'abord une superbe collection de peintures réunies par un homme, Wilhelm Hansen, qui avait fait fortune dans les assurances. Amateur d'art éclairé, il acheta aux impressionnistes de nombreuses toiles lors de ses voyages d'affaires à Paris. Ainsi commença, en 1916, sa fabuleuse collection. Longtemps, la collection fut exposée dans la demeure (un agréable manoir campagnard) où vécut Hansen. Mais elle y était un peu à l'étroit. D'où le second trésor, l'extension réalisée par l'architecte déconstructiviste, Zaha Hadid, et inaugurée en 2005, qui permet de doubler la surface d'exposition. C'est un immeuble sinueux, parfaitement adapté au paysage vallonné dans lequel il semble se fondre et d'où toute ligne droite et tout angle semblent bannis. L'immeuble est en outre éclairé par de larges baies vitrées. Bref, une vraie réussite. Mais revenons aux peintures : une bonne centaine de tableaux, pour la plupart signés des maîtres du XIXe siècle : un Cézanne, onze Corot, neuf Degas, six Delacroix, huit Gauguin, cinq Manet, quatre Monet, six Pissaro, huit Renoir, six Sisley… La visite se poursuit avec des tableaux et dessins des maîtres danois de la même époque, dont Peter Hansen et P. C. Skovgaard. Une salle entière est consacrée à Hammershøi, dont une grande toile montrant une vue d'une rue de Christianshavn (où le peintre habitait), *Strandgade*, avec le bâtiment de la Compagnie asiatique, au bord du canal d'où dépasse un mât de bateau. Le mât en moins, on a la même vue en passant aujourd'hui à cet endroit, à ceci près que l'entrepôt est désormais occupé par la cantine du ministère des Affaires étrangères.

LYNGBY

En se rendant dans cette commune résidentielle, posée en bordure d'un lac (le Lyngby Sø), on s'écarte certes un peu des bords de l'Øresund, mais si on s'intéresse à l'architecture traditionnelle, cela vaut le détour… Sorgenfri (littéralement « Sans Souci ») se trouve au nord-ouest de Kongens Lyngby : c'est là qu'a été installé au début du XXe siècle le musée de plein air.

▶ **On y arrive depuis Copenhague** par la ligne E du S-Tog en direction de Hillerod : descendre à Sorgenfri.

▶ **En voiture,** prendre la voie rapide 201 jusqu'à la sortie Sorgenfri.

FRILANDSMUSEET (MUSÉE DE PLEIN AIR)

100 Kongevejen, Lingby/Sorgenfri

De la gare prendre Skovbrynet. Ouvert de fin mars au 31 octobre du mardi au dimanche de 10h à 17h. En période de Noël de mi-décembre à la fin du mois : le week-end de 10h à 16h. Gratuit. La section de plein air du Musée national de Copenhague. Très agréable balade au milieu de dizaines de fermes, aux toits de chaume pour la plupart, venues de toutes les régions du Danemark actuel (mais aussi du nord de l'Allemagne et du sud-ouest de la Suède, la Scanie autrefois danoise), transportées et remontées ici. Elles datent, pour la plupart, des XVIIe et XVIIIe siècles et sont toutes équipées en meubles, objets et outils d'époque. On peut visiter l'intérieur des cours et des pièces. Ouvert en 1901 sur 36 hectares, le site est assez étendu, mais on peut s'y promener en louant une carriole à cheval ! L'idéal est de venir ici en famille pour une demi-journée : des aires de pique-nique sont prévues tout près des vieilles fermes.

KLAMPENBORG

Retour sur la Riviera avec cette localité posée en bordure de l'Øresund et bordée côté terre par une vaste chasse royale, Jægersborg, aujourd'hui reconvertie en parc. Les Copenhaguois y viennent s'adonner en hiver aux joies du ski (de fond) et, en été, se promener, courir ou pique-niquer.

▶ **Accès :** S-Tog C jusqu'au terminus Klampenborg ou train régional vers Helsingor, puis suivre Dyrehavnvevej. En voiture, autoroute E19/E47, sortie 16 puis Klampenborgsvej vers l'est. En bus, 14 de Vanlose ou 185 de Norreport.

■ BELLEVUE

Route 152, Strandvejen

La plage B.C.B.G. Elle aussi a été aménagée dans les années 1930, comme en témoignent ses deux tourelles réservées aux maîtres nageurs sauveteurs. Malheureusement, la route n'est pas très loin, presque en surplomb. Mais, de l'autre côté, il y a un superbe parc, pour ceux qui préfèrent le gazon. A voir : le théâtre Bellevue, signé par Arne Jacobsen en 1937, avec son toit escamotable. A côté, un restaurant porte le nom de Jacobsen : les fauteuils, les couverts, et même la cheminée, curieusement creusée dans un mur, sont signés du célèbre *designer*. C'est aussi lui qui a réalisé non loin de là, en 1938, une très belle station-service, petite, simple et élégante avec son auvent ovale et plat (à voir au niveau du n° 24 de Kystenvejen).

DYREHAVSBAKKEN

Dyrehavevej 62
✆ +45 39 63 35 44
www.bakken.dk
Ouvert de fin mars à fin août, de 14h à 22h.
Une sorte de Tivoli gratuit (l'entrée du moins, car les attractions et le parking sont payants) et moins formel. Encore plus vieux que son illustre concurrent du centre de Copenhague, puisqu'il a été ouvert, selon la chronique, il y a plus de 400 ans ! C'était une foire censée être éphémère et qui n'a jamais quitté les lieux. De nombreuses baraques foraines, des restaurants (35 !) relativement bon marché, un cabaret où se sont produites les premières *drag-queens* du royaume, des attractions et des manèges qui vous projettent en tous sens, d'autres plus très neufs qui donnent un vrai charme à l'endroit. C'est un régal pour les enfants. Mais le soir, c'est le haut lieu de la bière et les Danois préfèrent laisser les Suédois se saoûler entre eux !

JÆGERSBORG DYREHAVE (PARC AUX CERFS)

Bus 6 depuis Valby, bus 388 depuis Lyngby. S-train Klampenborg.
C'est l'ancienne réserve de chasse royale, que l'on trouvait déjà au début du XIIIe siècle. Sur plus de 1 000 hectares, elle nous offre aujourd'hui un bois superbe, un parc d'attraction, un golf et un hippodrome ! Chaque année, lors du week-end de Pentecôte, a lieu le grand pique-nique en blanc, qui rassemble toute la bourgeoisie de la Riviera et de Copenhague. Tout le monde s'habille de blanc et on étale sur l'herbe verte des nappes immaculées en allumant les bougies de quelques chandeliers. Le pavillon de chasse, l'Ermitage, date de 1736. Il est fermé au public.

RUNGSTED

Bordant l'Øresund, face aux côtes suédoises, un petit port où dansent quelques voiliers, tandis que des cygnes voguent majestueusement sur l'eau. Et puis, de l'autre côté de la route, de superbes villas agrémentées de jardins non moins superbes. Parmi ces bâtiments, une ancienne auberge : c'est ici que naquit et vécut la grande dame des lettres danoises.

Accès : En train, direction Helsingor, il faut compter 20 minutes pour atteindre Ringsted, ensuite il faut soit prendre le 388 (passe chaque 30 minutes) soit marcher environ 10 minutes en longeant le bord de mer ou traverser le petit bois (panneaux indicatifs). En voiture, autoroute E47/A9 et sortie Rungsted, le musée se trouve près du port.

KAREN BLIXEN MUSEET (MUSÉE KAREN BLIXEN)

Face à l'Oresund, 111 Rungsted Strandvej
✆ +45 45 57 10 57 – www.karen-blixen.dk
Ouvert de mai à septembre : tous les jours de 10h à 17h, sauf le lundi. D'octobre à avril : du mercredi au vendredi de 12h à 16h et le week-end de 11h à 16h. Entrée : 60 Dkr, gratuit pour les enfants. Téléphonez le week-end avant d'y aller car des conférences y sont organisées et le musée est fermé au public. Karen Blixen (1885-1962) est née dans cette belle propriété posée en bordure de l'Oresund, une ancienne auberge où le poète préromantique danois Johannes Ewald (1743-1781) était venu passer deux ans en 1773 pour soigner ses chagrins d'amour, son alcoolisme et la maladie qui devait prématurément l'emporter. Le séjour du grand homme chez eux impressionna tellement les tenanciers du lieu que sa chambre fut conservée en l'état. La jeune femme vécut donc sa jeunesse dans cette demeure que son père avait achetée en 1879, avant d'épouser en 1914 le baron Blixen, propriétaire d'une plantation de caféiers au Kenya.

COPENHAGUE

La nostalgie de Karen Blixen

« Si, par exemple, je ressens en ce moment la nostalgie du Danemark, comme c'est le cas, très fortement, depuis la dernière fois que je suis revenue ici, la nostalgie de la nature me tourmente bien plus que celle des personnes, mis à part quelques exceptions très particulières. Le rondo de la Sonate pathétique me fait penser à toi d'une façon agréable, délicieuse, mais la pensée d'un soir de printemps danois, avec de la rosée dans l'herbe, des primevères et le bruit des vagues sur les rives du Sund, me rend presque folle. »

Karen Blixen, *Lettres d'Afrique*. 1914-1931, trad. par Philippe Bouquet, Paris, Gallimard, coll. « Folio », 1992.

Elle vécut dans sa ferme africaine jusqu'en 1931, date à laquelle elle revint dans sa maison natale où elle passa les trente dernières années de sa vie. Entre-temps, elle avait rencontré la gloire littéraire en publiant en 1930 *La Ferme africaine...* sous le pseudonyme masculin d'Isak Dinesen (son nom de jeune fille). Peu avant sa mort, Karen Blixen a créé avec ses droits d'auteur une fondation destinée à sauvegarder en l'état sa maison et à préserver le parc dont elle souhaitait qu'il soit rendu accessible au public jour et nuit. Une cafétéria et une petite librairie ont été aménagées et jouxtent la maison avec, à l'étage, sa bibliothèque ainsi qu'une salle d'exposition permettant de découvrir (en attendant l'heure de la visite guidée) la vie et l'œuvre d'un auteur que l'on connaît essentiellement pour son roman autobiographique et son adaptation au cinéma sous le titre de *Out of Africa* (1985) par Sidney Pollack, avec Meryl Streep et Robert Redford, ainsi que pour une nouvelle également portée au cinéma, *Le Festin de Babette*. On y découvre entre autres des photographies de l'écrivain, diverses éditions et traductions de ses livres et la minuscule machine à écrire Corona sur laquelle elle tapait ses contes et ses nouvelles. Mais le plus émouvant reste la maison elle-même que l'on visite, après avoir enfilé des chaussons de feutre, et muni d'un feuillet explicatif en anglais qui se révèle bien utile. On pénètre alors dans l'univers quotidien de Karen Blixen, mobiliers, souvenirs d'Afrique, lances et peaux de bêtes, petite table où elle enregistrait ses émissions de radio et gramophone (qui fonctionne toujours) offert par son amant Denys Finch Hatton, tragiquement décédé dans les montagnes du Kenya... par ailleurs nettement moins chevaleresque que le personnage incarné par Redford. Par moments, on s'attend à la voir apparaître pour nous inviter à nous asseoir, nous offrir une tasse de thé. De la fenêtre, vue imprenable sur le détroit de l'Øresund et l'île de Ven où l'astronome Tycho Brahe avait établi son observatoire au XVe siècle. Mais vous ne verrez pas tout dans cette maison, la chambre à coucher reste fermée aux visiteurs (les responsables du musée trouvent trop impudique de montrer lit de l'écrivain). Après la visite, faites une promenade dans le très beau parc situé derrière la maison, en empruntant un chemin qui serpente entre jardins, bois et champs. Karen Blixen est enterrée là, sous une simple dalle de ciment, au pied d'un hêtre majestueux. La ferme africaine de Karen Blixen existe toujours au Kenya, elle est située à 15 km du centre-ville de Nairobi et on peut aussi la visiter.

NIVÅ

Un paisible village posé à l'écart de la route d'Elseneur, entre mer et campagne, et aux maisonnettes (souvent des résidences secondaires) arborant pour certaines d'entre elles des toits de chaume soigneusement entretenus : pas un brin ne dépasse ! Le musée se trouve juste après le petit port.

Accès : Train en direction d'Helsingor depuis Copenhague (toutes les 10 minutes). Bus : Prendre le 388 qui longe la côte entre Klampenberg et Helsingor.

NIVAAGAARD MALERISAMLING COLLECTION DE TABLEAUX DE NIVAAGAARD

2 Gammel Strandvej ✆ +45 49 14 10 17
www.nivaagaard.dk

Ouvert de mardi à vendredi de 12h à 16h, de 11h à 17h le week-end, fermé en semaine en décembre et janvier. Entrée : 50 Dkr, 40 DKr pour les seniors et 25 Dkr pour les étudiants, gratuit pour les enfants. Petit musée privé à la sortie du village. Tableaux italiens et hollandais des XVIe et XVIIe siècles (dont un Rembrandt) et toiles de l'âge d'or danois. En 1999, le *Portrait d'une dame* de Rembrandt et le *Portrait d'un jeune homme* peint par l'un des membres de la famille Bellini avaient été dérobés en 10 minutes par des inconnus, avant d'être retrouvés sept mois plus tard, grâce à des informations fournies par des personnes qui ont négocié la récompense promise : au lieu des 50 000 couronnes offertes, ils ont obtenu 2 millions de couronnes... Les deux tableaux sont estimés à plus de 100 millions de couronnes.

HUMLEBÆK

Accès : En train : compter 40 minutes de Copenhague. Tous les trains en direction de Helsingor s'arrêtent à Humlebaek. De la gare, on peut rallier Louisiana à pied (10 minutes) ou prendre le bus 388 (toutes les 30 minutes). En voiture, sortie 5 de l'autoroute E45 puis la route 152 vers Helsingor (suivre les panneaux indiquant le musée).

LOUISIANA (MUSÉE D'ART MODERNE)

13 Gammel Strandvej
✆ +45 49 19 07 19 – www.louisiana.dk

Ouvert du mardi au vendredi de 11h à 22h, le week-end de 11h à 18h. Entrée 95 Dkr, gratuit pour les moins de 18 ans. Gratuit avec la CPH Card.

Fabuleux musée que celui de Louisiana ! Un des plus beaux musées d'art moderne du monde du monde ! C'est l'art moderne intégré à la nature par la magie d'une architecture aussi imaginative que fonctionnelle. Le musée a été construit sur une (petite) falaise dominant l'Øresund et conçu à partir d'une demeure bourgeoise du XIXe siècle. En 1958, le propriétaire des lieux, Knud W. Jensen (mort en 2000), a voulu y abriter sa collection personnelle et a fait appel aux architectes Jøregen Bo et Vilhelm Wohlert pour édifier le musée : ceux-ci ont dessiné un dédale de couloirs vitrés serpentant à travers la nature et conduisant à des salles largement ouvertes sur l'extérieur. Chacune d'entre elles est conçue selon un jeu de matières (marbre, bois, briques) et de lumières (artificielle, lumière du jour), et tout est fait pour abolir la différence entre intérieur et extérieur : comme en témoigne la superbe salle Giacometti ouverte par une baie vitrée sur l'étang d'Humlebæk... C'est aujourd'hui le musée le plus visité du Danemark et l'on aime passer du temps dans ce lieu enchanteur à qui il n'est pas exagéré de consacrer une bonne journée ou une soirée... en profitant d'heures d'ouverture pour une fois assez larges.

Dominant la mer, le parc est parsemé de sculptures : Henry Moore, César (*Le Pouce* bien entendu), Joan Miró, Jean Dubuffet, Max Ernst, Hans Arp, Germaine Richier, Tinguely et Calder (entre beaucoup d'autres) sont au rendez-vous.

À l'intérieur, la collection permanente est réagencée en fonction de l'espace plus ou moins important dévolu aux expositions temporaires si bien qu'il est difficile de prévoir à l'avance quelles œuvres seront visibles ou non. De toute façon, tous les grands noms de la peinture du XXe siècle sont présents : Picasso, Matisse, Giacometti qui voisine avec Francis Bacon, le cubisme danois représenté par Lundstrom, la peinture abstraite de Richard Mortensen et d'Asger Jorn, le pop art avec Andy Warhol et Roy Liechtenstein, sans oublier bien entendu Per Kirkeby.

Un espace a été réservé aux enfants, leur offrant des ateliers de peinture, d'initiation à la sculpture, et des écrans d'ordinateur : on peut les laisser ici en toute confiance pendant la visite, ils sont pris en charge et se livrent en toute liberté à leur propre découverte de l'art contemporain (mieux vaut toutefois les inscrire à l'avance par téléphone).

À ne pas négliger : L'excellent restaurant (déjeuner buffet à 118 Dkr, dîner buffet à 148 Dkr) et, la librairie d'art et la boutique où l'on ne manque pas de trouver quelques idées de cadeaux, le plus souvent design, parfois très originaux. Bref, un lieu magique dont la visite est indispensable (si possible par beau temps !).

ELSENEUR (HELSINGØR)

Connue pour le château qu'immortalisa Shakespeare, Elseneur est une petite cité accueillante posée à la pointe nord-est du Sjælland, en bordure de l'Øresund dont elle commande l'entrée. Le détroit n'est ici large que de 4 km ce qui contribua à la fortune de la ville jadis (on y percevait un péage), mais aussi de nos jours où une noria de ferries conduit les Suédois depuis le port d'Helsingborg : ce qui explique le nombre à première vue étonnant de magasins spécialisés dans la vente d'alcools en tous genres (en Suède, cette vente est encore fortement réglementée : magasins d'Etat, horaires d'ouverture limités, prix exorbitants). Cumulant en outre les activités de station balnéaire (plages devant l'hôtel-casino) et de port de pêche, la ville a conservé un agréable centre médiéval, en grande partie piétonnier et aux rues bordées de maisons à colombages. C'est bien entendu pour le fameux château que la plupart des visiteurs s'arrêtent à Elseneur. Si le mythique prince Hamlet n'y mit sans doute jamais les pieds (pas plus que l'auteur qui lui conféra une gloire universelle), ils marcheront sur les traces d'un autre mythe, Holger Danske, alias Ogier le Danois, et de deux souverains bien réels, Erik VII de Poméranie et Christian IV. Pour autant, Elseneur ne reste pas figée dans le passé : face au port s'édifie un Centre culturel (Kulturhavn Kronborg) qui devrait être inauguré en 2012. L'agence Aart est en train de reconvertir les anciens chantiers navals qui devraient accueillir à terme une bibliothèque, une salle de théâtre, une salle de concerts et le musée naval...

Accès. Des trains régionaux (Re) désservent Helsingor tous les 10 minutes de Copenhague (trajet d'environ 45 minutes). En Bus : le 318 dessert toutes les villes de la riviera danoise de Copenhague jusqu'à Helsingor. En voiture : Prendre la route 152 qui longe la mer ou l'autoroute E47.

Pratique

■ OFFICE DU TOURISME

3 Havnepladsen ✆ +45 49 21 13 33
www.visitnordsjaelland.com
Ouvert du lundi au jeudi de 10h à 17h, 18h le vendredi, 15h le samedi de fin juin à fin août, et du lundi au vendredi de 10h à 16h et le samedi de 10h à 13h le reste de l'année.

Hébergement

■ AUBERGE DE JEUNESSE

« Villa Molte », 24 Ndr. Strandvej
✆ +45 49 28 49 49
Comptez 525 Dkr pour une personne et 550 Dkr pour deux personnes.
Située au nord-est d'Helsingor, cette auberge de jeunesse (Danhostel) est la plus sympa de la région. Et pour cause, elle possède sa propre plage privée. Plusieurs activités y sont organisées. L'ambiance y est très chaleureuse en été.

■ HOTEL MARIENLYST

2 Ndr Strandvej ✆ +45 49 21 40 00
www.marienlyst.dk
Chambre simple entre 950 et 1 425 Kr. Chambre double entre 1 150 et 1 625 Kr. De nombreuses réductions hors saison et sur Internet.
L'un des hôtels les plus chics de la riviera, avec son golf, son casino et sa plage. Comme il est situé situé en face de l'Øresund, la majorité des chambres ont une magnifique vue sur la mer et la Suède et certaines sur le château. Les chambres sont spacieuses et très confortables, la décoration est scandinave (sobre mais très design). Il y règne un air de *dolce vita* et de vacances, on aimerait y passer plusieurs jours... Pour les gourmets, on y trouve un restaurant où l'on y sert une cuisine danoise très raffinée (fruits de mer). Le service est irréprochable.

■ HÔTEL SKANDIA

1 Bramstræde
✆ +45 49 21 09 02
Chambre simple 495 Dkr, chambre double 595 Dkr.
Hôtel central situé à deux pas de la gare et à 10 minutes à pied du château. Les chambres sont corrects et la décoration est assez sobre hormis le rouge des murs qui tape à l'œil.

Restaurants

■ GÆSTGIVERGÅRDEN

11 Kampergade
✆ +45 49 21 19 78
Ouvert tous les jours de 9h à 1h, jusqu'à 4h le samedi, de 10h à 1h le dimanche. Comptez un peu plus de 120 Dkr pour un plat et une bière.
Terrasse sur la place quand il fait beau. A l'intérieur, cadre agréable et cosy d'un pub anglais. Banquettes et sièges en cuir vert. Au menu, cuisines et bières danoises.

■ MADAME SPRUNCK CAFÉ

48 Stengade
✆ +45 49 26 48 49
Brunch : un peu plus de 135 Dkr. Menus à partir de 188 Dkr.
Au fond de la cour, dans une vieille maison : excellents sandwichs et petits plats servis dans un décor simple et chaleureux, tons ocre, poutre et nappe sur les tables. De bon

La taxe de l'Oresund

Entre Helsingor et Helsinborg en Suède (ville danoise jusqu'en 1660), la largeur du détroit, long de 110 km, n'est que de 4,5 km. L'Oresund est un détroit stratégique car il relie la mer Baltique à la mer du Nord. Du fait de cette importance, le roi Erik de Poméranie impose, dès la fin du XVe siècle, une taxe à tous les navires qui l'empruntent. Un siècle plus tard, la taxe rapporte plus des deux tiers des rentrées fiscales du royaume et permet à l'aristocratie d'être indépendante. En 1567, on décide de construire la forteresse de Kronborg et le péage est converti en taxe de 1 à 2 % sur la valeur de la cargaison, ce qui triple son rendement. Tous les navires étrangers passant par le détroit devaient s'arrêter au péage d'Helsingør. Si un navire refusait de s'arrêter, les canons des deux forteresses pouvaient ouvrir le feu et le couler. En 1857, la Convention de Copenhague a aboli les péages et fait des détroits danois des eaux internationales ouvertes à tout navire militaire ou commercial. L'impact des péages était en effet devenu de plus en plus défavorable au commerce de Copenhague, même s'il continuait à fournir un huitième des revenus de l'État.

goût dans tous les sens du terme. Brunch avec des musiciens dans la cour l'été.

Manifestation

FESTIVAL HAMLET

La pièce de Shakespeare a été jouée pour la première fois dans l'enceinte du château de Kronborg en 1816, à l'occasion du bicentenaire de la mort du dramaturge anglais. Elle est depuis régulièrement remontée, en danois, mais aussi parfois en anglais : Sir Laurence Olivier, John Gielgud ou Richard Burton n'ont pas résisté à l'envie d'interpréter le prince du Danemark au milieu des remparts censés avoir servi de cadre au célèbre drame historique et familial. Après 21 ans d'interruption, la tradition de monter des représentations en anglais a été reprise durant l'été 2000, et chaque année depuis. Renseignements à l'office du tourisme.

Points d'intérêt

Il faut se promener dans la ville : près de la gare et de l'office du tourisme, un cygne orne la façade d'un vieux bâtiment. Il s'agit de l'ancienne pharmacie où l'on dit que Shakespeare est venu acheter quelques potions. A côté, l'étroite Gammel Færgestræde est une vieille rue du Moyen Age. Le monastère des carmélites (Vor Frue Kloster), tout en briques rouges, datant du XVe siècle, mérite bien une visite (entrée sur Sct Annagade, 38). La maîtresse du roi Christian II, considérée comme une sorcière par ses compatriotes au début du XVIe siècle, y est enterrée. La ville a subi ces dernières années de gros travaux de rénovation et d'aménagement (en 1996, on a même démoli un immeuble des années 1960 qui jurait au milieu des vieilles pierres) pour harmoniser l'architecture de la cité.

KRONBORG SLOT (CHÂTEAU DE KRONBORG)

✆ +45 49 21 30 78 – www.kronborg.dk

Ouvert tous les jours de 10h30 à 17h de mai à septembre, du mardi au dimanche de 11h à 16h en avril et octobre, jusqu'à 15h de novembre à mars. Visite du château : 70 Dkr, 95 Dkr avec le billet pour le musée de la marine, 25 Dkr enfants de 6 à 14 ans.

Inscrit sur la liste du Patrimoine mondial de l'UNESCO en 2001, le beau château de Kronborg est situé au bord de la mer faisant face fièrement à la Suède toute proche. A l'intérieur, de grandes salles dont une très belle salle de bal avec différents tableaux, des tapisseries datant du XVIIe siècle et de notables meubles en marqueterie. A l'entrée du château, une plaque rappelle que Shakespeare a rendu célèbre le nom d'Elseneur en y situant le drame d'Hamlet. Celui-ci était réellement un prince danois, mais il a vécu au Jutland, sur l'île de Mors. Kronborg a d'abord été un château médiéval, édifié par Erik de Poméranie au début du XVe siècle pour protéger l'entrée du Sund, ce détroit entre le Danemark et la Suède. Les deux pays étaient alors réunis en un seul royaume par l'union de Kalmar. La fortune de la région venait du droit de passage que devaient acquitter les navires. Le château fortifié fut remplacé à la fin du XVIe siècle par le roi Frederik II qui lui donna l'aspect qu'on lui connaît aujourd'hui. L'incendie de 1629 n'endommagea que partiellement l'extérieur du château. Mais l'intérieur ayant beaucoup souffert, Christian IV supervisa la décoration de la plupart des pièces. Holger Danske, sourcils froncés et bras croisés. La visite commence par la chapelle, ornée de sculptures sur bois. Ensuite, on pénètre dans les appartements royaux. Des fenêtres, des salles et des couloirs, la vue est superbe et rend bien compte de la position stratégique du château. Bien que l'ensemble paraisse plutôt austère, les salles sont très claires, décorées avec élégance sans jamais être surchargées.

Kronborg au temps de Tycho Brahe

« Enfin nous nous présentâmes saufs devant Kronborg, au milieu d'une flotte nombreuse. Mon cœur s'emplit d'émotion et de respect devant ce palais que Jacob m'avait tant décrit et que ma mauvaise vue ne m'avait jamais permis d'apercevoir Il était tout hérissé de flèches et, dans la cour carrée où l'on pénétrait par une suite de guichets sous des voûtes basses, régnait une agitation sonore : des cochons, des cerfs entiers aux entrailles ouvertes pendaient aux crochets entre des bassines fumantes. Carrioles et chevaux se croisaient sur le pavé tandis que des enfants vêtus de blanc allaient le long des murs vers la chapelle, d'où s'élevaient des chants dans le cri des oiseaux marins ».

Christian Combaz, *Le Seigneur d'Uranie*, Paris, Flammarion, 1999.

Helsingor ancien.

Mais dépouillement ne veut pas dire pauvreté : voyez la longue salle des chevaliers, l'une des plus anciennes salles Renaissance du Danemark, et peut-être la plus vaste de ce genre en Europe. Dans la salle des tapisseries royales, on peut admirer sept des quatorze tapisseries flamandes, sauvées des flammes du château de Christiansborg en 1859. Les autres sont exposées au Musée national de Copenhague. Tissées à Elseneur par des maîtres hollandais à la fin du XVIe siècle, elles étaient au nombre de 43, qui représentaient les 100 rois du Danemark dénombrés jusqu'à ce moment. Notez dans la salle 14 un étonnant *Trompe-l'œil* de Cornelius Gijsbrechts, daté de 1672. Après la succession des appartements royaux, avec portraits et mobilier, on descend dans les casemates. A l'entrée, la statue de Holger Danske, une copie de 1907, nous acceuille, sourcils froncés et bras croisés. La légende raconte que ce roi danois a été fait prisonnier en France au VIIIe siècle. De retour dans son pays, il s'est endormi et ne se réveille que lorsqu'un grand danger menace le Danemark. Parfois, le château accueille des œuvres d'art contemporaines au milieu des collections anciennes, le mélange est étonnant et peut être réussi. La visite des casemates est guidée, avec description de la vie des soldats et des supplices infligés aux prisonniers. Il fait 8 °C toute l'année dans ces caves, en été comme en hiver.

▶ **N'hésitez pas à venir vous asseoir au bord de la mer,** comme les pêcheurs qui sont là, la végétation est agréable et on peut pique-niquer ici en regardant passer les ferrys ou les voiliers.

MUSÉE D'ELSENEUR

36 Helsingør Bymuseum Sct Annagade
✆ +45 49 28 18 00
Ouvert tous les jours, toute l'année de 12h à 16h, entrée : 20 Dkr et gratuit avec la CPH Card. N'hésitez pas à entrer dans le musée de la Ville, où une maquette de l'Elseneur de 1801 vous aidera à mieux comprendre l'histoire de la région.

MUSÉE MARITIME DU CHÂTEAU DE KRONBORG

Kronborg Slot
✆ +45 49 21 06 85
www.martime-museum.dk
Ouvert du mardi au dimanche de 11h à 16h, 15h de novembre à mars. Entrée : 50 Dkr, gratuit pour les enfants et avec la CPH Card.
Les salles du rez-de-chaussée du château de Kronborg accueillent le Musée maritime, avec expositions temporaires et présentation d'instruments de navigation et de maquettes de bateaux, depuis les voiliers jusqu'aux bateaux à moteur. Les grands moments de la compagnie des Indes occidentales sont évoqués, la traite des noirs par les danois ainsi que le système de péage sur l'Øresund. On remarquera aussi un beau bateau en peau de phoque. Les passionnés peuvent également consulter les 25 000 volumes de la bibliothèque consacrée à la mer et une importante collection de photographies.

DRONNINGMØLLE

Accès : Train depuis Copenhague pour Hillerød, arrêt à la gare de Dronningmølle, puis bus 340 pour rallier le musée. En voiture, route côtière 227.

RUDOLPH TEGNER MUSEUM

Villingerød, 19 Museumsvej, Dronningmølle
✆ +45 49 71 91 77
www.rudolphtegner.dk
Ouvert tous les jours, sauf le lundi, de 9h30

à 17h du 1er juin au 31 août (à partir de 12h le reste de l'année). Entrée : 50 Dkr (gratuit pour les moins de 12 ans).

Un endroit qui ne ressemble à aucun autre et qui sort peu à peu de son purgatoire. Le bâtiment lui-même est un vrai bunker, construit en 1938 : un haut cube de béton sans fenêtre, avec un dôme vitré pour donner un éclairage naturel. C'est là que l'on découvre la folie de Tegner, ses statues immenses, aux proportions parfois démesurées : ainsi, cette femme nue, allongée dans une pose romaine, les formes très rondes et le bras qui pend négligemment aussi long ou presque que le corps tout entier ! Sur les visages des couples qui s'enlacent se lisent la jouissance et la béatitude, parfois l'inquiétude. C'est un style indéfinissable, proche des grandes sculptures des régimes mussoliniens ou hitlériens : les Danois ont toujours reproché à Tegner ses sympathies nazies. Désapprouvé, l'artiste s'est enfermé dans ce bunker, laissant libre cours à sa monumentale folie créatrice jusqu'à sa mort en 1950. Un musée mausolée puisque l'artiste lui-même est enterré au milieu de la salle principale, sous la dalle, tandis que les cendres de sa femme sont contenues dans la plinthe de l'immense Apollon ! A l'extérieur, un vaste parc, où paissent quelques moutons, abrite d'autres statues : il a été récemment réaménagé, et il faut aller s'y promener. Enfin, sachez qu'on peut acheter des moulages de certaines œuvres, qui ne sont heureusement pas toutes monumentales.

GILLELEJE

Un village de pêcheurs, mais aussi une station balnéaire aux ruelles bordées de jolies maisons aux toits de chaume agrémentées d'agréables jardins : on y vient pour se balader, pour manger des crevettes devant les petits kiosques installés sur le port, ou pour se baigner, à moins qu'on ne souhaite marcher sur les traces de Søren Kierkegaard. Le philosophe aimait beaucoup fréquenter cet endroit dans sa prime jeunesse et il en profitait pour se promener dans la nature jusqu'à une falaise dominant la mer. Agé alors de 22 ans, il se demandait s'il allait devenir comédien ou juriste. Il ne fut ni l'un ni l'autre. Sans se livrer forcément à de tels examens de conscience, les visiteurs d'aujourd'hui apprécient la sérénité de ce village et des paysages qui l'environnent.

Pratique

■ **OFFICE DU TOURISME**
6F Gilleleje Hovedgade
✆ +45 48 30 01 74 – www.gilleleje.dk
Ouvert du 2 mai au 30 septembre, tous les jours, sauf le dimanche, de 10h à 16h du lundi au vendredi, jusqu'à 17h du 27 juin au 8 août, et le samedi de 10h à 15h.

Hébergement

■ **HÔTEL STRAND**
Vesterbrogade ✆ +45 48 30 05 12
www.hotel-strand.dk
Chambre simple de 570 à 990 Dkr, chambre double de 820 à 1 100 Dkr, petit déjeuner inclus.

Restaurant

Comme sur tous les ports de la côte nord, on peut manger du poisson grillé tout juste pêché. Des petites baraques en bois posées sur le quai proposent des harengs et des délicieuses crevettes à la mayonnaise qu'on peut accompagner d'une bonne mousse danoise bien sûr !

TISVILDELEJE

A moins d'une heure de route de Copenhague, voici la plage la plus dépaysante, celle que préfèrent les habitants de la capitale. Un vaste parking, et puis la nature : une mer superbe et claire, des dunes sur des kilomètres et, à l'arrière, une vaste forêt de hêtres et de chênes, plantée au XVIIIe siècle pour faire barrage à l'érosion de la côte. Le vent a créé de véritables sculptures sur bois à force de souffler sur les arbres de la région. On peut profiter de ce cadre pour enfourcher une bicyclette : les sentiers sont balisés et permettent d'accéder à la plage. Partout se nichent, parfois jusque dans les dunes, de petites maisons de bois.

■ **AUBERGE DE JEUNESSE TISVILDELEJE**
30 Bygmarken ✆ +45 48 70 98 50
www.danhostel.dk
Un danhostel 4-étoiles, à 500 m de la plage.

■ **OFFICE DU TOURISME**
8 Banevej ✆ +45 49 21 13 33
www.helsinge.com
info@visitnordsjaelland.com
Ouvert du 27 juin au 15 août de lundi à vendredi de 12h30 à 16h30, samedi de 10h à 12h.

GRÆSTED

On y passe depuis Gilleleje par la route 251. Il faut poursuivre jusqu'au lac d'Esrum tout proche.

■ MONASTÈRE D'ESRUM

11 Klostergade
✆ +45 48 36 04 00
www.esrum.dk
Accès : bus 305, 306, 331. De l'autre côté du lac d'Esrum (Esrum Sø) à Græsted. Ouvert tous les jours, sauf le lundi, de 10h30 à 16h30. Du 25 octobre au 30 mars, ouvert de 11h à 16h. Entrée : 50 Dkr, gratuit pour les enfants.
Un monastère du XIIe siècle (le bâtiment principal date de 1350) sur les rives du lac Esrum... Restauré et ouvert au public en 1997, il illustre la vie des moines avant la Réforme. Expositions temporaires, concerts et promenades dans le parc, classé « paysage national » et où l'on trouve des herbes médicinales du Moyen Age.

FREDENSBORG

Sur la rive est du lac Esrum, ce village a été construit en même temps que le château, sur le domaine royal, au début du XVIIIe siècle, dans un région dotée d'un des plus grands lacs du Danemark (1 736 hectares) et en tout cas le plus profond (jusqu'à 22 m) : le lac d'Esrum. Un paysage vallonné, lacustre et arboré, c'est idyllique ! On comprend qu'aujourd'hui encore la famille royale y passe une grande partie de l'année.

■ AUBERGE DE JEUNESSE FREDENSBORG

3 Østrupvej
✆ +45 48 48 03 15
www.fredensborghostel.dk
Chambre simple : 229 Dkr, chambre double : de 329 à 529 Dkr.
Située tout près du parc du château, l'auberge offre tout le confort habituel des auberges de jeunesse du Danemark : salle de jeux, cuisine, salle de télévision et des chambres individuelles.

■ CHÂTEAU DE FREDENSBORG

✆ +45 33 40 31 87
Parc : ouvert toute l'année de 13h à 16h30. Entrée libre. Château et l'orangerie : ouvert aux mêmes heures mais seulement en juillet, avec visite guidée toutes les 15 minutes, entrée adultes 50 Dkr et enfants 20 Dkr.
Construit entre 1720 et 1722, au bord du lac Esrum, ce château baroque continue à servir de résidence à la famille royale au printemps et à l'automne. En juillet, les touristes y sont admis car la reine réside alors à Århus. Bâti par l'architecte Johan Cornelius Krieger, à la demande de Frederik IV, impressionné par ses voyages en Italie, le château de Fredensborg a été agrandi au fil des décennies (notamment par Lauritz de Thurah, Nicolai Eigtved et Nicolas-Henri Jardin), et sa splendide coupole a vu pousser vers la fin du XVIIIe siècle quatre cheminées en forme de minarets.

▶ **À l'intérieur,** les appartements sont splendides. Le rococo règne en maître dans la décoration, mais l'ensemble garde l'esprit de sa construction.

▶ **Du bio royal.** Une touche de modernité, imposante et pourtant tout en légèreté : Margrethe II a fait bâtir une monumentale orangerie, conçue par l'architecte Søren D. Schmidt, inaugurée en septembre 1995. C'est ici que sont cultivés les fruits, fleurs et légumes qui approvisionnent les palais du royaume. Ce bâtiment de 650 m² est comme un écho de verre au château voisin : comme lui, il est surmonté d'une coupole (ici transparente) et, à l'entrée, le sol est en marbre noir et blanc comme dans le hall du château. Il s'agit d'un bâtiment audacieux qui épouse la déclivité du terrain ; il utilise des matériaux traditionnels (comme la brique) et fonctionne avec les techniques écologiques les plus en pointe : l'eau de pluie est recyclée, aucun pesticide n'est employé. Ici, on produit du bio royal !

▶ **Quant au parc,** il est des plus agréables. Une vaste perspective, comme une large avenue de gazon, s'ouvre au milieu des arbres. A l'ouest se trouve une étrange clairière, sorte d'hémicycle entouré de 69 statues, offertes à leurs souverains par les pêcheurs islandais, norvégiens et féringiens. Enfin quand on descend vers le lac, deux petits pavillons, dessinés par Nicolas Jardin, se reflètent dans l'eau.

▶ **Les amateurs de parades militaires** noteront avec intérêt que, lorsque la reine réside ici, la relève de la garde a lieu à midi, tous les jours.

■ OFFICE DU TOURISME

2 Slotsgade ✆ +45 48 48 21 00
Ouvert du 1er avril au 23 octobre, du lundi au vendredi de 10h à 17h, samedi de 10h à 14h30.

RESTAURANT SKIPPERHUSE
6 Skipperallé
✆ +45 48 48 17 17
www.skipperhuset.dk
Descendez à Skiperhus, « la maison du pêcheur ». C'est tout en bas de Skipper Avenue, à gauche avant d'entrer dans l'enceinte du château de Fredensborg Menu de 188 à 348 Kr. Ouvert de 12h à 17h, fermé le lundi.
Idyllique et tellement scandinave : nappe blanche, bougie, maison de bois, vue sur le lac, petit ponton, hangar à bateau. Cuisine danoise délicieuse.

HILLERØD

C'est dans cette petite ville que se trouve le Versailles danois, dans le cadre toujours aussi enchanteur du nord du Sjæland.

Accès : S-train (ligne E) direct de Copenhague. Compter environ 40 minutes. Possibilité de rejoindre Helsingor par train via Fredensborg. En voiture, autoroute E47 puis sortie 19.

Orientation : De la gare, il faut marcher environ 10-15 minutes pour rejoindre le château, à travers une rue piétonne qui traverse la centre-ville d'Hillerod, on peut aussi longer le lac.

CHÂTEAU DE FREDERIKSBORG
✆ +45 48 26 04 39
www.frederiksborgmuseet.dk
Ouvert tous les jours de 10h à 17h, de 11h à 15h de novembre à mars. Entrée : 60 Dkr, enfants 15 Dkr, réductions pour les seniors et les étudiants. Gratuit avec la CPH Card.
Construit par Christian IV entre 1599 et 1522 sur trois îlots au milieu d'un lac. C'est un des plus grands et des plus beaux châteaux de Scandinavie. Ce palais de style Renaissance hollandaise a été entièrement construit en briques rouges décorées d'ornements de grès. Il servit aux grandes réceptions, devenant le symbole de la monarchie danoise. Sa magnificence et son importance symbolique lui ont valu le surnom de « Versailles » du Danemark.
La partie du château la plus ancienne se trouve sur l'îlot le plus proche de la ville. Ce sont les restes du château précédent, édifié autour d'un vieux manoir par Frederik II, le père de Christian IV. Un violent incendie ayant détruit, en 1859, une partie de ce château, il fut aussitôt reconstruit fidèlement, les murs ayant bien résisté. Un heureux hasard favorisa sa reconstitution : deux peintres avaient réalisé, quelques semaines auparavant, des toiles représentant les principales salles du château ! Plus tard, il fut transformé en musée, témoin de l'histoire du pays. L'ensemble est assez imposant et en même temps très élégant. L'extrémité du clocher de la chapelle est comme posée sur ses quatre boules d'or au sommet de la grosse tour centrale. La chapelle, typique de l'art Renaissance, offre ébène, argent et marqueterie à foison. De nombreux boucliers décorent les murs. Ces grands écus sont recouverts des armoiries des grandes familles européennes.
Aujourd'hui encore, on en augmente la collection : les dernières sont celles de la reine Margrethe, du prince Henrik et de leurs deux enfants. C'est d'ailleurs ici que le fils cadet de la reine, le prince Joachim, a épousé Alexandra, roturière de Hong Kong devenue princesse danoise en novembre 1995. Au fil de la visite, les lourdes portes s'ouvrent sur des salles richement décorées et aux murs chargés de tableaux.

© VISITDENMARK/JACOB FRIBERG

La fontaine et le Château de Frederiksborg.

Le château de Frederiksborg, le "Versaille" du Danemark.

Au centre du château, l'aile du roi, avec, au premier étage, la très belle salle du conseil, qui a échappé à l'incendie de 1859. Salle 26 : dans une vitrine, la *Bible de Christian III* de 1550, première traduction de la Bible en danois. Salle 31, un manuscrit du début du XVIIe siècle : celui de la fille de Christian IV, Leonora Christine, qui fut enfermée pendant 22 ans dans ce château, après la mort de son père. Titre du manuscrit autobiographique : Souvenirs douloureux… Au second étage, plusieurs toiles de Rigaud, célèbre à la cour de Versailles et qui a réalisé ces portraits de dignitaires danois sans jamais venir au Danemark. La salle d'honneur a été entièrement reconstituée après l'incendie, sans pourtant retrouver la véritable « touche » de Christian IV. L'aile du château où vivait la princesse comprend de nombreux tableaux, meubles et objets retraçant l'historique de la famille royale de Christian VI à Margrethe II. Derrière le château, s'étend un jardin baroque : avec ses fontaines en terrasses au-dessus d'un petit lac, le lieu a été redessiné et replanté selon les plans réalisés par J. F. Krieger au début du XVIIIe siècle. Une restauration du jardin a eu lieu pendant plusieurs années et il a été rouvert au public en juin 1996 : c'est pourquoi les bosquets ne sont pas encore très hauts, et les parterres encore un peu malingres. Mais il faut aller y faire un tour (c'est gratuit) et le coup d'œil sur le château et la ville n'est pas mal du tout…

■ **OFFICE DU TOURISME**
Rederiksværksgade 2 A
✆ +45 48 24 26 26
www.visitnordsjaelland.com
Fermé en hiver.

FREDERIKSSUND

On est ici sur les bords du fjord de Roskilde (long de 275 km) qui devient plus étroit à cet endroit, permettant à un pont de l'enjamber facilement. La nature, vallonnée, offre de beaux paysages harmonieux de bois et de champs. Le paysage est superbe en passant par Skibby. On peut aussi visiter l'île d'Oro qui se trouve au milieu du fjord.

▶ **Accès :** 45 minutes de train de Copenhague. Terminus du S-train. Par la route 211 depuis la capitale, ou 6 et 53 depuis Roskilde.

▶ **Orientation :** La ville est toute petite, un petit centre piéton traversé par une longue rue qui mène au Fjord et qui passe près du principal musée.

■ **J.F. WILLUMSENS MUSEUM (MUSÉE J. F. WILLUMSEN)**
4 Jenriksvej ✆ +45 47 31 07 73
www.jfwillumsensmuseum.dk
jfw@frederikssund.dk
Ouvert tous les jours, sauf le lundi, de 10h à 17h. Entrée : 40 Dkr, gratuit pour les enfants.

Un très beau bâtiment coloré à l'entrée de la ville, côté fjord. On y trouve les œuvres de Jens Ferdinand Willumsen. Très célèbre au Danemark, ce peintre mort en 1958 a également réalisé des dessins, des céramiques, des sculptures. On trouve dans ce musée des œuvres qui lui appartenaient, dont une toile du Greco.

OFFICE DU TOURISME
Havnegade 5A ✆ +45 47 31 06 85
www.visitfrederikssund.dk
Ouvert du lundi au vendredi de 10h à 16h. Donne des informations sur les excursions et les randonnées à faire dans la région. Réservations de chambres chez l'habitant. Horaires des bateaux qui vont vers l'île d'Oro.

AU SUD DE COPENHAGUE

Changement de direction : on part au sud de la capitale, d'abord à Amager, tout près de l'aéroport de Kastrup, vers un lieu de promenade très apprécié : le petit port de Dragør où l'on vient flâner le dimanche. Et en descendant la côte le long du Sund, à quelques kilomètres, se trouve l'audacieux musée d'Art moderne inauguré en 1996, l'une des fiertés de cette année où Copenhague fut capitale culturelle de l'Europe.

DRAGØR

Ce village situé à la pointe de l'île d'Amager a connu la prospérité dès le XIIe siècle grâce à la pêche et à la conservation du hareng. Peuplé par la suite d'immigrants venus de Hollande, il a conservé (du moins dans le centre ancien) tout le charme d'une petite cité de pêcheurs du XVIIIe siècle, dont nombre de maisons ont été édifiées par un maître bâtisseur local, J.H. Blichmann. Une restauration conduite avec respect a encore rehaussé ce charme intemporel.

Le village a conservé son plan original : un réseau de rues parallèles, reliées entre elles par de petites allées. On prend plaisir à se promener dans les ruelles pavées et fleuries de roses trémières bordées de maisonnettes à pans de bois, souvent revêtues de toits de chaume et aux façades colorées de jaune. On remarque sur certaines d'entre elles, des petites tours vitrées, observatoires permettant de surveiller le trafic sur l'Øresund.

Le port a été aménagé au début du XVIIe siècle (jusque-là, les barques des pêcheurs étaient simplement tirées sur la plage). Il abrite encore une activité de pêche côtière. On y remarque un mémorial rappelant le rôle des marins du lieu dans l'évacuation des Juifs danois vers la Suède en 1943. Bref, une balade hors du temps que l'on peut prolonger aux beaux jours par une baignade dans le Sund, presque au pied du pont.

Accès : En train, direction Kastrup, jusqu'à Orestad ou Tarnby puis bus ligne 32, 73 ou 75E jusqu'à Store Magleby. En bus, ligne 30 depuis la gare centrale de Copenhague ou ligne 350S depuis Norreport, Christianshavn ou la gare de Tarnby. En voiture, prendre la direction de Malmo (pont de l'Oresund) puis sortir après Tarnby. Suivre ensuite la route 221 vers Dragor.

AMAGERMUSEET
4 et 12 Hovedgaden
✆ +45 32 53 93 07
www.museumamager.dk
Situé entre Dragør et l'aéroport, à Store Magleby. Ouvert tous les jours, sauf le lundi, de 12h à 16h du 1er mai au 30 septembre, ainsi qu'une quinzaine de jours fin novembre-début décembre pour le marché de Noël. Entrée : 30 Dkr, gratuit jusqu'à 18 ans. Un musée installé dans deux fermes traditionnelles, où l'on peut voir une décoration et du mobilier hollandais, car le village a accueilli au XVIe siècle la main-d'œuvre néerlandaise, appelée par Christian II pour développer cette région. On y élève encore des vaches, des brebis, des oies et des cochon pour le plus grand bonheur des enfants.

CAMPING COPENHAGEN
11 Bachersmindevej
✆ +45 32 94 20 07
www.copenhagencamping.dk
info@copenhagencamping.dk
Côté Sydstranden, accès par Store Magleby. Ouvert toute l'année. Entrée : 80 Dkr par jour, 50 Dkr pour les enfants, 35 Dkr pour la tente, 35 à 100 Dkr pour les caravanes et camping-cars. Bungalows tout équipés à partir de 575 Dkr + prix par personne.

Un camping tout à fait propre et très bien équipé comme on peut en trouver dans toute la Scandinavie. Idéal pour découvrir Copenhague (à 12 km seulement) et sa région sans se ruiner. Les bungalows sont de véritable petit appartement tout confort. Le camping est pris d'assaut en été notamment en juillet, n'oubliez pas de réserver avant d'y aller.

DRAGØR KRO
30 Strandgade
✆ +45 32 53 01 87
Menu entre 151 et 175 Dkr. Smørrebrød et autres plats danois.
Il faut faire une halte dans cette auberge, ne serait-ce que pour prendre un verre ou un petit Smørrebrød dans la cour.

DRAGØR MUSEET
4 Havnepladsen
✆ +45 32 53 93 07
www.museumamager.dk
Ouvert de mai à septembre, du mardi au dimanche de 12h à 16h. Entrée : 20 Dkr, gratuit pour les moins de 18 ans.
La plus vieille maison du village, sur Havnpladsen, abrite ce petit musée consacré à la vie des pêcheurs de l'Oresund. Maquettes de bateaux et objets divers évoquant la vie maritime.

ISHØJ

On n'est ici à seulement 12 km du centre de Copenhague, dans des banlieues déshéritées… à ceci près que la mer est proche et que tout est propret et bien entretenu : quelques barres d'immeubles, mais surtout des « unités d'habitation », séries de maisons individuelles toutes identiques et toutes agrémentées de petits jardins. Mais si on vient à Ishøj, ce n'est (généralement) pas pour réaliser une étude sur l'habitat urbain populaire danois, mais bien pour visiter le musée d'Art moderne, une merveille architecturale posée sur la plage.

Accès : S-Tog E pour Koge depuis Copenhague puis bus 128 (25 minutes de trajet). En voiture, autoroute E30 direction Koge puis sortie 26 à Ishoj.

ARKEN (L'ARCHE)
Strandparken
✆ +45 43 54 02 22
www.arken.dk – undervisning@arken.dk
Ouvert tous les jours sauf lundi de 10h à 17h, 21h le mercredi. Entrée : 85 Dkr, étudiants et seniors 70 Dkr, gratuit pour les moins de 18 ans. L'art moderne n'a jamais été aussi pointu. Osons l'image, l'architecte a bien osé l'angle aigu… Un jeune architecte Søren Robert Lund, qui a créé, à l'âge de 25 ans, un bâtiment incroyable qui allie la simplicité des formes et du matériau (béton et lignes droites) et la complication du plan : les lignes droites, si elles se terminent en pointe à la façon d'un avion, se coupent et laissent s'étager des espaces et des pièces en un véritable labyrinthe de corridors et de d'impasses, sous 12 m de hauteur de plafond. Seule la cafétéria a vue sur la mer toute proche (l'autorisation n'a pas été donnée de construire le musée de plain-pied avec la plage). Elle ressemble d'ailleurs à un canot de sauvetage accroché à la coque d'un navire. Inauguré en juin 1996, ce lieu se veut le Louisiana national (le fameux musée d'Humlebæk étant privé) qui va rééquilibrer culturellement le sud de la capitale danoise, où se trouvent les quartiers « difficiles ». Pour l'instant, il n'abrite que très peu d'œuvres dans ses collections permanentes (Andy Warhol, Per Kirkeby, Bjørn Nørgaard, Wilhelm Freddie), mais se fait fort de constituer au fil des ans une collection d'œuvres de jeunes artistes scandinaves. D'importantes expositions (photos, peintures, etc.) ont lieu au cours de l'année. Dans ces 9 200 m² un peu nus, on trouve aussi une salle de concert et une salle de cinéma. Reculer jusqu'à la plage de sable blanc, pour apprécier l'ensemble du bâtiment. Jamais le béton n'aura paru aussi fragile et fier à la fois.

À L'OUEST DE COPENHAGUE

ROSKILDE

Comment comprendre Copenhague, et de façon plus générale le Danemark, sans faire un petit tour à Roskilde ? Car c'est ici que tout a commencé dans cette ville fondée au fond du fjord long étroit qui porte son nom. C'est Harald à la Dent bleue qui aurait décidé autour de 980 d'y établir sa capitale. Quarante ans plus tard, la ville était le siège d'un évêché dont les titulaires étaient les hommes les plus puissants du pays : le plus connu d'entre eux est bien sûr Absalon, passé à l'histoire entre autres pour avoir fondé Copenhague. Mais l'âge d'or de la ville ne survécut pas au transfert de la capitale décidé par Eric de Poméranie en 1417 : le nouveau siège du pouvoir était jugé alors plus central puisque la Scanie dépendait du Danemark. Autre coup dur : la Réforme de 1536 qui entraîna la destruction des couvents et des églises de la ville (à l'exception heureusement de la cathédrale, protégée par son statut de nécropole royale). Redevenue une simple bourgade, Roskilde survécut vaille que vaille, à l'écart de l'histoire, ne retrouvant une certaine prospérité qu'avec l'arrivée du chemin de fer en 1847. C'est aujourd'hui la grande banlieue de Copenhague, une petite ville animée, qui accueille volontiers les touristes grâce à sa cathédrale et les bateaux vikings retrouvés dans son fjord. Mais la grande affaire, c'est le festival de rock fondé en 1971, le plus prestigieux d'Europe du Nord, qui a programmé au fil des années des pointures telles que David Bowie, Bob Dylan, ou encore les mythiques Who.

Pratique – Transports

- **En train :** Prendre direction Kalundborg de Copenhague, le trajet dure un peu moins de 30 minutes.
- **En voiture :** Prendre à Copenhague la Roskildevej à Frederiksberg, puis rejoindre l'autoroute 2
- **En bus :** 216 ou 605 de Copenhague.

OFFICE DU TOURISME
15 Gullandsstræde
✆ +45 46 31 65 65
www.visitroskilde.com – visit@roskilde.dk
A proximité de la cathédrale. Ouvert tous les jours de 9h à 17h (de 10h à 14h le samedi) du 1er juillet au 31 août (ferme une heure plus tôt le reste de l'année). La Copenhagen Card est valable ici pour la cathédrale mais pas pour le musée des Bateaux vikings.

TAXIS
15 Betonvej
✆ +45 46 75 75 75

Hébergement

DANHOSTEL ROSKILDE VANDRERHJEM
7 Vindeboder ✆ +45 46 35 21 84
www.danhostel.dk/roskilde
danhostel@danhostel.dk
Dortoir de 180 à 200 Dkr, Chambre simple ou double : 400 à 600 Dkr, chambre quadruple : 500 à 750 Dkr, sans le petit déjeuner. Tarifs réduits du 1er octobre au 31 mars.
Une auberge de jeunesse idéalement située tout près du Musée viking, au bord du fjord, dans de beaux bâtiments de bois brun.

© THIERRY LAUZUN - ICONOTEC

Cathédrale de Roskilde, dans à Seeland.

COPENHAGUE

HÔTEL PRINDSEN
13 Algade ✆ +45 46 30 91 00
www.prindsen.dk – info@prindsen.dk
Chambre simple à partir de 1 435 Dkr, chambre double à partir de 1 590 Dkr. Eéductions l'été et les week-ends.
Il y a peu d'hôtels dans le centre de Roskilde, la plupart étant à une dizaine de kilomètres à la ronde ou sur le périphérique. Celui-ci est central (dans la rue piétonne) et d'un très grand confort, dans une belle bâtisse de pierres et d'ardoises, de style rococo, très bien conservé (l'hôtel a ouvert ses portes il y a 300 ans).

SVOGERSLEV KRO
45 Svogerslev Hovedgade
✆ +45 46 38 30 05
www.svogerslevkro.dk
Accès bus 602. A 4 km à l'ouest de Roskilde. Chambre à partir de 1200 Dkr.
Un petit hôtel de briques rouges, sous un toit de chaume, au milieu d'un joli parc. Les nouveaux bâtiments ont été construits à l'ancienne. Les chambres disposent de toutes commodités (TV, wi-fi...).

Restaurants

RÅDHUS KÆLDEREN
1 Fondens Bro ✆ +45 46 36 01 00
www.raadhuskaelderen.dk
mail@raadhuskaelderen.dk
Ouvert de 11h à 15h30 et 17h à 23h. Fermé le dimanche.Plats entre 108 et 198 Dkr.
Belle adresse pour déjeuner ou dîner danois. Tout près de la cathédrale, sur la place centrale de la ville, dans une vieille maison dont la cave date du XVe siècle.

RESTAURANT SNEKKEN
16 Vindeboder ✆ +45 46 35 98 16
www.sneklen.dk
Au bord de l'eau, entre les hangars et les ateliers des bateaux vikings, et l'auberge de jeunesse. Très belle salle, où l'on peut déjeuner et dîner dans un cadre lumineux, derrière les hautes vitres qui donnent sur le fjord. La terrasse est tout aussi agréable. Tarifs très abordables (surtout le midi).

Sortir

CAFÉ SATCHMO
2 Rosenhavestreede ✆ +45 46 35 03 15
Près de la rue piétonne. Petit café à la parisienne. Quelques tables dehors, un grand comptoir à l'intérieur, murs peints, plantes vertes... On peut s'y faire servir quelques petits plats ou manger un gâteau. Très fréquenté par les jeunes.

CAFÉ VIVALDI
8 Staendertorvet
✆ +45 46 37 40 05
Ouvert tous les jours de 10h à 22h.
Très central, ce charmant café est idéal pour prendre un verre avant ou après avoir visité la cathédrale toute proche. On peut aussi y manger quelques petits plats d'inspiration italienne. Il faut commander directement au comptoir. Ce café est aussi réputé pour son généreux *brunch* (10h à 14h).

CRAZY DAISY
6 Jernbanegade
✆ +45 46 32 05 66
Ouvert le vendredi de 22h à 5h, le samedi de 23h à 6h.
Bar discothèque. Autrefois spécialisé dans la diffusion de la musique rock, il a largement étendu son répertoire.

GIMLE MUSIKCAFE
30 Ringstedgade
✆ +45 46 35 12 13
Beau café qui propose parfois des concerts et se double le week-end d'une vaste discothèque. Clientèle jeune en soirée. Accueil très sympathique.

Manifestations

Roskilde est une ville qui *swingue* ! Tous les samedis matins, entre 10h et 14h, pendant le marché, un orchestre joue dans une cour près de la grande rue piétonne, au Djalma Lunds Ward. Et le mardi soir (en été seulement), concert au Byparken.

FESTIVAL DE ROSKILDE
www.roskilde-festival.dk
Le pass pour huit jours coûte environ 1 725 Dkr (233 €).
Le Woodstock de l'Europe du Nord ! Chaque année, le dernier week-end de juin, près de 75 000 jeunes venus de tout le pays, mais aussi de Suède, de Grande-Bretagne ou d'Allemagne, se retrouvent pour des concerts rock en plein air. De nombreuses troupes amateurs se produisent sur scène, mais aussi des *rock stars* et des groupes confirmés venus de toute l'Europe et d'outre-Atlantique (Simple Minds, The Nits, Paul Simon, Iggy Pop, Rita Mitsouko, David Bowie, Suede, Daft Punk, Arcade Fire, Radiohead...), ainsi que du Danemark et du Groenland !

Les Vikings en France

Leur expansion a commencé à la fin du VIIIe siècle. Les Suédois sont partis vers l'est, les Norvégiens et les Danois vers l'ouest. Mais c'est à la mort de Charlemagne que les Danois vont « coloniser » une partie de la France, en profitant des luttes de succession chez les Carolingiens. Ils remontent la Seine en 841, occupant Rouen. A la veille de Pâques 846, 120 navires arrivent sur Paris, mis à feu et à sang. Le roi Charles le Chauve paye 7 000 livres d'argent pour leur faire quitter la région. Mais les Danois ne s'éloignent guère. En 885, 40 000 Vikings vont assiéger Paris. Cette fois, les habitants résistent. Ils tiennent même 10 mois. Mais le roi Charles le Gros arrive finalement sur place... pour payer lui aussi une très forte somme aux assiégeants. Cette occupation danoise à coups d'attaques éclair ponctuelles oblige un troisième Charles – le Simple – a négocier avec les Vikings en 898. Il leur accorde une partie du royaume : l'équivalent des actuels départements de l'Eure et de la Seine-Maritime. Les Vikings y avaient depuis des années leurs campements, et ils élargirent leur possession à toute la Normandie (signifiant « la province des hommes du Nord »). Une ère de paix s'ouvre alors, les Vikings s'avérant aussi bons législateurs que violents guerriers. Leur chef, Rollon, consent même à se convertir au catholicisme, après un accord conclu en 911 à Sainte-Claire-sur-Epte. Mais l'appétit de voyages et de conquêtes ne s'éteint pas avec lui : un de ses successeurs n'est autre que Guillaume le Conquérant. La Normandie a gardé quelques traces de cette colonisation viking dans la toponymie. C'est ainsi qu'à Dieppe correspond le nom danois Dyb, et tous les suffixes en « -bec », « -bu », ou « -tot » proviennent des suffixes danois « -baek », « -bod » et « -loft ». Mais le danois ne sera pas parlé dans la région au-delà du XIe siècle. Quant aux résultats de recherches archéologiques, ils sont assez minces. On peut toutefois admirer, au musée des Antiquités nationales de Saint-Germain-en-Laye, les outils, les armes et les bijoux provenant d'une sépulture découverte en 1906 sur l'île de Groix, au large de Lorient.

Points d'intérêt

DOMKIRKE (CATHÉDRALE)

Domkirkepladsen © +45 46 31 65 65
www.roskildedomkirke.dk

Ouvert du lundi au vendredi de 9h à 17h, samedi de 9h à 12h et dimanche de 12h30 à 17h, de 10h à 16h d'octobre à mars, le dimanche de 12h30 à 16h, fermé le lundi. La cathédrale est parfois fermée le samedi après-midi pour des cérémonies religieuses ou des mariages. Entrée : 25 Dkr, enfants 15 Dkr. Dépliant en français. CPH Card.

Classée au patrimoine mondial de l'Unesco, cette basilique est la plus connue et la plus prestigieuse du royaume et pour cause : depuis le XVe siècle, elle est devenue la nécropole royale, tous les souverains danois et leurs épouses se retrouvent ici après leur mort. Ici donc, 20 rois et 17 reines qui, par endroits, s'entassent un peu : il a fallu modifier, au cours des siècles, les plans de cette église fondée par l'évêque Absalon en 1170. Des chapelles, puis une tour supplémentaire et enfin d'étonnantes flèches très pointues en cuivre ont été ajoutées, entre le XIIIe et le XVIIe siècle.

▶ **Un petit musée** se trouve dans les étages supérieurs de la cathédrale, il faut attendre en bas des escaliers près de la corde (ouverte quand la personne qui s'en occupe vient vous chercher), que quelqu'un vient amener et ramener les visiteurs toutes les 30 minutes environ. Retraçant l'histoire de la cathédrale, ce petit musée montre aussi quelques objets précieux intéressants mais il n'est pas essentiel à la visite.

▶ **Pour un suivi chronologique des tombeaux**, vous pouvez commencer la visite de la cathédrale par la chapelle de Christian Ier, la première à droite en entrant. Ce roi, qui régna dans la seconde moitié du XVe siècle, fonda la dynastie des Oldenbourg. Il est enterré ici sous le dallage, ainsi que sa femme, la reine Dorothea. Christian III est inhumé de façon plus flamboyante : son sarcophage est enfermé dans un imposant monument de marbre et d'albâtre, bel exemple de Renaissance hollandaise, réalisé à Anvers par le sculpteur Cornelius Flori. Un autre sculpteur hollandais, moins réputé, s'en est inspiré pour réaliser le second tombeau de cette chapelle, celui de Frederik II et de la reine Sofie.

En réalité, ces monuments sont vides : les cercueils sont placés dans une crypte sous le marbre. Le pilier central est beaucoup plus ancien que le reste de l'église : il servait de toise aux souverains danois et à leurs visiteurs étrangers qui faisaient tous halte à Roskilde pour se faire mesurer contre cette colonne ! Le plus grand : le tsar Pierre de Russie (il visita le Danemark en 1716). Le plus petit : le roi Chulalongkorn de Siam (mesuré en 1907 : la tradition s'est perpétuée longtemps !). Cette chapelle était consacrée aux rois mages mais, à la Réforme, les fresques ont été recouvertes de chaux. Certaines ont pu être dégagées, ce qui donne un aspect médiéval à l'ensemble. On découvre ensuite l'intérieur de la cathédrale, avec ses trois nefs, sa loge royale (Renaissance) et son bel orgue du XVIE siècle. Le roman et le gothique se superposent, ainsi que les traces du catholicisme (un chœur très vaste) réprimé par la réforme luthérienne. Problème de surpopulation !

La chapelle suivante est celle de Frederik V. Haute, vaste, très lumineuse et de style Empire. Achevée au XIXe siècle – après un siècle de travaux – elle devait à l'origine abriter les tombeaux de cinq rois et reines. Ils sont onze ! Une surpopulation due à la pauvreté du royaume après les guerres avec l'Angleterre au début du XIXe siècle. Derrière le maître-autel se trouve le tombeau de la reine Margrethe Ire. Elle fut la première à être inhumée ici, en 1413. Mais sans le vouloir vraiment : enterrée selon sa volonté au monastère de Sorø, sa dépouille fut enlevée par l'évêque de Roskilde, son collaborateur de longue date ! Morte de la peste à 60 ans, la reine Margrethe Ire repose depuis plus de 500 ans dans son cercueil de plomb, à l'intérieur d'un sarcophage dont la statue la représente curieusement jeune.

La chapelle de Christian IV est à l'image de ce roi bâtisseur de la Renaissance : flamboyante ! Elle est fermée par une luxuriante grille en fer forgé, très fantaisiste avec ses couronnes bouffantes en tous sens. A l'intérieur pourtant, la décoration est du XIXe siècle, époque à laquelle les romantiques s'intéressèrent à nouveau à ce roi. Les peintures sont signées Wilhelm Marstrand et Heinrich Hansen, la statue de Christian IV est de Thorvaldsen.

La chapelle de Christian IX a été achevée en 1924 et abrite les ancêtres de la souveraine actuelle, à l'exception de ses parents. Et de la princesse Dagmar de Danemark, fille de Christian IX et mère du dernier tsar russe Nicolas II : ses restes ont été réclamés par les descendants des Romanoff en Russie. La cour danoise a accepté le transfert à Saint-Pétersbourg. Maria Fiodorovna a fui la Russie bolchevique en 1919 pour rentrer au Danemark où elle est décédée en 1928, à l'âge de 81 ans. Lorsque s'est posé le problème de l'agrandissement de la cathédrale, Margrethe II a préféré ajouter une « chapelle » à l'extérieur de l'église, sous la forme d'une sépulture très sobre, où le cercueil de son père, le roi Frederik IX a été transporté en 1985. Il repose désormais sous une pierre qu'il avait ramenée lui-même d'un voyage au Groenland à bord du yacht royal. Sa mère, Ingrid, morte en décembre 2000, repose également ici : son nom est inscrit sur la pierre grise.

L'intérieur du Vikingeskibsmuseet.

PALAIS DE ROSKILDE

Stædertorvet

A côté de la cathédrale, le superbe bâtiment peint d'un jaune vif – une teinte particulière mise au point par un artisan de Roskilde – sert aujourd'hui de résidence à l'évêque, et abrite le musée d'Art moderne et une galerie de peinture. Appelé palais jaune, ce bâtiment baroque, édifié entre 1733 et 1736, servait jadis de gîte aux souverains de passage à Roskilde. Du côté du fjord, juste avant le parc, une ruelle descend vers un champ. C'est un petit champ d'avoine, au cœur de la ville, dont la récolte est faite chaque année par le groupe folklorique local. De l'autre côté de la cathédrale, sur la place du marché, à l'entrée du palais épiscopal, un jeune chêne pousse tranquillement : il a été planté par le pape Jean-Paul II en 1989.

VIKINGESKIBSMUSEET (MUSÉE DES BATEAUX VIKINGS)

12 Vindeboder © +45 46 30 22 00

www.vikingeskibmusset.dk

Ouvert tous les jours (sauf les 24, 25 et 31 décembre) de 10h à 17h. Entrée : 100 Dkr entre mai et septembre, 70 Dkr le reste de l'année ; réduction pour les étudiants et gratuit pour les moins de 18 ans. CPH Card non acceptée. Explications en français !

Ne jamais dire « drakkar » (le mot, forgé au XIXe siècle, proviendrait d'un mot viking, *dreki*, désignant « un dragon »), mais bien « bateau viking ». Ceux que l'on voit en arrivant sur ce port sur le fjord où flotte une forte odeur de copeaux et de sciure sont des reproductions, faites dans les règles de l'art. On peut d'ailleurs s'essayer aux anciens métiers maritimes (forge, corderie), goûter du hareng sorti des fûts, et visiter l'atelier archéologique où a été construit le *Skuldelev* : la réplique de l'un des cinq fameux bateaux retrouvés au fond du fjord, qui mesurait près de 30 m ! Il a été mis à l'eau en 2004 et, comme le fit le bateau original en 1042, a fait la traversée jusqu'à Dublin en 2005 avec une soixantaine de rameurs à bord. Les quatre autres répliques sont à quai sur le port de ce musée à ciel ouvert qui abrite dans ses maisons de bois des ateliers. Lors de son édification, on a aussi retrouvé neuf nouveaux bateaux, sept datant du Moyen Age, deux de la période viking. On peut observer les artisans du musée travailler à leur restauration. Le musée lui-même se trouve un peu plus loin, toujours au bord du fjord, dans un bâtiment de béton et de verre, écrin de lumière des vedettes des lieux : cinq grandes embarcations millénaires. C'est à la fin des années 1950 que l'on découvrit au fond du fjord ces bateaux, volontairement coulés vers l'an 1000 pour faire barrage à une invasion présumée : barrage efficace, car le fjord est ici profond d'un mètre seulement. En 1962, l'eau fut pompée tout autour des épaves qui furent récupérées, morceau par morceau : 100 000 fragments numérotés, méticuleusement réajustés. Un fabuleux puzzle ! Bien que certaines pièces soient manquantes, cette reconstitution autour d'une armature métallique est particulièrement impressionnante. L'immense salle où sont exposés les bateaux s'ouvre par de larges baies vitrées sur le fjord. Des panneaux décrivent avec un texte en français (chose rarissime au Danemark) les voyages des Vikings, leur expansion en Russie et en Méditerranée, ainsi que leur civilisation plus complexe et évoluée qu'on ne le croit généralement. Un panneau évoque la « découverte » de l'Amérique par Erik le Rouge, cinq siècles avant Christophe Colomb. Les Vikings ont, semble-t-il, campé de longs mois à Terre-Neuve au Canada, mais sans jamais tenter de coloniser la région (les Espagnols ont beau jeu de faire remarquer qu'une chose est d'aborder sur un nouveau continent, une autre de le conquérir…). Reste l'exploit maritime : l'un des bateaux exposés (épave n° 1) est en tous points similaire à ceux qui ont ainsi traversé l'Atlantique Nord. Et l'on peut assister à la projection d'un film d'une dizaine de minutes consacré à l'odyssée des jeunes rameurs qui ont effectué une traversée épique à bord d'une réplique de l'un des bateaux de Roskilde et Dublin. La boutique du musée avec ses reproductions de bijoux vikings à des prix a peu près abordables mérite également une visite.

Dans les environs

CHÂTEAU DE LEDREBORG

2 Ledreborg Allé, Lejre

© +45 46 48 00 38

www.ledreborg-slot.dk

Accès : gare de Lejre et bus 133. Le parc est ouvert tous les jours de 11h à 16h. Le château se visite l'été uniquement et sur rendez-vous pour les groupes. Entrée 25 Dkr (pour le parc).

Prendre la route 14 au sud-ouest de Roskilde, puis la route 155 et à gauche, encore une petite route qui mène au Centre expérimental de Lejre… En chemin, vous passerez devant le parc à la française de ce superbe château baroque.

COPENHAGUE

Dans la rue de Pragstegade à Kalundborg.

On y accède par une très belle allée, longue de 7 km. Il faut absolument visiter le parc et le château (XVIIIe siècle) aux murs jaunes, rehaussés d'une élégante teinte pourpre. Très belle vue sur la vallée. Peintures et meubles du XVIIIe siècle. Résidence privée, dans la famille Holstein-Ledreborg depuis 250 ans, qui a méticuleusement conservé l'intérieur dans l'état dans lequel il se trouvait à l'origine. Expositions temporaires (qui font monter le prix de l'entrée) et concerts durant les mois d'été.

■ **LEJRE FORSØGSCENTER (CENTRE EXPÉRIMENTAL ARCHÉOLOGIQUE ET HISTORIQUE DE LEJRE)**

2 Slangealléen ✆ +45 46 48 08 78
www.sagnlandet.dk

Juste après le château de Ledreborg. Ouvert tous les jours de mai à octobre de 10h à 16h, jusqu'à 17h le week-end. Fermé hors saison. Fermé le lundi jusqu'au 24 mai. Entrée : 95 Dkr, 3-14 ans 65 Dkr, étudiants 75 Dkr.

Les candidats à des vacances préhistoriques vivent ici comme leurs lointains ancêtres, vêtus de toiles robustes (ce qui est déjà une concession !), dans des maisons de bois et de chaume. Ils s'engagent à faire leur pain, à cultiver des champs replantés de variétés de céréales d'une autre époque et à n'utiliser que des outils de l'âge du bronze. Les nombreux touristes peuvent librement se promener à travers ce village et pénétrer dans les maisons. Curieux anachronisme, accentué par les extincteurs, flambant neufs, sous ces toits de chaume, et par les gilets de sauvetage des enfants, naviguant sur les 30 cm d'eau de la mare (on ne plaisante pas avec les normes de sécurité au Danemark). Ce centre historique et pédagogique de survie, étrange et entièrement privé, créé en 1964, a dû s'ouvrir au tourisme pour survivre financièrement ! La balade sur ses 25 hectares vallonnés et, par endroits, boisés, est plutôt agréable, sans être spectaculaire ; seule la vision de peaux de chevaux, tendues en offrande dans un marais, surprend quelque peu… Sur ce même terrain, dans des fermes de style XIXe siècle, un vieux couple accueille des familles de vacanciers qui viennent ici en volontaires pendant une semaine : ils n'ont rien à payer, mais doivent trimer aux champs comme à la cuisine, comme les paysans d'il y a 150 ans. Là aussi, les visites sont autorisées : on est à la fois amusé et gêné d'être là en voyeur, un peu comme au zoo… La visite se termine par des ateliers d'artisanat, dont le plus étonnant est celui du forgeron, qui réalise des copies d'outils (pré) historiques. Expositions et, selon les jours, démonstrations (joutes à cheval, danses…). En 1996, une dalle de pierre de 2 tonnes, exposée au musée national de Copenhague depuis les années 1930, a été transportée et installée comme il y a 4 000 ans, avec des leviers, des traîneaux et des échafaudages de pierres.

KALUNDBORG

La route 23 venant de Copenhague y aboutit. On y prend le ferry pour l'île de Samsø, ou pour aller jusqu'à Århus sans passer par la Fionie. C'est avant tout un port, où l'on ne fait que passer pour aller au Jutland. Mais si on a du temps devant soi avant de prendre le bateau, on peut se promener dans cette ville qui a gardé de très vieilles maisons (remonter la rue pavée de Pragstegade). Et une belle église qui domine la ville.

■ **ÉGLISE NOTRE-DAME**

Adelgade

Ouvert tous les jours de 9h à 16h. Entrée libre.

Une église à cinq tours, pas moins, construite en 1170 par le frère du célèbre évêque Absalon (fondateur de Copenhague).

■ **OFFICE DU TOURISME**

7 Klosterparkvej ✆ +45 59 51 09 15
www.kalundborg-turistbureau.dk

Ouvert tous les jours sauf le dimanche de 10h à 16h, Samedi de 10h à 13h, jusqu'à 15h du 14 juin au 30 août.

SUD-SEELAND

Falaises de Møn.

Sud-Seeland
SEELAND
Havnebyen
Rørvig
SEJERØ BUGT
ISEFJORD
Stårup
Sejerø
Sejerby
Vig
Høve
Herrestrup
SAMSØBÆLT
Fårevejle
Hasgested
Eskebjerg
Vallekilde
Føllenslev
Mårsø
Ulstrup
Spangsbro
HOLBÆK
Snertinge
Stigs Bjergby
KALUNDBORG
Viskinge
Mørkøv
ROSKILDE
Arby
Rørby
Svebølle
Tølløse
Øm
Vor Frue
Svallerup
Undløse
Kirke Eskilstrup
Gadstrup
Bjerge
Tissø
STOREBÆLT
Skellebjerg
Stenlille
Jersie
KØGE BUGT
Lille Skensved
KØGE
Ortved
Kirke Helsinge
Ejby
Løve
Kværkeby
Kirke Stillinge
SORØ
RINGSTED
Stroby Egede
Fjenneslev
Høm
Algestrup
Valløby
Stroby
Forlev
SLAGELSE
Frølunde
Sørbymagle
Vetterslev
10 km
Vemmelev
KORSØR
Halsskov
Fuglebjerg
rivière Sus
Herlufmagle
Dalby
Karise
Boeslunde
Gelsted
Rødvig
Dalmose

FEODET
FAKSE BUGT
Lille Klint
Magleby
Store Klint
Klintholmhavn
MØN
Udby
Stege
Store Damme
Kalvehave
Præstø
Langebæk
Stensved
Bogø By
Bogø
Tappernøje
Mogenstrup
Nyråd
Farø
Vordingborg
Mogenstrup
Horreby
Systofte
Marielyst
FALSTER
Gedser
Øster Kippinge
Guldborg
NYKØBING
Toreby
Frejlev
Nysted
LOLLAND
Skraverup
Gavnø
Enø
Nørreby
Sønderby
Femø
Askø By
Askø
Bandholm
MARIBO
Øster Ulslev
Glænø
Skælskør
Østerby
Fejø
Vesterby
Vejrø
Omø
Omø By
Agersø By
SMALANDSFARVANDET
Birket
Stokkemarke
Nørreballe
Hillested
Rødby
Rødbyhavn
Søllested
Branderslev
NAKSKOV
Tårs
FEMERBÆLT
LANGELANDSBÆLT

Sud-Seeland

L'autoroute E47-E55 traverse toute cette région, puis les îles du Sud, avant d'arriver à Rodbyhavn. On peut donc réaliser ce trajet à l'envers si l'on a un peu de temps, lorsque l'on arrive en voiture d'Allemagne, en direction de Copenhague. Si l'on vient de la capitale en voiture ou en train, voici quelques étapes à ne pas manquer. Les façades est des îles danoises sont toujours à l'avant-garde du progrès économique et culturel, avec des ports industriels et des stations balnéaires accueillants. En revanche, à l'ouest, rien de nouveau entre les meules de foin et les maisons aux toits de chaume.

■ **OFFICE DU TOURISME**
2-1 Banegårdspladsen,
Næstved
✆ +45 54 86 13 48
www.visiteastdenmark.com
info@visiteastdenmark.com
Bureau régional, donne des informations sur tout le Sud-Sealand.

KØGE

Cette ville portuaire compte près de 40 000 habitants. C'est la ville danoise où l'on a le plus brûlé de sorcières ! Souvenez-vous des images des films de Dreyer, *Jeanne d'Arc* bien sûr, mais surtout *Jour de colère*, pour comprendre l'importance des bûchers dans l'imaginaire danois. On créait des tribunaux pour juger des jeunes femmes accusées de tous les maux de la ville. L'une d'elles, avant d'être brûlée vive en 1612, dénonça d'autres femmes du village, les accusant de pratiquer la magie noire. Ce fut le début de toute une série de procès en sorcellerie qui se terminèrent dans les flammes... En revanche, le feu a plutôt épargné les vieilles pierres. Contrairement aux autres villes du royaume, Køge n'a pas connu de graves incendies (le dernier, partiel, remonte au début du XVIIe siècle) ce qui lui vaut de posséder aujourd'hui encore de très vieilles maisons, même si certaines ont été détruites lors des guerres avec la Suède, à la fin du XVIIe siècle. Et pour cause, l'une plus grandes batailles navales avec le puissant voisin du nord a eu lieu en 1710 au large de Koge.

Transports

Train de banlieue depuis Copenhague toutes les 20 minutes. C'est un terminus de ligne du réseau du grand Copenhague, accessible gratuitement avec la Copenhagen Card. Bus 121, 251, 252, 256, 501. Autoroute E55-E47 ou par le bord de mer, route 151, mais le paysage n'a rien à voir avec la Riviera danoise. Les stations balnéaires sont ici plus populaires et les maisons d'une architecture moins recherchée et de dimensions plus modestes. Les parcs, les jardins et les plages sont à tout le monde.

■ **BORNHOLMSTRAFFIKKEN**
www.bornholmstraffikken.dk
Tarifs aller-retour Køge-Rønne : 36 € adulte sans véhicule, 206 € un véhicule avec 5 passagers, 259 € une caravane ou camionnette avec cinq passagers. Arrivées et départs de ferry pour Bornholm. Le trajet se fait de nuit, il dure environ 6 heures et demie (23h30 à 6h). Vous pouvez venir vous installer plus tôt dans le bateau pour prendre place et étaler votre attirail pour dormir dans les sièges. Il faut vous couvrir, la climatisation fonctionne dans le ferry. Vous pouvez aussi louer des couchettes quand vous voyagez de nuit. Il

faut absolument réserver, les bateaux sont vite pleins. Vous pouvez aussi partir d'Ystad en Suède pour vous rendre sur l'île de beauté, le trajet en bateau est plus court (1 heure et quart) mais il faut faire la plus grande partie de la route en voiture. Ystad est une ville sympathique mais un peu tranquille.

Pratique

OFFICE DU TOURISME
1 Vestergade ✆ +45 56 67 60 01
www.koegeturist.dk – info@koegeturist.dk
A l'angle de Torvet. Ouvert du lundi au vendredi de 9h à 17h, le samedi de 9h à 14h, le samedi hors saison de 10h à 13h.

Hébergement – Restaurant

CENTRAL HOTELLET
3 Vestergade ✆ +45 56 65 06 96
www.centralhotellet.dk
Chambre simple à 400 Dkr et double entre 450 et 850 Dkr. Parking privé gratuit.
Petit hôtel très central comme son nom l'indique. Accueil très chaleureux. Bon rapport qualité-prix.

RESTAURANT ARKEN
21 Badehavnen ✆ +45 56 66 05 05
www.restaurant-arken.dk
Sur le port. Ouvert tous les jours de 11h à 20h30. Menu à partir de 198 Dkr.
Spécialités danoises et fruits de mer (en été). La terrasse sur le port est très agréable.

Point d'intérêt

ÉGLISE SANKT NIKOLAI
29 Kirkestraede ✆ +45 56 65 13 59
Visite tous les jours de 10h à 12h. Ouvert pendant les cérémonies religieuses.
Bâtie au XIIe siècle, elle est riche de l'apport des siècles passés avec, à l'intérieur, des pierres tombales, des fresques, un grand orgue, une chaire Renaissance et des sculptures baroques dont celles d'angelots sans nez ; ils ont été brisés par les Suédois, lors de l'occupation de la ville à la fin du XVIIe siècle. Tout autour de l'église s'étendent les restes de la ville médiévale, abîmée par les guerres suédoises, mais qui garde encore des dizaines de maisons classées. La plus ancienne de Køge et, dans son genre, de tout le Danemark, se trouve sur Kirkestræde, au n° 20. C'est une adorable petite maison construite, si l'on en croit l'inscription au-dessus de la porte, en 1527.

RINGSTED

Ancienne capitale du royaume, les rois se faisaient enterrés dans l'église Saint-Benoit de Ringsted avant de le faire dans celle de Roskilde. La ville est devenue depuis un lieu de passage, elle n'est pas vraiment connue comme si, à un moment donné, on avait préféré mettre en valeur d'autres villes. La campagne environnante y est jolie et agréable, certains complexes hôteliers valent qu'on s'y arrête mais c'est surtout cette église aussi importante que celle de Roskilde, dont l'entrée est gratuite et où on n'est pas dérangé par la foule qui vaut vraiment la visite.

- **Accés.** Autoroute E20 de Copenhague ou Odense. Route 14 de Naestved ou Roskilde.
- **Location de vélo :** gratuite mais caution de 50 Dkr est requise, au café Valdemar ou à la bibliothéque (Tvaerallé 1).

CAMPING SKOVLY
65 Nebs Møllevej ✆ +45 57 52 82 61
www.skovlycamp.dk
Situé au Nord-est de Ringsted près de la nationale 14 en direction de Roskilde. Comptez 70 Dkr par personne, 40 Dkr par enfant, 25 Dkr par tente. Camping-car de 375 Dkr à 675 Dkr.

ÉGLISE SAINT-BENOÎT
Prenez la direction du centre-ville, vous trouverez un parking à côté ou vous pouvez vous garer dans les rues adjacentes (parking gratuit pour 30 minutes à certains endroits).
Originellement édifiée comme église du monastère des Bénédictins, la première église en pierre calcaire fut achevée en 1082. L'église actuelle fut bâtie par Valdemar I le Grand entre 1163 et 1170. Le toit brûla en 1241, 1300 et 1806. En 1550, une tour fut rajoutée. Elle fut restaurée de 1899 à 1909. On trouve dans la nef centrale les tombeaux royaux de Knut Lavard, Valdemar le Grand, la reine Sophie et leur fils Christophe, Knut VI, Valdemar Sejr (le Vainqueur) avec ses deux reines Dagmar et Bérengère, le roi Birger de Suède, Erik Menved et la reine Ingeborg, Des inscriptions indiquent la place des tombeaux. On n'a pas forcément trouvé le corps de tous ces personnages comme tout a été dérangé par les autres enterrements au cours du temps. Par exemple, le squelette de Knut VI a montré qu'il devait mesurer 2 m environ. Les tombeaux royaux sont des petites sépultures maçonnées en pierres monacales dans lesquelles les corps ont été ensevelis, enveloppés en cuir et en soie.

© VISITDENMARK / VISITEASTDENMARK

Maison à ossature bois.

D'autres familles importantes ou personnes riches ont été enterrées là : nobles, bourgeois, abbés... Différents objets retrouvés dans les tombes ont été exposés dans l'église dans une chapelle latérale. Dans le chœur, on aperçoit un joli retable de 1699 et d'autres objets ou pierres tombales. Les fresques de la voûte centrale représentent, au nord, la reine Agnès veuve du roi Erik Glipping, à l'est, le Christ comme roi du ciel et la sainte Vierge, au sud, Erik Plovpenning honoré comme saint et à l'ouest, saint Knut Lavard avec une bannière de victoire. La voûte centrale est très solide car la tour est tombée sur elle lors de l'incendie de 1806 et elle a résisté sans souci, elle date de 1241 où on a remplacé les poutres en bois par une voûte en pierre après l'incendie. La chaire date de l'an 1609 et nous montre une représentation originale des scènes de la Bible ; les bancs sont eux plus anciens encore, de 1591. Autre grande originalité et particularité de cette église, une longue frise à écussons décorent la nef centrale avec plus de 100 armoiries des hommes et des femmes enterrées dans l'église. Enfin la fresque de la reine Dagmar (en face de la chaire) a été peinte par Joaquim Skovgaard (le peintre de l'église de Viborg) en 1916. L'entrée est gratuite et la visite est tranquille (peu de touristes).

■ OFFICE DU TOURISME

100 Nørregade ✆ +45 59 62 66 00
www.visitringsted.dk
Ouvert du lundi au mercredi du 10h à 15h, jeudi jusqu'à 18h et le vendredi jusqu'à 13h.

■ SØRUP HERREGAARD

26 Sørupvej
✆ +45 57 64 30 02
www.sorup.dk – hotel@sorup.dk
Au sud de Ringsted, à quelques kilomètres, prendre la route 14 en direction de Naestved et tourner sur la gauche en direction de Sørup ou prendre la 269 toujours vers Sørup. Chambre double : 895 Dkr. Prix attractifs le week end.
Domaine très joli avec un manoir au bord d'un lac et des chambres dans des dépendances comme dans les châteaux. L'équipement est luxueux et de qualité. Le restaurant est à la fois raffiné et installé dans un site magnifique (lac avec de nombreux oiseaux). On peut aussi accéder à une piscine dans le bâtiment du restaurant, le beau manoir pourpre et blanc. Le calme, l'accueil, le cadre et la qualité des services et de la restauration font de Sørup Herregaard un lieu de vacances reposant et enchanteur. La vue du restaurant sur le lac le soir au coucher du soleil est un délice. Vous pourrez, si ça vous chante, aller nourrir les carpes du premier bassin avec du pain de maïs en le demandant au restaurant. Des séminaires sont organisés aussi là-bas.

SORØ

La ville tout entière est regroupée, près d'un très beau lac, autour des vestiges de son monastère du Moyen Age et de son Académie royale, devenue au siècle dernier simple lycée, mais dont l'internat est toujours très réputé. Sorø semble vivre du souvenir de son rayonnement au siècle dernier, quand la ville attirait de nombreux intellectuels et artistes du pays : Thorvaldsen, Ingemann, Grundtvig… on n'y trouve pas moins de 19 églises. L'ambiance est aujourd'hui calme et très bourgeoise dans cette cité dont les habitants ne semblent sortir de chez eux que pour se rendre aux concerts de musique classique. Bonne surprise pourtant, dans cette atmosphère un peu coincée, pour le touriste francophone : à Sorø, on parle français plus fréquemment qu'ailleurs, car c'est souvent considéré comme le comble du raffinement (même si les brochures touristiques et les visites guidées dans notre langue ont tendance à disparaître, ici comme ailleurs, dans le pays…).

Accès. Depuis Køge, prendre l'autoroute E20. Liaison par le train, depuis Copenhague : la gare de Sorø se trouve de l'autre côté du lac. On arrive dans un petit bourg un peu figé dans un site champêtre et boisé avec des ruelles et des vieilles maisons du XVIe siècle.

Pratique

OFFICE DU TOURISME

15 Storgade
✆ +45 57 82 10 12
www.oplevsoroe.dk
Ouvert du lundi au vendredi de 10h à 17h, le samedi de 10h à 14h, 12h30 hors saison.
Fait également office de boutique.

Restaurant

CAFÉ TRE KRONGER

3 Østergade
✆ +45 57 83 41 14
Ouvert tous les jours de 11h à 22h, jusqu'à 20h30 le week-end.
Café central où les habitants se donnent rendez-vous. Salades et sandwichs pour moins de 100 Dkr.

Points d'intérêt

ACADÉMIE

Monastère construit au XIIe siècle et devenue une Académie en 1586 sous le règne de Frederick II. Le bâtiment principal a été détruit par un incendie en 1862 et remplacé par une construction grise et massive. Les deux pavillons tout proches, épargnés par le feu, montrent ce que devait être le style rococo de l'ancienne Académie. L'un de ces bâtiments, qui abrite aujourd'hui le personnel administratif, était autrefois la maison du poète romantique Ingemann, professeur à l'Académie en 1822. Un beau parc de 30 hectares s'étend près du lac. On y trouve une statue de Ludvig Holberg, qui fut le bienfaiteur de cette institution, à laquelle il légua une grande partie de sa fortune. On peut visiter l'ancien cabinet du physicien Hauchs et ami du roi de l'époque, et découvrir ses instruments qui datent du XVIIIe siècle (visite de 14h à 16h).

ÉGLISE MONASTIQUE

Réouverture en avril 2011 après une longue restauration. Ouvert de 10h à 16h et de 13h à 16h hors saison.
C'est ce qui reste du monastère cistercien bâti par l'évêque Absalon en 1161. Le fameux fondateur de Copenhague est d'ailleurs enterré ici, en compagnie de Ludvig Holberg, le « Molière danois », et de trois rois danois du XIVe siècle. Roskilde ne fut, en effet, la cathédrale des tombeaux des rois danois qu'à partir de Margrethe Ire, décédée en 1412. Elle reposa dans cette église de Sorø, comme elle l'avait souhaité, jusqu'à ce que son conseiller, évêque de Roskilde, fasse transporter sa dépouille dans sa propre église, donnant ainsi, à la cathédrale de Roskilde, sa vocation de basilique royale. Autre vestige du monastère : une porte que l'on peut voir au bout de la Grand-Rue (Storgade) après la place du marché. Cette grande porte mène à un appartement à l'étage, toujours habité. On passe sous son arche, à pied comme en voiture, pour accéder à l'Académie.

KLASSISK SORØ

www.soroemusik.dk
Chaque année du 30 juin au 30 août au sein de l'Académie.
Des orchestres et des chœurs de toutes l'Europe s'y produisent.

VIEILLES MAISONS

Regensen
C'est, encore une fois, la marque du roi Christian IV que l'on retrouve ici (le roi bâtisseur est également à l'origine de la création de l'Académie). En poursuivant par la rue pavée de Søgade, on peut découvrir toute une série de maisons du XVIIe siècle particulièrement bien conservées. La maison jaune à l'angle de la place du marché et de Sogade, date de 1650.

SLAGELSE

OFFICE DU TOURISME
7 Løvegade
✆ +45 70 25 22 06
www.visitsydvestsjaelland.dk
Ouvert du lundi au vendredi de 10h à 17h, le samedi de 10h à 15h, jusqu'à 13h hors-saison.

TRELLEBORG
Trelleborg Allé
✆ +45 58 54 95 06
trelleborg@vestmuseum.dk
De la gare de Slagelse, bus 312. Ouvert tous les jours de 10h à 17h de Pâques à fin octobre, jusqu'à 16h de avril à mai et de septembre à octobre. Entrée : 60 Dkr, gratuit pour les moins de 18 ans.
A 5 km du centre de Slagelse, les traces bien mises en valeur d'une place forte viking avec une maison reconstituée (à l'écart) sur le modèle des 30 bâtiments dont on peut voir les fondations au milieu de remparts circulaires. Trelleborg avait été édifié en 980, sous le règne d'Harald à la dent bleue. Le site permet de voir, en grandeur nature, comment était constitué un village viking. Exposition d'objets trouvés sur le site, qui a été exhumé dans les années 1930. Des animations sont proposées toute l'année (marchés, séances de théâtre vikings, jeux, etc.). On peut même goûter la cuisine de l'époque dans le restaurant Hos Hulda et Hjalmar.

FAXE OU FAKSE

Petite ville industrielle à l'aspect populaire qu'on aurait tendance à traverser rapidement vu sa taille et son aspect or on ne peut se douter que derrière des arbres, près de l'auberge de jeunesse, s'étend une vaste et belle carrière de pierre calcaire avec deux ou trois bassins d'eau turquoise. Le paysage est désertique et lunaire, doué d'une beauté artificielle aussi charmante qu'une beauté naturelle. La carrière est encore en activité. Mais vous pouvez la visiter, vous pouvez même demander des outils à l'auberge de jeunesse et aller chercher des fossiles dans ces pierres et les ramener chez vous. Là encore, le site est peu connu mais mérite un arrêt si vous passez dans cette partie de la Seeland. En sortant ou en entrant dans la ville, vous passerez peut-être à côté des bâtiments de la brasserie du même nom, la bière Faxe.

Transports

- **Accès ville.** Prendre la sortie 37 de l'autoroute E55 ou E47 et puis la direction de Faxe en prenant 154. La route 54 depuis Naestved. Ne pas confondre avec Faxe Ladeplads qui est un peu la station balnéaire de Faxe.
- **Accés carrière de pierre calcaire.** Prendre à droite de la rue principale (Torvegade) en direction du *danhostel* (auberge de jeunesse), on verra un parc sur la gauche du *danhostel* et des chemins qui descendent, il faut emprunter ces chemins et, quelques secondes plus tard, apparaîtra la carrière en contrebas où on peut descendre complètement. Attention aux graviers parfois le chemin est glissant en pente.

Pratique

OFFICE DU TOURISME
Faxe Ladesplads, 3 Postvej
✆ +45 56 71 60 34
www.visitfaxe.dk – turist@visitfaxe.dk
Ouvert du lundi au vendredi de 10h à 16h.

Hébergement

AUBERGE DE JEUNESSE
4 Østervej ✆ +45 56 71 41 81
www.danhostelfaxe.dk – faxe@danhostel.dk
En dortoir : 260 Dkr, chambre double à partir de 450 Dkr. Juste à côté de la carrière de pierre calcaire, un peu à l'écart de la route principale et du centre-ville.

NÆSTVED

Cette vieille ville de 80 000 habitants, qui bénéficie d'un environnement particulièrement accueillant, semble bénie des dieux : une rivière que l'on peut remonter en kayak, la mer toute proche, protégée par une barrière d'îles, des bois et des jardins. Ses bâtiments témoignent d'un Moyen Age prospère, son artisanat est toujours très dynamique (la fameuse fabrique de verrerie d'Holmegaard et la céramique, avec le créateur, Herman A. Kahler). Un marché se tient toujours sur la grande place et ce depuis 1135 ! Une légende raconte qu'un troll, ce lutin de la mythologie scandinave, excédé par le bruit des clochers des églises de la région, voulut les noyer sous le sable. Mais son sac était percé, ce qui permit à Næstved d'échapper à la colère du troll dont on peut voir la figure excédée dans le parc de Munkebakken ! À Næstved également, le manoir de Herlufsholm abrite depuis 400 ans une prestigieuse école privée. Vous croiserez certainement dans les rues de la ville, sauf en juillet pour cause de vacances, des garçons et des filles au regard un peu trop sérieux et vêtus d'uniformes gris : les filles et les fils de grandes familles, élèves d'Herlufsholm.

Accès : En train : direction Rodby F de Copenhague. En voiture, depuis Korsør ou Slagelse, quittez l'autoroute pour la route 22, ou depuis Sorø, prenez la route 239 qui suit la rivière Susă. Si vous arrivez de Copenhague, quittez l'autoroute E47 à Rønnede pour la route 54, en direction de Næstved.

Pratique

BROTORVETS CYKLER
Chez Claus Jensenn, 3 Brogade
✆ +45 55 77 24 80
Fermé le dimanche. Location de vélos.

OFFICE DU TOURISME
Det Gule Pakhus, 1 Havnen
✆ +45 55 72 11 22
www.visitnaestved.com
info@visitnaestved.com
Ouvert du lundi au vendredi de 9h à 17h, jusqu'à 16h hors saison et le samedi de 9h à 13h, 12h hors saison.

Hébergement

AUBERGE DE JEUNESSE
65 Praestovej ✆ +45 55 72 20 91
www.danhostelnaestved.dk
Ouvert du 1er février au 30 novembre. Chambre simple 445 Dkr, chambre double 495 Dkr.
Situé à 10 minutes du centre-ville et de la gare, cet ancien monastère catholique est devenu un *danhostel* en 1975. La statue de la Vierge Marie au cœur du parc est encore là pour témoigner de ce passé.

HÔTEL KIRSTINE
20 Kobmagergade ✆ +45 57 77 40 00
www.hotelkirstine.dk
Chambre simple 845 Dkr, chambre double 1 025 Dkr. Une adresse romantique pour cet hôtel à l'architecture classique danoise. Restaurant de grande qualité.

Restaurant

RÅDHUSKROEN
8 Skomagerrækken ✆ +45 55 72 01 56
www.raadhuskroen.com
raadhuskroen@mail.tele.dk
Ouvert tous les jours sauf le dimanche de 11h30 à 23h. Menus à 188 Dkr, smørrebrød *à moins de 100 Dkr.*
Sièges de velours et moquette noire, petites lampes et vieux livres reliés en cuir sur les étagères, l'intérieur est plutôt *cosy*. Il y a une salle au premier pour les groupes, une cour derrière pour les beaux jours. Des plats froids dont les fameux *smørrebrød*, très abordables, vous sont servis.

Sortir

CAFÉ GADESPEJLET
4 Kindhestegade
✆ +45 55 72 24 40
Ouvert du lundi au vendredi de 9h à 20h, le samedi de 9h à 17h, fermé le dimanche.
Le café le plus fréquenté par les jeunes de la région. *Clean* et clair, tables blanches et plantes vertes. On peut aussi y déjeuner.

Manifestations

Quatre orchestres de jazz New Orleans swinguent dans les rues de la ville le samedi, jour de marché, en juin et en juillet, de 10h à 13h.

Points d'intérêt

APOSTELHUSET
Riddergade
Fermé au public.
Cette maison date vraisemblablement de 1510. Dans les solives en bois de sa façade sont sculptés les douze apôtres et le Christ.

KOMPAGNIHUSET
Kompagnistræde
Fermé au public.
Il s'agit de la seule maison de guilde du Moyen Age existant au Danemark. Christian IV y avait établi des marchands espagnols dans les années 1620.

NÆSTVED MUSEUM
4 Ringstedgade
✆ +45 55 77 08 11
www.aabne-samlinger.dk
Ouvert tous les jours, sauf le lundi de 10h à 14h. le jeudi de 10h à 18h et dimanche de 13h à 16h. Entrée gratuite.
On peut visiter le musée local (belle bâtisse de la fin du XVe siècle, Helligåndshuset) et aussi les portes de Boderne (Sct Peders Kirkeplads 8) où l'on peut admirer quelques pièces de verrerie d'Holmegaard, des céramiques de Kåhler et de l'argenterie de la région.

■ **SANKT PEDERS KIRKE**

Ouverte du mardi au vendredi de 10h à 12h. Entrée gratuite.

Cette massive église de briques rouges, au clocher crénelé en escalier, forme très courante des églises danoises, fut bâtie d'abord en style roman au XIIIe siècle, puis achevée au XIVe siècle en style gothique. A l'intérieur, une chaire richement sculptée de 1671, des fonts baptismaux du Moyen Age et de belles fresques, dont une, très célèbre au Danemark, représente le roi Valdemar Atterdag et la reine Helvig priant. Vu de l'extérieur, le chœur est impressionnant avec ses grands vitraux tout en hauteur. Il mesure exactement le double de la hauteur de ses chapelles collatérales.

Shopping

On peut trouver les verres d'Holmegaard dans la boutique de l'usine à Fensmark, mais les prix sont les mêmes que ceux pratiqués dans leur magasin, à Copenhague. Plus intéressant : les céramiques d'Herman A. Kåhler, que l'on trouve partout au Danemark, sont fabriquées à Næstved, dans la plus vieille fabrique du genre du royaume. Exposition et vente à Kåhlersbakken 5.

Dans les environs

CHÂTEAU DE GAVNO

2 Gavno

✆ +45 55 70 02 00 – www.gavnoe.dk

Ouvert du 2 avril au 2 octobre, tous les jours de 10h à 18h du 27 juin au 7 août, jusqu'à 16h en avril et septembre, et 17h de fin avril à fin juin. Entrée : 95 Dkr et 55 Dkr pour les enfants.

Il se trouve sur une petite île du même nom. Prendre la route de la Marguerite à la sortie sud-est de Næstved. Repère des pirates au XIIIe siècle, ce manoir isolé fut transformé en couvent par la reine Margrethe Ire à la fin du XVIe siècle, puis transformé au XVIIIe siècle. C'est à présent un superbe château rococo, jaune et blanc, appartenant au propriétaire de la radio musicale privée The Voice, n° 1 à Copenhague. Il y a 20 ans, une partie de l'immense collection de tableaux a été vendue (pour acquitter les droits de succession, l'Etat refusant de se faire payer en œuvres d'art, même pour les collections des musées nationaux : les toiles ont donc été vendues aux enchères à Londres) mais il en reste encore beaucoup sur les murs des couloirs et des pièces de la partie du château ouverte au public. Au premier étage, dans la grande galerie, on peut admirer une œuvre de Rubens, préparatoire à la réalisation du plafond de la chapelle du château de Whitehall à Londres. Dans le couloir de l'office, de nombreux portraits sur fond noir représentent des rois, des nobles et des intellectuels français. Le comte Otto Thott, propriétaire du château au XVIIIe siècle, avait passé commande de ces portraits auprès de deux artistes danois, Lorentzen et Løffler. Curieuse rencontre pour le visiteur français qui se retrouve nez à nez, pour ainsi dire, avec Louis XIV, ses maîtresses, Richelieu, Mazarin, Henri IV, Marie de Médicis, Louis XI, Pascal, Fénelon, Boileau, Montesquieu… On peut également voir, sans pourtant y entrer, quelques chambres meublées dans différents styles. La chapelle (accès gratuit, même si vous n'avez qu'un billet pour le parc) est un bijou baroque du XVIIe siècle, avec sa curieuse chaire supportée par le corps d'une femme sans tête, avec une gueule de diable à la place du sexe… Dans le parc, un très beau pavillon avec une maison de poupée et des jouets. Des serres abritent des fleurs et des papillons en liberté (chaleur tropicale garantie à l'intérieur car les papillons viennent d'Amérique du Sud, d'Afrique, d'Inde). De petits enclos avec des chèvres et des kangourous que les enfants peuvent aller caresser grâce à une passerelle. Chaque année, en mai, le château est très visité pour son festival de tulipes, de narcisses, de jacinthes et de crocus.

■ **HERLUFSHOLM KOSTSKOLE**

170 Herlufsholm Allé

✆ +45 55 75 35 00

www.herlufsholm.dk

L'école la plus prestigieuse du Danemark se trouve dans un site superbe, près de la rivière Suså, entre les parcs de Klokker Kohave et Rådmandshave. Ce collège fut fondé en 1565 par l'amiral Herluff Trolle et sa femme dans une abbaye bénédictine, dont les sœurs venaient d'être chassées par la Réforme. Le couvent du début du XVIe siècle n'existe plus, les bâtiments réservés aux cours ne se visitent pas, mais l'église ainsi que le parc sont ouverts au public (tous les jours de 11h à 13h pour les visites de l'église). Le couple fondateur de l'école est enterré dans la chapelle, derrière l'autel, sous un crucifix en ivoire taillé dans une défense d'éléphant et ramené du sud de la France au XIIIe siècle par on ne sait qui…

RIVIÈRE SUSÅ

On peut la remonter pratiquement depuis le centre de Næstved. A Suså Kanoudlejning, dans le parc Rådmandshave, on peut louer des canoës et des tentes. La rivière est plutôt calme et le trajet verdoyant, avec de nombreuses possibilités de camping sur les berges. Très populaire dans la région.

VESTER EGEDE : GISSELFELD KLOSTER

12 Gisselfeldvej, Haslev
© +45 56 32 60 32
www.gisselfeld-kloster.dk
Accès par la route 54, entre Næstved et l'autoroute. Ouvert tous les jours sauf le lundi, de 10h à 17h. Fermé en hiver. Entrée : 30 Dkr, gratuit pour les enfants de moins de 12 ans. Le parc est ouvert gratuitement d'octobre au dimanche des Rameaux.
C'est la promenade préférée des habitants de la région. Le domaine s'étend sur près de 4 000 hectares dans un cadre superbe. Le manoir a été construit durant la seconde moitié du XVIe siècle dans un but défensif, avec de vastes douves ouvertes sur un petit lac. Andersen y aurait écrit *Le Vilain Petit Canard* en voyant évoluer ces volatiles sur les eaux. Dans le parc, dessiné par un jardinier anglais, de petits pavillons abritent des plantes tropicales. Il y a aussi un autre petit lac, des champs, et un peu plus loin, le bois de Hesede avec le restaurant Villa Galina, un petit pavillon d'été. On y mange très bien, dans un lieu idyllique, au bord d'une eau envahie de nénuphars. Tout autour, un bois réunit les différentes essences des forêts danoises (Paradishaven). Ne pas manquer de faire un tour au magasin d'antiquités installé dans l'ancienne maison du chef des jardiniers, ni de rentrer dans Tårnen, la tour qui se trouve près des serres, où sont vendues des plantes anciennes de la flore danoise.

PRÆSTØ

On s'y rend depuis Næstved directement par la route 265, qui croise l'autoroute E47. Si vous choisissez ce chemin et si le soleil brille, faites un détour par la presqu'île de Feddet. Tout au bout, après une plantation de pins, vous trouverez une vaste et superbe plage de sable. La ville de Præstø se trouve en face, formant avec la presqu'île de Feddet l'entrée du Præstø fjord.

Pratique

OFFICE DU TOURISME

8 Klosternakken © +45 55 90 91 92
Ouvert du lundi au vendredi de 9h à 17h, samedi jusqu'à 14h de mi-juin à fin août. De 9h à 16h du lundi au vendredi et fermé le samedi le reste de l'année.

Point d'intérêt

CHÂTEAU DE NYSO

Atelier Thorvaldsen
A la sortie de Præstø, par la route 209. On peut visiter le parc toute l'année. L'atelier est ouvert le week-end seulement de 11h à 17h du 1er mai au 31 août, et tous jours sauf lundi pendant les vacances scolaires. Brochures en allemand et en japonais, mais pas en français ! Ce château du XVIIe siècle, de style baroque hollandais, ne se visite pas, mais on peut y voir l'atelier dans lequel le célèbre sculpteur danois Thorvaldsen travaillait lors de ses séjours ici. Un musée a été installé dans une dépendance, avec quelques œuvres du maître dont un autoportrait. Tenu par des étudiants des Beaux-Arts, il n'est ouvert qu'en dehors des jours de cours. Au XIXe siècle, la baronne Stampe invitait dans sa demeure de nombreux artistes et intellectuels de son époque. C'est ainsi que séjournèrent chez elle, outre Thorvaldsen, Ingemann, Grundtvig et Andersen, à qui les palmipèdes de l'étang du parc inspirèrent – tiens, là aussi ? – le célèbre conte du « Vilain Petit Canard ». C'est vrai qu'on dit la même chose au château de Gavno et à Gisselfeld, ainsi sans doute qu'aux abords de bien d'autres mares danoises ! D'ailleurs, beaucoup de châteaux et de villes sont censés avoir servi de modèle aux histoires du conteur national, qui voyageait beaucoup à travers le royaume.

Balades

Les jardins des belles demeures bourgeoises se terminent près d'une promenade en bord de mer et sont tous pourvus d'un petit kiosque, où l'on prend le thé l'après-midi ou en fin de soirée en été, quand le jour fait briller jusqu'à très tard les vagues du fjord…

TORVET

Une très large rue pavée, bordée de très belles maisons. Certaines sont encore munies de *gadespejl*, ces doubles miroirs aux fenêtres, sortes de rétroviseurs que l'on pouvait aussi voir aux portes des loges des concierges parisiennes. Pour observer ce qui se passe dans la rue sans sortir et surtout sans être vu derrière ses rideaux.

ÎLE DE MØN

A 120 km au sud de Copenhague, une île un peu à l'écart du reste de la Seeland, loin de l'autoroute qui remonte vers Copenhague. Møn est célèbre pour ses falaises crayeuses et les fresques de ses églises, l'île a également beaucoup de charme grâce à ses villes et à sa végétation. C'est aussi un paradis pour les cyclistes !

Transports

Train de Copenhague jusqu'à Vordingborg. Ensuite, bus. Par la route 265 si l'on vient de Præstø ou du nord par la côte, ou par l'autoroute E55-E47 puis la route 59. Un pont relie Møn au reste de la Seeland à Bogo, au sud de l'île. Un autre par Stege, au nord-ouest, c'est celui-ci que l'on emprunte lorsqu'on vient de Copenhague par l'autoroute. Bus *sightseeing* depuis Copenhague en juillet et août.

Pratique

OFFICE DU TOURISME

2 Storegade, Stege
✆ +45 55 86 04 00
www.visitmoen.com
Ouvert du 26 juin au 14 août du lundi au vendredi de 9h30 à 17h, le samedi de 9h à 18h. Le reste de l'année jusqu'à 16h du lundi au vendredi et de 9h à 12h le samedi. Petite maison jaune près du pont. Donne des renseignements sur les locations de vélo (en été seulement) et sur les fermes auberges (tarifs très intéressants).

Hébergement – Restaurants

AUBERGE DE JEUNESSE MONS KLINT

1 Langebjergvej, Borre
✆ +45 55 81 20 30
www.danhostel.dk/moen
Ouvert du 20 avril au 31 août. Chambre simple de 300 à 420 Dkr. Chambre double de 320 à 420 Dkr. Dortoir : 165 Dkr. A un quart d'heure des falaises, au bord d'un petit lac.

CAMPING MONS KLINT

544 Klintevej, Borre
✆ +45 55 81 20 25
A l'est de l'île. Ouvert d'avril à octobre. Entrée 82 Dkr par personne par jour, 57 Dkr pour les enfants, 25 Dkr pour une tente et 40 Dkr pour une caravane. Un agréable camping 3 étoiles super équipé, près d'une forêt et d'un lac, et à deux pas des falaises et des belles plages. On peut aussi louer des vélos.

DAVID'S RESTAURANT

11 Storegade
✆ +45 33 13 80 57
Ouvert tous les jours de 10h à 17h, le week-end ouvert aussi jusqu'à 22h. Menus autour de 220 Dkr.
Un des cafés restaurant les plus courus de l'île. Bonne cuisine danoise, l'endroit est très animé le week-end. Réservation conseillée.

LISELUND SLOT

6 Langebjergvej, Borre
✆ +45 55 81 20 81
www.liselundslot.dk
Chambre simple 800 Dkr, chambre double 1 200 Dkr, 1 950 Dkr pour la chambre dans la tour !
Petit château de 14 chambres, dans le beau parc de Liselund, non loin d'un autre château, au toit de chaume celui-là, et qui a été construit par un comte français émigré en 1792. Un site superbe, et dans l'hôtel, un petit restaurant qui n'offre que de la cuisine

Falaises de Møn.

bio ! Evitez la cafétéria près des falaises. Allez plutôt vers Klintholm Havn, c'est meilleur et moins cher.

LOLLES GÅRD

1 Hyldevej, Nyord. Stege
✆ +45 55 81 86 81
Ouvert de 11h30 à 21h.
Un couple sympathique d'agriculteurs entretient cette ferme-auberge du XVIIIe siècle. On y sert une cuisine danoise de qualité à un prix raisonnable. Il est possible de se restaurer dans le jardin pendant la saison estivale.

PENSION BAKKEGÅRDEN

64 Busenevej, Borre
✆ +45 55 81 93 01
www.bakkegaarden64.dk
Chambre simple de 300 à 400 Dkr, chambre double de 620 à 720 Dkr, selon la saison, petit déjeuner compris.
Un des meilleurs rapports qualité-prix de l'île, situé en pleine nature et face à la mer. Très peu de chambres.

Points d'intérêt

ÉGLISE DE FANEFJORD

Ouverte du 1er avril au 30 septembre de 7h à 16h. Du 1er octobre au 31 mars de 8h à 16h. Entrée libre.
En entrant sur l'île depuis Farø, prendre une des premières routes sur la droite, être attentif aux panneaux. Cette belle petite église date, pour sa partie la plus ancienne (la nef), de 1250. Le reste a été construit au XIVe siècle avec des ajouts aux XVIe et XVIIe siècles. A partir du XIVe siècle, des fresques ont été peintes sur toutes les travées. Certaines sont signées du maître d'Elmelunde, artiste de l'île qui a décoré plusieurs églises de Møn. Le Nouveau Testament est ainsi illustré, de l'Annonciation jusqu'à la Résurrection. On appelait ça *Biblia pauperum* (la *Bible du pauvre*, de l'illettré). Le style de ces fresques est unique, il nous apprend énormément sur la manière dont les habitants à l'époque se représentaient le corps humain, les personnages de la Bible et notamment le diable et les enfers. Les couleurs sont encore vives, l'éclairage naturel les met en valeur. Attention à votre cou, c'est tellement beau qu'on a tendance à regarder le plafond longuement en cassant la nuque et on finit par avoir mal au cou. A l'extérieur, un cimetière.

FALAISES DE MØN (MØNS KLINT)

Il faut dépasser la jolie ville de Stege pour suivre la direction de Klint situé à la pointe est de l'île, à la fin on emprunte un chemin de terre sur 5 km environ. Attention, ne vous faites pas piéger en entrant dans le parking du Geocenter (sauf si vous voulez le visiter), il vous faudra payer un ticket pour sortir (gratuit avec le ticket de ce musée tout neuf). Il s'agit de falaises de craie, immaculées, hautes d'une centaine de mètres. Le site est toujours fabuleux (pour son relief, dans ce plat pays, et pour l'éclat de sa blancheur) mais il est victime de l'érosion et peut s'avérer dangereux : certains morceaux, plus ou moins importants, se détachent parfois (une touriste française y est morte, ensevelie, il y a quelques années). Plusieurs chemins ont été aménagés pour voir les falaises, la balade est plutôt sportive. Des longs escaliers en bois qui vous amènent jusqu'en bas. Les téméraires mettent les pieds dans l'eau et longent les falaises. La vue suffit déjà à vous enchanter et vous satisfaire avant de remonter à votre véhicule. Une forêt de hêtres entoure toute cette région.

GEO CENTER

8 Stengardsvej, Borre
✆ +45 55 86 36 00
www.moensklint.dk
Entrée 115 Dkr pour un adulte, 70 Dkr pour un enfant entre 3 et 11 ans, le prix comprend les 25 Dkr de parking.
Tout proche des falaises a été installé ce fameux Geocenter qui ressemble à un musée des sciences à l'architecture très moderne aménagé pour s'adapter au site naturel tout en restant imposant. On peut y découvrir l'histoire préhistorique de la faune et de la flore du Danemark et de cette région. Il semble dédié surtout aux enfants dans une muséographie ludique qu'on voit déjà à la Villette à Paris, selon le précepte fameux « apprendre en s'amusant ». Diffusion de films en 3D toutes les 45 minutes. Ce très intéressant musée a ouvert ses portes en mai 2007, mais l'entrée reste tout de même chère si l'on est en famille.

Shopping

C'est sur Møn que sont fabriqués certains des cookies danois que l'on trouve dans les boîtes en fer rondes dans nos supermarchés. L'usine Kelsen emploie plus de 500 personnes. Vous trouverez ici les biscuits sous la marque Karen Volf.

ÎLE DE FALSTER

Voilà une île agricole et assez pauvre, au paysage désespérément plat où les pâturages et les champs de céréales se succèdent entre deux bourgs. Reliée par des ponts à l'île de Lolland au sud et à la Seeland au nord, Falster maintient encore en service un tout petit bac pour se rendre directement sur l'île de Møn (12 minutes de traversée). Activité essentielle : la plage ! Station balnéaire : Marielyst, avec sa plage longue de 20 km. Prendre la route E55.

Accès : en train, gares à Alsiev, Nykøbing et Gedser (fin de la voie). De Mom, prendre le bus ligne 50.

NYKØBING

Ville industrielle au bord de la mer reliée par un pont à l'île de Lolland. Une partie du centre-ville s'est modernisée et dessine une corniche où les visiteurs pourront se promener le soir, admirer le coucher de soleil, se restaurer et aller au cinéma. La ville n'est pas très grande mais a son caractère.

FRU HOLGERS PAKHUS

36 Slotsgade,
Nykobing
✆ +45 54 82 08 31
www.fruholgerspakhus.dk
Buffet à midi à 69 Dkr, Menu le soir à 178 Dkr.
Excellent restaurant dans une vielle bâtisse tout près du centre-ville. Le chef cuisinier prépare une cuisine danoise originale et très créative. L'accueil est vraiment chaleureux et les prix restent raisonnables.

HÔTEL FALSTER

150 Stubbekøbingvej
✆ +45 54 85 93 93
www.hotel-falster.dk
Chambre simple à 745 Dkr et double à 945 Dkr, petit déjeuner compris.
L'hôtel le plus chic de l'île. Les chambres sont spacieuses et tout confort. On y trouve aussi un restaurant.

OFFICE DU TOURISME

7 Østergågade
✆ +45 54 85 13 03
www.visitlolland-falster.com
Ouvert du lundi au vendredi de 10h à 15h.

STUBBEKOBING CAMPING

4 Gl. Landevej,
Stubbekobing
✆ +45 55 44 10 57
Adulte 70 Kr par personne par jour, 35 Dkr par enfant, 15 Dkr pour une tente et 25 Dkr pour une caravane.
Un beau terrain boisé et une petite plage de sable fin. Les emplacements sont isolés et à l'ombre. On trouve aussi des bungalows et on peut louer des vélos.

ÎLE DE LOLLAND

C'est la première île danoise avec laquelle on fait connaissance en arrivant d'Allemagne par ferry, sur la route directe qui va à Copenhague. Terre assez peu hospitalière, malgré ses lacs et ses bois.
Le paysage est, là aussi, désespérément plat. Pourtant, on peut s'y arrêter pour au moins deux bonnes raisons : une superbe collection de vieilles voitures, unique au monde, et un grand parc safari qui ravira toute la famille... Vous pouvez aussi aller sur le site internet : www.visitlolland-falster.com
– Pour accéder à l'île de Langeland, rejoindre la Fionie depuis l'île de Lolland du Sud Seeland.

Transports

SCANDLINES

www.scandlines.dk
Tarifs : 70 € pour une voiture avec 6 personnes maximums, 11 € par adulte, 6 € pour un enfant). Réduction de 50 % hors saison.
Liaison entre Puttgarden (Langeland) et Rodby (Lolland). Trajet de 45 minutes en bateau. Départ environ toutes les 30 minutes de 7h à 21h environ (variables selon saisons), se renseigner sur www.scandlines.dk. Enregistrement au plus tard 15 minutes avant le départ du ferry. Le trajet est agréable avec

la vue sur cette île étonnante de Langeland tout en longueur, il passe très vite et permet de faire une pause avant de reprendre la route.

MARIBO

OFFICE DU TOURISME

1 Torvet

✆ +45 54 78 04 96

Dans le vieil hôtel de ville. Ouvert du lundi au vendredi de 10h à 17h, 16h hors-saison. Samedi de 10h à 13h, 12h en hors-saison.

PARC-SAFARI DE KNUTHENBORG

Knuthenborg allé

✆ +45 54 78 80 89

www.knuthenborg.dk

Un safaribussen (bus 818) fait la liaison entre Rodby et le parc, de juin à septembre. Ouvert tous les jours du 24 avril au 24 octobre de 10h à 17h, jusqu'à 18h en juillet. On peut rester dans le parc plus longtemps. A un quart d'heure en voiture de Maribo. Entrée : 175 Dkr, 95 Dkr pour les 4-11 ans.

De nombreuses familles allemandes viennent s'y promener. Les 800 hectares du parc abritent des animaux de toute espèce : élans, zèbres, antilopes et tigres de Sibérie, sans oublier de nombreux oiseaux. Avec ses 16 km de pistes, il est considéré comme le plus grand parc safari d'Europe du Nord. Idéal pour les enfants, et particulièrement dépaysant sous cette latitude : c'est quand même bizarre de voir un dromadaire sous un chêne scandinave !

Le parc-Safari de Knuthenborg, le plus vaste d'Europe du Nord.

Maisons de Maribo.

NYSTED

A l'écart des grandes liaisons autoroutières, sur la baie qui porte son nom au bord de la Baltique, Nysted est une halte reposante, proche d'un petit bois et surtout du plus vieux château encore habité du royaume. Face à l'Allemagne, c'est un peu un cul-de-sac. On peut y faire une halte en montant vers Copenhague ou en repartant vers le ferry à Rødbyhavn. Si l'on compte faire le tour de Falster et Lolland, on peut ensuite remonter vers la Seeland par l'autoroute E47, ou par la route 153, puis la 22, après Vordingborg. Les deux itinéraires passent par de superbes ponts qui s'élèvent majestueusement au-dessus de la mer.

MUSÉE DE L'AUTOMOBILE D'ÅLHOLM

Dans le parc du château d'Ålholm. Tous les jours du 1er juin au 1er septembre.

Le château date du XIIe siècle – on peut en visiter quelques pièces, belles cheminées de chêne sculpté et mobilier de l'époque –, et c'est l'actuel propriétaire, baron en titre, qui présente sa propre collection de voitures anciennes, dont certaines sont très rares. Un vieux train miniature à vapeur emmène les visiteurs jusqu'aux rivages de la baie de Nysted.

FIONIE

Fionie

Une grande île, entre la Seeland de Copenhague et le Jutland, reliée désormais par des ponts d'envergure. C'est le pays qui a vu naître Andersen. Un peu sauvage au nord, plus douce au sud, l'île étale souvent ses champs de blé en bord de mer et niche, dans ses replis, châteaux et manoirs. Le charme de cette île est lié à la végétation et aux bords de mer et de fjords avec ses petits bateaux de plaisance et ses jolies maisons. Beaucoup de Danois sont originaires de cette région ou décident d'y habiter car il y fait bon vivre et l'état d'esprit est ouvert et accueillant.

ODENSE

La capitale de la Fionie, Fyn, se trouve au milieu des terres et au centre du royaume, à égale distance (145 km) de Copenhague et d'Århus. C'est une grande cité (la troisième du pays, avec 200 000 habitants) dont le centre historique et commercial commence au sud de la voie ferrée, juste en face de la gare. On a parfois l'impression de se promener dans un vaste parc, avec un réseau de pistes cyclables et de chemins qui vous emmènent, à peu de distance, sur les berges verdoyantes de la rivière qui porte le nom de la ville. Le ciel est partout visible, les rues spacieuses, les quartiers alentour très étendus. Et toujours, au détour d'un espace vert, une église, un musée, un cloître, tout en briques rouges. Odense est considérée comme l'une des plus anciennes cités scandinaves : elle s'appelait Nonnebakken à l'époque des Vikings, puis devint Odense, le Sanctuaire du dieu Odin. Première trace écrite de l'existence de la ville : en 988, une charte adressée par l'empereur du Saint Empire germanique, Otton III, à l'évêque d'Odense. C'est une ville qui compte beaucoup d'églises car elle fut un lieu de pèlerinage pendant tout le Moyen Age : on venait y vénérer la dépouille du roi Knud le Saint, canonisé après avoir été tué à Odense par des paysans en colère. L'autre grande figure de la ville naquit dans une masure des quartiers pauvres, en 1805 : Hans-Christian Andersen. Soixante-deux ans plus tard, il devenait, en grande pompe, citoyen d'honneur de sa ville natale où on le trouve partout : musée, parc, bibliothèque… Mais Odense, c'est aussi une ville industrielle, au carrefour du pays, qui a su s'ériger en centre intellectuel et culturel du pays. Elle abrite le siège et les studios de la chaîne TV2, le plus étonnant centre d'expositions de toute la Scandinavie (une ancienne usine transformée en Beaubourg danois) et elle vibre chaque été de multiples festivals (orgue, jazz, rock, théâtre) et d'animations de rue. Cette ville universitaire sait attirer et garder les jeunes Danois comme les jeunes touristes, y compris pendant les mois d'été quand les cours ne les retiennent pas, signe qu'il s'y passe toujours quelque chose. On peut très facilement discuter et faire d'agréables rencontres avec les habitants de la ville comme avec la foule des touristes et vacanciers qui font halte ici sur la route de Copenhague.

Transports

Voiture

Autoroute E20, sorties 50 à 53.

AVIS
37 Østre Stationsvej ✆ +45 66 14 39 99

EUROPCAR
69 Kongensgade ✆ +45 66 14 15 44
www.europcar.com

ONE2MOVE
144 Nyborgvej ✆ +45 24 61 62 61
✆ +45 70 20 88 04 – www.one2move.com
fh@one2move.com
Location de voitures à des prix intéressants.

Train

GARE CENTRALE
Østre Stationsvej ✆ +45 70 13 14 15
La gare d'Odense est un immense centre, on y trouve notamment la bibliothèque centrale de la ville, un cinéma et de nombreux commerces. Consignes automatiques. Plusieurs trains relient Copenhague et Odense (chaque heure), le trajet dure une heure et quart en train rapide. Il y a également un train direct depuis l'aéroport de la capitale. Trains fréquents pour Svendborg, Kolding et Århus.

Bus

La gare routière est sur Dannebrogsgade, près de la gare de chemins de fer.

■ **FYNBUS**
✆ +45 63 11 22 33
www.fynbus.dk
Liaison depuis Billund.

Avion

■ **AÉROPORT D'ODENSE (ODENSE LUFTHAVN)**
✆ +45 65 95 50 72
www.odense-lufthavn.dk
L'aéroport se trouve à 12 km d'Odense.

Taxi

■ **TAXIS**
16 Ove Gjeddes vej ✆ +45 66 15 44 15

Location de vélos

■ **CYKELUDLEJNING**
36 Nedergade ✆ +45 65 75 39 64
Ouvert du 1er mai au 1er octobre.

■ **PER'S CYKLER**
95 Vesterbro ✆ +45 66 14 84 85

Pratique

Consulats

■ **CONSULAT DE BELGIQUE**
Monsieur Flemming Røikjær
15 Klaregade, 3 th ✆ +45 66 14 25 33

■ **CONSULAT DE FRANCE**
Monsieur Søren Askegaard, 30 Sadolinsgade
✆ +45 66 13 75 55
aske@sam.sdu.dk

Tourisme

■ **OFFICE DU TOURISME**
Rådhuset ✆ +45 63 75 75 20
www.visitodense.com
A proximité de la mairie. Ouvert du 15 juin au 31 août : du lundi au vendredi de 9h30 à 18h, le samedi et dimanche de 10h à 15h ; du 1er septembre au 14 juin : de 9h30 à 16h30 et de 10h à 13h le samedi. Citypass : 129 Dkr pour une journée. L'office du tourisme propose aussi des adresses de logements chez l'habitant, de *bed and breakfast* et des visites guidées de la ville. Location de vélos également durant les mois d'été.

On peut s'y procurer le Citypass qui ouvre les portes de presque tous les musées, sites et lieux de distraction d'Odense et de sa région, sauf les châteaux les plus chers, malheureusement !

Poste

■ **POSTE PRINCIPALE**
2 Dannebrodsgade
Timbres au bureau de Lille Gråbrød-stræde.

Internet

■ **GALAXY NET CAFÉ**
Ostre Stationsvej
Au 2e étage de la gare. Ouvert de 8h à 1h du matin.

Urgences

■ **HÔPITAL**
J.-B. Winsløws Vej
✆ +45 66 11 33 33

■ **PHARMACIE**
80 Ørnen Apotek, Vestergade
✆ +45 66 12 29 70
Ouverte 24h/24.

■ **POLICE**
1-3 Hans Mules Gade
✆ +45 66 14 14 48

Hébergement

Bien et pas cher

DANHOSTEL ODENSE CITY
31 Østre Stationsvej, Odense C
✆ +45 63 11 04 25
www.cityhostel.dk – info@cityhostel.dk
Chambre simple 535 Dkr, double 570 Dkr, triple 605 Dkr, 5 personnes 745 Dkr, 6 personnes 820 Dkr. Prévoir un petit supplément pour les draps. Petit déjeuner copieux à 60 Dkr. Juste à côté de la gare ferroviaire d'Odense, dans le centre-ville. Ce grand immeuble d'angle en briques rouges et un ancien hôtel de luxe de la ville, fondé en 1867 sous le nom de Larsens Hotel. On peut et y dormir au même prix que dans l'autre *danhostel.*

DANHOSTEL ODENSE KRAGSBJERGGÅRDEN
121 Kragsbjergvej, Odense M
✆ +45 66 13 04 25
odense@danhostel.dk
www.odense-danhostel.dk
Au sud-est de la ville. Accès : bus 61, 62 63, 64. En voiture, suivre la direction du Militarische Samling (musée de l'Armée, adjacent au Danhostel). Ouvert du 1er mars au 1er décembre. A un ou deux kilomètres à pied du centre-ville. Parking gratuit à côté du Danhostel. Chambre simple à 435 kr, chambre double à 570 kr, 245 Dkr en dortoir (uniquement du 1er juin au 1er septembre), chambre familiale de 1 à 8 personnes. C'est un joli manoir en *U* avec une cour intérieure où une terrasse est installée. L'endroit est calme, le personnel est très aimable et les petits déjeuners sont très bons. On n'a pas l'impression d'être dans une grande ville.

YDES HOTEL
11 Hans Tausensgade ✆ +45 66 12 11 31
www.ydes.dk
Près de la gare. Chambre simple à partir de 475 Dkr, chambre double à partir de 610 Dkr, petit déjeuner 50 Dkr. Les chambres sont petites, mais le rapport qualité-prix est d'un bon niveau. La réception se trouve à l'hôtel Domir tout proche (au n° 19), qui est un peu plus cher et reliée par caméra, d'où l'accueil parfois virtuel !

Confort ou charme

CAB INN ODENSE
7 Ostre Stationsvej ✆ +45 63 14 57 00
www.cabinn.com
Chambre simple à 545 Dkr et double à 675 Dkr. Internet, Parking payant. Un peu mieux que les *danhostel.* Les hôtels Cabinn sont présents dans tout le pays. Les prix varient selon la taille des chambres. Le petit déjeuner se prend au dernier étage avec une vue sympathique sur la ville. Promotions fréquentes sur Internet.

HÔTEL ANSGAR
32 Østre Stationsvej ✆ +45 66 11 96 93
www.hotel-ansgar.dk – ansgar@email.dk
Chambre simple à partir de 625 Dkr, chambre double à partir de 895 Dkr, petit déjeuner inclus.

HÔTEL DOMIR
19 Hans Tausensgade
✆ +45 66 12 14 27
http://www.domir.dk – booking@domir.dk
Chambre simple 595 Dkr, chambre double de 695 à 795 Dkr, chambre triple 845 Dkr. Les animaux sont acceptés : 150 Dkr. Complètement rénové en 2008, l'hôtel Domir à plusieurs fois été récompensé. Les chambres sont lumineuses, design, sobres et confortables. Tous les services d'un hôtel de cette catégorie sont à disposition : réception 24h/24, wifi, parking surveillé, écrans plats et lecteurs DVD…

Luxe

H. C. ANDERSEN HOTEL
7 Claus Bergs Gade ✆ +45 66 14 78 00
www.radisson.com
Chambre simple 1 375 dkr, chambre double 1 575 Dkr. Beau palace repris par la chaîne d'hôtels de la compagnie SAS, Radisson. Mieux, dans cette gamme de prix, que le Plaza Hotel dont les extensions réalisées durant les années 1960 ont particulièrement mal vieilli. Il existe de multiples tarifs, selon qu'on réserve en week-end, l'été, en famille ou pas, etc.

Restaurants

Bien et pas cher

BONES
53 Vindegade ✆ +45 66 11 18 16
www.bones.dk
Ouvert tous les jours sauf lundi de 16h30 à 22h. Plat principal 149 Dkr. Grand restaurant à l'américaine, avec un vaste buffet, d'excellentes viandes et de quoi amuser les enfants. Déco de brocante américaine reprenant tous les clichés *yankees* des années 1950, du *barber shop* aux disques d'Elvis Presley. Avec quelques touches plus récentes, comme le maillot de Michael Jordan.

CAFÉ KRÆZ

6 Gråbrødre plads ✆ +45 66 11 38 11
www.kraez.dk – kraez@kraez.dk
Ouvert tous les jours de 10h à 1h, jusqu'à 3h du jeudi au samedi, 23h le dimanche. Sandwichs, salades, burgers et brunch autour de 100 Dkr, plats de viande ou tapas entre 180 et 200 Dkr. Un café club plutôt branché qui accueille régulièrement de nombreux artistes danois et internationaux. Pas moins de deux ou trois concerts chaque mois et un DJ chaque week-end ! On y sert de la cuisine d'inspiration mexicaine ou italienne. L'intérieur est design un peu froid et très grand, tout comme la terrasse qui l'entoure. Les cocktails de la maison ont bonne réputation. L'équipe est là aussi jeune et sympathique.

DEN GRIMME AELLING

1 Hans Jensens Straede
✆ +45 65 91 70 30
www.grimme-aelling.dk – bo@klewe.dk
Buffet à 89 Dkr à midi et à 129 Dkr le soir. Ouvert de 12h à 14h30 et après 17h30 jusqu'a minuit. Cuisine typiquement danoise pour ce restaurant qui se trouve dans une ruelle à quelques mètres du musée Andersen. Un très généreux buffet de légumes et de viandes est proposé. Souvent bondé le soir à cause de ses tarifs abordables. L'ambiance et l'accueil y sont sympathique.

FRANCK A

4 Jernbanegade
✆ +45 66 12 27 57
www.francka.dk – kontak@francka.dk
Ouvert tous les jours de 10h à 1h, jusqu'à 3h le jeudi, vendredi et samedi. Brunch à 98 et 178 Dkr, burgers à plus de 100 Dkr. Musiciens live le jeudi soir à 22h30. Un vaste café-restaurant qui propose une cuisine internationale assez classique dans une ambiance design du type musée d'art contemporain. Grande terrasse extérieure. Personnel jeune et dynamique.

GERTRUD'S BRASSERIE

8 Jernbanegade
✆ +45 65 91 33 02
www.gertruds.dk
markb@gertruds.dk
Ouvert tous les jours de 9h à 2h. Entrées entre 80 et 120 Dkr, plats entre 180 et 280 Dkr, desserts de 70 à 90 Dkr.
C'est une bonne table avec un très bon rapport qualité-prix et au style français. Nappes à carreaux en terrasse, grandes affiches d'anciennes publicités françaises à l'intérieur. La cuisine est raffinée et originale à côté de tous ces cafés qui proposent des *burgers* ou des salades pour le même prix. Les vins sont de bonne qualité. Le patron prend le temps de parler à ses clients, de leur expliquer la cuisine qu'il propose. Le plus : on vous sert une mise en bouche tout aussi raffinée avant votre plat. La carte change quatre fois par an. Le cadre – une place avec une fontaine – est agréable en été. On peut aussi y boire un verre plus tard dans la soirée, accoudé à ce beau et grand bar en zinc mais il serait dommage de ne pas goûter à la cuisine.

KLOS AND'S HUS
76 Vindegade ✆ +45 66 13 56 00
Ouvert du jeudi au samedi. Menus à 155 et 175 Dkr. Une superbe maison bleue à trois étages qui propose une cuisine typiquement danoise. On peut également y déguster pas moins de 200 variétés de whiskys ! Ambiance festive garantie.

KONG VOLMER
13 Brandts Passage ✆ +45 66 14 11 28
www.kongvolmer.com
mail@kongvolmer.com
Ouvert du lundi au samedi de 9h30 à 16h. Plats entre 85 et 175 Dkr. Sandwichs « ouvert » à partir de 54 Dkr.
Petit restaurant façon bistrot où on y sert des Hapsere, des sandwichs « ouvert ». Idéal pour tester une combinaison de *tapas* ou de petits plats (bœuf fumé, hareng, saumon…). La cuisine est raffinée et les prix sont doux. *Brunch* le matin.

THE ROOM
6-8 Brands Passage ✆ +45 63 13 00 33
www.the-room.dk
cafetheroom@gmail.com
Ouvert de 10h à 1h. Discothèque : le week-end de 1h à 3h. Brunch, burgers où l'on choisit ses ingrédients, plats végétariens autour de 100 Dkr, tapas, sandwichs… Cocktails de 70 à 125 Dkr.
L'un des cafés branchés de la ville, situé dans le tranquille et agréable passage Brandts, entre design épuré et couleurs chaleureuses, de grands espaces intérieurs et extérieurs. Ambiance avec de la bonne musique électronique, grands tableaux exposés. La décoration est de bon goût. L'accueil est sympathique, la cuisine a du goût et permet d'excuser un service un peu lent.

Bonnes tables

CARLSLUND
7 Fruens Bøge Skov ✆ +45 65 91 11 25
Dans le bois proche de Skovsøen. L'été, concerts de jazz à l'ombre des arbres, de 13h à 17h.
Un bateau y conduit chaque été (départ du parc de Munke Mose, au centre d'Odense) avec des musiciens à bord.

DEN GAMLE KRO
23 Overgade ✆ +45 66 12 14 33
www.dengamlekro.dk
Déjeuner à partir de 198 Dkr, 396 Dkr le soir. Tous les jours de 11h à 22h30.
Belle maison du XVIIe siècle. L'intérieur tient du pub anglais et du magasin d'antiquités. Trois salles sombres à l'atmosphère très… franco-danoise : carte en français, pain blanc au dîner, crêpes Suzette au dessert. Cour intérieure.

SORTEBO KRO
20 Sejerskovvej, Hunderup Skov
✆ +45 66 13 28 26
Une vieille auberge, où chaque automne le gibier est à l'honneur.

Sortir

La plupart des cafés sont concentrés sur Jernbanegade et Brandts Passage. Les restaurants précédemment cités sont aussi en général des cafés avec musique *live* ou DJ où l'on peut sortir tard boire un verre voire danser.

AUSTRALIAN BAR
10 Brandts Passage ✆ +45 66 11 83 90
Entrée libre parfois payante : environ 50 Dkr.
Bar discothèque situé en pleine Brandts Passage. Rendez-vous de la jeunesse d'Odense la nuit tombée. Idéal pour connaître les soirées (bien arrosées) des étudiants de la ville.

CAFÉ BIOGRAFEN
39 Brandts Passage
✆ +45 66 13 16 16 – www.cafebio.dk
Ouvert tous les jours du lundi au mercredi de 11h à 23h, du jeudi au samedi de 11h à 1h, le dimanche de 10h30 à 23h. La cuisine ferme à 21h15.
On passe la commande au comptoir. Sur cette place, très animée en été, concerts de jazz ou rock l'après-midi et le soir. C'est un café que fréquentent les jeunes d'Odense. Il est situé juste à côté du cinéma. Terrasse en été, avec véranda et vieilles affiches de films danois pour le décor.

CITY CLUB
14 Klingenberg
✆ +45 66 14 00 50
www.cityclub.dk – cityclub@c.dk
Près de la place de la mairie. Ouvert de 12h à 23h et jusqu'à 2h le week-end.
Venez ici si vous aimez l'ambiance des années 1980 ou les bars américains pour jouer au billard avec les *rockers* du coin. Une grande salle avec six tables de billard et une autre salle où des écrans diffusent le sport et les matchs. L'endroit est très vaste et l'atmosphère chaleureuse.

Manifestations

Théâtre de rue. C'est le festival Andersen qui se tient de mi-juillet à la mi-août, théâtre avec des adaptations des œuvres d'Andersen, concerne surtout les enfants.

Festivals. Un festival de cinéma se tient tous les ans à la mi-août ; floralies (compositions florales artistiques dans toute la ville) à la même période ; tous les deux ans en juin, grand concours international de violon Carl Nielsen ; chaque année, une trentaine de concerts, dans toutes les nombreuses églises de la ville au cours du festival d'orgue d'Odense, et un festival de blues ont lieu début novembre.

Points d'intérêt

BRANDTS KLÆDEFABRIK

Brandts Torv 1

✆ +45 65 20 70 01 – www.brandts.dk

Ouvert tous les jours en juillet et août de 10h à 17h, jusqu'à 21h le jeudi. Fermé le lundi le reste de l'année. Entrée : 80 Dkr pour l'ensemble des musées, 60 Dkr pour les seniors et les étudiants, gratuit pour les moins de 18 ans.On peut aussi ne payer que pour un lieu 50 Dkr pour les expositions d'art et design, 40 Dkr pour le musée de la Photo, 40 Dkr pour le musée de la Presse et de l'Imprimerie.

Cette fabrique de textile, installée au cœur d'Odense, a été fermée en 1977. Elle est devenue depuis un centre culturel très important, avec plusieurs musées et de très belles salles proposant souvent des expositions de grande envergure. Depuis son inauguration, Odense a explosé sur le plan artistique et intellectuel, devenant une cité vivante, rivale de l'autre grande provinciale qu'est Århus. D'ailleurs, en dehors de la période universitaire, Odense est tout aussi animé qu'Århus, particulièrement autour de cette « fabrique ». Au rez-de-chaussée, une vaste librairie d'art. Au premier étage, exposition d'art alternatif, design, architecture… Au second étage : le musée de la Photo d'art où les collections du musée sont visibles partiellement, en même temps que des expositions temporaires. Au troisième étage : musée de l'Imprimerie et de la Presse danoise, qui offre un intéressant parcours à travers la vie quotidienne des Danois depuis 300 ans, avec vieux kiosques à journaux et téléviseurs rétros. De vieilles presses sont également manipulées par des imprimeurs dans l'enceinte même du musée. Une nouvelle salle d'expositions a ouvert en juillet 2004. D'une hauteur de plafond impressionnante, elle permet d'abriter des installations de grande envergure. On peut désormais accéder à une terrasse qui surplombe la ville.

CATHÉDRALE SANKT KNUD

Flakhaven

Du lundi au samedi (de mai à septembre) de 10h à 17h, et le dimanche de 12h à 17h. Le reste de l'année, fermeture à 16h (17h le dimanche).

Cet ouvrage gothique est parfaitement mis en valeur au centre de la ville, au bord d'un boulevard et d'un parc qui descend vers la rivière. A l'intérieur se trouve un retable du XVIe siècle, du maître artisan Claude Berg et, dans la crypte, un reliquaire contenant des ossements attribués à Knud le Saint. La cathédrale a été bâtie au XIIIe siècle à côté de l'église Sankt Alban, où le roi canonisé avait été assassiné.

FYNS KUNSTMUSEUM (MUSÉE DES BEAUX-ARTS DE FIONIE)

Jernbanegade 13 ✆ +45 65 51 46 01

Tous les jours de 10h à 16h, sauf le lundi. Entrée : 40 Dkr, gratuit pour les enfants.

De très belles toiles de Lundstrøm, dont *Modèle avec bas* (1940) et *Mère et Enfant* (1929). Quelques toiles de romantiques danois comme Jens Juel. Un tableau connu de tous les Danois : il figure dans les manuels d'histoire pour illustrer le génie tactique de Tordenskjold, l'homme que l'on retrouve aussi sur les boîtes d'allumettes ordinaires. Héros tacticien des guerres contre la Suède au XIXe siècle, le tableau d'Otto Bache le représente à Marstrand (1875). Belle Vue d'Assens (1834) de Dreyer : un paysage côtier banal, face à la côte du Schleswig, aujourd'hui allemand. Grâce à la subtile utilisation des couleurs, les arbres et les buissons semblent dissimuler toute une vie secrète à l'intérieur des maisons. Des sculptures, mais aussi des tableaux de Robert Jacobsen qui, lorsqu'il ne joue pas avec les formes et les matières, sait manier les couleurs. Ne pas manquer non plus les toiles de P.S. Krøyer réalisées à Skagen, et celles de Franciska Clausen, l'amie de Fernard Léger. Expositions temporaires.

MUSÉE CARL NIELSEN

11 Claus Bergs Gade ✆ +45 65 51 46 01

Ouvert du mercredi au dimanche de 11h à 15h du 1er juin au 31 août. Du mercredi au dimanche de 15h à 19h et le week-end, de 11h à 15h le reste de l'année. Entrée gratuite

© VISITDENMARK / ROLAND JUNG

Carl Nielsen (1865-1931) est l'autre grand homme d'Odense. C'est le plus grand compositeur danois qui bénéficie d'une certaine reconnaissance auprès des mélomanes. Sa musique est proche de celle, fluide et romantique, du Norvégien Edvard Grieg. Des enregistrements des œuvres de Nielsen sont diffusés au cours de la visite de ce musée qui réunit documents, tableaux et objets concernant le compositeur ainsi que des sculptures réalisées par sa femme, Anne-Marie Carl-Nielsen. Le musée fait partie du Palais des congrès dont la masse bétonnée, si proche du vieux quartier d'Andersen, n'est pas du meilleur goût. On peut visiter la maison d'enfance de Carl Nielsen. Elle se trouve à une douzaine de kilomètres au sud d'Odense, à Årslev (ouvert du 1er mai au 30 septembre du mardi au dimanche de 11h à 15h, entrée 25 Dkr).

MUSÉE DES CHEMINS DE FER DANOIS

Derrière la gare, Dannebrogsgade 24
✆ +45 66 13 66 30 – www.railmuseum.dk
Ouvert tous les jours de 10h à 16h. Adulte 80 Dkr et 60 Kr hors saison, 40 Dkr pour les enfants.
Tout l'univers des chemins de fer danois est réuni ici, avec plus de 10 000 m² de locomotives, de wagons, d'équipements, de maquettes de bateaux, de bus... Un vrai paradis pour les passionnés à ne rater sans aucun prétexte. On y découvre la première locomotive du pays qui a effectué la ligne Copenhague-Roskilde, construite par les Anglais. On peut monter dans les wagons, dont la luxueuse voiture salon avec chaises longues, fumoir et toilettes ou encore la magnifique voiture royale qui a servi de 1937 à 2001. Plus d'une vingtaine de locomotives y sont exposées comme l'étonnant chasse-neige de 1880 ou la plus grande locomotive d'Europe construite en 1937. Plusieurs expositions et films racontent l'histoire du rail au Danemark, ne manquez pas les maquettes de bateaux et ferrys qui transportaient les trains entre la Sealand, la Fionie et le Jutland. Des circuits de trains miniatures, des legos ainsi que des jeux de simulation attendent les enfants. Et pour les adultes, on peut même louer un vrai train vapeur pour effectuer une excursion !

MUSÉE H. C. ANDERSEN

29 Bangs Boder ✆ +45 65 51 46 01
www.museum.odense.dk
museum@odense.dk
Ouvert tous les jours du 27 juin au 31 août de 10h à 19h. Le reste de l'année de 10h à 16h, du mardi au dimanche. Entrée : 60 Dkr, gratuit pour les enfants de moins de 18 ans.
Les boutiques des artisans du siècle dernier ont laissé la place aux petits cafés et aux échoppes de souvenirs. Dans les rues pavées, réservées aux piétons, se blottissent des rangées de maisons basses aux toits de tuiles rouges. L'attraction de ce quartier est le fameux musée consacré à Andersen. C'est dans l'une de ses vitrines que l'on a dérobées, en juillet 1992, plusieurs manuscrits de l'écrivain, estimés à 4 millions de couronnes (1 400 000 €).

Ce musée, lieu où il vécut de 1807 à 1819, est l'un des plus fréquentés du Danemark. Pourtant, on n'y découvre pas vraiment l'âme du célèbre conteur. On retrouve de ses premières années la petite maison d'angle où il avait habité reconstituée avec le décor supposé de l'époque : la « maison natale » d'Andersen, au n° 3-5 de Munkemøllestræde ; en réalité, on n'a jamais pu déterminer exactement la demeure où il a vu le jour... Les pièces présentent une succession de vitrines où il y a beaucoup à lire et peu à voir. Quelques-uns de ces meubles et de ces objets reconstituent une pièce où il a vécu (dans une autre maison). Mais on ne peut regarder qu'au travers de vitres. Un détail : le long repose-pieds devant le sofa était destiné à éviter le contact, en hiver, avec le sol très froid des maisons. Quelques vitrines exposent les découpages réalisés par Andersen, ainsi que ses collages, décidément très modernes : on retrouve ces formes et ces couleurs dans les collages des cubistes des années 1930, un siècle plus tard ! Il a d'ailleurs réalisé un collage extraordinaire représentant chaque nation sur un paravent : les gravures redécoupées et réagencées donnent un regard historique et satirique sur le sentiment nationaliste de chaque pays représenté. A voir également, un passeport turc, témoin des nombreux voyages de l'écrivain, et une série de photos parmi l'importante collection de portraits qu'il avait fait réaliser, prenant différentes poses, enthousiaste devant l'invention de la photographie. Des films (en danois) sont présentés, une bibliothèque abrite des traductions de son œuvre dans toutes les langues. On peut en acheter certaines dans la boutique qui propose aussi découpages et cartes postales et toute une série de déclinaisons « andersenienne » en objets divers... Le musée s'enrichit et s'agrandit au fil des ans, par exemple de nouvelles salles consacrées à sa bibliographie ont ouvert en juin 2004. Les enfants peuvent s'amuser dans un petit théâtre où ils se déguisent pour figurer (ou jouer, en anglais pendant l'été et seulement en danois le reste de l'année) dans la mise en scène du Rossignol et l'empereur de Chine, notamment. Ça se passe tout près du musée, au n° 21 de la même rue, à Fyrtøjet (qui signifie « le briquet » en danois). Sachez enfin que le Danemark a fêté en 2005 le 200e anniversaire de la naissance du célèbre conteur en organisant une multitude de manifestations culturelles dans les villes principales du pays.

■ **TIDENS SAMLING**
Kulturmaskinen, 7 Farvergarden
✆ +45 65 91 19 42
www.tidenssamling.dk

Les émois d'Andersen

Le père de tant de contes de fées universels était un curieux personnage. Ses écrits, fort nombreux, et la notoriété acquise de son vivant ont facilité la tâche de ses biographes : après une enfance misérable, il s'exile à Copenhague pour tenter d'approcher le monde du théâtre. Il finira par attirer l'attention d'un généreux mécène, Jonas Collin, qui l'envoie à l'école. Puis des poèmes et des nouvelles sont publiés. Sa célébrité grandit et il devient un véritable personnage dans le pays. Il sillonnera le Danemark de château en château, et toute l'Europe où il rencontrera les grands hommes de son époque ; ainsi à Paris : Hugo, Lamartine, Dumas, Vigny et Balzac, Dickens à Londres... Entre autres traits marquants, Andersen était anxieux, égocentrique et narcissique ! Kierkegaard ne se gênera pas pour le souligner avec brio dans une critique complète et très habile du roman d'Andersen *Rien qu'un violoneux*, traitant même le conteur de « pleurnichard ». Un seul élément de la vie d'Andersen est longtemps resté tabou : sa sexualité. Les spécialistes affirment aujourd'hui qu'il est resté vierge jusqu'à sa mort ! Ce grand adepte de la masturbation devant l'éternel connut bien quelques émois face à certaines demoiselles, mais il semble qu'il refrénait ses pulsions, avouant dans son journal que l'idée même d'un rapport physique le dégoûtait. Mort en 1875 alors qu'il était déjà considéré comme un héros national, Andersen continue d'être le symbole d'un pays qui se reconnaît toujours dans ses contes de fées. Les Danois sont fiers d'affirmer que les Contes d'Andersen sont l'œuvre la plus traduite au monde après la Bible ! Son imagination fertile et son style souvent plus drôle et plus personnel que celui des frères Grimm, en font un auteur qui résiste au temps, même au temps de l'enfance : ah, les petites sirènes de nos fantasmes, les princesses au petit pois de nos sommiers...

© VISITODENSE

Zoo d'Odense

Ouvert du lundi au samedi de 10h à 16h. Entrée : 40 Dkr, 30 Dkr pour les enfants.
Situé au troisième étage du centre culturel d'Odense, le Tidens Samling est un vrai musée Art déco. On parcourt tout le XXe siècle à travers huit salles de séjours. Les reproductions sont très bien faites, on passe d'une époque à l'autre à travers des salons retraçant l'évolution de la décoration et du design. Le plus : ce musée autorise les visiteurs à toucher les objets, s'asseoir sur un vieux fauteuil de 1920 ou allumer un ordinateur Amiga des années 1980. On peut aussi essayer des vêtements d'époque, avec chaussures et lunettes... Les expositions temporaires y sont souvent très intéressantes. La boutique vend des objets *vintages* originaux.

Shopping

Vous avez énormément de boutiques dans le centre-ville et les rues piétonnes d'Odense mais aussi un peu partout dans la ville. Objets originaux, anciens ou nouveaux, vêtements ou accessoires, vous pourrez trouver votre bonheur. A noter que la bière brassée à Odense est vendue sous le nom d'Albani.

■ **LERCHE DESIGN**
Rosenbaek Torv 1 ✆ +45 66 12 81 29
www.lerchedesign.dk
A deux pas de la Brands Kladefabrik, ce nouveau haut lieu de design de la ville vient d'ouvrir. On y trouve des mobiliers ou des lampes uniques. Un peu cher mais c'est très beau.

■ **TING OG SAGER**
20 Nedersgade, Odense C
✆ +45 66 17 84 74
Quelques objets de brocante, sinon la propriétaire fabrique des chapeaux et des lampes. Originale comme association !

■ **TRYLLE SPEJLET**
Brandts Passage, Odense C
✆ +45 63 11 09 06
Bijoux, vêtements et autres accessoires de mode originaux.

Dans les environs

CHÂTEAU D'EGESKOV
18 Egeskov gade, Kværndrup
✆ +45 62 27 10 16 – www.egeskov.com
Au sud d'Odense. Route 9, bifurquer à droite avant Kværndrup ou prendre la route 8 vers Faaborg après la route 9 ou bien par la route 43 en suivant la Marguerite. Ouvert tous les jours de la fin du mois d'avril à la fin septembre, de 10h à 17h d'avril à mai, 18h en juin, 19h de juillet à la première quinzaine d'août, 18h la deuxième quinzaine d'août, 17 de début septembre à début octobre.Chaque mercredi de la mi-juillet à la mi août nocturne jusqu'à 23h. Le château ferme une heure avant le parc et les autres musées. Entrée : 195 Dkr (parc, labyrinthe, musées, aire de jeu et château), 150 Dkr sans la visite du château, 105 ou 85 Dkr pour les enfants, réduction pour les groupes. Office du tourisme juste avant l'entrée, ouvert de 12h à 18h, 20h en juillet.

FIONIE

Le château d'Egeskov est l'une des grandes attractions de la Fionie, en raison de la beauté de son domaine, de son architecture originale et bien entretenue et de sa position stratégique au centre du pays. Il est très fréquenté (200 000 personnes par an) mais l'espace est tellement grand que l'on n'a pas l'impression de se marcher dessus. Il faut environ 4 heures pour visiter tout le parc. C'est une résidence privée dont on ne visite qu'une partie des appartements, un tiers du château étant occupé par la famille, même si de nouvelles salles sont désormais ouvertes au public. Très cher d'accès mais il faut bien entretenir un domaine aussi grand et un tel patrimoine historique, la visite du site vaut tout de même le coup d'œil et on peut passer une bonne journée à voir tous les trésors naturels et culturels que cette propriété propose. Bâti sur plusieurs milliers de pilotis constitués de troncs de chêne, Egeskov (littéralement « la forêt de chênes ») a connu ces dernières années d'importants travaux de restauration (toitures, certaines pièces du château, parterres historiques du parc...). Du fait de son attache si particulière avec le sol, il faut maintenir à niveau la hauteur de l'eau dans le petit étang, sinon le bois, retrouvant l'air, se met à craquer ! C'est arrivé pendant quelques heures lors du très sec été de 1992. Achevé en 1554, œuvre du propriétaire de fermes adjacentes Frands Brockenhuus, le château aux airs de château fort médiéval était quasiment imprenable au milieu de son petit lac, accessible seulement par le pont-levis, avec des créneaux et des mâchicoulis. Aujourd'hui, ses tourelles et ses cheminées qui se reflètent dans l'eau lui donnent l'air de sortir d'un conte de fées.

▶ **Le château.** Vous découvrirez tout d'abord le cabinet de travail du comte Gregers Ahlefeldt-Laurvig-Bille passionné de chasse couvert de trophées d'animaux et d'objets ethnographiques rapportés du Congo ou d'Afrique orientale britannique, on y trouve aussi un coffre rempli d'argenterie, deux poêles norvégiens en fer de 1693 et une toile de Diane chasseresse de la même époque. Sur la droite, le salon jaune de style Louis XVI avec une horloge où un orgue est incorporé dans le pied et un magnifique bureau hollandais tout en marqueterie et tiroirs secrets du XVIIIe siècle également. Ensuite il faut monter un escalier un peu raide tournant de droite à gauche où des portraits de famille des XVIIe et XVIIIe siècle sont accrochés, on peut aussi remarquer les meurtrières et le bas-relief des fondateurs du château. De 1880 à 1975, la vaste salle des chevaliers était divisée en six pièces (chambre d'amis) mais on a préféré lui redonner sa configuration d'origine. En guise de décoration, la toile représentant Christian IV à cheval, peinte par Karel van Manders, et des toiles représentant le héros maritime Niels Juel et son épouse Margrethe Ulfeldt, fille d'Egeskov peintes par Le Coffre en 1626 ; la famille y expose parfois des objets plus contemporains et y organise des concerts. Un couloir de chasse orné d'armes et de trophées du même comte qu'à l'entrée, un des rares chasseurs à avoir l'autorisation de tirer à l'arc sur ses proies, mène à une grande armoire en chêne qui servait de toilettes. On entre dans la chambre de Rigborg, jeune fille noble originaire du château qui fut appelé à la cour au service de la future épouse de Christian IV et y rencontra un jeune homme, Frederik Rosenkrantz. Ils furent si proches qu'elle accoucha d'un enfant « en toute immoralité ». Son père furieux demanda justice et la peine de la jeune fille fut d'être enfermée à vie dans cette chambre, pour lui le bannissement. Sa peine fut adoucie cinq ans plus tard à la mort de son père. Dans cette chambre est actuellement exposé Le Palais de Titania, une œuvre d'art réalisée au milieu du XXe siècle par un père dévoué aux rêves de sa fille : une maison de poupée de luxe avec une architecture de palais royal, des pièces s'inspirant des trésors du patrimoine mondial, un véritable bijou de précision et de délicatesse avec des matériaux précieux importés du monde entier. La réalisation du Palais pour les « petits elfes du jardin » dura quinze ans, la famille royale vint en personne admirer l'objet et féliciter son auteur. Il est prêté quelques années au château pour qu'il y soit exposé. Une autre chambre jouxte celle de Rigborg appelée la chambre de la tour d'où l'on a une très belle vue sur les jardins, on peut parfois voir des hordes de cerfs y courir. Enfin, un salon dans le style du début du XXe siècle, un salon dit de musique, le salon du maître d'hôtel et celui de l'Amiral avec des objets liés à la famille propriétaire et à l'histoire du château, parfois des portraits des différents rois du Danemark ou d'autres personnages célèbres. Sous les toits, des panneaux retracent les travaux de restauration ou l'espace accueille aussi des expositions temporaires diverses. Dans ce grenier, une statuette de garçon aux origines mystérieuses est couchée sur une poutre sous une des flèches. La légende affirme que, si

« l'homme de bois » est déplacé, le château s'écroulerait dans les douves. Les ouvriers ont donc pris garde de ne pas le déplacer pendant les travaux du toit... On apprend aussi que ce château de conte de fées est tellement apprécié des Japonais (premiers fans d'Andersen après les Danois !) qu'ils en ont édifié une copie dans un parc de loisirs nippon. Si vous ne visitez que le parc, vous ne serez pas déçu, le site est magnifique : il a été aménagé en 1730. Outre de très beaux massifs de fleurs et une pelouse impeccable, on y trouve un très beau cadran solaire, un labyrinthe (le buis y remplace lentement les bambous d'autrefois, arrachés par crainte des risques d'incendie) dans lequel on peut se perdre sans crainte, et deux hangars qui renferment une étonnante collection d'avions (de chasse), de vieilles voitures et de motos des années 1930 à nos jours. D'autres petits musées ont été rajoutés au fil du temps : un de poupées de collection par exemple.

▸ **On peut venir y pique-niquer :** des petites carrioles sont mises à disposition pour transporter la glacière et les affaires des enfants !

CHÂTEAU DE NYBORG

Slotsgade 30, Nyborg
✆ +45 65 31 02 07
www.nyborgslot.dk
A l'ouest d'Odense, tout près du long pont qui relie la Fionie et la Seeland. Train direct depuis Odense. Ouvert tous les jours du 1er avril à fin octobre de 10h à 16h, 15h le reste de l'année. Entrée : 50 Dkr, gratuit pour les moins de 18 ans.

La ville est charmante et abrite une forteresse stratégique bâtie à la fin du XIIe siècle, résidence royale pendant une partie du Moyen Age, dont il subsiste l'une des tours et une aile d'origine. Entourée d'eau, d'un jardin et des vestiges des fortifications de la cité, elle voisine avec de belles maisons à colombage. A l'intérieur, on peut visiter l'ancienne salle de banquets où le Parlement danois se réunissait au Moyen Age. Agréable café avec terrasse à l'entrée du chemin qui conduit au château.

DEN FYNSKE LANDSBY (VILLAGE FIONIEN)

20 Sejerskovvej ✆ +45 65 51 46 01
Au sud d'Odense, route sortie 51 de l'E-20. Bus 110-111. Ouvert tous les jours de 10h à 18h du 1er juillet au 14 août, de 10h à 17h au printemps et à l'automne et seulement les dimanches et jours de fête du 1er janvier au 31 mars. Fermé du 24 octobre au 31 décembre. Entrée : 80 Dkr en juillet et août, 60 Dkr du 1er avril au 30 juin et de mi août à octobre, gratuite de janvier à mars. Gratuit pour les enfants.

Une vingtaine de fermes de Fionie, datant des XVIIIe et XIXe siècles, ont été démontées de la campagne et des îles environnantes et remontées dans ce parc. On y découvre notamment une forge et deux moulins à eau ot à vent. Pour plus de véracité et pour que la vie continue, les champs alentour sont cultivés et des animaux sont élevés dans l'enceinte de ce « village ». A voir, si vous n'avez pas visité le village en plein air de Lyngby, près de Copenhague. Le même principe de démontage, transport et remontage a également été appliqué pour la vieille ville d'Århus, mais aussi dans d'autres pays scandinaves. Ici, c'est une belle concentration de maisons aux toits de chaume et aux murs chaulés. En été, démonstration de travaux d'artisans. Chaque soir, des contes d'Andersen sont joués dans le théâtre de verdure.

JOHANNES LARSEN MUSEET

14 Møllebakken, Kerteminde
✆ +45 65 32 11 77
www.johanneslarsenmuseet.dk
A 20 km au nord-est d'Odense, prendre la route 165 qui longe le fjord ou par bus 885 de la gare d'Odense. Sinon la balade à pied entre fjord et mer jusqu'à cette ville est très agréable. Ouvert toute l'année, tous les jours de 10h à 17h en été, fermé le lundi et ouvert jusqu'à 16h de mars à mai et de septembre à octobre, de 11h à 16h le reste de l'année. Entrée : 70 Dkr, gratuit pour les enfants.

Constitué de différents bâtiments dont la villa et l'atelier du peintre Johannes Larsen et de son épouse, le musée présente des œuvres de ce peintre fionien important de la fin du XIXe siècle mais aussi d'autres artistes danois de la fin du XIXe et du début du XXe siècle, comme son ami Fritz Syberg, sa femme Alhed Larsen ou sa sœur Christine Swane, par exemple. La villa du couple dessinée par ses commanditaires et réalisée par l'architecte Ulrik Plessner est décorée de peintures murales de Johannes Larsen comme le salon d'hiver où différents oiseaux sont représentés dans des paysages naturels, de tableaux d'Alhed et d'œuvres de sa sœur Christine. L'entrée et boutique, la villa et l'atelier datent du début du XXe siècle, les descendants des peintres n'habitent plus les lieux depuis 1984.

Larsen est considéré comme le peintre des oiseaux, passionné par ces animaux, ses proches disaient qu'il passait son temps à dessiner des oiseaux morts ; le jardin garde d'ailleurs quelques oies et canards en hommage à cette passion du peintre. Deux bâtiments d'architecture contemporaine assez sobres ont été construits de l'autre côté du jardin afin d'accueillir le musée et les expositions permanentes et temporaires ; on y donne de l'espace pour chaque peinture, la lumière du jour rentre et la vue du jardin le long de sa visite laisse un sentiment léger et agréable au visiteur. Le café au fond de la cour en entrant est installé dans l'ancienne laverie construite en 1917 comme l'atelier tous deux conçus par l'architecte Carl Petersen. On peut y boire un verre ou y déjeuner sur le pouce à l'intérieur ou en terrasse. Enfin, le plus vieux bâtiment est le belvédère au centre du jardin, commandé par le pharmacien en 1831 pour créer un espace de détente et de relaxation, la famille de Larsen l'utilisait comme un espace de jeu ou comme lieu d'accueil pour les invités, actuellement c'est un salon couvert où les spectateurs peuvent se détendre ou pique-niquer et les enfants profiter des jouets mis à leur disposition. Du jardin, on a également une très belle vue sur le fjord. Un moulin à vent très bien conservé et la maison du meunier qui a été également restauré pour les visiteurs jouxtent le musée et méritent eux aussi une visite. Des parkings sont installés près du musée pour accueillir les visiteurs, il suffit de suivre les panneaux.

NAVIRE DE PIERRES DE GLAVENDRUP

Entre Søndersø et Otterup. Prendre la route 327 et bifurquer à Bladstrup. Des panneaux indiquent la direction.

On arrivera à un petit bois perché sur une colline surgissant au milieu de champs pourtant désespérément plats. Un lieu à part, où règne une atmosphère qui incite au recueillement, préservé depuis le temps des Vikings. Et pour cause : il abrite des pierres alignées prenant la forme d'un bateau, le plus long et le mieux préservé de ces « bateaux de pierres » édifiés par les hommes du Nord pour abriter leurs crémations et rendre hommage à leurs disparus. On y a retrouvé neuf tombes, et une pierre de 6 tonnes comportant une longue inscription en écriture runique (210 lettres sur les trois côtés) disant ceci : « Ragnhild a érigé cette pierre en l'honneur de Alle-le-pâle, prêtre des temples, chef très estimé. Ce monument a été bâti par les fils de Alle en l'honneur de leur père, et par sa femme en l'honneur de son mari. Sote a gravé ces runes en mémoire de son maître. Puisse le dieu Thor les sanctifier. Que celui qui porte atteinte à cette pierre ou qui la réutilise en l'honneur de quelqu'un d'autre soit maudit. » Personne n'a osé le faire, puisque le lieu a été classé site national (d'où la présence de hampes pour les drapeaux danois) après sa redécouverte à la fin du XIXe siècle ! Des fouilles ont montré qu'il ne s'agissait pourtant pas du tombeau de ce dignitaire, Alle, qui a dû périr durant une expédition lointaine, mais bien d'un hommage à sa mémoire.

VIKINGMUSEET I LADBY

123 Vikingvej, Ladby

✆ +45 65 32 16 67

www.vikingemuseetladby.dk

A quelques kilomètres de Kerteminde, le long du fjord, prenez à droite après avoir traversé le pont de Kerteminde quand on arrive d'Odense par la route 165, direction Ladby. Vous marcherez quelques minutes dans un chemin qui longe des champs pour atteindre le site. Ouvert tous les jours de 10h à 17h en juin, juillet et août, jusqu'à 16h sauf le lundi au printemps et à l'automne, et de tous les jours sauf le lundi de 12h à 15h de novembre à février. Entrée : 50 Dkr, gratuit pour les moins de 18 ans.

Site funéraire viking exceptionnel, et pour cause c'est l'unique tombeau funéraire avec un bateau retrouvé intact dans la terre même si la tombe a été pillée apparemment avant la fouille archéologique. Un roi viking fut enterré dans un navire de guerre (22 m de long) avec plusieurs chevaux et chiens sacrifiés rituellement pour honorer le défunt, des objets de valeurs devaient également s'y trouver mais ont dû être dérobés ; l'ancre du bateau est elle aussi intacte. On sacrifiait parfois même les esclaves ou proches du défunt, si celui-ci avait une certaine importance sociale. Un espace a été aménagé sous le tumulus d'origine et le navire est gardé sous verre dans des conditions particulières de température et d'humidité pour sa conservation à long terme et sa protection de toute dégradation. Des cartons expliquent ce que vous voyez, ou ne voyez pas d'ailleurs, afin d'identifier les restes et de comprendre l'histoire de cette tombe. Un tout petit musée avec une exposition et une boutique en lien avec l'histoire et les objets retrouvés sur le site, sur les Vikings en général est ouvert.

FAABORG

Au sud de la Fionie, à 50 km d'Odense, cette petite ville s'étire tout en longueur autour de son port d'où partent les ferrys pour trois îlots tous proches (dont Bjørnø, paradis des oiseaux) et pour la pointe nord d'Ærø (arrivée à Søby). A l'arrière-plan, des bois et, un peu plus loin, les Alpes de Fionie, une succession de collines qui culminent à 126 m… Un gros clocher d'ardoise, comme surélevé sur un toit de tuile, domine des maisons qui ressemblent à celles du « Village fionien », le musée en plein air proche d'Odense. Centre-ville piéton avec des petites rues pavées, des rosiers grimpants sur de très basses maisons à colombage… On y trouve aussi le très beau musée des Peintres de Fionie.

Transports

Accès. En train ou en bus depuis Odense ou Svendborg. Route 43 depuis Odense.

Tourisme

OFFICE DU TOURISME

2A Banegårdspladsen
✆ +45 62 61 07 07
www.visitfaaborg-midtfyn.dk
turist@faaborgmidtfyn.dk
Près de la gare. Ouvert du lundi au samedi de 9h à 17h, jusqu'à 16h et le samedi jusqu'à 13h hors saison.
On peut y louer des vélos, mais aussi des maisons de campagne et se renseigner sur les liaisons par ferry-boat.

Hébergement

AUBERGE DE JEUNESSE

71-72 Grønnegade
✆ +45 62 61 12 03
Ouvert du 14 avril au 1er octobre. Dortoir : 180 Dkr. Chambre simple à 300 Dkr, double : 360 Dkr. Petit déjeuner copieux à 60 Dkr.
Au cœur de Faaborg, à côté du musée des Beaux-Arts, dans une bâtisse de la fin du XIXe siècle. Prendre à droite avant de passer devant l'office du tourisme en venant d'Odense, suivre la direction du musée. Un parking tout proche permet de stationner non loin. L'accueil est chaleureux, la répartition des chambres et des espaces est biscornue comme le bâtiment est ancien et tout en hauteur, ça donne beaucoup de charme à l'endroit. L'escalier est en effet très raide dans la partie où on accède par la rue, les chambres du haut sont mansardées et ont un charme de maison de campagne. Le confort est suffisant tout comme la décoration assez sobre.

HÔTEL FAABORG FJORD

175 Svendborgvej ✆ +45 62 61 10 10
www.hotelfaaborgfjord.dk
Chambre simple 995 Dkr, chambre double 1195Dkr. Respectivement 798 et 898 Dkr hors saison.
Un accueil très sympathique dans cet hôtel qui fait face au Fjord de Faaborg. Chaque chambre dispose d'un balcon ou d'une terrasse. Dispose d'une piscine ainsi que d'un restaurant.

Restaurant

TRE KRONER

1 Strandgade
✆ +45 62 61 01 50
www.tre-kroner.dk
Ouvert tous les jours de 11h à 22h.
Au cœur des petites rues piétonnes de Faaborg, entre le port et l'artère commerçante. Dans cette petite maison de village, sur de belles tables en bois et sous les lampes basses, on déguste du poisson frais pour 109 Dkr environ et l'omelette fionienne pour 85 Dkr, *fynsk aeggekage* avec une montagne de lard tellement grillé qu'on dirait des chips recouvrant l'omelette, bref de la cuisine danoise traditionnelle à des prix raisonnables. Les quelques tables sont vite occupées, on ne peut pas réserver mais on peut boire un verre en attendant son tour pour dîner ou déjeuner. Accueil très sympathique du couple parlant un peu anglais, avec vue sur le comptoir fréquenté par la clientèle locale, bref un lieu authentique. Des instruments de musique décorent les murs. On y est tranquille, bien servi et nourri.

Points d'intérêt

FAABORG ARREST

19 Torvet ✆ +45 63 61 20 00
Ouvert tous les jours de début juin à mi-septembre, de 10h à 16h. De 11h à 15h le week-end seulement en avril, mai, septembre et octobre. Entrée 40 Dkr.
Cette prison en activité jusqu'en 1989, fait office de musée depuis 1991. On y découvre l'univers carcéral depuis le Moyen Age.

■ **FAABORG MUSEUM FOR FYNSK MALERKUNST (MUSÉE DES PEINTRES DE FIONIE)**

75 Grønnegade
✆ +45 62 61 06 45
www.faaborgmuseum.dk
info@faaborgmuseum.dk

Tous les jours de 10h à 16h d'avril à octobre. Fermé le lundi et ouvert de 11h à 15h le reste de l'année. Entrée : 60 Dkr, tarif réduit senior et étudiant 55 Dkr, gratuit jusqu'à 18 ans.

Ce musée, qui a fêté son centenaire en 2010, a vu le jour grâce à l'industriel Mads Rasmussen, dont on peut voir la statue magistrale en granit noir réalisée par le sculpteur Kai Nielsen, en 1912-1914, dans la première pièce. Avec son allure de temple classique, son enfilade de salles aux murs colorés (bleu outre-mer, jaune safran, rouge pompéien et violet), le bâtiment est plutôt original et accueillant. Il a été édifié pour abriter les œuvres des peintres de Fionie, dont les principaux ont pour nom Syberg, Peter Hansen, Johannes Larsen. Certains de leurs tableaux ont trouvé place dans d'autres musées danois, leur réputation commence à s'étendre. Toute la Fionie, calme et fertile, se retrouve dans les bleus et les marrons de ses peintres. On peut voir le *Paysan tournant* (1900-1902) de Peter Hansen. On reconnaît ses paysages typiques dans les toiles de Fritz Syberg. Une exposition temporaire finit la visite ainsi que des sculptures à côté du jardin. On peut y boire un verre ou grignoter quelque chose grâce au café du musée placé à la dernière extrémité du bâtiment, tout en longueur, on préférera l'extérieur à l'intérieur, le jardin est très agréable.

■ **KLOKKETÅRN**

La tour de l'horloge de Faaborg, vestige d'une église datant du XIIesiècle, détruite en 1600. Pendant les mois d'été, du jeudi au dimanche, les gardiens de la ville se postent devant la tour (21h), et vous proposent de les suivre dans les rues pavées de la vieille ville.

Balades

■ **ÉGLISE RONDE DE HORNE**

Entre Faaborg et l'embarcadère de Bøjden, il ne faut pas manquer de s'arrêter dans ce petit village dominé par une église chaulée aux flans arrondis : c'est une église ronde du Moyen Age (la seule de Fionie) édifiée au XIIe siècle, qui a été agrandie de part et d'autre par une extension gothique, puis flanquée d'un clocher Renaissance. D'apparence massive à l'extérieur, elle est entourée d'un joli cimetière. La décoration intérieure reste assez simple dans les tons gris et vert avec quelques maquettes de bateaux suspendus dans les airs.

On aperçoit plus précisément quatre impressionnantes colonnes et une sorte de loge de théâtre, avec balconnet et rideaux, qui abritait les membres de la noblesse locale lorsqu'elle assistait à l'office. Toile d'Eckersberg derrière l'autel, et fonts baptismaux sculptés par Thorvaldsen. L'un des trésors de cette église est visible à Copenhague au Musée national : le livre de Horne, réalisé au Moyen Age sur parchemin, avec enluminures, relié sous une couverture d'argent, d'ivoire et de pierres précieuses. Non loin du village, se trouve Bøjden, qui

La pomme de terre, l'autre reine du Danemark

Les Danois en raffolent, vous la trouverez à toutes les sauces dans la gastronomie locale. Chaque printemps, une véritable folie s'empare du royaume où chaque habitant, qui possède un lopin de terre, bine et bichonne ses pieds de patates : on recense 2 millions d'amateurs et de professionnels de ce tubercule. Quand sonne l'heure de la récolte, la pomme de terre primeur a les honneurs des marchés et des bords de route, et surtout elle peut atteindre des prix faramineux, surtout pour les plus précoces : un couple de retraité du sud du Jutland a vu, en avril 2000, toute sa récolte achetée à prix d'or par un restaurateur : 3 500 Dkr (470 €) pour 1 663 g de pommes de terre ! Elles ont été transportées depuis leur jardin d'Abenraa dans un caisson résistant à l'épreuve du feu par un ancien champion du monde de speedway, pour y être officiellement pesées à Otterup, où se trouve le Conseil du Danemark de la pomme de terre ! Vers l'entrée du parc, un autre bâtiment en torchis abrite des sculptures et des dessins au fusain réalisés par des membres de la famille Hofman Bang (il suffit de déposer 2 Dkr dans le tronc à l'entrée).

permet d'embarquer en ferry pour le Jutland avec Scandlines, sans remonter vers le pont. La route se termine d'ailleurs par le péage pour prendre le bateau. Si on ne prend pas le ferry, inutile de s'aventurer jusque-là mais on admirera la vue d'un peu plus haut. Ce village est tout petit, on y trouve un camping et un restaurant snack à tendance italienne à côté de la pension hôtel Bojden Kro fondée en 1826. Plats de 50 à 200 Dkr.

HELNAES (PÉNINSULE ET PHARE) ET LES VILLAGES DE PÊCHEURS

Si l'on suit les petites routes jusqu'au phare de la péninsule d'Helnaes, on peut admirer un paysage bucolique, des maisons charmantes et des villages au bord de la mer vraiment beaux comme Brunshuse par exemple. La péninsule d'Helnaes et son phare forment un très beau site naturel où l'on accède à une vue extraordinaire sur les îles environnantes. Le phare date de 1900.

SVENDBORG

Ce petit port est niché au bord d'un fjord, entre deux îles baignées par la Baltique et reliées au reste de la Fionie par des ponts. Une ville tranquille, recherchée pour son calme, mais qui offre pourtant de nombreuses activités. Avec ses 40 000 habitants, elle se proclame volontiers comme la plus petite des grandes villes du Danemark. C'est aussi un grand centre d'enseignement de la navigation et tous les enfants de Svendborg apprennent très tôt à hisser les voiles.

Accès. Route n° 9 depuis Odense. Liaison par ferrys avec Ærø et les îlots de Skarø et Drejø. Train depuis Odense (30 minutes). Liaisons en bus pour les îles de Tåsinge et Langeland.

Transports – Pratique

OFFICE DU TOURISME

4 Centrumpladsen
✆ +45 62 23 57 00
www.visitsydfyn.dk
turist@svendborg.dk
Ouvert du lundi au vendredi en été de 9h30 à 18h, 17h hors saison, le samedi de 9h à 14h en été, de 9h30 à 12h hors saison.
Il est situé au rez-de-chaussée d'immeubles récents dans le centre-ville, à 10 minutes de la gare. Pas d'enseignes, les architectes les ont interdites, pour sauvegarder la pureté de leurs façades !

Hébergement

AUBERGE DE JEUNESSE

45 Vestergade ✆ +45 62 21 66 99
www.danhostel-svendborg.dk
Chambre double 520 Dkr, possibilité de dormir en dortoir. Un *danhostel* 5-étoiles situé en plein centre de Svenborg.

HÔTEL ÆRØ

1 Brogade ✆ +45 62 21 07 60
www.hotel-aeroe.dk
post@hotel-aeroe.dk
Chambre simple : 850 Dkr, chambre double : 1052 Dkr.
Un hôtel ouvert sur le port en 1870, au charme rétro : vieilles marines aux murs, pendule rustique. Les chambres sont agréables et délicatement décorée. Ambiance familiale et solide cuisine danoise. On peut aussi venir y déjeuner ou y dîner, la carte est abordable et les plats sont copieux !

HÔTEL SVENDBORG

1 Centrumpladsen
✆ +45 62 21 17 00
www.hotel-svendborg.dk
thomsen@hotel-svendborg.dk
Chambre simple de 995 à 1195 Dkr, chambre double de 1 195 à 1 395 Dkr. Réductions le week-end et hors saison.
Très bien situé, sans cesse agrandi, un ascenseur panoramique, des chambres spacieuses et agréables. Les chiens sont acceptés et on peut y louer des vélos.

Restaurants

ANDERS GRANHOEJ

10 Torvet ✆ +45 62 61 10 01
www.andersgranhoej.dk
Menu à 195 Dkr. Entrée tartines à 125 Dkr, moules marinière à 148 Dkr.
L'un des meilleurs restaurants de la ville si ce n'est de la Fionie. La cuisine est aussi raffinée que le cadre. Ici, on mange du poisson et des fruits de mer délicatement préparés par un grand chef cuisinier francophone qui a gagné de nombreux prix. C'est délicieux et les prix restent abordables.

■ **JETTES DINER**
1 Kullinggade ✆ +45 62 22 17 48
www.jettesdiner.dk
Ouvert tous les jours à partir de 11h. Sandwichs et burgers entre 50 et 80 Dkr, plats végétariens, poisson… Petits plats bon marché de 82 à 130 Dkr. En bas du centre-ville, vers le port, il suffit de passer la voie ferrée. Quelques tables dehors, en terrasse. Spécialité *de burgers* !

■ **SVENDBORGSUND**
5 Havnepladsen ✆ +45 62 21 07 19
www.restaurantsvendborgsund.dk
Plats entre 148 et 228 Dkr.
Un vieux restaurant familiale, récemment restauré situé en face du port. Excellente cuisine danoise. Poissons frais et grande variété de *smørrebrøds*.

Sortir

■ **DEN BLÅ GÅRD**
11F Frederiksgade
L'une des nombreuses discothèques de Svendborg, près du port.

■ **UNDER URET**
50 Gerritsgade
✆ +45 62 21 83 08
www.under-uret.com
kontakt@under-uret.com
Ouvert tous les jours de 10h à 23h, jusqu'à minuit les vendredis et samedis, 22h le dimanche.
Café dans le centre de la ville, avec concerts certains soirs.

Andersen à Svendborg

« Svendborg a encore l'aspect des petites villes du siècle dernier. Des bâtiments irréguliers dont l'étage supérieur avance parfois sur les autres et repose seulement sur une poutre indépendante, des balcons qui coupent la vue aux voisins, de larges escaliers d'entrée avec des bancs de bois ou de pierre pour s'asseoir au-dehors. Sur les portes, des inscriptions mi-danoises mi-latines sont encore gravées dans le bois. Les rues inégales semblent des collines pavées. L'une d'elles était si escarpée que de la grande rue on apercevait, par-dessus ses toits, une partie du fjord, la côte couverte de bois et les îles Langeland et Thurø. »

H. C. Andersen, *Rien qu'un violoneux*, trad. par Anne Mathilde et Pierre Pariel, Paris, Librairie Gedalge, 1951.

Manifestations

- **Mi-mai :** Festival international des clowns.
- **Fin juillet :** rassemblement de voiliers.
- **Début août :** vieux marché traditionnel.
- **Début août :** Festival de Svendborg ou 9 jours de théâtre, concerts, ateliers pour enfants et rencontres sportives.

Points d'intérêt

ANNE HVIDES GÅRD

3 Fruestræde ✆ +45 62 21 76 45

Ouvert tous les jours sauf le lundi de 10h à 17h. Jusqu'à 16h en avril et mai. Fermé du 1er octobre au 31 mars. Entrée gratuite. La plus ancienne maison de la ville, elle date de 1560. On peut y voir des pièces d'argenterie du XVIIe au XIXe siècle et des expositions temporaires.

VIEBÆLTEGÅRD

13 Grubbemøllevej ✆ +45 62 21 02 61

Ouvert tous les jours, sauf le lundi, de 10h à 17h du 1er juin au 30 septembre, jusqu'à 16h le reste de l'année. Entrée : 50 Dkr, gratuit pour les enfants. Un musée qui abrite la Maison des pauvres ! Avec reconstitution d'intérieurs des XVIIIe et XIXe siècles (et même des années 1950), ainsi que des salles consacrées à la préhistoire et au Moyen Age.

Balade

ÎLE DE THURØ

Ses habitants se sont dégagés de la domination des seigneurs du manoir au début du XIXe siècle. Désormais Thurø n'est plus une île privée. Ce n'est même plus une île puisqu'on y accède par un pont. Très belles petites plages, notamment à la pointe sud-est : prendre la direction de Thurø Rev. Après un vaste parking, on traverse à pied une petite pinède et une lande de bruyères mauves, avant d'arriver sur un sable très fin. L'eau est particulièrement claire, l'horizon infini, ce qui n'est pas fréquent dans cette région d'îles et de fjords où le regard butte souvent sur la terre.

Loisirs

MARITIMT CENTER

2 Havnepladsen ✆ +45 62 23 30 23
www.maritimt-center.dk
maritimtcenter@svendborg.dk

Compter entre 170 et 270 Dkr selon le navire, moitié prix pour les enfants. C'est ici qu'on pourra réserver une place à bord d'un des vieux voiliers qui naviguent dans la région. Un après-midi, ou le plus souvent les heures qui précèdent le coucher tardif du soleil d'été. Une expérience intéressante pour découvrir la région.

Nautisme à Svendborg.

ÎLE DE TASINGE

On y accède par un pont de la route 9, qui conduit d'Odense à Langeland, via Svendborg. La côte est de l'île, face à Thurø, est particulièrement recherchée. On y trouve le village de Troense, avec ses riches villas. Et le magnifique château des Valdemar.

VALDEMAR SLOT
100 Slotsalléen, Troense
✆ +45 62 22 61 06
www.valdemarsslot.dk
Ouvert tous les jours, de mai à septembre, de 10h à 17h. Fermé de mi-octobre à fin mars. Ouvert le week-end et à Pâques, au mois d'avril et octobre. Entrée : 85 Dkr et 40 Dkr pour les enfants pour la visite du château seule, 100 Dkr, 50 Dkr pour les enfants pour la visite des autres musées.
Superbe site et le plus grand château privé du royaume, même si le bâtiment principal n'est pas aussi spectaculaire que celui d'Egeskov. Construit au XVIIe siècle par Christian IV pour son fils naturel Valdemar, ce dernier était plus intéressé par sa carrière dans la marine que par son château et il est mort à 34 ans avant d'avoir pu en profiter. Il fut alors offert au héros national Niels Juel en 1678 en remerciement de ses exploits contre les Suédois. Ce sont des descendants du héros de guerre qui occupent et gèrent le château encore à l'heure actuelle. Il ressemble à une grosse maison bourgeoise en brique rouge et toit gris. Une cour intérieure est dessinée par les dépendances qui forment un U autour du château et qui sont occupées par les autres petits musées. Les quatre cinquièmes de cette cour sont remplis par un lac artificiel de format rectangulaire. Face au château, un salon de thé et la mer. Vue superbe, agencement raffiné, ensemble équilibré, voilà qui rachète l'austérité de ce château dont on peut visiter de nombreuses salles entièrement décorées dans des styles qui vont du XVIIe siècle à la première moitié du XXe siècle s'étalant du rez-de-chaussée (cuisines et appartements des employés) au dernier étage où sont exposés des animaux empaillés venant du monde entier et hérités de la Fondation Børge Hinsch. Entre ces deux extrêmes, un hall grandiose, des salons coquets, des chambres et des salles de réception où des artistes sont parfois invités à exposer.

▶ **Les collections du château :** tout d'abord une intelligente « muséographie » : pas de barrière ou de cordon pour protéger meubles et tapis, ni de système d'alarme apparent. On se promène pratiquement où l'on veut, entre les fauteuils Louis XV et les tables en acajou dans les décors rococo, comme ces superbes sofas à ciel de lit près de la chapelle. Le mobilier et les tapisseries sont du XVIIIe siècle. Dans la vitrine du salon de musique, une pièce très rare : un « aquamanile » allemand, utilisé par les prêtres (1400 environ). Parmi les tableaux figurent des portraits de Christian IV et celui d'Anna Margrethe Juel, épouse du premier maître du château, peint par le maître suédois Cad Gustav Pilo. Les plus anciens tableaux se trouvent dans la bibliothèque. Signés Gerrit Hont Horst et peints au XVIIe siècle, ils illustrent, dans un style très flamand, les trois sens : l'ouïe, le goût et la vue. Une chambre accueille du mobilier (lit, « chaise de planteur ») qui se trouvait aux Antilles danoises où le trisaïeul de l'actuel châtelain assurait les fonctions de « gouverneur général des colonies antillaises de sa majesté danoise ». Un grand hall en stuc accueille des concerts. On peut visiter la vaste cuisine en sous-sol et une chambre de domestiques adjacente. Les murs de la chambre de la baronne sont peints de paysages en trompe-l'œil (1775). Des cadres abritant des photos de la famille du baron Niels Juel Brockdorff, le propriétaire du château, et de son épouse, la baronne Molise, laissés un peu partout dans le château nous rappellent que nous visitons une propriété privée.

▶ **À l'extérieur,** dans une dépendance, un musée du Yachting, ouvert par le baron en 1996 et parrainé par le prince Henrik, un autre sur les jouets et une petite cafétéria près du parking. Il y a également deux restaurants. Des boutiques sont installées au sous-sol, par exemple une femme travaille le verre dans une boutique atelier qu'elle occupe en été. Enfin vous pourrez assister à des animations organisées dans la propriété qui peut être en partie louée pour différentes occasions (mariage, conférence, fêtes privées diverses...) ou des ateliers artistiques sont aussi organisés pour les enfants.

ÎLE DE LANGELAND

C'est une île tout en longueur. On y voit moins de fleurs et d'arbres que sur le sol de ses sœurs fioniennes. Le paysage prend ici un aspect plus abrupt et sauvage.

RUDKØBING

Là aussi, on trouvera de vieilles rues pavées bordées de maisons basses, une atmosphère tranquille, un port et son petit ferry pour Ærø. Mais le pont pour Svendborg n'est pas loin et le centre du village, avec son artère piétonne, semble avoir perdu beaucoup de son pittoresque au cours des dernières décennies.

Transports – Pratique

Pour accéder à l'île de Lolland, rejoindre le sud de la Seeland depuis cette île de Fionie.

BILLEVAENGE CAMPING
Rudkøbing, 182 Spodsbjergvej
✆ +45 62 50 10 06
Compter 169 Dkr pour 2 personnes avec une tente, 154 Dkr hors saison.
Camping 3-étoiles très bien équipé (cuisine, électricité…) à 500 m de la plage. Emplacements arborés pour tentes ou caravanes.

OFFICE DU TOURISME
5 Torvet ✆ +45 62 51 35 05
A côté de l'hôtel de ville. Ouvert l'été du lundi au vendredi de 9h à 17h, le samedi de 9h à 15h. Le reste de l'année de 9h30 à 16h30 du lundi au vendredi et de 9h30 à 12h30 le samedi.
Propose aussi des locations de vélos durant les mois d'été.

SCANDLINES
www.scandlines.dk
www.langelandsfaergen.dk
Voyageurs avec véhicules : 245 Dkr pour 2 à 9 adultes et un véhicule type voiture ou caravane de moins de 6 m de long, 355 Dkr pour un véhicule de plus de 6 m de long ; Voyageurs sans véhicule : 76 Dkr pour un adulte, 38 Dkr pour un enfant entre 4 et 15 ans, gratuit pour les moins de 4 ans.
Liaison entre Spodsbjerg (Langeland) et Tårs (Lolland). Trajet de 45 minutes en bateau. Départ environ toutes les heures de 7h à 21h environ (variables selon saisons), on ne réserve pas car la liaison est fréquente alors si on veut être sûr d'avoir une place dans le bateau à l'heure choisie, il suffit de venir un peu en avance. Enregistrement au plus tard 15 minutes avant le départ du ferry. Le trajet est agréable avec la vue sur cette île étonnante de Langeland tout en longueur, il passe très vite et permet de faire une pause avant de reprendre la route.

Shopping

TINGSTEDET
16 Østergade ✆ +45 62 51 22 44
Très belles plaques d'émail, notamment dans une vieille boutique de brocante et d'antiquités sur Østergade, la rue piétonne. Si l'on entre par la porte cochère sur le côté, on pénètre dans la superbe cour de la maison d'un marchand de la fin du XVIIIe siècle. Murs jaunes, colombages, rosiers et quelques tables d'un café à l'ombre de hauts chênes.

ÎLE D'ÆRØ

C'est la seconde plus grande île de Fionie et sans doute l'une des plus charmantes. On peut y séjourner plusieurs jours, un peu coupé du monde. Les vacances commencent à bord du ferry qui s'éloigne de Svendborg. Prenez le dernier de la journée, quand le temps est beau et que le soir tombe. Les couchers de soleil sont sublimes sur une mer d'huile, où apparaissent çà et là des îlots de sable déserts ou d'autres abritant une ferme solitaire qui semble perdue au milieu des champs. On se laisse glisser sur ce petit ferry qui coupe la Baltique comme du beurre danois… On se fond avec le bleu du ciel, de la mer, la brise, et l'on s'éloigne de la civilisation urbaine. Le tourisme s'est développé sur Ærø qui a suffisamment d'atouts pour vous retenir. C'est, plus qu'ailleurs, la campagne à la mer, les champs qui finissent en surplomb des plages. C'est aussi la fin d'un monde : les jeunes ne restent pas dans l'île et les panneaux « *Til salg* » (A vendre) fleurissent sur les maisons et à l'entrée des fermes.

Île d'Ærø
Fyr
Næbbet
SKOLDNÆS
vers Mommark & Als
vers Fåborg
Haven
SØBY
Camping
Søby Landevej
SØBY MARK
VITSØ
Vorbjerg
Blakstensodde
Skovby
Leby
Bregninge Landevej
SKOVBY MARK
TVÆRBY MARK
Vester Bregninge
BREGNINGE
Øster Bregninge
Vesterløkke
Voderup Klint
Vinde balle
Vodrup
Tranderup Mark

Aéroport
Camping
Zone de baignade
Zone urbaine
Birkholm
Store Egholm
Nyholm
Lille Egholm
Ure hoved
Dejrø
Camping
ÆRØSKØBING
Vrå
Ommels hoved
Halmø
Lilleø
Vestrskov
vers Birkholm
STOKKEBY NOR
Nevre
Standby
Kragnæs hoved
Lille Stokked
NEVRE
Stokkeby Landevej
vers Rudkøbing
Olde
Grønnæs
Kragnæs
SKOVLANDET
St. Rise Landevej
Lille Torup
Lille Rise
Rolpested
Store Rise
Aéroport d'Ærø
Ronæs
Græs vænge
MARSTAL
Dunkær
Langragre
GUDSGAVE
Dunkærvej
GRÅSTEN NOR
Camping
Knastebjergvej
Erikshale
Østermarkej
Bakkevej
Bro
Drejet
RISE MARK
DUNKÆR MARK
Vejsnæs nakke
0 km
1
2
3
4 km

Cependant, l'île vit encore de la terre et de la mer, mais pas vraiment du tourisme qui n'est pas ressenti ici comme une invasion. De Svendborg, on arrive à Ærøskøbing. On peut repartir par Marstal, à bord d'un ferry encore plus petit, avec sa voiture coincée entre une vieille Volvo et un tracteur, en direction de Langeland et de son pont qui la relie au reste de la Fionie.

Transports

Bus

FYNBUS

✆ +45 62 11 22 11 – www.fynbus.dk

Une seule ligne (n° 790) effectue toute la journée (une fois par heure environ) la liaison qui traverse toute l'île, Ærøskøbing-Søby-Marstal.

Location de voitures

Au garage d'Ærøskøbing ou à la Aero Auto-Center de Marstal. On peut aussi louer des voitures électriques, idéales pour découvrir l'île, les Think cars d'Aero (300 Dkr pour 4 heures ou 600 Dkr pour la journée). Il faut réserver auprès de l'office du tourisme d'Ærøskøbing qui s'occupe de tout. Possibilité de récupérer la voiture à Marstal, Soby ou à Aeroskobing.

Location de vélos

Les pistes cyclables évitent généralement la proximité des routes principales. Compter environ 60 km pour faire le tour d'Ærø. L'île est plutôt vallonnée, malgré les apparences.

- **À Søby :** 2 Havnevejen ✆ +45 62 58 14 60.
- **À Ærøskøbing :** 11 Pekkel Pile ✆ +45 62 52 11 10. 60 Dkr la journée, tarif dégressif.
- **À l'auberge de jeunesse :** 7 Mollevejen ✆ +45 62 52 10 44. Dans la boutique de vélos de Marstal.

Ferry-boat

Il est recommandé de réserver, surtout lorsqu'on a une voiture, car les navires sont petits.

- **De Svendborg à Ærøskøbing** (5 à 6 traversée par jour). Durée 1 heure 10. Environ 700 Dkr l'aller-retour pour deux personnes et une voiture.
- **De Rudkøbing à Marstal et de Faaborg à Søby** (durée 1 heure). Compter 812 Dkr l'aller-retour pour 1 voiture et 5 personnes.
- **Possibilité de rejoindre le Juntland** (de Fynshavn à Soby). Durée 1 heure.

Avion

STARLING AIR

✆ +45 62 53 33 94 – www.starling.dk

starling@starling.dk

Près de Kragnæs, entre Ærøskøbing et Marstal.

Liaisons avec Copenhague et Svendborg. Le petit aérodrome est situé dans un champ.

Pratique

HÔPITAL

Ærøskøbing. Sygehusvejen

✆ +45 63 52 14 00

OFFICE DU TOURISME

1 Vestergade, Ærøskøbing

✆ +45 62 52 13 00

www.aeroe-turistbureau.dk

Ouvert du 16 juin au 31 août du lundi au samedi de 10h à 15h30, le dimanche de 10h à 15h, ouvert jusqu'à 16h hors saison, fermé le dimanche et le samedi de jusqu'à 13h.

C'est le bureau de tourisme principal. On peut louer des voitures électriques, réserver des chambres chez l'habitant, avoir des conseils pour des balades ou encore des renseignements sur des visites guidées.

- **Autres adresses :** il en existe un autre à Søby et un à Marstal : 5 Havnengade.

Hébergement

En été, il faut absolument réserver avant de venir au risque de repartir avec le prochain ferry. Il y a plusieurs campings sur l'île, certains sont très bien équipés d'autres plus sommaires. L'Office du tourisme peut vous donner la liste des campings.

AEROSKOBING CAMPING

40B Sygehusvejen ✆ +45 62 52 18 54

www.aerocamp.dk

Ouvert du 1er mai au 30 septembre. Compter 70 Dkr par personne, 40 Dkr par enfant, 25 Dkr la caravane ; hutte pour 2 personnes entre 125 et 411 Dkr.

Grand camping, souvent bondé l'été, mais très bien situé et très bien équipé. Les emplacements sont à l'ombre et l'on est vraiment tout près de la mer. Les sanitaires et les cuisines sont très propres. On peut louer des vélos et on peut faire de belles balades jusqu'à la presqu'île d'Urehoved.

© VISITDENMARK / OLE AKHOJ

■ **AUBERGE DE JEUNESSE**
29 Faergestraede, Marstal
✆ +45 62 53 39 50
www.marstalvandrerhjem.dk
Ouvert d'avril à septembre, Chambre double de 375 à 550 Dkr, dortoir à 150 Dkr. Petit déjeuner à 60 Dkr. Un *danhostel* entièrement rénové et repeint en jaune situé face au port. Les chambres sont standards mais agréables. Souvent complet.

■ **GRÅSTEN BED AND BREAKFAST**
20 Østermarksvej, Ærøskøbing
✆ +45 23 26 11 38 – www.greyfarm.dk
A 6 km de Marstal et de Ærøskøbing. Chambre double 550 Dkr. Petit déjeuner inclus. Ouvert du 1er mai au 1er septembre. Une ferme vieille d'un siècle, rénovée et agrandie par un bâtiment moderne, située à 300 m de la mer, avec trois chambres doubles. Les fermiers de Graasten, Julie et Aksel Hansen, vous offriront une réduction au-delà d'une nuit. Chaudement recommandé par un couple de lecteurs belges.

■ **VILLA BLOMBERG**
15 Smedevejen, Ærøskøbing
✆ +45 62 52 10 44 – www.villablomberg.dk
Chambre simple de 230 à 275 Dkr, chambre double de 375 à 460 Dkr. Une auberge sympathique en pleine nature et en face de la plage.

Restaurants

■ **DEN LILLE CAFÉ**
15 Kirkestræde, Marstal
✆ +45 62 53 28 01
Joli café qui prépare de bons plats de poisson. Avec une cour à l'arrière.

■ **HÔTEL ÆRØHUS**
38 Vestergade, Ærøskøbing
✆ +45 62 52 10 03
www.aeroehus.dk – mail@aeroehus.dk
Ouvert toute l'année.
L'hôtel est situé en retrait de la rue. L'idéal est d'y déjeuner lorsqu'il fait beau : les tables se trouvent alors dans une cour idyllique, entourée des murs rouges des deux bâtiments de l'hôtel.

■ **THE COTTAGE BAR**
39 B Strandstraede
Marstal ✆ +45 62 53 13 23
L'un des pubs les plus animés de l'île, on peut y manger ou boire une bière locale. Des concerts sont parfois organisés le vendredi et le samedi soir.

Sortir

■ **ANDELEN**
28 Søndergade, Ærøskøbing
✆ +45 62 52 17 11
Une salle qui sert de café, de salle de concerts et de cinéma.

Points d'intérêt

■ **ÉGLISE DE MARSTAL**
Ouvert au public de 8h à 18h.
Il faut pénétrer dans cette église dédiée aux marins, datant de 1738. On y découvre, suspendues, sept maquettes de bateaux, une surprenante mezzanine en bois qui permettait aux marins assistant aux offices de se sentir comme sur un navire.

Ce sont des marins de Marstal qui ont servi de modèle à l'artiste local qui a peint les *Apôtres entourant le Christ* (le triptyque derrière l'autel). Le code des couleurs a aussi son importance : le gris-bleu de la mer, le rouge du cœur et du sang du Christ.

ÉGLISE DE RISE

Ouvert au public de 8h à 16h.

Cette église romane du XIIe siècle a été agrandie à plusieurs reprises pour accueillir la population du village et celle de Marstal, qui n'a disposé de sa propre église qu'au XVIIIe siècle. Le cimetière est entouré d'un mur circulaire.

FLASKESKIBSSAMLINGEN (MUSÉE DES BATEAUX EN BOUTEILLE)

Smedegade 22. Ærøskøbing

✆ +45 62 52 29 51

Tous les jours de 10h à 17h, de 10h à 16h de mai à juin et de mi-août à octobre, de 13h à 15h hors saison, fermé le lundi. Entrée : 30 Dkr, gratuit pour les enfants. Entrée combinée pour les trois musées d'Ærøskøbing : 50 Dkr.

Situé dans le vieil hospice du village datant de 1835, le musée renferme l'étonnante collection de toute une vie : celle de Flaske-Peter (Pierre-Bouteille), de son vrai nom Peter Jacobsen, qui a mis plus de 1 700 bateaux en bouteille (plus de 700 sont exposés ici) et qui a réalisé une cinquantaine de maquettes.

MAISON D'HAMMERICH

22 Gyden, Aeroskobing

✆ +45 62 52 29 50

Ouvert tous les jours du 22 mai au 27 août de 12h à 16h. Fermé hors saison. Entrée : 30 Dkr, gratuit pour les enfants.

Cette ancienne maison de couleur rouge du sculpteur Gunnar Hammerich (1893-1977) a été transformée en musée. On peut y découvrir une partie de ses collections et surtout sa magnifique demeure du XVIIIe siècle. La faïence hollandaise est présente partout sur les murs de cette typique maison d'Aero.

MUSÉE MARITIME DE MARSTAL

Prinsesgade 1

✆ +45 62 53 23 31

Ouvert tous les jours en juin et août de 9h à 17h jusqu'à 18h en juillet-août, 16h en mai, septembre et octobre. Entrée : 50 Dkr, gratuit pour les enfants.

Plus de 200 maquettes de bateaux exposées, ainsi que des tableaux, des collections de porcelaine anglaise et de vestiges de l'Antiquité. Le musée fait face au port, qui compte encore un chantier naval en activité ainsi qu'une minuscule et toute blanche fabrique de chaux dont le four, en revanche, s'est éteint il y a quelques années. La digue sur le port de Marstal a été construite pierre par pierre en 1825 par les marins, aidés des fermiers de la région. L'Etat refusait de participer à la construction d'un port alors que Marstal, chaque année, était le point de rendez-vous de centaines de bateaux.

VIEILLES MAISONS D'ÆRØSKØBING

Elles datent des XVIIe et XVIIIe siècles. Des portes sculptées, des couleurs et des fleurs partout : aux fenêtres qui les accueillent en pots, ou entre les pavés où pousse parfois une rose trémière solitaire. La plus grosse des maisons est la vieille pharmacie, toute rose et imposante, sur Vestergade. La plus petite, c'est la minuscule maison de Smedegade : Dukkehuset (la maison de poupée). Le secret de ce village vivant et si bien conservé ? La mobilisation de ses habitants dans les années 1960. Ils ont préservé leurs habitations, interdisant tout ce qui pouvait altérer leur authenticité. On a conservé les mêmes tuiles, les mêmes fenêtres... Et plusieurs maisons ont été classées.

Balades

PLAGE

A Marstal, prendre la direction d'Østersøvejen depuis le port. On arrive sur une longue plage, bordée de toutes petites cabanes en bois dont une adorable, avec un toit de chaume. Ces petites maisons appartiennent à des gens de Marstal qui viennent l'après-midi prendre leur café qu'ils apportent dans des Thermos (il n'y a pas d'eau courante !).

VESTERSTRAND

Près d'Ærøskøbing

Belle plage de sable. On peut aussi se baigner au pied des (petites) falaises de Voderup, sur la côte ouest. Plus on va vers le nord-ouest, vers Søby, et au-delà du phare de Skjoldnæs, plus le paysage change. Aux champs bien ordonnés succèdent les herbes folles, la bruyère, le sable, les cailloux et les moulins plus ou moins abandonnés. Ici, l'eau est de quelques degrés plus froide que sur le reste du littoral d'Ærø. Et c'est ici que la sage province danoise retrouve un peu de ses mystères...

JUTLAND

Cathédrale Sankt Budolfi.

Jutland

ÅRHUS

La grande ville du Jutland (310 000 habitants) se donne des airs de capitale depuis la fin des années 1990. Une frénésie de gigantisme alliée à un besoin d'expansion et de respiration… Il faut dire que, un peu coincée entre la mer et de hautes collines, Århus a longtemps vécu comme ramassée sur le littoral, autour de son port qui borde le quartier historique, des brasseries Céres et de l'usine d'huile et de margarine dont les cheminées dominent encore la cité. Une douce odeur de houblon flotte toujours sur la ville. Mais, aux constructions audacieuses signées Arne Jacobsen (un beffroi tout de design fonctionnaliste des années 1940) ou Kjær et Richter (une Maison de la musique en verre, aux lignes pures, édifiée il y a 20 ans), s'ajoutent désormais un gigantesque centre commercial adossé à un hôtel de luxe, puis un tout nouveau musée d'Art moderne (Aros), surnommé le Diamant blanc, clin d'œil au Diamant noir de la capitale, extension de la Bibliothèque royale de Copenhague. La cité elle-même s'est développée sur plusieurs niveaux, et demeure l'une des plus agréables villes du Danemark à visiter, et à parcourir à pied. Au nord, l'université et son quartier, qui ont subi des bombardements anglais à la fin de la Seconde Guerre mondiale, car la Gestapo y avait son siège. On traverse la vieille ville, des passerelles reliant les quartiers commerçants et piétons, au-dessus d'un ancien boulevard partiellement reconverti en une sorte de Nyhavn, ce fameux canal bordé de terrasses de café à Copenhague. Ici, le bitume a été dynamité à la fin des années 1990 pour mettre au jour une rivière enterrée par les urbanistes du XXe siècle. Bien exposés, les cafés ont fleuri et étalent leurs terrasses au bord de l'eau. Århus respire aussi par le nombre de ses parcs, et la forêt est à ses portes… Un certain charme se dégage de cette riche cité culturelle qui attire des étudiants de tout le pays.

Maisons typiques de la vieille ville.

La seule vraie rivale de Copenhague

La ville a sans doute été créée au Xe siècle, sur les rives du cours d'eau aujourd'hui partiellement remis au jour, occupées alors par les Vikings. Jusqu'à la Réforme, Århus a été un grand centre catholique : cathédrale, églises, monastère de carmélites et diverses institutions religieuses sont encore visibles dans tous les quartiers. La confiscation des biens catholiques, les pillages et les guerres ont ralenti l'essor de la cité qui ne comptait que 8 000 habitants en 1860. Pourtant, en quelques décennies, le port se développa rapidement, en même temps qu'une industrie lourde (chantiers navals, moteurs, wagons), tandis que le chemin de fer reliait directement la ville à l'Allemagne. Århus connut alors un formidable essor et a vu sa population se multiplier par sept durant la seconde moitié du XIXe siècle. Aujourd'hui, tout en maintenant ses activités industrielles (son port est plus important que celui de Copenhague) et commerciales, ainsi qu'un très réputé centre universitaire (la reine Margrethe, et, plus tard, le prince héritier Frederik y ont fait leurs études de sciences politiques), Århus présente aussi le visage d'une cité culturelle, servie par une architecture audacieuse. Témoignage d'une grande ville qui bouge et se transforme, elle est le seul véritable centre urbain du Jutland capable de rivaliser avec Copenhague. Il faut prévoir au moins deux jours, si l'on est simplement de passage, pour apprécier la ville et ses environs.

Skagerrak
Skagen
Hirtshals
Hjørring
Frederikshavn
1h 30
VENSDYSSEL
LÆSØ
Jammerbugten
MER DU NORD
Hanstholm
Thisted
THY
Nørresundby
Adlborg
E 45
Limfjorden
Nissum Bredning
MORS
Nykøbing
HIMMERLAND
Kattegat
Hobro
Mariager
Skive
Struer
Nissum Fjord
SALLING
Holstebro
Viborg
Randers
DJURSLAND
2h45
Grenå
Hadsten
Ringkøbing
Silkeborg
Århus
MOLS
2h40
Herning
Ikast
Ebeltoft
Ringkøbing Fjord
Skjern
Skanderborg
E 45
1h40
Omme
Brande
Horsens
SAMSØ
3h05
SEJERØ
Grindsted
Billund
1h
Varde
Vejle
Kalundborg
Esbjerg
Kolding
Fredericia
Grand
FANØ
Ribe
E 20
Fladså
Odense
Slagelse
Haderslev
Nyborg
Korsør
SUNDEVELD
E 45
1h50
Åbenrå
0h50
Fåborg
Svendborg
Bælt
Tønder
1h05
Sønderborg
1h15
ALS
1h
0h 45
Ærøskøbing
2h10
Marstal
LOLLAND
ÆRØ
ALLEMAGNE
40 km
Maribo
LANGELAND

Århus

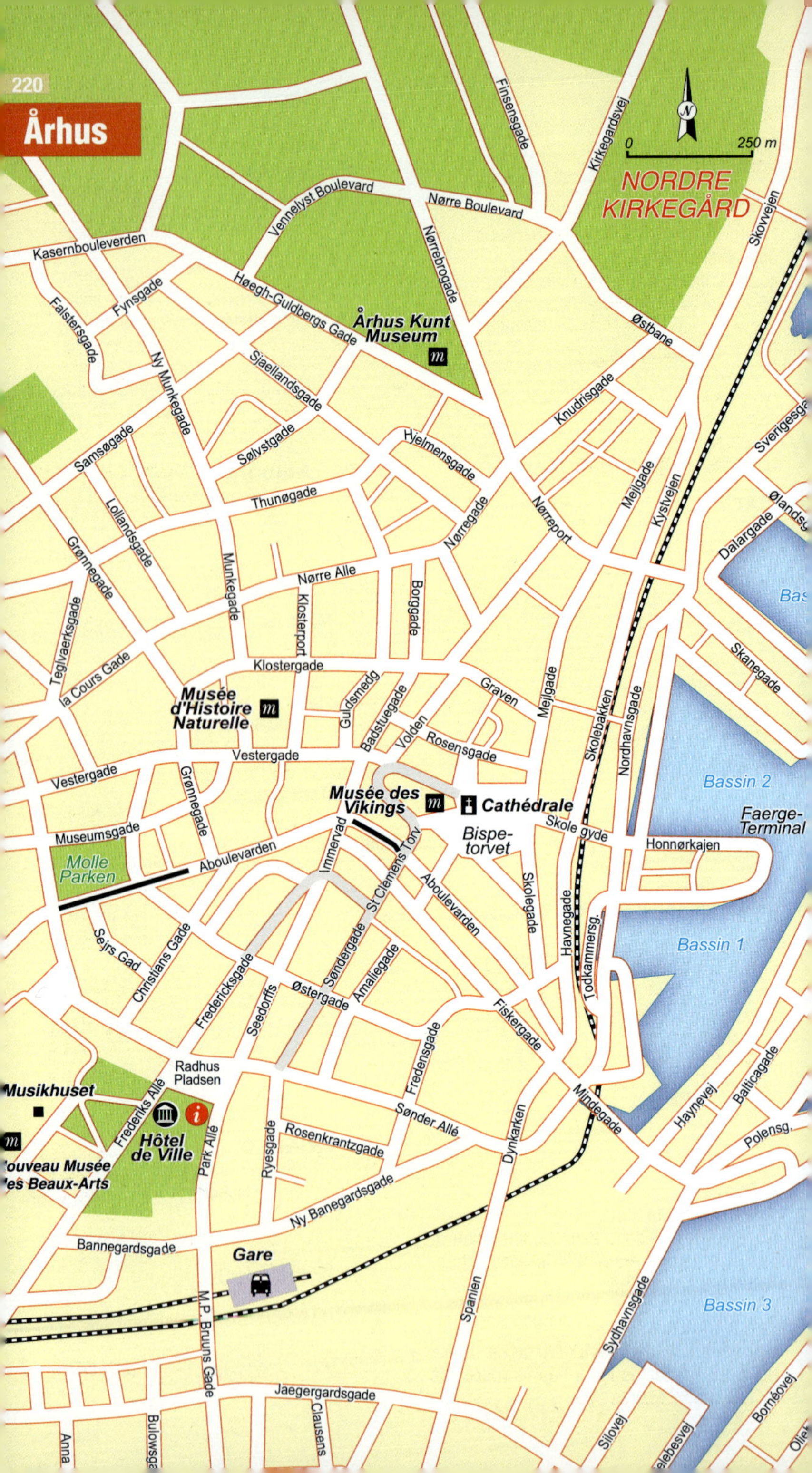
NORDRE KIRKEGÅRD
0
250 m
Århus Kunt Museum
Musée d'Histoire Naturelle
Musée des Vikings
Cathédrale
Bispe-torvet
Molle Parken
Musikhuset
Hôtel de Ville
Nouveau Musée des Beaux-Arts
Radhus Pladsen
Gare
Bassin 1
Bassin 2
Bassin 3
Faerge-Terminal
Kasernbouleverden
Vennelyst Boulevard
Nørre Boulevard
Finsensgade
Kirkegardsvej
Skovvejen
Nørrebrogade
Høegh-Guldbergs Gade
Falstersgade
Fynsgade
Ny Munkegade
Sjaellandsgade
Østbane
Knudrisgade
Samsøgade
Sølvstgade
Hjelmensgade
Thunøgade
Lollandsgade
Mejlgade
Kystvejen
Sverigesgade
Ølandsgade
Dalargade
Nørregade
Nørreport
Grønnegade
Munkegade
Nørre Alle
Klosterport
Borggade
Teglvaerksgade
la Cours Gade
Klostergade
Guldsmedg.
Badstuegade
Volden
Graven
Skanegade
Skolebakken
Nordhavnsgade
Vestergade
Rosensgade
Skole gyde
Honnørkajen
Museumsgade
Aboulevarden
Immervad
St Clemens Torv
Skolegade
Havnegade
Todkammersg.
Sejrs Gad
Christians Gade
Fredericksgade
Seedorffs
Søndergade
Amaliegade
Østergade
Fiskergade
Fredensgade
Mindegade
Haynevej
Balticagade
Polensg.
Frederiks Allé
Park Allé
Ryesgade
Rosenkrantzgade
Sønder Allé
Dynkarken
Ny Banegardsgade
Bannegardsgade
M.P. Bruuns Gade
Spanien
Sydhavnsgade
Jaegergardsgade
Anna
Bulowsga
Clausens
Silovej
Borneovej
Olie

Transports

Avion

AÉROPORT DE TIRSTRUP
Nombreuses liaisons quotidiennes avec Copenhague. Vols directs sur Stockholm, Oslo, Londres, les îles Féroé. Renseignements ✆ 87 75 70 00 et sur Internet : www.aar.dk – Un bus relie l'aéroport à la gare d'Århus.

Voiture

Århus est à 286 km de Copenhague et à 190 km de la frontière allemande. Autoroute E45 depuis l'Allemagne, autoroute E20 depuis la Fionie, rejoignant l'E45 par l'E33.

AVIS
Spanien 63 ✆ +45 86 19 23 99
www.avis.co.uk
customer.service@avis.co.uk
Location de voitures.

Autre adresse : Jens Baggesens Vej, 27.

EUROPCAR / ØSTERGAARD BILER
Sonder Allé 35 ✆ +45 89 33 11 11
www.europcar.dk
info@europcar.dk
Location de voitures.

Bus

ABILDSKOUS RUTEBILER
Graham Bells Vej 40 ✆ +45 70 21 08 88
www.abildskou.dk
mail@kubus.dk

GARE ROUTIÈRE
Fredensgade 45 ✆ +45 86 12 86 22
La ligne 888 effectue sept liaisons quotidiennes avec Copenhague (3 heures de voyage pour environ 290 Dkr). Le ticket coûte 20 Dkr. Cartes à tarif réduit pour 10 voyages (120 kr) et pour le mois (345 Dkr). Gratuit avec le Århus Pass.

Train

DSB
✆ +45 86 13 14 15
Nombreuses liaisons avec Copenhague et une vingtaine de trains sur la ligne Århus-Aalborg.

Ferry

Liaison directe de Kalundborg ou de Odden (en Seeland) toutes les 3 heures (durée de la traversée 2 heures 30).

MOLS-LINIEN
Færgevejen 60 ✆ +45 70 10 14 18
www.mols-linien.dk
administration@mols-linien.dk
Liaison spéciale ferry + train Copenhague-Århus en 3 heures 30.

Se déplacer à Århus

De mai à octobre, la municipalité met en place, comme à Copenhague, un système de prêt de vélos très pratique (même idée que le Vélib' parisien). Il existe plusieurs endroits en ville où sont répartis ces vélos. Il suffit de mettre une pièce de 20 Dkr pour en prendre un. On récupère la pièce en le raccrochant.

MORTEN MENGEL CYKELVÆRKSTED
Mejlgade 41 ✆ +45 86 19 29 27
www.mmcykler.dk
morten@mmcykler.dk
Location de vélos du lundi au vendredi de 9h à 17h. A partir de 65 Dkr puis dégressif les jours suivants.

Pratique

Tourisme

OFFICE DU TOURISME
Hôtel de ville, Banegardspladsen 20
✆ +45 87 31 50 16
www.visitaarhus.com
Ouvert tous les jours de 10h à 17h30, 17h le samedi, 13h le dimanche, de 10h à 17h et fermé tout le week-end hors saison. AarhusCard : pour une journée 119 Dkr, 59 Dkr pour les enfants ; pour deux jours 149 Dkr, 69 Dkr pour les enfants.

© VISITDENMARK / DITTE ISAGER

Système de location de vélos de la ville d'Århus.

JUTLAND

Den Gamle By, musée à ciel ouvert du Danemark d'autrefois.

L'office peut aider à réserver un hôtel ou trouver des chambres chez l'habitant pour 450 Dkr (chambre simple) et 500 Dkr (chambre double), moyennant une petite commission. On peut aussi acheter la AarhusCard qui permet de bénéficier des transports et de l'accès gratuit aux principaux musées de la ville (mais une réduction de 50 % pour le musée Aros et de 30 % pour le Den Gamle By).

Visites guidées

Tour de la ville (1 heure 30) : Visite historique effectuée en français par le guide officiel Vibeke Jorgensen, Vous pouvez vous renseigner auprés du deuxième office de tourisme situé près du port pour réserver. Visite de mi-juin à début septembre. Compter 500 DKr /groupe.

Représentations

CONSULAT HONORAIRE DE FRANCE
M. Jørgen Hansen
✆ +45 40 28 68 45 – +45 86 18 35 00

Poste

POSTE CENTRALE
À la gare ✆ +45 80 20 70 30
Ouvert de 9h30 à 18h, du lundi au vendredi, de 10h à 13h le samedi.

Urgences

MÉDECIN DE GARDE
✆ +45 86 20 10 22
De 6h à 18h30.

PHARMACIE (24H/24)
Århus Løve Apotek, Store Torv 5
✆ +45 86 12 00 22

POLICE (24H/24)
Ridderstræde 1
✆ +45 87 31 14 48

Médias

Radio The Voice sur 93,7 MHz. Easy FM sur 105.1 MHz. On trouve la presse étrangère à la gare.

Quartiers et orientation

Le « Quartier latin »

Boutiques de mode, de disques, librairies, bouquinistes et surtout de nombreux cafés. C'était autrefois le quartier mal famé de la ville ; il est aujourd'hui très fréquenté par les étudiants. Il faut se balader à travers ses petites rues pavées : Pustervig, Volden, Studsgade, Graven, Rosengade et Badstuegade. Mais ses cafés sont désormais concurrencés par ceux qui bordent le canal du Åboulevarden…

Le Strøget

Comme Copenhague, Århus a ses rues piétonnes : Sankt Clementsgade, Søndergade et une partie de Frederiksgade. Hauts ieux du *shopping* avec de petites boutiques et des centres commerciaux. Enjambant le Åboulevarden, une passerelle permet de relier les rues piétonnes au cœur historique, autour de la cathédrale. Cette topographie de la ville, jouant avec les niveaux, est assez déroutantea.

Le quartier de l'hôtel de ville

Derrière le beffroi emblématique d'Arne Jacobsen, tout près du centre-ville et de la gare, sont concentrées les réalisations architecturales les plus ambitieuses : Musikhuset et sa vaste façade vitrée, le centre scandinave et son immense atrium, et le Diamant blanc, le magnifique Aros, le musée d'Art moderne. On passe de l'un à l'autre en traversant d'agréables espaces verdoyants.

Le port

Il y a le grand port industriel, avec ses dix bassins, mais aussi une marina, Marselisborg Lystbådehavn, avec quelques restaurants, dont une crêperie bretonne ! Le temps n'a pas encore patiné le quartier.

Les parcs

- **Au nord-ouest :** le jardin botanique, avec de très belles serres, un amphithéâtre en plein air, et surtout Den Garnie By, la vieille ville.
- **Au nord :** le parc de l'université, qui abrite le musée d'Histoire naturelle et le musée des Sciences.
- **Un peu plus loin du centre, le lac de Brabrand** est entouré d'une zone protégée des promoteurs.
- **Au sud,** un immense espace vert comprend des installations sportives, le Tivoli local, mais aussi le parc de la résidence royale de Marselisborg. Le bois du même nom, traversé de chemins propices au footing et au vélo, est bordé de petites plages (eau claire et propre, garantie par le drapeau européen des plages non polluées, malgré la proximité du port).

Hébergement

Bien et pas cher

ÅRHUS BED & BREAKFAST

Bøgebjergvej 14, Højbjerg
✆ +45 86 27 51 30
www.aarhus-bed-and-breakfast.d
Au sud du centre de la ville.
Chambre simple à 260 Dkr, chambre double 460 Dkr.

AUBERGE DE JEUNESSE VANDRERHJEM

Marienlundsvej 10, Risskov
✆ +45 86 21 21 20
www.aarhus-danhostel.dk
Bus 1, 6 9, et 16. A 3 km du centre d'Århus. Dortoir : 200 Dkr la nuit, chambre familiale : 506 Dkr pour 1 à 4 personnes. Ouvert toute l'année, sauf du 19 décembre au 5 janvier. A 300 m de la plage, au milieu d'un site boisé particulièrement agréable.

CITY SLEEP-IN

Havnegade 20 ✆ +45 86 19 20 55
www.citysleep-in.dk
sleep-in@citysleep-in.dk
Ouvert toute l'année, 24h/24. En dortoir : 160 Dkr. Chambre simple ou double : de 420 à 480 Dkr (avec douche). Petit déjeuner : 65 Dkr. Au cœur de la ville, un ancien hôtel de marins. Offre de nombreuses facilités : Accès à Internet, café, jardin, cuisine commune, location de vélos. Accueil sympathique et ambiance routarde.

Confort ou charme

CAB INN HOTEL

Kannikegade 14 ✆ + 45 86 75 70 00
www.cabinn.com
A proximité de la cathédrale. Chambre simple de 485 à 545 Dkr, chambre double de 615 à 675 Dkr, chambre triple 805 Dkr. Petit déjeuner à 60 Dkr. En plein centre-ville, ce tout nouveau Cabinn hôtel offre des chambres de style cabine de bateau. Un peu exigu tout de même, il existe trois types de chambres qui varient selon le prix. La terrasse de l'hôtel offre une vue très sympa sur la place de la cathédrale.

HOTEL GULDSMEDEN

Guldsmedegade 40
✆ +45 86 13 45 50 – +45 86 13 76 76
www.hotelguldsmeden.dk
axel@hotelguldsmeden.com
Chambre simple 775 Dkr, chambre double de 975 à 1 425 Dkr. Petit déjeuner (bio et copieux) compris. Ce petit hôtel (20 chambres) est situé en plein centre, et propose des petites chambres claires et toutes simples, meublées sans chichis (limite spartiate dans certaines d'entre elles !) situées en partie à l'étage. Les autres chambres sont disposées dans un bâtiment sur un seul niveau (avec deux salles de bains au fond du couloir) construit dans le jardin et la cour. Calme, agréable et central. L'accueil y est particulièrement sympathique.

VILLA PROVENCE

Fredens Torv 10 ✆ +45 86 18 24 00
www.villaprovence.dk
hotel@villaprovence.dk
Chambre simple à partir de 1 160 kr, chambre double à partir de 1 370 kr, salle de bains incluse, petit déjeuner compris.
Un arrière-goût provençal en plein cœur d'Århus dans ce petit hôtel familial !

Luxe

HELNAN HOTEL MARSELIS

Standvejen 25 ✆ +45 86 14 44 11
www.helnan.dk
Chambre simple 1 470 Dkr, chambre double 1 795 Dkr, petit déjeuner compris.
Avec réductions selon la durée du séjour ou la saison, se renseigner. Les 101 chambres ont toutes vue sur la mer. Piscine, sauna, et café sur la plage. Bel établissement, idéalement situé. Appartient à la chaîne Helnan, qui propos des tarifs intéressants les week-ends et l'été.

HÔTEL ROYAL

Store Torv 4 ✆ +45 86 12 00 11
www.hotelroyal.dk – royal@hotelroyal.dk
Chambre simple 1 495 Dkr, chambre double de 1 850 à 2 550 Dkr, petit déjeuner compris.
L'un des hôtels les plus chics de la ville. Idéalement situé, en face de la cathédrale et en plein cœur du quartier piéton d'Århus, cet hôtel du XIXe siècle est notamment doté d'un casino de renommée internationale.

Restaurants

Århus est une ville jeune grâce à son importante université. Et les restaurants se sont adaptés aux budgets des étudiants... On peut aussi dîner dans les cafés du Quartier latin et ceux qui bordent le Åboulevarden.

Bien et pas cher

ANETTES SANDWICH

Vestergade 53 ✆ +45 87 46 07 17
http://www.anettessandwich.dk/
njr@anettessandwich.dk
Divers sandwichs et salades à 42 Dkr. Produits bio garantis.

DEN BLÅ PARAPLY

Frederiksgade 73
✆ +45 86 18 12 65
www.denblaaparaply.dk
Ouvert tous les jours jusqu'à 21h30. Buffet à volonté à partir de 49 Dkr le midi et de 59 Dkr le soir. Imbattable !

DET GRØNNE HJØRNE

Frederiksgade 60
✆ +45 86 13 52 47
www.dgh-aarhus.dk
Buffet à 59 Dkr le midi, 99 Dkr le soir
Un restaurant très fréquenté par les Danois, qui propose un buffet délicieux. Service impeccable. Bon rapport qualité-prix.

EMMERYS

Guldmedegade, 24-26
✆ +45 86 13 04 00 – www.emmerys.dk
Ouvert de 7h à 18h le lundi et mardi, 8h à 19h le vendredi, jusqu'à 16h le week-end.
Un vieux salon de thé qui a fait peau neuve tout en gardant son « jus », avec une déco très brocante, et où l'on peut aussi acheter son pain bio. On peut y prendre un petit déjeuner, un brunch, y déjeuner, y dîner, ou même simplement acheter du pain et des gâteaux, c'est excellent, tout est appétissant et de bon goût.

GYNGEN

Mejlgade 53
✆ +45 86 19 22 55
www.gyngen.dk – gyngen@gyngen.dk
Ouvert du lundi au mercredi de 11h à 16h, 19h à 2h du matin, jeudi et vendredi de 11h à 2h et uniquement le soir le samedi. Fermé le dimanche. Compter entre 130 Dkr pour un plat principal.
Cuisine écologique et pain faits maison dans ce café-restaurant du Quartier latin qui abrite également une discothèque, un centre culturel et des salles de concerts.

JACOB'S BAR BQ

Vestergade 3
✆ +45 87 32 24 20
www.jacobs-bar-bq.dk
jacobsbarbq@jacobsbarbq.dk
Ouvert tous les jours de 17h à minuit et jusqu'à 2h le week-end, le café ouvre à 11h, la cuisine ferme à 1h30.
Une cour pavée, entourée de maisons à colombages, dont l'une abrite un *fast-food* (côté rue), un piano-bar et, à l'étage, un restaurant où l'on vous sert (au poids) d'excellentes viandes. On peut aussi dîner l'été dans la cour.

RÅDHUS CAFEEN

Søndergade Allé 3
✆ +45 86 12 37 74
Ouvert tous les jours de 11h à 23h. La cuisine ferme à 22h.
Décor de pub anglais, tout en bois, lumières tamisées, cuir vert... Mais la cuisine est danoise, les *smørrebrøds* sont copieux et les prix abordables. Musique d'ambiance un peu trop aseptisée, genre piano-bar sur bande, bruit de fond des restaurants internationaux. Certes, c'est un restaurant très touristique. Mais, pour une fois, il y a une carte en français ! Face à l'hôtel de ville, comme son nom l'indique.

Bonnes tables

CARLTON

Rosensgade 23 ✆ +45 86 20 21 22

Menu à 295 Dkr et les principaux plats sont entre 145 et 175 Dkr. Le service y est particulièrement soigné : on vous détaille la composition des assiettes en vous servant une cuisine raffinée plutôt portée sur les fruits de mer. Et l'addition est plutôt correcte. Carte des vins impressionnante : vins libanais, néo-zélandais, chiliens, sud-africains, chiliens, espagnols, allemands, américains… Et bien sûr français avec, en premier prix, un vin de l'Aude à 145 Dkr, d'un rapport qualité-prix très rare dans les restaurants danois. Bons crus classés jusqu'à 1 500 Dkr. On peut aussi déjeuner ou dîner dans la partie café de cette brasserie décorée d'affiches françaises, ou en terrasse.

OLI NICO

Mejlgade 35 ✆ +45 86 25 05 70

www.olinico.dk

Ouvert tous les jours de 12h à 21h et dimanche 17h30 à 21h. Sandwich et plat entre 45 et 95 Dkr. Un petit restaurant où l'on vous sert des sandwichs et petits plats originaux d'inspiration italienne et méditerranéenne…

SKOVMØLLEN

Skovmøllevej 51 ✆ +45 86 27 12 14

www.skovmollen.dk

Accès : bus 6 jusqu'au musée de Moesgård, puis 10 minutes de marche. Ouvert tous les jours de 12h à 17h. Un petit moulin à aubes, vieux de 350 ans, au milieu de la forêt. Si vous cherchez un endroit romantique, vous le trouverez ici, sous ce toit de chaume : le cadre est idyllique, la nourriture très danoise, la décoration faite d'objets anciens en tout genre.

Sortir

Cafés

Quartier latin : ville jeune, Århus a succombé à son tour à la mode très francophile des cafés brasseries. Sur Rosensgade : Casablanca près de la cathédrale et du Royal Hotel, le Carlton au n° 23. Proche de l'hôtel Royal, Bispegade 3, Under masken, un café en sous-sol à la décoration très originale, propose régulièrement des concerts dans une ambiance cosmopolite. Dans Studsgade, trois bons cafés se font concurrence : le café Englen, tenu par des artistes, avec des toiles aux murs et des nappes en papier pour pouvoir dessiner, des tables de bistrot parisien et une affiche de Dubonnet. Au n° 8, le café Kindrødt, plus familial, où l'on peut manger midi et soir des plats à 60 Dkr. Et le café Drudenfuss, à l'angle de Klostergade. A retenir également, le café Smagløs, à Klostertorv, l'un des plus vieux cafés d'Aarhus. Ouverts jusqu'à 1h en semaine, 2h du jeudi au samedi soir.

Åboulevarden : de Magasin du Nord vers la gare, au bord de la partie découverte de la rivière. Les tarifs sont plus chers que dans le Quartier latin, mais c'est l'endroit où il y a du spectacle, surtout en fin de journée. Plusieurs cafés ont déployé leurs terrasses le long du canal, tous exposés sud-ouest, donc de façon idéale pour passer les fins d'après-midi au soleil (mais les terrasses sont chauffées si le temps est trop frisquet !). Lequel choisir ? Celui où vous aurez la chance de trouver de la place ! Au café Ziggy ou Viggo, le demi de bière est bon marché, au café Svej, vous verrez à l'intérieur le plus grand zinc de la ville : 14 m de long !

Discothèque

TRAIN

Toldbodgade 6 ✆ +45 86 13 47 22

www.train.dk – train@train.dk

Ouvert les jeudis, vendredis, et samedis jusqu'à 5h. L'une des plus grandes discothèques du Danemark ! Age minimum pour la discothèque et les six bars : 23 ans ! Pas de limite d'âge, en revanche, pour les nombreux concerts rock, jazz ou pop, ou les performances de DJ. Très populaire.

Spectacles

FATTER ESKIL

Skolegade 25 ✆ +45 86 19 44 11

www.fattereskil.dk – ditte@fattereskil.dk

Ouvert du mardi au samedi, à partir de 20h. Nombreux concerts de jazz, rock, blues, soul, funk… Programme disponible sur le site Internet.

MUSIKHUSET

Thomas Jensens Allé 2 ✆ +45 89 40 90 00

www.musikhusetaarhus.dk

billetsalg.mus@mkb.aarhus.dk

Ouvert tous les jours de 11h à 21h.

Très bel endroit, édifié en 1982 par les architectes Kjær et Richter, avec une immense façade vitrée de 2 000 m². A l'intérieur de cette « Maison de la musique », plusieurs salles de concerts et de théâtre ; mais aussi un restaurant, un café, une galerie d'exposition… N'hésitez pas à entrer, il se passe toujours quelque chose, même dans le hall !

THE GYNGEN
Mejlgade 53 © + 45 86 19 22 55
www.gyngen.dk
Ouvert du jeudi au dimanche matin, de 11h à 2h du matin, jusqu'à 5h du matin le week-end.
Un nouveau lieu très à la mode pour sortir le soir. Nombreux concerts rock, salsa, world, reggae… Ambiance décontractée.

Gays

CAFE SAPHO
Mejlgade 71 © +45 86 12 07 69
Bar *gay* ouvert surtout le soir.

G-BAR
Skolegade 28 © +45 86 12 04 04
www.gbar.dk
Ouvert du jeudi au dimanche, le soir jusqu'à 5h du matin.
Café discothèque *gay* très branché.

Manifestations

Århus est réputé pour le nombre et la diversité de ses festivals. De nombreux lieux accueillent concerts et représentations en tout genre : le théâtre d'Helsingor au bord de la vieille ville, un tout petit mais très beau bâtiment du XVIIIe siècle, le théâtre d'Århus dont on découvre la façade à l'antique, très colorée, derrière la cathédrale, la Maison de la musique, dessinée par les architectes Kjær et Richter et inaugurée en 1982. Ce superbe édifice, à la façade entièrement vitrée, abrite deux salles ultramodernes. On y présente aussi bien des concerts de rock que des opéras. Et, dès les beaux jours, festivals ou pas, les musiciens, les scènes et les chapiteaux envahissent les places et les parcs, contribuant à donner à la ville une atmosphère décidément très agréable.

Jazz Festival. Seconde quinzaine de juillet. Concerts sur les places, dans la marina, les cafés…

Århus Festuge. Fin août à début septembre. Créé en 1965, ce festival multiculturel international de grande envergure est devenu le plus important de toute la Scandinavie. Théâtre, opéra, danse, concerts sport, expositions, cinéma, vidéo… Plusieurs spectacles sont gratuits. A chaque année son thème : l'amour en 2004, la célébration du 200e anniversaire de la naissance de H. C. Andersen en 2005… L'édition 2011 aura lieu du 26 août au 4 septembre. Renseignements © +45 89 40 91 91 – www.aarhusfestuge.dk

Rassemblement viking. Dernier week-end de juillet, sur la plage de Moesgård, près du musée de la Préhistoire. Accès gratuit. Rendez-vous des fanas des Vikings du monde entier – il existe dans de nombreux pays des « clubs vikings ». Avec petit marché, courses de chevaux, promenades sur bateaux vikings. L'occasion de boire la bière (tiède !) et de goûter la nourriture qu'absorbaient les célèbres gaillards du Grand Nord…

Points d'intérêt

ÅRHUS DOMKIRKE (LA CATHÉDRALE)
Bispetorv – www.aarhus-domkirke.dk
aarhusdom.sogn@km.dk
Ouvert tous les jours sauf le dimanche de 9h30 à 16h en été, de 10h à 15h le reste de l'année. Entrée libre.
Construite en style roman au XIIIe siècle (voir les chapelles latérales), puis élevée en cathédrale gothique au XVe siècle, elle ressemble, à l'intérieur, davantage à une église catholique presque flamboyante qu'à un austère temple luthérien. Nombreux tableaux aux cadres très ouvragés, beaucoup de dorures et des statues à foison. L'orgue est du pur style baroque et, juste au-dessus de l'autel, on découvre un triptyque signé du maître de Lübeck et datant de 1479. Les murs blancs donnent heureusement une certaine légèreté à l'ensemble. On y distingue, par endroits, quelques fresques du XVIe siècle dont les couleurs ont retrouvé tout leur éclat depuis leur restauration en 1999. La nef, qui mesure 93 m, est la plus longue du pays. C'est aussi la hauteur du clocher.

AROS (MUSÉE DES BEAUX-ARTS)
Aros Allé 2 © +45 87 30 66 00
www.aros.dk – info@aros.dk
Ouvert du mardi au dimanche de 10h à 17h, jusqu'à 22h le mercredi. Fermé le lundi. Entrée : 95 kr, 80 Dkr pour les étudiants, gratuit pour les moins de 18 ans.
Århus a toujours souffert de son statut provincial, et pourtant, la ville s'est dotée de l'un des plus importants musées d'art de la Scandinavie. Inauguré le 8 avril 2004, le « Diamant blanc » impose magistralement sa forme cubique dans le paysage urbain. Pas moins de dix étages reliés par un gigantesque escalier en colimaçon qui permet d'accéder naturellement aux salles d'exposition. Le dernier étage est consacré à l'Age d'or et au modernisme danois (1770-1930), tandis que les étages inférieurs (1, 5 et 6) offrent des

collections internationales d'art moderne et contemporain. On y découvre entre autres les œuvres d'Andy Warhol, du Danois Per Kirkeby, et la sculpture monumentale de Ron Mueck, *The boy*, un jeune homme accroupi, qui a été conçu en fibre de verre et veille sur le musée du haut de ses 5 m. D'un réalisme impressionnant. Le sous-sol consiste en 9 espaces qui abritent les installations d'artistes internationaux. Au dernier étage, on peut accéder à la terrasse (de mai à octobre) qui offre une très belle vue sur la ville. Le musée organise régulièrement des expositions temporaires, souvent très renommées.

DEN GAMLE BY (VIEILLE VILLE)
Viborgvej 2 ✆ +45 86 12 31 88
www.dengamleby.dk – mail@dengamleby.dk
Bus 3 (direction Hasle), 14, 15, 25, 51. Ouvert tous les jours en été de 9h à 18h, hors saison de 10h à 17h en général, jusqu'à 16h de janvier à avril. Entrée : 125 Dkr (100 Dkr au printemps et automne, 50 Dkr en hiver). Gratuit pour les moins de 17 ans. Visite guidée en français en été (sur réservation).
C'est un grand musée à ciel ouvert, où l'on se balade dans le Danemark d'autrefois. Depuis 1914, plus de 75 maisons de tout le pays ont été déplacées de leur milieu d'origine et installées sur la bordure de ce parc d'Århus. Au Danemark, on a longtemps fait peu de cas des vieilles maisons, préférant dans certaines villes les démolir plutôt que de les conserver. A tel point que quelques propriétaires de vieilles demeures les ont données au musée pour assurer leur survie. Il y a quelques années, on pouvait se promener dans le site et on ne visitait les maisons (la plus vieille date de la Renaissance, la plus récente de la première guerre mondiale) qu'avec un guide. Devant le succès grandissant de la vieille ville, une nouvelle formule, plus ouverte, a été adoptée : on pénètre librement dans toutes les maisons, mais chaque pièce reste protégée par une vitre ou un plexiglas. Dommage. Car chaque intérieur a été reconstitué avec des éléments authentiques, correspondant au style et à l'époque de la maison.

Le nouveau musée des Beaux-Arts

Copenhague a eu son Diamant noir (l'extension tout en granit noir de la Bibliothèque royale) à la fin des années 1990, Århus se devait d'avoir son Diamant blanc : c'est ainsi qu'est déjà surnommé le nouveau musée des Beaux-Arts, édifié à proximité de l'hôtel de ville et de Musikhuset. Mais c'est le même cabinet d'architecte qui en est l'auteur : Schmidt Hammer & Lassen (installé à Århus). Même nombre d'étages (dix), même idée de cube et de paroi vitrée inclinée (sur une hauteur de 30 m). Dans le cahier des charges, les architectes ont dû intégrer une sorte de rue traversant le bâtiment (qui comporte deux entrées), permettant au public d'y pénétrer gratuitement s'il ne souhaite pas voir les expositions ou les collections permanentes. L'idée est de pouvoir accéder au café, à la librairie, à des bornes Internet, avant de choisir ou non de payer pour monter dans les étages (par un ascenseur ou un très bel escalier en spirale). Autre obligation : l'utilisation de la lumière artificielle pour les collections, sauf pour les toiles de l'âge d'or danois, qui seront donc installées au dernier étage, éclairées par le ciel, le plafond étant découpé de larges rectangles.

© VISITDENMARK / DITTE ISAGER

JUTLAND

Les enfants adorent la vieille école, la vieille poste, la librairie et la boulangerie où on peut acheter « pour de vrai ». On peut aussi entrer dans des ateliers d'artisans. Le cadre est très agréable, avec ses rues pavées, ses cours intérieures, ses jardins. On peut y déjeuner (dans le jardin Simonsens, cafétéria et kiosque à musique l'été, ou toute l'année au restaurant Prins Ferdinand). On peut aussi apporter de quoi pique-niquer dans la cour de Madkassen. C'est vraiment un bel endroit à ne pas manquer si on est de passage à Arhus.

■ **MINDEPARK**

Situé entre Marselisborg et la mer.

Au centre, un grand mur circulaire composé de pierres calcaires ramenées des champs de bataille lorrains après la première guerre mondiale. Les 4 200 noms gravés là sont ceux des jeunes Danois tués pendant cette grande boucherie. Idéal pour jouer et bronzer, et la vue est superbe.

■ **MUSÉE DE LA FEMME**

Domkirkeplads 5 © +45 86 18 64 70

www.kvindemuseet.dk

info@kvindemuseet.dk

Ouvert du mardi au dimanche, de 10h à 17h, jusqu'à 20h le mercredi et jusqu'à 16h hors saison. Entrée : 40 Dkr, 30 Dkr pour les retraités et les étudiants, gratuit pour les moins de 18 ans et pour tout le monde le mercredi.

L'un des rares musées au monde entièrement consacré aux femmes et, surtout, le rôle de la femme depuis le Moyen Age jusqu'à l'émancipation féminine au XXe siècle. Expositions temporaires.

■ **MUSÉE VIKING**

Skt Clemens Torv 6 © +45 89 42 11 00

Au sous-sol de la banque Unibank, juste en face de la cathédrale. Entrer dans la banque et descendre aussitôt à gauche. Ouvert du lundi au vendredi de 10h à 16h, le jeudi jusqu'à 17h30. Entrée libre.

On découvre dans cette petite salle les bases de remparts vikings mis au jour lors de la construction de l'établissement, une maquette du village viking d'Århus ainsi que quelques objets de la vie quotidienne à l'époque.

■ **PALAIS DE MARSELISBORG**

Kongevej 100

Bus 1 (arrêt Tranbjerg route), 8, 19. Parc ouvert au public toute l'année, sauf en juillet. Changement de la garde en été à 12h, lorsque la famille royale est présente.

C'est la résidence d'été de la reine Margrethe II. Cette grosse demeure avait été offerte par les Danois, grâce à une souscription nationale, à son grand-père Christian X pour son mariage. Elle est habitée généralement en juillet. Le château n'est pas ouvert au public, mais on peut se promener dans le parc en l'absence de la souveraine…

■ **RÅDHUS (HÔTEL DE VILLE)**

Rådhuspladsen © +45 89 40 20 00

Des visites guidées sont organisées de fin juin à septembre, se renseigner à l'office du tourisme. Recouvert de marbre de Norvège et flanqué d'une tour signée Arne Jacobsen, il a été édifié entre 1936 et 1941 pour célébrer le 500e anniversaire de la Charte d'Århus. On accède au sommet de la tour par un escalier de 345 marches, mais on peut aussi prendre l'ascenseur. La visite de l'ensemble du bâtiment vaut le coup d'œil : espaces et volumes, luminaires et mobilier, bois clair et luminosité : tout porte la griffe Jacobsen.

■ **TIVOLI FRIHEDEN**

Skovbrynet © +45 86 14 73 00

www.friheden.dk – tivoli@friheden.dk

Ouvert de mi-avril à fin août, de 12h à 23h, ferme 1 heure plus tôt au printemps. Entrée : 75 Dkr, 55 Dkr pour les enfants, varie selon la taille !

Århus a aussi son Tivoli. On y trouve, entre autres, un très vieux manège en bois. Et, comme à Copenhague, de nombreux stands de jeux, des pantomimes, des restaurants et pas moins de 40 attractions. Il s'enrichit chaque année de nouvelles attractions, toujours dans cette atmosphère de parc de loisirs à l'ancienne.

Shopping

Comme partout au Danemark, les magasins sont généralement ouverts de 9h30 à 17h30, jusqu'à 19h ou 20h le vendredi, et le premier et le dernier samedi du mois, jusqu'à 16h ou 17h (sinon, fermé le samedi après-midi, sauf les grands magasins). Vous trouverez les grands magasins danois comme Magasin du Nord, Immervad 2-8 (près de Åboulevarden) et Salling, Søndergade 27. Au n° 1 de cette rue, se trouve également une succursale Georg Jensen. Les principales boutiques sont concentrées sur strøget, la rue piétonne, alors que le quartier latin dispose d'un choix de boutiques plus onéreuses mais plus originales, habillement, librairies, galeries d'art. Il faut aussi faire un tour au centre commercial adossé à l'hôtel Radisson, derrière l'hôtel de

Moesgård, 4 septembre 1971

« En pleine campagne, le bâtiment central est une grande et froide construction de brique peinte en blanc et, sur l'arrière, du côté parc, elle est arrondie aux ailes. Devant, s'ouvre une grande cour entourée de bâtiments de briques chaudes de ton et qui abritent le musée et ses services annexes : laboratoires, etc. C'est un peu austère, très simple et d'une grande noblesse. Au milieu de la cour, une petite pelouse ronde au centre de laquelle s'élève et retombe un frêle jet d'eau. Aucune fleur. Une girouette, cigogne de métal, grince au vent. Le soleil est derrière les nuages. Une aile, fort bien aménagée, abrite le musée. C'est là qu'est l'homme de Grauballe, intact depuis presque deux millénaires, je crois, noir comme du charbon, les cheveux soyeux, une blessure au cou. »

Bernard Delvaille, *Journal 1963-1977*, Paris, La Table Ronde, 2001.

ville, avec son imposant atrium : inauguré en 2000, c'est l'une des plus importantes réalisations architecturales de ces dernières années en Scandinavie.

CAPS
Lystrpvej 1E, Risskov ✆ +45 21 43 22 04
Au nord de la ville.
L'un des plus grands magasins Harley Davidson d'Europe !

CHAS E. VINHANDL
Ryesgade 5 ✆ +45 86 12 14 11
Une boutique comme on n'en fait plus ! Epicerie fine à l'ancienne avec, derrière un comptoir, des étagères de bouteilles et de bocaux du monde entier.

DESIGNERTORVET
Aboulevarden 84 ✆ + 45 86 11 28 19
www.designertorvet.dk
Tout le design danois réuni ici. Très original mais un peu cher.

Loisirs

ÅRHUS SKØJTEHAL
Gøteborg Allé 9 ✆ +45 86 10 42 19
www.skojtehallen.dk
Ouvert du mardi au vendredi de 12h à 17, samedi de 13h à 18h15, dimanche de 16h à 19h. Fermé de fin mars à mi-septembre. Entrée : 40 Dkr.

ÅRHUS SVØMMEHAL
Spanien ✆ +45 86 13 26 66
Situé entre la gare et le port. Fermé en juillet, ouvert du lundi au vendredi de 7h à 21h, 17h le week-end. Elle a été entièrement rénovée et dispose de saunas. On trouve aussi un restaurant.

ÅRHUS SVØMMESTADION
Ingerslev Boulevard 3
✆ +45 86 12 86 44
Ouvert du lundi au vendredi de 7h à 18h, de 8h à 17h le week-end. Bassin de 50 m.

Dans les environs

Au sud d'Århus

On quitte les grands boulevards pour se retrouver très vite sur une petite route au milieu des bois. Des chemins ombragés mènent aux plages.

MUSÉE DE LA PRÉHISTOIRE DE MOESGARD
Moesgård Allé 20, Højbjerg
✆ +45 89 42 11 00 – www.moesmus.dk
moesgaard@hum.au.dk
Accès par la route : prendre Oddervej, au sud d'Århus pendant 8 km ; par le bus : ligne 6, qui part de la gare. Ouvert tous les jours d'avril à octobre de 10h à 17h, jusqu'à 16h hors saison. Fermé le lundi hors saison touristique. Entrée : 60 Dkr, 50 Dkr pour les retraités et les étudiants, gratuit jusqu'à 18 ans. La vedette du musée : l'homme de Grauballe. Il a été trouvé en 1952, dans un marais tout proche où il fut jeté il y a plus de 2 000 ans, après avoir été égorgé (on peut voir le trou béant pratiqué dans sa gorge). La boue l'a conservé intact, son corps a seulement été noirci et ses cheveux roussis par le fer contenu dans la terre de cette région. Les analyses pratiquées dans les années 1950 ont pu déterminer son âge au moment de sa mort (34 ans) et ce qu'il avait mangé : une bouillie à base de très nombreuses plantes différentes : on en a identifié 66 ! Il est installé dans la vitrine en position couchée et ce corps, vieux de 2 000 ans, qui a encore de la peau sur les os, est très impressionnant. De nouvelles analyses pratiquées en 2001 ont montré que l'homme avait absorbé des substances hallucinogènes avant de mourir. On a trouvé de drôles de champignons dans son estomac...

Peut-être a-t-il été ainsi anesthésié avant d'être tué. Ces nouvelles recherches ont également permis de mieux dater sa mort en 291 av. J.-C. D'autres salles présentent des collections ethnographiques sur des populations d'Afghanistan, des pierres runiques dont l'une arbore l'image colorée d'un dieu viking, et enfin plusieurs armes, bijoux et divers objets utilisés par les Vikings. On peut ensuite se promener en direction de la plage : on trouvera en chemin des reconstitutions de huttes et de maisons de l'âge de bronze et du fer. Ainsi que des maisons vikings et une église, très colorée, flanquée d'une tête de dragon : il s'agit de la reconstitution d'une église en bois, dont on a retrouvé les traces près de Randers. Contrairement à la Norvège, il ne subsiste au Danemark aucun édifice religieux en bois de la période viking.

Au nord d'Århus

Prendre la voie rapide n° 15, puis les routes 587 et 563 (suivre la Marguerite). En train : arrêt à la gare d'Hornslet.

CHÂTEAU DE ROSENHOLM

Rosenholmvej 119 ✆ +45 86 99 40 10
www.rosenholmslot.dk
info@rosenholmslot.dk
Ouvert tous les jours du 21 juin au 31 août, seulement le week-end en mai, juin et septembre, de 11h à 16h. Entrée : 75 Dkr, gratuit moins de 12 ans, visite guidée.
Bâti entre 1559 et 1567, ce petit château de briques rouges est entouré de douves et d'un parc comprenant un petit jardin à la française et un pavillon (la tour Holger). L'entrée est à l'arrière du château. En entrant dans la cour, l'œil est surpris par l'asymétrie des deux ailes qui se font face. Dans les salles que l'on peut visiter, on trouvera quelques tapisseries flamandes et françaises, des meubles espagnols et arabes, et des tableaux, dont de nombreux portraits. Le château appartient, depuis sa construction, à l'une des grandes familles aristocratiques danoises, la famille Rosenkrantz. Celle-là même qui est citée par Shakespeare dans Hamlet. L'actuel baron Rosenkrantz incarne la 17e génération.

DJURSLAND

C'est le nom donné à cette région boisée et vallonnée, au sud de cette excroissance du Jutland qui s'avance sur le Kattegat vers la Seeland. Une presqu'île dans la presqu'île. Au nord et à l'ouest, c'est le Djursland, on y trouve des campings, une longue plage et des touristes anglais, allemands et suédois, en masse. Mais aussi des châteaux et des grandes propriétés agricoles… Les petites villes y ont beaucoup de charme, certes, mais quitte à voir les énièmes « maisons-à-colombages-aux-façades-colorées-et-riantes » autant aller directement dans le village d'Ebeltoft, à la pointe de Mols. Il est très fréquenté mais, au moins, il réserve de bonnes surprises, dans un environnement assez particulier. Car, dans cette région, on parle même de montagne : Mols Bjerge. En effet, si vous êtes à vélo, vous comprendrez vite que le Danemark n'est pas toujours le plat pays que l'on imagine. Il faut dire que, dans cette région, les collines dépassent parfois le niveau de la mer de 130 m, alors ne vous moquez pas ! Le plus haut sommet (137 m) se trouve à Agri. La vue est superbe sur la baie d'Århus : la ville au loin, ses docks et ses grues. On aperçoit également les ruines d'un château fort, au milieu des eaux, et la forêt à l'ouest.

THORSAGER

Poursuivre jusqu'à Termestrup, ensuite prendre la direction Morke par la route de la Marguerite. On arrive alors à Thorsager, qui possède la seule église ronde du Jutland. En principe, ces églises fortifiées du Moyen Age se voient uniquement sur l'île de Bornholm. Celle-ci a été construite en 1200.

RØNDE

KALO SLOTSKRO

Kalø Slotskro ✆ +45 86 37 18 88
www.kaloslotskro.dk
Face à la mer, sur le parking. Dîner de 17h à 21h. Prix très abordables.

OFFICE DU TOURISME

Hovedgaden 10 ✆ +45 86 37 23 66

RUINES DU CHÂTEAU DE KALØ

Juste après Rønde, sur la route vers Ebeltoft, on aperçoit, sur la mer, le port d'Århus et, au premier plan, les ruines d'un château fort, qui semblent posées sur l'eau. Le futur roi de Suède, Gustave Vasa, y fut retenu prisonnier au XVIe siècle, avant de libérer son pays du joug danois. Le château a été démoli en 1672. On y accède à pied, par un long chemin qui semble s'enfoncer dans la mer et qui permet de croiser de peu farouches oiseaux huppés.

EBELTOFT

Ce village de 5 000 habitants est un petit bijou : des ruelles où les roses trémières poussent entre les gros pavés, des maisons à colombages à un étage ou des maisonnettes colorées de plain-pied, très souvent de guingois et auxquelles on accède par de massives marches en pierre. Le clou de la promenade est un hôtel de ville lilliputien, autrefois très prisé dans tout le royaume par les jeunes couples qui voulaient se marier dans la « plus petite mairie du monde ». C'est aujourd'hui un musée. Ebeltoft est tout entière vouée aux piétons. Le village est donc entouré de parkings : certains sont au bord de la mer, d'autres en surplomb du village. On comprend dès l'arrivée que l'on ne sera pas seul à se promener dans cet idyllique village danois. Le tourisme est en effet devenu la principale activité de ce village musée. Ebeltoft n'a pas perdu de son charme, bien qu'il ait, sans doute, vendu son âme…

Pratique

Accès. Routes 15 et 21 depuis Århus, ferry depuis la Seeland (1 heure 30). Bus 123 depuis Århus.

OFFICE DU TOURISME

S.A. Jensensvej 3 ✆ +45 86 34 14 00
www.visitdjursland.dk
Près du terminus des bus. Ouvert du 9 août au 31 décembre, du lundi au vendredi de 9h à 16h30, de 10h à 13h le samedi.
En bord de mer, face à la frégate Jylland. Il existe une petite brochure en français, n'hésitez pas à la demander.

Hébergement

A part un *danhostel* et des campings, il n'y a que de grands hôtels en bord de mer (le moins cher : Parkhotel, est à un peu plus de 900 Dkr la nuit pour 2 personnes), plus rien dans le village. L'office du tourisme vous indiquera des *bed and breakfast* à 400 Dkr la nuit pour 2 personnes, mais aucun à moins d'un km du centre.

AUBERGE DE JEUNESSE EBELTOFT

Sondergade 43 ✆ +45 86 34 20 53
www.danhostel/ebeltoft
Chambre simple à 375 Dkr et chambre double de 400 à 450 Dkr.

Restaurants

CAFÉ GEMYTLIG

Havnevej 10 ✆ +49 86 34 04 40
http://gemytlig.dk
Café-restaurant face au port avec une terrasse agréable au soleil. On peut manger un sandwich ou une pizza accompagnée d'une mousse.

DEN SKAEVE KRO

Villadsgyde 7 ✆ +45 86 34 60 30
http://denskaevekro.dk
Menu entre 210 et 385 kr.
L'une des plus vieilles maisons du village transformé en restaurant qui sert une excellente cuisine locale.

Manifestations

L'allumeur de réverbères. L'association de tourisme de la ville engage chaque été de jeunes étudiants pour perpétuer la tradition avec la chanson traditionnelle et une copie du costume de l'époque ! L'occasion de faire le tour de la ville pour une visite guidée. Départ du vieil hôtel de ville chaque soir de la mi-juin à la mi-août à 20h.

Points d'intérêt

DET GAMLE RÅDHUS (VIEIL HÔTEL DE VILLE)

Juulsbakke ✆ +45 86 34 55 99
De juin à août, tous les jours de 10h à 17h. Avril, mai et septembre, tous les jours sauf le vendredi de 10h à 16h. D'octobre à mars : samedi et dimanche de 11h à 15h. Entrée : 25 Dkr, enfants 5 Dkr, comprenant la visite de la mairie et des collections du musée attenant.
La plus petite mairie du Danemark (on adore être toujours « le plus » quelque chose dans ce pays !), construite en 1576. Une tour a été ajoutée en 1789, avec une cloche concurrençant celle de l'église. En 1840, la mairie s'est avérée être trop petite et le petit bâtiment servit alors de corps de garde pour les veilleurs de nuit. En 1909, l'ex-mairie a été restaurée et transformée en musée. Une curiosité : on peut descendre dans la fosse qui servait de prison, quelques chaînes rouillées et un crâne ont été disposés là…

A voir : les agrandissements des photos anthropométriques de ceux qui sont passés dans cette oubliette au XIXe siècle. Pour le reste, les salles présentent objets et documents témoignant de l'histoire de la ville mais exclusivement en danois.

EBELTOFT MUSEUM

Juulsbakke 1 ✆ +45 86 34 55 99
www.ebeltoftmuseum.dk
jv.ebeltoftmuseum@mail.dk
Prix d'entrée inclus avec celui du vieil hôtel de ville. Mêmes horaires.
Surtout intéressant pour la collection de Siam donnée à la ville en 1940 par un curieux personnage : Thygesen Havmoller, garçon pêcheur de la baie passionné par les oiseaux et les insectes. Envoyé comme jeune forestier dans la forêt de Siam, l'actuelle Thaïlande, il y est resté pendant 20 ans. Epuisé par la malaria, il est rentré au Danemark en 1933 avec sa femme et ses cinq enfants. Une fièvre tropicale plus forte que les précédentes a fini par l'emporter en 1940, à l'âge de 50 ans. La collection qu'il a léguée à la ville comporte quelques pièces intéressantes, comme cette photo panoramique de Bangkok prise dans les années 1920. Beaucoup d'oiseaux empaillés, de vases, de bouddhas, de bijoux, d'urnes, de pierres et de papillons... Le grenier a été aménagé pour présenter l'activité d'une fabrique de cuir qui existait dans la région.

FREGATE JYLLAND

Strandvejen 4 ✆ +45 86 34 10 99
www.fregatten-jylland.dk
info@fregatten-jylland.dk
Tous les jours de 10h à 17h, de 10h à 16h hors saison, mais les horaires sont variables, selon la météo et l'affluence. Entrée : 90 Dkr, 60 Dkr pour les enfants.
Important : le navire restauré a été aménagé pour être accessible aux handicapés. Un imposant trois-mâts qui nous ramène au temps des corsaires de notre imaginaire, ceux des bandes dessinées ou des films de série B. Cette frégate a été restaurée à grands frais. Ce bâtiment a été mis à flot pour la première fois en 1860. C'était alors le plus grand vaisseau de guerre de la marine danoise, entièrement construit en chêne. La frégate Jylland a navigué sur la Baltique, la Méditerranée et vers les Antilles danoises (aujourd'hui les îles Vierges américaines). Laissée à l'abandon durant une bonne partie du XXe siècle, elle a été remorquée de Copenhague à Ebeltoft en 1960, mais ce n'est qu'en 1984 que les travaux de restauration ont commencé. Ils ont duré dix ans. A l'intérieur, on croit presque entendre les craquements de la coque sur les flots et les cris des marins à leur poste de galère car ce navire à voile fonctionnait également à la rame. Procurez-vous le guide édité en français : 24 pages très documentées (les termes de marine y foisonnent) qui permettent de mieux comprendre la vie à bord de cette frégate, des latrines utilisées par la famille royale jusqu'aux magasins de la cale pouvant contenir – entre autres – 150 barriques de bière (26 250 l), 10 barriques de rhum et 5 barriques d'eau-de-vie (pour 400 marins) !

GLASMUSEET

Strandvjen 8 ✆ +45 86 34 17 99
www.glasmuseet.dk
glasmuseet@glasmuseet.dk
Ouvert tous les jours de 10h à 17h, jusqu'à 18h en juillet et jusqu'à 16h hors saison. Entrée : 85 Dkr, 20 Dkr pour les 13-17 ans.
En bas de la ville, près du rivage. L'un des plus importants musées d'Europe consacré au verre, inauguré en 1980. Depuis, plusieurs souffleurs de verre se sont installés à Ebeltoft, certains ateliers sont ouverts aux curieux et on peut acheter sur place.

Loisirs

CINEMA – CARL TH

Dreyers vej 1 ✆ +45 86 34 06 22
Ebeltoft abrite l'Ecole européenne du film, dans un bâtiment moderne (signé d'un cabinet d'architectes finlandais), où l'enseignement est dispensé en anglais. Une salle de cinéma très bien équipée est ouverte au public deux fois par semaine de septembre à mai.

GRENÅ

En suivant la route de la Marguerite vers l'ouest, on se retrouve entre campagne et bord de mer. Si vous apercevez un bison au détour d'un chemin, ne vous étonnez pas : c'est le zoo d'Ebeltoft. Si vous voyez beaucoup d'avions dans le ciel, c'est que l'aéroport d'Århus n'est pas très loin (à Tirstrup). Mais mieux vaut faire le tour du Djursland en passant par la côte et sa « capitale » : Grenå. Il s'agit d'une ville assez récente, avec un port actif (ferrys pour la Suède et pour la Seeland) et de belles plages au sud. Mais l'environnement offre avant tout un décor très... portuaire, sorti d'un coquet centre-ville, avec son église et sa rue piétonne.

Accès : train depuis Århus. Route n° 15 (ou bien suivre la route de la Marguerite depuis Ebeltoft).

OFFICE DU TOURISME
Torvet 1 ✆ +45 87 58 12 00
Dans une belle maison à la façade d'un rose pimpant, très *Demoiselles de Rochefort* !

Hébergement

HÔTEL KYSTEN
Kystvej 26 ✆ +45 89 59 59 59
www.kysthotellet.dk
reception@kysthotellet.dk
Chambre simple de 795 à 920 Dkr, chambre double de 1 025 à 1 125 Dkr. Un hôtel près du port et des ferrys, mais qui se fond dans la forêt. Sur un seul niveau, en carré autour d'un jardin qui abrite une piscine. Larges baies vitrées et chambres spacieuses.

Point d'intérêt

KATTEGAT CENTRE
Færgevej 4 ✆ +45 86 32 52 00
www.kattegatcentret.dk
kc@kattegatcentret.dk
Ouvert tous les jours de 10h à 18h de mi-juin à fin août (de 10h à 16h hors saison). Entrée : 155 Dkr, 85 Dkr pour les enfants.
Dans ce vaste aquarium de mer, on peut passer, mais sans danger, sous les requins grâce à un tunnel de plastique transparent très fin ! On peut aussi observer des phoques originaires de la région. A la mi-journée, le spectacle est assuré par les repas donnés aux phoques (à midi dans le « lagon »), et aux requins (à 14h). Situé dans le port, au nord de la marina. 2 000 m² supplémentaires ont été ouverts au début de l'été 1997, abritant de nouveaux poissons (tropicaux et locaux). C'est un lieu très populaire qui attire chaque année un demi-million de personnes. On peut y déjeuner, en regardant la mer, bien sûr.

Châteaux

Les manoirs et châteaux sont nombreux dans le nord du Djursland, entre Grenå et Randers. En voici trois parmi les plus intéressants :

CLAUSHOLM
Clausholmvej 308, Voldum
✆ +45 86 49 16 55
www.clausholm.dk – bb@clausholm.dk
Ouvert tous les jours du 1er mai au 30 septembre de 11h à 16h. Entrée : 50 Dkr, 80 Dkr avec le château et le parc, gratuit jusqu'à 13 ans.
Belle demeure baroque aux murs blancs et aux toits rouges, réputée pour son parc, gérée par la société d'horticulture du Jutland. C'est auprès d'elle qu'on achète les billets, près d'impressionnants corps de fermes datant, eux aussi, du XVIIIe siècle, non loin du château lui-même.

GAMMEL ESTRUP
Randersvei 2-4
✆ +45 86 48 34 44
www.gl-estrup.dk
dansklandbrugsmuseum@gl-estrup.dk
Suivre la route de la Marguerite depuis Sostrup, et poursuivre vers Auning par la route 563. Ouvert tous les jours sauf le lundi, de 10h à 17h, jusqu'à 15 h hors saison. Entrée : 85 Dkr pour les deux musées, gratuit pour les enfants de moins de 18 ans.
On arrive à un très beau manoir qui se reflète dans l'eau de ses douves. On peut y visiter à l'intérieur, ainsi que dans ses dépendances, un musée agricole (Dansk Landbrugsmuseum) et un musée des Manoirs du Jutland (Jyllands Herregårdsmuseum) : on pénètre dans les cuisines, la forge. Un restaurant est installé dans les étables.

SOSTRUP
En suivant la route de la Marguerite vers le nord.
Un château massif du XVIIe siècle, qui a la particularité d'avoir été racheté par un ordre religieux catholique en 1960. Un couvent a été consacré en 1992 et baptisé à la gloire de Marie en 1998, ce qui est une première en Scandinavie depuis la Réforme (îles Féroé exceptées) !

RANDERS

On peut y arriver par la route 16 en venant de Grenå ou par la route 180 au nord d'Århus. Cette vieille cité (700 ans en 2002) se vante d'avoir créé la première rue piétonne du royaume. De fait, la promenade est très agréable dans le centre, parfaitement bien restauré. Autre particularité : le brasseur local (Thór) a installé un réseau de pipeline apportant directement la bière dans une vingtaine de pubs de la ville (sur Storegade et Middelgade) !

AUBERGE DE JEUNESSE
Gethersvej 1 ✆ +45 86 42 50 44
aubergesdejeunesse.com
Un *danhostel* situé à quelques minutes au nord-ouest du centre-ville.

■ **KUNSTMUSEUM**
Musée d'Art, Kulturhuset, Stemannsgade 2
✆ +45 86 42 29 22
www.randerskunstmuseum.dk
Ouvert tous les jours, sauf le lundi, de 10h à 16h. Entrée gratuite pour les expositions permanentes.
Le dimanche, le café est offert ! Au deuxième étage de la Kulturhuset (la maison de la culture), se trouve une belle collection de toiles danoises de l'âge d'or, mais aussi de Lundstrøm, de Hammershøi, du mouvement Cobra, et une salle consacrée aux artistes des iles Féroé, avec une « chambre cosmique » de Trondur Paturson. Egalement des œuvres contemporaines et des expositions temporaires : pour la petite histoire, en 1994, le musée a retiré une boîte de conserve contenant les excréments de l'artiste italien Piero Manzoni. Cette *Merde d'artiste* avait été prêtée au musée par un collectionneur danois, John Hunov, qui l'avait achetée. Elle a été vue par 3 000 visiteurs, mais, ayant souffert du transport, quelques fuites se sont fait « sentir » et la direction du musée l'a envoyée dans un atelier de réparation d'œuvres d'art. Depuis, le collectionneur ne l'a pas revue et il a réclamé 300 000 Dkr de dédommagement (une boîte similaire signée Manzoni s'est déjà vendue plus de 60 000 $ chez Sotheby's...).

■ **OFFICE DU TOURISME**
Torvebryggen 12 ✆ +45 86 42 44 77
www.visitranders.com
randers@visitranders.com
Ouvert du lundi au vendredi de 9h30 à 17h30, le samedi de 10h à 13h.

ZOO TROPICAL
Tørverbryggen 11
✆ +45 87 10 99 99
www.regnskoven.dk
Ouvert tous les jours de 10h à 16h, 17h le week-end. Entrée : 150 Dkr, 90 Dkr pour les 3-11 ans. Sur chaque billet, 1 Dkr va au WWF.
Pont de bambous, crocodiles importés de Cuba, cascades, fleurs et papillons qui vivent sous ces trois bulles de biosphère. On peut aussi approcher de près des serpents, et écouter chanter les singes gibbons ! Aquarium exotique avec des poissons venus directement des Caraïbes.

RÉGION DES LACS

A l'ouest d'Århus, lacs et rivières offrent un cadre très différent du reste du Jutland. La région est très fréquentée par les Danois pour des vacances sportives (canoë, vélo...), mais aussi par les Néerlandais : les brochures touristiques sont traduites pour les vacanciers arrivant des Pays-Bas, qui représentent 30 % des touristes. En revanche, rien en français...

SILKEBORG

Site naturel à part, vallonné, lacustre et verdoyant, cette ville a retrouvé une vie active en mettant en valeur un patrimoine artistique, industriel et naturel qui étonne par sa richesse proportionnellement à la taille de la ville. Jusqu'au milieu du XIXe siècle, il n'y avait là qu'un château, des bois, une rivière et des lacs. Sous l'impulsion de Michael Drewsen (sa statue est sur la place principale) qui a bâti une vaste entreprise de fabrique de papier basé sur l'énergie du lac, s'est développée une véritable cité (38 000 habitants) pour accueillir et loger les ouvriers. Si la ville possède un paysage urbain et architectural récent et sobre, elle est toutefois très recherchée pour son cadre (d'où de nombreux sanatoriums) et son marché de l'art très actif (musée à la gloire d'Asger Jørn, cofondateur de Cobra et enfant du pays, nombreuses galeries d'art contemporain, nouveau centre d'art réputé sur la scène internationale). L'art est une composante importante de l'espace public dans cette ville. Des artistes en activité sont venus s'installer pour travailler là-bas et présentent leur production au public local régulièrement par le biais d'ateliers « portes ouvertes ». C'est aussi l'endroit idéal pour faire du canoë et du kayak. Alliant art, nature, histoire et loisirs, Silkeborg a su attirer les jeunes travailleurs danois et les touristes de différents horizons. Un nouveau quartier s'est développé autour de l'ancienne fabrique de papier fermé en 2000 et réinvesti comme centre culturel (spectacle vivant), le Jysk teaterhus, et comme musée, Bikuben, avec de nombreux restaurants et hôtels qui sont agréablement bercés par le bruit de l'eau douce avoisinante.

© VISITDENMARK

Le Riverboat Jazz Festival. et son ambiance Nouvelle-Orléans

Transports

En arrivant par l'autoroute E45, prendre la sortie 56 en direction de Silkeborg et la route 52 jusqu'à Silkeborg. A 43 km à l'ouest d'Århus par la route 15. Nombreux trains au départ d'Århus (25 minutes) et liaison réseau ferré et ferry avec Copenhague via Fredericia.

Pratique

■ OFFICE DU TOURISME
Havnen, Åhavevej 2A ✆ +45 86 82 19 11
www.silkeborg.com
kim@halsturistbureau.dk
Tout près du musée. Ouvert du 15 juin au 31 août, du lundi au vendredi de 9h à 17h30, le samedi et dimanche de 10h à 14h. Le reste de l'année, de 10h à 16h, le samedi jusqu'à 13h. Sert d'intermédiaire pour la location de bungalows.

■ SILKEBORG KAJAK OJ CYKELUDLEJNING
Ahave allé 7 ✆ +45 28 97 29 28
Location de vélos et de canoës-kayaks.

■ TAXIS
✆ +45 86 80 60 60

Hébergement

Plusieurs *bed and breakfast* sont proposés à Silkeborg. Compter 450 Dkr pour 2 personnes, et le *breakfast* en plus… Les campings sont aussi nombreux dans la région. Renseignez-vous à l'office de tourisme.

■ AUBERGE DE JEUNESSE
Åhavevej 55
✆ +45 86 82 36 42
Ouvert du 1er mars au 31 décembre. Dortoir 250 Dkr. A la fois centrale, au bord de l'eau et au milieu des bois ! Elle possède ses propres embarcations pour les amateurs de canoë.

■ DANIA
Torvet 5-7 ✆ +45 86 82 01 11
www.hoteldania.dk – info@hoteldania.dk
Chambre simple de 895 à 1 339 Dkr, chambre double 1 599 Dkr. Petit déjeuner compris.
Central et plein d'un charme vieillot (ouvert en 1848, pratiquement à la fondation de la ville). Mais les bibelots et les antiquités concernent la réception et les couloirs, pas les chambres, de style que l'on peut qualifier de… fonctionnel. L'établissement est célèbre dans tout le pays pour son excellente cuisine danoise, servie sur une grande terrasse. Les prix ont augmenté de façon plutôt exagérée ces dernières années, mais on peut bénéficier de tarifs avantageux le week-end.

■ HOTEL IMPALA
Vestre Ringvej 53
✆ +45 86 82 03 00
www.impala.dk – hotel@impala.dk
Chambre de 860 à 975 Dkr, suite pour deux personnes de 1 045 à 1 160 Dkr.
Installé en hauteur et sur une route qui entoure la ville de Silkeborg, cet ancien hôtel luxueux des années 1980-1990 a pris quelques rides et montre des salons aux fresques animalières au goût d'antan.

La décoration nous rappelle qu'à ce moment-là, on aimait les couleurs froides et les motifs chargés. Le service est correct, le cadre est joli, mais il manque à la prétention du lieu les atouts contemporains pour rivaliser avec les nouveaux établissements luxueux.

■ **RADISSON SAS HOTEL**
Papifabrikken 12 ✆ +45 88 82 22 23
www.papirfabrikken.nu
Chambre simple 1 395 Dkr, chambre double 1 695 Dkr.
Moderne et très bien situé, au cœur du nouveau quartier culturel et commerçant de Silkeborg, en face des lacs et à côté de l'ancienne fabrique de papier, l'hôtel offre des chambres spacieuses au design sobre. Les suites sont équipées de baignoires Spa agréables pour se détendre après une journée de visite. L'environnement est très calme. Les petits déjeuners sont extrêmement copieux et proposent un large choix de mets pour satisfaire toutes les envies et tous les appétits.

Restaurants

On peut se restaurer dans les nombreuses auberges des environs de Silkeborg, dans le quartier piéton du centre-ville ou aux alentours de la fabrique de papier.

■ **CAFÉ EVALD**
Papirfabrikken 10B ✆ +45 86 80 33 66
www.cafe-evald.dk – info@cafe-evald.dk
Ouvert de 10h à 21h30 (cuisine) et plus tard pour boire un verre. Salades, burgers et plats de 70 à 200 kr.
Au bord de la rivière, dans le nouveau quartier de Silkeborg autour de la fabrique de papier, on vous y sert une cuisine assez ordinaire où il est agréable de profiter de la terrasse, du calme et du bruit de l'eau. Il y a du monde, le service est un peu long et ne court pas après le client.

■ **HUMLE CHOK**
Nygade 16 ✆ +45 86 81 91 03
www.humlechok.dk – humlechok@mail.dk
Ouvert tous les jours de 11h à 22h, de 10h à 2h les vendredis et samedis. Plats de 69 à 125 Dkr. Brunch 95 Dkr. Cocktails de 40 à 95 Dkr.
A l'angle de deux rues piétonnes, on peut y manger ou y boire un verre sans se ruiner, dans une atmosphère jeune et jazzy qui côtoie une ambiance brasserie avec le sport diffusé sur un écran télé. Agrémenté d'une terrasse, on trouve à l'intérieur un grand bar en zinc long et arrondi et des sièges en cuir. On peut y manger des plats simples (*burgers*, salades, sandwichs...). Un brunch est servi jusqu'à 13h30.

■ **MARCO POLO**
Nygade 23 ✆ +45 86 80 67 33
www.marcopolo-silkeborg.dk
Plats autour de 100 Dkr, menus entre 149 et 199 Dkr, menu enfant à 50 Dkr.
Restaurant italien discret et agréable. L'accueil

Le mouvement Cobra

C'est un mouvement né en 1948 à Paris à l'initiative du peintre danois Asger Jørn (l'âme véritable du groupe), de l'écrivain belge Christian Dotremont et du sculpteur néerlandais Karel Appel. Cobra : Copenhague, Bruxelles, Amsterdam. Ce manifeste, signé par d'autres artistes des trois pays (Noirier, Corneille, Constant et Doucet), se voulait un mouvement de révolte pour faire bouger l'art académique en dérangeant le regard du public. Son but était de promouvoir un art populaire authentique et vrai, curieux et franc, comme ce qui se dégage des dessins d'enfants. Art primitif, expression spontanée : il s'agissait de « libérer » les forces créatrices du peuple. Ce principe, dominant chez les Danois de Cobra, paraissait beaucoup moins primordial chez les Néerlandais qui ont surtout tenu à se libérer du conservatisme régnant dans leur pays où Picasso, dans les années 1950, était encore considéré comme un escroc et un imposteur. Le manifeste était suffisamment flou pour ne pas susciter contradictions et polémiques. Il s'est dissous finalement en 1951, sans doute dans les discussions et les doutes partagés par Asger Jørn et Christian Dotremont qui, tous deux tuberculeux, s'étaient retrouvés dans un sanatorium de Silkeborg. Les artistes venus de cette mouvance connurent presque tous un grand succès : Jørn, bien sûr, mais aussi le sculpteur Henry Heerup, les peintres Pedersen, Alechinsky, Karel Appel... Tous sont aujourd'hui très cotés, le marché de l'art ayant récupéré le mouvement Cobra pour en faire un mythe et, surtout, une étiquette très recherchée qui se monnaie fort cher.

y est très sympathique et chaleureux, le décor est sobre : tables blanches avec des murs en briques ocre. Le patron est italien. Grand choix de vins en provenance du monde entier.

■ **RESTAURANT PIAF**
Nygade 31 ✆ +45 86 81 12 55
www.restaurant-piaf.dk
Ouvert du mardi au samedi de 18h à 21h30. Menu entre 185 et 605 Dkr.
Un restaurant où l'on sert une véritable cuisine danoise par un chef français ! Il y a différents menus, viandes et poissons, et même jusqu'à sept plats, idéal pour goûter aux spécialités locales.

Manifestations

■ **COUNTRY MUSIC FESTIVAL**
Mi-août.
Pendant la deuxième semaine d'août, Silkeborg prend des allures de ville *western* en accueillant des danseurs et musiciens country de renom international.

■ **RIVERBOAT JAZZ FESTIVAL**
www.riverboat.dk
Fin juin.
À bord du Hjejlen. Ambiance très Nouvelle-Orléans. Nombreux concerts à travers la ville également, pendant quatre jours. Manifestation très populaire.

Points d'intérêt

■ **AQUA FERSKVANDS AKVARIUM**
Velsøvej 55 ✆ +45 89 21 21 21
www.ferskvandscentret.dk – fvc@fvc.dk
Ouvert tous les jours de 10h à 18h, de juin à mi-août, jusqu'à 16h en semaine, 17h le week-end le reste de l'année. Entrée : 110 Dkr, enfants 60 Dkr, gratuit jusqu'à 3 ans, réductions pour les étudiants et les retraités.
Le plus grand aquarium d'eau douce d'Europe du Nord est niché au fond d'un des lacs de Silkeborg ! On peut observer à sec la vie dans ces eaux pures grâce à de larges ouvertures. Expositions temporaires sur la recherche pour l'environnement. Autour du lac et de l'aquarium, n'hésitez pas à prendre le temps de vous promener au milieu des 10 000 m² de bois et d'eau : on y rencontre des salamandres, des oiseaux, des grenouilles, de nombreuses plantes aquatiques provenant de tout le royaume, mais aussi des loutres de rivière.

JORN MUSEUM
Gudenåvej 7-9 ✆ +45 86 82 53 88
www.silkeborgkunstmuseum.dk
info@museumjorn.dk
Ouvert du 1er avril au 31 octobre tous les jours, sauf le lundi, de 12h à 16h. Le reste de l'année, de 12h à 16h en semaine et le week-end de 10h à 17h. Entrée : 70 Dkr, gratuit jusqu'à 18 ans en compagnie d'un adulte.
Le musée d'Art de Silkeborg, renommé Musée Jørn depuis peu, a été construit autour des collections d'Asger Jørn constituées de plus de 5 000 œuvres de 150 artistes. La collection a été offerte il y a quelque temps par Asger Jørn à sa ville natale et elle comprend entre autres des œuvres de valeur d'artiste du mouvement Cobra auquel Jørn appartenait. Le musée s'est ensuite enrichi d'autres acquisitions (dont des lithographies d'Odilon Redon). De nombreux artistes étrangers contemporains très importants sont exposés ici : Wemaëre, Picabia, Léger dont Jørn était l'élève à Paris, Le Corbusier, Max Ernst, Dubuffet, Sam Francis. Mais aussi quelques peintres italiens (Pinot Gallizo), chinois (Walesse Ting), cubains (Samuel Feijo), japonais (Yasse Tabmlai) ou encore allemands (Hans Puatsatek). Le musée est un très beau bâtiment situé près de la rivière Gudenå. On peut d'ailleurs descendre vers ses berges pour une agréable promenade après la visite. En façade, la grande mosaïque est signée Dubuffet. Elle avait été présentée à Paris en 1977. A l'intérieur, on passe de grandes salles à l'éclairage intimiste à de petites pièces ouvrant à leur tour sur de véritables ateliers d'artistes : hauts murs et éclairage naturel par le toit. Outre les peintres déjà cités, on retrouve des œuvres des membres du mouvement Cobra : Alechinsky, Pedersen, Constant, Reinhoud et une toile commune, sans titre, réalisée en 1949 par les principaux instigateurs du groupe : Jørn, Appel, Constant, Corneille et Nyholm.

« Le Canard inquiétant ». Parmi les Danois importants qui ne participaient pas à ce mouvement, on note le réaliste Wilhelm Freddie, dont une toile de 1936 est exposée, et Robert Jacobsen avec ses sculptures sur bois. Jørn est bien sûr omniprésent. On peut s'amuser de ses *Modifications*, surprenants détournements de toiles classiques. Dans les années 1950, Jørn achetait des croûtes aux puces et chez les brocanteurs et peignait par-dessus, à sa façon, jouant avec les transparences, en intégrant, en les déformant, les éléments originaux de la toile.

Le résultat est volontairement drôle : sur une toile un monstre surgit du petit étang d'une gentille fermette du XVIIIe siècle, c'est *Le Canard inquiétant* (1959) ! L'œuvre la plus monumentale de Jørn est présentée dans l'atelier n° 2. Il s'agit de *Stalingrad*, exposé en 1956, rebaptisé *Le Non-lieu ou le fou-rire du courage*, modifié puis exposé à nouveau à Paris en 1965, à Cuba en 1968 avant d'être donné au musée de Silkeborg. Jørn, pourtant, n'était toujours pas satisfait de cette toile puisqu'il l'a retravaillée juste avant de mourir, en 1972, en se rapprochant, semble-t-il, d'un certain nihilisme. Comme dans tous les musées danois d'Art moderne, on peut aussi y voir de nombreuses céramiques, des tissages, des reliefs… Notez surtout la monumentale tapisserie exposée salle 13, avec son esquisse sur toile au premier plan. Elle a été réalisée à Paris en 1959-1960 par Asger Jørn et Pierre Wemaëre.

En 1997, une extension du musée a été construite, elle abrite une curieuse galerie de statues néoclassiques, signées de Svend Ratshak (1855-1941), et inspirées de la statuaire grecque, véritable ode à la beauté de la femme (même si sa première œuvre, qui date de 1913, représente Adam). Ces statues étaient entreposées à Copenhague dans les combles de Christiansborg – le château qui abrite le Parlement – où elles se sont abîmées. Jusqu'à ce que douze d'entre elles bénéficient d'une restauration et soient emmenées à Silkeborg. C'est la première fois que ces œuvres sont montrées. Ratshak n'avait pas la cote, il pourfendait ce qu'il considérait comme les « dérivations » de l'art et souhaitait, par son œuvre, revenir à une représentation plus classique.

KUNSTCENTRET SILKEBORG BAD

Gjessøvej 40
✆ +45 86 81 63 29
www.silkeborgbad.dk
reception@silkeborgbad.dk

Bus 10 depuis la gare, route en direction de Gjessø à côté du lac Lysbro. Ouvert du 1er mai au 30 septembre du mardi au dimanche de 10h à 17h. Le reste de l'année du mardi au vendredi de 12h à 16h, le week-end de 11h à 17h. Entrée 60 kr.

Installé au sud-ouest de la ville, au bord du lac Ørnsø, dans un ancien sanatorium (construit en 1883, c'est le mieux préservé de tout le Danemark), le centre artistique Silkeborg Bad est un centre culturel à vocation internationale qui présente des expositions d'art contemporain de grande qualité artistique souvent autour d'un thème : les arbres de la vie et l'art, la nature, la culture…. Inauguré en 1998, il est devenu un lieu réputé dans le milieu artistique scandinaveet international. Superbe situation : une forêt, un lac, des bâtiments rétro aménagés pour accueillir les installations et les réalisations artistiques du monde entier. La vue de l'intérieur du musée et du café est bucolique et reposante. Le jardin est aussi très joli ornementé de ces sculptures contemporaines.

PAPIRMUSEET BIKUBEN

Musik – og tearterhuset, Bøttebygningen
Papirfabrikken 78
✆ +45 86 85 45 64
www.papirmuseet.dk

Ouvert tous les jours de 11h à 16h. 30 kr. (en été seulement)

Situé à l'étage supérieur du grand bâtiment industriel réhabilité, le musée du Papier Bikuben (La Ruche), témoigne de la vraie révolution qui a changé la ville de Silkeborg, notamment la fabrication du papier. Le papier était réalisé à la main à partir de plaques de fils de métal tissés avec des motifs en relief par un système d'épreuve (comme de la gravure) du papier sur ces plaques. Deux salles d'expositions présentent les différents rouleaux et moules avec lesquels le papier était fabriqué à la main : on tamise l'eau mélangée au papier mâché dans une plaque, son cadre en bois aspire l'eau à travers la plaque et dépose la feuille éprouvée pour la sécher sur une grande feuille en feutre. Apparemment les billets de banque danois étaient imprimés à la main dans cette fabrique de 1910 à 1958. Une salle présente les machines avec les différentes étapes de fabrication, les outils et les matériaux, vous aurez d'ailleurs la possibilité d'expérimenter l'art de la fabrication du papier à la main sous les conseils et les explications du personnel du musée. Cet aspect pratique et technique est très agréable car vous comprenez mieux les principes de fabrication et vous partez avec la satisfaction d'avoir réussi une belle feuille de papier que l'on vous offre en souvenir. Des ateliers sont organisés pour les enfants et le personnel explique patiemment l'histoire et l'art de la fabrication du papier à la main, les ouvriers de l'usine, fermée en 2000, ont personnellement transmis leur savoir-faire à ce dernier.

SILKEBORG MUSEUM
Hovedgårdesvej 7 ✆ +45 86 82 14 99
www.silkeborgmuseum.dk
info@silkeborgmuseum.dk
Tous les jours de mai à octobre de 10h à 17h. De novembre à avril : le samedi et dimanche de 12h à 16h : Entrée 50 Dkr, gratuit pour les enfants.
Le musée de Silkeborg se dresse comme le gardien du passé et peut compter sur une grande attraction : l'homme de Tollund et expose également un musée de l'artisanat avec des pièces retrouvées dans les marais et une reconstitution de la mythologie viking en maquette. Il est possible d'admirer les pièces archéologiques qui datent du passé de cette zone et c'est une belle ferme datant de 1767, la plus ancienne construction de Silkeborg qui sert d'encadrement au musée. L'homme de Tollund, âgé d'environ 2 400 ans est la vedette du musée. Il a été trouvé dans une tourbière à 10 km à l'ouest de Silkeborg en 1950, dans un parfait état de conservation, comme en témoignent les traits de son visage et ses quelques cheveux. Autour de son cou, une lanière de cuir qui a sans doute servi à l'étrangler pour quelque sacrifice. Impressionnant. Son corps, très desséché, a été en réalité reconstitué en 1987 pour lui donner l'apparence qu'il avait lors de sa découverte (explications en français). Une nouvelle aile du musée a été construite spécialement pour abriter sa dépouille, ainsi que des expositions temporaires, au fond de la cour.

Galeries

Silkeborg attire de plus en plus les artistes et, dans leur sillage, les acheteurs d'art contemporain : les galeries de la ville sont en passe de supplanter celles de Copenhague, dit-on. Parmi celles-ci, il faut citer :

GALERIE MODERNE
Skoletorvet ✆ +45 86 81 44 44
www.galeriemoderne.dk
info@galeriemoderne.dk
Ouvert tous les jours, sauf le dimanche, de 10h à 17h.
Créée en 1963. On y trouve très souvent des toiles du mouvement Cobra : Alechinsky, Asger Jørn… Mais c'est aussi une galerie qui prend le risque d'exposer et de tenter de vendre les œuvres de jeunes artistes danois ou étrangers. C'est aussi une des plus vastes de Scandinavie : 1 000 m² ! Une référence dans l'art contemporain en Europe.

Balade

Bateau à vapeur : excursions du 1er mai au 5 septembre à bord du *Hjejlen*, un vapeur en fonction depuis 1861 ! On peut l'utiliser pour se rendre à l'hôtel-restaurant-musée Ludvigslyst, à l'aquarium Aqua, et à Himmelbjerget, le terminus.

Shopping

MARCHÉ DE FRUITS ET LÉGUMES
Chaque samedi matin sur Torvet.
Les marchés de fruits et légumes en plein air sont assez rares au Danemark. Celui de Silkeborg est donc une véritable attraction.

Loisirs et sports

Canoë

La rivière Gudenå est idéale pour le *canyoning*. Il faut simplement se renseigner (à l'office du tourisme), car l'accès est réglementé à certains endroits, selon la saison.

KANO TERMINALEN
Åhave Allé 7 ✆ +45 86 80 30 03
www.kanoterminalen.dk
Locations de canoës-kayaks et de petits bateaux à moteur.

SLUSEKIOSKEN
Havnen ✆ +45 86 80 08 93
Locations de canoës-kayaks et de petits bateaux à moteur.

Pêche

A la carte nationale, obligatoire pour les 18-67 ans (en vente à l'office du tourisme de Silkeborg, et… à la poste !), il faut ajouter la carte vendue par l'association de pêche locale (au bureau du tourisme, ou au Silkeborg Kanocenter, ou dans les campings) qui autorise la pêche sur la rivière Gudenåen jusqu'à Truust et tous les lacs sauf Slåensø.

HIMMELBJERGET

Accès par la route 52 au sud, puis prenez la route 445 vers Ry. Himmelbjerget, en danois, c'est « la montagne du ciel » ! Culminant à 147 m, c'est un haut lieu touristique du pays. Si vous montez en voiture en haut de ce pic, attendez-vous à payer pour pouvoir vous garer. Partout, des kiosques vendant souvenirs, ballons et dinosaures en plastiques. Une tour construite en 1875 (accès payant) « culmine » à 25 m de hauteur, ce qui permet d'embrasser le paysage : lacs et forêts à perte de vue.

A proximité, un improbable hôtel-restaurant en forme de gros chalet prépare une cuisine typiquement danoise, un peu lourde… Pour arriver jusque-là, le plus sympathique est de monter à pied, ça n'est pas de l'escalade, il y a un sentier balisé et bien aménagé qui permet de le faire en un petit quart d'heure ! En partant de l'hôtel Julsø (qui offre par ailleurs une cuisine bon marché), point d'arrivée du vapeur Hjejlen. Pour la petite histoire, il existe une « montagne » plus haute, à quelques kilomètres de là, Ejer Bavnehøj : avec 170,95 m de hauteur, c'est le vrai « toit » du Danemark ! Mais il est beaucoup moins fréquenté. Une tour de briques rouges a également été construite à son sommet. Situé au sud-ouest de Skanderborg, près de l'autoroute E45.

HIMMERLAND

Au départ d'Århus, en direction du nord, on roule au milieu de vastes champs de blés vallonnés : les environs d'Århus ressemblent aux montagnes russes, les virages en moins. Puis on arrive aux fjords de Mariager, le plus beau du pays, un endroit superbe pour des randonnées avec les verts pâturages et des forêts. En continuant plus au nord, on découvre une terre plus aride et quasi désertique. Le Himmerland correspond à la région comprise entre le sud d'Aalborg, le Limfjord à l'ouest et le Kattegat à l'est.

HOBRO

Transports – Pratique

- **Accès :** train, ou route E45. La ville doit être contournée par l'autoroute Randers-Aalborg, si l'on se dirige vers le nord. Si l'on s'arrête ici, on découvrira un paysage encaissé, plutôt rare au Danemark. On est au fond du fjord de Mariager.

OFFICE DU TOURISME

Hobro Havn, Sdr. Kajgade 10
✆ +45 70 27 13 77
www.visitmariagerfjord.d
Ouvert du lundi au vendredi de 10h à 17h, le samedi de 10h à 13h, ouvert aussi le dimanche parfois, de fin juin à fin août ; du mardi au vendredi jusqu'à 16h et le samedi jusqu'à 13h le reste de l'année.

Points d'intérêt

FJORD DE MARIAGER

www.fjordensel.dk
C'est le plus grand fjord du Danemark. Il n'y a pas de montagnes le long des fjords comme en Norvège, mais celui de Mariager est le plus long et le plus beau du pays. On peut faire de très belles balades, à pied ou à vélo tout au long du fjord. On peut aussi découvrir le fjord par bateau. La découverte du fjord passe aussi par la visite de la charmante ville de Mariager, surnommée la Ville des roses. C'est une cité médiévale avec des vielles maisons à colombages, des jardins fleuris et des rues pavées. On peut visiter un très intéressant musée du sel (ouvert tous les jours de juin à août de 10h à 16h) qui se trouve sur le petit port de plaisance. De là vous pouvez continuer vers les environs d'Hadsund et vers la mer…

VIKINGECENTER FYRKAT (FORTERESSE ET VILLAGE VIKING)

Fyrkatvej, 45
✆ +45 98 51 19 27
A4 km au sud-ouest d'Hobro, prendre la direction de Fyrkatvej. Site ouvert d'avril à octobre, de 10h à 17h. Entrée : 60 Dkr.
Les amateurs de Vikings seront comblés : des fouilles ont mis au jour toute une cité viking près d'une importante forteresse qui date d'environ 980 après J.-C. Subsistent des traces de fortifications et les bases de seize fermes vikings, rassemblées par groupe de quatre. Une maison de cette époque a été récemment édifiée : elle a la forme d'un bateau renversé, et sa construction s'est faite sur la base de nos connaissances actuelles de l'habitat viking. Les spécialistes estiment d'ailleurs que cette construction est plus proche de la réalité que celle de Trelleborg, forteresse plus imposante, qui date de la même époque, mais dont la ferme viking modèle a été bâtie il y a quelques années, sur la base de données qui se sont révélées fausses depuis ! Revenez ensuite sur vos pas, pour visiter la reconstitution d'une ferme viking. C'est le même billet d'entrée pour les deux lieux. A l'accueil, demandez la brochure éditée en trois langues (dont le français), qui présente les bâtiments édifiés là et qui donne une bonne idée de ce qu'était une propriété scandinave au Xe siècle. Un

© VISITDENMARK / CEES VAN ROEDEN

Maison viking reconstituée du Fyrkat.

potager a même été reconstitué et un bâtiment présente des expositions. Pour les objets trouvés dans le secteur lors des fouilles, vous pouvez aussi vous rendre au musée d'Hobro, sur Vestergade. Il y a aussi une boutique qui vend des vêtements en lin et en laine.

PARC NATIONAL DE REBILD

Sur la E 45, après le village de Rold, prendre à droite la direction de Rebild. Une petite route vous emmènera vers ce haut lieu symbolique des relations dano-américaines. Accès en bus 104 depuis Aalborg. La route traverse d'abord la forêt de Roldskov, ensuite les arbres laissent la place à une végétation plus clairsemée. Parmi les collines recouvertes de bruyère, serpentent de nombreux sentiers balisés pour les amateurs de marche. On arrive, juste avant le village, sur un vaste parking, bordé de petites auberges. Au loin flottent (certains jours) les drapeaux américain et danois. Nous voici dans le premier parc national du Danemark. En contrebas se trouve la clairière qui sert d'amphithéâtre pour les discours et les manifestations du 4 juillet, le plus souvent, en présence de personnalités de haut rang des deux pays : la reine Margrethe s'y est déjà rendue plusieurs fois, accompagnée d'un président des Etats-Unis. Même Walt Disney a tenu le rôle de l'orateur du 4 juillet, en 1961. Les immigrants danois ont créé en 1906 une association dano-américaine qui a fait l'acquisition de ces collines pour préserver un bout de ce Danemark de la fin du siècle dernier. Il faut savoir que, de 1840 à 1914, le pays ne parvenant plus à nourrir toute sa population, plus de 300 000 Danois ont émigré aux Etats-Unis (en tout, 52 millions d'Européens pour la même période). Un peu plus loin commence la grande forêt de Rold qui, avec ses conifères à foison, se donne des airs de grands espaces à la suédoise. C'est, il est vrai, la plus grande forêt du Danemark. On peut y faire de belles balades jusqu'au lac de Madum, ou Store Oksø, ou encore vers les sources de Lille Blåkilde ou de Ravnkilde. Rafraîchissant et typiquement scandinave : on pourra cueillir des fleurs et des baies sauvages de toutes sortes.

■ **AUBERGE DE JEUNESSE REBILD**
Rebildvej 23 ✆ +45 98 39 13 40
www.rebild-vandrerhjem.dk
Dortoir 250 Dkr, chambre simple à 395 Dkr et double à 450 Dkr. Fermé de mi-décembre à mi-janvier.
Un *danhostel* très prisé par les randonneurs.

AALBORG

Cette grande agglomération s'est développée entre deux collines, autour de plusieurs rivières et au bord d'un fjord, qui, aujourd'hui, relie le Kattegat (nom de la Baltique entre la Seeland et le Jutland) à la mer de l'Ouest que nous appelons la mer du Nord. La ville compte aujourd'hui près de 190 000 habitants mais elle garde un air provincial et reste à échelle humaine. C'est une ville étudiante importante qui a une vie nocturne intense grâce aux concerts qui animent en permanence la rue et les nombreux bars. L'ambiance y est festive et détendue. Elle s'est enrichie, grâce à ses échanges commerciaux, avec l'Angleterre notamment. Mais c'est aussi une ville ouvrière, connue pour ses distilleries d'aquavit et ses cimenteries. La vue des usines donne un charme particulier à cette ville qui allie l'industriel à l'ancien. Un grand pont en brique relie les deux rives de la ville séparée par le Limfjord. En plus des guerres civiles et des incendies, l'urbanisme a parfois été, lui aussi, destructeur : à la fin du XIXe siècle, on a dévié par des tuyaux les cours des cinq rivières qui traversaient la ville, avant de se jeter dans le Limfjord. Deux de ces rivières coulaient sous Vesterbro et Østerågade, deux rues qui délimitent la ville ancienne. Vesterbro elle-même a été percée dans les années 1930 au milieu de vieilles maisons, dont certaines ont pu être sauvées et remontées dans la vieille ville d'Århus. Ce qui fait dire aux anciens de la ville que le vieil Aalborg se trouve désormais à Århus ! Depuis quelques années, la cité a bénéficié d'un programme d'embellissement : nettoyage des façades, instauration de zones interdites aux voitures. Les bords du fjord côté centre-ville ont été rénovés et constituent une promenade agréable à la lumière du soir surtout s'il fait beau et si quelques beaux navires sont amarrés.

Transports

Train

GARE
J-F Kennedy Plads 3 ✆ +45 70 13 14 18

Avion

AÉROPORT D'AALBORG
A 6,5 km du centre-ville
✆ +45 98 17 11 44
Liaison par bus (2A, 2B, 2M) toutes les 15 minutes à partir du centre-ville. Plusieurs vols pour Copenhague, dont certains effectués par des compagnies *low cost*.

Taxi

TAXIS
✆ +45 98 10 10 10

Location de voitures

Avis, Hertz, Europcar ont des comptoirs à l'aéroport. En ville, Avis possède un bureau à la gare, Europcar se trouve sur Jyllandsgade, au n° 6.

Pratique

HÔPITAL
Aalborg Hospital sud
✆ +45 99 32 11 11
Ouvert jour et nuit.

OFFICE DU TOURISME
Kjellerupstorv 5
✆ +45 99 30 60 90
www.visitaalborg.com
info@visitaalborg.com
Ouvert du 15 juin au 31 août de 9h à 17h30, samedi de 10h à 13h, fermé le dimanche. Le reste de l'année de 9h à 16h30 et le samedi de 10h à 13h.
Toute nouvelle adresse pour l'office du tourisme. On peut y trouver des cartes et des informations et sur la ville et la région.

PHARMACIE 24H/24
Budolfi Apotek
✆ +45 98 12 06 77
A l'angle de Vesterbro et Algade.

POLICE
Jyllandsgade 27
✆ +45 96 30 14 48

Hébergement

AALBORG SØMANDSHJEM
Østerbro 27 ✆ +45 98 12 19 00
www.hotel-aalborg.com
Chambre simple 695 Dkr, double 910 Dkr, familiale 1 125 Dkr. Petit déjeuner compris.
Cet hôtel central et rénové offre des prestations luxueuses (sauna, piscine, billard !) à un prix accessible.

DANHOSTEL (AUBERGE DE JEUNESSE)
Skydebanevej 50.
Fjordparken ✆ +45 98 11 60 44
Compter 460 Dkr pour une personne et 530 Dkr pour deux par nuit, respectivement 460 et 530 Dkr hors saison. Compter 30 Dkr en plus si vous ne possédez pas la carte des AJ. Possibilité d'utiliser les dortoirs en été mais uniquement sur réservation sur leur site internet.
L'auberge offre, en plus de son bâtiment ordinaire, des petits bungalows que l'on peut louer individuellement et qui peuvent accueillir jusqu'à 7 personnes. Il faut apporter ses draps (on peut aussi en louer). Possibilité de faire sa cuisine dans un grand bungalow qui comprend également les douches. Idéale pour les familles, l'auberge et ses huttes sont situées au bord d'une marina, sur le port de plaisance d'Aalborg. Très calme.

HELNAN PHONIX HOTEL
Vesterbro 2 ✆ +45 98 12 00 11
www.helnan.info/helnan-phoenix-hotel
phoenix@helnan.dk
Chambre simple à 975 Dkr, double à 1195 Dkr. Petit déjeuner compris.
Un viel hôtel, de grand standing, à deux pas des rues piétonnes du centre-ville. Les chambres sont assez spacieuses et disposent d'un grand confort (TV, minibar...). Le personnel est chaleureux et très attentionné. On y trouve un très bon restaurant qui sert une bonne cuisine danoise. Le buffet du petit déjeuner est très copieux.

HÔTEL HVIDE HUS
Vesterbro 2 ✆ +45 98 13 84 00
www.hotelhvidehus.dk
Chambre simple 1 475 Dkr, double 1 695 Dkr. Réductions fréquentes hors saison
Avec ses 15 étages, il offre une superbe vue sur la ville et le Limfjord. Tout près du musée des Beaux-Arts. L'hôtel accueille souvent des congrès et donc pris d'assaut par les conférenciers.

QUALITY HOTEL
Vesterbro 12C ✆ +45 70 12 51 51
www.choicehotels.dk
info.aalborg@quality.choicehotels.dk
Sur la route en direction du centre-ville, prendre à droite après le parc. Chambres de 945 à 1 145 Dkr, possède de nombreux tarifs spéciaux pour seniors, groupes, etc.
Bâtiment moderne sur six étages construit en 2002, le design danois contemporain dans sa sobriété et ses lignes simples a été mis en avant à l'intérieur de cet hôtel très propre. La décoration des chambres est simple et de bon goût, le confort est standard. Attention de nombreux services notamment liés à l'utilisation de la télé sont payants. Le petit déjeuner est copieux et composé d'un grand choix de mets. On peut se rendre à pied au centre-ville ou au musée des Beaux-Arts. Le parking devant l'hôtel est payant la journée mais un peu moins cher qu'au centre-ville.

Restaurants

CAFÉ BARDOT
Ved Stranden 22
✆ +45 98 16 19 00
Ouvert du lundi au samedi de 11h à 23h et le dimanche de 11h à 17h.
Un peu à l'écart mais tout près du centre festif, une ambiance *lounge* avec un salon aux couleurs simples (argent, noir, rouge et marron clair) et au mobilier design en bois. La patronne est française et le personnel très gentil. Aux murs, quelques affiches à l'effigie de celle qui a donné son nom à ce bar restaurant où l'on peut manger des plats à des prix très raisonnables : salades et *burgers* autour de 90 Dkr. On peut profiter de la terrasse quand il fait beau.

CAFÉ SALTLAGERET
Jomfru Ane Gade 16
A la fois café-restaurant et discothèque. On y déguste des plats légers à prix raisonnables. Concerts *live* tous les jeudis et vendredis.

JENSEN'S BØFHUS
11 C.W Obels Gade 10
www.jensens.com
La chaîne danoise du grand bœuf à petit prix. Dans une bâtisse datant du Moyen Age ! Le bœuf est roi, grillé et apprêté avec diverses sauces au choix : il y a bien sûr l'incontournable *bøf béarnaise* qui fait fureur. Bon à savoir : la sauce béarnaise vue d'ici est curieusement sucrée ! Service professionnel, diligent et souriant.

JOMFRU ANE GADE
www.jomfru-ane-gade.dk
Une rue entièrement bordée de restaurants (une bonne vingtaine) avec de grandes salles à l'intérieur et de petites terrasses sur la rue piétonne. Tous les établissements se livrent à une véritable guerre des prix et c'est sans doute l'endroit au Danemark où l'on trouve les repas les moins chers : les menus sont autour de 100 Dkr !

Aalborg
Musée
Curiosité
Gare ferroviaire
LIMFJORDEN
LIMFJORDEN
LINDHOLM
NØRRE UTTRUP
NØRRESUNDBY
ZOOM CENTRE VILLE
Gare ferroviaire
Gare ferroviaire
Musée maritime
Aalborg Race Course
Stadion
Stadion
Lindholm Fjordpark
Lindholm Strandpark
Lindholm Kridtgrav
Kolonihaver
Kolonihaver
Idrætscenter
Skanseparken
Kongelunvden Kolonihaver
NB's baner
Nørresundby Stadion
Fjordmarken
Tagholm
Lufthansvej
Stenholm
Bejlerholm
Thistedvej
Avej
Højens Allé
Vangen
Anders Møchs
Voerbjergvej
Hvorupvej
Østermarksvej
Lindholmsvej
Vikingevej
Arkildsda
Strubjerg
Larsensvej
Forbindelsesvejen
Skolevej
Bakkevej
Lindholmvej
Stationsvej
Strand Al.
Lindholm Brygge
Møelleageren
Tjørnevænget
Vestervang
Vingevej
Højvangsvej
Hedegårds Vej
Kapelvej
Rolighedsvej
Bakkelygade
Skansevej
Lars Dryskøtsvej
Bondropsgade
Sakt Peders Gade
Skovvej
Vestergade
Mellem Broerne
Østerbrogade
Østergade
Dronningensgade
Kronprinsens al.
Engvej
Nordre Havneg
Limfjordsvej
Nordre Havnegade
Stigsborg Brygge
Stigsborgvej
Søndre Kongevej
Røgildsvej
Nordre Skansevej
Lerumbakken
Violvej
Jørgen Berthelsens Vej
Kløvervej
Anemonevej
Dalen
Løvbakken
Erantisvej
Sølojevej
Studievej
Rosenvænget
Krusemyntevej
Amalienborgvej
Hjørringvej
Gammel Kongevej
Lerbækvej
E45 13
Sundsholmen
Engholmen
Pilevang
Øster Strandvej
Stykgodsvej
Gasværksvej
Limfjorsbroen
Vestre Havnepromenade
Strandvejen
Bogergade
Strandvejen
Skudehavnsvej
Skams gade
Raivej
Egholm Fægevej
Skydebanevej
Otto Ruds
Engtoftevej
Kastetvej
Ny Kastetvej
Vestre Fjordvej
Vestre Kærvej
Annebergvej
Schleppegrellsgade
Ryesgade
Annebergvej

LIMFJORDEN
LIMFJORDSBROEN
Hønnøkajen
Edifice religieux
Musée
Curiosité
Théâtre
Information
Poste
Gare ferroviaire
Fjordparken
Distellerie
Gare de Aalborg Vestby
Casino
Théâtre Jomfru Ane
Aalborghus Slots
Kvindens Plads
Musée historique
C.W. Obels Plads
Poste
Information touristique
Cathédrale SankKt Budolfi
Musée Franciscain
Théâtre d'Aalborg
Théâtre Jako-Bole
Huset Maison communautaire
HASSERISGADE
VESTERBRO
Cimetière
Eglise
Palais des Congrès
Gare ferroviaire
J.F Kennedys Plads
Gare routière
Kildeparken
Legeplads
Tour d'Aalborg
Skovdalen
Kong Christians Allé
Gammel Kærvej
Østre Allé
Dag Hammarskjølds
Strandvejen
Vesterbro
Bispensgade
Adelgade
Østerågade
Slotspladsen
Danmarksgade
Boulevarden
Jyllandsgade
Prinsensgade
Reberbansgade
Valdemarsgade
Saxogade
Kong Hans Gade
Skr. Jørgens Gade
Absalonsgade
Vestre Havnepromenade
Nordre Havnegade
Havnegade
Strandgade
Syrestien
Engvej
0 350 m

VEJGÅRD
KÆRBY
FRYDENDAL
Gare ferroviaire
Skovdalen
Tivoli Karolinelund
Østre Anlæg
Zoo
Chang's baner
Observatoire Urania
Maison du Groenland
Den gamle golfbane
Østerådalen
0 800 m
Østre Allé
Sønderbro
Vesterbro
Nobrovej
Ny Kærvej
Handværkervej
Solingårdsholmmsvej
Hadsundvej
Humlebakken
Kong Christians Allé
Søndre Skovej
Jyllands gade
Dannemarkgade
Prinsensgade
Sjællandsgade
Fyensgade
Langelandsgade
Over Kæret
T.H Sauersvej
Gugvej
Gl. Gugvej
Kornblomstej
Valmuemarken
Præstemarken
Provtejorden
Sternevej
Mølleparkvej
Tyge Brahresvej
Forchhammersvej
Kælundsvej
Postmerstervej
Kjærs Mølle vej
Davids Allé
Sønder Allé
Engardsgade
Kærvands Allé
Asylvej
Rundvejen
Vibevej
Mågevej
Lektorvej
Danalien
Blegkilde Allé
Golfparken
Abelsvej
Diskovej
Thulevej
Brønlundsvej
Gustav Holms
Mullies Erichsens vej
G. Rasks Vej
Rughaven
Tagensvej
Enghavevej
Riishøjsvej
Herskindsgade
Thorsgade
Odinsgade
Petersborgvej
Heimdalsgade
Nørre Tranders Vej
Lundbyesgade
Gronnegade
Øster Sundby Vej
Tegvænget
Bohnesensgade
Østerbro
Søndergade
Karnesvej
Bernstoffsgade
Vonsyldsgade
Helskovgade
Læsogade
Samsøgade

Pour y déjeuner en famille, c'est l'idéal. Le soir, on y mange et on y boit beaucoup, ambiance plus jeune. On est sûr d'y trouver du monde, même un lundi soir… Quant au nom de Jomfru Ane, il lui vient de celui d'une habitante de la cité qui avait été accusée de tenir une école de sorcières. Etant noble, elle ne fut pas brûlée vive, mais seulement décapitée…

KNIV OG GAFFEL
Maren Turis Gade 10
✆ +45 98 16 69 72
Plats environ 180 Dkr.
Dans l'une des plus anciennes demeures d'Aalborg, datant de 1552. On raconte que Maren Turis, sorcière et épouse du maire, y aurait vécu au Moyen Age. Cuisine danoise.

MUNDGOTT
Toldbod Plads 2
✆ +45 72 11 80 50
www.mundgott.dk
reservation@mundgott.dk
Fermé le dimanche. Ouvert midi et soir. Menu 348 Dkr et Brunch à 138 Dkr.
Située à la fin d'Osteragade, face à la mer, la brasserie Mundgott offre une restauration de très grande qualité. Ses plats offrent un savant mélange de cuisine danoise (plutôt poisson) avec une touche de cuisine française. C'est le lieu idéal pour un dîner romantique. Service irréprochable.

PRINSES JULIANA
Vestre Havnepromenade 2
✆ +45 98 11 55 66
www.prinsesjuliana.dk
mail@prinsesjuliana.dk
En face du port de plaisance, un bateau hollandais aménagé en restaurant. Une manière originale d'apprécier une cuisine à base de… poisson frais ! Les prix des menus sont élevés.

STYGGE KRUMPEN
Vestera 1
✆ +45 98 16 87 87
www.styggekrumpen.dk
Ouvert de mardi à samedi de 12h à minuit. Buffet à 128 Dkr à midi et 198 Dkr le soir, plat autour de 100 Dkr.
Excellent restaurant où l'on sert de délicieux plats danois. Le buffet à l'étage est spécialisé poisson et vaut vraiment le détour. Le café au rez-de-chaussée fait un peu brasserie française, l'ambiance est assez sympathique et chaleureuse le soir.

Sortir

CAFÉ 1 000 FRYD
Kattesundet 10 ✆ +45 98 13 22 21
www.1000fryd.dk – 1000fryd@1000fryd.dk
Avec techno, musique hip-hop, garage, hardcore aussi…

HUSET
Hasserisgade 10 ✆ +45 96 33 81 00
www.huset.dk
Concerts de jazz, rock, blues, folk, etc. On peut s'y restaurer à très bon marché. L'été, musique et barbecue dans le jardin.

THE IRISH HOUSE
Østerågade 25 ✆ +45 98 14 18 17
www.theirishhouse.dk
Un pub irlandais à l'ambiance festive avec des concerts rock. Le cadre a un charme ancien avec ses petits carreaux multicolores aux fenêtres. Un grand choix de bières, un accueil agréable. Il faut commander au bar comme on le fait dans tous les pubs.

JOMFRU ANE GADE
www.jomfru-ane-gade.dk
Pour l'apéritif, c'est l'idéal, le spectacle est dans la rue et la bière est la moins chère du royaume. N'hésitez pas à bien regarder les tableaux qui indiquent à la craie les offres spéciales sur la bière : une bière « large » (un demi-litre) est parfois proposée à 15 kr, un prix qu'on ne trouve plus ailleurs pour une « petite » pression. Ambiance animée jusque très tard. Beaucoup de bars de la rue proposent des concerts tous les jours.

Points d'intérêt

AALBORG AKVAVIT (MUSÉE DE L'AQUAVIT)
C.A Olesens Gade 1 ✆ +45 98 12 42 00
www.vsdanmark.dk
Visites guidées lundi et jeudi à 10h et 14h du 1er juillet au 31 août. Entrée : 50 Dkr gratuit pour les enfants de moins de 12 ans. Appelé *snaps*, l'aquavit est une eau-de-vie très consommée au Danemark et dans tous les pays scandinaves depuis le XVIe siècle. Produit dans une vielle usine à Aalborg, cet alcool de céréales de couleur jaune, titrant environ 40° et aromatisée à l'anis ou au cumin, est exporté dans le monde entier. La visite vaut le coup d'œil pour l'usine en elle-même et pour connaître les différentes étapes de fermentation de cette étrange boisson. Un petit verre d'aquavit vous sera offert à la fin de la visite.

AALBORG MARINEMUSEUM (MUSÉE NAVAL)

Vestre Fjordvej 81 ✆ +45 98 11 78 03
www.aalborgmarinemuseum.dk
info@aalborgmarinemuseum.dk

Bus : 13-14 et 40. Ouvert tous les jours de mai à septembre de 10h à 17h, jusqu'à 16h le reste de l'année. Entrée : 80 Dkr, enfants 40 Dkr.

Inauguré en 1992, il présente d'authentiques navires de guerre ainsi qu'un sous-marin de 54 m de long, le Springeren, le dernier construit au Danemark. On peut y pénétrer pour se donner une idée de la vie à bord. Pas de panique, le sous-marin, comme tous les bateaux présentés ici, est exposé à sec. Les eaux du Limfjord ne sont pas loin, offrant un beau cadre à ce musée qui comporte des salles d'exposition sur la marine civile et militaire. On trouve également de nombreuses maquettes de bateaux, notamment ceux construits dans les anciens chantiers maritimes d'Aalborg. A propos de sous-marins, saviez-vous qu'une loi danoise oblige tous les submersibles qui traversent ses eaux territoriales à faire surface et surtout à hisser un pavillon ? Les statistiques officielles ne disent pas combien de drapeaux rouges avec la faucille et le marteau ont été agités au large des côtes du royaume pendant la guerre froide…

ANCIEN HÔTEL DE VILLE

Gammel Torv 2

Immeuble peint avec ce jaune typique de la fin du XVIIIe siècle au Danemark et construit dans un style qui hésite entre baroque et rococo. Au-dessus de la porte, la devise du roi Frederik V : *Sagesse et Patience*, en latin dans le texte. De chaque côté de l'entrée, les deux derniers becs de gaz authentiques de la ville. On peut rentrer à l'intérieur mais il n'y a pas de visite.

CATHÉDRALE SANKT BUDOLFI

Algade 40

Ouvert du lundi au vendredi de 9h à 16h, 15h hors saison. Samedi jusqu'à 14h, 12h hors saison. Entrée libre. Brochure en français.

Construite au XVe siècle et dédiée au saint patron anglais des marins, Botolphe. Bel intérieur très coloré (chaire et retable magnifiquement ouvragés, orgue baroque). Le clocher date du XVIIIe siècle. Malheureusement, à l'extérieur, un bâtiment hideux se profile juste derrière : un bloc de béton qui abrite une banque et masque difficilement un vaste parking. La dernière manifestation du fonctionnalisme qui aura triomphé dans cette ville jusque dans les années 1970.

CHÂTEAU D'AALBORG

Sur le port, après Østerågade
Slotsplasdsen

Parc ouvert au public de 8h à 21h. Donjon, caves et passages sont accessibles du 1er mai au 30 octobre, du lundi au vendredi de 8h à 15h.

Les fonctionnaires travaillent aujourd'hui encore derrière ces murs qui datent pour certains du XVIe siècle. Le préfet du Nord-Jutland y a ses bureaux et ses appartements. On peut pénétrer dans la cour et, plus loin, dans le parc.

JUTLAND

© VISITDENMARK / VISITAALBORG / MICHAEL DAMSGAARD

Aalborg Marinemuseum, sur les bords de Limfjord.

Café devant la maison de Jens Bang.

L'aile droite a été bâtie par Christian IV. Celle du fond date de Frederik III. Remarquez les fenêtres sous les toits avec leur crochet, à la façon des maisons flamandes de la Renaissance. Christian IV voulait en faire une forteresse pour intimider les paysans de la région en révolte contre le pouvoir de Copenhague. Le château ne fut pas agrandi au-delà : les paysans étaient rentrés dans le rang. Aujourd'hui, Aalborghus reste le seul « château administratif » du royaume. N'hésitez pas à pénétrer dans les casemates, ouvertes de 8h à 21h : la lumière s'y allume automatiquement et on découvre des panneaux retraçant l'histoire des lieux.

KUNSTEN (MUSÉE DES BEAUX-ARTS)

Kong Christians Allé 50

✆ +45 98 82 41 00

www.kunsten.dk – kunsten@aalborg.dk

Bus : l'arrêt le plus proche est à 300 m, sur Hasserisvej (lignes 15). Sur la colline d'Aalborg. Ouvert tous les jours de 10h à 17h sauf le lundi. Entrée : 60 Dkr, gratuit pour les moins de 18 ans et réduction pour les seniors et les étudiants.

Le site est déjà un bijou architectural à visiter : très moderne alliant le marbre blanc et le verre, offrant de grands espaces intérieurs avec beaucoup de lumière naturelle. Construit entre 1968 et 1972 sur des plans d'Elissa et Alvar Aalto et de Jean-Jacques Baruël, c'est un bâtiment qui, contrairement à d'autres de la même époque, n'a pas vieilli. Le parking a été construit en sous-sol, pour cacher les voitures et ne pas dénaturer l'environnement. Dans les premières salles sur la gauche, les expositions temporaires côtoient les collections permanentes. Des artistes contemporains danois notamment du milieu du XXe siècle (Asger Jørn du mouvement Cobra par exemple) sont mis en valeur. Ces expositions temporaires viennent parfois bousculer la présentation des œuvres, dont certaines sont alors temporairement remisées, pour laisser un peu de place. Mais vous aurez tout de même l'occasion de voir la plupart de ces trésors lors de votre visite. D'un côté, on trouve de grandes salles consacrées aux mouvements artistiques des années 1920 aux années 1970. Une ou deux salles contiennent des œuvres du mouvement Cobra : beaucoup de toiles d'Asger Jørn, des œuvres de Karel Appel (Belge), Constant (Hollandais), Stefan Gilbert (Anglais), Richard Mortensen (Danois) qui ses nombreuses associations de couleurs et de formes, Jean-Michel Atlan (Algérien), Corneille (Belge) plus graphique, Alechinsky, Jacques Doucet, Anton Rooskons (Hollandais), Ejler Bille (Danois), Egill Jacobsen (Danois)... Une autre salle présente des artistes du mouvement surréaliste ou de l'entre-deux-guerres. On peut y apprécier toute la fantaisie délibérément provocatrice du surréaliste danois, Wilhelm Freddie, un style réaliste et soigné proche de Dalí avec toute une critique politique et une grande dose de sarcasme. Plusieurs de ses toiles sont exposées, dont *Méditation sur l'amour antinazi*, avec un tout petit Hitler qui joue avec le monde, et une sculpture intitulée *Sex Paralysappeal*. En 1936, le phallus dessiné sur la joue de la dame avait beaucoup choqué... Un autre surréaliste danois Harry Carlsson est là aussi (toiles des années 1930, thème de l'œil qui revient, parties de corps humains mélangées au paysage, lecture métaphorique du monde). Il est à noter qu'une toile de Max Ernst est exposée, ce qui est assez rare. Enfin, une grande salle présente des artistes danois cubistes ou originaux des années 1940 : Søren Hjorth Nielsen (1901-1983) est une artiste à part et tout à fait intéressante (paysage stylisé, esquissé, aplats de couleurs légers, aériens et agréables, à regarder de loin). Oluf Høst (1884-1966) représente aussi des paysages où les corps et les formes sont esquissés (légèreté, jeu simple de matière et de couleurs, proche de Turner). Le style d'Olaf Rude s'apparente au style de la nouvelle objectivité allemande. Jens Søndergaard (1895-1957) rappelle l'expressionnisme allemand où les mutations urbaines semblent déformées et torturées comme les corps. Et Vilhelm Lundstrøm (1893-1950) est un cubiste danois au style froid et formel... D'un autre côté, plusieurs petites salles semblent suivre dans un ordre chronologique les mouvements de peinture notamment danois de la fin du XIXe siècle aux années 1970 et 1980. Ainsi se succèdent :

- **Une salle consacrée au réalisme et symbolisme** de la fin du XIXe siècle.
- **Une salle reflétant « les tendances modernes du début du XXe siècle, 1920-1950 »** avec Fernand Léger, Jens Ferdinand Willhumsen (1863-1968), *Deux Bretonnes marchant* (proches de celles de Gauguin) ou une toile avec des mutilés de guerre, Carl Larsen...
- **Une salle sur « les premiers modernismes danois, 1910-1935 » :** Olaf Rude, Harald Jiersing (formes esquissées, pointillisme), Edward Weie (1879-1943)...
- **Une salle consacrée à Henry Heerup (1907-1993),** artiste danois proche du cubisme et de Fernand Léger.
- **Une salle sur les années fluxus et les tendances conceptuelles :** Al Hansen (origine américaine collages pubs, Vénus en bouts de cigarettes) ; deux œuvres de Niki de Saint Phalle ; Arthur Køpke (1928-1977) allemand-danois, artiste conceptuel ; deux tableaux de Ben ; Sven Dalsgaard (1914-1999) qui utilise la toile de jute ; Albert Mertz (1920-1990).
- **Une salle sur « l'art narratif danois » :** dimension politique et sociale, aspect lisible et coloré, proche de la BD, mise en scène de symboles de la culture danoise, avec des artistes comme Kirsten Christensen (né en 1943) : *Une vie de chien*, toile creusée et cisaillée avec au centre un squelette. Oles Porring (né en 1941) et Erik Hagens (né en 1940).
- **Une salle sur « le nouvel expressionnisme danois (années 1980) » :** Torben Ebbessen (né en 1945) avec une toile qui mélange différentes matières (colle, métal), ou Berit Jensen (né en 1956), couleurs *flashy*s et formes graphiques, proche de Basquiat...

Dans le beau parc du musée, différentes œuvres contemporaines jalonnent la verdure comme à Louisiania. Par exemple, une hutte en verre sur des rochers en forme de pierre runique, surmontée d'un clocheton, est posée sur un peu d'eau. A l'intérieur sont exposées plusieurs sculptures. C'est le *Château du rêve*, une réalisation de Bjørn Norgaard (1979-1982). Le musée est équipé d'un café et d'une librairie.

LINDHOLM HØJE

Vendilavej 11,
Nørresundby
✆ +45 99 31 74 40
www.nordjyllandshistoriskemuseum.dk
Site : ouvert gratuitement le jour ; Musée : ouvert de 10h à 17h d'avril à octobre ; le mardi et le dimanche de 10h à 16h hors saison. Entrée : 60 Dkr. Réductions pour les enfants de moins de 18 ans, les enseignants, les étudiants et les groupes. Il faut traverser le fjord pour atteindre ce site exceptionnel. Vous découvrirez un authentique cimetière viking (près de 700 tombes !). Il est resté recouvert par le sable pendant des siècles. Du sable apporté par le virulent vent de sud-ouest qui souffle souvent dans la région et, qui, à la fin du premier millénaire, n'était plus arrêté par les arbres, suite à la déforestation menée par les Vikings pour construire leurs maisons et leurs bateaux. A fin du siècle dernier, un médecin d'Aalborg signala aux autorités que des vestiges importants pouvaient être enfouis dans ce sol. Puis une vieille dame, Augusta Zanginberg, fit des prélèvements qu'elle envoya régulièrement et patiemment à partir de 1889, avec ses notes, au Musée national de Copenhague. Mais la capitale ne s'intéressera pas au présumé trésor enfoui sous 4 m de sable. Il faudra attendre 1952 pour que l'on admette que des fouilles étaient nécessaires et pour que des crédits soient débloqués. Plus de 700 tombeaux vikings furent alors mis au jour, des ossements (mais la crémation était très répandue dans la dernière période viking), des outils et des bijoux. On peut voir aujourd'hui d'assez grosses pierres, dessinant sur le sol des figures géométriques pour les plus anciennes, ou des bateaux pour les plus récentes. Non loin de là, se trouvait un village viking, qui peu à peu, s'était étendu sur le cimetière lui-même, alors déjà envahi par le sable. Lindholm fut, du VIe au XIIe siècle, une grande cité viking. On peut aussi voir (sauf l'été), tout au fond du site, les sillons d'un champ qui avait été labouré par un paysan viking.

Dans les années 1950, les archéologues ont découvert également les traces des roues de son chariot et des sabots de son cheval : il fuyait son champ envahi par le sable ! Une pièce de monnaie trouvée au même endroit laisse penser que cette fuite a eu lieu vers 1036-1039. Et depuis, le champ est resté tel quel. Le musée, ouvert en 1992, abrite des bijoux, des perles et des poteries, trouvés dans les tombes ainsi que des ossements. Le site extérieur a plus d'intérêt que le musée mais ce dernier se modernise et met en place une salle de cinéma pour ses visiteurs. Depuis l'entrée et la terrasse du café du musée, on a une belle vue sur toute la région et l'atmosphère est très calme. Non loin de là, se trouve un terrain militaire : les bruits de tirs se font entendre régulièrement pendant la promenade entre les tombes. Il est équipé également d'une boutique.

MAISON DE JENS BANG
Osteràgade 9
Ne se visite pas. On peut parfois visiter les caves, renseignements à la pharmacie. C'est une superbe demeure Renaissance, construite en 1624, en un temps record de quinze mois, et sur cinq étages, ce qui était exceptionnel à l'époque. Il faut dire que Jens Bang était particulièrement riche : il a même prêté de l'argent au roi Christian IV, ruiné par ses chantiers et surtout par ses guerres perdues. Remarquez à l'extérieur, du côté de l'hôtel de ville, la figure en pierre d'un Pierrot grimaçant. On dit qu'il tirait la langue au conseil municipal tout proche qui refusait d'admettre le marchand en son sein ! La pharmacie du rez-de-chaussée a toujours été là. Les caves se visitent mais le reste de la demeure est occupé par des cabinets d'avocats et de médecins. Pas la peine de s'y aventurer car on aura monté les escaliers pour rien.

MONASTÈRE DU SAINT-ESPRIT
C.W. Obels Plads
Visite guidée tous les jours à 14h du 1er juillet au 17 août (en anglais). Compter 50 Dkr par personne.
Il a été construit en 1431 et, pendant plus d'un siècle, moines et moniales accueillirent ici les pauvres et les malades, chacun de leur côté, mais avec la bénédiction du pape. Quand la Réforme fut imposée dans tout le royaume, le monastère devint un lieu laïc, continuant à accueillir les miséreux jusqu'au début du XXe siècle. Peu à peu, terres, lacs et forêts, appartenant autrefois aux riches maîtres du lieu, furent vendus. La dernière transaction eut lieu en 1925 ! Et aujourd'hui, le cloître abrite vingt-cinq appartements destinés aux personnes âgées d'Aalborg qui en font la demande. Quant aux anciennes terres « libérées » au sud de la ville, la bourgeoisie du début du siècle s'est empressée de les acheter, séduite par leur proximité avec la ville et leur site superbe. Tout un district de villas Belle Epoque, puis Art nouveau est né sur les hauteurs de la cité, vers le quartier de Hasseris.

TOUR D'AALBORG
Søndre Skovvej 30
✆ +45 98 77 05 11
Juste à côté du musée des Beaux-Arts. Ouvert tous les jours du 27 mars au 26 septembre, dès 10h en juillet, nocturne le mercredi de 19h à 22h. Fermé en hiver. Entrée : 30 Dkr, enfants de moins de 12 ans 20 Dkr.
La tour elle-même n'a pas grand intérêt. Mais se dressant à 105 m au-dessus du niveau de la mer, elle offre un très beau panorama sur la ville et le fjord. Cafétéria au sommet.

VENDYSSEL

C'est ici que la presqu'île du Jutland s'arrête. On passe sur ce qui est en réalité une île : le Vendsyssel. Une région coupée du reste de l'Europe par le Limfjord, long de 180 km qui part de la Baltique, s'élargit au-delà d'Aalborg, se rétrécit avant de devenir une vaste lagune, petite mer intérieure, comprenant l'île de Mors, pour rejoindre la mer du Nord par l'étroit canal de Thyboron. On quitte Aalborg par l'autoroute E45, en passant sous le fjord par un tunnel. Plutôt que de poursuivre par l'autoroute, il vaut mieux bifurquer à droite par la route 55, à l'entrée de Hjællerup. Vous pouvez aussi continuer jusqu'à la sortie 14, en direction de Præstbro, pour rejoindre directement le château de Voergård.

DRONNINGLUND

Situé à 1 km avant d'arriver dans le bourg, derrière un rideau d'arbres, se trouve un ancien couvent dont on ne peut aujourd'hui visiter que la chapelle : on y découvrira d'intéressantes fresques du tout début du XVIe siècle, représentant David, Jules César ou encore Charlemagne. Avant de repartir, on peut prendre un café dans la petite auberge toute proche. Dans le village, suivre la route de la Marguerite jusqu'à Dorf. On passe au milieu d'un bois qui culmine ici à 136 m au-dessus du niveau de la mer, mais oui !a

CHÂTEAU DE VOERGÅRD

Voergaard 6
✆ +45 98 86 71 08
www.voergaardslot.dk
info@voergaardslot.dk
Jours d'ouverture très variables (généralement visite entre 11h et 16h), se renseigner par téléphone ou sur le site Internet. Fermé du 23 octobre au 31 mars. Entrée : 70 Dkr. Visite guidée en anglais. Brochure en français (payante).
L'un des plus beaux édifices Renaissance du Danemark, inauguré en 1580. Il faut sonner à la porte du château. On visite cette résidence privée comme un invité du maître des lieux. Et que de surprises au détour des salles : des toiles de Raphaël, de Greco et de Goya, de la porcelaine française, des meubles Louis XVI, un pare-feu brodé par Madame de Maintenon, un service à café utilisé par Marie-Antoinette au Temple, un autre ayant appartenu à Napoléon… Une telle collection de richesses venues de France s'explique aisément : la femme du propriétaire du château, le comte Oberbech-Clausen, n'était autre que la fille du chirurgien français Jules Péan. Un beau parti, puisqu'elle était la veuve du comte Chenu-Lafitte. A la mort de sa femme, le comte Oberbech-Clausen quitta ses vignobles du Bordelais et transporta les collections de mobilier et d'œuvres d'art à Voergård. Il créa une fondation et demanda que le château soit ouvert au public après sa mort, qui survint en 1963. Résultat, un bijou de raffinement français perdu dans la campagne du Jutland ! A propos de bijoux, ceux de la famille sont en lieu sûr et ne sont montrés aux visiteurs que sur une cassette vidéo ! On fera aussi un tour dans le parc où quelques paons picorent, il est accessible même si on n'entre pas pour la visite, mais ce serait dommage…

SÆBY

Avant d'arriver à Frederikshavn, on peut faire une halte dans ce petit village de bord de mer, avec ses maisons basses du début du XVIIIe siècle, son port et sa marina. Tous les soirs d'été, à 21h, on ramène le drapeau danois sur le port au son d'une trompette !

ÉGLISE SAINTE-MARIE

Au bout d'Algade se profile le clocher blanc de l'ancien couvent de carmélites de Sæby, démoli au moment de l'introduction de la Réforme au Danemark. Seule est restée debout l'église, agrandie depuis. A l'intérieur les voûtes sont richement décorées de fresques orange et pourpre qui datent de la fin du Moyen Age mais sont restées revêtues de chaux de la fin du XVIe siècle à 1905, date à laquelle elles ont été restaurées. On peut y voir des scènes montrant les parents de la Vierge Marie (Joachim et Anne), Adam et Eve ou encore le Jugement dernier. Sur les murs de la partie la plus ancienne (milieu du XVe siècle), d'autres fresques illustrent la vie de Jésus. La chaire, du XVIe siècle, est décorée de couleurs très fraîches et, près de l'autel, les stèles en bois témoignent de l'occupation des lieux par les religieuses. Ne manquez pas une superbe Madone en bois sculptée à la même époque, montrant la Vierge à l'Enfant, habillée de soleil et la lune à ses pieds…

OFFICE DU TOURISME

Krystaltorvet 3 ✆ +45 98 46 12 44
www.saeby-tourist.dk
info@visitfrederikshavn.dk
Ouvert du 15 juin au 15 août du lundi au samedi de 9h à 17h, le dimanche de 10h à 13h. Le reste de l'année de 9h à 16h du lundi au vendredi, de 10h à 13h le samedi. On peut s'y procurer un prospectus proposant une promenade à travers la ville, avec localisation et historique des maisons les plus intéressantes.

FREDERIKSHAVN

Lorsqu'on arrive à l'entrée de Frederikshavn, la vue sur la forteresse et les gros navires de pêche ou de la marine danoise, qui mouillent dans le port, est superbe. Ici, les grands bâtiments se croisent : les ferry-boats de Norvège et de Suède, les bateaux usines de Findus… La ville elle-même n'est pas très étendue, avec ses 30 000 habitants et sa traditionnelle rue piétonnière. Le quartier le plus intéressant se trouve près du port avec l'ancienne forteresse. C'est aussi la ville d'où partent les trains pour Skagen et les ferrys.

KRUDTTÅRNET

Kragholmen
✆ +45 98 43 19 19
Ouvert du 1er juin au 30 août tous les jours de 10h à 17h. Ce musée des Armes et Uniformes (XVIIe-XIXe siècle) est installé dans la tour du Fusil (Krudttårnet), recouverte de chaux, rare vestige des remparts construits en 1686.

Le développement du port au XXe siècle avait rendu inaccessible la tour qui, il y a quelques années, a été démontée pierre par pierre et remontée un peu à l'écart. Abu Simbel, à l'échelle du Danemark !

OFFICE DU TOURISME
Skandiatorv 1 ✆ +45 98 42 32 66
www.visitfrederikshavn.dk
info@visitfrederikshavn.dk
Ouvert de début juillet à mi-août du lundi au samedi de 9h à 18h, le dimanche de 9h à 14h. Le reste de l'année, tous les jours, de 9h à 16h (de 10h à 13h le samedi, fermé le dimanche).
Dans un bâtiment moderne tout en vitres opaques, près du port. Location de vélos.

RESTAURANT HYTTEFADET 1
Trindelen 2 ✆ +45 98 42 52 22
Ouvert tous les jours de 11h à 15h et le week end ouvert le soir aussi de 18h à 22h. Fermé le lundi.
Restaurant de poisson au cœur du port de Frederikshavn. Belle décoration et excellente cuisine.

STENA LINE
✆ +45 96 20 02 00 – www.stenaline.dk
Ferrys pour l'île de Laeso, mais aussi Oslo et Goteborg.

LÆSØ

Au large de Fredrikshavn, cette île de 2 600 habitants est appelée l'Oasis du Kattegat. Les deux tiers de l'île offrent le spectacle d'une nature sauvage et, dans ce paysage de landes, bordé de larges plages, on trouve des églises décorées de fresques, des fermes aux toits de chaume et de goémon, un vieux moulin à vent en bois... Il y a de quoi rester au moins une journée sur place. Læsø attire beaucoup les vacanciers danois et allemands et il y a foule en été. Un souvenir à ramener : du sel très réputé, ramassé ici.

Transports – Pratique

JARVIS
Vesterø Havnegade 29, Vesterø
✆ +45 98 49 94 44 – www.jarvis-laesoe.dk
Compter 75 Dkr par jour.
Location de vélos.

LÆSØ LINE
Havnepladsen 1 ✆ +45 98 49 90 22
www.laesoe-line.dk – info@laesoe-line.dk
Billet aller-retour 210 Dkr, tarif adulte, 130 Dkr hors saison.
On peut acheter les billets sur le port de Frederikshavn, au bureau du ferry pour Læsø. Il existe des forfaits incluant la traversée et une visite guidée de l'île en bus, retour le même jour. Traversée 1 heure 30, 5 à 7 départs quotidiens de fin juin à début août.

OFFICE DU TOURISME
Vesterø Havnegade 17 ✆ +45 98 49 92 42
www.laesoe-tourist.dk
turistbureau@laesoe-tourist.dk
Ouvert du lundi au vendredi de 9h à 16h, et le week-end en été. Au port d'arrivée du ferry, dans un petit bâtiment de briques blanches. Donne des informations sur les campings de l'île.

Hébergement

AUBERGE DE JEUNESSE
Laorkevej 6, Vesterø ✆ +45 98 49 91 95
www.danhostellaesoe.dk
ts@laesoe-vandrerhjem.dk
Dortoir 200 Dkr. Avec un terrain de pétanque !

HAVNEBAKKEN
Vesterø ✆ +45 98 49 90 09
www.havnebakken.dk
post@havnebakken.dk
Tout petit hôtel avec vue sur le port dont les chambres viennent d'être rénovées. Restaurant avec buffet de poissons et d'écrevisses.

HÔTEL STRANDGAARDEN
Strandvejen 8 ✆ +45 98 49 90 35
www.hotel-strandgaarden.dk
Chambre à partir de 900 kr. Location de vélos.
Le plus bel hôtel de l'île. Une auberge du XVIIIe siècle, au toit de chaume, tenue par un jeune couple danois, amoureux de Læsø. Les chambres sont magnifiquement décorées tout en blanc.

LYNGFELDTS
Industrivej 2, Osterby Havn
✆ +45 98 45 80 28 – www.lyngfeldts.dk
Un charmant restaurant qui propose de délicieux plats de fruits de mer. Loue quelques chambres à l'étage.

Points d'intérêt

LÆSØ SALTSYDEHYTTE
Hornfiskrønvej, Byrum ✆ +45 98 49 13 55
Entrée libre de 10h à 17h.
L'occasion de tout savoir sur le sel, qui a été une des principales ressources de l'île pendant 500 ans.

© VISITDENMARK / PIA BRITTON

Læso eon son paysage de lande.

TOUR DE BYRUM

Ouvert de 9h à 18h.

Dans la « capitale » de l'île. Elle permet d'embrasser l'île et la mer, du haut de ses 17 m.

SKAGEN

C'est la ville du bout du Danemark où le ciel et la mer se noient dans ce même bleu qui a inspiré les pinceaux d'un groupe d'artistes scandinaves à la fin du XIXe siècle. Les « peintres de Skagen » (prononcez « Skaine ») avaient raison : ici la lumière nordique déploie tous ses sortilèges. Karen Blixen y est venue dans les années 1930 pour écrire *La Ferme africaine* à son retour du Kenya et pour trouver le repos, mais aussi sans doute un paysage quelque peu exotique. Sa population de 14 000 résidents enfle en été avec les touristes qui affluent dans cet endroit considéré comme magique. Cette ville paraît grande avec un port important loti de gros bâteaux. On y trouve beaucoup de restaurants et de magasins. Près du centre-ville et de la gare, se trouvent le musée des Beaux-Arts de Skagen, des boutiques de décoration et d'artisanat. C'est aussi le théâtre de toute une série de phénomènes liés au sable, qui ici envahit tout. Il faut se promener dans les ruelles entre la rue principale (rendue aux piétons) et le port, même si les maisons des pêcheurs sont devenues des résidences secondaires, et si l'aspect sauvage, avec ses clôtures blanches et ses chemins de terre en ville, a été balayé par un urbanisme un peu trop coquet ces dernières années. Il faut aussi déambuler dans le port, entre les bateaux de plaisance et ceux des pêcheurs qui ramènent le second tonnage de poisson le plus important du Danemark. Partir à la pointe extrême du Danemark, où s'affrontent les vagues de la Baltique et celles de l'Atlantique. Et découvrir, au milieu d'un paysage lunaire, la dernière réalisation de l'architecte de l'Opéra de Sydney, Jørn Utzon. Bien sûr, en juillet, la foule est au rendez-vous. Il faut dire que cet extrême nord du Danemark continental est aussi le plus ensoleillé : 1 996 heures par an, contre 1 753 heures à Copenhague.

Transports

GARE

Sct.Laurentii Vej 22 ✆ +45 45 98 45 10

On peut atteindre Skagen en train avec un changement à Frederikshavn. Il faut compter environ un trajet de 2 heures en partant d'Aalborg (1 train par heure environ).

LOCATION DE VÉLOS

Banegårdspladsen ✆ +45 98 44 10 70

A côté de la gare et du port.

TAXIS

Danmarksgade 1 ✆ +45 98 43 34 34

Pratique

OFFICE DU TOURISME

Havnemesterboligen Vestre Strandvej 10

✆ +45 98 44 13 77 – www.skagen.dk

info@skagen-tourist.dk

A coté du port. Ouvert tous les jours de 9h à 16h, fermé le samedi après-midi et le dimanche.

On peut vous réserver des chambres chez l'habitant (plusieurs centaines d'adresses). A partir de 400 Dkr pour deux personnes, 350 Dkr pour une personne.

Skagen

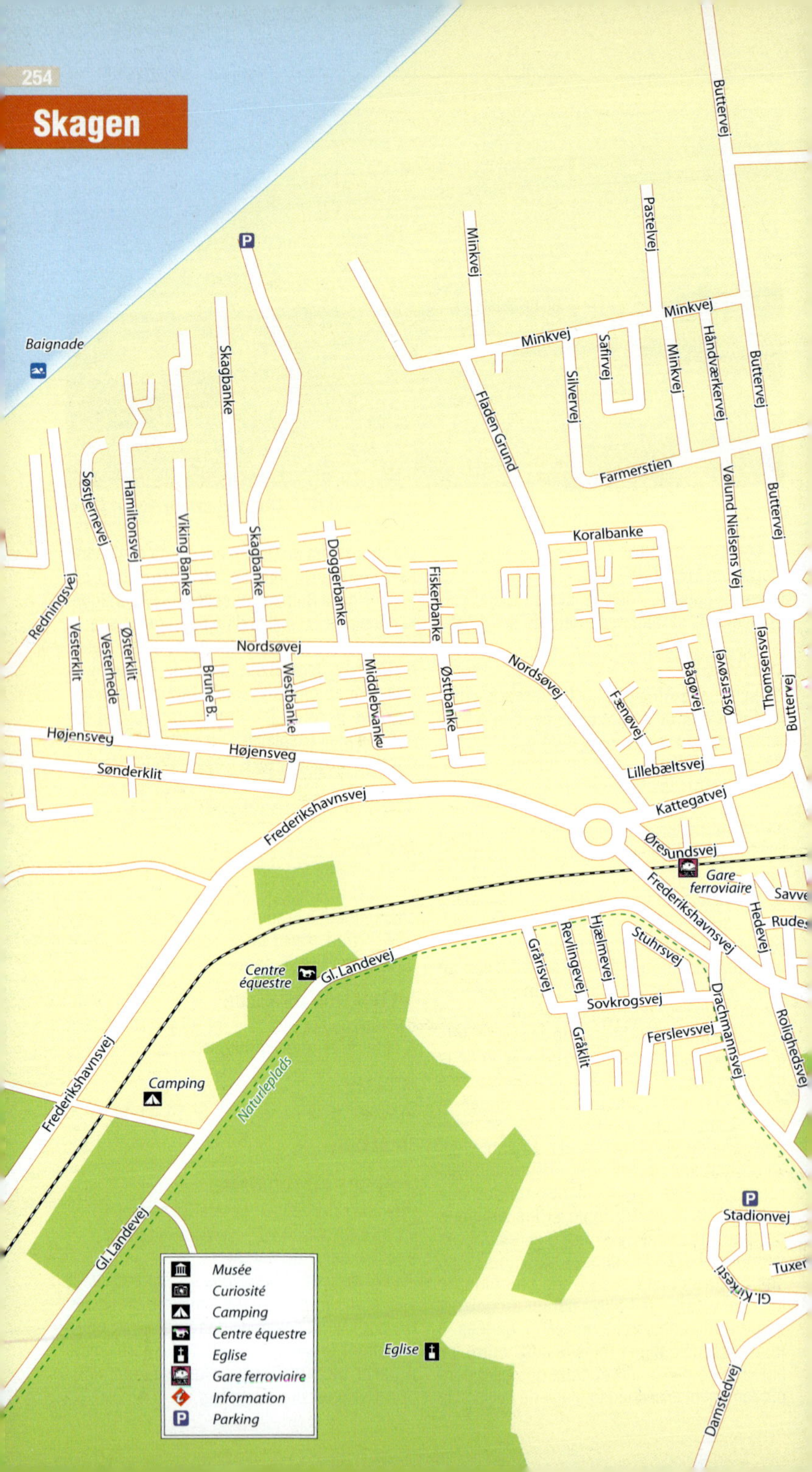
Baignade
Skagbanke
Minkvej
Pastelvej
Buttervej
Minkvej
Minkvej
Safirvej
Minkvej
Håndværkervej
Buttervej
Silvervej
Fladen Grund
Farmerstien
Vølund Nielsens Vej
Buttervej
Søstjernevej
Hamiltonsvej
Viking Banke
Skagbanke
Doggerbanke
Fiskerbanke
Koralbanke
Redningsvej
Vesterklit
Vesterhede
Østerklit
Nordsøvej
Brune B.
Westbanke
Middlebanke
Østtbanke
Nordsøvej
Fænøvej
Bågøvej
Østersøvej
Thomsensvej
Buttervej
Højensvej
Højensveg
Sønderklit
Lillebæltsvej
Frederikshavnsvej
Kattegatvej
Øresundsvej
Gare ferroviaire
Savve
Frederikshavnsvej
Hedevej
Rudes
Gråsvej
Revlingevej
Hjælmevej
Stuhrsvej
Centre équestre
Gl. Landevej
Drachmannsvej
Sovkrogsvej
Rolighedsvej
Ferslevsvej
Gråklit
Frederikshavnsvej
Camping
Naturleplads
Stadionvej
Gl. Landevej
Tuxen
Gl. Kirkesti
Eglise
Damstedvej
Musée
Curiosité
Camping
Centre équestre
Eglise
Gare ferroviaire
Information
Parking

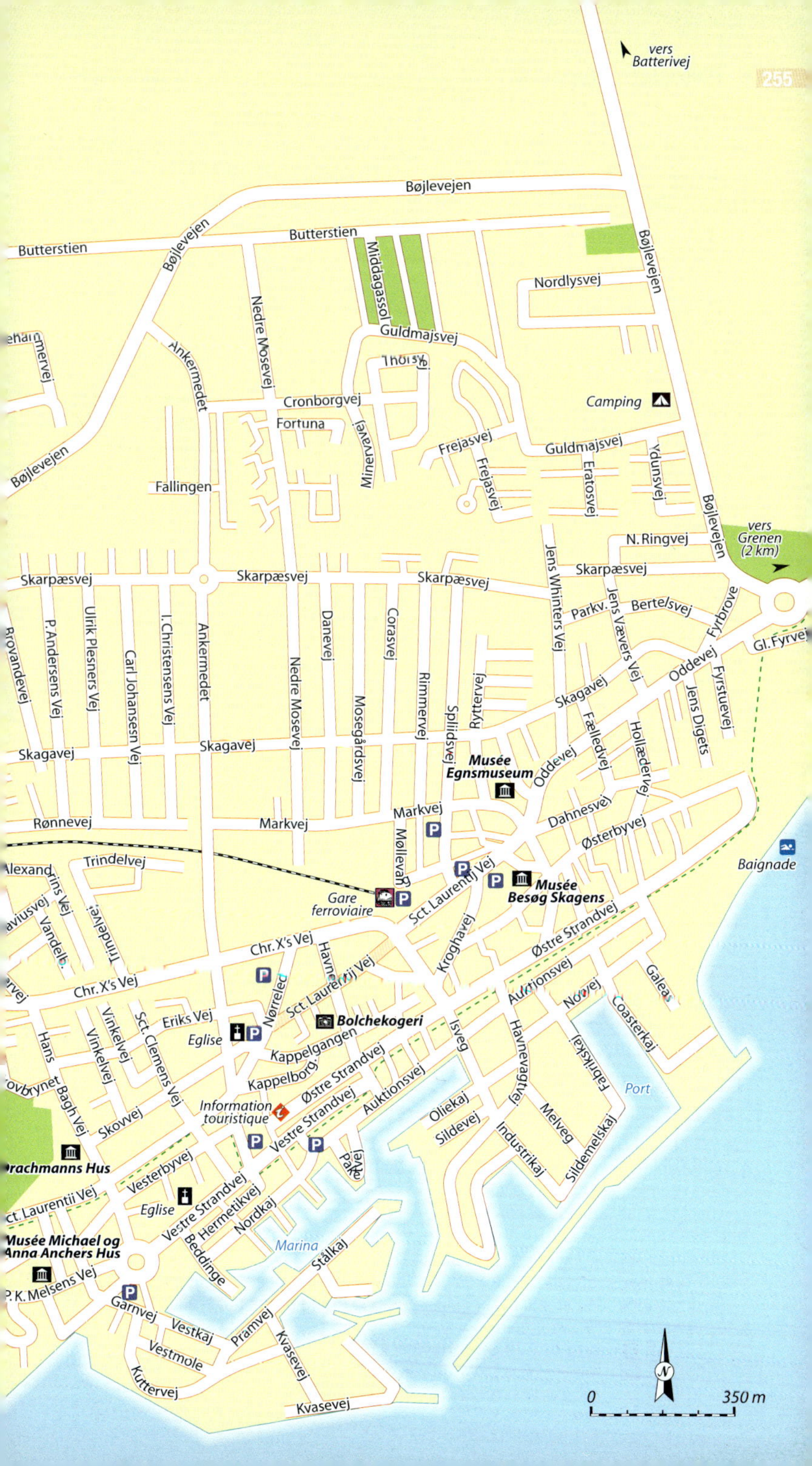
vers Batterivej
Bøjlevejen
Butterstien
Middagassol
Nordlysvej
Guldmajsvej
Thorsvej
Ankermedet
Nedre Mosevej
Cronborgvej
Fortuna
Minervavej
Camping
Frejasvej
Eratosvej
Ydunsvej
Fallingen
vers Grenen (2 km)
N. Ringvej
Jens Whinters Vej
Skarpæsvej
Parkv.
Jens Væνers Vej
Bertelsvej
Fyrbrove
Gl. Fyrvej
Oddevej
Fyrstuevej
Jens Digets
Hollæderνej
Fælledvej
Skagavej
P. Andersens Vej
Ulrik Plesners Vej
Carl Johansensn Vej
I. Christensens Vej
Danevej
Corasvej
Rimmervej
Ryttervej
Splidsvej
Mosegårdsvej
Musée Egnsmuseum
Rønnevej
Markvej
Dahnesvej
Østerbyvej
Baignade
Trindelvej
Alexand
Mølleνan
Gare ferroviaire
Sct. Laurentij Vej
Musée Besøg Skagens
Chr. X's Vej
Havnevej
Kroghavej
Østre Strandvej
Galeas
Auktionsvej
Novrej
Coasterkaj
Nørreled
Bolchekogeri
Eriks Vej
Vinkelvej
Sct. Clemens Vej
Hans Bagh Vej
Eglise
Kappelgangen
Kappelborg
Isvej
Havnevagtvej
Fabrikskaj
Port
Information touristique
Vestre Strandvej
Oliekaj
Sildevej
Melveg
Industrikaj
Sildemelskaj
Skovvej
Drachmanns Hus
Vesterbyvej
Pakhusvej
Sct. Laurentii Vej
Hermetikvej
Nordkaj
Musée Michael og Anna Anchers Hus
Beddinge
Marina
Stålkaj
P.K. Melsens Vej
Garnvej
Vestkaj
Pramvej
Vestmole
Kvasevej
Kuttervej
0
350 m
N

PHARMACIE
Sct. Laurentii Vej 44 ✆ +45 98 44 17 58

POLICE
Rolighedsvej ✆ 114

POSTE
Christian X's Vej 8

PRESSE
On peut trouver des journaux français (en juillet uniquement) au Skagens Kiosk, Sankt Laurentii Vej 21C, en face de la gare.

URGENCES
✆ +45 98 44 17 11 – +45 70 15 03 00

Hébergement

Notez que la plupart des hôtels consentent des réductions si on vient en dehors de la haute saison, celle-ci varie selon les établissements : de début mai ou mi-juin à début août ou fin août. Ou si on reste au minimum trois jours.

Bien et pas cher

L'office du tourisme peut fournir quelques adresses chez l'habitant et réserver, à partir de 400 Dkr pour deux personnes.

AUBERGE DE JEUNESSE
Rolighedsvej 2 ✆ +45 98 44 22 00
Compter 150 Dkr en dortoir. Ouvert du 1er mars au 30 novembre. Construction récente.

BADEPENSION MARIENLUND
Fabriciusvej 8 ✆ +45 98 44 13 20
badepension@marienlund.dk
Non loin du port. Un bed and breakfast dans une grande maison, agréable.

CAMPING POUL EEGS
Batterivej 21 ✆ +45 98 44 14 70
Près de la pointe de Grenen.

GRENEN CAMPING
Fyrvej 16, Grenen ✆ +45 98 44 25 46
www.grenencamping.dk

SKAGEN CAMPING
Flagbakkevej 53 ✆ +45 98 44 31 23

SKAGEN SØMANDSHJEM
Østre Strandvej 2 ✆ +45 98 44 25 88
www.skagenhjem.dk
Chambre simple : de 555 à 695 Dkr, chambre double : de 795 à 995 Dkr, petit déjeuner inclus.
L'hôtel des marins, sur le port comme il se doit. Un peu spartiate dans la décoration mais aussi dans les principes (strictement non-fumeur et aucun alcool, même à la cafétéria), il offre un bon rapport qualité-prix.

Confort ou charme

BRØNDUMS HOTEL
Anchersvej 3 ✆ +45 98 44 15 55
www.broendums-hotel.dk
info@broendums-hotel.dk
Face au Skagens Museum. Chambre simple de 650 à 875 Dkr, double de 975 à 1 350 Dkr. Petit déjeuner compris.
La salle à manger a été démontée et transportée au musée, en face ; ses parois étaient en bois et, dans ses niches, les peintres de Skagen s'étaient amusés (ils payaient ainsi les aubergistes, M. et Mme Brøndum) à peindre de véritables tableaux et des portraits. L'hôtel a cependant conservé, dans les deux salles où sont servis les repas, d'authentiques toiles de Michael Ancher. La plupart des chambres sont claires et modernes, mais le mobilier est plutôt de style Ikea ; aux murs, en guise de tableaux, sont accrochées des affiches. Cela contraste avec le rez-de-chaussée qui garde une atmosphère de fin XIXe siècle, de la petite cabine de réception jusqu'à la

Skagen par H.-C. Andersen

Voici ce qu'écrivait le conteur voyageur en 1859, lançant la mode des vacances sur la pointe du Jutland : « Nous visiterons ce coin perdu du Danemark, un désert entre deux mers grondantes, la ville qui n'a ni rues ni ruelles, où les mouettes et les oies sauvages emplissent les airs au-dessus d'ondulantes dunes de sable et de l'église enterrée dans le sable envahisseur. Vous êtes peintre ? Alors venez ici, il y a assez de motifs d'inspiration pour vous, c'est ici une scène pour la poésie ; ici dans la campagne danoise, vous trouverez un aspect de la nature qui vous donnera une image d'un désert d'Afrique, des tas de cendres de Pompéi et de plages près du grand océan au-dessus duquel crient les oiseaux. Skagen vaut qu'on s'y arrête. »

Skagen og digterne par Frederik Dessau, Hamlet, 1980.

vieille pendule. Andersen est descendu ici. Situé à proximité du centre, l'établissement est pourtant au calme. Il fait bon boire une bière sur la terrasse, en faisant son courrier par une fin d'après-midi, ou venir y prendre un café servi dans de la porcelaine royale. Le restaurant est également recommandé pour sa cuisine.

FINNS HOTEL PENSION
Østre Strandvej 63 ✆ +45 98 15 01 55
www.finnshotelpension.dk
info@finnshotelpension.dk
Chambre double de 450 à 975 Dkr avec petit déjeuner.
Une agréable maison norvégienne en bois, construite pour un comte dans les années 1920. Pension ouverte depuis 1992, *gay friendly*, mais ouverte à tous, où il n'y a pas de télévision, et le téléphone seulement dans la cuisine. Bref, une maison pour amoureux, dans lequel chacune des six chambres a son style, meublée et décorée avec des objets familiaux authentiques. Dans la plus grande, une baignoire rétro se cache dans un placard ! Dans le couloir et l'escalier, c'est le règne du kitch ! Petit jardin et agréable bibliothèque salle à manger, où l'on peut dîner, même si on n'est pas logé ici, en passant le matin réserver pour le soir. Très sympathique accueil de Finn.

Restaurants

Il faut déjeuner ou dîner sur le port, ou dans un des restaurants italiens du centre, mais on peut aussi se rendre à 4 km de là, à Gammel Skagen, le « vieux Skagen », sur la côte ouest.

Bien et pas cher

CAFÉ JACOBS
Havnevej 4A ✆ +45 98 44 16 90
Une brasserie en plein centre-ville pour manger autre chose que du poisson. Propose une grande variété de bières. *Brunch* le matin. Ambiance très conviviale.

SKAGEN OSTEHUS
Havnevej 14 ✆ +45 98 44 45 43
Située près du port.
Épicerie spécialisée en gastronomie locale. On peut trouver du fromage, du poisson et des bouteilles de vin.

WITTCO FISK
Fiskepakhuskaj 29 ✆ +45 98 44 61 11
Ouvert du 1er avril à mi-octobre, tous les jours de 11h à 21h environ. Un poisson frais pané, des frikadelles de poissons, des calmars, des harengs, des petites crevettes…
On se trouve dans l'une des baraques de pêcheurs du port, où le poisson est vendu au détail. Mais on y propose aussi, jusqu'en début de soirée, du poisson cuisiné, à manger sur les tables au bois du quai. A déguster en buvant une bière face aux bateaux suédois, allemands, norvégiens ou danois, sur lesquels les plaisanciers jouent de la musique ou chantent fort !

Bonnes tables

PAKEHUSET
Rødspættevej 6 ✆ +45 98 44 20 00
www.pakhuset-skagen.dk
Sur le port, de l'autre côté du Skagen Fiskerestaurant. Les prix des plats vont de 100 à 280 Dkr (portions copieuses).
Restaurant réputé (mais cher) au premier étage, café au rez-de-chaussée et en terrasse.

SKAGEN FISKERESTAURANT
Fiskepakhuskaj 13 ✆ +45 98 44 35 44
www.skagen-fiskerestaurant.dk
info@skagen-fiskerestaurant.dk
Compter entre 195 et 395 Dkr au moins pour un plat le soir. Ouvert de mai à septembre.
Sur le même quai que Witteo Fisk, une baraque de pêche aménagée en très bon restaurant de poissons. Avec une « bouillabaisse de Skagen » (295 Dkr), proposée par le chef des lieux. Petits plats bon marché au déjeuner.

Sortir

BUDDY HOLLY
Havnevej 16 ✆ +45 98 45 11 22
www.buddyholly.dk – post@buddyholly.dk
Bar et discothèque sur trois étages. L'endroit le plus populaire pour sortir le vendredi et le samedi.

Points d'intérêt

MAISON DE MICHAEL ET ANNA ANCHER
Markvej 2-4 ✆ +45 98 44 30 09
www.anchershus.dk
museum@anchershus.dk
Ouvert tous les jours de 10h à 17h en juin, juillet et septembre, de 10h à 17h en août et septembre, de 11h à 15h le reste de l'année. Fermé en janvier. Entrée : 60 Dkr, gratuit pour les 6-15 ans.

Dans le ports de Skagen.

Les murs de cette petite maison bourgeoise, ouverte au public depuis 1967, sont couverts par les 200 toiles de la collection personnelle du couple. L'intérieur a été reconstitué tel qu'il était habité au début du siècle. Tout est ici authentique. Les Ancher vivaient à l'hôtel Brøndums avant d'acheter cette maison en 1884. Elle avait été habitée auparavant par l'écrivain H. Drachman, puis par deux peintres norvégiens. L'âme des artistes imprègne cette maison, on la sent encore. Elle se visite plus facilement en allant toujours sur sa droite (sauf dans la salle à manger qui donne sur le jardin). Les oiseaux peints sur les portes sont signés Michael Ancher et les tulipes au-dessus sont l'œuvre d'Helga, la fille des Ancher. Dans la première pièce, quinze tableaux représentent les amis du groupe des artistes et intellectuels de Skagen : écrivains, critiques, architectes, peintres… Partout de nombreuses toiles, des autoportraits et des portraits des uns par les autres témoignent d'un certain narcissisme des « membres » de cette coterie. Dans le studio de Michael Ancher, notez que le portrait par terre, contre la cheminée, représente le musicien Carl Nielsen. Sur le bureau du peintre, le journal Politiken du 21 novembre 1911, annonçant la mort de Krøyer. Le studio d'Anna Ancher est plus dépouillé : beaucoup de ses toiles sont parties dans des musées. Elle interdisait l'entrée de cette pièce à tout le monde. Remarquez une copie exécutée à Paris, devant l'original au musée du Louvre. Dans le jardin, une annexe, Saxilds Gaard, accueille des expositions temporaires.

PHARE
Fyrvej

Ouvert tous les jours de 10h à 17h de mai à septembre.

Une fois les 200 marches montées, on verra de là-haut la fameuse pointe de Grenen, mais aussi Skagen et ses environs. Le phare date de 1858 (il était alors le plus haut du Danemark avec ses 46 m), et sa lanterne est française.

SKAGEN ODDE NATURCENTER
Batterivej 51
✆ +45 96 79 06 06
www.skagen-natur.dk
nyhedsbrev@skagen-natur.dk

Ouvert tous les jours de 10h à 16h de mai à octobre. Entrée : 65 Dkr, 30 Dkr jusqu'à 15 ans.

Inauguré en mars 2000, ce centre est l'une des toutes dernières réalisations architecturales de Jørn Utzon, le célèbre concepteur de l'Opéra de Sydney. Perdu au bout d'une route à la lisière de Skagen, côté nord, il s'étale dans un no man's land d'où ne dépassent que quelques sapins rabougris et les bulbes blancs d'une station radar. Utzon a joué la carte de l'observatoire, niché dans son environnement, d'où s'élancent de curieuses cheminées noires au sommet biseauté, sorte de périscopes happant la lumière. A l'intérieur, un dédale jouant avec les ombres, les niveaux et même l'eau, conduit à travers une formidable exposition permanente et interactive, qui permet d'expérimenter les phénomènes naturels qui ont attiré les artistes jusqu'ici. Il faut venir le soir, d'autant que le musée ferme très tard en été. La visite commence par un superbe film de 5 minutes, parfaitement mis en scène et en sons et projeté sur trois écrans différents en même temps. Il permet d'observer la région de Skagen sous une lumière toujours différente et de remonter le temps : la colonie d'artistes de la fin du XIXe siècle, la visite d'Andersen en 1859, les plantations d'arbres en 1622 pour arrêter la progression du sable, un important changement climatique au début du XVIe siècle. Vous aurez ensuite l'occasion de mettre tous vos sens en éveil pour percevoir la nature changeante de cette région. Comparer les cartes de cette pointe extrême du Jutland montre qu'elle a changé de direction au fil des années, portant tantôt à gauche, tantôt à droite. cela s'est produit trois fois en l'espace de quelques mois au début des années 1980. Mettez vos mains dans des trous qui permettent de comprendre l'origine du Beaufort. Regardez par ces lunettes optiques pour observer la couleur de Skagen telle que la percevaient les yeux de ses peintres : elle n'est pas la même qu'aujourd'hui, car le sable était beaucoup plus présent et la réverbération différente aujourd'hui, car on a depuis replanté les dunes. De plus, l'œil du peintre dépendait aussi de l'âge de celui qui tenait le pinceau. Là aussi, on peut en faire l'expérience. Les aspects sociaux ne sont pas non plus oubliés : un mythe est d'ailleurs malmené. Les fameux peintres de Skagen n'étaient pas venus chercher ici « l'heure bleue », mais une communauté de pêcheurs menant une vie rigoureuse, qui leur semblait une source d'inspiration. Ils y auront découvert, de surcroît, cette lumière unique dont ce centre nous aide à comprendre les secrets…

SKAGENS MUSEUM
Brøndumsvej 4
✆ +45 98 44 64 44
www.skagensmuseum.dk
museum@skagensmuseum.dk
Ouvert tous les jours de début juin à la fin août de 10h à 17h, le mercredi jusqu'à 21h ; de 10h à 17h hors saison, et fermé le dimanche. Entrée : 80 Dkr, gratuit pour les moins de 18 ans.
La ville de Skagen a joué, comme Pont-Aven ou les villes du Midi en France, le rôle de déclencheur de nouvelles inspirations et de nouveaux styles picturaux pour les artistes de la fin du XIXe siècle qui vinrent résider au Danemark. Ils venaient y chercher une lumière particulière et de nouveaux motifs : le travail des pêcheurs, la nature, la vie sociale des artistes… Cela correspond aux mouvements naturalistes et impressionnistes en France. Le musée fut fondé en 1908 et aménagé par l'architecte Ulrik Plesner. Terminé en 1928, il fut agrandi en 1980 et 1990. Dans cette collection de 1 800 œuvres, on retrouve des tableaux, dessins, travaux graphiques, sculptures mais aussi des céramiques de tous les artistes de Skagen : Krohg, Michael et Anna Ancher, Cad Locher, Peder Séverin Krøyer (avec une salle consacrée à ses esquisses et autres études sur ses tableaux). On les reconnaît tous d'ailleurs, ainsi que leurs amis, autour d'un feu de la Saint-Jean en 1906, sur une grande toile, signée Michael Ancher. Le musée a acquis une toile de l'écrivain Holger Drachman, qui vécut à Skagen (il est inhumé dans les dunes à Grenen et on peut aussi visiter sa maison au n° 21 de Hans Baghs Vej). Ce dramaturge national était un fidèle du cercle des peintres de Skagen, pour lesquels il a posé plusieurs fois. Et il a fini, lui aussi, par peindre, notamment ce Jardin dans la tempête à Skagen (1902-1905). Une petite salle est consacrée aux toiles que Krøyer a réalisées à Saint-Malo et à Cernay-la-Ville, dont le petit portrait du Fils d'un pêcheur malouin (1877). Enfin, la visite se termine avec la salle à manger de l'auberge de Brøndums, et ses toiles enchâssées dans les boiseries.

GAMMEL SKAGEN

Sur la côte ouest. L'ancien village des riches estivants. On y trouve désormais quelques hôtels, à l'écart de l'agitation de Skagen, et au moins deux bons restaurants. Les prix ont baissé, en raison de la forte concurrence de la ville toute proche. C'est ici qu'il faut venir voir le coucher du soleil en dégustant une glace vendue au Kiosk ouvert chaque soir.

Hébergement – Restaurants

RESTAURANT GL
Skagen. Jens Bergs Vej 2A
Ouvert de mi-février au 1er novembre. Fermé les mardi et mercredi hors saison.
Avec trois salles : un bar bibliothèque, une véranda, et un coin auberge avec déco de brocante.

Les jours de lumière

La lumière de cette région a une dimension presque mystique ou magique, elle vient à la fois du ciel et de la mer parsemée par des masses lumineuses fantomatiques et, la nuit, elle ne s'éteint pas vraiment et elle continue à faire vibrer le ciel et la mer. Parfois, les deux éléments semblent se fondre l'un dans l'autre et effacent la ligne d'horizon dans une brumeuse lueur. « Une végétation rase. Des ronciers d'un vert éteint, presque gris, des bruyères, des campanules bleu pâle aux tiges courtes, des buissons de roses sauvages. Tout cela moutonne à l'infini, dans une zone indécise entre la forêt de pins et la mer qu'on n'aperçoit pas encore. Mais on entend son grondement dévorer l'espace […]. La plage est immense. Le vent soulève les embruns sur la crête des vagues et les disperse vers la côte. A l'horizon, tout paraît brumeux, voilé. Mais devant soi, la lumière n'en est que plus aveuglante et pure, lavée jusqu'au ciel. Le vent, le vent fatigant, agressif qui souffle sur les dunes, change de nature en atteignant la mer. Ici, il ne donne qu'une ivresse, la sensation de voler comme les mouettes, quand on avance vers les vagues […]. Peu d'hommes au demeurant. La station a pourtant quelque renommée depuis qu'Andersen l'a découverte et a clamé jusqu'à Copenhague que Skagen était le paradis. »

Philippe Delerm, *Sundborn ou les jours de lumière*,
Monaco, Editions du Rocher, 1996.

Dans les environs

■ DEN TILSANDEDE KIRKE (ÉGLISE ENSABLÉE)

Ouvert de 11h à 17h du 1er juin au 1er septembre. Le site est accessible gratuitement toute l'année mais, pour pénétrer dans l'église, l'entrée est de 10 Dkr (5 Dkr jusqu'à 14 ans). Il faut laisser sa voiture au parking et marcher un petit peu dans la lande.

Belle vue sur l'étonnant paysage qui entoure le site : sable et pins d'un côté, lande désolée de l'autre et, au loin, le bourg et le port. Il ne reste qu'un clocher de cette église, car le sable a entouré tout le reste entre le début du XVIIe et la fin du XVIIIe siècle. Un décret royal a finalement clos la bataille contre le sable et le vent, l'église fut abandonnée et détruite en 1795, à l'exception du clocher. Dommage que la volonté de bien nettoyer le tour du bâtiment ait entraîné la disparition du sable, remplacé par de coquets gravillons. Ce n'est plus tout à fait une église ensablée…

GRENEN

C'est un peu le bout du monde, en tout cas le bout du Danemark ! C'est là que la mer Baltique et la mer du Nord se rencontrent. C'est un endroit magnifique… C'est aussi un endroit où bon nombre de touristes se retrouvent. En raison d'un très fort courant marin, il est fortement déconseillé de se baigner à cet endroit. A 3 km au nord de Skagen. Accès par le bus, départ de la gare de Skagen ; en voiture, se garer sur le parking où se trouvent une cafétéria et un restaurant. De là, vous pouvez partir à pied par le littoral jusqu'à la pointe (30 minutes de marche aller et la même chose au retour), on peut aussi prendre le tracteur sandormen et son wagon qui fait l'aller-retour depuis le parking de la cafétéria. Mais la promenade à pied dans le sable est plutôt agréable. L'endroit est très visité car il est rare de pouvoir aller au bout littéralement d'un pays et de voir ce spectacle étonnant d'une rencontre mouvementée entre deux mers. C'est ici que la pointe du Danemark s'enfonce dans la mer (jamais vraiment au même endroit, les courants et les vents façonnent ce cap de sable au fil des ans), d'ailleurs on a l'impression que la terre est au niveau de la mer et que les deux horizons se confondent. On peut s'avancer un peu dans l'eau (froide), et le grand jeu, c'est d'avoir un pied dans la mer du Nord (qui prend ici le nom de Skaggerak) et l'autre dans la Baltique (ou plus précisément le Kattegat, du nom de la mer intérieure entre la Suède et le Danemark). Les deux mers se rentrent littéralement dedans, en un affrontement sans fin, étonnant ballet de mascarets puissants. Les baignades sont déconseillées, les courants sont trop forts. Attention également aux phoques, qui peuvent se trouver là : ils mordent ! La meilleure heure : le matin, avant l'arrivée du premier tracteur (à 9h), quand seuls les oiseaux et les phoques occupent les lieux… Après Grenen, on peut aller visiter l'étonnant bunker allemand qui surveillait cet endroit stratégique pendant la Seconde Guerre mondiale, c'est devenu un véritable musée qui se visite (ouvert de 10h à 17 tous les jours, 40 Dkr).

ØRNERESERVATET (SANCTUAIRE DES AIGLES)

Skagensvej 107, Bindslev
✆ +45 98 93 20 31
www.eagleworld.dk – info@eagleworld.dk
Au sud-ouest de Skagen, près d'Ålbæk, avant Tuen. En juillet, du mardi au vendredi à 10h et à 17h, jusqu'à 15 h en août. Le week-end à 17h et 15h en août seulement. Horaires variables selon le mois, se renseigner. Entrée : 120 Dkr, 60 Dkr pour les enfants.

Il faut être là une heure avant l'horaire du programme. On attend en prenant un café ou en regardant l'exposition de photos. Puis commence le grand *show* : aigles dorés, aigles noirs et grands faucons qui vous foncent dessus avant d'aller finalement se poser sur l'arbre qui les attend. Il est assez rare de pouvoir approcher d'aussi près ces oiseaux impressionnants, qui évoluent ici en toute liberté.

RÅBJERG MILE

Au sud de Skagen. Prendre la route 40 sur 13 km, puis sur gauche sur 5 km.

Autre exemple de l'alliance du fort vent de sud-ouest et du sable dans la région : cette zone de dunes est désormais protégée. Ce sont des dunes mobiles : elles changent de « visage » sans cesse, et bougent sur ce vaste terrain, débordant souvent sur la végétation alentour. C'est réellement spectaculaire et il faut aller se promener loin sur le sable pour admirer, depuis la dune la plus importante, haute de 40 m, l'inattendu paysage saharien qui soudain nous entoure, en pleine Scandinavie. La région entière a été classée : elle reste protégée, mais est ouverte au public. Les dunes ont toute la place qu'elles veulent pour continuer à se métamorphoser et à avancer de 15 m par an ! Voilà 300 ans que ça dure, mais on ne sait toujours pas expliquer ce phénomène…

HIRTSHALS

Après avoir quitté Skagen, on peut prendre la route 597 pour longer le nord-ouest de la pointe du Jutland. On quitte la plate et quasi désertique région de Skagen, puis on traverse une forêt de pins avant d'arriver sur des côtes plus abruptes. Nous voici à Hirtshals, une ville récente, dont le port s'est développé à partir de 1919. La région des grandes et belles plages commence.

NORDSØMUSEET (MUSÉE DE LA MER DU NORD)

Willemoesvej 2 ✆ +45 98 94 41 88
www.nordsoemuseet.dk
info@nordsoemail.dk
Ouvert du 15 juin au 15 août, tous les jours de 10h à 18h. Le reste de l'année de 10h à 17h. Entrée : 145 Dkr (musée + aquarium + phoque). Gratuit jusqu'à 2 ans, 70 Dkr pour les 3-11 ans.

Si vous voulez voir des phoques au Danemark, c'est l'occasion. Il est rare d'en apercevoir sur le Limfjord, mais ceux d'Hirtshals viennent pourtant de là. Ils sont nourris tous les jours à 11h et 15h. L'endroit ne cesse de s'agrandir : un aquarium de 4,5 millions de litres d'eau de mer ouvert en 1988, un vaste espace dédié aux phoques et inauguré en 2001. Le musée se proclame le plus grand aquarium d'Europe, mais on en paie le prix, vu les tarifs d'entrée !

OFFICE DU TOURISME

Nørregade 40 ✆ +45 98 94 22 20
www.visithirtshals.dk – info@visithirtshals.dk
Ouvert du lundi au vendredi de 9h à 16h, le samedi de 9h à 15h, du 15 juin au 31 août. Le reste de l'année de 9h30 à 15h30.

PLAGES DU NORD-OUEST

On poursuit par la route 55 en direction de Hjørring. Bifurquer à droite à la sortie de Vidstrup. Suivre sans hésitation la route Marguerite, même si elle mène sur une voie qui n'est pas goudronnée.

On va connaître plus loin des chemins bien plus déroutants. Le paysage redevient désolé, le relief assez accidenté, la végétation rare, on sent qu'ici la terre résiste, autant qu'elle peut, à la mer et au vent. La route, qui s'est éloignée de la côte, y ramène. Sur des kilomètres, toute la région se prête à la baignade dans une eau particulièrement claire, qui approche les 20 °C en été.

SKALLERUP KLIT

Sønderslev ✆ +45 99 24 84 00
www.skallerup.dk – info@skallerup.dk
Centre de vacances, petit paradis de tranquillité. On vous propose la location de bungalows appartements de taille (de 2 à 10 personnes) et confort variable (standard et luxe) dans un cadre idéal (près de la mer) et de nombreuses activités de loisirs. Un centre de santé s'est établi juste à côté de l'accueil et des commerces de Skallerup Klit (une supérette et deux restaurants), construit sur le modèle des bains à la romaine, d'où son nom « Romulus ».

Vous pourrez vous y relaxer quelques heures pour 125 Dkr voire demander des prestations liées aux soins et bien-être du corps (payantes également). Un complexe aquatique jouxte le centre et vous aurez à votre disposition des terrains de tennis, de beach-volley, de tir à l'arc, de ping-pong et de minigolf pas loin. C'est un endroit idéal pour passer des vacances en famille sous le signe de la détente et du bien-être, d'ailleurs Skallerup Klit a été référencé dans un livre sur le bien-être. Une ferme appartient au centre proposant aux enfants de découvrir les animaux domestiques, de les caresser, de faire des balades en poney ou à cheval (les adultes aussi peuvent s'inscrire). Un petit musée visitable sur demande rappelle l'histoire du lieu et de ses habitants provisoires : en effet, Skallerup Klit était un camp de réfugiés essentiellement allemands à la fin de la Seconde Guerre mondiale, accueillant ceux qui fuyaient l'arrivée de l'armée russe, puis les baraquements ont été remplacés par des maisons de vacances dès la fin de la Guerre. Une salle de la maison musée montre donc l'époque de la guerre avec les lits superposés au confort minimal (18 personnes par maison). Une autre salle reconstitue une des premières maisons de vacances ; tout cela est agrémenté de commentaires succincts et de photos. Le centre est ouvert toute l'année, il est souvent plein en été et pendant les vacances d'hiver ; 70 personnes environ y sont employées à l'année. En plus d'être un lieu de vacances, Skallerup Klit c'est aussi une philosophie en raison de son fonctionnement. La société est autogérée et elle réinvestit les bénéfices réalisés dans son fonctionnement propre, ce qui permet un emploi à l'année et non saisonnier. Au départ, elle a pu se monter grâce à des donations de différentes sociétés, comme une fondation, puis elle a survécu en autofinancement. C'est donc une entreprise sans profit. Beaucoup de sociétés danoises ont ce type de fonctionnement. Pour les tarifs, par exemple, un appartement pour 4 personnes peut coûter selon la saison à environ 2 950 Dkr la semaine pour un confort standard.

LØNSTRUP

Un village de pêcheurs perché au-dessus de la mer, dans une étroite gorge entourée de hautes dunes : on hisse les bateaux sur le rivage, particulièrement pentu. De nombreux artisans se sont installés ici, la commune veille jalousement à ne pas devenir une station balnéaire envahie de touristes. Les pêcheurs et les artisans lui donnent donc tout son cachet et conservent une certaine authenticité à cette communauté de 400 âmes, préservant un certain calme que ne connaissent pas d'autres villes sur la même côte ! Le paysage est vraiment très beau car les dunes arrivent comme des falaises au bord de la mer et les maisons ont chacune une architecture propre mêlant tradition et modernité.

■ OFFICE DU TOURISME

Strandvejen 90 ✆ +45 96 25 22 20
www.loenstrup.dk
info@visitfrederikshavn.dk
Ouvert du 15 juin au 31 août du lundi au samedi de 9h à 18h, le dimanche de 10h à 14h. Le reste de l'année du lundi au vendredi de 9h à 16h, le samedi de 9h à 12h.

Restaurants

■ CAFEEN LØNSTRUP

Dans l'ancien cinéma du village, Strandvejen 100 ✆ +45 98 96 08 84
www.cafeenloenstrup.dk
mail@cafeenloenstrup.dk
Terrasse, et concerts certains soirs.

■ VILLA VEST

Strandvejen 138 ✆ +45 98 96 05 66
www.villavest.dk – events@villavest.dk
Ouvert d'avril à décembre. Avec terrasse et vue sur la mer du Nord. Spécialités de poisson.

Shopping

Potiers, céramistes, verriers, joailliers… Les ateliers sont nombreux, il suffit souvent de pousser la porte pour voir les artisans au travail, et leur production est particulièrement réputée. Voici une excellente adresse pour acheter des verres colorés aux formes simples ou audacieuses :

■ GLASHUSET

Strandvejen 68 ✆ +45 98 96 06 55
www.vangeglas.dk
glashuset@vangeglas.dk
Ouvert tous les jours de 10h à 17h.
Le travail du verre est fin, coloré et original. Belle salle d'exposition-vente, ouverte sur l'atelier des souffleurs.

■ HOLBERG SMYKKER

Kirkestræde 3 ✆ +45 98 96 02 15
Artiste joaillier. Son atelier longe une des rues commerçantes de Lønstrup, son travail est original tout comme le personnage, par contre il faut avoir un peu d'argent.

Dans les environs

RUBJERG KNUDE FYR

Un peu plus loin sur la droite, en repartant en direction de Sønder Rubjerg, se trouve le phare de Rubjerg. Le site est assez impressionnant : à 100 m au-dessus de la mer, on peut, comme rarement au Danemark, parler de falaise. Le phare n'est plus en service et l'on ne peut plus désormais y entrer en raison de la progression du sable qui a bloqué l'accès à la porte principale, la dernière visite ayant eu lieu le 1er septembre 2002.

LØKKEN

C'est la station balnéaire de référence de la côte. Il n'y a que 1 300 habitants permanents mais, en été, les touristes (les Danois les premiers) accourent dans cette petite ville qui propose en plus de ses plages, des courts de tennis, une piscine, une salle de sport… Ces dernières années, c'est même devenu un peu la Ibiza du Danemark, attirant dans ses discothèques les amateurs de techno (beaucoup d'Allemands), ou de soirées Miss t-shirt mouillé (chaque mardi au café Romantica, pour les fans !). On y trouve même la plus grande discothèque du royaume : Action House (avec pistes de danse, salle de concerts, mais aussi bowling, circuit de kart, etc.). Autant dire que la ville ne s'endort jamais en été.

> ## Vue sur Thisted
>
> « Des merisiers à grappes blanches, des lilas bleuissant, des épines roses et des cytises éclatants s'épanouissaient et embaumaient alentour de la maison. Les fenêtres étaient ouvertes et les stores descendus. Mogens s'appuyait vers l'intérieur au chambranle, le dos contre le store. L'œil éprouvait un bien-être au sortir du grand soleil de l'été épandu sur la forêt, les eaux et l'air, de plonger dans ta lumière atténuée, douce, sereine de la salle de séjour. »
>
> Jens Peter Jacobsen, *Mogens*, trad. par Frédéric Durand, Toulouse, Ombres, 1995. Jens Peter Jacobsen (1847-1885) est un écrivain né à Thisted, dont les livres étaient indispensables à Rilke.

OFFICE DU TOURISME

Harald Fishers Vej 8 ✆ +45 98 99 10 09
www.loekken.dk – info@visitfrederikshavn.dk
Ouvert du 1er juillet à la mi-août tous les jours de 9h à 17h, le dimanche de 10h à 14h ; hors saison du lundi au vendredi de 9h à 16h, le samedi de 10h à 13h.

Dans les environs

HÔTEL VESTKYSTEN

Carl Jensensvej 1 ✆ +45 98 99 20 88
www.hotelvestkysten.dk
Chambre double entre 500 et 750 Dkr.
Petite maison blanche près des dunes et face à la mer.

LIMFJORDSLANDET

On change de paysage. On quitte la mer, le sable et les falaises, pour le fjord et ses marécages : pas de montagnes au bord du Limfjord. On le longe au moment où il arrive du Kattegat en passant par Aalborg et prend l'aspect d'une véritable mer intérieure. A droite, les marécages de Bygholme Vejle : la plus grande réserve d'oiseaux marins d'Europe du Nord. Les ornithologues seront ravis, les autres aussi. En poursuivant vers Thisted, et face à cette ville, on aperçoit l'île de Mors, au milieu du Limfjord, avec des falaises qui ont été le théâtre du véritable drame du prince Hamlet. Pourquoi ne pas franchir le pont ? Prenons la route 26, direction Nykobing Mors, la « capitale » de cette île de l'intérieur.

ROUTE SUR LA PLAGE

C'est à Løkken que commence la très longue plage accessible en voiture. Prenez la direction de la plage à la sortie sud de la ville. Vous allez vite vous retrouver sur le sable. En été, on peut y rouler sans aucun problème jusqu'à Rodhus (soit plus de 20 km de plage carrossable). Il y a pas mal de monde et cela ressemble, par endroits, à un vaste parking. Mais, comme sur toutes les plages danoises, on trouve toujours de la place. Même si vous ne souhaitez pas vous baigner, n'hésitez pas à vous engager dans cette voie, plutôt que sur la grande route qui passe loin de la mer. Roulant sur cette plage, on est saisi d'un réel sentiment de liberté (à éviter malgré tout en cas de mauvais temps, gare à l'ensablement !). Prenez ensuite la dernière sortie à Rodhus. La route qui va vers Halvrimmen sur la 55 traverse une pinède : un peu de verdure bienvenue ! On peut rejoindre la route 11 en direction de Thisted.

MORS

Dans cette lagune, Mors est une grande île, réputée pour concentrer à elle seule tout le Jutland, grâce à la diversité de ses paysages : champs de blé sages, haute colline de 89 m à Sagherhoj, falaise à pic de 69 m que les cendres de volcan ont zébrée de noir, il y a des milliers d'années. Et dans la tête des gens, dans leur mentalité, c'est aussi le Jutland le plus profond. Ici, on parle encore très couramment le patois, vous aurez parfois du mal à communiquer en anglais. On y vote également pour l'extrême droite danoise, moins par xénophobie que par rejet du « centralisme de Copenhague ». Un sentiment insulaire dans un royaume archipel ! Un fort esprit paysan (« lourd », dit-on à Copenhague) est enraciné ici. Les gens parlent peu. Mais si l'on veut connaître le Danemark, c'est bien ici qu'il faut venir ! Et comme partout dans ce pays, la nature est là, qui permet de passer d'excellentes vacances. Golf, tennis, équitation, randonnées à pied ou à vélo.

Transports

Deux ponts relient Mors au reste du Danemark (ou l'inverse, comme on dit ici). Service de bateau pour traverser le petit détroit du Feggesund au nord et du Næssund au sud-ouest, ferry toutes les demi-heures.

Pratique

OFFICE DU TOURISME

Havnen 4
✆ +45 97 72 04 88
www.mors-tourist.dk
mt@mors-tourist.dk
Sur le port de Nykobing. Ouvert en été du lundi au vendredi de 9h à 18h, le samedi jusqu'à 14h, fermé le dimanche. Le reste de l'année, de 9h à 16h, de 9h à 12h le samedi et fermé le dimanche. Comptez 60 Dkr par jour.
Possibilité de louer des vélos.

POSTE

Jernbanevej 16, Nykøbing

Hébergement

Chambres chez l'habitant, en passant par l'office du tourisme ou, pour éviter la commission, en téléphonant directement au loueur. Liste dans la brochure de l'office du tourisme consacrée à Mors.

AUBERGE DE JEUNESSE

Østerstrand, Nykøbing ✆ +45 97 72 06 17
www.danhostelnord.dk/mors
danhostelmors@mail.dk
Ouvert du 1er février au 20 décembre. Chambre en dortoir : 200 Dkr, chambre simple : 400 Dkr, chambre double : de 450 à 550 Dkr.
Au bord de la plage, avec une école de planche à voile. Les familles sont bienvenues. L'une des auberges de jeunesse les plus agréables du Danemark.

PAKHUSET

Havnen. Nykobing
✆ +45 97 72 33 00
Chambre double à partir de 995 Dkr. Petit déjeuner compris.
Luxueux, et pour le même prix, mieux que Sallingsund Færgekro (où l'on peut toutefois aller dîner, face au Limfjord) au sud de Nykobing. Pakhuset est un vieil hôtel situé sur le port. Les chambres sont superbes : petites fenêtres, poutres et piliers de bois, vrais bateaux. Mais il n'y en a que 18.

Restaurants

RESTAURANT BELLE ÉPOQUE

Lystbådehavnen
✆ +45 97 72 31 00
www.belleepoque.dk
Menu à partir de 298 Dkr, Buffet à 279 Dkr.
Situé face à la mer, ce restaurant propose des plats d'inspiration italienne, mais on trouve aussi des plats danois avec de la viande.

Rencontre d'un matin

Etrange procession que cette trentaine d'hommes, deux par deux, en rang d'oignons, drapeau danois en tête, presque tous en habits du dimanche, certains arborant des médailles militaires. Le Danemark profond n'est pourtant pas si sombre, ni si rigoriste : le dernier homme de cet étrange défilé tenait à la main une canette de bière…

RESTAURANT LIMFJORDEN - MEXICAN HOUSE
Havnen. Nykobing ✆ +45 97 72 03 59
www.mexicanhouse.dk
Ouvert tous les jours de 17 à 21h. Cartes bancaires acceptées. Cuisine mexicaine, style *steak house.* Buffet le soir.

Points d'intérêt

DUEHOLM KLOSTER
Dueholmgade 7, Nykobing
✆ +45 97 72 34 21
www.dueholmkloster.dk
dueholm@museum.dk
Ouvert tous les jours de 10h à 17h en été, 16h hors saison du lundi au vendredi, le week-end de 12h à 16h. Entrée : 65 Dkr
Ce musée d'histoire locale se trouve à l'emplacement de l'ancien monastère Dueholm dont il ne reste qu'une petite partie des bâtiments du XIVe siècle, même l'église avait été détruite après la Réforme. Ne cherchez pas le jardin, pourtant fléché pour les visiteurs, c'est une petite cour à l'abandon, remplie de pierres, de cailloux et de plantes mortes. Sur les deux étages du musée sont exposés outils, ustensiles, machines et jouets de la région ; des éléments du mobilier urbain démontés (lanternes, enseignes) ; de la vaisselle, de l'argenterie, ainsi que de la faïence de Mors du XVIIIe siècle. Sous les combles, une collection évoque l'âge du bronze à travers quelques vestiges retrouvés sur l'île. On peut faire halte dans le petit café qui se trouve au sous-sol. L'accueil dans ce musée est en général charmant, ouvert et souriant, ce qui diffère agréablement des relations que l'on peut avoir avec les habitants de Mors, dans les restaurants et autres commerces. En sortant, on peut visiter une exposition temporaire, dans l'ancienne dépendance du cloître. Elle se trouve au bord du cimetière, mis au jour en 1992 à l'occasion de travaux : les visiteurs découvraient alors, au milieu du chantier, des squelettes dérangés d'un sommeil de plusieurs siècles ! Là, 2 000 personnes avaient été enterrées de 1370 jusqu'à la Réforme en 1536.

FEGGE KLIT ET HANKLIT
Le prince Hamlet a existé et l'histoire racontée par Shakespeare a véritablement eu lieu. C'est ce que rapporte le texte de l'historien danois du XIIe siècle, Saxo Grammaticus : le prince Hamlet a bien tué son beau-père, le roi Fegge. Nous sommes loin d'Elseneur et s'il n'y a plus trace du château où s'est passé le drame, les paysages sableux de Feggklit et la grande falaise blanche de Hanklit – 67 m de haut, elle aussi rayée de noir par la suie d'anciens volcans – peuvent nous aider à restituer l'action. On les aperçoit depuis la région de Thisted, teintées le soir d'une superbe couleur rose...

JESPERHUS
Legind Bjerge ✆ +45 96 70 14 00
www.jesperhus.dk
jesperhus@jesperhus.dk
Ouvert de mai à octobre de 10h à 17h. En juillet de 10h à 20h. Entrée : 179 Dkr, 150 Dkr hors saison ; pour les 3-11 ans : 145 Dkr, 120 Dkr hors saison.
Le plus grand jardin de toute la Scandinavie, riche de 500 000 fleurs et plantes. Avec un aquarium peuplé de piranhas et de murènes, de nombreux oiseaux et des papillons pas encore épinglés ! Et aussi son petit pont, son petit train, ses massifs de fleurs étranges et ses quelques oiseaux ou reptiles inattendus au détour d'un petit chemin. Des salles de projections en 3D. C'est un petit monde qui offre un lieu de promenade des plus agréables. Possibilité d'hébergement sur place.

MOLERMUSEET
Skarrehagevej 8, Hesselbjerg
✆ +45 97 75 17 16
Mêmes horaires que Dueholm Kloster et même site Internet. Mors se vante d'être le seul endroit au monde à posséder une craie poreuse très particulière (Moler), formée à l'époque très lointaine où cette région était couverte par des mers chaudes ! Des millions d'organismes microscopiques ont formé une couche fossilifère, suffisamment protectrice pour fossiliser d'autres animaux, plus importants, qui vivaient ici. On peut ainsi découvrir à quoi ressemblaient les poissons tropicaux préhistoriques qui nageaient ici dans les eaux chaudes. En vous promenant autour du site, vous pourrez ramasser des fossiles. Faites attention, toutefois, au poids de ces souvenirs ; il est limité par la loi.

Balade

PLAGES
L'eau du fjord est de 4 à 5 °C plus chaude que celle de la mer du Nord. On peut se baigner au nord de l'île, face à Thisted, et au sud de Nykobing, près de l'auberge et du camping de Sallingsund, ou plus bas encore, vers Sukkerslev.

Dans les environs

MIDDELALDERBORG (CHÂTEAU DE L'ÉVÊQUE)

Borgen 6A, Rødding, Spøttrup
✆ +45 97 56 16 06
Accès en bus depuis Skive. Ouvert de mai à fin août tous les jours de 10h à 18h. Jusqu'à 17h en avril, mai, août et septembre, 16h en octobre. A Pâques et les dimanches d'avril, de 11h à 17h. Entrée : 75 Dkr, 35 Dkr pour les enfants.
Il faut quitter Mors et prenez le pont qui traverse le Sallingsund, suivez ensuite la route 26. Juste après Harre, prenez la route de la Marguerite qui mène au magnifique château médiéval de Spottrup, en pleine campagne. L'entrée du château ne se trouve pas sur le parking (bordé d'un bureau d'information et d'une auberge excellente et pas trop chère). Il faut contourner les fossés par la gauche pour arriver à un petit kiosque en bois où l'on vend les tickets. En face de vous, se dresse une très élégante forteresse au milieu d'un parfait quadrilatère rempli d'eau, lui-même entouré d'un grand fossé. Le bâtiment a été construit en 1520, soit 16 ans avant que la Réforme, établissant la religion luthérienne comme Eglise d'Etat, ne chassât les catholiques en confisquant leurs biens. Le château est remarquablement conservé et restauré. La plus belle salle, au premier étage, comprend une cheminée du XVIe siècle construite à l'intérieur même du mur, en renfoncement, et une autre de la fin du XVIIe siècle. Superbe coffre du début du XVIe siècle. Le mobilier des autres pièces est plus récent, datant principalement du XVIIIe siècle. Le château épiscopal devenu royal a été attribué à un ministre du XVIIIe siècle avant d'être racheté et rénové par l'Etat en 1937.

CENTRE JUTLAND

VIBORG

Prendre la route 26 depuis Århus, la route 52 depuis Silkeborg, l'autoroute E45 et la route 13 depuis Aalborg pour rejoindre le cœur du Jutland : la cité de Viborg est un véritable carrefour où se croisent les routes des principales villes du Jutland, l'armée s'y retrouvait avant de partir en campagne à la Renaissance et à l'époque moderne, une source sainte coulait près de Viborg et en faisait un carrefour également religieux… La ville s'est bâtie face aux lacs de Nørresø et Søndersø, eux-mêmes bordés de forêts. Le cadre est moins lacustre et enchanteur qu'à Silkeborg mais possède un passé historique encore lisible dans son architecture et ses rues piétonnes anciennes. Viborg a eu son heure de gloire dans l'histoire du Danemark : le roi Christophe II y signa la première charte imposée à un souverain danois (1320), Frederik Ier y fut proclamé roi, l'Evangile selon Luther y fut prêché pour la première fois aux Jutlandais au XVIe siècle, et c'est ici qu'était frappée l'ancienne monnaie du Jutland. Viborg a longtemps été une place importante en Europe : négociants anglais, allemands et hollandais se rencontraient sur un grand marché international. La ville a gardé un caractère médiéval par ses petites rues piétonnières pavées, à l'allure bourgeoise avec toutes ses petites boutiques, restaurants et bars qui longent St Hjulvtorgyde, Hjultorvet, Lille Hjultorgyde, St Mathias gade, Vestergade, Gravene et St Peders Straede. Aujourd'hui, la ville a perdu de son éclat. Quelques bâtiments massifs émergent des arbres, mais c'est surtout la cathédrale grise et blanche qui vaut que l'on s'arrête ici.

Pratique

OFFICE DU TOURISME

Nytorv 9 ✆ +45 87 87 88 88
www.visitviborg.dk
Du lundi au vendredi de 9h à 17h, jusqu'à 16h hors saison et le samedi de 9h30 à 14h, jusqu'à 13h hors saison.

Hébergement

PALADS HOTEL BEST WESTERN

St Mathiasgade 5 ✆ +45 86 62 37 00
www.hotelpalads.dk – www.bestwestern.dk
info@hotelpalads.dk
Chambre simple à 1 095 Dkr, chambre avec sauna à 1 195 Dkr, Suite luxueuse pour plusieurs personnes à 1 595 Dkr. L'hôtel en plein centre de Viborg possède un parking privé où vous pourrez déposer votre véhicule. Il est réparti sur plusieurs bâtiments à quelques mètres les uns des autres. Les chambres peuvent être de véritables petits appartements

avec des salles de bains équipées de sauna et baignoire Spa selon une gamme de prix précisée sur internet. Le mobilier et le style de chaque chambre peuvent varier (plus ou moins moderne) et semble parfois dater des années 1980-1990 avec des motifs chargés et des couleurs pastel. Côté familial et vieillot de cet hôtel, tenu par une famille et dirigé par la grand-mère, l'accueil y est sympathique et les chambres sont propres et confortables. Les équipements commencent juste à dater un petit peu ce qui donne un charme particulier à l'ensemble.

Restaurants

CAFÉ MORVILLE

Hjultorvet 4 ✆ +45 86 60 22 11
www.cafemorville.dk – morville@cafeer.dk
Ouvert du lundi au jeudi de 10h à 23h, le vendredi et samedi jusqu'à 1h et le dimanche jusqu'à 17h. Sur la place du musée de la ville, l'ambiance est agréable et détendue. Comme le grand bar situé au premier étage, l'ensemble du café est arrondi. Au rez-de-chaussée un espace vaste et une terrasse, au premier étage, le bar où on fait ses commandes et quelques tables de chaque côté. Le café est décoré d'affiches publicitaires anciennes, parfois françaises. La clientèle est mélangée. On peut y manger de 10h à 15h30 et de 17h30 à 21h30 des plats simples et peu onéreux : sandwichs à 80 Dkr, salades à 95 Dkr, *burgers* autour de 100 Dkr, plats entre 90 et 180 Dkr… On y trouve un bon choix de vins et de bières. L'endroit est clair avec sa façade vitrée sans vis-à-vis.

DEN GYLDNE OKSE

St Peders Straede 11 ✆ +45 86 62 27 44
www.gyldneokse.dk – info@gyldneokse.dk
Ouvert de 11h30 à 15h et de 17h à 21h30. Menus ou plats du midi entre 79 et 2 000 Dkr. L'endroit est *cosy*, mignon, d'aspect ancien avec des poutres apparentes, muni de deux petites salles et d'une terrasse chauffée. La cuisine est simple et se veut raffinée, de tendance française, ils y servent beaucoup de grillades.

Points d'intérêt

CATHÉDRALE

Ouvert de 11h à 16h, 15h hors saison, et après les offices le dimanche. Brochure en français. Entrée 10 Dkr. Elle a une architecture particulière avec des pierres en granit (les autres églises sont en briques le plus souvent) et a subi pas mal de destructions dues aux incendies.

© VISITDENMARK / JOHN SOMMER

Cathédrale de Viborg.

C'est la plus grande église de granit du Danemark. Elle a été bâtie en 1876 sur la base d'une église romane édifiée en 1150, elle-même remplacée au fil des siècles et des incendies. La reconstitution de style baroque fut réalisée en 1770 et détruite en 1862 en raison de trop nombreuses malfaçons, à moins que le style trop évidemment allemand ait déplu, au moment des guerres avec le grand voisin. L'intérieur a été entièrement décoré par le peintre Joakim Skovgaard (1856-1933). Les fresques sur les deux côtés de la nef et du chœur ont été réalisées de 1901 à 1906, elles représentent les scènes les plus importantes de l'*Ancien* et du *Nouveau Testament* et, au plafond, on peut voir des peintures à l'huile sur acajou que le peintre a aussi réalisé entre 1911 et 1913 : là, des scènes de la vie de la Vierge et l'enfant Jésus. Le style de représentation donné par ce peintre et son équipe à la cathédrale est plutôt réaliste et brut, proche de celui de Bourdelle en France ; on aperçoit la marque d'un pinceau épais, des corps massifs, des couleurs simples, pâles sur les fresques et pleines au plafond. Dans la cathédrale, on peut aussi visiter la crypte où se trouvent quelques tombeaux et qui représente la partie ancienne de la cathédrale avec des pierres en granit de la région et non pas importées d'Italie comme sur la façade extérieure.

LACS NØRRESØ ET SØNDERSØ

Balade en bateau : du 20 mai au 11 juin, départ à 14h. Du 12 juin au 7 août, départ à 12h45, 14h, 15h15. Du 8 août au 31 août, départ à 14h et 15h15. On peut faire le tour des lacs à pied ou en vélo mais le plus agréable est de faire une balade en bateau sur les deux lacs à bord du *Margrethe I* : tour d'une heure pour 50 Dkr. On n'hésitera pas à réserver une place ou acheter un billet auprès de l'office du tourisme à deux pas de la cathédrale. Le départ se fait à côté du golf Salomon au bord du lac. Cette balade permet de porter un autre regard sur cette ville, d'admirer la cathédrale depuis l'eau et de voir la faune, la flore et les habitations qui bordent les lacs. Quand il fait beau, on peut y apprécier la fraîcheur de l'air.

PARC DE BORGVOLD

Lieu de promenade plutôt agréable, tout près du centre-ville, sur une pointe de terre à la rencontre des deux lacs qui bordent la ville.

SKOVGAARD MUSEET

Domkirkestræde 2-4 ✆ +45 86 62 39 75
www.skovgaardmuseet.dk
post@skovgaardmuseet.dk
Ouvert tous les jours de 10h à 17h du 1er mai au 30 septembre, de 11h à 16h le reste de l'année. Entrée : 50 kr. Inauguré en 1937, ce musée devait contenir les œuvres du maître des fresques modernes, Joakim Skovgaard. Mais il a souhaité lui-même élargir le cercle des peintres admis en ces lieux à sa famille et à ses amis. On trouve ainsi des tableaux de son père, Peter Christian Skovgaard, célèbre paysagiste de la période de l'âge d'or de la peinture danoise (milieu du XIXe siècle), et des œuvres de Lundbye, Constantin Hansen… Des tableaux inspirés du folklore nordique, réalisés par son frère Niels Skovgaard, montrent une filiation plus évidente avec Skovgaard père.

Dans les environs

■ MØNSTED KALGRUBER

Kalkvaerksvej 8, Stoholm
✆ +45 86 64 60 11
Prenez la route de Holsterbro depuis Viborg et, à Mønsted, prenez la direction de Stoholm (15 minutes en voiture de Viborg). Ouvert tous les jours du 10 au 18 février et du 1er avril au 31 octobre de 10h à 17h.
Des grottes servant à l'exploitation du calcaire sont visitables. Si vous aimez ce genre de paysage caverneux, vous pouvez explorer les grottes à votre guise, voir un film qui explique l'histoire de ce lieu et aller observer les chauves-souris qui ont fait de ces grottes leur lieu d'hibernation : elles arrivent en août pour l'accouplement, hibernent et repartent dans toute la Jutland en avril. On y estime de 5 à 10 000 *specimens* pendant l'hibernation. Vous pouvez visiter d'un côté les mines et de l'autre les bâtiments industriels liés à l'exploitation de la pierre et à la vie des miniers de Mønsted. La température dans la mine est de 8 °C toute l'année, alors pensez à prendre un pull supplémentaire pour la visiter.

OUEST-JUTLAND

HOLSTEBRO

Une tour métallique d'où s'échappe un rayon laser : vision étrange pour le visiteur arrivant le soir dans cette ville d'un autre monde. C'est l'œuvre du sculpteur Frithoff Johansen et ce n'est pas la première surprise de cette cité, vouée tout entière à l'art contemporain et à l'urbanisme moderne : un centre piétonnier, des rues regorgeant de fontaines et de statues, dont la *Femme à la charrette*, un bronze de Giacometti (acheté à Paris en 1965 pour 210 000 Dkr et placé en face du vieil hôtel de ville). Autour de ce centre artistique et commercial, ceinturé d'un boulevard périphérique, se croisent des rues rectilignes, traversées d'une petite rivière tortueuse aux rives champêtres. De nombreux bâtiments ultramodernes allient le verre et l'acier et empruntent les formes simplifiées de l'architecture d'aujourd'hui, quadrilatères ou pyramides… Holstebro cultive la différence et le modernisme.

■ AUBERGE DE JEUNESSE

Sysselting 2 B ✆ +45 98 11 60 44
ldv@danhostel.dk
Chambre simple de 320 à 380 Dkr et chambre double de 380 à 430 Dkr. Un nouvelle auberge de jeunesse à 500 m de la gare.

■ BORBJERG MØLLE KRO

Borbjerg Møllevej 3 ✆ +45 97 46 10 10
www.borbjergmill.dk – info@borbjergmill.dk
Chambre double entre 875 et 1375 Dkr par personne selon la taille et la saison, petit déjeuner compris. Une belle petite auberge, installée dans un vieux moulin à eau. Un peu à l'écart de la ville, au bord d'un petit étang. Certaines chambres ont leurs propres décorations, une d'inspiration africaine (Karen Blixen), une plus chinoise (King Ming) ou une autre marine (Colombus). L'hôtel est aussi un restaurant qui offre une excellente cuisine traditionnelle danoise.

■ HOISTEBRO KUNSTMUSEUM

Museumsvej 2 ✆ +45 97 42 45 18
www.holstebrokunstmuseum.dk
info@holstebrokunstmuseum.dk
Ouvert tous les jours, sauf lundi, de 11h à 17h du 1er juillet au 31 août ; de 12h à 16h en semaine et 11h à 17h week end le reste de l'année. Entrée : 50 Dkr, gratuit pour les moins de 18 ans. On y trouve de nombreuses toiles danoises, ainsi qu'une salle consacrée à l'un des Danois du groupe Cobra : Henri Heerup. Egalement quelques œuvres de Picasso, de Matisse et de Giacometti.

■ OFFICE DU TOURISME

Jeppe Schous Gade 14
✆ +45 06 11 70 80
www.visitholstebro.dk
turist@visitholstebro.dk
Ouvert de 10h à 16h du lundi au vendredi toute l'année, et le samedi de 10h à 13h en juillet et août.

HVIDE SANDE

L'océan d'un côté, le fjord de l'autre, au milieu une bande de terre qui se rétrécit par endroits sur quelques centaines de mètres. Un paysage à vous donner le mal de mer : l'eau est partout. A l'ouest, la mer du Nord à l'infini, à l'est, le fjord, si large. On se fond dans le ciel et la mer, avec le vent en plus. Il n'est pas étonnant que ce soit un paradis pour les véliplanchistes : le vent descend rarement en deçà des 15 nœuds !

JUTLAND

Terre râpée au milieu, sable blanc au bord de l'eau, un relief de petits vallons pelés, quelques parkings et des bâtiments, pratiquement tous sur un seul niveau : rien ne dépasse, hors les hampes des drapeaux danois qui claquent au vent. On y trouve aussi un important port de pêche.

Accès : suivre la route 181 depuis la côte, ou route 15 depuis Ringkøbing.

Pratique

CENTRES DE SURF
Gytevej 15, à Ringkøbing
✆ +45 97 31 25 99
✆ +45 97 32 08 38 – www.westwind.dk

OFFICE DU TOURISME
Nørregade 2B ✆ +45 70 22 70 01
www.visitvest.dk
Ouvert du lundi au vendredi de 9h30 à 16h, le samedi de 10h à 13h.

Hébergement

Pas moins de six campings sur cette bande de terre qui attire beaucoup de monde en juillet-août.

AUBERGE DE JEUNESSE
Numitvej 5 ✆ +45 97 31 21 05
www.hvidesande.dk
A côté de Ringkøbingfjord. Dans les dunes de Holmsland. Ouvert toute l'année. Dortoir : 130 Dkr par personne, chambre familiale : 250 Dkr pour 1 personne, de 300 à 400 Dkr pour 2 personnes.

Autre adresse : Parallelvej 2.

SØMANDSHJEM & MISSIONS HOTEL
Bredgade 5 ✆ +45 97 31 10 33
Hôtel des marins, à la décoration rustique.

ESBJERG

On retrouve avec plaisir de la verdure avec une vraie forêt qui commence à Nymindegab. On peut suivre la route de la Marguerite jusqu'à Oksbol, puis la route 463 en direction d'Esbjerg. On pénètre un peu plus dans ce Sud-Ouest du Jutland, quelque peu colonisé par les touristes allemands qui louent la plupart des maisons de vacances de la côte. Esbjerg (83 000 habitants) est avant tout un grand port dédié à la fois à l'industrie et à la pêche, qui s'est développé en moins d'un siècle et demi. Au printemps 1997, la ville s'est enorgueillie de l'inauguration d'un centre artistique (Musikhuset, Havnegade 18, qui abrite salles de concerts et d'expositions) réalisé par Jørn Utzon mais qui n'a pas le flamboyant de l'Opéra de Sydney conçu par le même architecte. Il lui faut pourtant au moins ça pour attirer l'attention : ville récente (fondée à la fin du XIXe siècle), aux rues à angles droits, Esbjerg l'industrieuse n'offre, a priori, aucun charme particulier. Il suffit pourtant de tomber sur la vente du poisson à la criée, le matin sur le port, ou de rencontrer, en bord de mer, quatre géants blancs en béton armé qui regardent la mer du haut de leurs 9 m…

Transports

Train

DFDS SEAWAYS
✆ +45 79 17 79 17
www.dfds.dk
Liaisons directes avec Copenhague toutes les deux heures. Ferry-boats : liaisons avec l'Angleterre toute l'année, la Norvège et les îles Féroé à certaines périodes.

Bus

Gare routière sur Jernbanegade.

Pratique

OFFICE DU TOURISME
Skolegade 33 ✆ +45 75 12 55 99
www.visitesbjerg.com
esbjerg@visitesbjerg.dk
Ouvert du lundi au vendredi de 10h à 17h, le samedi de 10h à 14h30, 10h à 13h hors saison.
Brochures sur la région. On peut consulter Internet gratuitement.

Hébergement

AUBERGE DE JEUNESSE
Gl. Vardevej 80 ✆ +45 75 12 42 58
www.7512.dk
Dortoir : 195 Dkr, chambre double 515 Dkr.

Restaurants

CHRISTIAN IX
Torvet 17
✆ +45 75 12 94 00
www.chr9.dk
kontakt@chr9.dk
Le seul endroit où vous êtes sûr de trouver du monde, même un lundi soir sous la pluie ! Jolie brasserie avec terrasse sur la place piétonne où trône la statue de Christian IX.

RESTAURANT SYDVESTEN

Fiskerihavnsgade 6 ✆ +45 75 12 82 88
www.sydvesten.dk
Ouvert à midi seulement. Menu à partir de 110 Dkr. Restaurant situé sur le port spécialisé en poisson frais. Buffet ou à la carte.

Points d'intérêt

ESBJERG MUSEUM

Torvegade 45 ✆ +45 76 16 39 39
www.esbjergmuseum.dk
Ouvert tous les jours de 10h à 16h. Fermé le lundi hors saison. Entrée : 30 Dk, gratuit pour les moins de 18 ans. Surtout intéressant pour ses salles consacrées à l'ambre (quand elles ne sont pas fermées pour laisser la place à une exposition temporaire, on vérifiera avant d'acheter son billet !). Plusieurs centaines d'objets façonnés à partir de cet or de la Baltique qui renferme parfois des insectes préhistoriques !

L'HOMME RENCONTRE LA MER

Sædding Strand
Mennesket ved havet – L'Homme rencontre la mer. C'est le nom donné par le sculpteur Svend Wiig Hansen à cet ensemble monumental, installé sur la route qui mène à Hjerting : quatre créatures, hautes de 9 m, géants blancs assis face à la mer depuis 1996. Carrure impressionnante, tête de robots en série, leur éclat tranche dans ce paysage de zone industrielle. Très photogénique !

Dans les environs

En quittant Esbjerg vers l'ouest, on pénètre dans une belle région de lande et de sapins. Il faut poursuivre vers la mer, direction Henne, pour atteindre une auberge particulièrement réputée .

ESBJERG FESTUGE

www.esbjerg-festuge.dk
Une réplique du festival de la ville d'Århus, avec concerts, expositions, représentations théâtrales, pendant la deuxième semaine du mois d'août.

HENNE KIRKEBY KRO

Strandvejen 234 ✆ +45 75 25 54 00
www.hennekirkebykro.dk
info@hennekirkebykro.dk
Ouverte du 1er mai au 15 octobre. Compter entre 400 et 800 Dkr pour un bon repas.
On peut y dormir, et surtout y dîner, même si les prix sont assez élevés. Cuisine excellente dans un décor d'auberge authentique, au milieu de la campagne.

Fanø accueille le plus grand festival de cerf-volants au monde.

FANØ

Une île qui a conservé intacts ses hauts-fonds. Les oiseaux de la région sont à l'abri dans les prairies de Fanø. Il n'existe pas de pont reliant l'île avec le continent, il faut prendre un petit ferry qui fait la traversée en 20 minutes (départ toutes les demi-heures en été, toutes les heures le reste de l'année). Cependant, les inconditionnels de l'air pur seront un peu déçus de constater que, sur cette île de promenade, les voitures ont accès à la plage, ce qui gâche un peu sa réputation de plus belle plage du Danemark ; toujours cette inflation de superlatifs !

OFFICE DU TOURISME

Færgevej 1, Nordby
✆ +45 70 26 42 00 – www.visitfanoe.dk
Ouvert de 9h à 17h du lundi au vendredi, le week-end de 10h à 16h, de 10h à 17h et le samedi fermé hors saison.

RIBE

Une des plus belles villes du Danemark, au patrimoine historique et naturel très bien conservé. Cette beauté et cette richesse n'en font pourtant pas une cité musée figée dans le temps. L'ouverture de nouveaux magasins, l'artisanat local et les jeunes qu'on peut croiser dans les cafés nous prouvent que cette ville a aussi un dynamisme intérieur. Ses maisons classées (une centaine) sont toujours habitées, la ville n'est pas morte en dehors de la haute saison touristique.

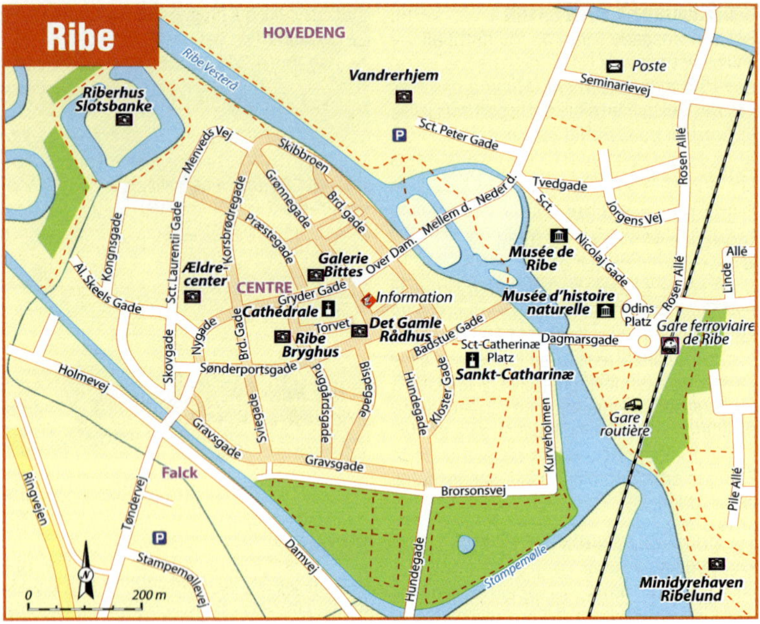

Elle organise des congrès, des manifestations culturelles… Ribe est très agréable à visiter et il doit y faire bon vivre. C'est un bijou historique et architectural, serti dans de vastes plaines. Il est étonnant de voir à quel point la ville se presse autour de sa cathédrale : à peine quitte-t-on le centre que l'on est déjà dans les prés et les champs qui jouxtent le vieux quartier. Le Ribe moderne, en revanche, s'est développé de l'autre côté de la rivière, derrière la gare. Une rivière si bien canalisée aujourd'hui que seuls les petits navires de plaisance et les canoës peuvent y circuler. Les habitants de la région ont choisi de neutraliser le courant tant les caprices de son cours ont été meurtriers à travers les siècles. En 1634, elle est sortie de son lit pour arriver jusqu'au pied de la cathédrale. L'histoire de cette ville commence à l'époque Viking où Ribe formait une escale pour les échanges de marchandises comme la situation géographique en faisait un carrefour idéal sur la route Nord-Sud du commerce, à la fois près de la mer mais suffisamment en retrait pour être protégé. La période médiévale et moderne fut très riche pour cette ville où le commerce, la religion et le pouvoir royal se sont retrouvés afin de lui donner son heure de gloire. A quelques kilomètres de Ribe, on peut visiter l'île de Mandø et observer les richesses offertes par la mer des Wadden.

▶ **Accès :** d'Esbjerg, prendre la route 24 pour Ribe et de l'est prendre la route 23.

Pratique

■ OFFICE DU TOURISME

Torvet 3 © +45 75 42 15 00
www.visitribe.dk – info@visitribe.dk
Ouvert du lundi au vendredi de 9h à 17h, le samedi de 10h à 13h. Derrière la cathédrale. Commission pour les réservations de chambres : 20 kr. On pourra s'y procurer une carte qui octroie 20 % de réduction sur les principales attractions touristiques de la ville. Au prix de 20 Dkr (10 Dkr pour les enfants), elle sera rapidement amortie.

■ POSTE

Près du musée des Beaux-Arts, sur Sankt Nicolaj Gade.

Hébergement

■ AUBERGE DE JEUNESSE DANHOSTEL RIBE

Sankt Pedersgade 16 © +45 75 42 06 20
www.danhostel-ribe.dk
ribe@danhostel.dk
Ouverte du 1er février au 30 novembre. En dortoir : 170 Dkr, chambres individuelles de 1 à 5 personnes : 330 à 580 Dkr par chambre.

Cet établissement, au label La Clef Verte, est très agréable tout comme l'accueil qui vous y est réservé. On ne peut passer qu'un bon séjour dans une ambiance familiale et chaleureuse, guidé par des gérants passionnés par l'histoire de leur ville et par l'écosystème d'une région riche et unique où s'arrêtent de nombreux oiseaux migrateurs. Les chambres sont propres et simples et certaines possèdent une vue magnifique sur la ville, une des plus belles sur la cathédrale de Ribe. Le petit déjeuner est soigné et constitué de produits biologiques. Pour rejoindre le centre-ville, il suffit de traverser la rivière adjacente (une minute à pied) et si on veut se balader dans les environs, on peut louer des vélos auprès du d*anhostel* lui-même. On se trouve aussi au bord d'un champ qui peut être parfois recouvert d'eau si la rivière se met à déborder. A l'endroit de ce champ, le gouvernement de la ville avait décapité et mis sur des piquets la tête de pirates, celles du pirate Morten Thode et de sa bande en 1555 par exemple, afin d'effrayer et de dissuader toute autre tentative de piraterie exécuté sur les bateaux de commerce de Ribe. Un grand parking jouxte l'établissement.

DEN GAMLE ARREST
Torvet 11 ✆ +45 75 42 37 00
www.dengamlearrest.dk
dga@dengamlearrest.dk
Chambre simple : 690 Dkr, chambre double : 890 à 1 090 Dkr (avec salle de bains), petit déjeuner inclus.
C'est l'ancienne prison de la ville, fermée seulement en 1989, située face à l'entrée de la cathédrale. Il faut franchir une impressionnante grille, des barreaux sont toujours aux fenêtres des chambres et l'espace est plutôt réduit : on dort dans les cellules, dont les portes sont fermées par de gros loquets. Les 11 chambres, réparties sur trois étages, proposent le confort minimal, comme il se doit. Salon de thé et magasins de vêtements dans la cour, horaires d'ouverture très variables.

HÔTEL DAGMAR
Torvet 1 ✆ +45 75 42 00 33
www.hoteldagmar.dk
dagmar@hoteldagmar.dk
Face à la cathédrale. Chambre double de 1 145 à 1 645 Dkr, petit déjeuner inclus.
Une maison construite en 1581 et transformée en hôtel en 1850. C'est le plus vieil hôtel du Danemark ! C'est aussi l'établissement le plus cher de la ville mais le plus confortable, en tout cas celui qui propose le plus de services. Le restaurant du haut est très cher avec des menus entre 245 et 585 Dkr et des plats entre 65 et 250 Dkr. Il se dit gastronomique alors que l'autre restaurant, installé dans la cave au sous-sol, propose la même cuisine mais des menus à des prix abordables, entre 235 et 495 Dkr. Les salles sont richement décorées et meublées. Les chambres sont très confortables, la cathédrale (et ses cloches qui ne sonnent pas la nuit), est toute proche, l'accueil est attentif et sympathique : ce bel établissement mérite sa renommée.

Restaurants

SÆLHUNDEN
Skibbroen 13 ✆ +45 75 42 09 46
www.saelhunden.dk
Ouvert tous les jours de 12h à 21h45. Plats (viandes ou poissons) entre 125 et 200 Dkr, desserts entre 50 et 70 Dkr. Un peu moins cher le midi. Cartes en anglais.
Atmosphère très *cosy* à l'intérieur, dans une petite maison basse vieille de 400 ans, classée monument historique, et on peut aussi aller dans le jardin intérieur ou la petite terrasse à l'extérieur au bord de la rivière. Vous pourrez manger « le plat du pêcheur » (115 Dkr) avec thon fumé, crevettes fumées, terrine de poisson et salade ou « le plat préféré du phoque » (139 Dkr) avec une montagne de crevettes roses, des pommes de terre sautées et des œufs brouillés. Un verre de vin vous est offert avec le RibePas (carte ouvrant à des réductions diverses, en vente à l'office du tourisme ou au *danhostel* Ribe).

WEIS' STUE
Torvet 2 ✆ +45 75 42 07 00
www.weisstue.dk – weis@weisstue.dk
Ouvert tous les jours de 11h30 à 20h45. Plats de 85 à 290 Dkr.
Cette auberge lilliputienne date du début du XVIIe siècle. C'est le même propriétaire qui tient l'hôtel Dagmar. On y sert une excellente cuisine danoise. Attention à la tête : la maison est divisée en plusieurs petites pièces aux pavés irréguliers et au plafond à caissons très bas. Les meubles et la décoration forment un bric-à-brac d'authentiques objets de grande valeur (poêle en faïence, vieille horloge, grosses armoires, buffets, vaisseliers…). Une petite cour permet de manger à l'extérieur, entre les vieux murs. Cet établissement fait aussi hôtel. Attention, la cuisine ferme tôt (vers 20h, et le restaurant à 21h).

Sortir

STYGEJERNET

Dagmarsgade 1 ✆ +45 75 41 13 51
www.strygejernet.dk
anderspony@gmail.com
Fermé le dimanche et le lundi. Ouvert à partir de 15h le mardi, mercredi et jeudi, 13h les autres jours et ferme lorsqu'il n'y a plus de clients le soir.
Un pub à l'angle de deux rues de la vieille ville, près de la cathédrale. L'ambiance est tranquille et sympathique, on peut y regarder les matchs de foot à la télévision avec les jeunes de Ribe en buvant une bonne bière.

Shopping – Cafés – Épiceries

Le concept existe notamment dans la ville de Ribe : certains lieux allient endroits charmants et boutiques qui ressemblent à des salons de thé *hype* où l'on peut admirer des tableaux, boire un café ou une bière, grignoter une pâtisserie, un sandwich ou une salade, acheter de l'épicerie fine, un objet design, le vêtement d'un petit créateur ou un objet de brocante.

QUEDENS GAARD

Overdammen 10 ✆ +45 75 41 10 50
www.quedensgaard.dk
quedens@cafeer.dk
Joli endroit prêt de la rivière, il faut juste oser rentrer pour admirer la décoration de cette ancienne maison musée du XVIIe siècle : le plafond de la première salle évoque en trompe-l'œil une verrière avec des oiseaux, des tableaux, un joli escalier, de grands et beaux miroirs. On y sert à manger le midi et le soir des plats simples pas trop chers (salades, pâtes, croque-monsieur...). Il faut commander au bar, on peut s'installer à l'intérieur ou en terrasse. Ici aussi on peut acheter des habits de petits créateurs et des produits d'épicerie fine. Le personnel est jeune et sympathique.

Dan le vieille ville de Ribe.

Points d'intérêt

CATHÉDRALE

Ouvert du 1er juillet au 15 août de 10h à 17h30, jusqu'à 17h de mai à septembre ; de 11h à 16h hors saison. Le dimanche, seulement après les offices, à partir de 12h. Entrée : 10 Dkr, 5 Dkr pour les 4-14 ans, pour monter dans la tour.
Construite entre 1117 et 1225 à l'emplacement d'églises en bois successivement détruites par le feu, elle a été agrandie depuis, notamment avec un clocher qui servait de tour de garde pour prévenir les inondations. Ce qui explique le mélange des styles, roman et gothique, et des matériaux : brique du Moyen Age, pierre brune et tuffeau gris du Rhin. A l'extérieur, sur le très beau portail, on peut admirer une descente de Croix. La décoration intérieure est subtile et colorée. La pierre d'ambre se modifie sous l'effet du soleil : la couleur beige prend une teinte caramel rosée, très chaleureuse. Des fresques du Moyen Age ornent les deux premiers piliers à droite en entrant. Les arcades, peintes comme à Cordoue, alternent le rouge et le blanc en claveaux égaux. Derrière la chaire, le niveau de l'inondation de 1634 reste indiqué par un trait. Les bancs en bois laissent entrevoir des sculptures et des motifs différents à l'entrée de chaque rangée et d'étranges personnages semblent porter les colonnes au-dessus des piliers porteurs des voûtes de la nef centrale. Les fresques, les mosaïques et les vitraux que l'on découvre derrière l'autel ont été réalisés par l'artiste danois Carl-Henning Pedersen, entre 1982 et 1987. Quoique surprenant, ce mélange de styles de siècles différents n'a rien de choquant tant la cathédrale respire l'harmonie des formes et des couleurs. Ultime trace de modernité et de confort, les haut-parleurs sont nichés dans les bancs ! A noter également, une sculpture en bois représentant saint Georges terrassant le dragon (1475) et la tombe du roi Christophe Ier, mort en 1259, qui se trouvait devant l'autel, et qui

a été déménagée lors de sa restauration, à gauche du chœur principal : il s'agit de la plus ancienne pierre tombale danoise, faite de marbre noir de Belgique. Le sarcophage est en pierre du Rhin. Il faut monter au sommet de la tour pour mieux apprécier le vieux village au milieu des pâturages. Mais accrochez-vous quand le vent souffle.

MONASTÈRE ET ÉGLISE SAINTE-CATHERINE

Eglise et jardin du cloître sont ouverts au public. Tous les jours de 10h à 12h et de 14h à 17h. Entrée du cloître 5 Dkr, à glisser dans un tronc.

Un autre grand témoin de la splendeur catholique de Ribe, avant la Réforme de 1536. L'église date du XVe siècle (le mur sud est le vestige de celle construite en 1228 par les dominicains) et il faut la traverser pour accéder au cloître, dont les galeries sont surmontées de deux étages. Ce couvent de dominicains, le mieux conservé de toute la Scandinavie, a servi d'hôpital et d'asile de fous du XVIe au XIXe siècle avant de se transformer en maison de retraite.

MUSÉE DES BEAUX-ARTS

Sct Nikolaj Gade © +45 75 42 03 62
www.ribe-kunstmuseum.dk
info@ribe-kunstmuseum.dk

Ouvert tous les jours sauf le lundi de 11h à 17h du 1er juillet au 31 août et de 11h à 16h le reste de l'année. Fermé en janvier. Entrée : 70 Dkr, gratuit jusqu'à 18 ans.

Cette maison du XIXe siècle, construite dans le style de la Renaissance flamande, abrite un musée d'art depuis 1891. Il ne faut surtout pas manquer d'y pénétrer. D'abord, on ne s'y bouscule pas, ensuite, on y trouve des trésors de la peinture danoise de 1750 à 1940, répartis sur deux étages par ordre chronologique et par mouvement. On trouve ainsi les peintres de l'âge d'or danois (1800-1850) : Carl Bloch, Lundbye, Willhumsen, Peter Hansen ; ceux appartenant au réalisme (1860-1900) : Viggo Johannsen, Vilhelm Hammershøj… ; les peintres de Skagen (1870-1940), sont là aussi : Krøyer, Anna Ancher, Michael Ancher, dont le grand et très classique tableau, *Baptême dans l'église de Skaw* (1888) et un autre, signé de l'écrivain Holger Drachman, *Après un naufrage* (1872) ; ceux de Fionie (1880-1960), ceux du modernisme classique (1910-1930) et enfin ceux de la période de l'entre-deux-guerres. En visitant quelques musées danois, vous finirez par reconnaître certains peintres ou mouvements ; le musée de Ribe offre un large échantillon de toutes ces périodes qui font l'histoire de l'art danois précontemporain. Le jardin du musée est très charmant et permet de faire une balade bucolique en pleine ville.

> ## L'ambre
>
> Le long de la côte occidentale du Jutland, on ramasse l'ambre depuis l'âge de pierre. C'est une résine fossilisée rejetée par la mer qui provient des forêts immergées il y a une cinquantaine de millions d'années. L'ambre possède la réputation de porter bonheur à celui qui le porte. Utilisé comme mode de paiement, il s'échangeait contre de l'or et du bronze. Aujourd'hui, on le trouve plus sous forme de bijou. Avec un peu de chance, vous aussi, vous pourrez trouver des morceaux d'ambre sur les plages… il paraît qu'on en ramasse plusieurs dizaines de kilos par an dans cette région.

RIBES VIKINGER

Odins Plads © +45 76 88 11 22
www.ribesvikinger.dk
info@ribesvikinger.dk

Ouvert tous les jours de 10h à 18h, jusqu'à 21h le mercredi en été, jusqu'à 16h au printemps et à l'automne, fermé le lundi en hiver. Entrée : 80 Dkr, 40 Dkr pour les enfants, un peu plus cher au mois de juillet.

Les Vikings avaient bâti, de l'autre côté de la rivière Å, une véritable ville dont il ne reste rien, mais qui serait la première cité bâtie en Scandinavie (vers 700). Des fouilles ont mis au jour quelques vestiges intéressants que l'on peut voir dans ce musée qui présente également une reconstitution de la vie à Ribe au Moyen Age. Si vous avez la patience de lire les commentaires ou de regarder les objets dans les différentes vitrines, vous apprendrez beaucoup de choses sur l'histoire de la ville à l'époque médiévale et un peu moins sur l'époque viking ; n'hésitez pas à demander le film traduit en français à l'accueil sur ce sujet (il vous le projette gratuitement) si ça vous intéresse, il dure 10 à 15 minutes environ. Les objets sont pour beaucoup des copies, tout n'est pas daté, ni toujours traduit en anglais ou en allemand. Importante boutique proposant des verres, du linge, des bijoux vikings (et même une boisson faite selon une recette d'époque : le *mjød*). Plusieurs livres dont un en français sur les Vikings de Ribe.

■ **VIEILLE VILLE**

Les distances ne sont pas excessives : une promenade à pied vous entraînera dans des ruelles pavées, bordées de petites maisons à colombages, toutes habitées par des Ribois (une centaine d'entre elles est classée). Tous les soirs, du 1er mai au 15 septembre, des visites guidées gratuites de la ville sont proposées par des bénévoles passionnés d'histoire, costumés en veilleurs de nuit pour la sécurité des villes (prévention des incendies, des inondations, des invasions ou délits commis de nuit), fonction occupée à Ribe du XIVe siècle à la fin du XIXe siècle. Départ à 22h et aussi à 20h en juin, juillet et août devant l'hôtel près de l'office du tourisme. La dernière tournée a eu lieu en 1902, mais le bureau de tourisme local l'a restaurée dès 1932 ! Le veilleur chante pour encourager les gens à éteindre la lumière et dormir et il s'arrête devant chaque lieu intéressant pour donner quelques explications historiques, en danois, puis en anglais. Sur la cheminée de Tåmborg, une vieille maison de pierre rouge, niche un couple de cigognes que vous apercevrez, peut-être, selon la saison (et mieux encore du haut du clocher de la cathédrale). Ribe est la seule ville du Danemark où les cigognes font halte ! Il faut aussi se rendre à l'ouest de la ville, sur Riberhus Slotsbanke, l'emplacement d'un château détruit au XVIIe siècle, dont il reste quelques pierres et les douves d'origine, et où a été construite une sculpture en l'honneur de la reine Dagmar. Bel endroit pour admirer le coucher du soleil et avoir un autre point de vue sur la ville. A la période de Noël, la ville se transforme en un grand calendrier et différentes manifestations sont organisées pour animer la ville.

Dans les environs

■ **RIBE VIKINGECENTER**

Lustrupvej 4, Lustrupholm
✆ +45 75 41 16 11
www.ribevikingecenter.dk
rvc@ribevikingecenter.dk
Ouvert tous les jours de début mai à fin octobre de 11h à 17h, jusqu'à 15h30 en mai, juin, septembre et octobre, fermé le week-end. Entrée : 90 Dkr, 45 Dkr pour les 3-14 ans. A deux kilomètres au sud de Ribe, ont été reconstituées une place de marché de l'année 720 et une ferme de 980. La ville de Ribe est reconstituée telle qu'elle était en 825 à cet emplacement avec 8 maisons où l'on voit travailler les artisans avec les moyens de l'époque. Certains viennent y séjourner pour leurs vacances, vendant les produits de leur artisanat, vêtus et travaillant comme les Vikings. On peut aussi simplement visiter ce drôle de campement, et apprendre à faire son pain (entre autres activités) ou à tirer à l'arc ou admirer les démonstrations de fauconnerie (à 12h30, 13h et 15h selon la période). Grand marché viking chaque année le premier week-end de mai.

MANDØ

Une île accessible à pied (enfin, en tracteur, ou en voiture, mais c'est risqué !) à marée basse où l'on peut apercevoir quelques phoques sur ses plages.

▶ **Accès :** se rendre à Vester-Vested (bus depuis Ribe), près du Vadehavet Centret/ Wadden Sea Centre. Il est conseillé de laisser sa voiture sur le parking et de prendre le Mandøbus, un tractobus qui effectue la traversée une à deux fois par jour, selon les marées (✆ +45 75 44 51 07 ou +45 75 44 59 12).

La mer des Wadden ou Vadehavet

La mer des Wadden (Waddenzee en néerlandais, Wattenmeer en allemand, Vadehavet en danois), qui s'étend sur 450 km, le long des côtes de la mer du Nord du Helder aux Pays-Bas jusqu'à Esbjerg au Danemark en passant les zones d'estuaires de la côte allemande, couvre une zone d'environ 10 000 km². Elle est limitée au nord et à l'ouest par les îles de la Frise. Un réseau de chenaux de marée, barres sableuses, vasières, marais salés et îles crée une zone de transition entre la terre et la mer caractérisée par les changements journaliers de la marée, et une forte dynamique de salinité, lumière, oxygène et température. Il en résulte un système complexe qui fournit un habitat exceptionnel à une faune et à une flore très riches. Une coopération trilatérale (Pays-Bas, Allemagne et Danemark) pour la protection de la mer des Wadden a été établie en 1982.

Tarif de l'aller-retour : 75 Dkr (40 Dkr jusqu'à 12 ans). On peut s'abriter du vent à l'intérieur ou rester sur l'impériale. Vous roulerez dans la mer (pendant 6 km), sur un chemin matérialisé par des d'arbustes, jusqu'à cette petite île restée très rurale, qui conserve jalousement son mode de vie et son environnement naturel. Nombreux chemins de promenade balisés, à suivre à vélo (locations auprès du chauffeur du Mandøbus) ou à pied. Vous croiserez oiseaux, moutons, moulin…

À Mandø By (le terminus du tractobus), se trouve une belle petite église datant de 1639, un petit musée et un camping. On peut se restaurer au café Peter With ou dans le Menu and Kro, dans le Mandø Centret.

Informations à l'office du tourisme de Ribe.

ROMØ

Sur l'île de Romø, préférez la plage de l'extrême sud-ouest en continuation de la Sønderstrandvej. Attention à l'ensablement puisqu'on va à la plage avec la voiture ; si cela vous arrive, pas de panique : un 4x4 Autohjælp sillonne la plage pour dégager les conducteurs imprudents. Lui faire signe quand il passe. Lorsqu'il y a peu de monde (par mauvais temps), il stationne près de la buvette. Il existe aussi un camping à Romø, vous pouvez avoir des informations à l'office du tourisme de Romø.

AUBERGE DE JEUNESSE

V/Helle Jorgensen, Lyngvejen 7, Melby
✆ +45 74 45 51 88 – romo@danhostel.dk

OFFICE DE TOURISME

✆ +45 74 75 51 30
www.tourisme-romorantin.com

JUTLAND DU SUD-EST

HORSENS

Au nord-est de Vejle, sur le Vejle Fjord, cette ville a conservé de belles maisons du XVIIIe siècle. Tout près se situe une région surnommée le Lagon vert.

Pratique

OFFICE DU TOURISME

Søndergade 26 ✆ +45 75 60 21 20
www.visithorsens.dk – info@visithorsens.dk
Ouvert du lundi au vendredi de 10h à 17h30, samedi jusqu'à 14h du 1er juillet au 31 août. Ferme 1 heure plus tôt le reste de l'année.

Hébergement – Restaurant

AUBERGE DE JEUNESSE

Flintebakken 150 ✆ +45 75 61 67 77
Proche de la réserve ornithologique de Nørrestrand. Dortoir 225 Dkr, chambre simple 400 Dkr, chambre double 450 Dkr.

JØRGENSENS HOTEL

Søndergade 17-19 ✆ +45 75 62 16 00
www.jorgensens-hotel.dk
booking@jorgensens-hotel.dk
Chambre simple : de 750 à 1 150 Dkr, chambre double : de 850 à 1 250 Dkr.
Aménagé dans le palais Lichtenberg, bâtiment baroque aux salles rococo superbement conservées. Quelques chambres ont conservé leur décoration d'origine (cette maison de marchand, bâtie en 1744, a été transformée en hôtel en 1812). Un 4-étoiles de cette qualité, qui se fait abordable chaque été, il faut en profiter ! Restaurant avec terrasse sur la rue piétonnière.

RESTAURANT EYDES KAELDER

Sondergade 17 ✆ +45 75 62 61 23
Ouvert tous les jours de 11h à 22h. Plats autour de 100 Dkr. Une brasserie médievale où l'on mange des plats consistants à la terrasse ou dans une très grande cave voûtée.

Points d'intérêt

FESTIVAL EUROPÉEN DU MOYEN ÂGE

www.middelalderfestival.dk
Dernier week-end d'août.
Tournois équestres, musique et théâtre, Horsens se transforme le temps d'un week-end en un vaste marché médiéval.

HORSENS KUNSTMUSEUM (MUSÉE DES BEAUX-ARTS)

Carolinelundsvej 2 ✆ +45 76 29 23 70
www.horsenskunstmuseum.dk
Ouvert du mardi au vendredi de 10h à 16h, samedi et dimanche de 10h à 17h en juillet et août, et ouvre 1 heure plus tard le reste de l'année. Entrée : 30 Dkr, gratuit jusqu'à 18 ans.

Situé dans un parc, il présente notamment une belle collection de toiles de l'âge d'or. Une nouvelle aile abrite une importante collection d'art danois contemporain.

HORSENS MUSEUM
Sundvej 1A ✆ +45 76 29 23 50
www.horsensmuseum.dk
horsensmuseum@horsens.dk
Ouvert tous les jours de 10h à 16h entre le 1er juillet et le 31 août, de 11h à 16h le reste de l'année. Entrée : 30 Dkr, gratuit jusqu'à 18 ans.
Archéologie, argenterie, et l'histoire de Vitus Bering, né à Horsens (en 1681), explorateur resté dans l'histoire pour avoir découvert que l'Asie et l'Amérique étaient des continents séparés. Il a été le premier à cartographier la côte ouest de l'Alaska. Son nom a été donné au détroit qui sépare l'Amérique du Nord de la Russie.

ÎLE DE SAMSØ

Depuis Horsens, comme depuis Århus, prendre la route 451 puis, à Odder, la direction Hov. C'est de là que part le ferry pour Samsø (la traversée dure 1h15), vaste île aux paysages paisibles. Idéale pour des randonnées à vélo, avec de nombreuses plages. On y trouve aussi le plus grand labyrinthe du monde (selon leurs propriétaires) : 6 hectares et 5 km de chemins et de pistes, bordés de sapins, ouvert en mai 2000 à Nordby, au nord de l'île.

OFFICE DU TOURISME
Langgade 32, Tranebjerg
✆ +45 86 59 14 00

BILLUND

La ville de Lego : usines, aéroport, hôtel, immense parking gratuit de 7 000 places et le fameux parc d'attractions Legoland, entre *high-tech*, Disneyland et Tivoli…

Ole Kirk Christiansen, le créateur de Lego

Il était une fois en 1930 un jeune menuisier charpentier au chômage, Ole Kirk Christiansen, qui décida de se consacrer à la fabrication de jouets en bois. Au bout de quelque temps, une petite usine s'ouvrit et ses jouets portèrent le nom de Lego… Un nom qui provient de *Leg godt*, qui signifie « joue bien » en danois. Il commença à produire plusieurs jouets, en s'entourant d'enfants, car selon Christiansen « l'enfant dont on laisse librement s'épanouir l'imagination est capable de créer un monde beaucoup plus riche et ingénieux que celui des adultes ». A la fin de la Seconde Guerre mondiale, le plastique fait son apparition et permet au fils de Ole Kirk crée la fameuse petite brique ! Depuis, celle-ci connaît un succès grandissant et Lego est devenu aujourd'hui l'une des références mondiales de marque de jouets.

Transports

Voiture

▶ **Depuis le sud du Danemark,** prendre l'autoroute E45 jusqu'à la sortie 63. Route 441 vers Bredsten, puis 28 pour Billund ou 176 via Egtved. Depuis le nord : E45 jusqu'à la sortie n° 60 (Vejle nord), puis route 28.

▶ **Depuis la Fionie :** autoroute E20 vers Vejle et Århus, sortie 61 (Vejle sud), route 18 vers Vejle, puis 28 pour Billund. On est ici à 260 km de Copenhague, 101 km d'Århus.

Train

Les gares les plus proches (moins d'1 heure de route) : Vejle, Kolding, Fredericia.

Avion

L'aéroport est devenu une plate-forme de correspondance, pour la compagnie Maersk notamment. Vols directs depuis Paris et Bruxelles.

Pratique

OFFICE DU TOURISME
Rådhuscentret 16
✆ +45 79 72 72 02
✆ +45 79 72 72 99
visitbillund.dk
Dans le parc de Legoland, avec une entrée sur l'extérieur, côté route. Egalement à l'aéroport.

Hébergement

A moins de passer la nuit au camping (Ellerhammer Allé 2) à 500 m du parc de Legoland, il n'est guère bon marché de dormir à l'hôtel. L'ancienne auberge de jeunesse a été judicieusement réaménagée et rebaptisée par la firme Lego en 2003 (Legoland Village), et le prix de l'hébergement est nettement moins intéressant.

■ **LEGOLAND VILLAGE**
Ellehammers Allé 2
✆ +45 75 33 27 77
www.legolandvillage.dk
info@legoland-village.dk
Chambre simple ; 825 Dkr, 595 Dkr hors saison. Chambre double 925 Dkr, 695 Dkr hors saison. Si vous choisissez de rester dormir ici, sachez que l'hôtel 4-étoiles du parc Legoland n'offre pas de chambres à moins de 1 600 Dkr.

Point d'intérêt

LEGOLAND
Nordmarksvej 9
✆ +45 75 33 13 33
www.legoland.dk – info@legoland.dk
Route 30 puis 28 depuis Esbjerg. Depuis Ribe : 32, 417, 469 et 425. Aérodrome à proximité. 7 000 places de parking gratuit ! Le parc est ouvert de début avril à fin octobre, de 10h à 20h, 21h de début juillet à mi-août. Entrée : 279 Dkr, gratuit jusqu'à 2 ans, 249 Dkr de 3 à 12 ans, 249 Dkr pour les plus de 60 ans, donnant accès à toutes les attractions (sauf aux activités de l'école de conduite).
Vous pouvez arriver en avance le matin : en été, le parc ouvre parfois ses portes vers 9h30, lorsqu'il y a déjà beaucoup de monde ! Un grand parc d'attractions qui affiche ses valeurs : créativité, jeu et développement de l'enfant. Mais c'est aussi une vaste vitrine commerciale pour la brique de plastique connue dans le monde entier. Le parc, qui ne cesse de s'agrandir, a fait appel à des thématiques et des jeux que l'on retrouve ailleurs, comme les cow-boys, les Indiens ou les pirates… Mais la nostalgie de l'enfance pour les plus grands, ou la conversion des Lego d'aujourd'hui aux logiciels d'ordinateur pour la nouvelle génération, ne peut que séduire toute la famille (on y reste en moyenne 6 heures, selon les calculs officiels !). Le succès de Legoland a été foudroyant dès le début. Lors de son ouverture, en 1968, 600 000 personnes se sont pressées aux portes. Il n'y avait alors qu'une seule entrée et 2 toilettes… Après cette année record, le parc a trouvé un rythme d'entrées normal (pour parvenir, en 2000, à près d'1,7 million en 2009). Dans le même temps, le parc s'est lui-même agrandi d'un tiers. Il y a aujourd'hui plus de 50 attractions. On visite très agréablement le mini-Land des origines : les monuments de Copenhague (900 000 briques de Lego pour le palais d'Amalienborg, dont 40 000 rien que pour les fenêtres !), Ribe, le port de Skagen, et autres villes du royaume, des paysages de Scandinavie et d'ailleurs (mais pas de France : on trouve pourtant aussi bien le Taj Mahal que la statue de la Liberté, mais même pas la tour Eiffel. Et le prince Henrik ne dit rien ?). Des trains, des bateaux, passent d'un site à un autre… Tout est sonorisé et animé à distance par un ordinateur, y compris les avions qui circulent sur les pistes d'un aéroport inspiré de celui de Munich au 1/50. Admirez les bonzaïs soigneusement choisis et implantés dans cet univers lilliputien. Eux ne sont pas en Lego. Les nouveaux espaces gagnés sur un terrain encore vierge (le parc est situé hors de la ville) sont moins originaux : ambiance western ou fête foraine. Les enfants peuvent passer leur « permis de conduire » dans une voiture en Lego, assister au combat des pirates ou bâtir des robots bourrés d'électronique. Il faut visiter l'exquis et minuscule palais de Titania, construit en Irlande entre 1907 et 1922 et acheté par Legoland lors d'une vente chez Christie's en 1978. Ici, à la différence du plastique Lego, tout est luxueusement miniaturisé : cristal, perles et pierres précieuses… Juste à côté, il y a une collection de 400 poupées, fabriquées entre 1580 et 1900. Vous n'échapperez pas à la grande boutique qui vend des boîtes de Lego et des souvenirs divers. Elle est souvent prise d'assaut, même si les prix ne sont pas forcément moins chers que dans la petite boutique Lego de l'aéroport de Copenhague, mais le choix est immense ! Il existe désormais d'autres parcs Legoland dans le monde : en Angleterre, à 35 km de Londres, près du château de Windsor, aux Etats-Unis (à Carlsbad, près de San Diego, au sud de la Californie), en Allemagne, près de Munich et bientôt à Dubai et en Malaisie.

JELLING

La première capitale du royaume du Danemark ! Une gloire qui aura duré à peine l'espace d'un siècle. C'était à l'époque où le territoire de ce qui s'appelait déjà le Danemark s'étendait sur toute la presqu'île du Jutland, à partir d'Ejderen. Aujourd'hui ce village de moins de 3 000 habitants fait l'objet d'un culte national comme lieu fondateur du pays… Le site classé patrimoine mondial de l'Unesco et son musée tout neuf vous dévoilent les secrets de ce mythe historique danois.

▸ **Accès.** A une dizaine de kilomètres de Vejle, route 18 ou 442. Train DSB ou petit train à vapeur.

JUTLAND

Transports – Pratique

KLK

✆ +45 75 58 60 60 – www.klk.dk

Pour 20 minutes, 90 Dkr, 50 Dkr pour les enfants. Billets en vente à bord, réservation uniquement pour les groupes.

Petit train à vapeur qui relie Vejle et Jelling (et poursuit jusqu'à Gadbjerg) le dimanche en juillet et jusqu'à mi-août.

OFFICE DU TOURISME

c/o Kongernes Jelling, Gormsgade 23

✆ +45 75 87 13 01

www.visitvejle.com

Ouvert tous les jours du 15 juin à fin août de 10h à 17h.

A l'accueil du nouveau musée Kongernes Jelling, face aux « tertres royaux ». A noter qu'il existe un fascicule en français sur les trésors de Jelling.

Points d'intérêt

ÉGLISE

Ouvert de 8h à 17, jusqu'à 16h du 1er novembre au 28 février. Entrée gratuite. Brochure en anglais 5 Dkr.

Bâtie vers 1100, après la destruction par des incendies de trois églises successivement reconstruites, cette église a révélé au cours d'une restauration en 1970, un important secret : un tombeau sous le chœur, avec des ossements et des indices prouvant qu'il s'agissait du corps qui aurait dû se trouver dans le tertre nord. Sans doute avait-on transféré ici les restes du roi Gorm, pour lui donner une sépulture chrétienne. Des bijoux ont également été découverts. Quant à Thyra, absente du tertre comme de l'église, elle court toujours... Pour marquer l'an 2000, une sépulture chrétienne a été rendue au premier roi danois : les ossements de Gorm le Vieux ont été transférés, le 30 août 2000, du Musée national de Copenhague à une niche dans l'église, totalement restaurée pour l'occasion ! On peut voir sur le sol une plaque scellée portant en danois ces mots « Roi Gorm. Enterré dans le tertre en 959 et enterré plus tard ici ». Une commission a confié au sculpteur Jørn Larsen ler soin de réaménager l'église pour l'occasion : il a intégré les anciens éléments, accumulés au fil des siècles à de nouvelles réalisations (rangée de lampes contemporaines, pierre rouge de Suède pour le sol, avec incrustation d'une pierre de granit, vitrail français, velours vénitien au pied des bancs, etc.). Quand on remplaça en 1100 environ l'église de bois par une église en pierres calcaire, on décora le chœur de peintures à la chaux qui comptent parmi les plus anciennes et les plus intéressantes du Danemark par leur style quasi-byzantin. La restauration a été parfois trop directe et a conduit à des contresens : là où les fresques étaient effacées, on en a inventé de nouvelles. Sur le mur sud du chœur, les fresques à la chaux étaient complètement détruites par un incendie. Un nouvel ensemble de peintures y fut ajouté en 1926 par J. Th. Skovgaard, fils de Joaquim Skovgaard, le peintre de la cathédrale de Viborg. L'ensemble intérieur est tout à fait harmonieux malgré l'accumulation d'éléments d'époque différente. Le 3 décembre 2000, la reine Margrethe, le prince Henrik, le Premier ministre Poul Nyrup Rasmussen et tous les hauts dignitaires du royaume assistaient à une cérémonie inaugurant la nouvelle église, à la fois nouvelle tombe du premier roi et berceau du mythe national danois. Elle est entourée d'un cimetière charmant où la nature et le sens de la décoration en font un lieu agréable, comme l'est le reste du territoire danois.

KONGERNES JELLING

Gormsgade 23

✆ +45 75 87 23 50

www.kongernesjelling.dk

Ouvert tous les jours de 10h à 17h, 16h en septembre, de 12h à 16h d'octobre à avril et fermé le lundi. L'entrée est gratuite.

Le musée, où se trouve également l'office du tourisme, appartient au National Museet de Copenhague depuis le 1er janvier 2007 et reçoit régulièrement des expositions de qualité en provenance de ce dernier. Pour mieux comprendre l'importance du lieu, ses enjeux et l'historique même de sa mise en valeur, il faut se rendre dans ce musée, ouvert en 2000. Une façade vitrée, donnant sur les tertres et l'église (la dernière maison construite à proximité a été démolie en 1995 pour ne plus cacher la vue !), abrite 350 m² d'une exposition faite de beaucoup de panneaux et de photos, et de reproductions d'objets trouvés dans les chambres funéraires, dont les originaux se trouvent dans les vitrines du Musée national à Copenhague. On apprend ainsi que le site a été un lieu de pèlerinage et de tourisme, qu'on pouvait même pénétrer à l'intérieur des tertres, jusqu'à ce que tout s'effondre en 1878 ! Instructif aussi sur le sentiment nationaliste du pays, et comment il se construisit sur une certaine mystification, à

© VISITDENMARK / CEES VAN ROEDEN

Les pierres runiques de Jelling mentionnent pour la première fois le mot « Danemark ».

la façon du Vercingétorix des livres d'histoire de France. Ainsi, l'arbre généalogique de la famille royale : un grand panneau illustré des profils des pièces de monnaie ou de reproductions de tableaux – quand ils existent – montre le visage de tous les souverains depuis Gorm le Vieux. Ou comment prouver, même si c'est un peu tiré par les cheveux, que la reine Margrethe II descend en ligne directe du premier roi viking du Danemark ! Le musée est relativement moderne et mérite une visite comme le site fondateur de l'histoire danoise, pour le reste chacun est libre de son jugement historique. Une grande boutique se trouve dans le hall au niveau de l'office du tourisme, vous y trouverez toutes sortes de documents et d'objets en lien avec l'histoire viking.

■ PIERRES RUNIQUES

Devant l'entrée de l'église. La plus petite a été élevée par le roi Gorm le Vieux pour sa femme Thyra (chose très rare : seuls les hommes en général bénéficiaient d'un tel honneur !). L'inscription en runique signifie « Gorm a fait ceci pour Thyra sa femme, la gloire du Danemark ». Une phrase importante : le mot Danemark est cité pour la première fois et c'est à partir du roi Gorm que l'on connaît de façon continue la lignée des rois du Danemark. Sur la seconde pierre, élevée sans doute en 965, il est écrit : « Le roi Harald fit ériger ces pierres en l'honneur de son père Gorm et de sa mère Thyra. Le roi Harald qui a conquis le Danemark et la Norvège et rendu les Danois chrétiens. » Ainsi, le fils de Gorm a augmenté le territoire de son père et introduit le christianisme (on peut voir sur cette pierre la plus ancienne représentation du Christ en Scandinavie). Le sommet de la pierre se trouve à distance exactement égale des deux sommets des tertres royaux. Après ces hommages, Harald a déplacé sa capitale dans le nouveau centre du royaume agrandi, Roskilde. Quant à cette pierre de granit, elle était sans doute polychrome à l'origine. Un moulage peint de couleurs très vives, d'après les spéculations d'un historien, est exposé dans le nouveau musée de Jelling.

■ SITE COMMÉMORATIF ET FUNÉRAIRE DE JELLING

Composé de deux tertres royaux, de pierres runiques et d'une église, le site a été classé en 1994 au patrimoine mondial de l'Unesco. Deux buttes artificielles élevées au Xe siècle encadrent deux pierres runiques et une église romane du XIe siècle. Pour l'instant rien d'extraordinaire sauf que tout cela date de l'époque du premier roi viking du Danemark, Gorm le vieux, et de son fils, premier roi viking chrétien du Danemark, Harald à la dent bleue, et c'est aussi la première fois que le mot « Danemark » est écrit sur le territoire danois.

TERTRES ROYAUX
Accessibles gratuitement.
Ces tumulus aux sommets aplatis, piqués d'une hampe où flotte un grand drapeau danois, datent de la fin du Xe siècle. Ils ont été baptisés du nom du roi Gorm pour le plus grand (70 m de haut), et de Thyra, son épouse, pour le plus petit (65 m). On supposait que les tertres marquaient l'endroit où était enterré le couple royal ; les fouilles pratiquées au XIXe siècle l'ont démenti. Dans le plus grand des tertres, au nord, celui de Gorm, on trouva bien un tombeau et quelques objets funéraires, dont une petite timbale en vermeil. Mais point d'ossements. Et dans le second, pas même la trace d'un tombeau. En 1940, fut découvert, sous la terre, un échafaudage en bois qui montre comment on avait construit, en deux fois, ce second tertre, à but commémoratif et non pas funéraire. En réalité, les ossements de Gorm le Vieux se trouvaient sous l'église toute proche, élevée par son fils, Harald à la dent bleue, pour donner une sépulture chrétienne à son père, premier roi du Danemark…

Dans les environs

PARC AUX LIONS (LØVEPARKEN)
Løveparkvej 3, Givskud
✆ +45 75 73 02 22
www.givskudzoo.dk – info@givskudzoo.dk
Au nord de Jelling, par la route 18 direction Brande, juste avant d'arriver à Givskud. Ouvert de mi-avril à mi-octobre, tous les jours de 10h à 18h, 20h de mi-juin à mi-août. Entrée : 160 Dkr, enfants de 3 à 11 ans : 95 Dkr. Il s'agit d'un zoo, comportant un parc de 60 hecatres dans lequel évoluent en liberté des lions, des girafes, un rhinocéros, des oiseaux rares, et un enclos pour un panda… En tout, près d'un millier d'animaux. On peut le parcourir à pied (9 km de chemins au total), avec sa voiture (la route fait 3,5 km), ou en prenant un bus spécial (30 Dkr) ou le train safari (15 Dkr).

VEJLE

Plusieurs fois incendiée au cours des siècles, d'un développement industriel récent, cette ville de 50 000 habitants n'a pas beaucoup de charme. C'est son environnement et sa situation qui attirent l'attention : l'agglomération est cernée de tous côtés par les bois. Il faut absolument se rendre au sud-est de la ville (prendre Ibaek Strandvej) pour avoir un aperçu de la situation de la cité, nichée au fond d'un fjord. Six kilomètres plus loin, en prenant une route en lacets digne des meilleurs paysages de montagne, on arrive à Munkebjerg, à 93 m de hauteur au-dessus du fjord. On y trouve un hôtel de luxe qui dispose de l'un des rares casinos du royaume. Vejle se réveille par moments : en mai, se déroule un Kultursymfoni qui voit les rues s'animer, entre théâtre en plein air joué par des enfants ou des adultes, expositions, concerts, rencontres sportives…

Transports – Pratique

Accès. Autoroute E45 de Kolding ou Århus. Route 28 depuis Legoland, 18 depuis Jelling. Un vieux train à vapeur circule l'été. Renseignements à l'office du tourisme.

OFFICE DU TOURISME
Banegårdspladsen 6
✆ +45 75 82 19 55 – www.visitvejle.com
Près de la gare. Ouvert en été de 9h30 à 17h30 du lundi au vendredi, le samedi de 9h30 à 13h. Fermé le dimanche.

Restaurant

CAFÉ CONRAD
Søndergade 14 ✆ +45 75 72 01 22
www.conradcafe.dk
martin@conradcafe.dk
Dans l'enceinte du Smidste Gård, où se trouve le musée de la Ville (Vejle Museum) et des boutiques d'antiquités et de cadeaux. Cour pavée bordée de murs ocre aux colombages rouges, un bel ensemble du début du XIXe siècle, appartenant à un marchand, au cœur de la ville. Le café, qui est plutôt un pub, assure un service en terrasse dès qu'il fait beau.

Point d'intérêt

VEJLE KUNSTMUSEUM (MUSÉE DES BEAUX-ARTS)
Flegborg 16 ✆ +45 75 72 31 99
www.vejlekunstmuseum.dk
Ouvert tous les jours sauf le lundi de 11h à 17h de début avril à fin octobre, jusqu'à 16h hors saison. Entrée : 55 Dkr, gratuit pour les enfants.
Des tableaux des peintres danois vedettes : Lundstrøm et son *Modèle avec bas* (1941), Anna et Michael Ancher, Ole Olsen, Jens Ferdinand Willhumsen, des reliefs de Thorvaldsen, mais aussi des toiles du plus coté des peintres des îles Féroé : Samal-Joensen Mikines.

EGTVED

Au sud-ouest de Vejle, par la route 417.

OFFICE DU TOURISME

Vestergade 47
✆ +45 75 55 13 99
Ouvert de fin juin à fin juillet du lundi au vendredi de 10h à 17h. Samedi de 10h à 13h.

TORSKIND GRUSGRAV (CARRIÈRE DE TORSKIND)

Au nord d'Egtved, par la route 35.
Robert Jacobsen, « le grand Robert », habita à Egtved jusqu'à sa mort en 1993. Il a conçu (1987-1991) l'aménagement de cette ancienne carrière, en collaboration avec le Français Jean Clareboudt : sculpture de paysage. Une combinaison de la sculpture et de la nature, mettant en scène le fer, le granit et le bois. Les œuvres signées Jacobsen sont entourées des montages de Clareboudt. Très belle vue sur la vallée de la rivière Ådal.

FREDERICIA

On aurait tort de ne pas s'arrêter dans cette ville, que l'on aperçoit du pont du Lille Bælt qui relie le Jutland à la Fionie. Cette cité militaire a été bâtie à angles droits par Frederik III (d'où son nom) en 1650, lors des guerres contre la Suède. Elle a joué à nouveau pleinement son rôle de forteresse au XIXe siècle : l'armée danoise réussit le 6 juillet 1849 à faire lever le siège des assaillants du Schleswig, pourtant appuyés par des troupes prussiennes.
Victoire déterminante dans la signature de la paix en 1850. Ruines de vieux remparts et monuments aux morts témoignent de ce passé guerrier. Mais Fredericia a été aussi une ville au statut spécial : ses habitants étaient exemptés d'impôts, la ville jouissait d'une totale liberté de culte et de conscience, inconnue ailleurs dans le royaume comme un peu partout en Europe. Fredericia pouvait même accueillir des malfaiteurs en fuite ! Mais c'est pour pratiquer librement leur religion que de nombreux protestants, chassés de France à la suite de la révocation de l'édit de Nantes (1685), ont trouvé refuge ici. Ils apportèrent avec eux la culture de la pomme de terre et la préparation du tabac (la dernière manufacture a fermé seulement en 1982). Beaucoup de familles de Fredericia portent d'ailleurs aujourd'hui un nom français.

Transports – Pratique

Accès. En train ou bien route 421, depuis Vejle, route 161 depuis Kolding ou Odense (ou quitter l'autoroute E20 juste avant le pont qui relie le Jutland à la Fionie).

OFFICE DU TOURISME

Vendersgade 30D ✆ +45 72 11 35 11
www.visitfredericia.dk
turisme@fredericiakom.d k
Ouvert du lundi au vendredi de 9h30 à 17h, jusqu'à 16h hors saison.

Balade

Bien que la ville soit toute en angles droits et que les cheminées d'usine crachent leur fumée au bout des perspectives, il y a tout de même des choses agréables à voir en se promenant ! Prenez Sjællandsgade et vous découvrirez à l'angle de Dronningensgade une église édifiée par les huguenots français : Reformen Kirke, l'église réformée (1735). Dans la rue, sur un mur tout proche, subsiste une inscription en français : *L'Amour de Dieu l'a désiré. La prière l'a obtenu. Au nom de Christ les frères les plus éloignés ont répondu à leurs frères. A Dieu seul soit la gloire !* Regardez aussi le fronton de l'église et les tombes du cimetière qui l'entoure. En poursuivant jusqu'au croisement avec la rue Kongensgade, on trouve à l'angle la plus ancienne maison de la ville, qui date de 1660. Les maisons, comme les églises, bâties dans cette forteresse, ne devaient pas dépasser la hauteur des murailles. Et ce n'est qu'en 1909 que l'on a commencé à construire au-delà de l'enceinte historique.

KOLDING

Une ville de passage, que l'on contourne sans s'arrêter pour aller vers le nord du Jutland, ou bien à Copenhague via la Fionie. Et pourtant, il y a ici deux lieux uniques au monde à ne pas manquer : des ruines historiques protégées par une architecture contemporaine très imaginative et un musée d'Art moderne d'une conception bien particulière. Avec ses 60 000 habitants, Kolding fait preuve d'une activité culturelle très importante. On y trouve également beaucoup de jeunes avec un esprit artistico-marginal à tendance « glandeur » assez répandu. La géographie de la cité est un brin compliquée : des boulevards nommés *ring* entourent le centre avec ses rues piétonnes, son château et son lac, puis la gare et le port, le tout sur une pente assez forte s'inclinant vers le fjord qui porte le nom de la ville…

Transports – Pratique

Accès. La ville est au carrefour des grandes voies qui arrivent de l'Allemagne (autoroute E45-E20) vers le nord du Jutland ou de Copenhague via la Fionie. Liaisons en train avec tout le reste du pays.

KOLDING TAXA
✆ +45 75 52 15 00
www.koldingtaxa.dk

KRONG TAXI
✆ +45 75 50 27 00

OFFICE DU TOURISME
Akseltorv 8
✆ +45 76 33 21 00
A l'angle de la place de la mairie. Ouvert du lundi au vendredi de 9h30 à 17h30, 19h du 1er juillet au 15 août, le samedi de 9h30 à 14h.

Hébergement

AUBERGE DE JEUNESSE
Ørnsborgvej 10
✆ +45 75 50 91 40
www.danhostel.dk/kolding
kolding@danhostel.dk
Chambre familiale 350 Dkr pour 1 personne, de 400 à 500 Dkr pour 2 personnes.
A 10 minutes du centre-ville, au nord de la ville, avec vue plongeante sur Kolding, son château et son fjord. Accueil pas toujours empressé.

KOLDINGFJORD HOTEL
Fjordvej 154 ✆ +45 75 51 00 00
www.koldingfjord.dk
hotel@koldingfjord.dk
Chambre simple à partir de 1 345 Dkr, chambre double à partir de 1 645 Dkr. Petit déjeuner compris. Très grand établissement de pierre (on dirait un château) qui abritait autrefois une sorte d'asile. Même si les tarifs sont prohibitifs (se renseigner tout de même sur certaines remises pratiquées l'été et les week-ends), c'est l'un des plus beaux hôtels de luxe du royaume. Situation idyllique, dans la forêt, au bord du fjord sur lequel passent paisiblement quelques bateaux. Repris par la chaîne Radisson SAS. Mais, jusque dans les palaces, la francophonie est en net recul : aucune brochure ou indication en français. Accueil poli, sans plus. On peut simplement venir y boire une bière sur la terrasse en contrebas, face aux pontons des bords du fjord. Bon restaurant également (menu à partir de 400 Dkr).

SAXILDHUS HOTEL
Banegårdspladsen, Jernbanegade 39
✆ +45 75 52 12 00 – www.saxildhus.dk
saxildhus@millinghotels.dk
Dans un immeuble d'angle, face à la gare. A partir de 775 Dkr par personne.
Bel établissement. Les tarifs les moins chers sont pratiqués le week-end et lorsque les hommes d'affaires sont en congés, c'est alors l'occasion de profiter des prestations d'un hôtel 4-étoiles au prix de celles d'un 3-étoiles à Kolding.

Restaurants

ADMIRALEN
Toldboldgade 14 ✆ +45 75 52 04 21
www.admiralen.dk
admiralen@admiralen.dk
Environ 200 Dkr pour le plat principal.
Dans le port de Kolding, ce restaurant très coté a fait du poisson sa spécialité.

A HEREFORD BEEFSTOUW
Helligkorsgade 20 ✆ +45 75 52 00 87
Près du quartier piéton. Bonnes viandes, mais prix assez élevés.

PARAPLYEN
Adelgade 10 ✆ +45 75 53 85 98
Ouvert tous les jours de 9h à 19h, samedi de 9h à 14h, dimanche de 13h à 17h (la cuisine ferme à 18h15). Géré par une association de chômeurs, il est ouvert à tous. Le cadre est agréable, vieux miroirs, murs clairs et bougies sur les tables, avec de larges vitres ouvrant sur la rue. Mais n'espérez pas y boire une bière ou un verre de vin, cet endroit ne dispose pas de licence permettant de servir de l'alcool. Café aux tarifs très bon marché !

Sortir

La rue la plus animée le soir, c'est Munkegade. On y trouve toutes sortes de restaurants aux cuisines du monde entier, des marchands de sandwichs pas chers, ouverts tard le soir, et aussi de nombreux cafés, dont certains sont plus « alternatifs » que d'autres :

CRAZY DAISY
Jernbanegade 13 ✆ +45 75 54 16 88
www.kolding.crazydaisy.dk
Une boîte de nuit plutôt jeune.

TAVLEN
Munkegade 10 ✆ +45 75 52 58 91
www.tavlen.org – post@tavlen.org
Le plafond et le dessus des tables sont des tableaux noirs, les craies sont à la disposition

de tous pour laisser courir son imagination. On y joue aux fléchettes. C'est un endroit où les jeunes de Kolding passent tranquillement une partie de la nuit. Certains soirs, il faut payer une entrée qui comprend une boisson. Le samedi à midi, concert de jazz. Sert également des petits plats.

■ TORDENSKJOLD

Akseltorv 2B ✆ +45 76 30 73 13
Discothèque située juste en face de la mairie. Le lieu de rendez-vous des étudiants de l'Ecole des arts et métiers de Kolding.

Points d'intérêt

■ GEOGRAFISK HAVE (JARDIN GÉOGRAPHIQUE)

Christian IV vej ✆ +45 75 50 38 80
Accès : bus 2. Du 1er mai au 30 septembre, de 10h à 18h. Entrée 50 Dkr, gratuit jusqu'à 10 ans, 25 Dkr jusqu'à 16 ans.
Un jardin botanique de 12 hectares où les arbres et les fleurs sont regroupés en fonction de leur origine. On y trouve la plus grande plantation de bambous d'Europe.

KOLDINGHUS

Markdannersgade 11
✆ +45 76 33 81 00 – www.koldinghus.dk
cafe.koldinghus@koldingfjord.dk
Accès : bus 2. Accès fléché. Ouvert tous les jours de 10h à 17h. Entrée : 70 Dkr, gratuit jusqu'à 12 ans. Attention : le parking le plus proche du château coûte cher.
Ce château domine la ville. Petit café dans la cour. C'est l'exemple le plus spectaculaire de la méthode danoise de restauration des monuments historiques : on remplace le plus souvent ce qui est détruit, contrairement à la France où la politique des monuments historiques est de préserver l'authenticité. Ici, on a fait mieux, on a mis en valeur les parties en ruine de cette forteresse. Koldinghus, édifié en 1238, a été plusieurs fois démoli et incendié, notamment lors d'une occupation par des troupes espagnoles enrôlées par Napoléon en 1808 : les soldats avaient tellement froid qu'ils avaient allumé de grands feux qui furent à l'origine d'un terrible incendie qui ravagea une grande partie du château. Et les ruines sont désormais à l'abri à l'intérieur du château, protégées par un autre mur ! Toute l'aile concernée par cette restauration est absolument magnifique. On s'y promène sur plusieurs niveaux, prenant la mesure du lieu qui sert de cadre à des expositions temporaires. L'éclairage a été particulièrement soigné, ce bois clair et cette lumière chaleureuse donnent à ces ruines un air de fête. Le reste du Koldinghus comprend plusieurs salles qui exposent, de façon plus classique, des meubles, de l'argenterie, des uniformes et des vestiges du catholicisme danois, ainsi que de nombreux tableaux. Dans la salle 19, ne manquez pas les crayonnés et les toiles d'Hammershøi, le peintre des gris : même son Château de Rosenborg à Copenhague (1915) baigne dans la pénombre… On peut monter au sommet du donjon, édifié en 1600. On circule facilement grâce à des ascenseurs.

JUTLAND

Musée d'art Trapholt.

Vue aérienne de Kolding.

MUSÉE D'ART TRAPHOLT

Æblehaven 23 ✆ +45 76 30 05 30
www.trapholt.dk
kunstmuseum@trapholt.dk

Au nord du Kolding Fjord, à 4 km du centre-ville. En voiture, prendre le Ring, direction Odense. Bus 4, qui part de la gare, direction Lyshøj Allé. Ouvert tous les jours de 10h à 17h. Entrée 70 Dkr, gratuit jusqu'à 16 ans ; étudiants : 35 Dkr et seniors : 56 Dkr.

Très beau musée, conçu en harmonie avec son environnement : on descend en pente douce vers le fjord. C'était autrefois de vastes vergers où l'on cueillait les pommes. Depuis 1988, ce beau musée, installé dans ses murs de béton, à l'état brut, abrite quelques œuvres figuratives, de nombreuses toiles abstraites, des sculptures, des céramiques et une superbe collection de meubles design. L'éclairage a été très étudié : les ouvertures dans le toit sont conçues pour mélanger la lumière du nord avec celle du sud, et l'éclairage naturel qui en résulte est très réussi. Parmi les œuvres exposées, des toiles d'Anna Ancher, la plus « authentique » des peintres de Skagen. On remarquera, dans ses tableaux, les reflets du soleil entrant dans les maisons… Dans les salles suivantes, beaucoup de jeunes peintres, qui se retrouvent pourtant déjà au musée. Quelques toiles du mouvement Cobra : Eigil Jacobsen, Asger Jørn… La salle 5 est consacrée à Richard Mortensen. Il a choisi d'y présenter l'histoire d'une vache en plusieurs tableaux. S'agissant d'art abstrait, il s'est inspiré d'une série de tableaux chinois très anciens, racontant en dix séquences l'histoire suivante : 1. *On cherche la vache*. 2. *On trouve ses empreintes*. 3. *On trouve la vache*. 4. *On l'attrape*. 5. *On l'emmène à la maison*. 6. *Tout va bien*. 7. *La vache est oubliée*. 8. *Tout est oublié*. 9. *Retour aux sources*. 10. *Out in the world*. On peut essayer de retrouver ces éléments dans les tableaux de Mortensen ! Pendant ce temps, les enfants peuvent tenter de les reconstituer avec des morceaux de puzzle mis à leur disposition ! Cette salle particulière est sonorisée : la musique est de Jørgen Mortensen. Plus loin, sur le balcon central, est présentée la collection Franciska Clausen (1899-1986) : des toiles et des croquis d'une femme étonnante, amie de Fernand Léger, qui peignait à Berlin à la fin des années 1910, à Munich au début des années 1920 et à Paris à la fin des années 1920. Elle a passé la fin de sa vie à Åbenrå, son village natal du sud du Jutland. Très belles toiles figuratives puis géométriques.

Les meubles danois au musée. Depuis 1996, un nouvel espace a été ouvert, consacré aux meubles et au design danois du XXe siècle. On descend une pente en colimaçon, bordée de chaises, pour aboutir à une salle d'exposition. Ne manquez pas d'aller jusqu'à une arrière-salle, qui se présente comme une réserve où sont alignés sur des étagères les plus célèbres meubles signés Jacobsen, Panton ou Børgen Mogensen, que l'on voit encore aujourd'hui dans nombre d'intérieurs danois mais qui valent désormais une fortune et se retrouvent au musée ! Les salles proches de la cafétéria (vue sur le fjord) proposent des expositions temporaires. En novembre 2000, le musée a été condamné à payer 2 000 Dkr à une association de protection des animaux pour avoir présenté l'œuvre d'un artiste danois, d'origine chilienne, Marco Evaristti, intitulé Eyegoblack : le visiteur avait le choix d'appuyer ou non sur le bouton de dix mixeurs exposés, remplis d'eau et contenant chacun un poisson rouge. Un droit de mort que certains n'avaient pas hésité à exercer : plusieurs poissons ont terminé en bouillie ! La firme Moulinex avait condamné dans un communiqué l'utilisation de ses appareils et « la mutilation de poissons innocents » (!), soulignant qu'elle n'était pas partie prenante dans ce *happening*...

CHRISTIANSFELD

Sans doute la plus étrange ville du Danemark. Tellement unique que l'Unesco l'a classée tout entière au patrimoine de l'humanité. Elle a été fondée en 1772 par les Hussites (appelés Moravians en anglais), les disciples de Jan Hus, un réformateur religieux tchèque du XIVe siècle, qui dénonçait les erreurs du catholicisme de l'époque, bien avant Luther. Le plan de la ville, tout en angles droits, les maisons de brique toutes identiques, son église où tout décorum a été banni, son étrange cimetière où les femmes et les hommes sont enterrés chacun de leur côté : la pensée hussite est tout entière traduite dans la pierre et l'urbanisme de cette cité parfaitement bien conservée et toujours imprégnée d'un rigorisme protestant qui confine à la secte, même si sa création a été encouragée en son temps par le roi Christian VII (d'où son nom), lui-même chef de l'église luthérienne danoise... Mais on n'est pas loin des Quakers américains ! A l'intérieur des maisons, le confort est minimal et les règles de vie demeurent très strictes. Le centre historique se trouve autour de la place de l'église, plantée de tilleuls deux fois centenaires.

Transports – Pratique

Accès. Autoroute E45, sortie 66, ou route 170, depuis Kolding ou Haderslev.

LOCATIONS DE VÉLO
Kongensgade 28 ✆ +45 74 56 07 60
Compter 50 Dkr par jour.

OFFICE DU TOURISME
Kongensgade 9A
✆ +45 74 56 16 30
www.visitkolding.dk – am@visitkolding.dk
Ouvert du lundi au vendredi de 9h à 17h, le samedi jusqu'à 13h, du 15 juin au 31 août. Le reste de l'année, de 9h à 15h en semaine.
On peut y acheter des cartes pour les excursions à vélo ou à pied, une brochure en anglais sur l'histoire de la ville (traduction d'un très beau livre illustré mais qui n'existe qu'en danois). On peut visiter la ville avec un guide, le départ se fait chaque jour de la place centrale, à 14h durant l'été.

Points d'intérêt

BRØDREMENIGHEDENS MUSEUM
Nørregade 16
✆ +45 74 56 16 30
Ouvert du mardi au dimanche de 13h à 16h, du 1er juin au 31 août. Entrée payante.
Ouvert dès le début du XIXe siècle dans la Maison des veuves, le musée abrite des collections rapportées d'Afrique, de Chine, du Surinam, du Labrador ou encore du Groenland par les missionnaires hussites. Dans le sous-sol, collection particulière de plus de 400 gramophones et vieux postes de radio en état de marche.

CIMETIÈRE GUDSAGEREN
Littéralement, « le champ de Dieu ». A gauche de l'allée, sont enterrées les femmes, à droite, les hommes. Tous sous des plaques funéraires identiques, portant seulement un nom et deux dates, inscriptions qui s'effacent avec le temps. Pas de signe distinctif, pas même une fleur. Humilité de l'homme face à Dieu, égalité de tous après la mort, séparation de sexes... Une étrange impression se dégage de ce lieu, d'autant que la règle se perpétue, les plaques récentes en témoignent.

ÉGLISE HUSSITE (BRØREMENIGHEDEN)
Ouverte tous les jours de mi-mai à fin août de 10h à 16h. Entrée gratuite.
A l'intérieur : rien ! Une vaste salle sans piliers (la plus grande du genre, paraît-il, au Danemark) qui peut accueillir un millier de personnes, dans laquelle les bancs s'alignent, à l'inverse des églises, dans le sens de la longueur. Au plafond, d'authentiques chandeliers, datant de 1776, supportent des bougies, car l'électricité est bannie. Pas de décoration, pas de statue, pas de vitraux, les murs comme les bancs sont blancs. On remarquera tout de même dans le sol quelques grilles pour le chauffage en hiver.

■ **JARDIN DE LA PHARMACIE**

Linegade 21

La pharmacie se cache derrière une superbe porte en bois coloré (sous le panneau « Apotek », vous ne pouvez pas la rater). On peut accéder à son jardin, derrière : il est ouvert au public, et contient près de 70 plantes médicinales, introduites par les Hussites à la fin du XVIIIe siècle.

Shopping

■ **BRØDREMENIGHEDENS BAGERI**

Angle Kongensgade et Lindegade

✆ +45 74 56 13 43

On y trouve un gâteau au miel célèbre dans tout le Danemark, réalisé selon la même recette depuis 1783, avec des variantes modernes. A goûter et à emporter.

Balade

Outre le centre-ville facile à parcourir à pied, on peut se rendre au nord-est de la ville, après la commune de Sjølund, sur la côte, à Grønninghoved où se situe la colline de Skamlingsbanken, haute de 113 m, d'où les Danois venaient apercevoir, jusqu'en 1920, leur province perdue (en 1864) du Schleswig. Le roi Christian X a gravi la colline en 1920 pour marquer symboliquement la reconquête de ce territoire à l'issue de la première guerre mondiale. La frontière avec l'Allemagne passait juste au nord de la ville. Un petit musée (Genforenings-og-Grænsemuseet, le musée de la Frontière et de la Réunion) retrace cette période : il est installé sur Koldingvejen, au n° 52, géré par des bénévoles qui l'ont créé en 1995. ✆ +45 75 57 30 03. Ouvert du 1er juin au 1er septembre tous les jours, sauf le lundi, de 10h à 17h.

HADERSLEV

Très agréable halte dans cette ville construite au fond d'un fjord étroit (la mer est à une quinzaine de kilomètres), sur une colline d'où émerge une cathédrale de brique rouge, entourée de ruelles pavées, bordées de maisons anciennes. Très vivant le soir grâce à ses nombreux cafés.

Transports et pratique

▸ **Accès.** Par la route de la Marguerite depuis Kolding ou Christiansfeld au nord. Sortie 68 de l'autoroute E45.

■ **OFFICE DU TOURISME**

Norregade 52 ✆ +45 73 54 56 30

www.visithaderslev.dk

Sortir

■ **KAFKA**

Nørregade 6 ✆ +45 74 52 53 49

Un grand café décoré de bric et de broc, ce qui lui donne une atmosphère très agréable (à la façon des cafés de la rue Oberkampf, à Paris). Des concerts ont lieu certains soirs. Bons petits plats bon marché. Il faut passer commande au comptoir.

Point d'intérêt

■ **CATHÉDRALE**

Torvet

Il faut absolument entrer dans ce bel édifice gothique dont l'essentiel date du XIVe siècle : de très larges vitraux y font entrer la lumière qui se reflète sur ces hauts murs chaulés. A voir : le crucifix de l'autel (environ 1300) un orgue réputé qui vient d'être restauré, et dans une vitrine, sous l'autel, des vêtements liturgiques signés de la reine Margrethe II elle-même (en 1986).

ÅBENRÅ

Un petit village de pêcheurs, dont il reste de belles maisons du XVIIe siècle, transformé en ville allemande lors de l'occupation du Schleswig (c'est aujourd'hui un peu la capitale de la minorité allemande de la province). Entourée de forêts, la ville, qui compte aujourd'hui 22 000 habitants, étale ses larges boulevards qui conduisent à un port très actif.

Transports et pratique

▸ **Accès.** Suivre la route de la Marguerite depuis Haderslev, ou depuis Kruså près de la frontière allemande. On peut aussi arriver par l'autoroute E45, sortie n° 70.

■ **OFFICE DU TOURISME**

H.P Hanssens Gade 5 ✆ +45 74 62 35 00

www.visitaabenraa.com

info@visitaabenraa.dk

Ouvert du lundi au vendredi de 9h à 17h30, 16h hors saison, le samedi de 9h à 13h, 12h hors saison.

Point d'intérêt

■ **BRUNDLUND SLOT**

Musée des Beaux-Arts du château de Brundlund

Møllemærsk ✆ +45 74 63 36 49

Ouvert tous les jours de 11h à 17h, sauf le lundi, de 13h à 17h hors saison.

Très jolie petite forteresse du début du XVIe siècle, reconstruite à plusieurs reprises (dans un style Renaissance au XVIIe siècle, dans un style baroque au XVIIIe siècle), sur une petite île fortifiée, et qui abrite aujourd'hui le musée municipal des Beaux-Arts. Parmi les collections permanentes du château, un exceptionnel tableau de Vilhelm Hammershøi : Stue i Strandgade (1908), des toiles de l'enfant du pays, Francicka Clausen, peintre majeur de l'avant-garde européenne des années 1920, elle a longtemps vécu à Paris et a, par ailleurs, les honneurs du musée Trapholt à Kolding. Mais les collections permanentes laissent place l'été à une exposition temporaire d'artistes régionaux, ce qui oblige le musée à reléguer ses tableaux les plus intéressants dans les combles pendant plusieurs mois. Dommage ! A l'extérieur, un moulin à eau a été restauré, et abrite un petit café ouvert le samedi et le dimanche après-midi, de mai à septembre.

ALS

On traverse le Schleswig du Nord… celui du Sud étant en Allemagne. Cette région a été marquée par les violentes guerres germano-danoises du siècle dernier : elle a été allemande pendant un demi-siècle et l'influence germanique se ressent…

SØNDERBORG

La route 41 aboutit à Sønderborg, bâti sur l'île d'Als, relié au reste du Jutland par deux ponts. Cette ville de 30 000 habitants s'est développée autour d'une forteresse édifiée au Moyen Age. La forêt commence juste après la ville. L'île d'Als s'étend doucement entre ses plages et ses bois. La douceur de la Fionie se fait sentir déjà. Le port de Sønderborg abrite de nombreux bateaux de plaisance qui apprécient la tranquillité des eaux de la Baltique à cet endroit.

Le port lui-même, dominé par une imposante forteresse, a des airs de Hollande avec ses alignements de maisons, aux couleurs, elles, très danoises. Mais les bâtiments sont rarement très anciens : la ville a été largement reconstruite après les dix semaines de siège et les bombardements prussiens subis en 1864.

Transports

Voiture

De Kolding, on peut descendre vers l'Allemagne et se rendre sur l'île d'Als, par l'autoroute E45 puis la route 41 vers Sønderborg. Depuis l'Allemagne, on peut emprunter la route de la Marguerite qui longe le fjord de Flensborg. On peut aussi y arriver depuis la Fionie, en prenant le ferry depuis Faaborg.

Train

La gare se trouve à Dybbol, juste en face de Sønderborg. Les trains arrivent de Kolding et du nord du Jutland, mais aussi de Odense et Copenhague. Lorsqu'on arrive de France, il faut changer à Tinglev.

Pratique

FRI CYCLER
A Grasten, Borggade 3 ✆ +45 74 65 10 31
Location de vélos pour une journée ou une semaine.

MATRIX NET CAFÉ
Longang 29 ✆ +45 74 43 55 55
Un cybercafé où l'on peut se connecter sur internet pour quelques couronnes.

OFFICE DU TOURISME
Rådhustorvet 7
✆ +45 74 42 35 55
www.visitsonderborg.com
info@visitsonderborg.com
Ouvert du lundi au vendredi de 9h30 à 17h30 en été, 17h hors saison et le samedi de 9h30 à 13h.

Hébergement

Bien et pas cher

Il existe une dizaine de campings dans la région.

AUBERGE DE JEUNESSE
Kærvej 70 ✆ +45 74 42 31 12
www.sonderborgdanhostel.dk
A 10 minutes du centre-ville. Ouvert du 1er février au 30 novembre. Dortoir 150 Dkr, chambre simple 350 Dkr, chambre double 400 Dkr.

■ **HÔTEL ARNKILHUS GARNI**
Arnkilgade 13 ✆ +45 74 42 23 36
www.arnkilhus.dk
undervisning@arken.dk
Chambre simple à partir de 500 Dkr, chambre double à partir de 660 Dkr. Petit hôtel sympathique au centre de la ville.

Confort ou charme

■ **HÔTEL SØNDERBORG GARNI**
Kongevej 96
✆ +45 74 42 34 33
www.hotelsoenderborg.dk
info@hotelsoenderborg.dk
Chambre simple à partir de 675 Dkr, chambre double à partir de 975 Dkr. Tarifs réduits le week-end.
Vu de l'extérieur, c'est un peu la maison dans *Psychose* d'Alfred Hitchcock ! Une vaste villa, construite en 1904, avec sa tourelle et sa haute façade. Les chambres sont confortables même si la décoration est d'un goût parfois plus germanique que scandinave…

Luxe

■ **COMWELL SØNDERBORG**
Rosengade 2
✆ +45 74 42 19 00
www.comwellsonderborg.dk
Chambre simple à partir de 1 100 Dkr, chambre double à partir de 1 400 Dkr. Tarifs réduits les week-ends.
Juste en face du château et près d'un petit moulin à vent. Avec sauna et piscine (intérieure).

Restaurant

■ **CAFÉ AU LAIT**
Sønder Havnegade 22
✆ +45 74 43 16 39
Ouvert tous les jours à partir de midi.
Un bel endroit sur le port, avec terrasse en plein soleil, et à l'intérieur une décoration riche d'antiquités et de tableaux en tout genre. Belle atmosphère, accueil sympathique, prix abordables. Sur le même quai, d'autres terrasses agréables pour prendre un verre ou manger danois ou italien.

■ **RESTAURANT COLOSSEUM**
Sønder Havnegade 24 ✆ +45 74 42 23 06
www.restaurant-colosseum.dk
Ouvert de 12h à 21h. Plat entre 100 et 200 Dkr. Buffet, brunch.

Points d'intérêt

■ **DYBBØL MØLLE**
Dybbøl banke 7 ✆ +45 74 48 69 91
Ouvert tous les jours du 1er mai au 31 août de 10h à 17h, jusqu'à 16h en septembre et octobre. Entrée : 25 Dkr. Le moulin de Dybbøl, tout proche du champ de bataille, abrite un musée de la Résistance des soldats danois face aux armées austro-prussiennes de 1864. La paix signée à Vienne cette année-là fut une lourde perte pour le royaume : outre les destructions et un bilan humain élevé, le Danemark dut se résigner à perdre un tiers de son territoire et les 2/5e de sa population.

■ **HISTORIECENTER**
Dybbøl Banke « 1864 » ✆ +45 74 48 90 00
www.museum-sonderjylland.d
sekretariat@museum-sonderjylland.dk
Ouvert tous les jours d'avril à octobre, de 10h à 17h. Entrée : 90 Dkr, 45 Dkr pour les enfants.
On peut y voir films et diaporama retraçant les combats et le siège de Sønderborg. Il faut traverser le pont Christian X sur le Alsund pour rejoindre Dybbol et les champs de bataille de la guerre de 1864. C'est un peu ici le Sedan danois (à l'échelle du pays). Transformé en parc national, on peut s'y promener (accès gratuit) à la découverte de murailles, de tranchées et de vieux canons. L'été, les batailles de 1849 et 1864 y sont reconstituées en son et lumière. Il faut se rappeler que ces lieux ont été le théâtre de véritables boucheries : des dizaines de milliers de Danois et d'Allemands sont tombées dans ces prés.

■ **SØNDERBORG SLOT**
Sønderbro 1 ✆ +45 74 42 25 39
Ouvert toute l'année, de 10h à 17h, de 13h à 16h hors saison. Entrée : 40 Dkr, gratuit pour les enfants. C'est dans ce château, bâti au milieu du XIIe siècle, que fut emprisonné le roi Christian II. Déposé par la noblesse danoise qui élut Frederik Ier à sa place en 1523, il s'était réfugié aux Pays-Bas et ne put rentrer dans son pays que pour y être enfermé à vie. Le château a subi de multiples restaurations, sa forme imposante de forteresse médiévale cache des aspects très modernes : on y a installé des ascenseurs pour rendre accessibles les collections aux personnes handicapées. Toiles d'Eckersberg ; musée du Schleswig-Holstein qui permet de comprendre mieux la violence des combats et les destructions subies par la ville ; chapelle Renaissance décorée par la reine Dorothée à la fin du XVIe siècle.

BORNHOLM

Gudhjem.

Bornholm

Une légende affirme que le nom de l'île, Bornholm, serait d'origine française et, en particulier, proviendrait de « bourguignonne » (Burgundia), en référence à ceux qui auraient découvert cet endroit. Apparemment la petite île, toute proche des côtes suédoises et allemandes, a toujours été danoise, à l'exception de courtes périodes de domination étrangère aux XVIe et XVIIe siècles. Elle a pourtant bien failli devenir soviétique, après la seconde guerre mondiale, mais c'est finalement le seul territoire occupé par l'Armée rouge en Europe que Staline finira par évacuer, alors que le rideau de fer allait tomber entre l'Est et l'Ouest. Avec ses 150 km de côtes, elle offre une riche diversité de paysages bien différents de ceux que l'on trouve sur les autres îles du royaume. De falaises en côtes sauvages et découpées, de forêts en plages de dunes et de sable fin, les promenades sont pleines de surprises avec, partout, des vestiges historiques originaux, comme les ruines d'un vaste château fort dans un site exceptionnel où l'on surplombe la baie à la pointe nord de l'île ou les fameuses églises rondes fortifiées. On trouve également de jolis villages de pêcheurs tout au long de la côte, il suffit de s'y aventurer pour les découvrir. Bornholm est, pour les Danois, l'équivalent de la Corse pour nous : une île de beauté où le tourisme s'est développé en relation avec le climat et l'aspect sauvage de la nature, les rues des villages pittoresques en bord de mer sont étroites et escarpées, l'île est morte en dehors de sa saison touristique, on y accède par ferry... Les Allemands, les Suédois et, depuis quelques années, les Polonais viennent nombreux pour y passer leurs vacances ou simplement un week-end. Beaucoup y louent des maisons. C'est pourquoi on parle surtout l'allemand et le suédois, assez peu l'anglais. L'accueil est partout souriant. Et le climat de Bornholm est en général le plus clément du Danemark.

Transports

Avion

L'aéroport d'Aranger est à 6 km de la principale ville de l'île : Rønne.

■ **CIMBER AIR**
✆ +45 70 10 12 18 – www.cimber.dk
Liaison entre Bornholm et Copenhague en 35 minutes.

■ **SAS (AIR)**
✆ +45 70 10 20 00

Ferry-Boat

■ **BORNHOLMER FÆRGEN**
✆ +45 56 95 18 66
www.bornholmerfaergen.dk
Arrivées et départs de ferry pour Bornholm.

▶ **Le trajet se fait de nuit depuis Køge,** il dure environ 5 heures et demie (de 00h30 à 6h). Tarifs aller-retour Køge-Rønne : 36 € adulte sans véhicule, 206 € un véhicule avec cinq passagers, 254 € pour une caravane ou camionnette avec cinq passagers, en haute saison. Il existe des billets « rouges », c'est-à-dire des billets aller-retour non modifiables qui offrent des réductions importantes. Plus vous anticipez votre réservation, plus les prix sont intéressants. Sachez cependant que les prix varient selon les périodes de l'année. Pour les trajets de nuit, vous pouvez venir vous installer plus tôt dans le bateau, y prendre place et étaler votre attirail pour dormir dans les sièges. (Il faut se couvrir, la climatisation fonctionne dans le ferry.) On peut aussi louer des couchettes. Il faut absolument réserver c'est obligatoire et les bateaux sont vite pleins.

▶ **Vous pouvez aussi partir d'Ystad en Suède** pour vous rendre sur l'île de beauté, le trajet en bateau est plus court, 2 heures 30 en ferry et 1 heure 15 en *hydrofoil*, et se fait de jour (24 € par passager adulte et 141 €, un véhicule avec cinq passagers en haute saison) mais il faut faire la plus grande partie de la route en voiture, en train ou en bus (1 heure 30 à 2 heures de transport depuis Copenhague environ). Ystad est une ville sympathique mais un peu tranquille. Il faudra prendre le pont Øresund de Copenhague à Malmö, puis l'autoroute E65 vers Ystad situé à 60 km de Malmö. De là, prendre le ferry pour Rønne, la ville principale de Bornholm. Il existe des forfaits bus- ferry intéressants depuis Copenhague.

▶ **De la ville de Sassnitz en Allemagne,** on peut rejoindre Bornholm par ferry. Liaison possible entre le 2 avril et le 30 octobre.

Bornholm

Agglomération
Principale localité
Autre localité
Curiosité
Route principale
Liaison cyclable
Hammer Odde
Sandvig
Allinge
Sandkås
Olsker
Tejn
1A
1B
2-7
glkås
RUTSKER PLANTAGE
Rutsker
Rø
Salene Bugt
Gudhjem
Melsted
Hasle
2
RØ PLANTAGE
Bornholms Middelalder Center
Klemensker
7A
Baggeå
Muleby
3
Kobbeå
Østerlars
2
Bølshavn
Årsballe
Kelse
Nyker
1
3
Listed
Østermarie
Svaneke
Blykkobe
Bastemose
Knudsker
4
7
Årsdale
Vestermarie
Ølene
RØNNE
Svinemose
6
5
ALMINDINGEN
RØNNE PLANTAGE
Nylars
Molle Bugt
6
Lobbæk
Grodby Å
Aakirkeby
5
Øle Å
Nexø
7
Sode Odde
Balka
Pedersker
6
Poulsker
Snogebæk
Boderne
Broens Odde
Raghammer Odde
7
Ålhammer Bugt
STRANDMARKEN
Ø. Sørmarken
Dueodde
N
0
6 km

Train

■ **DSB**
Sølvgade 40
✆ +45 70 13 14 15
www.dsb.dk – kundehenv@dsb.dk
Permet de prendre le train de Copenhague à Ystad (Suède) au départ de la gare de Copenhague, puis ferry pour Rønne. Au total, le trajet dure 3 heures.

Bus

Sur l'île, on peut se déplacer en empruntant le réseau local de bus, il existe neuf lignes dont sept qui partent de Rønne.

■ **BAT**
Snellemark 30
✆ +45 56 95 21 21
www.brk.dk
Le terminus se trouve à Rønne à deux pas de l'arrivée des ferries. Brochure des horaires à l'office du tourisme. Les bus rouges BAT circulent tous les jours de 6h à minuit et vous conduiront dans tous les coins de l'île. Vous pouvez acheter une carte pour la journée, permettant d'utiliser tous les bus de toutes les lignes sans limitation. Il existe également un pass valable cinq ou sept jours.

■ **BORNHOLMERBUS**
Københavns Hovedbanegård Posthus
✆ +45 44 68 44 00
www.bornholmerbussen.dk
edelskov@edelskov.dk
Au départ du parking de la gare centrale de Copenhague, le Bornholmerbus emmène sur l'île en un peu moins de 3 heures.

Vélo

C'est le meilleur moyen pour profiter de l'île. Il faut, pour cela, disposer d'au moins trois jours, car il y a 150 km de côtes et l'intérieur n'est pas mal non plus ! 200 km de pistes cyclables parfaitement aménagées vous permettront d'aller partout. Il existe même différents itinéraires selon le temps dont vous disposez. Vous trouverez fréquemment au bord des pistes, à l'entrée d'une ferme, une petite table dressée à l'intention des randonneurs, offrant boissons fraîches et chaudes. Il suffit de glisser quelques couronnes dans un petit pot. Les pistes quittent très souvent les routes pour vous emmener au bord de la côte ou dans l'intérieur au milieu des forêts, loin de tout trafic automobile. Des petits panneaux verts vous orienteront.

▸ **Location de vélos.** On en trouve dans tous les villages. Si on préfère enfourcher sa bicyclette tout de suite, à Rønne, en arrivant :

■ **BIKING BORNHOLM**
Strandvejen 63, Rønne
✆ +45 56 97 27 40
www.biking.dk
info@biking.dk
Agence de voyages spécialisée dans les séjours sur l'île où les vacanciers circulent en vélo. Exemple de tarif comprenant six nuits d'hôtels tout autour de l'île, tickets de bus et ferry et location du vélo : 3 920 Dkr.

■ **BORNHOLMS CYKELUDLEJNING**
Nordre Kystvej 5
✆ +45 56 95 13 59
www.bornholms-cykeludlejning.dk
info@bornholms-cykeludlejning.dk
Sur le port, la maison rouge en face de l'office du tourisme. Ouvert tous les jours du 1er mai au 15 septembre de 8h à 18h, mais on peut laisser les vélos devant la maison et glisser la clé de l'antivol dans la boîte aux lettres lorsque la porte est close. Compter 70 Dkr par journée, entre 290 et 360 Dkr par semaine (vélo à dérailleur), avec tarif dégressif au-delà.
Pas de caution à verser. Si on tombe en panne ou si on est fatigué, les bus prennent sans problème et chargent son vélo à l'arrière. On peut aussi louer des tandems et des vélos pour enfants.

Location de voitures

■ **AVIS**
Dampskibskajen 3, Rønne
✆ +45 56 95 34 99
customer.service@avis.co.uk

■ **EUROPCAR**
Station essence Q8, Ndre Kystvej 1, Rønne
✆ +45 56 95 43 00 – www.europcar.co.uk
Loue aussi des scooters.

Pratique

■ **OFFICE DU TOURISME**
Nordre Kystvej 3, Rønne
✆ +45 56 95 95 00
www.bornholminfo.dk
info@bornholm.info
Ouvert de 9h à 17h30 du lundi au samedi, jusqu'à 17h le dimanche de juin à fin août ; du lundi au vendredi de 9h à 16h, de 10h à 13h le samedi, le reste de l'année.

© VISITDENMARK / NIELS THYE

Les rochers sacrés d'Helligdomsklipperne.

En sortant du bateau, on ne peut pas le manquer, c'est un bâtiment très moderne après une station-service sur la droite (de 500 m à 1 km du ferry), avec un plan vitré incliné sur le côté. Distribue cartes et fascicules sur les différentes activités qu'on peut pratiquer sur l'île. Très efficace

Hébergement

Vous pouvez réserver une chambre dans les offices du tourisme des principales villes de l'île. Attention : leurs bureaux ferment le plus souvent à 17h. Mais, en général, on trouve de la place partout, même en juillet. Eviter cependant d'aller à Bornholm pendant le week-end et réserver à l'avance. Les prix des hôtels de l'île changent trois fois dans l'année, en fonction des saisons touristiques (la haute saison se situe entre la mi-juin et la mi-août, mais chaque hôtel en fixe les limites).

Bien et pas cher

AUBERGES DE JEUNESSE – DANHOSTEL
www.bornholm.net/danhostel
www.danhostel-bornholm.dk
Comptez environ de 150 à 200 Dkr en dortoir, 300 Dkr en chambre individuelle et 420 Dkr pour une double.

DANHOSTEL GUDHJEM
Lokkegade 7
✆ +45 56 48 50 35
www.danhostel-gudhjem.dk
gudhjem@danhostel.dk

DANHOSTEL RØNNE
Arsenalvej 12
✆ +45 56 95 13 40
www.danhostel-roenne.dk
roenne@danhostel.dk

DANHOSTEL SANDVIG
« Sjøljan » Hammershusvej 94, Allinge
✆ +45 56 48 03 62
www.danhostel.dk/sandvig
danhostel@danhostel.dk

DANHOSTEL SVANEKE
Reberbanevej 9 ✆ +45 56 49 62 42
www.danhostel-svaneke.dk
info@danhostel-svaneke.dk

ROSENGAARDEN DANHOSTEL BODERNE
Rosengaarden, Bodernevej 28, Aakirkeby
✆ +45 56 97 49 50
www.rosengaarden.dk
boderne@danhostel.dk

Confort ou charme

BYSKRIVERGAARDEN HOTEL GARNI
Løsebækgade 3, Allinge
✆ +45 56 48 08 86
www.byskrivergaarden.dk
Chambre double : 670 Dkr, 450 Dkr hors saison. Ouvert d'avril à septembre.
Un petit hôtel aménagé dans une vieille ferme du XVIIIe siècle, à deux pas de la plage. L'endroit pourrait être très agréable et charmant si on n'avait pas l'impression de se retrouver chez M. et Mme Avarice-Délation-Racisme.

Les fumeries de harengs

« Du temps de Pelle, les habitants de Bornholm se nourrissaient essentiellement de hareng saur. C'était le plat de résistance à tous les étages de la société et, au bas de l'échelle, il faisait le principal du dîner ; on le servait aussi quelquefois, à midi, sous un aspect un peu différent. On est mal nourri là-dedans, raillait-on en parlant d'une ferme ou d'une autre. On a du hareng que vingt et une fois par semaine ! Quand les sureaux étaient en fleurs, les gens sérieux sortaient leurs saloirs, suivant la bonne vieille coutume, et commençaient à regarder du côté de la mer : c'est le moment où le hareng est le plus gras. De la terre bombée, où presque partout on voit la mer, on épiait le retour des bateaux, de bonne heure, les matins d'été. Le temps et la position du bateau sur la mer laissaient présager de la pitance pour l'hiver. »

Martin Andersen Nexø, *Pelle le conquérant*,
trad. par Jacqueline Le Bras, Larbey, Gaïa, 2001.

Les chambres sont correctes mais pas exceptionnelles. Dans la décoration, tout est en faux ancien soit en toc sans charme. La clientèle est globalement allemande et âgée.

■ **HÔTEL SIEMSENS GAARD**
Havnebryggen 9, Svaneke
✆ +45 56 49 61 49 – www.siemsens.dk
Chambre simple : de 775 à 825 Dkr, double de 1 175 à 1 500 Dkr, respectivement de 600 à 725 Dkr et de 1 075 à 1 400 Dkr en hors saison. les prix sont variables selon la kitchenette et la terrasse, petit déjeuner compris. Ouvert du 1er avril au 31 octobre.
Vieille maison de marchand du XVIIe siècle donnant sur le port. Grand confort avec restaurant, salle de sport, Jacuzzi et sauna. La vue est magnifique et l'endroit charmant.

■ **JANTZENS HOTEL**
Brøddegade 33, Gudhjem
✆ +45 56 48 50 17
www.jantzenshotel.dk
jantzenshotel@mail.dk
Ouvert du 1er mai au 30 octobre. Chambre simple ou double : à partir de 700 Dkr la nuit jusqu'à 1 200 Dkr.
Très belle bâtisse du XIX siècle en plein cœur d'un village de pêcheurs. Avec jardin exotique et petit restaurant très agréable.

Restaurants

Bien et pas cher

■ **BRYGHUSET**
Svanevang 10, Svaneke
✆ +45 56 44 56 56
www.svanekebryghus.dk
Un bon restaurant avec une cuisine familiale sans prétention.

■ **LES FUMERIES DE HARENGS**
Reconnaissables à leur toit noir pointu se terminant par une longue cheminée blanche, certaines *røgeri* abritent des petits restaurants où l'on peut manger des produits de la mer bon marché. Les tables en bois sont dehors, parfois un buffet de poisson est proposé. On en trouve près des ports de Gudhjem, Allinge et Snogebæk, à Arnager (entre l'aéroport et Boderne), ou encore à Aakirkeby.

■ **NORD-BORNHOLMS RØGERI**
Kaempsestrandem 2, Allinge
✆ +45 56 48 07 30 – info@nbr.dk
www.nordbornholmsroegeri.dk
Ouvert de début avril à fin octobre, tous les jours de 11h à 22h.
Un grand restaurant à l'aspect cantine, au bord de la mer, propose le soir et le midi des buffets de poissons fumés à 150 Dkr environ ; on peut aussi ne commander qu'un poisson pané avec des frites pour 50 Dkr environ ou un poulet frites pour 60 Dkr. Les autres restaurants de ce type proposent la même chose. La première fois, c'est plaisant mais on peut vite s'en lasser par la suite.

■ **ROADHUSKROEN**
Norregade 2, Ronne ✆ +45 49 95 00 69
Grillades de viandes entre 80 et 160 Dkr.

Bonnes tables

■ **KADEAU**
Baunevej 18, Aakirkeby
✆ +45 56 97 82 50
www.kadeau.dk
Menu à partir de 395 kr. CB étrangères acceptées avec une petite surcharge (5 %).
Face à la mer et aux dunes, un nouveau restaurant où l'on peut manger une excellente

cuisine scandinave plutôt portée sur les fruits de mer. Service un peu long mais la vue est superbe et fait oublier l'attente. Réservation indispensable.

■ LE PORT RESTAURANT

Vang 81, Hasle ✆ +45 56 96 92 01
www.leport.dk
Ouvert toute l'année de 12h à 21h30. Plats autour de 240 Dkr. L'un des meilleurs restaurants de l'île.

■ SOMMER

Havnegade 19, Allinge ✆ +45 56 48 48 49
www.sommer-mt2.dk
En face du port d'Allinge. Ouvert pendant la haute saison. Plats au tour de 160 Dkr, smørrebrød le midi pour 85 et 120 Dkr environ. Un nouveau propriétaire qui propose une cuisine danoise raffinée avec un chef inventif et une équipe jeune et séductrice. Vous avez une terrasse extérieure protégée du vent et chauffée sur deux étages et une petite salle intérieure *cosy* simple et soigné.

Points d'intérêt

Musées et monuments

■ CENTRE MÉDIÉVAL DE BORNHOLM

Stangevej 1, Østerlars ✆ +45 56 49 83 19
www.bornholmsmiddelaldercenter.dk
Au sud de Gudjhem. Ouvert de mi-mai à mi octobre de 10h à 16h et jusqu'à 17h de fin juin à mi-août. Adultes 115 Dkr, enfants de plus de 7 ans de juin à mi-août, 95 Dkr les autres périodes de l'année.

Il s'agit d'une sorte de parc d'attractions qui reconstitue la vie quotidienne de la Bornholm médiévale. On trouve un petit village du Moyen-Âge autour de quelques fermes et d'un centre artisanal. Des troubadours qui racontent des histoires aux enfants, des jongleurs, des combats de chevaliers et des marchands venus d'ailleurs on a vraiment l'impression de voyager dans le temps. C'est surtout un endroit pour les familles avec leurs enfants.

FORTERESSE DE HAMMERSHUS

Langebjergvej 26
Allinge ✆ +45 56 48 24 31
A la pointe nord de l'île, après avoir longé une côte très découpée, avec quelques plages de galets, on découvre en haut d'une colline, à 72 m au-dessus de la mer, les ruines rouges et encore compactes d'un château fort du XIIe siècle. Il a été modifié au cours du temps, mais il garde d'imposantes fondations d'origine. Des panneaux, installés aux emplacements des anciennes salles de ce vaste domaine, racontent son histoire. Le site est superbe : nature sauvage, rochers, hautes ruines en surplomb de la mer… Vous adorerez vous y balader librement, y pique-niquer ou seulement y admirer le point de vue merveilleux offert sur la mer à cet endroit et les ouvertures des murs qui la découpent. La lumière y est enchanteresse en fin de journée. En bas du chemin qui mène au château, on peut faire halte à la cafétéria Slotsgarden, ouverte de 10h à 19h, tous les jours. On peut même y déguster un verre de vin rouge français !

BORNHOLM

© VISITDENMARK / NIELS THYE
L'île de pêcheurs de Christiansø.

Dans la même maison, une exposition reconstitue, à l'aide de maquettes, la vie du château : son architecture, ses habitants… (ouvert d'avril à octobre de 10h à 17h). Non loin du château de Hammershus, plusieurs sites discrets mais agréables méritent votre visite : de jolis lacs se trouvent à côté de Sandvig, si vous continuez la route qui longe les lacs sur la droite en venant de Sandvig, vous irez vers le phare Hammeren Fyr qui symbolise la pointe nord de l'île de Bornholm et oriente les navires. Enfin si on continue la route de Sandvig en direction de Hammershus, on prendra une petite route qui mènera à une carrière de pierres (Moseløkken) agrémentée d'un lac artificiel en son centre ; un musée sur l'histoire de la carrière de granit complète le site (Moseløkkevej 4, Allinge).

MUSÉE D'ART MODERNE

Helligdomsklipperne,
Gudhjem
✆ +45 56 48 43 86
www.bornholms-kunstmuseum.dk
post@bornholms-kunstmuseum.dk

Situé entre Allinge et Gudjhem. Ouvert tous les jours en juin, juillet et août de 10h à 17h, du 1er novembre au 31 mars, le mardi et jeudi de 13h à 17h et le dimanche de 10h à 17h. Le reste de l'année, du mardi au dimanche de 10h à 17h. Entrée : 70 Dkr, seniors et étudiants : 50 Dkr, gratuit jusqu'à 18 ans.

Ce musée tout blanc (les matériaux utilisés pour le construire vont du granit aux galets en passant par la brique, le zinc ou le bois) a une architecture très moderne simple et en harmonie avec le site naturel exceptionnel, à côté des « rochers sacrés » d'Helligdomsklipperne. Il présente sur 4 000 m² les œuvres d'artistes de Bornholm et du Danemark du milieu du XIXe siècle à la fin du XXe siècle. Les espaces sont lumineux grâce à des grandes verrières et aux nombreuses fenêtres qui ouvrent les pièces sur la nature. Il y a une grande salle consacrée à l'école de Bornholm, un groupe de peintres modernistes dont le mouvement fit du bruit dans le milieu artistique danois au début du XXe siècle. Parmi eux, Karl Isakson (1878-1922), Edward Weie (1879-1943), Oluf Høst (1884-1966) et Olaf Rude (1886-1957). Les premières salles exposent sur des murs colorés (jaune, bleu, vert…) des peintres danois connus du XIXe siècle, tels Michaël Ancher, Lars Hansen, Holger Drachman ou kristian Zahrtman (voir notamment une peinture religieuse et des scènes quotidiennes au style réaliste avec beaucoup de couleurs). Aux étages inférieurs, dans d'autres salles blanches, on découvre les œuvres plus contemporaines et des expositions temporaires intéressantes. Il a été agrandi dernièrement pour accueillir une exposition consacrée au design. Une sorte d'avancée est construite au bout du musée pour se balader à l'extérieur tout en étant à l'abri des intempéries afin d'admirer la vue.

Balade au bord des « rochers sacrés » d'Helligdomsklipperne pour aller voir ces falaises rocailleuses et accidentées qui tombent dans la mer : des chemins partent à côté du musée, on peut suivre la côte ou descendre en bas des falaises à certains endroits par des escaliers en bois.

OLUF HØST MUSEUM

Løkkegade 35, Gudhjem
✆ +45 56 48 50 38
www.ohmus.dk
oh@ohmus.dk

Ouvert tous les jours de 11h à 17h de la mi-mai à fin septembre, fermé le lundi de début mai à mi-juin. Fermé le reste de l'année. Entrée : 75 Dkr, enfants : 35 Dkr.

Un musée ouvert en 1998 dans la maison où vécut le peintre le plus fameux de Bornholm, Oluf Høst (1884-1966), qui disait « N'ayez jamais peur d'être banal ! » Paysages, rivages et gens de l'île sont au centre de son œuvre, dont on peut également voir des exemples dans la petite fumerie de harengs du port de Nørresand, près du musée. Café en terrasse très agréable. Le musée est tout petit, sur deux étages (trois ou quatre salles destinées au peintre et une salle pour les expositions temporaires) avec un très beau jardin. Vous en ferez très vite le tour. Au 2e étage, vous trouverez une biographie du peintre, son atelier avec quelques pinceaux et livres ainsi qu'une petite salle avec un film sur lui en danois. Le style de ce peintre est vraiment remarquable : il avait une manière très personnelle d'esquisser des silhouettes et de les fondre dans des nappes de couleurs aériennes. Mais ce n'est pas le lieu où l'on voit ses plus belles toiles. On peut admirer déjà beaucoup de ses tableaux dans le musée des Beaux-Arts de l'île. Ce musée conviendra aux fans du peintre et à ceux qui cherchent des lieux pittoresques : jolies petites maisons et jardins.

Balade dans Gudhjem, une ville aux petites rues escarpées et aux multiples magasins de décoration et d'objets d'artisanat en tout genre : idéal pour faire du shopping

Artisanat

Bornholm est connu pour le nombre très important de ses artisans, mais leurs céramiques ou leurs poteries ne sont pas toujours exceptionnelles. Voir plutôt l'atelier de la souffleuse de verre, Pernille Bülow, à Svaneke Brænderigænget 8.

Les églises rondes

Ouvert de 9h à 17h toute l'année. Très emblématiques, ces étonnantes églises fortifiées, blanchies à la chaux, ont été construites entre 1150 et 1350. Dans la Scandinavie du bas Moyen Age, les villageois y abritaient leurs femmes et leurs enfants en période de guerre. Et ce qui était une simple église en temps ordinaire devenait une forteresse en cas d'attaque. D'où cette architecture austère et simple : un pilier central, des meurtrières aux fenêtres. Les quatre églises de l'île ont été parfaitement restaurées à la fin des années 1950. Accès payant mais prix modique.

Ols Kirke est la plus haute, avec ses trois étages. Elle se trouve au nord de l'île, près d'Allinge.

Østerlars Kirke, au sud de Gudhjem, est la plus ancienne et la plus vaste. Son pilier central est creux jusqu'au plafond, qui, lui, a dû être refait. Il est recouvert de fresques du XIVe siècle.

Nylars Kirke, près de Rønne, possède l'un des plus beaux clochers de l'île (construit à côté de l'église, dans le cimetière).

La plus petite, Ny Kirke, près de Hasle, est ornée de fresques du XIIIe siècle représentant treize scènes de la Passion.

Balades

FORÊT D'ALMINDINGEN

Ne serait-ce que pour cette forêt, la location de vélos s'impose ! Les senteurs des pins, les lièvres au détour des chemins, les chants de nombreux oiseaux bien à l'abri dans cette vaste réserve... Et, à Paradisbakkerne, vous découvrirez des étangs, des ruisseaux et des baies sauvages à cueillir au pied des arbres.

PLAGES DE DUNES

Après Snogebæk, commencent les plages de Bornholm : 25 km de dunes, une mer à bonne température, où on a pied très loin, un sable réputé pour être le plus fin de toute la Scandinavie : une poudre étalée sur un vaste terrain presque lunaire. Il y a un chemin en bois pour accéder à la plage près du parking et des restaurants. Vous pouvez tout aussi bien choisir de marcher vers le phare de Dueodde. On peut y accéder, moyennant quelques couronnes. Après les 196 marches, vous comprendrez mieux, de là-haut, d'où vient la lumière si particulière qui irradie toute cette région de Bornholm. La végétation est aussi très riche dans ce coin et borde les plages : pins, bruyère, marais...

© THIERRY LAUZUN - ICONOTEC

Gudhjem et son décor de carte postale.

Dans les environs

Christiansø et Frederiksø

Ces deux petites îles sont les plus extrême-orientales du Danemark ! Elles sont habitées par quelques dizaines de familles de pêcheurs. Le roi Christian V en avait fait une forteresse et une base navale à la fin du XVIIe siècle.

BORNHOLM EXPRESS

✆ +45 56 48 51 76
www.bornholmexpress.dk
Accès à Christiansø et Frederiksø par bateau toute l'année depuis Svaneke (départ 10h) et, en été, depuis Gudhjem et Allinge. Tarif : de 200 à 220 Dkr l'aller-retour pour un adulte. La traversée dure 1 heure 20.

LES ÎLES DE FÉROÉ

Île de Suðuroy, Vagsjordur.

Les îles Féroé

Découverte des îles Féroé

LES ÎLES FÉROÉ EN 10 MOTS-CLÉS

Animaux

Aucun animal n'est toléré à l'entrée des Féroé. Quant à la faune locale, il y a bien sûr des oiseaux qui, par millions, nichent sur les falaises et dans les rochers. Environ 300 espèces sont recensées ! Il y aussi les moutons qui ont donné leur nom aux îles (*føroyar*). Ils sont encore plus de 70 000 à travers l'archipel, ils étaient plus de 600 000 au XIXe siècle ! Les chiens des Féroé sont presque tous les mêmes : des chiens de berger. Quant aux chevaux, la race féringienne qui s'était développée, s'adaptant au relief et au climat, a été quelque peu décimée (importée par les Anglais pour leurs mines au début du siècle) et remplacée peu à peu par des chevaux islandais. Les phoques, eux, ont presque tous été tués par les Féringiens : c'étaient de trop gourmands concurrents des pêcheurs...

Bains

On peut se baigner aux Féroé ! Surtout dans les piscines ! Il existe de rares plages de sable où l'on trempe ses orteils lorsque la température de l'air atteint les 18-20 °C. Mais on ne vient pas vraiment ici pour ça... L'eau est en effet à 10 °C en été, et les courants particulièrement puissants vous entraîneraient bien loin...

Chômage

Ce phénomène nouveau sur les îles, avec la crise qui a suivi le boom des années 1980, a atteint des proportions importantes aux îles Féroé : 20 % de la population active était sans emploi en 1993, avant de passer sous la barre des 5 % dans les années 2000. La solidarité et l'Etat providence à la scandinave adoucissent la situation des chômeurs, mais l'addition est lourde. Les fonctionnaires ont vu leur traitement diminuer d'autorité, mais leur emploi reste garanti, contrairement à celui des salariés du privé... Quant à la crise financière, elle a frappé tardivement les îles Féroé. La plus importante banque du pays (détenue en partie par l'Islande) a dû fermer ses portes en 2010. La plus grande entreprise de poisson, elle aussi en crise depuis 2008 a rouvert début 2011 avec l'arrivée de capitaux islandais...

Choc culturel

Vous allez vous retrouver dans un monde qui pourra vous paraître un peu étrange, presque fermé. Les Féringiens vivent entre eux, avec un esprit communautaire que la société moderne, avec ses facilités et son évolution vers l'individualisme, n'a pas complètement aboli. Pourtant, l'ouverture aux étrangers est grande : les Féringiens ont de tout temps eu un comportement très accueillant. Leur quotidien n'est pas si différent du nôtre. Les Féringiens voyagent beaucoup et connaissent bien des choses du vaste monde. Vivant en grande partie d'importations, ils ont des habitudes de consommation semblables aux nôtres, de la fréquentation du supermarché au goût du Coca-Cola. Restent visibles quelques coutumes ancestrales, telles quelques fêtes perpétuées en costume traditionnel et qui ont gardé tout leur sens. Il existe d'autres coutumes plus intimes, comme cette façon de se recevoir les uns chez les autres ou de se rencontrer dans des clubs privés en apportant quelques bouteilles, usage que la prohibition du commerce de l'alcool pendant presque tout le XXe siècle a fortement ancré.

Consigne

On peut facilement laisser ses bagages dans une station-service, un office du tourisme ou un hôtel, le temps d'une excursion. Il n'y a pas vraiment de risque de vol. Les seules consignes se trouvent à Tórshavn : celle du terminal du port de Tórshavn, et au Kiosk de Steinatuni (à l'angle de Niels Finsens Gøta et de Winthers Gøta).

Criminalité

La criminalité est quasiment nulle dans cette communauté de 47 000 habitants. De nombreuses maisons ne sont pas fermées à clé et on peut poser ses valises sans avoir constamment à les surveiller du regard. Les individus éméchés qu'il vous arrivera de rencontrer pourront effrayer certains. Lorsqu'il ne s'agit pas de marins russes ou lituaniens en escale, il n'y a rien à craindre.

Faire – Ne pas faire

- **Ne pas trop parler des fameux globicéphales noirs,** tués en bande sur les plages depuis des générations. Les Féringiens ne supportent pas d'entendre parler de Greenpeace « qui a ajouté des cris de baleine sur ses films de propagande alors que les globicéphales sont muets », expliquent-ils.
- **Ne jamais donner de l'argent** si quelqu'un vous rend service ou offre quelque chose, par exemple, si on vous invite à déjeuner, si on vous prend en stop. Les Féringiens sont très généreux et très solidaires, ils seront vexés si on leur donne de l'argent en échange.

Føroya bjór

C'est la bière nationale et c'est aussi toute une institution. Elle a été fondée en 1888 par une famille féroïenne. Elle a depuis séduit tout l'archipel à cause de sa qualité et de son goût unique. Elle est depuis un symbole et une fierté dans les îles Féroé.

Immigration

Les Féringiens, au faîte de leur hypercroissance économique au début des années 1990, ont fait appel à une main-d'œuvre étrangère. Ainsi il existe plusieurs familles de Polonais, employés dans les chantiers navals. On trouve bien sûr de nombreux Danois de « métropole », installés sur l'archipel souvent après un mariage « mixte » ! De nombreux Islandais et Norvégiens, mais aussi des Russes, des Philippins, des Thaïlandais et des Tunisiens.

Jardins

Le pays même semble recouvert d'un immense gazon que l'on peut qualifier d'anglais, tellement l'herbe est rase et grasse. Mais fleurs et arbres ne sont pas totalement exclus du paysage. Il existe une grande ferme de culture sous serre près de Kirkjubøur et un parc arboré, en partie abîmé par le vent, à Tórshavn. Près de leurs maisons, les Féringiens adorent faire pousser quelques fruits et légumes que l'on n'imaginerait pas sous ces latitudes : même des fraises et des tomates !

Macareux moine

Le clown des mers c'est aussi l'autre surnom de cet oiseau fétiche de l'archipel. Il passe tout son temps en mer, en Atlantique Nord ; il rejoint la terre le soir ou lorsqu'il doit se reproduire. Le bec triangulaire est la partie la plus remarquable, pointe rouge avec une base bleue. Le plumage est noir et le dessous est blanc. Vous le trouverez sur beaucoup de carte postale, en pin's, en poster ou en petite statue. Il est appelé Puffin en anglais.

Marche

C'est un paradis pour les amateurs de randonnée. Il faut se procurer une carte dans les librairies ou à l'office du tourisme (vendue très chère : 150 Dkr environ, mais très précise et fort utile). Avec une simple carte générale de l'archipel, on peut aussi se débrouiller : les chemins à travers les plateaux et les montagnes sont tous ponctués de petits tumulus de pierres. Les bergers se réchauffent en hiver à les remettre en place lorsque le vent ou la pluie les ont bousculés. Ces bornes bien utiles permettent de parcourir sans crainte des sentiers qui parfois font passer un peu en hauteur, mais qui ne sont pas dangereux. En dehors de ces chemins balisés, il est recommandé de partir avec un guide. On n'oubliera pas de s'équiper. Même en été, il faut prévoir pulls et chaussures imperméables, sans avoir à recourir pour autant à un équipement de haute montagne ! Enfin, on prendra surtout garde à la brume qui peut transformer une balade idyllique en un véritable cauchemar si l'on veut retrouver son chemin !

Tourisme

Les Féroé sont depuis longtemps un carrefour dans cette région du monde, entre Ecosse, Shetland, Danemark, Norvège, Islande et Groenland. L'archipel tente de maîtriser un nouvel afflux touristique, créé par la saturation des pays du soleil et la curiosité des vacanciers européens ou nord-américains. Un conseil touristique réunit désormais les îles Féroé, l'Islande et le Groenland. L'archipel féringien veut mettre en valeur ses atouts, que le tourisme d'escale ne permet pas d'apprécier. Il est vrai que 48 heures sont bien insuffisantes pour voir l'insoupçonnable diversité qui se cache derrière ces paysages d'apparence semblable… On compte environ 35 000 touristes par an. Les Danois représentent plus de 40 % du nombre de touristes « étrangers », suivis par les Norvégiens, les Anglais et les Américains, les Suédois, les Allemands, les Islandais et les Canadiens. Les Français sont environ 450 par an. On recense également, chaque année, une centaine de touristes suisses et une centaine aussi de Belges.

Fiche technique

Les îles Féroé en bref

- **Nom :** îles Féroé, Føroyar en féringien, Færøerne en danois, Faroe Islands en anglais.
- **Superficie :** 1 399 km² (6 % de terres cultivées) comprenant 18 îles et des îlots.
- **Situation :** entre les 6e et 7e degrés de longitude ouest (fuseau horaire de Greenwich), entre les 61e et 62e degrés de latitude nord. A 1 333 km du Danemark.
- **Type :** territoire autonome du royaume du Danemark.
- **Nombre de jours de pluie :** 280.
- **Nuits claires :** du 1er juin au 15 juillet.
- **Jour le plus long :** 19 heures 40.
- **Jour le plus court :** 5 heures.
- **Température moyenne l'hiver :** 6 °C.

Sumba.

- **Température moyenne l'été :** 18 °C.
- **Chef de l'État et de l'Église :** Margrethe II de Danemark.
- **Chef de gouvernement :** Kaj Leo Johannesen (depuis 2008).

La population

- **Population :** 49 000 habitants, 70 000 moutons. Féringiens ou féroïens.
- **Population immigrée :** environ 2,7 % de la population (surtout des Islandais, Norvégiens, Britanniques et Polonais).
- **Densité :** 35 hab./km².
- **Espérance de vie :** 77 ans pour les hommes, 82 ans pour les femmes.
- **Langues officielles :** féroïen, danois.

L'économie

- **Pêche (en tonnes) :** 1984 : 347 453 • 1999 : 358 000 • 2001 : 525 000 • 2010 : 521 000.
- **Taux de chômage :** 7,8 % (20 % en 1992) !
- **Monnaie :** couronne danoise (kr), billets féringiens, pièces à l'effigie de la reine du Danemark.

Le drapeau féringien

Les couleurs du drapeau (croix rouge encadrée de bleu sur fond blanc) peuvent flotter librement sur tout l'archipel à la place du fanion danois depuis la seconde guerre mondiale. Chaque famille féringienne possède son mât et son drapeau. Le gouvernement édite chaque année le calendrier des jours où l'emblème national doit être hissé. Il sert également à marquer certains événements qui touchent la famille ou le village. Ainsi, lors d'un décès, les proches et les connaissances du mort hissent le drapeau à mi-mât, le laissant ainsi presque en berne le temps de la cérémonie religieuse. Après l'enterrement, le drapeau est hissé complètement, signe d'élévation de l'âme et de salut au disparu…

SURVOL DES ÎLES FÉROÉ

Géographie

Dix-huit îles dont dix-sept habitées et quelques gros rochers. L'archipel couvre 1 399 km² et s'étend sur 113 km de long et 75 km de large. Toutes les îles sont orientées nord-ouest-sud-est. Elles ont été formées pendant l'ère tertiaire, plus d'un million d'années avant notre ère, par des coulées de lave de basalte, au milieu desquelles s'intercalent des strates plus minces de cendres volcaniques durcies (le tuf), le tout sur un relief de l'écorce terrestre qui relie le Groenland, l'Islande et l'Ecosse. La mer et le vent ont érodé ce basalte volcanique particulièrement friable, mais ce sont surtout les glaciers qui ont creusé les vallées et dessiné les sommets. Le plus haut d'entre eux s'élève à 882 m (Slættaratindur, près d'Eiði, sur l'île d'Eysturoy) et les falaises peuvent s'élever jusqu'à 750 m au-dessus de la mer. Les terres les plus proches sont les îles Shetland, à 300 km.

Climat

Situées entre le 61ᵉ et le 62ᵉ parallèle de latitude nord, les Féroé sont en dessous du cercle polaire arctique, et la neige ne tient que rarement sur les montagnes en été. Le climat est d'ailleurs plutôt doux : 3 °C en moyenne en hiver, 11 °C en été. Un bras du Gulf Stream vient « réchauffer » les eaux de la région, d'où l'absence d'icebergs et la profusion de l'herbe. (Les eaux qui entourent les îles ne gèlent jamais en hiver.) Le vent souffle presque en permanence, plus ou moins fort, chassant ou rabattant les nuages. La brume est elle aussi fréquente, et particulièrement imprévisible. Le temps est très variable d'une île à l'autre et d'un moment à l'autre de la journée. Le jeu changeant des lumières et du relief contribue à donner une atmosphère très particulière à cet ensemble très homogène et pourtant riche en variations. La pluie tombe fréquemment (en moyenne 189 jours par an), mais il s'agit souvent d'une fine bruine presque imperceptible. Les tempêtes ne sont pas rares, principalement en hiver. Le vent peut souffler avec une force 9 pendant 82 heures. Lorsque la tempête s'installe, il n'y a aucune chance de voir le soleil pendant trois jours, alors que les jours de pluie et de vent ordinaires voient la météo changer en cours de journée.

La chasse au globicéphale

Le plancton, qui se développe facilement dans les eaux tempérées par le courant chaud du Gulf Stream, attire de nombreux bancs de poissons (morue, aiglefin, merlan, saumon, flétan, hareng…) ainsi que les fameux globicéphales, « baleines » noires chassées depuis des siècles selon une technique spectaculaire et sanglante. Des îles Féroé à l'étranger, on ne connaît bien souvent que ces images : une mer qui vire au rouge sous les coups de couteau des pêcheurs qui rabattent vers la plage des troupeaux entiers de baleines noires… Barbare à notre époque ? Inhumain et cruel ? Superflu pour l'homme et dangereux pour l'équilibre naturel de la population des océans ? On a beaucoup dit sur ces « massacres ». Dans les années 1980, le gouvernement des Féroé a été submergé par des lettres de protestation, qui l'ont forcé à réagir. Depuis, des enquêtes scientifiques ont été commandées et la législation réglemente plus rigoureusement cette chasse dans l'intérêt de l'animal. Des conférences sont parfois organisées à l'intention des touristes, avec vidéo et explications des pêcheurs sur leurs traditions et leurs méthodes.

▶ **Dramaturgie.** Mais qu'est-ce d'abord que cette chasse sanglante ? L'animal pourchassé s'appelle en réalité globicéphale noir (*Gglobicephala mela*), du latin *globus* (globe), et du grec *kephale* (tête) ; *melanos* signifiant également « noir » en grec. Ce n'est pas à proprement parler un dauphin ou une baleine, bien qu'il fasse partie de la famille des cétacés. Les Féringiens l'appellent *grindahvalur*, les Anglais *pilote-whale* (baleine-pilote), en français, on parle parfois d'épaulard à tête ronde, de dauphin noir ou de baleine grinde. Mieux vaut employer le terme précis de globicéphale. C'est un superbe animal, long de 5 à 8 m, pesant jusqu'à 3 tonnes, entièrement noir et dont la tête est ronde. La dramaturgie de sa chasse choque par le bain de sang que provoque cette tuerie collective. Elle a d'ailleurs frappé les imaginations à travers les ballades et, depuis le siècle dernier, les tableaux des artistes locaux. Aujourd'hui, les associations de défense de l'environnement se sont emparées de ce « spectacle » à l'impact puissant, afin de sensibiliser les amoureux de la nature de la planète entière…

A priori, ce massacre semble indéfendable. Pourtant, il faut savoir écouter les arguments des Féringiens, qui se sentent souvent incompris.

Méthodes humanisées. La chasse consiste à rabattre un troupeau de globicéphales lorsqu'il passe à proximité des îles de l'archipel. Les pêcheurs se précipitent sur leur bateau et vont guider les animaux, qui ne se déplacent qu'en groupe, vers une plage « d'échouage » prévue par la réglementation (il existe une liste officielle de 21 baies). C'est là que l'abattage intervient, par section rapide des vaisseaux du cou du globicéphale. Aucun animal n'en réchappe. Mais, depuis quelques années, les Féringiens se sont appliqués à humaniser leurs méthodes. On ne tue plus les animaux à coups de lance, ou en haute mer. Quand il faut guider certains avec une gaffe plantée dans la graisse de leur tête, c'est avec le maximum de précaution. La mise à mort intervient en quelques secondes, la formation des pêcheurs ayant été grandement améliorée. Cette chasse aux globicéphales se pratiquait dans toutes les îles de la région. Elle a été abandonnée partout, sauf aux Féroé où elle constitue une tradition ininterrompue depuis la fin du XVIe siècle. Tradition qui n'a rien de comparable avec, par exemple, la corrida en Espagne. Ici la mise à mort n'est pas un pur spectacle, c'est un sacrifice rituel de l'animal dont se nourrit depuis toujours l'archipel. Lorsque l'alarme est donnée, tout le monde se précipite vers les plages d'échouage annoncées, et chaque habitant, même s'il n'a pas pris part à l'expédition, reçoit une part de la viande et du lard. Car l'animal lui-même ne sert qu'à la consommation du Féringien. On compte environ 1 000 captures de globicéphales par an et quelques dizaines de dauphins. Pas d'exportation de la viande, pas de transformation de la graisse en rouge à lèvres ou cosmétiques. Et c'est sans doute la seule activité qui, rassemblant tous les Féringiens, leur fait retrouver un esprit communautaire que la vie moderne a un peu tué, entre voiture et télévision. Aujourd'hui, le globicéphale, conservé séché ou congelé, entre pour une bonne part encore dans l'alimentation du Féringien : le quart de sa consommation annuelle de viande. Depuis 1986, de nouvelles lois ont imposé des plages d'échouage spécifiques, des instruments et des méthodes particulières, et l'interdiction d'une chasse semblable pratiquée autrefois sur d'autres espèces, comme l'hyperoodon. Pour ce qui est de l'équilibre naturel, il ne semble pas menacé. Les Féringiens capturent en moyenne d'environ 1 000 globicéphales par an (il n'y a pas de périodes précises, vous tomberez peut-être lors de votre séjour sur un passage de globicéphales, mais rien n'est sûr). On estime à environ 100 000 le nombre de ces animaux vivant dans cette région du monde, ce qui représente un « prélèvement » de 1 % sur la population totale. Au fil des siècles, le nombre de prises n'a jamais vraiment diminué, mais il peut être inégal d'une année sur l'autre.

Une espèce qui n'est pas menacée. Deux arguments devraient rassurer les défenseurs de l'environnement (même si certains activistes les contestent) : le globicéphale n'a rien d'une espèce menacée (on en compterait au total dans le monde près de 900 000), et sa chasse a fait l'objet d'une réglementation qui prend en compte la souffrance de l'animal. On reste donc dans le cadre d'une pêche traditionnelle et artisanale, loin du commerce mondial des baleines. Il est exact que les îles Féroé n'exportent pas de viande ou de graisse de globicéphale. Mais, poussés dans leurs retranchements par les associations écologiques du monde entier, elles se sont associées au Japon et à la Norvège pour défendre leur pêche. Or, Norvégiens et Japonais pratiquent, eux, (malgré les moratoires, sous couvert de « prélèvements scientifiques ») une pêche mercantile et systématique qui n'a plus rien à voir avec une quelconque tradition localisée. L'amalgame risque d'être trop vite fait devant cette coalition des chasseurs des mers…

SOS globicéphales

Les campagnes internationales contre la chasse aux baleines aux Féroé se poursuivent. En 2000, l'association Sea Shepherd a lancé un boycott des produits Unilever, la multinationale étant une cliente très importante des Féroé (pour leur poisson). Et un de ses navires, conduit par Paul Watson, cofondateur de Greenpeace, est revenu dans les eaux territoriales féringiennes en juillet 2000, 14 ans après la fin d'une première campagne contre la chasse aux globicéphales. L'association des chasseurs de baleine des Féroé avait alors appelé ses membres à « ne pas céder à la provocation car c'est ce que recherche Watson, qui attend un coup médiatique pour faire parler de lui ». En Suisse, l'antenne romande de l'ASMS demande d'éviter de passer ses vacances aux Féroé !

Elle affirme au passage qu'en plus des globicéphales, les Féringiens tuent chaque année plusieurs centaines de dauphins bleus et blancs (*Stenella coeruleoalba*). En France, la Fondation Brigitte Bardot fait régulièrement envoyer des cartes de protestation, illustrées d'une mer rouge sang, à l'ambassadeur du Danemark à Paris et à la reine Margrethe. Mais la tradition pourrait être mise à mal par une autre donnée écologiste : la pollution des mers. Les baleines se trouvant en bout de chaîne alimentaire, juste avant l'homme, elles concentrent désormais une part importante de mercure. Une étude sur 1 000 enfants féringiens menée par des chercheurs européens, japonais et américains, a montré en 1999 qu'ils présentaient des « carences cognitives » et une forte pression sanguine, qui pourrait les faire souffrir d'hypertension à l'âge adulte. Et cela en raison de l'absorption par leur mère, pendant sa grossesse, de viande de baleine et autres produits de la mer.

Flore

Peu de bruyères, au contraire de l'Ecosse ou des Shetlands, mais beaucoup d'herbe, de mousse et de fleurs (dont de simples boutons d'or). La flore est en grande partie identique à celle que l'on peut trouver en Islande. Elle comporte plusieurs centaines d'espèces. Le sol est par endroits raviné de multiples torrents qui s'écoulent des montagnes. La tourbe est parfois spongieuse. En général, la couche de terre est mince, d'où l'absence non seulement de cultures importantes, mais d'arbres.

Faune

Les oiseaux

On a recensé pas moins de 300 espèces d'oiseaux de mer qui, par millions, ont trouvé refuge dans les falaises et les prés inclinés des îles. Une quarantaine vit en permanence sur l'archipel. Il y a les oiseaux des marécages, ceux des plaines, les oiseaux côtiers, les oiseaux des falaises, les oiseaux des prés, et même, depuis que les arbres poussent un peu mieux par la volonté de l'homme, des oiseaux qui n'ont rien de marin, comme le moineau ou le rouge-gorge ! Une telle profusion s'explique par le climat – tempéré pour cette latitude – et le réchauffement de la mer du Nord par un bras du Gulf Stream qui permet le développement du plancton. Parmi les oiseaux que vous rencontrerez probablement lors de vos promenades, voici quelques spécimens :

- **Macareux :** silencieux et clownesque petit oiseau noir et blanc au bec orange. Il creuse de profonds terriers dans les prés en bord de mer et plonge pour chercher le poisson qui nourrit ses petits.
- **Huîtrier-pie :** avec son long bec rouge effilé mais très résistant, il casse les coquillages pour se nourrir. C'est l'emblème national des Féroé. Véritable hirondelle locale, le jour de son retour sur l'archipel à la mi-mars marque le début du printemps
- **Guillemot :** on en compte plus de 350 000 sur l'archipel. Ce petit oiseau ressemble à un mini-pingouin.
- **Pétrel :** il y a la famille des tempêtes, minuscules (15 cm), tout noirs et protégés, il y a les culs-blancs un peu plus grands, et les fulmars, qui ressemblent au goéland, et crachent un drôle de mucus malodorant à plus d'un mètre de distance lorsqu'ils se sentent attaqués !
- **Fou de bassan :** il mesure environ 1 m, c'est le plus grand oiseau de mer.
- **Puffin des Anglais :** on peut le déguster dans certains restaurants de l'archipel.
- **Cormoran :** grand dans les terres, ou huppé dans les rochers.
- **Sterne arctique :** blanche au bec rouge, elle vit en colonie, l'été, sur les plages.
- **Goéland :** marin (rapace aux pattes roses), brun (pattes jaunes), argenté (très commun), cendré (on le retrouve dans les failles, et à Mykines).
- **Mouette :** rieuse et tridactyle, de couleur blanc cendré, elle accompagne les bateaux de pêche en pleine mer.
- **Labbe :** le grand, au bec crochu, et le parasite.
- **Canard plongeur :** un eider à duvet, roucouleur.
- **Plongeon cat marin :** (55 cm), nageur gris brun des fjords.
- **Harle huppé :** noir, gris et blanc aux pattes rouges, dans la végétation.
- **Courlis cendré :** dans les champs et les marais. Il a un long bec recourbé.
- **Grèbe :** plongeur brun, noir et blanc que l'on trouve sur les lacs. L'office du tourisme édite une brochure sur les différentes espèces d'oiseaux que l'on trouve sur l'archipel. Vous trouverez également des informations supplémentaires sur le site Internet : www.frs.fo

Charcot arrive aux Féroé

« À notre arrivée dans le fjord, la mer était calme et bleue comme la Méditerranée, et les montagnes de basalte noir étalaient leur gazon abondant et vert, coupé par les nombreuses cascades qui se précipitent dans les fjords. C'est un spectacle à la fois sinistre et riant que celui de ces montagnes dénudées, rochers terribles, falaises verticales de plus de six cents mètres de hauteur, mais qui, partout où un peu de terre peut séjourner, se drapent d'un admirable gazon vert émeraude où paissent des centaines de moutons sauvages ! Puis soudain, un banc de brume enveloppe le tout pour se dissiper bientôt, laissant, petit à petit, deviner la silhouette des terres, rendues plus formidables encore à travers le voile gris et humide. Cette première impression, nous devions la ressentir durant tout notre séjour aux Féroé… »

Jean-Baptiste Charcot, *Voyages aux Iles Féroé*, Paris, Société d'éditions géographiques, maritimes et coloniales, 1934.

HISTOIRE

Du peuplement à la première tutelle

Des moutons et quelques ermites irlandais au VIIe siècle : c'était peut-être là le premier peuplement des Féroé. Aucune trace archéologique n'a pu confirmer cette hypothèse, même si certains noms de lieus font référence au monde celte (la baie de Brandarsvík, du nom celte de saint Brendan, par exemple). Une énigme demeure d'ailleurs sur l'origine du nom. Le nom de Føroyar pourrait avoir une double origine : en danois, *fær* signifiant « mouton », il désignerait alors « les îles aux moutons » ; en celte, *faroyar* désignerait « les îles lointaines », dont les Irlandais avaient pu deviner l'existence en observant les oiseaux migrateurs se diriger vers le nord. Les premiers Vikings ont-ils réellement trouvé en arrivant des moines irlandais qu'ils auraient massacrés ? On sait seulement que leurs successeurs, beaucoup plus pacifiques, sont venus en colons : cela correspond, entre 800 et 1050, à la vaste colonisation entreprise par les Norses à la recherche de nouvelles terres agricoles. Après l'Ecosse et les Shetland, et avant l'Irlande, ils s'installent donc aux Féroé. La population s'organise en une communauté de fermes et se dote d'un Parlement, le Løgting, Assemblée des gens libres, réunie sur un promontoire de rochers qui sépare en deux l'actuel port de Tórshavn, qui s'appelle d'ailleurs Tinganes. *La saga des Féroïens*, écrite au début du XIIIe siècle en Islande par un homme qui n'a jamais mis les pieds aux Féroé, se fonde sur la tradition orale pour raconter comment Simundr Brestisson a introduit le christianisme dans l'archipel, essayant de convertir son ennemi, Throndr, qui voulait conserver la religion viking, et surtout l'indépendance de l'archipel vis-à-vis de la Norvège christianisée. Ce combat du bien et du mal aboutira, en 999, à l'adoption officielle du christianisme aux Féroé. A cette époque, les échanges avec les frontières du monde viking sont nombreux. Malgré leurs ressources en pêche, chasse et surtout en élevage et agriculture, les Féroé n'ont pas les moyens de subsister par elles-mêmes et doivent importer de nombreux matériaux (bois, fer…). En échange, elles exportent la laine des moutons et les produits de la pêche. En ce début du XIe siècle, la Norvège devient une véritable puissance et c'en est bientôt fini de l'indépendance de l'archipel. Les Féroé deviennent norvégiennes en 1035.

Le temps du commerce et de la terre

Pendant que les échanges se développent, l'évangélisation s'étend. Le pouvoir du roi de Norvège et celui de l'Eglise se confondent : l'Assemblée des hommes libres de Tinganes perd ses droits en 1273, lorsque le roi de Norvège affirme son propre droit à promulguer les lois sur l'archipel et que l'évêque de l'époque, Erlend, entreprend la construction d'une cathédrale à Kirkjubøur. Cette cathédrale en pierre, sans rapport avec l'architecture traditionnelle de ces îles, mais qui se voulait un symbole monumental de l'Eglise telle qu'elle rayonnait alors sur le continent européen.

Kirkjubøur est le siège de l'épiscopat. Ne rassemblant rien de moins que trois églises, c'était le vrai lieu du pouvoir de l'époque, relayant celui du roi. Les hommes de l'Eglise étaient tout-puissants : à chaque acte contraire aux lois de la religion chrétienne, ils confisquaient des terres aux pêcheurs et s'arrogeaient de nouveaux droits. Leur puissance s'est ainsi étendue considérablement puisque, au XVe siècle, la moitié de l'île de Streymoy appartenait à l'évêché de Kirkjubøur. Mais, pendant ce temps, la Norvège perd son influence, et c'est le royaume du Danemark qui devient la première puissance de la région. En 1380, la Couronne danoise proclamant le royaume dano-norvégien, les Féroé devinrent possession danoise. Elles le resteront jusqu'à nos jours. L'influence danoise se manifeste d'abord par l'écriture, alors que le féringien demeure une langue parlée, puis par l'introduction de la Réforme : en 1536, les thèses de Luther sont officiellement adoptées par le Danemark qui en fait sa religion d'Etat. L'évêché est supprimé, le danois devient langue liturgique (aux Féroé comme en Norvège), et les dignitaires catholiques voient leurs terres et leurs biens confisqués. Par le jeu des héritages et de leurs pouvoirs, l'Eglise possédait alors 40 % des terres féringiennes. L'évêché fut transféré à Bergen, véritable port continental des Féroé : c'est par là que passait tout le commerce entre le continent et l'archipel. C'est aussi là que se trouvaient les marchands bénéficiaires du monopole. À cette époque, les Féroé tiraient leur subsistance de la terre : culture du maïs, élevage et dérivés du mouton. Chaque village était organisé selon le même schéma, que l'on peut encore voir dans le paysage actuel : sur les flancs des montagnes, un muret séparait les terres cultivées des terres vierges, qui appartenaient collectivement aux habitants du village, lesquels en détenaient une part… en rapport avec leur richesse. Seul Tórshavn échappait alors à ce modèle. Le monopole et l'administration y avaient leur siège, autour de Tinganes. Pendant tout le début du Moyen Age, les Féroé sont la cible des pirates et corsaires en tout genre dont les Français seront les plus redoutés : ils feront fuir le dernier évêque de Kirkjubøur qui demandera à être démissionné à la deuxième attaque ! Mais c'est sans doute les attaques sanglantes perpétrées par les « corsaires d'Alger », à la solde des Turcs ottomans, qui auront marqué les esprits pour des générations. De nombreuses légendes les mentionnent, et les tours de guet que l'on rencontre dans les montagnes datent de cette époque. Ce n'est qu'à partir de la construction du fort de Skansin, à l'est de Tórshavn, que les attaques des corsaires et des pirates vont cesser. Le fort avait été construit par Magnus Heinason, devenu depuis un héros national. Ce marchand avait hérité du monopole royal, le roi danois Frederik II le lui ayant confié, estimant que la piraterie détruisait la rentabilité du commerce dans la région. Copenhague ne reprendra en main le monopole qu'au début du XVIIIe siècle. Jusqu'à cette époque, les Féroé resteront malgré tout à l'écart des grands échanges qu'elles avaient connus au début du Moyen Age : on ne comptera pas plus d'un ou deux bateaux par an à certaines époques. L'archipel vit dans un grand isolement. Il subsiste difficilement de ses maigres ressources agricoles, supportant les tempêtes, les pirates, la peste au XVIe siècle et même de terribles famines durant la seconde moitié du XVIIe, à la fin du XVIIIe et au début du XIXe siècle, jusqu'à l'arrivée tardive et providentielle de la pomme de terre, dans l'archipel.

Le temps de la mer et du nationalisme

La mer offrait quelques ressources aux Féringiens, qui rabattaient comme aujourd'hui les globicéphales (baleines noires) ou pêchaient près des côtes et dans les fjords : mais c'était toujours une activité secondaire, les bateaux utilisés ne permettant pas d'aller très loin. Ce n'est qu'à partir du XVIIIe siècle que les Féringiens vont se tourner un peu plus vers la mer. Alors que la population était restée stable jusque-là avec 3 000 habitants, elle ne cesse d'augmenter, et c'est bientôt 5 000 personnes qu'il faut nourrir. De nouvelles lois permettent d'étendre les surfaces cultivables et des recherches ont lieu pour tenter de mieux tirer parti de la mer. Mais ce n'est qu'en 1804 qu'un fermier construit le Nólsoy-Páll, aujourd'hui mythique : premier bateau féringien ponté, il est aussi le premier navire à tenter la pêche à grande échelle, sans réel succès immédiat. La technique de la morue séchée et salée ne sera mise en pratique qu'à partir de 1840. Pendant ce temps, le Danemark maintient un monopole du commerce finalement peu rentable, que le souverain danois a pris en charge à partir de 1709 : les Féringiens n'en sont que plus isolés, mais ils en redemandent. En effet, ce

La saga des Féroïens

« Il y avait un homme du nom de Grim Kamban ; il fut le premier à s'établir aux îles Féroé. Du temps de Harald-aux-beaux-cheveux, nombreux furent ceux qui fuirent la tyrannie de ce roi : certains gagnèrent les Féroé et s'y installèrent, d'autres se réfugièrent en d'autres régions inhabitées.

Aude la Sagace se rendit en Islande et fit escale aux Féroé où elle maria Olöf, la fille de Thorsteinn le Rouge. De là est issue la plus grande famille féroïenne, celle qu'on appelle «les gens de Gata» et qui s'établit sur Austrey (Eysturoy). »

Régis Boyer, *La Saga des Féroïens*, trad. de l'islandais par Jean Renaud, Paris, Aubier Montaigne, 1983.

système de prix fixes leur permettait d'assurer des revenus que le marché ne pouvait pas leur offrir. Il ne sera supprimé qu'en 1856. En 1814, le Danemark signe le traité de Kiel et abandonne la Norvège, mais garde les Féroé qui deviennent un département danois : le gouverneur est remplacé par un préfet. Mais l'absolutisme danois est remis en cause au milieu du siècle, et la monarchie constitutionnelle est instaurée en 1849. C'est la fin de la puissance coloniale danoise : l'Assemblée féringienne, complètement supprimée en 1816, est rétablie en 1852, mais elle n'a alors qu'un simple caractère consultatif. Un vent de nationalisme souffle pendant toute la seconde moitié du XIXe siècle (comme d'ailleurs dans le reste de l'Europe). Une littérature féringienne apparaît tandis que des partis politiques prennent position, à droite comme à gauche, pour l'autonomie, voire l'indépendance. La population passe bientôt à 9 000 personnes. L'agriculture devenue insuffisante (malgré l'apport de la pomme de terre notamment, à la fin du XVIIIe siècle), la société féringienne va entièrement se tourner vers la mer. Ce secteur d'activité, qui demande une abondante main-d'œuvre, pour la pêche hauturière comme pour la salaison, donnera naissance à une importante classe ouvrière. Au XXe siècle, la pêche prend une telle importance que l'activité des bateaux féringiens atteint la mer de Barents, près de l'URSS et de la Norvège. Dans le même temps, les paysans deviennent de plus en plus pauvres, et une réforme agraire porte un coup définitif aux derniers grands propriétaires, héritiers des « fermiers royaux ».

Le temps de l'autonomie

En 1940, le Danemark est occupé par l'envahisseur nazi et ses colonies sont soudain coupées de leur métropole. Les Féroé sont envahies par les Britanniques tandis que les Américains occupent l'Islande et le Groenland, assurant ainsi une liaison militaire entre les Alliés britanniques et américains. Les Féringiens poursuivirent leurs activités de pêche, pour approvisionner les marchés de Grande-Bretagne, tandis que les bases militaires trouvent au sommet des falaises des postes d'observation stratégiques. Un aéroport est même construit, transformé depuis en aéroport civil. C'est aussi à cette époque que le drapeau féringien, créé au début du siècle, fut autorisé à flotter, grâce aux Britanniques. À la Libération, un référendum est organisé dans les différentes possessions danoises. L'Islande répondit « non » à son maintien au sein de la couronne danoise. Les Féroé firent de même, mais la participation au scrutin était trop faible pour être représentative, et l'écart entre les « oui » et les « non » n'était que de 161 voix. Une nouvelle Assemblée féringienne élue en 1946 négocie avec le Danemark un statut d'autonomie qui est adopté en 1948 : l'Etat danois n'a plus ni préfet ni gouverneur pour le représenter aux Féroé, mais un médiateur. Les Féroé voient reconnaître leur langue, leur drapeau, leur gouvernement qui a compétence pour les affaires intérieures à l'archipel. Les lois votées au Parlement danois n'ont plus cours aux Féroé, qui votent leurs propres lois. Mais le Danemark garde en charge la défense, la politique étrangère, la justice, la monnaie, et une grande partie des services publics (éducation, poste, protection sociale, etc.). Les années 1950 voient se développer une pêche industrielle qui va faire la richesse de l'archipel. Grisés par leur prospérité, les Féringiens poussent encore plus loin les limites de leur autonomie : ils obtiennent de négocier en leur nom propre avec un pays étranger lorsqu'il s'agit d'un domaine qui les concerne directement. Ainsi ils disent « non » à leur entrée à la CEE en 1974 (alors que le Danemark a répondu « oui » en 1972), ils peuvent, à partir de 1976, émettre leurs propres timbres, ils assurent le financement de l'éducation puis de la protection sociale, etc.

Le temps des vertiges économiques

Alors que le monde entier subit le contrecoup du choc pétrolier, les Féringiens se lancent dans des travaux gigantesques d'équipement, reliant le moindre petit village isolé dans la montagne à un réseau routier performant. La pêche, fortement encouragée par d'importantes subventions publiques, bat des records de prises, mais les Féringiens ne réalisent pas que leurs méthodes ultra-sophistiquées, développées dans les années 1980, viennent à bout des réserves de poissons. Au début des années 1990, tout s'écroule : les Féringiens détiennent en 1992 le record du monde de l'endettement (175 000 Dkr par habitant), le chômage apparaît et touche 20 % de la population active, les Féringiens commencent à émigrer. Et, coup dur pour l'esprit nationaliste féringien, c'est le Danemark qui devra renflouer les deux banques de l'archipel, devenues insolvables début 1993… Après avoir connu un niveau de vie qui dépassait celui du Danois moyen (achats de 4x4, vacances au soleil à l'étranger, constructions de maisons, etc.), le Féringien doit faire face à une grave crise qui succède à ces années folles. Pourtant, les Féringiens voient alors l'avenir avec optimisme. Par principe, mais aussi parce qu'ils ne pensent pas tomber plus bas. Des projets se mettent en place : tourisme, achats de poissons aux anciens pays communistes (pays Baltes, Ukraine etc.) des bords de la Baltique pour le retraiter dans des usines modernes qui tournaient à vide, quand elles n'avaient pas fermé.

Le temps du renouveau

Et puis il y a le pétrole. Après avoir obtenu de Copenhague la maîtrise et le bénéfice de ses ressources sous-marines, l'archipel poursuit de longues négociations avec la Grande-Bretagne pour délimiter avec exactitude la frontière maritime qui sépare les Féroé de l'Ecosse : dans cette zone, au large des Shetland, se trouvent en effet d'importants gisements pétroliers. Un accord est finalement conclu en 1999, et le gouvernement de Tórshavn distribue ses licences à trois sociétés (américaine, norvégienne et britannique) pour effectuer des forages au sud-est de l'archipel. Reste à en évaluer la rentabilité. Les premiers résultats évoquant des quantités significatives de pétrole et de gaz sont publiés à l'automne 2001. En attendant, l'économie est déjà repartie, grâce au retour du poisson ! Résultat, une intense activité économique et le retour des chantiers pharaoniques : un tunnel sous-marin reliant Vágar, l'île de l'aéroport, à Streymoy, celle où se trouve la capitale Tórshavn, était en cours de percement, et le dernier village à ne pas être relié au réseau routier, Gásadalur, a vu reprendre les travaux interrompus huit ans plus tôt ! De quoi donner des ailes aux indépendantistes qui ont repris du poil de la bête, en remportant les élections en 1998 et en tentant un bras de fer avec Copenhague. Si la métropole a bien voulu passer l'éponge sur le scandale bancaire (mais les Féringiens continuent d'accuser les Danois de leur avoir vendu une banque très au-dessus de sa valeur, ce qui ne pouvait que les conduire à la faillite…), elle refuse en revanche d'entendre parler d'une indépendance en douceur : le Premier ministre féringien, Anfinn Kallsberg, souhaitait organiser un référendum en mai 2001 pour une indépendance au bout de quinze ans. Le Premier ministre danois, Poul Nyrup Rassmussen, a aussitôt fait savoir que si le « oui » l'emportait, Copenhague arrêterait, après quatre ans seulement, de verser des subventions qui dépassent chaque année le milliard de couronnes (plus de 150 millions d'euros). La menace danoise et des sondages, montrant que seulement 3 % des Féringiens voteraient pour l'indépendance, ont finalement fait reculer le gouvernement féringien, qui ne s'avoue pas pour autant vaincu. Cette tendance s'affirme également lors des sondages précédant les élections législatives du printemps 2002. La coalition perd la majorité et doit désormais composer avec l'opposition. Le Premier ministre Anfinn Kallsberg ne résigne pas néanmoins. Puis c'est le retour à des temps plus moroses. La reprise économique s'essouffle : La compagnie féringienne Atlantic Seafarm perd l'équivalent de 600 000 saumons lors d'une violente tempête, une perte de 20 à 30 millions de couronnes. En janvier 2003, le Danemark réduit considérablement son support financier pour les quatre prochaines années avec un apport de 650 millions de couronnes soit 360 millions de moins que les années précédentes. La scène politique n'est guère plus brillante. Le Premier ministre doit faire face à un scandale financier suite à la publication d'un ouvrage le compromettant dans une affaire de malversation. Il choisit alors de congédier quatre ministres républicains et déclare de nouvelles élections législatives en janvier 2004.

Joannes Eidesgaard (social-démocrate) devient alors Premier ministre de l'archipel. En 2008, Kaj Leo Johannesen, ancien gardien de but de l'équipe national de football et président de l'Union des Féroé, est choisi pour diriger le gouvernement. La crise financière a touché tardivement les îles, à cause notamment des liens commerciaux importants avec l'économie islandaise. La principale banque du pays ainsi que la principale usine de poisson font faillite en 2008. En 2011, l'usine de poisson reprend son activité et ses exportations. En 2010, on aurait trouvé du gaz, en petite quantité, mais toujours pas de pétrole, les recherches continuent en mer du Nord. Selon un dernier sondage effectué en 2010 dans les îles, 50 % des Féringiens veulent rester liés au Danemark contre... 50 % qui veulent obtenir l'indépendance

MODE DE VIE

Religion

La religion luthérienne est religion d'Etat, avec pour chef la reine du Danemark (elle est venue à plusieurs reprises sur l'archipel, et dernièrement en 2000 pour le millième anniversaire de l'introduction du christianisme dans les îles). La pratique religieuse est encore importante le dimanche. Cette « église populaire » influence toute la vie de l'archipel, à travers plusieurs ramifications, notamment de nombreuses associations caritatives. Plusieurs ligues, antialcooliques entre autres, sont d'obédience religieuse. Enfin, quelques catholiques peuvent pratiquer leur culte grâce à l'installation de sœurs franciscaines au début du siècle, et plusieurs « sectes » connaissent un certain succès (évangélistes, pentecôtistes...).

Fêtes

Attention ! Lors des fêtes religieuses (Pâques, Ascension, veille, jour et lendemain de Noël) et autres, plus rien ne fonctionne sur l'archipel ! Pas de ferrys, pas de bus, et plus aucune boutique ouverte !

- **25 avril :** fête du Drapeau (demi-journée fériée).
- **5 juin :** fête de la Constitution (fête nationale danoise).
- **28 au 29 juillet :** Olavsöka, fête nationale, qui marque le début de l'année parlementaire, avec ouverture en procession du Parlement et discours-programme du Premier ministre. Férié pendant un jour et demi.

Folklore

Pas de folklore pour touristes. Les fêtes ici ont gardé leur aspect et signification très anciens. Gestes, cérémonies, symboles sont toujours ancrés dans le quotidien des habitants. Exemple le plus éclatant : les danses féringiennes (*foryskur dansur*). Ces danses, héritières des farandoles de la France du Moyen Age, furent rapidement démodées puis prohibées en Europe. Les îles Féroé sont sans doute l'un des seuls endroits au monde où l'on perpétue, depuis le Moyen Age, ces festivités fidèles au passé. La chaîne humaine se forme et bouge au rythme de chansons traditionnelles aux couplets infinis, chantées *a capella*. A voir pendant les fêtes d'été, lors des soirées féringiennes organisées par les offices du tourisme. Si on est invité pour une occasion privée, elles se produisent en farandoles qui se forment parfois aux mariages...

ARTS ET CULTURE

Arts plastiques

Les plus anciens tableaux féringiens datent du milieu du XIXe siècle et sont signés d'un original qui habitait l'île de Sandoy. Mais le premier véritable artiste est né au début du XXe siècle : Samal Joensen Mikines, auteur de toiles mélancoliques et sombres, paysages noirs où contrastent le rouge sang des chasses à la baleine et les portraits des habitants des îles. Auteur d'un art à la fois populaire et très personnel, il est le premier d'une lignée d'artistes qui ont réussi à s'imposer peu à peu dans le paysage culturel de ce pays. Le coup d'envoi d'une véritable politique culturelle est donné pendant l'occupation nazie du Danemark : des étudiants féringiens à Copenhague, coupés de leur archipel (les Féroé étaient sous contrôle britannique), ont fondé la société artistique des îles Féroé.

Que ramener de son voyage ?

Les répliques des bateaux de pêche traditionnels, héritiers directs des bateaux vikings, sont légion, maquettes de toutes les couleurs. Moins encombrants : les timbres de l'archipel, émis depuis 1976, ou des CD de groupes locaux. On peut aussi prévoir l'hiver continental et ramener un pull. Mais on ne s'attendra pas à trouver les couleurs des pulls norvégiens : ici, la laine est brute et pure, et les coloris et les motifs vont du blanc au noir en passant par les crèmes et gris les plus variés. On peut jeter un coup d'œil aux bijoux taillés dans les pierres et dans la roche des Féroé.

Après la guerre, les jeunes artistes ont pu revenir à Tórshavn et cette société est devenue très active dans les années 1950, encouragée par les autorités locales, qui financeront la construction d'une galerie d'art ouverte en 1970, agrandie en 1989. On peut y voir les toiles de Mikines, et de nombreux autres artistes locaux. Aujourd'hui, les artistes sont aidés financièrement par le gouvernement féringien, car ils sont l'expression même de l'âme de cet archipel qui cherche à s'exprimer en tant que nation.

Cinéma

Le premier film de fiction féringien a été tourné en 1989 par une jeune réalisatrice, Katrin Ottarsdøttir. Il s'agit d'un long-métrage mettant en scène la vie quotidienne à Tórshavn. *Atlantic Rapsody* a été présenté en 1990 au festival du cinéma nordique à Rouen. Son second film, *Bye Bye Blue Bird*, a reçu le prix du public au festival du film nordique de Rouen en 2000. Le roman *Barbara* de Jørgen-Frantz Jacobsen a été adapté et tourné en 1997 aux Féroé par le cinéaste danois Nils Malmros. Depuis 2007, Katrin Ottarsdøttir a travaillé sur une trilogie de portrait d'artisites des îles Féroé. Le premier film *No one can achieve perfection*, tourné en 2008, concerne le sculpteur Hans Olsen Pauli. Le deuxième film *A line a day must be enough !* dresse le portrait du poète, peintre et artiste Tóroddur Poulsen, quant à son troisième film *Sporini vaksa úr orðum*, sur l'écrivain Joanes Nielse, il est sorti en 2010.

CUISINE DES FÉROÉ

Spécialités

On goûtera peut-être de la baleine, viande noire agrémentée d'une sauce brune : c'est un peu compact, mais très exotique. Elle entre encore pour 25 % dans la consommation annuelle de viande des Féringiens, ce qui pose quelques soucis sanitaires, en raison d'une forte présence de mercure, la baleine se trouvant au bout de la chaîne alimentaire océanique. Ils vous ont fait rire, plongeant dans l'eau ou battant des ailes comme une mouche en vous regardant avec leur bille de clown, peut être les aimerez-vous en sauce ou rôtis : les mignons petits macareux se mangent comme n'importe quel pigeon chez nous. Pour le repas quotidien du touriste, il faudra bien se rabattre de temps en temps sur un *hamburger* ou un *fransk hot dog* que l'on trouve dans tous les *kiosks* des villages. Quant au quotidien du Féringien, en dehors des pizzas et des *hamburgers* importés, il se réduit le plus souvent à de l'agneau sous toutes ses formes, accompagné de pommes de terre bouillies, avec de la margarine ou une sauce très farineuse... Pensez que pour eux, les calamars sont avant tout des appâts pour le poisson ; ils vous regardent d'ailleurs d'un drôle d'air lorsqu'ils apprennent que vous les adorez frits ! Même chose pour les moules, pourtant excellentes : on n'a pas l'habitude de les manger ici... Des buffets traditionnels sont proposés certains jours dans les grands hôtels de Tórshavn à un prix tout à fait abordable. L'occasion de goûter la morue ou le mouton séché traditionnellement. Peu de poisson frais : on le trouve surtout surgelé dans les bacs des supermarchés, ou alors sur les ports au retour des chalutiers.

Boissons

▶ **Alcools.** Comme dans toute la Scandinavie au début du siècle, Danemark excepté, une vague de puritanisme a poussé les états d'Europe du Nord à contrôler le commerce et donc la consommation d'alcool. Aujourd'hui encore, des lois strictes subsistent en Norvège et en Suède. Aux Féroé, sous la pression de certaines ligues, et notamment à la demande des femmes, une loi a été votée en 1905 tendant à limiter l'alcoolisme, en interdisant la vente de l'alcool sur l'archipel.

Pendant près de 90 ans, les Féringiens ont pu, par la poste, commander de l'alcool au Danemark ou à l'étranger, avec un système de tickets permettant de rationner, mais aussi poussant à commander de grosses quantités à la fois ! On en était arrivé à ce paradoxe que les Féringiens pouvaient être saouls le samedi soir comme dans tout pays scandinave qui se respecte, alors qu'on ne trouvait pas une goutte d'alcool fort dans les restaurants ou les magasins ! Seule une bière légère (2,4°) fabriquée aux Féroé était autorisée à la vente. En 1993, au moment où les femmes accédaient à tous les postes du pouvoir de l'archipel (bourgmestre de la capitale, présidente de l'Assemblée, Premier ministre...), une nouvelle loi a finalement été votée, instaurant un système de vente d'alcool contrôlée : dans des magasins d'Etat. Reste que les habitudes perdurent : de nombreux Féringiens continuent à acheter whisky, vin et bière forte par dizaines de litres et lorsqu'ils reviennent du Danemark ou de l'étranger, c'est une bouteille de gin à la main ! Ceci n'a rien de caricatural : on vous proposera sans doute à l'aéroport de glisser dans votre sac une bouteille d'aquavit : il est en effet interdit d'importer aux Féroé plus d'un litre de spiritueux (23 à 60°), un litre de vin ou autre boisson jusqu'à 22°, deux litres de bière de 5,8° maximum. A noter d'ailleurs que, les Féroé étant hors de l'Union européenne, on peut acheter de l'alcool détaxé en *duty-free* à l'aéroport de départ. Par ailleurs, la vente d'alcool est assurée par un monopole du gouvernement : on ne peut pas en acheter au supermarché. En revanche, des licences ont été accordées et de nombreux cafés et restaurants ont pu ouvrir, ce qui a permis à Tórshavn de se donner en quelques années une atmosphère plus animée le soir. L'alcool n'est servi qu'aux plus de 18 ans.

- **Bière.** La Føroya Bjór est délicieuse, un peu lourde et ambrée, mais excellente. Fabriquée à Klaksvík, on la trouve en bouteille ou à la pression presque partout. Certains restaurants sous licence servent sous la même marque des bières plus fortes, brunes, etc. L'autre marque de bière des Féroé, Restorffs, est beaucoup moins répandue. Les Féringiens de Tórshavn l'avouent eux-mêmes, la Restorffs qui sort de la brasserie de leur ville est bonne un jour sur deux !

JEUX, LOISIRS ET SPORTS

Sports

Le football est le sport roi ici, d'autant qu'il symbolise l'indépendance des Féroé à l'étranger : une équipe « nationale » évolue dans les championnats d'Europe. Les terrains sont en gazon synthétique, pour éviter la boue ! En revanche, il est difficile, lors de certains matchs, d'éviter le vent, ou la brume... ! On peut pratiquer l'équitation, nager dans des piscines, le plus souvent équipées de sauna, etc. L'association sportive des Féroé (ISF) propose aux voyageurs qui le désirent des activités dans tous les domaines. Pour le visiteur, la randonnée sera la première activité. On peut aussi faire de la plongée ! Dans ces eaux réputées les plus propres du monde (en attendant l'exploitation pétrolière, il faut en profiter...), on peut découvrir les fonds marins.

Pêche

La saison est ouverte du 1er mai au 31 août. Si vous venez pêcher aux Féroé, sachez d'abord que votre matériel de pêche pourra être particulièrement inspecté par les douaniers. Tout votre équipement doit en effet être désinfecté, avec certificat vétérinaire ou celui des autorités sanitaires de votre pays d'origine. Faute de quoi, il faudra laisser à la douane de l'aéroport vos canes, filets et bottes, qui seront désinfectés avant de vous être remis en mains... propres, avec facture à la clé. On peut pêcher sans problème (et gratuitement) sur les côtes de l'archipel. En revanche, il faut un permis ou une autorisation pour pêcher dans les 40 lacs de montagne des Féroé. On y trouve une belle truite brune et du saumon, particulièrement dans les lacs Leynavatn (près de Kvívík) et Saksunarvatn (près de Saksun) dans la moitié nord de l'île de Streymoy (où se trouve Tórshavn). Attention tout de même aux cercles multicolores qui renferment des saumons d'élevage. Par ailleurs, la coutume veut que l'on ne pêche jamais le dimanche... Locations de bateaux et d'équipement de pêche sont possibles. Le bureau de tourisme des Féroé a édité une brochure complète, avec liste des règles à respecter et carte des lacs, des côtes et des quais où on pourra lancer ses hameçons.

ENFANTS DES FÉROÉ

Arts plastiques

Sámal Elias Joensen Mikines (1906-1979)

Le plus important peintre de l'archipel, qui laisse une œuvre forte, personnelle, originale et très ancrée dans son environnement géographique et humain. On peut voir ses œuvres au musée d'Art moderne Listaskalin de Tórshavn. Premier « artiste professionnel », il est considéré comme le père de l'art féringien. Né sur l'île de Mykines, il adopta le patronyme de son lieu de naissance, avant qu'une réforme orthographique n'en change une lettre.

Trondur Patursson

Né en 1944 à Kirkjubøur. Sculpteur, auteur et peintre qui considère qu'il ne peut peindre la mer s'il n'a pas vécu dessus. C'est pourquoi en mai 1993, il a tenté, avec quatre compagnons, la traversée de l'océan Pacifique à bord d'un radeau en tiges de bambou. Partis de Hong Kong, les cinq hommes, ont parcouru 6 500 miles avant de renoncer, en novembre, parvenus à seulement un millier de milles de leur but : la côte ouest des Etats-Unis. Ils voulaient prouver que les Chinois avaient découvert l'Amérique bien avant Christophe Colomb. Le mauvais temps aura eu raison des lianes qui attachaient les tiges de bambou de leur frêle esquif.

Anker Mortensen

Né en 1961 à Tórshavn. Il se partage entre Copenhague et Tórshavn où il possède un atelier niché près du port dans une ancienne fabrique de beurre et de margarine. Sa peinture trouve souvent l'inspiration dans les couleurs et les formes des paysages féringiens : rocs et nuages. Elle s'exprime parfois comme d'un coup de feutre, ou par grandes touches de couleurs. Un petit bateau à voile ou un cheval fait alors irruption dans une abstraction qui laisse entrevoir une âme d'enfant persistante. Primé dans de nombreux concours à travers toute la Scandinavie.

Philippe Carré

Né en 1955. Artiste français installé dans les îles depuis 1975, dont les œuvres illustrent à merveille la beauté minimaliste et multicolore de l'architecture féringienne. Il peint à partir de ses propres clichés photographiques, les villages de l'archipel, en reproduisant fidèlement les emplacements géographiques des attributs du village. Des peintures acryliques, véritables témoignages futurs de villes en pleine mutation.

Cinéma

Katrin Ottasdóttir

Née en 1957 aux îles Féroé, diplômée de l'Ecole nationale du film du Danemark, elle a réalisé son premier film en 1989 : *Atlantic Rhapsody*, 52 scènes de Tórshavn. Son second long-métrage, *Bye Bye Blue Bird* (1999), est un véritable *road-movie* (« il y a 1 000 km de routes aux Féroé, n'est-ce pas le pays parfait pour un *road-movie* ? », dit-elle). Racontant le retour au pays de deux jeunes Féringiennes un peu punk sur les bords, avec le choc des cultures que ça peut représenter, son film n'a pas reçu une totale adhésion lorsqu'il a été projeté aux Féroé... En revanche, il a reçu le prix du public au Festival du cinéma nordique à Rouen en 2000.

Littérature

Hanus Andreassen

Né en 1942, cet écrivain auteur de nouvelles, connu pour son sens de la contestation et de l'humour, est l'auteur d'une anthologie de la littérature féringienne.

Jørgen-Frantz Jacobsen (1900-1938)

Ecrivain, auteur d'un seul roman *Barbara* (écrit en danois et traduit en français chez Actes Sud), qui a connu un énorme succès au Danemark.

William Heinesen (1900-1991)

Ecrivain né à Tórshavn, mais qui a toujours préféré écrire en danois. Connu à l'étranger pour ses romans, dont *Les Musiciens perdus* (traduit en français), il est considéré comme l'un des écrivains nordiques les plus importants. Auteur de portraits acérés dans ses œuvres, c'était aussi un dessinateur caricaturiste qui prenait pour cible les Féringiens bien-pensants des ligues religieuses de l'archipel. Mais il était davantage un humaniste qu'un contestataire.

Torrodur Poulsen

Né en 1957 à Tórshavn. Partage sa vie entre les Féroé et Copenhague. Célèbre pour ses poésies, c'est un sacré personnage, à la carrure massive, qui sait faire preuve d'une ironie mordante. Malheureusement, ses textes ne sont pas traduits en anglais ou en français. Sa compagne, Louise Sass, est une artiste danoise de plus en plus cotée.

Musique

Kristian Blak

Né en 1947 au Jutland (Danemark). Un Danois de pure souche, certes, mais qui s'est installé en 1974 aux Féroé, et peut donc être considéré comme un enfant du pays. Compositeur, il se produit dans de nombreux festivals à l'étranger, et dirige le Festival de musique d'été à Tórshavn. On peut ainsi l'entendre jouer du clavier électronique dans l'une des grottes creusées dans les falaises de basalte. Sa musique marie une inspiration multiethnique à des rythmes *new age*... Planant ! Si on le rencontre, on n'hésitera pas à engager la conversation, il est parfaitement francophone.

Enekk

Figure majeure de la scène musicale féringienne, ce groupe folk-rock, déjà auteur de cinq albums, réinvente le folklore féringien.

Teitur Lassen

Né en 1979. Ce jeune auteur compositeur interprète a littéralement bousculé le paysage rock de l'archipel. Une carrière amorcée aux Etats-Unis en signant un contrat avec Universal Records l'a propulsé sur la scène internationale, et son premier album, *Poetry & Aeroplane* est salué comme un exemple de maturité artistique. Teitur fuit résolument le glamour en proposant des textes riches qu'il accompagne de sa guitare acoustique. En 2009, Teitur a co-écrit les chansons de l'album de Nolwenn Leroy *le Cheshire cat et moi*.

Politique et économie

Johannes Eidesgaard

Ancien Premier ministre des Féroé de 2004 à 2008. Né en 1951 sur l'île de Suðuroy, cet ancien professeur d'école fut élu à la tête du parti social démocrate en 1990. Ministre du gouvernement de 1991 à 1996, il a dirigé une coalition regroupant le parti du peuple, le parti unioniste et le parti social-démocrate.

Eydun Elttør

Né en 1941. Ancien ministre du Pétrole, le premier de l'histoire du pays... Ce barbu grisonnant, originaire de Klaksvík, ne connaissait d'ailleurs rien dans le domaine du pétrole, ni d'ailleurs en politique, mais il a très vite appris : c'est lui qui a signé en mai 1999 l'accord délimitant la frontière entre les Shetland et les Féroé, mettant fin à une querelle qui durait depuis des années. Il a préparé l'archipel à une exploitation pétrolière qui pourrait amener beaucoup d'argent aux îles, en veillant à ce que cela ne se fasse pas au détriment de l'industrie de la pêche, qui est à la base de la culture et de l'identité féringienne.

Magni Arge

Directeur d'Atlantic Airways. Son frère et lui étaient très populaires pour leurs commentaires radio lors des retransmissions des matchs de football ! Il dirige désormais la compagnie aérienne nationale des îles Féroé. En quelques années, Atlantic Airways a multiplié les destinations : à Copenhague s'est ajouté Billund et Aalborg, dans la province danoise du Jutland, mais aussi Reykjavik, la capitale islandaise, ainsi que Londres au Royaume-Uni.

Sport

Pal Joensen

Le plus grand nageur du pays, né en 1990 à Vagur. Il a remporté trois médailles d'or en 2008 (400, 800 et 1 500 m) lors des Championnats d'Europe de natation. En 2010, lors des Championnats d'Europe, il s'empare de la médaille d'argent du 1 500 m nage libre, juste derrière le Français Sébastien Rouault. Ne disposant pas de piscine à grand bassin aux îles Féroé, Pal Joensen ne peut s'entraîner que sur un petit bassin ou au Danemark. Lors des derniers Jeux olympiques, il a concouru sous le drapeau danois, car les îles Féroé ne sont pas encore reconnues par le Comité international olympique.

Ingi Højsted

Né en... 1986, aux Féroé ! A 15 ans, il a signé pour trois ans à Arsenal, devenant, en 2001, le premier Féringien à évoluer en championnat britannique de première division ! Il a été repéré au club B-36 de Tórshavn. Après un passage au club de Birmingham City entre 2005 et 2006, il est revenu à son club d'origine. De nombreux joueurs féringiens évoluent hors de l'archipel, essentiellement dans des clubs islandais et danois.

LEXIQUE

Le féringien est une vieille langue issue de l'islandais et du norvégien médiéval, parlée depuis les Vikings, mais dont la tradition écrite est récente. Cet idiome est incompréhensible aux oreilles d'un Danois, c'est dire le fossé linguistique qui existe entre certaines langues scandinaves. Elle est devenue langue officielle d'enseignement dans les années 1960. Selon les textes officiels, le danois et le féringien sont enseignés et utilisés dans les documents officiels à part égale sur l'archipel, mais les politiciens indépendantistes souhaitent que la langue féringienne devienne langue nationale tandis que le Danemark la considère comme une langue régionale, ce qui en fait un autre grand sujet de discussion entre Copenhague et Tórshavn. Pour vous faciliter la vie, voici quelques lettres qui vous aideront (peut-être) à prononcer notamment les noms de lieux. Le *ð* que l'on retrouve dans l'écriture islandaise ne se prononce pas *d*, mais est bien souvent une lettre muette. Placée près d'autres lettres, il peut se prononcer *s*. Comme en danois, le *ø* (parfois écrit *ö*) se prononce *eu*. Le nom du village de Gjógv se prononce « Djagv », Tórshavn « Torche-haun », mais Eiði se dit « Oyié » ! Les habitants de l'archipel apprennent tous le danois dès le collège et ensuite l'anglais au lycée. En outre, les voyages et la télévision les ont habitués à communiquer en d'autres langues que la leur. De nombreux mots ont des terminaisons en *ur*, on imagine ce que donnerait une aventure d'Astérix aux Féroé... (même si à l'époque, les premiers moines irlandais et les premiers Vikings étaient loin d'avoir débarqué !). Ainsi, le bus se dit *bussur*, le bateau *bátur*, la route *vegur*, la baie *vágur*, le fromage *ostur*, le poisson *fiskur*, le porc *grísur*, le saumon *laksur*, et le sucre en poudre *putur sukur* !

- **Bonjour :** *Hey* ou *Góðan dag.*
- **Merci :** *Takk fyri.*
- **Au revoir :** *Farvæl.*
- **Excusez-moi :** *Orsaka*
- **Parlez-vous anglais ? :** *Tosar tú Enskt ?*
- **Lundi :** *Mánadagur.*
- **Mardi :** *Tysgadur.*
- **Mercredi :** *Mikudagur.*
- **Jeudi :** *Hósdagur.*
- **Vendredi :** *Fríggjadagur.*
- **Samedi :** *Leygardagur.*
- **Dimanche :** *Sunnugadur.*
- **Falaise à oiseaux :** *Fuglaberg.*
- **Baleine à bosse :** *Grind.*
- **Avion :** *Flogfar.*
- **Chocolat :** *Sukurláta.*
- **Œuf :** *Egg.*
- **Viande :** *Kjøt.*
- **Mouton :** *Lamb.*
- **Saucisse :** *Pulsa.*
- **Lait :** *Mjólk.*

AVANT DE PARTIR

Décalage horaire

Comme avec la Grande-Bretagne : + 1 heure en été comme en hiver avec le reste de l'Europe, 5 heures avec le Québec, toute l'année également. Les îles Féroé sont alignées sur l'heure de Greenwich (GMT), que l'on appelle, en français, le temps universel (TU). L'heure d'été s'applique de mars à octobre.

Formalités et douanes

- **Formalités douanières pour les Féroé.** Carte d'identité ou passeport en cours de validité pendant toute la durée du séjour (attention, il ne doit pas être périmé, même de quelques jours) pour les voyageurs belges, suisses, luxembourgeois et français. Passeport pour les Canadiens. En cas de doute, contacter l'ambassade ou le consulat danois dans votre pays.
- **Attention, les Féroé ne font pas partie de l'Union européenne, ni de l'espace Schengen,** qui couvre pourtant des pays non membres de l'UE, comme l'Islande et la Norvège. Les contrôles douaniers sont donc systématiques. Avantage pour les Européens : la possibilité d'acheter en *duty-free.*

On peut notamment bénéficier des prix détaxés (25 % en moins !) des articles en vente dans l'aéroport de Copenhague, auxquels on n'a normalement pas accès si on est citoyen européen et qu'on débarque au Danemark. On n'attendra pas d'être aux Féroé pour en profiter car les boutiques de l'aéroport de Vágar ne sont pas très nombreuses… Pour les plus de 18 ans, possibilité d'acheter 1 litre de spiritueux, 1 litre de vin fort (jusqu'à 22°), 2 litres de vin, 2 litres de bière (maxi 5,8°). Les cigarettes peuvent être achetées à partir de 15 ans, et à bon prix. On pourra également récupérer une partie de la TVA (qui est de 25 %, comme au Danemark) en quittant l'archipel sur des factures de 300 Dkr minimum par magasin (TVA incluse). Pour cela, il faudra d'abord aller voir les douaniers qui donneront un reçu, un chèque *tax-free*, qui permettra d'obtenir le remboursement des taxes au comptoir d'information de l'aéroport de Vágar, ou à bord du Norrøna (ou du ferry qui doit lui succéder). On peut aussi envoyer son formulaire tamponné une fois rentré chez soi : Flogfleag Føroya, Skraeddaragota 18 PO Box 1391. FO-110 Tórshavn. Îles Féroé.

Personnes handicapées

L'union féringienne pour les handicapés a coédité avec le Bureau du tourisme des Féroé une brochure (qui existe en anglais) recensant les hôtels et sites accessibles aux personnes se déplaçant en fauteuil roulant.

■ **MBF (ASSOCIATION DES ÎLES FÉROÉ POUR LES HANDICAPÉS)**
Íslandsvegur 10C ✆ +298 31 73 73
www.mbf.fo – mbf@mbf.fo

Cartographie

La meilleure carte est au 1/100 000. Elle recense tous les chemins qui permettent de traverser les montagnes. Indispensable mais chère : on la trouve dans les librairies spécialisées en France à plus de 30 €, et guère meilleur marché sur place, aux Féroé. *Føroyar Topografiskt Atlas* (édité par Kort-og Matrikelstyrelsen).

Bibliographie

Auteurs féringiens

- **William Heinesen,** *Les Musiciens perdus*, trad. par Inès Jorgensen, Arles, Actes Sud, 1991.
- **William Heinesen,** *Mère pléïade*, trad. par Jean Renaud, Paris, Esprit Ouvert, 1995.
- **William Heinesen,** *La Marmite noire*, trad. par Jean et Catherine Renaud, Nantes, Le Passeur, 1997.
- **Jørgen-Frantz Jacobsen,** *Barbara*, trad. Karen et André Martinet, Arles, Actes Sud, 1991.

Auteurs francophones

- **Bernard Boyer,** *Féroé*. Archipel des tempêtes, Grenoble, Cent Pages, 1987.
- **Benoît Raoulx,** *Les Iles Féroé*, Caen, Presse universitaires de Caen, 1992.
- **Jules-Gérard Simon,** *Féroé*. Histoire d'un habitat dans l'Atlantique nord, Louvain, Ciaco éditeur, 1986.
- **Vincent Fournier,** *Le Voyage en Scandinavie*, Paris, Robert Laffont, coll. « Bouquins », 2001.

Guides

Il n'existe pas de guides touristiques en français sur cette destination, les îles Féroé étant traitées pour ne pas dire expédiées, le plus souvent en quelques lignes dans les guides regroupant les pays d'Europe du Nord ou traitant du Danemark.

- **À noter tout de même :** Bernard Hennequin, *L'Islande, le Groenland, les Féroé aujourd'hui*, Paris, éditions du Jaguar, 1990.
- **Et pour ceux qui maîtrisent l'anglais :** *Faroe Island*, Bradt Travel Guide, 2008.

Les Féroé en France et en Suisse

■ **ASSOCIATION SUISSE-FEROE**
c/o Alain Chabloz, rue Plantamour, 11
1201 Genève Suisse
✆ +45 27 31 62 46
Chaque année, l'association organise un voyage pour ses membres, mais elle est aussi prête à envoyer gratuitement, sur simple demande, de la documentation sur l'archipel, et notamment des textes que l'on ne trouvera nulle part ailleurs : des traductions en français de contes et de légendes féroïennes (ils préfèrent cette appellation-là). Parmi leurs projets : faire venir des artistes des îles Féroé en Suisse. Amis helvétiques, surveillez les colonnes culturelles des journaux du canton !

IMPROJAZZ
Philippe Renaud, 14, allée des Myosotis
41000 Blois ✆ +33 2 54 43 14 80
Sans doute le seul endroit en France où l'on peut trouver des CD importés des îles Féroé !

Les Féroé sur Internet

ATLANTIC
www.atlantic.fo
Site de la compagnie aérienne nationale. Vous voulez voir à quoi ressemble la vue sur le port de Tórshavn avant de partir ? Une *webcam* est installée du côté de l'hôtel des Marins et montre le soir de beaux couchers de soleil sur les chalutiers et les quais.

FAROE PHOTO
www.faroephoto.com
Site internet avec de belles photos des îles de l'archipel.

VISIT-FAROE ISLANDS
www.visitfaroeislands.com
Informations officielles sur l'archipel.

COMMENT SE RENDRE AUX FÉROÉ

En avion

ATLANTIC AIRWAY
✆ +45 32 50 47 00 – +298 34 10 00
La compagnie nationale des Féroé. Vols au départ de Copenhague, Billund, Aalborg, Reykjavík, Aberdeen, Londres ou Bergen. Correspondances avec les vols SAS depuis Paris et Bruxelles. Un vol entre Copenhague et Tórshavn coûte environ 350 €.

En bateau

SMYRIL LINE
J. Broncks gøta 37, Torshavn
✆ +45 96 550 360 – +298 34 59 00
www.smyrilline.dk – office@smyril-line.dk
Au départ de Hanstholm, au nord du Jutland (38 heures de trajet) et d'Esbjerg en été. Environ 184 € pour une personne en demi-pension et dans une cabine avec d'autres personnes. Possibilité de continuer vers l'Islande.

Voyagistes

ICELANDAIR
✆ +33 1 44 51 60 51
Fax : +33 1 42 65 17 52
www.icelandair.fr
france@icelandair.is

ISLANDE 66° NORD
42, rue de Ney 69006 Lyon
✆ +33 4 37 24 90 33
Fax : +33 4 72 74 29 07
www.66nord.com
66nord@66nord.com

VOYAGES GALLIA TOURISME
12 Rue Auber, 75009 Paris
✆ 01 53 43 36 36
Fax : 01 47 42 84 07
www.voyages-gallia.fr
bien-etre@voyages-gallia.fr

SUR PLACE

Argent

1 € = 7,44 Dkr. Les pièces qui circulent sont frappées par la Monnaie royale du Danemark, à l'effigie de la reine Margrethe II. En revanche, les Féroé ont bien leurs propres billets (50, 100, 500, 1 000 Dkr), mais les billets danois sont acceptés partout et changés sans taxe dans les banques. Si vous repassez par le Danemark en quittant les Féroé, échangez vos billets féringiens chez un commerçant pour ne pas avoir à aller dans une banque à Copenhague. Vos billets féringiens ne seront pas changés à l'étranger. Il existe plusieurs distributeurs de billets sur l'archipel, à Tórshavn et à Klaksvík. Ils acceptent les cartes bancaires internationales. Les taxes sur le taux de change y sont moins élevées qu'aux guichets des banques. Par ailleurs, les cartes sont acceptées dans la plupart des hôtels et restaurants, et chez certains commerçants.

Banques. Elles sont ouvertes de 9h30 à 16h du lundi au vendredi. On peut y changer son argent, mais préférez les distributeurs

Les timbres du bout du monde

Comme certains territoires d'outre-mer français (Mayotte, Saint-Pierre-et-Miquelon, par exemple), les îles Féroé ont obtenu le droit d'émettre leurs propres timbres. Le premier est sorti en 1976 et les collectionneurs du monde entier s'en sont très vite entichés : d'abord parce les thèmes abordés sont particulièrement originaux et reprennent des aspects de la culture, de l'histoire et de la géographie d'une nation qui ne ressemble à aucune autre ; ensuite parce que l'administration postale des Féroé ne sort qu'un nombre limité de timbres chaque année (une quinzaine), ce qui la rend économiquement très accessible. En 2001, la Postverk Føroya a fêté ses 25 ans d'existence et a émis son 400e timbre. Pour les passionnés, il existe un livre en anglais : Don Brandt, *Stamps and Story of the Faroe Islands*, Reykjavik, Nésútgafan, 1996. Et puis la poste féringienne a créé un nouveau site décrivant l'histoire et la civilisation de l'archipel à travers ses timbres (www.tjatsi.fo). Les responsables de Postverk Føroya, conscients que la philatélie n'est plus un loisir aussi répandu qu'il y a quelques années, croient très fort à l'alliance du timbre et d'Internet. Le résultat est en tout cas particulièrement instructif et esthétique.

si vous possédez une carte de paiement internationale : les frais de change sont moins élevés. Il en existe plusieurs, notamment à Tórshavn et Klaksvík.

- **Cartes de paiement.** Visa, MasterCard sont utilisables dans les distributeurs automatiques (instructions en français) de l'archipel ; les porteurs de carte American Express peuvent retirer de l'argent à l'hôtel Hafnia, à Tórshavn ; ceux qui possèdent une carte Dinners chez le voyagiste Flogfelag Føroya, à Tórshavn également.

- **Pourboire.** Le service est compris dans toutes les additions, et le pourboire n'est pas une habitude.

Santé

- **Appelez le 112** en cas d'urgence.
- **Services d'urgence** dans les hôpitaux de Tórshavn, Klaksvík, Tvøroyri et de Runavik.
- **Pharmacies** à Tórshavn, Klaksvík, Tvøroyri et Runavik.
- **Urgences dentaires** à Tórshavn au ✆ +45 31 45 44.

Poste et télécommunications

- **Courrier :** timbre à 10 Dkr pour l'Europe (8 Dkr en économique), 12 Dkr (10 Dkr au tarif économique) pour le Canada.

- **Téléphone :** pour appeler le Danemark et l'étranger, composer le 00 avant le code international du pays (45 pour le Danemark, 33 pour la France, le 1 pour le Canada, le 32 pour la Belgique, le 352 pour le Luxembourg, le 41 pour la Suisse) avant le numéro du correspondant. Le plus pratique est de vous munir de cartes de téléphone (on en trouve dans les *Kiosks*, les offices de tourisme, les postes) : à conserver, ça peut rendre jaloux beaucoup de collectionneurs de retour chez soi ! On trouve des cabines à carte dans les halls d'hôtel, les terminaux de ferry, plus rarement dans la rue.

- **Internet :** il existe plusieurs cafés Internet qui seront indiqués dans les villes concernées, et l'on peut également consulter gratuitement son courrier électronique dans les bibliothèques ou à l'office de tourisme de Torshvan. On peut également demander le code pour utiliser le wifi dans les cafés et restaurants.

Timbres

L'une des principales industries exportatrices du pays ! Le poisson représente 95 % des exportations, certaines années, la construction navale se glisse en seconde position, mais chaque année, les timbres-poste rapportent près de 30 millions de couronnes à l'archipel ! Depuis 1975, les Féroé ont obtenu le droit d'émettre leurs propres timbres et les collectionneurs du monde entier se passionnent pour ces vignettes. Vous pouvez d'ailleurs acheter, en guise de souvenir, des années complètes de timbres des Féroé pour environ 200 Dkr. Vous pouvez également vous procurer une brochure en français, éditée tous les trimestres, présentant les nouveautés philatéliques de l'archipel, et qui peut vous être adressée gratuitement.

Électricité

220 volts, 50 Hz. Mêmes prises électriques que dans l'Europe continentale.

Eau

Elle est potable partout. On évitera pourtant de boire l'eau qui dévale des montagnes. Non que les sols soient pollués, au contraire, mais les animaux y boivent et pataugent allégrement... Malgré cette eau omniprésente, il n'existe pas d'eau minérale féringienne : elle est importée d'Islande, du Danemark ou d'Ecosse, même si des projets existent pour tenter d'en exploiter sur place.

Températures

Pas moins de 3 °C de moyenne en plein hiver. Il neige parfois, mais il fait rarement très froid au cœur de l'hiver : un bras du Gulf Stream vient réchauffer les eaux de l'Atlantique à cet endroit. En été, il peut faire jusqu'à 20 °C les bonnes années, de 8 à 15 °C les plus mauvaises.

Objets perdus

Rendez-vous au poste de police le plus proche : il sert aussi de bureau des objets trouvés.

Horaires

- **Magasins.** Ils sont ouverts à partir de 8h ou 9h jusqu'à 17h30 du lundi au jeudi, jusqu'à 19h le vendredi et 12h ou 14h le samedi. Les kiosques, les stations-service et certaines boulangeries restent ouverts jusqu'à 23h.
- **Repas.** A la scandinave : copieux petit déjeuner, déjeuner léger à midi, dîner à 18h (mais, à Tórshavn notamment, on peut manger plus tard dans les restaurants).

Médias

- **Pas moins de cinq journaux sont publiés aux Féroé.** Pas tout à fait des quotidiens mais presque, ils paraissent trois à cinq fois par semaine, et atteignent un tirage total de 25 000 exemplaires pour 48 000 habitants ! Chaque parti politique a son journal. On y débat surtout de l'économie et de la politique. Les faits divers et la politique étrangère y ont peu de place. Tous les titres sont publiés en féringien.
- **La radio en revanche est très peu développée.** La station nationale, Útvarp Føroya, diffuse des chants religieux au petit déjeuner (89,8 FM ou 531 kHz ondes moyennes). A 8h45, très important : le bulletin météo est diffusé en anglais, du lundi au vendredi. Les programmes se terminent à 20h. Le week-end, la retransmission des matchs de football occupe une grande partie de l'antenne. Il existe aussi deux autres stations : Lindin, une station purement religieuse, et Ras 2 (sur 102 et 107 FM), généraliste.
- **Quant à la télévision,** apparue seulement en 1983, elle diffuse désormais tous les jours de la semaine (ce n'était pas le cas jusqu'au milieu des années 1990). Les programmes débutent en fin d'après-midi. Il s'agit souvent de fictions ou d'émissions danoises ou anglo-saxonnes, sous-titrées en féringien. A voir, le soir : le journal télévisé, la météo, et la pub locale...

Photo

Les pellicules sont deux fois plus chères qu'en France. Prévoir une provision, car les Féroé sont particulièrement photogéniques. Choisir de préférence une pellicule de 200 Asa comme le ciel est très changeant et la lumière très intéressante en fin de journée, car souvent électrique.

SÉJOURNER

Se loger

L'accueil est en général chaleureux chez l'habitant et dans les hôtels. Mais des surprises sont toujours possibles, quelques établissements ayant déçu certains touristes. On peut aussi louer des maisons ou des appartements. Comme pour les adresses chez l'habitant, s'adresser aux offices de tourisme. On saura simplement que la communication avec les gens que l'on rencontrera sera souvent limitée, les Féringiens ne maîtrisant pas tous l'anglais.

Camping

Le camping sauvage est interdit, pour ne pas abîmer le sol et la végétation, fragiles par endroits. Il existe des campings à Tórshavn (de fin mai à début septembre) et sur la plupart des îles, (ouverts toute l'année, mais attention à l'humidité !). Le tarif journalier est en moyenne de 70 Dkr par personne pour une tente ou une caravane. Certains hôtels acceptent que l'on plante sa tente à proximité et offrent, moyennant quelques couronnes, la douche et les toilettes.

Hôtels

La capacité hôtelière des Féroé n'est pas immense. En pleine saison, il est difficile de trouver une chambre si on n'a pas réservé avant d'arriver sur place… On trouve des hôtels de toutes catégories à Tórshavn, ailleurs, le choix est plus limité.

Se déplacer

Bus

Si on vient passer une semaine aux Féroé, on n'hésitera pas à prendre la carte forfaitaire : SL Visitor Travel Card. Un guide comportant tous les horaires (bien respectés) et toutes les connexions est vendu et se révèle indispensable quand on voyage à pied à travers les îles. Si on reste peu de jours sur place, un déplacement en ferry coûte en général 50 Dkr (7 Dkr pour Suðuroy). Réductions pour les étudiants, et demi-tarif pour les enfants. Les liaisons routières en bus coûtent de 20 à 90 Dkr.

Ferry

Sur les petites liaisons, il s'agit bien souvent d'un canot à moteur d'une vingtaine de places, qui accoste comme il peut aux quais des villages. Lorsque la mer est un peu agitée (vers Mykines, ou vers les îles du nord-est), l'estomac peut avoir tendance à se soulever, et le plus drôle reste l'arrivée, lorsqu'il faut suivre le mouvement de la mer pour sauter sur le quai, tant les mouvements du roulis ont un écart important.

Taxi

Particulièrement cher : il vous en coûtera 190 Dkr pour aller de l'aéroport à Tórshavn, et jusqu'à 90 DKr pour aller du Terminal des ferrys à l'hôtel Föroyar, qui domine la capitale à 2 km de là… Pas de compteurs dans les voitures, mais les chauffeurs n'ont pas l'habitude d'arnaquer les touristes.

Auto-stop

Pas trop de problème pour être pris en stop, à condition de voir arriver une voiture. Sur certaines routes, il passe très peu de véhicules à l'heure.

Voiture

- **Location de voitures.** Avis et Hertz sont représentés sur l'archipel, à l'aéroport de Vágar, ainsi qu'à Tórshavn, où se trouvent également trois autres loueurs locaux. Location de voiture également à Kláksvik (Norðuroyggjar), Runavik (Eysturoy) et Porkeri (Suðuroy).

- **Conduite.** Qu'on soit à vélo ou en voiture, on lira bien ceci. La conduite aux Féroé est très particulière. Le réseau routier est fort développé, mais il épouse un paysage difficile. Souvent, les routes moyennes se réduisent à une seule voie, avec des aires qui permettent de se croiser. Par ailleurs, de nombreux tunnels ont été creusés. Il est déconseillé aux cyclistes de les emprunter, car, longs souvent de 2 ou 3 km, ils sont mal aérés. Certains sont très étroits, et tout comme sur les routes, des aires de croisement permettent de se garer dans la roche pour laisser passer le véhicule prioritaire qui arrive en face ! Aussi la plus grande prudence est-elle recommandée. Vitesse maximale autorisée en ville : 50 km/h. Ailleurs : 80 km/h. Et attention aux vaches, aux moutons et, bien sûr, aux enfants, sur les routes…

- **Station-service.** Comme en Islande, ce sont de vrais supermarchés : on y trouve des comestibles, des souvenirs, des journaux, à côté des fournitures pour voiture. Bien pratique pour attendre le bus lors d'une correspondance. Il y en a une cinquantaine à travers l'archipel, souvent flanquée d'un *kiosk* qui permet de se restaurer sur le pouce. Elles sont ouvertes de 7h à 23h.

Vélo

Entre les côtes à forte pente et les tunnels aux gaz asphyxiants, mieux vaut éviter le tour des îles à vélo. Mais pour de petites distances, autour de Tórshavn notamment, la bicyclette est conseillée. Reste que les deux loueurs de vélos de la capitale ont fermé leurs portes, se renseigner auprès de l'office du tourisme (national, sur le port).

Hélicoptère

Et pourquoi pas ? C'est un moyen de transport très utilisé dans l'archipel, pour relier certaines îles quand la mer est trop mauvaise et qu'elles ne disposent pas de quai d'accès, ou pour atteindre des villages ou des fermes qui ne sont pas encore reliés par la route. Les touristes sont les bienvenus, à des tarifs très abordables : on peut ainsi quitter l'aéroport pour rejoindre directement Tórshavn au prix de 215 Dkr (au lieu de 90 Dkr pour 45 minutes de route en bus). C'est gratuit pour les enfants de moins de 6 ans, et moitié prix jusqu'à 13 ans. Au maximum, 20 kg de bagages sont acceptés. L'hélicoptère transporte une sorte de conteneur pouvant abriter un cheval, un tracteur ou une voiture ! C'est Atlantic Airways qui assure le service. Mais les hélicoptères ne volent que les mercredis, vendredis et dimanches.

Visite des îles Féroé

ÎLE DE STREYMOY

TÓRSHAVN

Que l'on arrive par la mer ou par la route, la surprise est la même : en cet écrin de verdure sombre et assez plat, éclatent les couleurs des multiples toits de la ville. Des maisons s'étalent sur un plan incliné avec, au loin, quelques montagnes basses. 17 500 habitants se répartissent dans ces maisons aux toits de tôle ondulée que leurs propriétaires s'appliquent à peindre en couleur, rivalisant d'éclat avec le voisin, le jaune moutarde de l'un rehaussant le fuchsia de l'autre ! Comme au début du siècle, on aperçoit les murs blancs de la petite cathédrale sur une colline de la ville, au-dessus du port. Un port coupé en deux par une avancée de terre : le centre historique de Tinganes, siège millénaire du pouvoir. D'un côté, le port marchand bordé de façades multicolores, de l'autre, le port où accostent les voyageurs, près du vieux fort verdoyant de Skansin, dont les bâtiments sont à l'ancienne mode du pays, recouverts de gazon. Le bus qui arrive de l'aéroport descend lentement vers la mer, laissant apercevoir les jardins des maisons. Quelques constructions dépassent au loin : un hôtel en étage, un peu plus loin des réservoirs et de gros hangars, encore plus loin les seuls HLM de l'archipel, cubes de bétons à l'écart, discrets. On croise quelques feux rouges, beaucoup de voitures (souvent des breaks ou des 4x4), plus rarement des piétons ou des vélos. Mais, très vite, on a envie de se promener au hasard des rues et des ruelles. Et l'on découvre ainsi d'étranges cabanons de bois noir à claire-voie (de vrais garde-manger, malgré l'apparition du réfrigérateur : on y fait encore sécher la viande et le poisson), des toits couverts d'un gazon touffu, des morues accrochées par une épingle sur le fil à linge d'un jardinet. Et le village apparaît avec tous ses attributs de capitale : le vieux quartier occupé par l'administration gouvernementale, le petit Parlement, les banques et les boutiques, un peu plus loin le jardin public, le théâtre… Autant de promesses de balades et de découvertes, dans un calme étrange : ici on vit très peu à l'extérieur, habitude des longs hivers nocturnes. On croise quelques habitants qui se disent bonjour systématiquement ou presque (tout le monde se connaît !). En dehors des heures d'ouverture des boutiques, seuls les touristes semblent prendre plaisir à la promenade dans ce monde terriblement dépaysant. Mais ces dernières années, la vie nocturne a changé… Le quota de licence permettant de vendre de l'alcool a été distribué et plusieurs bars et restaurants ont ouvert leurs portes, de même que des discothèques. Les jeunes Féringiens et, en général, tous ceux qui ont eu l'occasion d'aller étudier ou travailler au Danemark ou ailleurs, aspirent à vivre dans une capitale plus ouverte sur le monde moderne.

Transports

Aéroport

L'accès se fait par bus (300) : l'aéroport est situé sur l'île voisine de Vágar et le tunnel qui relie les îles de Vágar et Steymoy permet de rallier l'aéroport à la capitale en moins d'une heure (compter 100 Dkr). La route est superbe : c'est l'une des plus élevées de l'archipel. On peut aussi prendre un hélicoptère certains jours (à condition d'avoir réservé auprès d'Atlantic Airways).

■ ATLANTIC AIRWAYS
✆ +298 34 10 10
www.atlantic.fo
Effectue des vols en hélicoptère (y compris le transfert aéroport-Tórshavn, à condition d'avoir réservé).

Gare maritime

Un imposant terminal accueille les passagers des gros ferrys de croisière qui font escale aux Féroé durant les mois d'été. C'est aussi de là que partent les bateaux pour Sandoy et Suðuroy. Les consignes et cabines téléphoniques sont situées près de la salle d'attente, ainsi qu'un distributeur de billets.

Bus

Les bus de la ville sont de couleur rouge et ils sont tous gratuits. Mais les trajets étant assez courts, mieux vaut marcher pour découvrir la ville. Le nœud du trafic, où se croisent toutes les lignes, se trouve devant le kiosque proche de la rue piétonne, sur Steinatún. Les bus bleus partent du terminal passager du port. C'est là que se trouve le siège de la compagnie qui vend les billets et les tickets pour circuler dans tout l'archipel à bord des bus et des ferrys.

■ SL VISITOR TRAVEL CARD

www.ssl.fo

Compter 500 Dkr pour 4 jours, 700 Dkr pour 7 jours. La carte permet de prendre tous les ferrys et tous les bus sur l'archipel, y compris le bus qui se rend de l'aéroport à Tórshavn (le trajet coûte déjà 90 Dkr) mais pas le ferry qui va à Mykines. On peut acheter cette carte auprès d'un agent de voyage, ou sur place à l'aéroport, mais prévoyez de l'argent liquide (il y a un distributeur dans le hall) car le bureau de tourisme qui la vend n'accepte pas les cartes de crédit. Même chose au terminal des passagers, au port de Tórshavn si vous arrivez par bateau.

Location de voitures

Les locations de voitures restent un peu chères. Avis propose néanmoins des tarifs intéressants. Il existe plusieurs tunnels dans l'archipel, certains sont payants et même très onéreux.

Circuler en voiture. Pas de problèmes de circulation, les feux rouges sont rares et on ne risque pas de se perdre. Quelques embouteillages l'été, car les services de la voirie en profitent pour refaire le bitume... Attention aux passages piétons, particulièrement respectés ici comme dans toute la Scandinavie. On peut se procurer un disque dans les banques et les bureaux d'information, car le temps de stationnement est réglementé.

AVIS
Staravegur 1-3
✆ +298 31 35 35
www.avis.co.uk
Moins de 500 Dkr par jour.
C'est le loueur de voiture le moins cher de l'archipel.

Autre adresse : aéroport ✆ +298 34 88 00 – +298 21 27 65.

BILUTLEIGAN
Bertugota 5 ✆ +298 31 78 65
✆ +298 22 49 10
Carrent@post.olivant.fo

HERTZ
Hoydalsvegur 17 ✆ +298 34 00 50
✆ +298 21 35 46 – booking@62n.fo

Autre adresse : aéroport ✆ +298 34 00 36.

Location de vélos

Il n'y a plus de loueurs depuis la fin des années 2000. L'office du tourisme envisage de relancer l'activité, renseignez-vous.

Taxis

Vous en trouverez sur le parking du terminal passager du port et sur l'autre parking de terminus des bus sur Torsgøta près du gymnase et du parc. Vous pouvez aussi appeler :

AUTO
✆ +298 31 12 34 – +298 36 36 36

BIL
✆ +298 32 32 32

HAVNAR TAXI
✆ +298 31 81 00

Pratique

CONSULAT HONORAIRE DE FRANCE
Julianna Klett, Bringsnagota 21
✆ +298 31 17 44 – +298 21 17 80

Tourisme

Pas moins de deux offices du tourisme à Tórshavn, l'un est national pour l'ensemble des îles Féroé, l'autre concerne la capitale et ses environs. L'accueil y est sympathique, mais si vous n'êtes pas arrivé par le ferry, évitez les matinées d'arrivée du bateau, car on se bouscule alors dans ces échoppes ! Dans le reste de l'archipel, les bureaux de poste font généralement office de bureau de tourisme. On peut réserver gratuitement des chambres d'hôtel, des *guest-houses* ou des chambres chez l'habitant. Réservations également auprès des agents de voyage de l'archipel.

62 NORD
Hoydalsvegur 17, Tórshavn
✆ +298 34 00 60 – www.ff.fo
Agence de voyage qui propose pas mal de services. location de voiture, logements et excursions sur mesure.

GREEN GATE INCOMING
Undir Bryggjubakka 3 ✆ +298 32 05 20
Fax : +298 32 05 22 – www.greengate.fo
info@greengate.fo
Propose des activités de plongée sous-marine, pêche, excursions de plusieurs jours et arrange même des dîners !

KUNNINGARSTOVAN
Vaglið, P. O. Box 379 ✆ +298 30 24 25
www.visittorshavn.fo
torsinfo@torshavn.fo
Ouvert en été du lundi au vendredi de 8h à 17h30, mardi à jeudi de 8h à 17h30, le samedi de 9h à 14h et parfois le dimanche. Fermé le dimanche. Entre septembre et mai, du lundi au vendredi de 9h à 17h30, le samedi de 10h à 14h. Donne des informations sur Torshvan uniquement. Dans une petite maison sur la rue piétonne. À l'étage, on peut s'installer pour lire et écrire des cartes postales. Le bureau du tourisme est dirigé par la chaleureuse et francophone Ingigerð à Trøðni, qui doit prendre sa retraite prochainement. Elle se charge souvent elle-même de l'accueil au milieu de sa troupe, n'hésitez pas à la saluer en français, elle se fera un plaisir de discuter avec vous et de vous conseiller. On peut réserver des chambres d'hôtels, chez l'habitant, des places de camping, des excursions, acheter des permis de pêche pour la truite et le saumon, des cartes postales, des timbres, des cartes de téléphone, des souvenirs, etc. On peut aussi surfer sur internet gratuitement. Très important : chaque matin, un bulletin météo est affiché, indiquant le temps de la journée pour toutes les îles. Très utile si l'on prévoit une randonnée ou une promenade en mer. Le ciel peut être gris à Tórshavn et bleu à Saksun, alors renseignez-vous.

SMYRIL LINE
J. Broncks gøta 37 ✆ +45 96 550 360
✆ +298 34 59 00 – www.smyrilline.dk
office@smyril-line.dk
C'est la compagnie qui possède le Norrøna, ce gros paquebot qui, depuis 1983, fait la liaison entre les Féroé, l'Islande, la Norvège et le Danemark.

TORA TOURIST TRAFFIC
N Finsens gøta 21 ✆ +298 31 55 05
Fax : +298 31 56 67
www.tora.fo – tora@tora.fo
Chaque été, un programme thématique est établi pour chaque jour de la semaine, les visites comprenant, pour des demi-journées, un café, le bus et le guide (compter entre 325

et 695 Dkr environ, selon le programme, moitié prix pour les enfants), ou pour une journée entière, le dîner en plus, (compter un minimum de 695 Dkr). Visites confortables comportant des haltes culturelles.

■ **VISIT FAROE**
Undir Bryggjubakka 17 ✆ +298 31 60 55
www.visitfaroeislands.com
info@visitfaroeislands.com
Ouvert de 8h à 16h du lundi au vendredi. L'office national du tourisme se trouve au sein du ministère des Affaires étrangéres des îles Féroé. Vous trouverez des renseignements sur tout l'archipel. Il est situé de l'autre côté de Tinganes, sur le quai du port de pêche, en dessous de la cathédrale toute blanche. Vous trouverez de la documentation gratuite.

Poste et télécommunications

■ **BYARBOKASAVNIÐ**
Niels Finsens gøta 7 ✆ +298 31 36 26
www.byarbok.fo – bbs@bbs.fo
Ouverte du lundi au vendredi de 10h à 18h, le samedi de 10h à 13h. C'est la bibliothèque municipale, et c'est un petit truc futé si vous souhaitez surfer et consulter gratuitement vos e-mails : allez au fond de cette petite galerie et prenez l'escalier à droite du marchand d'instruments de musique. À l'étage, demandez à vous inscrire sur le cahier pour avoir accès à l'un des ordinateurs si aucun n'est libre et repassez à l'heure dite. Il n'y a rien à payer.

■ **FØROYA TELE**
N.Finsensg 10 ✆ +298 30 30 40
www.tele.fo – ft@ft.fo
Ouvert du lundi au vendredi de 10h à 17h30. Vous pourrez trouver des téléphones ainsi que des puces et des recharges téléphoniques.

Urgences

■ **HÔPITAL**
Landssjúkrahúsið, J.-C. Svaboes gøta
✆ +298 30 45 00

■ **PHARMACIE**
Tjaldurs Apotek
R.C. Effersøes gøta 31 ✆ +298 34 11 00
A côté du centre commercial SMS. Ouvert du lundi au vendredi de 9h à 17h30, le samedi de 10h à 14h, le dimanche de 14h30 à 15h.

■ **POLICE**
Politistoðin, Jonas Broncks gøta 17
✆ +298 35 14 48

Utile

■ **PISCINE**
Svimjihøllin í Gundadali. Hoydalsvegur 21
✆ +298 31 56 14
Ouvert en été de 6h45 à 20h en semaine, fermé le mercredi après-midi, de 9h à 17h le samedi, de 8h à 10h, et de 14h à 17h le dimanche. De septembre à juin, fermé au public entre 9h et 15h. Entrée : 30 Dkr, 12 Dkr pour les enfants.

Hébergement

Penser à réserver car les touristes sont nombreux en haute saison et les escales de paquebots s'ajoutent parfois aux conférences en tout genre... Difficile alors de trouver une chambre en ville si on débarque à l'improviste. Mais l'office du tourisme de Tórshavn trouvera toujours une solution. Il existe quelques campings dans les îles, à torshvan mais aussi dans les îles de Nolsoy, de Suduroy et de Vágar. Ils ne sont ouverts que durant les mois d'été.

■ **CAMPING**
Yviri vio Campsite ✆ +298 30 24 25
Ouvert du 1er juin au 30 août.

Auberges de jeunesse

L'office du tourisme publie une brochure sur les auberges de jeunesse de l'archipel.

■ **YOUTH HOSTEL TÓRSHAVN KERJALON**
Oyggjarvegur 49 ✆ +298 31 89 10
http://www.hihostels.com
info@hihostels.com
Ouvert toute l'année. Environ 200 Dkr la nuit avec la carte internationale des Auberges de jeunesse. Ouverte en avril 1999, cette auberge de jeunesse est située sur les hauteurs de Tórshavn, face à un superbe panorama (quand la brume ou les nuages ne s'en mêlent pas !). Pas de réception : il faut se rendre à celle de l'hôtel Foroyar tout proche.

Chez l'habitant

On peut réserver à l'office du tourisme de Tórshavn, des chambres chez l'habitant (250 Dkr pour une personne, 550 Dkr pour deux) ou louer un appartement ou une maison (à partir de 650 Dkr la journée).

Confort ou charme

■ **BLÅDYPI GUESTHOUSE**
Dr Jacobsensgeta 14-16
✆ +298 500 600 – Fax : +298 31 94 51
www.hostel.fo – bladypi@hostel.fo

Chambre pour une personne 450 Dkr, 650 Dkr pour deux personnes. Petit déjeuner compris. Dortoir : 200 Dkr, location de draps 50 Dkr.
Couloirs étroits et sombres, chambres petites, et pourtant, c'est d'un rapport qualité-prix imbattable. De certaines chambres, on peut voir le port. Et le jardin du voisin embellit considérablement l'environnement. Dans un bâtiment neuf adjacent, au-dessus de la salle où est servi le petit déjeuner, des chambres plus vastes avec baies vitrées peuvent accueillir des familles, avec trois ou quatre lits.

HÔTEL STREYM

Yviri vio strond 19, PO Box 1000, Torshvan
✆ +298 35 55 00 – www.hotelstreym.com
booking@hotelstreym.fo
Chambre simple 595 Dkr, chambre double environ 895 Dkr.
A l'écart du centre-ville, cette toute nouvelle adresse est située juste en face de la mer. Les chambres sont assez spacieuses et lumineuses. Le petit déjeuner est très copieux. L'établissement dispose d'une agence de location de voitures et propose des prix intéressants pour les clients de l'hôtel.

HÔTEL TORSHAVN

Tórsgøta 4 ✆ +298 35 00 00
http://hoteltorshavn.fo
ht@hoteltorshavn.fo
Ouvert toute l'année. chambre simple 790 Dkr, chambre double 1 090 Dkr. Tarifs de groupe à partir de 10 personnes, rabais de 10 % si on reste une semaine. Cartes bancaires acceptées.
L'hôtel des marins s'est refait une beauté. Fondé en 1923, il a été agrandi dans les années 1960, et totalement rénové en 1997, pour en faire un hôtel 3-étoiles, même si les marins ont toujours droit à un tarif préférentiel (20 % de rabais). Il faut demander une chambre avec vue sur le port, l'hôtel se trouve juste à l'angle du quai où est situé l'office du tourisme des Féroé, près de la cathédrale. La décoration est plutôt sobre, les couleurs tournent autour du saumon, évidemment, et toutes les chambres ont la télé, une douche, et un presse pantalon ! Abrite également un élégant restaurant brasserie.

SKANSIN GUESTHOUSE

Jekaragøta 8 ✆ +298 500 606
Pas difficile à trouver : c'est tout près du port, côté terminal des voyageurs, derrière les bâtiments modernes de la Smyril Line. Chambre simple 390 Dkr, chambre double 540 Dkr, petit déjeuner inclus.
Maison refaite à neuf, très propre, claire et confortable. Télévision dans toutes les chambres, café à volonté dans la cuisine où l'on peut préparer ses repas. Douche et toilettes dans le couloir. La mer n'est pas très loin, même si au premier plan, on a une vue sur un parking !

UNDIR FJALLI GUESTHOUSE

Vesturgøta 15 ✆ +298 60 50 10
www.undirfjalli.com – info@undirfjalli.com
Ouvert de fin juin à mi-août. Chambre 300 Dkr par personne, petit déjeuner compris.
Il s'agit en réalité d'un foyer d'étudiants qui accueille les touristes pendant les vacances estivales exclusivement. Une cuisine est à disposition.

Luxe

HÔTEL HAFNIA

Áaevegur 4-10 ✆ +298 31 32 33
www.hafnia.fo – hafnia@hafnia.fo
Chambre simple 1 300 Dkr, chambre double 1 500 Dkr. Toutes les cartes de paiement sont acceptées. Situé près du port derrière le vieux quartier de Tinganes, l'hôtel Hafnia domine le centre de la ville. La terrasse offre par ailleurs un beau panorama sur Torshvan. Les chambres sont toutes équipées et on peut profiter du sauna de l'hôtel ! Le restaurant est réputé dans tout l'archipel pour sa cuisine délicate et raffinée et on peut même manger du poisson (étonnamment introuvable dans les restaurants de la ville).

■ **HÔTEL FÖROYAR**
Við Oyggjarvegin ✆ +298 31 75 00
www.hotelforoyar.com
Chambre simple 1 500 Dkr, chambre double 1 800 Dkr. Petit déjeuner inclus. Toutes cartes de paiement acceptées.
Hôtel de niveau international, service stylé, cadre superbe et accueil très sympathique : son architecture très originale le confond avec la pente douce et verdoyante au-dessus de Tórshavn. Épousant le dénivellement, l'hôtel est construit tout en longueur, et forme comme une longue barre couverte de gazon au milieu d'un environnement tout vert. Vue imprenable de toutes les chambres et de toutes les salles sur la ville et la mer. L'intérieur est très scandinave, tendance bois clairs années 1970. Emplacement un peu excentré, mais pour ceux qui n'ont pas de voiture, une ligne de bus relie l'hôtel au centre. On peut aussi y accéder par un petit chemin bien délimité, qui évite la route. A noter que le Föroyar appartient à la compagnie d'assurance des Iles Féroé qui possède aussi l'hôtel Tórshvan.

Restaurants

Le choix s'est un peu élargi ces dernières années, mais n'oubliez pas que beaucoup de choses sont importées, notamment les légumes. Les habitudes alimentaires se sont internationalisées, et on trouve plus facilement des pizzas et des *hamburgers* frites que du poisson frais. En effet, dans ce pays maritime, qui exporte son poisson aux quatre coins du monde, vous ne mangerez pas tous les jours des produits de la mer. Aucun restaurant de poisson ne s'est encore ouvert. Si l'on veut faire quelques économies de nourriture et surtout varier ses repas, on peut faire ses courses soi-même au supermarché du centre commercial SMS et cuisiner à la *guest-house* si on y est logé. Il reste enfin la solution des *kiosks* ouverts tard le soir et le week-end. On y trouve des glaces, des *hamburgers* et des *fransk hot dogs* ainsi que quelques boissons gazeuses et de la bière très légère... Il existe plusieurs bars et restaurants (dont un restaurant chinois !) à Tórshavn, et ils restent ouverts assez tard les vendredis et samedis.

Bien et pas cher

■ **CARELLO**
Havnargota 1
Ouvert du lundi au vendredi de 8h à 18h. Buffet midi 95 Dkr. Une drôle de baraque en préfabriqué, un peu à l'écart, à 10 m en traversant la rue, du terminal des passagers. À l'intérieur, la cuisine italienne est à l'honneur avec toutes sortes de pizzas et de pâtes. Il y a parfois un buffet à midi.

Bonnes tables

CAFÉ NATUR
Áarvegur 1 ✆ +298 31 26 25
www.cafenatur.fo
cafenatur@cafenatur.fo
Tous les jours de 11h à minuit, jusqu'à 4h le vendredi et le samedi, dimanche de 14h à minuit.
On ne peut pas le manquer, c'est une petite maison au toit engazonné que l'on rencontre en arrivant du terminal des passagers. Elle est toute seule au milieu de la rue, obligeant le trafic à passer en sens unique à sa droite et à sa gauche. C'est l'un des rares endroits de la ville à la fois branché, accueillant et convivial. Sur le modèle des cafés danois, on y boit (la bière à 40 Dkr) et on y mange des petits plats pas chers et parfumés à l'aneth, dans un cadre chaleureux. Plancher de bois clair, teinte jaune orangé, appliques basses aux murs décorés de quelques photos de mode. La salle n'est pas très grande, ce qui favorise les contacts. Le public est très mélangé : touristes, poivrots de service,

Charcot à Tórshavn

« Encore une bordée et, au tournant d'une falaise, la petite ville de Tórshavn, ornant le fond de deux petites baies séparées par un promontoire étroit, apparaît. Les maisons goudronnées ou peintes en rouge ou en jaune, serrées, grandes et petites, les unes contre les autres, surprennent avec leurs fenêtres encadrées de blanc et leurs toits faits de mottes de gazon frais et touffu. L'église, également en bois, toute blanche, surplombe la ville, faisant pendant à la maison du gouverneur, la seule construction en pierre... »

Jean-Baptiste Charcot, *Voyages aux Iles Féroé*,
Paris, Société d'éditions géographiques, maritimes et coloniales, 1934.

jeunes de Tórshavn ou employés de bureau quittant leur travail. On y vient discuter, jouer aux échecs ou écouter de la musique (concerts tous les samedis soirs) ! Le service, particulièrement efficace et souriant, est assuré par de blondes jeunes filles, qui confirment ainsi ce que tous les marins du monde vous diront : « Autant les filles des Shetland sont bovines, autant les Féringiennes sont divines… » (confidence d'un matelot russe à Tórshavn, devant une bière ; ça ne s'invente pas !)

ETIKA
Áarvegur 3
✆ +298 31 93 19
www.etika.fo
Ouvert tous les jours de 11h à minuit, les vendredis et samedis jusqu'à 1h et le dimanche de 14h à minuit. Menus entre 120 et 480 Dkr sur place ou à emporter.
Ce nouveau café situé à deux pas du café Natur, en descendant vers le port, propose d'excellents sushis et *sashimis*. La cuisine japonaise est ici à l'honneur et c'est aussi l'occasion de manger du saumon ou du cabillaud local. Le cadre est agréable et lumineux.

HVONN BRASSERIE
Hotel Torshvan, Torsgota 4
✆ +298 35 00 35 – www.hvonn.fo
Ouvert tous les jours de 11h à minuit, le vendredi jusqu'à 2h du matin et le samedi jusqu'à 3h du matin. Plats entre 60 et 125 Dkr.
Située au sein même de l'hôtel Torshvan, juste en face de Tinganes et du port, la Hvonn brasserie sert une cuisine internationale, *pitas* mexicaines, spaghettis à la bolognaise ou encore des *burgers*. L''ambiance, un peu *lounge* le samedi soir, y est très chaleureuse. C'est un endroit idéal pour passer une soirée agréable.

MARCO POLO
Sverrisgøta 12 ✆ +298 31 34 30
www.marcopolo.fo
marcopolo@marcopolo.fo
Ouvert du lundi au vendredi de 12h à 23h, samedi de 11h à minuit, le dimanche de 17h à 23h.
Chaleureuse décoration, dans des teintes rouge Pompéi et vert de Sienne, avec une vraie barque de pêcheur qui trône au milieu de la salle, ainsi que des poteaux et des fils de téléphone ! La cuisine est bonne (plats simples de café comme un hamburger et ses légumes, et menus plus élaborés avec du poisson.), on attend longtemps entre les plats, mais ce n'est pas la faute des charmantes serveuses. Mieux vaut réserver, même en début de semaine.

NAN TONG
Tinghúsvegur 8 ✆ +298 31 86 98
Ouvert du mardi au vendredi de 12h à 14h, du mardi au dimanche de 17h à minuit.
Situé au troisième étage de l'immeuble du Havnar Klubbi qui abrite le cinéma de la ville, c'est le seul restaurant chinois de l'archipel ! Le chef est originaire de la ville de Nantong, à 100 km au nord de Shanghai. Un restaurant très fréquenté où l'on propose des plats à la carte des menus pour environ 200 Dkr. Si la déco est chinoise (lanternes rouges et tables noires), les serveuses sont blondes aux yeux bleus !

RIO BRAVO
Tórsgøta 11 ✆ +298 31 97 67
www.riobravo.fo
Ouvert du lundi au jeudi de 18h à 0h30 ; du vendredi au dimanche de 12h à 23h.
La viande y est vraiment excellente ! Ambiance de ranch avec ses tables entourées de planches de ferme de Far West, où l'on vous sert un bœuf parfaitement tendre et cuit à merveille. Ce restaurant où l'on sait si bien cuisiner et servir est dirigé par un Tunisien francophone, ancien mécano à Paris et à qui il ne faut pas manquer de dire quelques mots en passant devant la cuisine avant de partir. Son frère possède également un restaurant, le Marco Polo, tout proche. Pour la petite histoire, les deux frangins ont épousé deux sœurs féringiennes !

Luxe

RESTAURANT HÔTEL FÖROYAR
Við Oyggjavergin 45 ✆ +298 31 75 00
www.hotelforoyar.com
Ouvert tous les jours de 7h à 10h et de 12h à 17h et de 18h à 22h. Compter au moins 185 Dkr. Pour la vue, pour le cadre, mais aussi pour son buffet qui propose une cuisine typiquement féringienne.

RESTAURANT HÔTEL HAFNIA
Áarvegur 4 ✆ +298 31 32 33
www.hafnia.fo – hafnia@hafnia.fo
Ouvert tous les jours de 7h à 10h, 12h à 16h et de 18h à 21h30. Buffet le midi 138 Dkr. Carte le soir à partir de 245 Dkr. L'occasion de manger quelques spécialités très locales, comme le macareux en sauce. Déjeuner sous forme de buffet en semaine, et dîner à la carte.

© THIERRY LAUZUN - ICONOTEC

Le port de Tórshavn.

■ TOSCANA

Nólsoyar Páls gøta 13
✆ +298 31 11 09
www.toscana.fo
Ouvert tous les jours de 11h à 23h sauf le dimanche. Plats de viandes ou de poissons autour de 260 Dkr. Un tout nouveau restaurant où l'on sert une excellente cuisine italienne. Vous pouvez manger un délicieux filet de merlu, des succulentes langoustes gratinées ou encore des classiques lasagnes. Carte de vins italiens et français. Le service est professionnel et l'accueil très chaleureux.

Sortir

Jusqu'au début des années 1990, la prohibition sur la vente d'alcool n'encourageait pas les touristes et les Féringiens à sortir. Depuis, la loi a été largement amendée, les licences ont été distribuées dans la petite capitale qui a vu bars et restaurants se multiplier et ouvrir tard le vendredi et le samedi soir. Des discothèques sont également apparues. Mais les habitudes demeurent : les Féringiens se rencontrent encore au sein de clubs privés dans lesquels on boit et on discute derrière des portes closes. Officiellement, il faut être « membre » pour y rentrer, mais on peut s'y faire admettre assez facilement. Pendant l'été, grâce à des festivals ou des concerts, on peut sortir à Tórshavn. Surveillez les affiches en ville ! *Sjonleikur* annonce une pièce de théâtre, *Konsert* de la musique.

Bars

■ BASSALT

Torgota 11 ✆ +298 31 44 40
Ouvert en soirée, jusqu'à 4h du matin et en fin de semaine. Un bar qui se transforme rapidement en discothèque en soirée. L'un des rares lieux où la jeunesse se retrouve les vendredis et samedis soirs pour s'amuser.

■ CAFÉ KASPAR

Aarvegur 4-10 Torshvan
✆ +298 23 31 41
www.kaspar.fo
A côté de l'hôtel Hafnia. Ouvert tous les jours de 10h à 23h, le samedi jusqu'à 3h du matin. Petit café sympathique de l'hôtel Hafnia où l'on peut goûter plusieurs bières locales et étrangères. On y organise des concerts rock le samedi soir. L'un des lieux à la mode pour les jeunes de Tórshvan.

Clubs

■ HAVNAR KLUBBI

Thinghúsvegur
✆ +298 31 15 52 – +298 31 27 36
Les Féringiens ont longtemps eu l'habitude de se rencontrer entre eux dans des clubs où ils pouvaient consommer de l'alcool importé en gros. Depuis la fin de la prohibition, au début des années 1990, les clubs ont continué à exister, malgré l'ouverture de bars et de restaurants. On ne peut y accéder que si l'on est membre, certains accepteront si vous

connaissez quelqu'un dans le club. D'autres, comme le Havnar Klubbi, sont plus facilement accessibles.

Discothèques

■ DEEP DISKOTEK

Tinghúsvegur 8 ✆ +298 31 56 28

Ouvert du lundi au jeudi de 17h à minuit, vendredi de 17h à 4h, samedi de 14h à 4h, dimanche de 14h à minuit. Le nouveau rendez vous nocturne de la jeunesse de Tórshavn dans cette toute nouvelle discothèque, la plus importante de l'archipel.

Cinéma

■ HAVNAR BIO

Tinghúsvegur 8

✆ +298 31 19 56

www.bio.fo – bio@bio.fo

Au rez-de-chaussée de l'immeuble qui abrite le restaurant chinois Nantong et le Havnar Klubbi. On y passe le plus souvent des films américains en version originale.

Spectacles

■ LA MAISON NORDIQUE

Norðari ringvegur ✆ +298 35 13 51

www.nlh.fo

La Maison nordique propose également d'autres activités en soirée, de la musique classique à la projection de film, en passant par des conférences ou des activités pour les enfants.

Manifestations

■ OLAVSÖKA

Les 28 et 29 juillet, tout Tórshavn est dans la rue. Beaucoup s'habillent spontanément en vêtement traditionnel, robe longue cintrée et fichu sur les épaules pour les femmes, pantalon de corsaire ouvert aux genoux, gilet et calot couleur bordeaux sur la tête pour les hommes. L'après-midi du premier jour commence par une parade réunissant tous les sportifs qui vont s'affronter pendant deux jours. Des expositions en tout genre s'ouvrent, des courses de bateaux traditionnels démarrent et, le soir venu, farandoles et danses modernes se succèdent. Le lendemain, les choses deviennent plus sérieuses avec le gouvernement et les autorités de l'archipel réunis au grand complet pour se rendre à pied en procession à la cathédrale. En tête de cortège, tout emplumé, le représentant de l'Etat danois, et le Premier ministre en costume sombre. Au Lögting (l'Assemblée de l'archipel), le Premier ministre ouvre l'année parlementaire devant les députés par un discours-programme. Suivent des courses de chevaux, des cérémonies religieuses dans les églises et, à l'extérieur, avant de nouvelles farandoles, des musiciens et des bals s'organisent un peu partout. Les rues du centre de Tórshavn voient rarement autant de monde en même temps : Il semble que tout le pays soit dehors, dans la rue piétonne de Niels Finsens on joue du coude pour pouvoir avancer... La fête ne s'arrêtera qu'à 5h ou 6h du matin, la lumière du jour encore vive à cette époque de l'année aura à peine le temps de s'éclipser 2 ou 3 heures au milieu de la nuit...

Shopping

De nombreuses boutiques vendent des bijoux féringiens en argent. Mais la joaillerie de l'archipel est plus intéressante pour son travail sur les pierres du pays. Vous pouvez aussi ramener des disques de musiciens locaux (traditionnels, jazz ou rock !), des livres de photos, des timbres, des pulls en laine ou des macareux en peluche !

■ FØROYSKT HEIMAVIRKIÐ

Niels Finsens gøta ✆ +298 31 17 67

Près du terminal des ferrys.

Beau choix de pulls.

■ H. N. JACOBSENS BOKAHANDIL

Vaglið 1 ✆ +298 31 10 36

hnj-bokh@post.olivant.fo

Il faut faire un tour dans cette vieille boutique qui fait face à l'hôtel de ville tout en pierres. C'est l'ancienne école primaire de Tórshavn. Une superbe et immense vieille bâtisse qui s'organise autour d'une cour. La boutique actuelle est un vrai labyrinthe où se vendent bien sûr des livres, mais aussi des livres d'occasion, des souvenirs, de la vaisselle, des poupées, des jeux vidéo, etc.

■ POSTVERK FØROYA

Frimerkjadeildin, Ooinshaedd 2

✆ +298 34 62 00 – www.stamps.fo

www.tjatsi.fo – filateli@postverk.fo

Pour des informations complémentaires sur les timbres de l'archipel. C'est le bureau central de la poste féringienne, qui expose de vieux documents, objets et tenues de facteur. On y trouve toute la documentation sur la philatélie de ces îles, toutes les brochures et le petit bulletin bimestriel très illustré existent en français, n'hésitez pas à les demander.

Vous pouvez aussi vous rendre dans n'importe quel autre bureau de poste, pour acheter des documents sur la philatélie de ces îles, ainsi que des années complètes de timbres émis aux Féroé. Bonne idée de cadeau à un philatéliste ou pour enrichir votre collection personnelle. Les timbres retracent l'histoire et la vie actuelle de l'archipel et ils sont très prisés par les collectionneurs du monde entier. C'est aussi à la poste que l'on peut acheter les cartes postales moins chères que dans les boutiques ou les offices du tourisme.

RUSDREKKASØLA LANDSINS
Hoyviksvegur 67, Midlon
✆ +298 34 04 00
www.rusan.fo
rusan@rusan.fo
Ouvert du lundi au vendredi de 10h à 17h30 et samedi de 10h à 14h.
C'est le magasin du monopole d'Etat. Les Féringiens y trouvent de l'alcool fort et du vin, le touriste pourra y acheter quelques bières du cru plus fortes que celles que l'on trouve en ville.

SIRRI
Áarvegur 14
✆ +298 32 17 06
Vous trouverez d'authentiques pulls en laine des Féroé. Ailleurs, méfiez-vous, de nombreux pulls sont importés de Norvège, vérifiez l'étiquette, d'autant que vous trouverez les mêmes moins chers à Copenhague, alors que vous ne trouverez nulle part ailleurs les pulls féringiens.

SMS
Le cœur de Tórshavn a longtemps battu autour de son port et de son centre-ville. Ce n'est plus tout à fait vrai aujourd'hui. Le centre, pourtant devenu en partie piéton, est bien souvent déserté au profit d'un complexe commercial comme on en trouve dans toutes les grandes villes. Il y a même un Body Shop ! Le SMS Shopping Center, tout de bois et de verre, aux toits pentus, s'étale sur deux étages avec une fontaine monumentale en son milieu, une grande surface occupant la plus grande partie du rez-de-chaussée. C'est là que vous pourrez trouver de quoi grignoter pour vos randonnées ou à vous approvisionner en bière locale. Il est sans doute agréable d'y faire ses achats lors des journées sombres des longs hivers humides, mais le lieu manque singulièrement d'originalité et d'âme.

Tórshavn vu par William Heinesen

« Tórshavn, la drôle de vieille capitale des îles Féroé, ne s'est curieusement pas choisi un site raisonnable, près d'un des nombreux fjords tranquilles et commodes de l'archipel, mais a poussé près d'une côte rocheuse ouverte que la mer a broyée en d'innombrables isthmes et détroits ; en hiver, les brisants arrivent souvent entre les maisons et remplissent les ruelles étroites et escarpées de leur brouillard d'écume salée. Les orages venant du sud-est peuvent se comporter en véritables ouragans et provoquer des pertes de biens et en vies humaines… »

William Heinesen,
La Lumière enchantée,
trad. par Per Aage Brandt et Maryse Laffitte, Aix-en-Provence, Alinéa, 1986.

TUTL RECORDS
Niels Finsengota 9
✆ +298 31 45 04
www.tutl.com
info@tutl.com
Il existe plusieurs magasins de disques dans lesquels on trouve les productions locales aux côtés de la musique internationale, mais allez plutôt à la source, c'est moins cher ! La maison de disques Tutl a sa boutique près du port de voyageurs, on peut y acheter quatre CD pour 350 Dkr. Vous y trouverez aussi des disques islandais, groenlandais et sâmes (les « Esquimaux » finlandais et suédois).

Points d'intérêt

CATHÉDRALE HAVNAR KIRKJA
C'est l'église de bois blanc qui surplombe le port, à l'entrée de Tinganes. Bâtie en 1788, elle est reconstruite en 1865. Elle abrite un triptyque de 1647. La cloche de la cathédrale proviendrait d'un navire norvégien qui a coulé le soir du 31 décembre 1707 au large de l'île de Suðuroy.

GONGIN
C'est un vaste carrefour d'où part la rue piétonne Niels Finsens et qui rassemble, autour de quelques arbres, des bâtiments des XVIIIe et XIXe siècles : le Parlement, belle maison blanche au sommet d'un petit monticule, la mairie tout en pierre (devant une autre

statue de Hans Pauli Olsen), l'ancienne école communale, superbement construite en fer à cheval, avec son bois rouge et ses toits verts, aujourd'hui librairie. Sur une hauteur vers le port, on aperçoit, flanquée d'une tourelle, la maison du gouverneur. Ce fut longtemps la seule maison de pierre de Tórshavn. Des arbres ont pu y pousser à l'abri des hauts murs. C'est aujourd'hui encore le lieu d'habitation du représentant de l'Etat danois. Très discret : le drapeau rouge et blanc du royaume ne flotte même pas ici à longueur d'année.

KONGAMMINNIĐ

Un obélisque dans un petit square, au-dessus de la ville. On y accède par la rue Houviksvegur, en partant du port des passagers. Il commémore la première visite d'un souverain danois aux Féroé. C'était le roi Christian IX, en 1874, alors que l'archipel était sous drapeau danois depuis 1380.

MARIKURKJAN (ÉGLISE DE MARIE)

Elle domine le parc, on y accède par Mariugöta. Pour la visiter, il suffit de demander la clé au couvent adjacent, kerit. Les sœurs sont francophones et absolument pas cloîtrées. Il faut simplement respecter le silence des lieux. Une église catholique, dédiée à la Sainte Vierge et un couvent, c'est beaucoup en pays luthérien où l'on compte à peine 60 catholiques sur 48 000 habitants ! Si les sœurs, installées ici depuis les années 1930, ont pu obtenir leur église en 1987, c'est en paiement de leur école, qui s'est développée au cours des décennies pour devenir la plus importante de la ville. Les petites sœurs ont éduqué plusieurs générations de Féringiens, rassemblant jusqu'au tiers des enfants de la région dans leur école. Aujourd'hui, les bâtiments ont été repris par la municipalité qui, en échange, a bâti un couvent moderne et confortable, et une église dédiée à la Vierge Marie. Un très beau bâtiment moderne de l'architecte féringien Arni Winthers, qui s'est bien gardé de lui donner l'aspect cube de béton des églises contemporaines élevées sur le continent dans les années 1970. Toute de pierre, de bois et de verre, elle est flanquée d'un petit clocher, et son intérieur a été conçu avec le concours des sœurs elles-mêmes. L'autel se trouve sur la longueur de la nef et non pas au fond, ce qui permet de mieux rassembler l'assistance autour du prêtre. Les vitraux sont modernes, le bois clair du plancher est norvégien, mais les chaises sont faites avec du bois des Féroé, ce qui est plutôt rare. La Sainte Vierge a été sculptée dans le bois sur le modèle d'une Madone qui se trouvait dans l'église de Kirkjubøur avant la Réforme. La messe est dite chaque dimanche, en féringien et en danois, avec des lectures traduites à l'intention des visiteurs étrangers.

NORĐURLANDAHUSIĐ (MAISON NORDIQUE)

Norðari Ringvegur 10 ✆ +298 31 79 00
www.nlh.fo nlh@nlh.fo
Ouvert du lundi au samedi de 10h à 18h et le dimanche de 14h à 18h. Cet amas de bois et de verre, que l'on aperçoit ratatiné sous des toits de gazon, cache une structure étonnante. Lorsqu'on pénètre à l'intérieur, on ressent une véritable chaleur due à la présence du beau bois clair. Les larges baies vitrées, les jeux avec l'espace, les volumes, les niveaux : tout est parfaitement étudié pour que l'on s'y sente bien. À commencer par le bar, magnifiquement intégré au centre de cet espace, petit cabanon de bois blanc avec un superbe comptoir, et une vue plongeante sur la baie de Tórshavn. Cette Maison nordique a été inaugurée en 1983. Tous les pays scandinaves ont participé à sa construction. Le bois est suédois, les meubles sont finlandais, le verre et l'acier danois tout comme les pierres, le toit est islandais… et l'herbe au-dessus est féringienne ! On trouve là un auditorium, une salle de projection et de spectacle, un petit centre de documentation, des salles d'exposition… C'est un passage obligé à Tórshavn, ne serait-ce que pour visiter les expositions (gratuites) proposées et boire un café ou une bière…

SKANSIN

Sur cette pointe à l'est de la baie de Tórshavn, un marchand féringien, Magnus Heinason, a fait édifier en 1580 un premier fortin, sorte de redoute destinée à mieux résister aux attaques des pirates du Moyen Age et notamment les Turcs d'Alger. Le roi du Danemark, Frederik II, lui avait confié temporairement le monopole du commerce en raison de ces attaques répétées contre lesquelles rien ne semblait possible. Le fort de Skansin a rapidement intimidé les corsaires et Magnus Heinason est devenu un héros national, encore célébré aujourd'hui dans les chants qui accompagnent les danses des fêtes. Détruit et reconstruit à plusieurs reprises au cours des siècles, Skansin a été remis en état lors des guerres napoléoniennes. On considérait alors Skansin comme la plus importante fortification de toute l'Europe du Nord.

Lors de la seconde guerre mondiale, les Britanniques ont occupé l'archipel et Skansin est devenu le quartier général de la Royal Navy. La petite forteresse ressemble aujourd'hui à ce qu'elle était lors de son agrandissement de la fin du XVIIIe siècle. On ne visite pas les bâtiments, mais on peut se promener près du phare et des canons. La vue est superbe sur la ville de Tórshavn et, vers l'est, sur l'île et le village de Nølsoy.

TINGANES

Sur cette digue qui sépare la baie de Tórshavn en deux ports, s'est réunie, il y a 1 000 ans, la première Assemblée féringienne. Depuis, le village s'est développé, les maisons ont été détruites, reconstruites, mais on trouve encore des bâtiments qui remontent au XVIIe siècle. Le plus ancien porte la date de sa construction sur son flanc : 1623. Une promenade à travers ces ruelles escarpées et pavées est un véritable plaisir. Les petites maisons en bois goudronné, aux toits d'herbe grasse, les morues qui sèchent accrochées aux fils à linge au milieu de hautes herbes : nous sommes au cœur d'une capitale et, pourtant, n'était-ce une ou deux antennes paraboliques, on se croirait revenu plusieurs siècles en arrière. Autrefois, l'urbanisme était des plus primitifs et Tórshavn s'est développée dans ce même joyeux désordre de ruelles qui n'en sont pas : un entrelacs de petites impasses et de jardinets que l'on gravit pour finir en cul-de-sac. On admirera au passage ces anciens garde-manger toujours utilisés : cabanons à clayettes de bois goudronné, surélevés par quatre pieds d'angle, et qui servent à faire sécher la viande en laissant passer le vent. On les appelle des *Hjallur*. Vers la pointe de cette petite presqu'île se trouvent des maisons plus imposantes, à deux étages, qui abritent les ministères et les différentes administrations de l'archipel. Le pouvoir féringien est toujours en place à Tinganes.

VESTURKIRKJAN

Bâtie en 1975, elle est flanquée d'un très haut clocher et paraît tel un mât avec deux voiles pendantes ou encore comme une moitié de coque de bateau. Cette « église de l'Ouest », visible de partout, est le symbole d'une architecture moderne et audacieuse qui épouse son environnement. À l'intérieur, la lumière captée par toute une partie vitrée du clocher baigne doucement chaque recoin…

VIÐARLUNDIN PARK

C'est un vrai jardin public avec des bassins pour les canards, des allées éclairées le soir, des fleurs et des arbustes, et quelques arbres qui se dressent, tout fiers d'avoir résisté aux intempéries. Certains de leurs voisins sont encore couchés, déracinés, morts, à cause de la tempête de décembre 1988 qui a détruit les deux tiers des arbres du parc. Dans la partie haute du parc, près du musée d'Art

Musique dans les grottes

FESTIVAL SUMMARTONAR

Festival de musique classique et moderne, de fin juin à fin août, organisé par la Maison nordique et la société des compositeurs des Féroé. Les concerts ont lieu dans des salles traditionnelles ou des églises, mais aussi dans des lieux plus inattendus : des grottes dans les falaises. Initiées il y a quelques années par Kristian Blak, le compositeur danois francophone, et Birgir Enni, le capitaine du bateau, c'est un *must* du Festival estival des Féroé. On embarque à bord du Norðlysið (Lumière du Nord), un trois-mâts à coque bleue, vieux d'une cinquantaine d'années et superbement restauré, utilisé également pour des excursions. Le gréement conduit en un peu plus d'une heure et demie à proximité d'une cavité, creusée dans une falaise, à Hestoy ou Nólsoy, selon la météo. Au milieu des cris d'oiseaux, une partie du public monte dans un petit zodiac qui l'emmène au cœur de la falaise. Là, quelques notes de musique résonnent quand on entre. Saxo, guitare électrique, clavier électronique, c'est selon. L'auteur de Barbara, Jørgen-Franz Jacobsen, a comparé l'acoustique de ces grottes à celle de Notre-Dame de Paris. On aura l'occasion de le vérifier. Moment magique et planant… Prévoir l'après-midi (3 heures de trajet aller-retour, 20 minutes de bonheur dans une cavité quasi utérine). Dommage que pour le prix (environ 350 Dkr !) le café ne soit pas offert (il est préparé au fond de la cale où, sur le gaz de la cuisine, cuit toute la traversée une soupe chaude). Réservation obligatoire. Billets en vente chez Tutl Records ou renseignements auprès de l'office du tourisme.

moderne, se dresse une immense statue : c'est un hommage à l'équivalent de notre Soldat inconnu, à savoir le Marin inconnu, fêté tous les 1er novembre, en mémoire de tous les Féringiens morts en mer au cours des siècles. Près de la galerie d'art moderne, une statue en mémoire de William Heinesen a été érigée en 2000. Une femme courant nue, bras écartés, signé du sculpteur Hans Pauli Olsen, pour célébrer les 100 ans de la naissance de l'écrivain qui était aussi le plus fidèle soutien de la Société des arts et de la galerie. Il a d'ailleurs publié un livre sur l'art féroïen qui existe en français, disponible dans les librairies de Tórshavn.

Musées

■ AQUARIUM DES FEROE

Raettargota 1, Argir
✆ +298 50 51 20
www.sjosavn.net
Ouvert du 15 juin au 30 septembre, le week-end de 14h à 17h. Hors saison sur demande uniquement. Entrée : 40 Dkr, 20 Dkr pour les enfants. Situé sur la colline à 15 minutes à pied du port, l'aquarium offre l'opportunité de découvrir la vie dans les fonds de l'Océan de l'Atlantique nord. Plus de 40 des 238 espèces de poissons qu'on peut trouver dans les eaux de l'archipel sont présentés. Des pieuvres, des petits requins, des murènes mais aussi crustacées et des poissons rares.

■ FØROYA FORNMINNISSAVN (MUSÉE NATIONAL)

Brekkutún 6
✆ +298 31 07 00
✆ +298 31 22 59
www.fornminni.fo
fornminni@fornminni.fo
Ouvert de mi-mai à mi-septembre du lundi au vendredi de 10h à 17h, le samedi et dimanche de 14h à 17h. En hiver, le jeudi et le dimanche, de 14h à 17h. Entrée : 30 Dkr. Le nouveau Musée national a été installé dans un bâtiment vaste et neuf à 4 km du centre-ville, au milieu d'une zone industrielle, mais avec vue (les jours sans brume) sur la mer... Notes en anglais. On y trouvera quelques trésors de la longue histoire de ces îles : objets vikings, comme cette raquette en bois d'un jeu ancêtre du ping-pong ou du tennis, témoignages du Moyen Age (fonts baptismaux du XVIIe siècle), les vêtements traditionnels portés par des mannequins, pour comprendre le sens des vêtements que vous aurez vus lors d'une soirée féringienne ou d'une fête traditionnelle. Vous comprendrez mieux également les difficultés rencontrées par les habitants soumis au monopole royal du Danemark (1709-1856), qui garantissait des débouchés aux productions locales (dont des chaussettes de laine de mouton exposées ici), et l'importation de denrées, mais qui a maintenu l'archipel dans une dépendance et une stagnation économique de presque deux siècles. Un tableau représente une vue de Tórshavn peinte en 1700, c'est la plus ancienne représentation de la ville que l'on connaisse. Dans une vitrine, des moutons tués et naturalisés en 1844 : ils sont d'une race sauvage qui s'était développée dans l'archipel et dont les derniers représentants ont été abattus en 1866 sur l'îlot de Lítla Dímun. Une espèce qui se rapproche de celle des moutons Soyay, qui vivent encore à Saint-Kilda, à l'Ouest des îles Hébrides. Un peu plus loin, parmi le matériel de pêche exposé, on ne manquera pas, au milieu de toutes sortes de couteaux, lanternes et sextants, une boîte carrée en bois, munie d'un trou sur le dessus, et dont un battant découvre deux compartiments à l'intérieur : c'est la boîte des langues. Chaque pêcheur y mettait les langues des poissons qu'il attrapait pour être rétribué selon ses prises. D'un côté, les prises du jour, de l'autre, celles de la semaine. Les langues étaient comptées chaque dimanche. Au sous-sol, d'autres matériels de pêche datant du XIXe siècle et, au milieu de la salle, des bateaux de pêche, avec sur l'un d'entre eux, des pièges à guillemots. Une autre salle abrite des photos (agrandies) prises en 1898 par les scientifiques du Musée national de Copenhague, qui devaient recenser, mesurer et photographier les églises des Féroé. On peut aussi voir une photo de la même époque montrant ce qu'était le tout premier musée installé à Tórshavn. Enfin, la dernière salle du sous-sol renferme un trésor : un superbe triptyque du XVIe siècle, qui se trouvait dans l'église de Kirkjubøur, proche de la cathédrale inachevée. Abraham et Isaac sont à droite, la Cène au centre, le lavement des pieds à gauche. On y arrive en passant par une allée de magnifiques bois sculptés : il s'agit de bout de bancs, datant de la seconde moitié du XVe siècle. En réalité, ce sont des reproductions, les originaux se trouvant toujours à Copenhague, gardés jalousement par le Musée national du Danemark, qui estime que les conditions de conservation de ces trésors aux Féroé ne sont pas réunies.

Même depuis l'ouverture du nouveau musée ! Les négociations continuent pour un éventuel « rapatriement », une question sensible entre la métropole et le territoire. En revanche, derrière leurs vitres, la Vierge Marie et le Christ en bois, de la même époque, n'ont jamais quitté les Féroé. Ces pièces maîtresses se trouvaient dans l'église de Kirkjubøur, avant la Réforme. À l'extérieur du musée, en traversant la route vers la mer, une ferme traditionnelle a été restaurée. La partie la plus ancienne date du début du XIXe siècle. Le Musée national l'a meublée dans le style des années 1920 et on peut y découvrir comment la cuisine locale était préparée. Devant les bâtiments, une vraie basse-cour et quelques moutons.

FØROYA NATTURUGRIPASAVN (MUSÉE D'HISTOIRE NATURELLE)

Hammershaimbs gøta 13
✆ +298 35 23 00
www.ngs.fo
ngs@ngs.fo
Ouvert du 15 mai à mi septembre tous les jours de 10h à 16h, de 15h à 17h le week-end. Le reste de l'année, seulement le dimanche, de 15h à 17h.

Tout près de l'université et de ses bâtiments presque neufs, se trouvait, dans une grande maison en pierre grise, bâtie en 1931, le Musée national. Il a été déménagé à l'extérieur de la ville pour laisser la place au ministère du Pétrole. Ne subsiste que le musée d'Histoire naturelle, un peu oublié dans son coin, même s'il a été légèrement réaménagé. Les amateurs de cailloux et de plantes seront enchantés par des vitrines entières de différentes roches et par un bel herbier bien conçu présentant les plantes de l'archipel. Tout autour, dans des vitrines, s'entassent des oiseaux empaillés les plus variés. Pour voir de vrais macareux bien vivants et si drôles dans leur maladresse naturelle, on ira plutôt à Mykines. Sinon, on les regardera sous l'étiquette Lyndi, on les retrouvera peut-être dans son assiette sous l'appellation anglaise de Puffin. On cherchera sur les étagères un oiseau assez haut sur pattes, au long bec rouge : c'est l'oiseau national des Féroé, un Tjaldur, c'est-à-dire un huîtrier-pie. On découvrira en entrant dans la salle suivante le squelette d'un Grindahvalur suspendu au plafond. Il s'agit de la fameuse baleine noire, apparentée aux dauphins, que les Féringiens chassent lorsque leurs troupeaux approchent des côtes de l'archipel (ce qui fait hurler les écologistes). En français, on les appelle précisément les globicéphales. Ils sont muets, le cri qu'on entendra, après avoir appuyé sur l'interrupteur (si ça fonctionne, ce n'est pas toujours le cas !), se rapporte donc aux autres squelettes de cette salle ! Dommage que tout soit exclusivement en féringien, y compris les explications sur la chasse à la baleine qui seraient pourtant les bienvenues pour les touristes étrangers qui n'ont des Féroé que l'image d'une mer rouge du sang de ces magnifiques mammifères…

LISTASAVN (MUSÉE D'ART NATIONAL)

Gundadalsvegur 9
✆ +298 31 35 79
www.art.fo – info@art.fo
Ouvert tous les jours, du 1er mai à fin août de 11h à 17h, de 14h à 17h le week-end. Le reste de l'année, mardi et dimanche de 14h à 17h.

C'est un véritable musée d'art qui témoigne d'une importante activité artistique depuis des années au sein d'une population que l'on aurait tort de penser fruste. Cette galerie, autrefois privée, a été agrandie avec la participation des autorités féringiennes. Trois nouvelles salles ont été ouvertes au début de l'été 1993. Elles sont formidablement conçues, à l'image des musées d'Art moderne que l'on trouve en Scandinavie. Agencement, matériaux, utilisation de la lumière naturelle, tout concourt à une mise en valeur des œuvres exposées et particulièrement de celles d'un peintre, enfant du pays, Mikines, mort en 1979. Ses toiles, qui laissent deviner une forte personnalité, rendent d'une manière émouvante la terre, la mer, les couleurs de son pays et de ses habitants. Presque figuratives, aux dominantes sombres, elles abondent en scènes bibliques ou typiques des Féroé : les fameuses danses en farandoles, le massacre traditionnel des globicéphales, des paysages tourmentés, et plusieurs portraits dont certains, datés des années 1930 et 1940, montrent une moitié de visage mangée par la pénombre. L'autre forte personnalité de l'archipel, dont la renommée a depuis longtemps dépassé celles des zones de pêches féringiennes, est l'écrivain William Heinesen. On le découvre ici talentueux caricaturiste et dessinateur, campant des scènes champêtres dont les personnages caricaturés exhibent gros nez et yeux exagérés… Dans la cafétéria à l'entrée du musée, se trouvent ses dessins et collages. Ainsi qu'un très impressionnant et pourtant léger paravent figurant *La Profondeur de la mer*, signé Tróndur Patursson.

Sports et loisirs

■ **FAROE TREKKING**
Slættalíð 4 ✆ +298 32 04 04
Propose plusieurs treks pour découvrir les différentes îles de l'archipel. Il y a même un guide qui parle français.

Dans les environs

Lorsqu'on reste très peu de temps sur l'archipel, les environs de Tórshavn peuvent malgré tout vous aider à en apprécier toute la diversité. Les oiseaux et le phare de l'île de Nølsoy, la montagne et l'histoire à Kirkjubøur ou encore l'île de Sandy constituent trois destinations possibles pour une étape de 48 heures. Compter une demi-journée pour l'une de ces trois excursions, toutes très proches de la petite capitale. Sachez également qu'au départ de Tórshavn, vous pouvez rapidement gagner par la route le reste de l'île de Streymoy et celle d'Eysturoy, qui offrent des buts de promenade encore différents, réalisables également dans le cadre d'un séjour court. De même, vous n'êtes qu'à 50 minutes (en bus) de Vestmanna d'où partent les bateaux qui emmènent les voyageurs à la découverte des falaises où nichent d'innombrables oiseaux…

KIRKJUBØUR

▶ **Accès :** par la route (en cul-de-sac) bus 101 au départ de Tórshavn (fréquents). Accès aussi par la montagne par deux chemins balisés. Il suffit de quitter Tórshavn à l'ouest par Landavegur. (il faut prévoir 2 heures à pied pour y arriver). En grimpant au milieu des ruisselets et en arrivant sur un espace plus caillouteux, le chemin vous conduira par les prés en hauteur, en vous réservant une vue superbe que l'on découvre rapidement : l'île d'Hestur et ses fermes, reliées par hélicoptère au reste de l'archipel. La balade ne présente pas de difficultés, car on n'a pas à grimper sur tout le trajet. L'arrivée se fait un peu plus en à-pic, d'où soudain, on aperçoit ce site superbe : la mer, une petite église blanche près de la grève, de grosses maisons noires aux fenêtres rouges et aux toits gazonnés, bâties sur d'épais murs de pierre, et enfin une haute église de pierre grise sans toit ni clocher. C'est ici, qu'à partir du XIIe siècle, les pouvoirs religieux et royal, alliés, s'étaient fait construire leurs atours et leurs résidences. Dans ce qui est aujourd'hui un simple hameau, se dressaient la demeure de l'évêque des Féroé avec toutes ses dépendances, et pas moins de trois églises ! Les bâtiments de ce site ont été très abîmés par une violente avalanche de neige et de pierres à la fin du XVIIIe siècle. De fortes tempêtes ont également précipité l'érosion du lieu : la terre s'étendait jusqu'à l'îlot que l'on voit en face du hameau. Ce qui subsiste aujourd'hui et ce qui a été bâti depuis aide facilement à comprendre l'importance de l'endroit. Il avait été choisi par les premiers migrants car c'est sur cette côte que le bois de flottage s'échoue le plus facilement aux Féroé. Il a permis de bâtir très vite un véritable village, dans un pays où l'arbre est rare. Ce fut rapidement un centre religieux, politique et culturel très important : le roi norvégien Sverre, qui passait pour le plus savant de son époque, avait étudié à Kirkjubøur. Les évêques confisquaient les terres de ceux qui enfreignaientt les lois de l'Eglise : au XVIe siècle, 40 % de l'archipel leur appartenait ! Après la Réforme, Kirkjubøur resta un temps le siège de l'évêché, dirigé par l'évangéliste Jens Gregerson Riber. Mais le vieil homme sera le dernier évêque de Kirkjubøur : une attaque de corsaires français le fera fuir une 1re fois, après la seconde il demandera à être déchargé de ses fonctions. Les Féroé feront alors partie du diocèse norvégien de Bergen.

Café

Ni barman ni serveurs dans le seul « café » du village qui consiste en fait en une simple salle d'attente garnie d'un distributeur de café et sodas !

Points d'intérêt

■ **CATHÉDRALE DE MAGNUS**
Accès libre. Dans le pays, on l'appelle aussi « le mur » : elle n'a jamais supporté de toit et est demeurée inachevée depuis que l'évêque catholique Erlend a lancé sa construction au XIVe siècle. Elle est actuellement en cours de restauration. Plusieurs énigmes subsistent autour de ce qui est la seule ruine historique de l'archipel. Elle aurait pu être un édifice dans le plus pur style gothique de l'époque. À l'intérieur, vous verrez cinq croix cerclées incrustées dans les murs : des croix de Malte qui indiquent qu'un lieu de prière et de célébration a été consacré par les autorités catholiques. Or, comment cette église a-t-elle pu être consacrée alors qu'elle n'a jamais été achevée ? Toujours à l'intérieur de l'église, on peut voir plusieurs têtes d'hommes sculptées. Au sommet de la fenêtre ouest, il s'agit du roi de Norvège Haakon V.

Au sommet de la fenêtre sud, c'est l'évêque Erlend lui-même. Côté sud, l'avalanche de 1772 a achevé de détruire les ruines d'un couvent dont on voit les deux premières marches de l'escalier en colimaçon qui menait à une tour. Selon certains, Erlend n'aurait pas pu achever son œuvre en raison de l'opposition de nombreux habitants de l'archipel qui commençaient à supporter difficilement la spoliation de terres et de privilèges pratiqués par l'Eglise. Il y eut des batailles, des incendies à Kirkjubøur, et l'on raconte même que l'évêque en personne fut enfermé dans sa cathédrale inachevée pour y mourir de faim. Les Féringiens rebelles ont alors fait appel à un païen pour l'achever en lui tranchant la tête. Une autre énigme demeure : à l'arrière de l'édifice (faites le tour par le champ ; attention aux clôtures électriques qui protègent l'enclos des moutons et des chevaux) se trouve une plaque en pierre sculptée, représentant le Christ en coix, avec la Vierge Marie et Marie-Madeleine. Selon la légende, la plaque était creuse et renfermait des reliques. On l'a vérifié en 1905 et on y trouva en effet sept reliques, chacune étant assortie d'un petit ruban de cuir expliquant de quoi il s'agissait. Ainsi dormaient là depuis des siècles un éclat de la Croix du Christ, un ruban provenant de l'habit de la Vierge, un petit os de Torlakki, saint islandais et évêque, un osselet de saint Magnus, duc des Orcades. Les trois autres rubans attachés aux objets restants n'ont pas pu être décryptés. Depuis, les reliques ont été remises là où elles avaient été trouvées et la pierre a été de nouveau scellée. Elles dorment à nouveau dans la pierre, pour quelques siècles encore…

■ ÉGLISE D'OLAV

Cette église médiévale consacrée au XIIe siècle a été construite en pierres taillées très larges. Malheureusement, une restauration un peu trop zélée l'a quelque peu défigurée : apports de briques, murs rehaussés, herbe du toit remplacée par de l'ardoise, et comme on considérait que tout ce qui encombrait la vieille église ne s'accordait plus avec ce nouvel environnement, on se débarrassa du mobilier et des objets précieux, dont certains furent envoyés au Musée national de Copenhague. Des reproductions de têtes de bancs de bois finement sculpté ainsi que l'authentique triptyque et deux statues du XVIe siècle sont exposés au nouveau Musée national de Tórshavn.

■ ÉGLISE SAINT-BRENDAN

On n'en voit plus qu'un mur au-dessus des galets, et un morceau de colonne au milieu du pré. Elle fut construite au XVe siècle sur les vestiges de l'église de Marie, elle-même bâtie au XIe siècle.

ROYKSTOVAN

✆ +45 32 80 89
www.patursson.com

Ouvert tous les jours de mai à septembre de 9h à 17h30, de 14h à 17h le dimanche. Sur demande le reste de l'année. Pourquoi une visite de Stokkastovah s'impose-t-elle alors qu'il y a autant, sinon davantage, à voir à l'extérieur (et c'est gratuit !) ?

Cette résidence privée appartient à la famille Patursson. Tout le confort du monde occidental de cette superbe demeure semble n'avoir pas grand-chose à voir avec l'histoire.

En fait, la salle à manger de la vieille maison, meublée dans le style petit-bourgeois du XXe siècle, constitue un témoignage unique du mode de vie des Vikings et de leurs descendants chrétiens. Il y a 900 ans, cette sorte de salle d'où la fumée s'échappait par le toit était appelée roykstovah. Celle-ci, longue de 50 m, serait la plus ancienne du monde à être encore utilisée. Une légende raconte qu'un bateau norvégien ayant perdu sa cargaison, la pièce entière, dont les bois étaient numérotés, aurait échoué ici, en kit ! Le bois s'est conservé grâce à la pénétration de la suie, la fumée n'étant pas entièrement évacuée par le trou dans le toit. L'antique roykstovah est d'une beauté impressionnante, dommage qu'elle soit meublée et décorée dans un style si peu conforme à son austère majesté. Aujourd'hui, la vieille maison est en bois, il y a quelques siècles, elle était en pierre sur deux étages. Les planchers étaient fabriqués avec le bois repêché sur les rivages de Kirkjubøur. Ses soubassements sont faits de murs de pierre particulièrement épais : jusqu'à 2 m de largeur par endroits ! Autrefois, des tours de guet s'élevaient de part et d'autre. En parallèle se trouvait un bâtiment identique dont il ne reste aujourd'hui que quelques pierres. Entre les deux s'étend une cour pavée. A l'extérieur, les poteaux des portes et les arcs ont été taillés au début du XXe siècle, lorsqu'une partie de bois de la maison a été remplacée. L'autre bâtiment de la résidence date de la fin du XVIIIe siècle. Le tout a été construit sur les fondements de la fière cité des évêques de Kirkjubøur.

KOLTUR

Un îlot au sud-ouest d'Eysturoy, long de 2,5 km, dominé par une montagne de 477 m de haut, et habité par une famille de fermiers… Rien de très original, même si on peut compatir à leur isolement. La reine du Danemark a souhaité venir y faire halte, presque 300 ans après Frédéric VII.

■ KOLTURSGARÐUR

✆ +298 32 81 90

bjorn@post.olivant.fo

Île privée. Ne se visite pas mais ouverture parfois au public.

Une ferme classée monument historique, faite de pierre et couverte de tourbe herbue, est jalousement préservée par les Monuments historiques locaux. On projette néanmoins de la restaurer et d'y héberger un musée du Travail. En 1994, un couple a décidé de louer l'île au gouvernement, les derniers habitants l'ayant désertée depuis plusieurs années. Bjørn et Lúkka s'y sont donc installés et accueillent exceptionnellement des visiteurs – l'occasion de goûter le jambon local, ce fameux mouton séché dans les cabanes à claires-voies, sur une tranche de pain beurré. Ils peuvent aussi accompagner pour une promenade vers les falaises où nichent les oiseaux. Il n'existe pas de liaison régulière pour s'y rendre en bateau, mais l'hélicoptère d'Atlantic Airways peut y emmène les voyageurs que les propriétaire accepte de recevoir.

NØLSOY

▸ **Accès.** Ferry 90. 20 minutes de traversée. Attention, le petit ferry ne part pas du terminal des passagers, mais un peu plus à l'écart, près de Tinganes.

Pratique

On arrive dans un petit village adorable (250 habitants) : la poste est sise dans une vieille maison traditionnelle, murs noirs et toits d'herbe. La rue principale s'ouvre par une sorte d'arc de Triomphe formé par l'entrecroisement de deux côtes de baleines.

■ JENS-KJELD JENSEN

✆ +298 32 70 64

www.jenskjeld.info/

Ornithologue et guide de l'île de Nolsoy, Jens-Kjeld est aussi taxidermiste et possède un local où il expose toutes les oiseaux et autres animaux empaillés. Organise des randonnées la nuit pour observer les oiseaux.

■ OFFICE DU TOURISME

Petersen's Warehouse

✆ +298 32 70 60 – www.vsitnolsoy.fo

Ouvert du 1er juin au 34 août tous les jours de 10h à 17h.

Se trouve dans l'une des plus vielle maison du village construite en 1787 près du port. Organise des excursions sur l'île.

Hébergement – Restaurants

■ KAFFISTOVAN

✆ +298 32 71 75 – +298 32 70 25

Ouvert toute l'année.

Accueil des plus charmants dans ce café *guest-house*, qui propose quelques chambres (six lits en tout !) et des plats chauds.

Point d'intérêt

La véritable attraction de Nølsoy, ce sont ses colonies d'océanites-tempête, oiseaux que l'on peut observer nuitamment. C'est paraît-il, la plus grande colonie de ces oiseaux existant au monde ! Si vous souhaitez les voir, c'est ici qu'il faut vous rendre, plutôt que près des falaises de Vestmanna, quoi qu'en disent les prospectus… Se renseigner auprès de l'office du tourisme de Nolsoy pour réserver une excursion. L'équipée commence à l'arrivée du bateau le soir à Nølsoy : un ornithologue vous accueille pour vous présenter le village et vous conduire à la maison où vous passerez une partie de la nuit. 1h avant le coucher du soleil, vous serez guidé (45 minutes de marche) vers le lieu où s'ébattent ces oiseaux nocturnes, que vous pourrez observer à loisir pendant plus d'1 heure. Compter environ 350 à 400 Dkr pour l'excursion.

Balade

Si on vient passer la journée à Nølsoy, on n'hésitera pas à emprunter le sentier de randonnée, qui emmènera jusqu'au bout de l'île. Vue imprenable sur Tórshavn, un dénivelé sans danger qui fait passer par la montagne au milieu des prés en contrebas, et non pas en surplomb de la mer ! Attention malgré tout : on s'équipera de chaussures imperméables, le terrain est plutôt marécageux, même en plein été. Au bout de la balade, on trouvera un vieux phare de pierre construit il y a 150 ans. Le chemin qui conduit dans la montagne passe par quelques carrés de cultures, véritables champs comme on en trouve peu aux Féroé.

On dirait la Suisse...

« Une petite montée par une route bien battue, une porte en bois, et nous voilà maintenant dans la campagne de Tórshavn. Le terrain, contrairement à ce que l'on trouve généralement aux Féroé, est en pente douce sur une assez longue étendue, ce qui permettra à la ville de s'étendre comme elle voudra. À droite et à gauche, quelques maisons disséminées dans les pâturages et les tourbières qui abondent dans ce pays. De nombreux torrents sillonnent la campagne et, par ce soleil, dans ce grand calme, avec l'air délicieux que l'on respire, il est difficile de s'imaginer que l'on est dans l'archipel à la réputation sinistre ; si ce n'étaient la présence de la mer et l'absence d'Anglais, on se croirait plutôt en Suisse. »

Jean-Baptiste Charcot, *Voyages aux Îles Féroé*,
Paris, Société d'éditions géographiques, maritimes et coloniales, 1934.

VESTMANNA

Accès par bus 100 (de Streymoy), bus 300 de Vágar.

Aujourd'hui, Vestmanna compte 1 300 habitants. Ce gros village s'est développé autour de son port et c'est aussi l'endroit d'où l'archipel tire une partie de son électricité. L'énorme pipeline qui balafre la montagne en arrière-plan transporte de l'eau qui s'écoule d'un lac derrière la montagne, et dégringole le versant à pic au-dessus de la ville pour venir faire tourner les turbines de l'usine hydroélectrique. Le relief est particulièrement tourmenté, la route qui part de Vetstmanna vers Tórshavn vous emmène quasiment dans les nuages. Au nord de la ville, d'énormes falaises trouées de grottes et de cavernes maritimes sont particulièrement visitées.

OFFICE DU TOURISME
✆ +298 47 15 00 – +298 77 15 00
www.visit-vestmanna.com
Ouvert du 1er mai au 30 septembre tous les jours de 9h à 17h. Le reste de l'année, uniquement par téléphone.
On peut visiter le petit musée Saga au sein même de l'office du tourisme, sur l'histoire de l'archipel à travers des personnages locaux. Organise des excursions en bateau pour visiter les grottes, 250 Dkr par personne (150 Dkr pour les enfants). Plus d'informations www.puffin.fo

Hébergement – Restaurants

CAFÉ BRYGGJAN
Bakkavegur 11 ✆ +298 42 42 10

KRAKUREIORIO B&B
Nioari vegur 34 ✆ +298 42 47 47
www.krakureidrid.com
Chambre simple 400 Dkr, chambre double 500 Dkr. On peut aussi louer toute la maison 2 200 Dkr. A 5 minutes du port et de l'office du tourime. Chambres tout confort et toutes équipées (wifi, tv...). On peut aussi utiliser la machine à laver.

RESTAURANT FJØRUKRÓGVIN
Fjardavegur 2 ✆ +298 47 15 05
Spécialités de poisson et cuisine des îles Féroé. Buffet à midi.

Balades

GUNNAR SKUVADAL
✆ +298 42 43 05 – www.puffin.fo
puffin@olivant.fo
Départs à 10h, 14h, 17h et 20h. Billet : 250 Dkr.
La famille Skúvadal, grande concurrente de Pali, propose deux bateaux pour 12 et 28 passagers, et offre les mêmes services. Renseignements en français également sur son site Internet.

PALLI LAMHAUGE
✆ +298 42 41 55 – www.sightseeing.fo
Départs à 10h, 14h, 17h et 20h. Billet : 250 Dkr.
Palli est un vieux loup de mer, qui parfois donne l'alerte en apercevant un banc de globicéphales au cours de ses sorties. Il expliquera d'ailleurs mieux que quiconque à quoi correspond ce que certains considèrent comme un massacre, mais dont la tradition, ici, s'est soumise aux réglementations les plus strictes concernant la souffrance animale. Dans la cabane de la marina de Vestmanna, où sont vendus les billets d'accès à son bateau, Palli vend une vidéo montrant les falaises, les oiseaux et un prince à bord, Frederik de Danemark ! Café et thé sont offerts durant l'excursion qui dure environ 2 heures. Renseignements en français sur le site Internet.

■ **VESTMANNA-BJØRGINI**

Rochers et grottes. Les fameuses falaises à oiseaux, *birdcliffs* des prospectus et des tour-opérateurs locaux, sont autant d'immenses cathédrales de pierre. Les bateaux, qui sembleront tout petits lorsqu'on sera à bord, naviguent entre les crevasses et les pitons rocheux, pénétrant à même cette terre féringienne si massive et mystérieuse. Pour approcher les oiseaux, ce n'est pas l'idéal, même si on voit plonger les macaroux et tournoyer les fulmars au-dessus du bateau. En revanche, pour le dépaysement et le frisson à cause du spectacle grandiose (mais aussi à cause du froid, on pensera à prendre un pull même s'il fait beau !), c'est à ne pas manquer. Deux bateaux partent de Vestmanna quatre fois par jour, à peu près à la même heure (après la dernière excursion, qui part à 20h, il n'y a plus de bus pour Tórshavn, mais un véhicule est prévu pour raccompagner ceux qui sont basés dans la « capitale »). Quelques précautions à prendre (en plus du pull). D'abord se renseigner sur le temps qu'il fait à Vestmanna si l'on n'est pas sur place, car il est différent d'un village à l'autre ! Si la météo est trop mauvaise, les bateaux ne partent pas. Ensuite, penser à réserver. Compter 50 minutes en bus depuis Tórshavn, puis 1 heure 30 de bateau jusqu'aux falaises. Les pontons des bateaux (motorisés), longs de 8 à 10 m, ne sont pas abrités. Les embarcations ont l'air toutes petites, mais ce sont des navires hypermodernes, à l'image de la flotte de pêche féringienne : puissant radar, téléphone mobile, système vidéo sous-marin pour la navigation au milieu des rochers, etc. Ils peuvent embarquer entre 12 et 30 passagers. Le but de la promenade reste Seyðskoragjogv. Le moteur est coupé et c'est presque le silence, au pied de falaises hautes de 600 m… Dommage que cette excursion soit particulièrement touristique. Si l'on voyage par soi-même en dehors de toute croisière, éviter les jours d'escale des paquebots de la Smyril Line ! Mais si on en fait partie, on ne boudera pas pour autant son plaisir. Pour peu que le ciel soit dégagé, le spectacle est garanti. Les capitaines des deux compagnies qui assurent ces sorties en mer raconteront les légendes liées aux paysages des îles, à condition de le leur demander car, en bons Féringiens, ils ne sont pas toujours très causants.

KVIVIK

Accès : bus 100.

Une petite route descend dans la grande voie qui mène à Vestmanna (ou à Tórshavn dans l'autre sens). C'est par ce petit village en contrebas, au bord d'une mer qui semble grignoter la roche, qu'il faut faire un détour pour mieux imaginer le cadre de vie des premiers Vikings débarquant dans l'archipel.

■ **FERME VIKING**

Découverte en 1942, elle est considérée comme le meilleur exemple de ferme féringienne de la période viking. On n'en voit que les fondations, très instructives quant à la structure des établissements de l'époque. Tout près de la côte, non loin de l'actuelle église, cette ferme comprenait une halle de plus de 20 m de long, avec un âtre au milieu et des bancs de terre le long des murs qui n'étaient pas à angle droit, mais incurvés. Le toit était soutenu par des poteaux de bois dont on peut voir les emplacements dans le sol. Les murs, assez peu épais pour l'époque (1,50 m), servaient à bloquer les planches de bois, à l'aide de terre et de pierres. À côté, un autre bâtiment servait d'étable avec plusieurs stalles et une rigole d'écoulement en pierres au centre : 12 vaches pouvaient y tenir. Les archéologues ont trouvé ici, dans les années 1950, des fragments d'ustensiles de cuisine et des jouets en bois, que l'on peut voir au Musée national de Tórshavn.

La côte du bout du monde

« À 40 ou 50 kilomètres au nord de Tórshavn, la terre s'arrête brusquement. Derrière les derniers sommets, ce sont des précipices aux bords à pic, si vertigineusement à pic qu'on frissonne rien que d'y penser. Mylingur, la montagne la plus septentrionale de l'île de Streymoy s'élève jusqu'à 564 mètres d'altitude. Et brutalement, c'est fini : il n'y a plus rien. La montagne tombe d'une masse et semble disparaître en hurlant dans la mer du Nord. Et jusqu'au plus lointain horizon, où se devine le bord de la banquise, d'un glauque plus poli que celui des eaux, l'océan roule ses flots, inlassablement. »

Jørgen-Frantz Jacobsen, *Les Îles de vieille roche*, ministère danois des Affaires étrangères, 1965.

SAKSUN

Accès : le bus 204 mis en place au départ d'Oyrarbakki (sur Eysturoy) ne dessert Saksun que du 25 juin au 15 août. Départ normalement à 13h et retour à 20h10 mais il faut vérifier auprès de l'office du tourisme de Torshvan. Les horaires ne sont pas très pratiques pour ceux qui n'ont pas de véhicules et qui viennent seulement ici pour faire du tourisme : le musée n'ouvre qu'à 14h ! Retour en stop ou à pied ! Vous pouvez aussi vous renseigner auprès d'un tour-opérateur de Tórshavn : ils sont nombreux à organiser des excursions à Saksun. Si on est à vélo, pas d'inquiétude, le relief est plat. En voiture, aucun problème non plus. On se dirige vers Saksun sur une route qui semble mener nulle part. Très prisée par les groupes scouts et les campeurs, cette région des Féroé offre un paysage des plus surprenants. Au détour du dernier virage (mais la route est plate depuis l'embranchement avec la route de Tórshavn), on verra apparaître à la fois le plus champêtre et le plus maritime des tableaux. Village idyllique figé dans le temps, dont l'église au toit de gazon niche au milieu d'un vallon verdoyant incliné vers une baie, sorte de fjord dans lequel la mer ne pénètre qu'à marée haute. Quelques vieilles maisons de pierre et d'herbe, dont l'une abrite un musée. Une grande cascade au loin, quelques vaches, un cheval et les enfants de la ferme. Un homme découpe des carrés de terre et de gazon pour renforcer la toiture de sa « chaumière », un torrent qui passe sous un pont en contrebas d'un jardin… Le hameau lui-même se trouve à 50 m au-dessus du niveau de la mer. Un petit monde clos vit ici, un peu à l'abri du vent et de l'océan pourtant proche, mais curieusement absent du paysage. Enchanteur !

ÉGLISE

La date de 1858 inscrite à l'entrée ne correspond pas à sa construction, mais à son déménagement. Cette petite église traditionnelle a été construite en 1693 à Tjørnuvík et transportée à travers les montagnes en pièces détachées jusqu'à Saksun au milieu du XIXe siècle !

MUSÉE DUVUGARÐAR

✆ +298 21 07 00
fornminn@natmus.fo
Ouvert tous les jours sauf le jeudi, de mi-juin à mi-août, de 14h à 17h.
Cette ancienne ferme a été parfaitement conservée et permet de mieux faire connaissance avec le quotidien des paysans féringiens du XXe siècle. Il faut d'abord trouver l'entrée : une petite porte en bois derrière la maison. On pénètre alors dans une pièce en terre battue qui abritait la cuisine, véritable « salle de la fumée » ou *roykstova* avec sa cheminée ouverte et son trou dans le toit qui laissait sortir la fumée, mais servait aussi d'unique source de lumière. La cuisine, encombrée d'ustensiles en tout genre, comportait des lits dans des alcôves, destinés aux employés de la ferme. Les fermiers dormaient dans la pièce à côté, équipée d'un plancher, et meublée comme un rustique mais confortable salon : cette chambre servait aussi de salon pour accueillir les invités ou se réunir le dimanche. Ajoutée au XVIIIe siècle à la ferme traditionnelle, cette pièce porte le nom de *glasstova* car elle comporte des fenêtres à carreaux qui n'ont fait leur apparition sur l'archipel qu'à cette époque. Le foyer du *roykstova* permettait de chauffer la *glasstova*. Les pièces adjacentes ont remplacé une partie de la maison bâtie à la fin du XVIIIe siècle. Au nord, d'autres pièces ont été ajoutées pour permettre au prêtre de la paroisse de séjourner à Saksun lorsque l'église a été construite dans le hameau, en 1858. Les meubles et les ustensiles datent du XIXe et du début du XXe siècle.

TJØRNUVIK

Accès : bus 202.

La route étroite et escarpée descend brusquement après avoir longé la mer de très haut. Soudain, on aperçoit une plage de sable noir fin, cachée au fond d'une baie presque carrée, entourée d'une montagne qui descend en gradins coupés de multiples cascades. Tjørnuvík est situé à l'entrée d'un détroit qui sépare Streymoy d'Eysturoy. Ce petit village fait face à Eiði et, de la plage, on aperçoit les fameux pitons rocheux appelés « le Géant et la Sorcière ». On peut aussi le rejoindre par hélicoptère.

Point d'intérêt

CIMETIÈRE VIKING

On a retrouvé ici les restes de douze personnes, dans un cimetière datant d'avant la généralisation du christianisme sur l'archipel. De récentes fouilles ont permis de découvrir, sous une maison construite en 1936, les fondations d'une maison viking comportant plusieurs pièces dont 4,5 m ont pu être dégagés.

ÎLE D'EYSTUROY

EIÐI

Accès : bus 200 au départ de Oyrarbakki. A l'entrée d'un de ces longs fjords étroits qui découpent les Féroé dans le sens nord-est-sud-ouest, juste en face de Tjørnuvík, se trouve ce petit village avec son port aux deux digues pour mieux s'abriter de la mer toute proche, et son terrain de football au ras de l'eau. De la montagne, qui très vite commence à la lisière du village, une superbe vue se découvre vers les terres, par cette saignée maritime qui semble infinie… Ne pas hésiter à entrer dans la petite église du pays, décorée de bois peint et sculpté, les murs parcourus de liserés colorés et de motifs tout simples.

LE GÉANT ET LA SORCIÈRE (RISIN. & KELLINGIN)

La légende, toujours elle, raconte que ces deux pitons de roche isolés dans la mer près de la falaise, étaient autrefois des personnages vivants : un pêcheur et sa femme qui était enceinte lorsqu'ils arrivèrent d'Islande. Trouvant les Féroé très belles, ils voulurent les tirer vers l'Islande, mais après avoir attaché la falaise, ils furent surpris par la nuit et changés en pierre par la colère des dieux. Ce géant pétrifié et sa sorcière dressent leur quarantaine de mètres de hauteur dans un site véritablement grandiose. On peut s'y rendre en bateau, sur demande, avec les tour-opérateurs des falaises de Vestmanna, (Skúvadal et Lamhauge). On peut également voir (gratuitement, mais d'en haut et de loin) ces célèbres rochers depuis la route de Gjøv, un peu après la sortie d'Eiði.

HÔTEL EIÐI

✆ +298 42 34 56 – www.eidi.fo/
hoteleidi@@email.fo
Ouvert toute l'année.
Au-dessus du village, sa masse blanche fait face à un paysage magnifique. Les repas sont bons mais peu variés, et la demi-pension revient assez cher. De l'hôtel, on voit la pointe enneigée du Slættaratindur se dresser à l'horizon, c'est le plus haut sommet de l'archipel (882 m).

MUSÉE LATRID

✆ +298 42 32 69 – +298 42 35 97
Ouvert du 1er juin au 1er août, les dimanche et mercredi, de 16h à 18h ou sur rendez-vous.
Sous le toit herbu d'une vieille maison féringienne rénovée datant de 1820, des outils traditionnels et des objets de la vie quotidienne sont répartis dans trois pièces.

FUGLAFJØRÐUR

Accès : bus 400.

Quatrième ville d'importance de l'archipel (1 538 habitants), Fuglafjørður veille sur son petit port très animé et riche en couleurs. La source d'eau chaude Varmakelda et ses vertus curatives, se situe un peu plus au sud de la ville. Les Féringiens s'y rassemblent pendant la saison estivale pour y célébrer le solstice d'été.

AUBERGE DE JEUNESSE

✆ +298 73 77 15
Ouvert du 1er juillet au 15 août.

MUNTRA

Toftagota 1A
✆ +298 44 40 81 – +298 44 49 54
Propose des repas copieux avec vue sur le Fuglefjord.

OFFICE DU TOURISME

Á Bug, 530
✆ +298 73 77 15
www.visiteysturoy.fo

Autre adresse : Heiðavagur, Saltangará
✆ +298 41 70 60.

OYNDARFJØRDUR

Accès : bus 481.

Les Rolling Stones aux Féroé ! Juste à l'entrée de ce petit village, avant le port, il faut s'arrêter un instant pour regarder un phénomène qui a de tout temps fasciné : des rochers qui roulent sous l'effet du courant. L'effet est d'autant plus saisissant que la mer est agitée. Les deux pierres les plus sensibles sont le plus souvent reliées par une corde ou un filin, pour permettre de mieux apprécier le mouvement.

Point d'intérêt

ÉGLISE

Toute petite église du XIXe siècle. Elle abrite un triptyque peint par C. W. Eckersberg, l'un des maîtres de l'âge d'or danois.

Balade

On peut emprunter le sentier qui prend à partir des prés entre les deux montagnes. Souvent escarpé au-dessus de la mer, il semble uniquement destiné aux moutons. Il faut traverser quelques petits torrents qui tombent en cascade, mais en été, c'est très faisable. La promenade aboutit au petit village d'Elduvík.

La vue qui s'offre à vous tout le long du sentier est particulièrement prenante. On aperçoit l'île de Kalsoy au loin, puis la pointe d'Eysturoy, et au détour d'un dernier « virage », les neiges éternelles du Slættaratindur, le village de Funningur au-dessous, et Elduvík avec ses toits bariolés.

ELDUVIK

Accès : bus 205. La route qui relie ce village au réseau routier d'Eysturoy est récente.

Le village est bâti en contrefort de la montagne et, pendant des siècles, les liaisons avec le reste de l'archipel ne se sont faites qu'en bateau.

GJOGV

Accès : bus 205. (Pour repartir, prenez-le à l'auberge de jeunesse, car le bus qui dessert cette ligne est tout petit, et rapidement plein, il ne s'arrêtera pas à l'arrêt de bus du village !).

Une brèche dans la roche des Féroé, balafre étroite que la mer tente de combler. À ne pas manquer.

Hébergement

GJAARGARDUR GUESTHOUSE
Gjáargarður
✆ +298 42 31 71
http://gjaargardur.fo
Ouvert de mi-juin à mi-août. Chambre simple : de 650 à 750 Dkr. Chambre double : de 700 à 890 Dkr.
Une belle auberge avec une vue superbe sur le fjord. L'architecture intérieure est particulièrement réussie avec une charpente basse et des alcôves sur les côtés, imitant les habitations vikings des premiers Féringiens. On y dort bien pour pas cher. Si on est de passage au cours d'une excursion, on pourra y déguster un café et quelques crêpes délicieuses. Une auberge coup de cœur !

Point d'intérêt

PORT
Il est situé dans une faille de la falaise. Très profonde, elle comporte au fond un plan incliné en ciment qui permet de treuiller les bateaux en cas de mauvais temps. Eminemment photogénique, avec ses bateaux colorés, et cette fente, sombre perspective vers la mer.

Manifestation

Le festival de musique classique et contemporaine, Summartónar, propose chaque été deux concerts à Gjógv, avec transport depuis Tórshavn et repas. Se renseigner auprès des offices de tourisme.

NORÐRAGØTA

Accès : à l'entrée du tunnel qui rejoint Leirvík. Bus 400 et 440.

MUSÉE BLASASTOVA
✆ +298 22 27 17
www.blasastova.fo
Ouvert du 1er juin au 1er septembre, de 14h à 16h. Fermé le mercredi et jeudi. Si on n'a pas vu la ferme de Saksun, ou si on n'a pas le temps d'y passer, on s'arrêtera ici. L'environnement est moins plaisant qu'à Saksun, car cette vieille ferme est conservée au milieu de constructions neuves. Néanmoins, ces cinq petites maisons aux toits d'herbe et leur petite église forment un ensemble harmonieux. A l'intérieur, on visite l'église de Gøtu, construite en 1833, avec une charpente très basse.
La ferme de Blásastova date de 1835, et tout comme l'église, elle a été agrandie en 1860. Toutes les pièces se visitent et, entre autres, la cuisine avec sa cheminée-cuisinière (le foyer est ouvert, à un angle de la pièce) et tous ses ustensiles pour la cuisine, pour la production de lait, etc. Lits à alcôve, rouets, mobiliers, photos jaunies, constituent une véritable mémoire vivante du passé des Féringiens. La grange se visite également, avec tous les équipements nécessaires aux chevaux. C'est un miracle que cet ensemble a résisté à la modernité : le village devait être rasé pour y faire passer la route qui, finalement construite à quelques dizaines de mètres de là, conduit au tunnel vers Leirvík !

LEIRVIK

La ville où l'on attend le ferry pour se rendre à Klaksvík. On y a trouvé récemment des traces d'une ferme viking installée il y a près de 1 000 ans.

▸ **Accès :** bus 400 et 440. Ferry : 50.

HÔTEL RUNAVIK

Heidavegur 6, Runavik ✆ +298 23 88 77

Grand hôtel au centre de l'archipel, à 1 heure de Torshvan et 1 heure de l'aéroport et à quelques minutes de Leirvik. Les chambres sont spacieuses, bien équipées avec vue sur le port. Le restaurant sert des plats de poissons.

MUSÉE DU BATEAU

✆ +298 61 49 00

Ouvert sur demande uniquement.

Un petit musée qui abrite de vieux bateaux féringiens et qui expose les œuvres d'artistes locaux.

STATOIL

www.statoilleirvik.no

Le snack de la station-service à l'entrée du village. Si l'on a un peu de temps pour grignoter avant le ferry pour Klaksvík. Sinon, on peut se restaurer (légèrement) à bord.

NORDOYAR

C'est la région qui rassemble toutes les îles du nord-est de l'archipel, particulièrement déchirées de fjords et de détroits, aux falaises de couleurs anthracite striées de rouille. Ses vents mugissants et ses vagues à l'extrême est, donnent le mal de mer par temps calme au plus amariné des voyageurs ! Un paysage d'une beauté abrupte et violente qui abrite aussi de surprenants villages (port industriel ou village sous les nuages), et que les Féringiens ont tenté d'apprivoiser, avec force ponts et tunnels.

ÎLE DE BORÐOY

KLAKSVIK

Avec ses 4 800 habitants, c'est la seconde ville de l'archipel, ville étrange, un peu coincée autour du port qui occupe les deux rives du fond d'un fjord étroit, en bas de montagne. C'est le plus grand port de pêche des Féroé et un centre industriel qui a grandi de façon exponentielle tout au long du XXe siècle (la population a été multipliée par huit en 80 ans), avant d'être durement touché par la crise de la pêche des années 1990. Une route en boucle fait le tour du fjord et le tient comme en tenaille. Ce qui donne une étrange géographie à la cité, qui s'est développée bien à l'abri sur les flancs des montagnes de part et d'autre, et à l'arrière vers l'autre rive de l'île de Borðoy qui vient comme s'étrangler au niveau de Klaksvík.

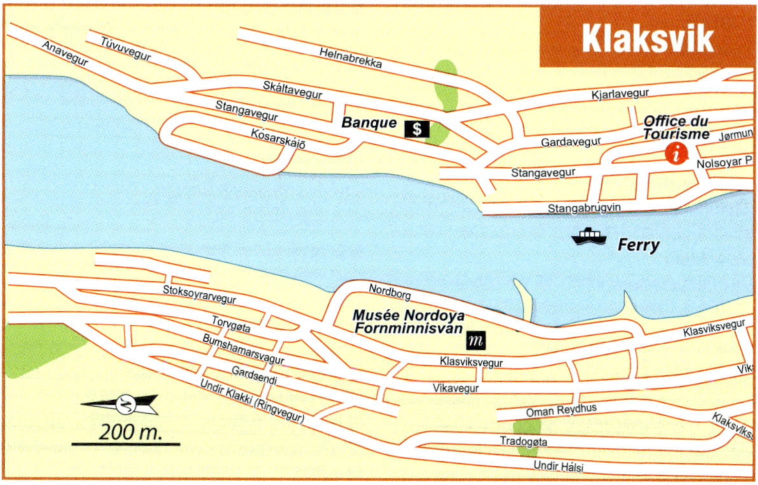

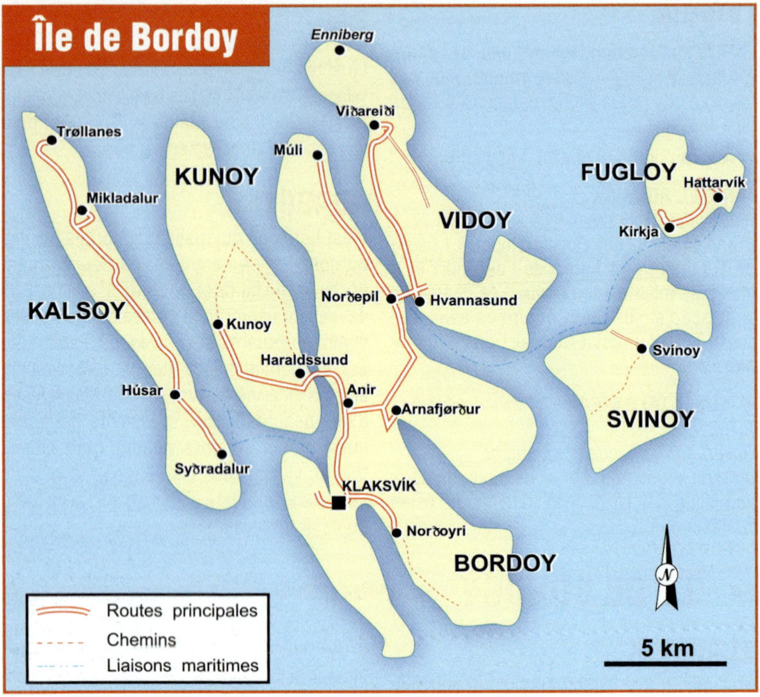

Transports

▸ **Accès :** ferry 50, bus 400 (Torshvan). Terminus pour les lignes 500 (vers Viðareiði) et 504 (vers Kunoy) face à l'arrivée du ferry. Hélicoptère Atlantic Airways.

TAXIS

Taxastøðin Bil
✆ +298 45 55 55
✆ +298 75 55 55

Pratique

INTERNET SERVICE

Bibliothèque, Tingstodin
✆ +298 45 57 57
www.kb.fo
Du lundi au vendredi de 13h à 18h le samedi de 10h à 13h.

OFFICE DU TOURISME

Nólsoyar Páls gøta 32
✆ +298 45 69 39
http://www.visitnordoy.fo/
Dans le bâtiment qui abrite l'hôtel de ville. Ouvert du 1er mai au 1er septembre du lundi au vendredi de 9h à 17h, le samedi de 10h à 12h. De septembre à fin mai du lundi au vendredi de 9h à 16h.

PHARMACIE

Norðoya Apotek, Klaksvíksvegur 5
✆ +298 45 50 55
Ouverte du lundi au vendredi de 9h à 17h30. Le samedi de 9h à 12h.

PISCINE

Svimjiholin ✆ +298 45 60 37

POLICE

Norðoya Sysla við Sandin
✆ +298 45 53 48

POSTE

Près de la police, au fond du fjord.

Hébergement

AUBERGE DE JEUNESSE

Garðavegur, 31 ✆ +298 75 59 07
Ouvert du 15 mai au 1er septembre. Voir avec l'office du tourisme. Petite auberge de jeunesse, tout près du ferry et de l'office du tourisme.

HÔTEL KLAVIKSK
Vikarvegur 56
✆ +298 45 53 33
www.hotelklaksvik.fo
Chambre simple 795 Dkr, double 995 Dkr, avec petit déjeuner.
C'est l'auberge des marins, dont la grande façade blanche domine fièrement la baie, au-dessus de la brasserie Föroya Bjór. Les tarifs sont prohibitifs en regard du caractère et du confort offerts : décor standard et ameublement sans cachet... Reste qu'on peut y venir déjeuner ou dîner, le repas est bon et plutôt économique.

Restaurants

CAFÉ KILIGRAN
Vid Bordoyarvik ✆ +298 45 52 92
logger@olivant.fo
Pour boire un verre ou manger sur le pouce. Sandwichs.

HEREFORD
Klaksvíkvegur 45 ✆ +298 45 64 34
Ouvert tous les jours sauf le lundi de 18h à 23h.

HÔTEL KLAKSVIK
Le restaurant de l'hôtel des marins propose des buffets bon marché, et une vue panoramique sur la ville.

ROYKSTOVAN
Klaksvíkvegur
✆ +298 45 61 25
Au carrefour de la rue Kommunebrekka et de Klaksvíkvegur. Ouvert du lundi au samedi de 11h à 23h, le samedi jusqu'à 4h du matin et le dimanche de 14h à 23h.
Tout près du musée, un restaurant bon marché, au premier étage d'une maison peinte en rouge avec une fresque sympathique.

Sortir

CINÉMA
Atlantis Bio, Bøgøta 5
✆ +298 45 69 00 – www.atlantis.fo

Points d'intérêt

CHRISTIANSKIRKJAN
Un bel exemple d'architecture à la fois audacieuse et traditionnelle. Le clocher est comme posé à côté du bâtiment central, dans le petit parc qui se trouve au bord de la route. La nef, dans le style norse des Vikings, est faite de granit féringien qui rappelle les ruines de la cathédrale de Kirkjubøur. L'intérieur est superbe, avec une charpente de bois clair qui imite, à une échelle plus grande, le plafond des églises traditionnelles de l'archipel. Au centre est suspendue la coque du dernier bateau acheté par la paroisse, à une époque où l'église de Klaksvík possédait deux bateaux, le premier pour le pasteur, l'autre à l'usage des paroissiens qui n'avaient pas les moyens de posséder leur propre embarcation. Les habitants de Klaksvík affirment que leur église est la seule au monde à posséder un véritable bateau dans sa nef. D'habitude, dans toute la Scandinavie, ce sont des maquettes de bateaux que l'on rencontre dans de nombreuses églises. Les fonts baptismaux viennent du Danemark. Cette grosse pierre, vieille de 4 000 ans, servait aux Vikings de pierre de sacrifice. Elle est utilisée aujourd'hui pour les baptêmes luthériens. Sous cette masse de granit du Jutland danois, un piédestal de basalte féringien a été rajouté. La fresque derrière l'autel a été réalisée par le peintre danois Joachim Skovgård. Peinte à l'origine sur un mur de l'église de Viborg au Danemark en 1901, mais menacée par l'humidité, elle a été transférée sur toile et présentée au musée des Beaux-Arts de Copenhague.

Un panorama féerique

« Enfin au sommet du Myrkjanoyrarfjall, nous mangeons notre déjeuner arrosé d'une délicieuse eau de source coupée d'anisette. Nous sommes sur le bord d'un précipice de 600 mètres de profondeur. La vue est superbe et nous avons la chance de pouvoir profiter d'une belle éclaircie de brume. Les sommets de ces montagnes affectent des formes bizarres de forteresse, avec des plates-formes horizontales ; ils sont parfois si étroits qu'on peut s'asseoir sur la crête, une jambe pendant sur chaque versant. Le panorama est féerique : nous voyons presque toutes les îles coupées par les fjords qui paraissent de minces rubans bleus. Les effets de lumières, perpétuellement changeants grâce à la brume, ajoutent à la beauté et à l'étrangeté du spectacle. »

Jean-Baptiste Charcot, *Voyages aux Îles Féroé*,
Paris, Société d'éditions géographiques, maritimes et coloniales, 1934.

L'architecte de Christianskirkjan, Peter Koch, ayant trouvé l'œuvre un peu à l'étroit dans ce musée, l'a obtenue pour son église. Héritier de la tradition médiévale de la fresque, Joachim Skovgård est le fils de Peter-Christian Skovgård, grand paysagiste du XIXe siècle. Cette église, bâtie au début des années 1960, est dédiée au roi Christian X mort en 1947 et à tous les marins disparus durant la Seconde Guerre mondiale. Elle a été inaugurée par le fils de Christian X, Frederik IX, en 1963.

■ NORÐOYA FORNMINNISVAN
Klaksvíksvegur 86 ✆ +298 45 62 87
Ouvert tous les jours de mi-mai à mi-septembre de 13h à 16h.
Près de la brasserie des bières Föroyar sur le port, un vieux bâtiment noir, ancienne pharmacie, témoigne de la puissance que pouvait conférer dans la région l'ancien monopole royal du commerce. Le marchand qui s'était fait construire cette maison avait même battu sa propre monnaie !

Balade

Un sentier dans la montagne rejoint Arnafjorður en passant par-dessus le tunnel de la route 70, et au pied du sommet Myrkjanoyrarfjall.

Shopping

■ BRASSERIE FÖROYAR
✆ +298 47 54 54 – www.foroya-bjor.fo
On ne peut pas la manquer, de l'autre côté du terminal du ferry, près du musée, avec son emblème peint sur tout le côté : un bélier vu de face. On peut visiter. C'est la meilleure bière de l'archipel.

■ HJA VIMU
Nølsoyar Palsgøta 1 ✆ +298 45 77 12
Une petite boutique qui vend dans un coin quelques pulls : les mêmes que l'on trouve partout sur l'archipel, mais moins chers ! Et c'est de l'excellent *made in* Føroyar.

■ LEIKALUND
Klaksviksvegur 84 ✆ +298 45 71 51
leikalund@leikalund.fo
Une vieille librairie où on peut acheter de nombreux CD de musique féroïenne. C'est aussi une belle galerie d'art où l'on peut boire un bon thé servi par les très gentils propriétaires.

■ MAGASIN DU MONOPOLE D'ALCOOL
Rúsdrekkasøla Landsins Bøgøta
✆ +298 34 04 02
Ouvert du lundi au vendredi de 13h à 17h30, à partir de 10h le vendredi, le samedi de 10h à 13h.

■ NORÐOYA HEIMAVIRKI
Tingstøðin ✆ +298 45 68 99
Ouvert du lundi au vendredi de 13h à 17h30.
Une curieuse boutique d'artisanat vous attend au bord du fjord. Il s'agit des produits fabriqués par une coopérative fondée voilà presque 20 ans. On y trouve des pulls, des moufles, de la dentelle, de la poterie, pas toujours d'un très bon goût.

ÎLE DE KALSOY

▸ **Accès :** ferry 56 de Klaksvík. Bus sur place : 506.

On l'appelle la flûte à six trous avec ses trois tunnels et sa route toute neuve, qui ne sert qu'à quelques dizaines d'habitants. Au temps de la croissance des années 1980, les autorités féringiennes ont creusé la montagne et déroulé le bitume pour encourager les jeunes à ne pas déserter les campagnes. Malheureusement, en favorisant la communication et le transport, cette modernisation des infrastructures a peut-être aussi accéléré le départ des derniers habitants.

ÎLE DE KUNOY

▸ **Accès :** bus 504

Cette vaste île de montagnes (culminant à plus de 800 m d'altitude par endroits) n'a laissé que peu de place aux hommes pour s'installer. Au nord-est, Skarð, que l'on ne rejoint que par un sentier en bord de mer, a été déserté ou presque. Au sud-ouest, le village de Kunoy est désormais relié par un tunnel au village de Haraldssund, puis à Borðoy par un pont.

ÎLE DE VIÐOY

VIDAREIDI

Accès : bus 500.

Il faut arriver ici en fin de journée. Entre deux hautes montagnes, le bus vous laissera au milieu d'une très large plaine, presque une vallée, qui descend doucement vers la mer. Ici, on est à 800 m d'altitude, et, pour peu que le temps soit gris, on aura l'impression de toucher les nuages avec la tête, tant le plafond nuageux est bas. Pourtant, du côté de l'océan, à l'ouest, le soleil se couche dans un ciel dégagé. Quelle que soit la météo du jour, l'arrivée à Viðareiði est inoubliable avec son petit village traditionnel – église blanche et maisonnettes aux toits de gazon rassemblées tout autour – en bord de mer et au centre d'un site enchanteur. De part et d'autre, des montagnes tombent dans la mer. A l'arrière-plan, dans cette étrange vallée, au milieu de laquelle coule un torrent et qui abrite 300 âmes, s'éparpillent des maisons modernes. Presque toutes ces habitations de bois recouvertes de tôles sont bâties à la perpendiculaire de la mer, pour mieux lutter contre le vent l'hiver. Les distances entre les maisons sont plutôt grandes, et loin de la côte, les rues droites bordées de fils électriques et de lampadaires semblent rejoindre très loin la ligne d'horizon, sous une lumière particulière, un peu métallique. C'est l'agglomération la plus septentrionale de l'archipel. Dans ce village presque irréel, on se sentira au bout du monde.

CAP ENNIBERG

La plus haute falaise maritime du monde, affirme-t-on aux Féroé, surplombe les vagues de ses 750 m. On peut l'admirer en bateau : l'expédition dure entre 2 et 3 heures. Se renseigner et réserver auprès du bureau d'information de Norðoyar : ✆ 45 69 39. On peut aussi escalader cette abrupte façade à pic, si on est bon alpiniste car c'est plutôt raide : comptez au moins 6 ou 7 heures pour arriver au sommet…

ÉGLISE

Un autel en argent, offert par le gouvernement britannique après le naufrage, à l'est de Viðareiði, du Marwood, au milieu du XIXe siècle. Le crucifix, en argent lui aussi, date du XVIe siècle.

HÔTEL NORÐ

✆ +298 45 12 44 – www.hotelnord.fo
hotel@hotelnord.fo

Ouvert l'été. Chambre simple : 700 Dkr. Chambre double : 900 Dkr. Petit déjeuner compris. Cartes bancaires acceptées.

L'endroit, tout en longueur, paraît immense, et le bâtiment, malgré sa réhabilitation récente, semble inénarrable avec son look des années 1970. L'accueil est particulièrement chaleureux : on vous sert gracieusement le café dans la salle de billard et de télé après le repas, les propriétaires vous dépannent lorsque le bus a des ratés… Et si les chambres sont assez petites, la cuisine est excellente et bon marché, ce qui met le rapport qualité-prix à un bon niveau. Les propriétaires, Miriam Matras Heinesen et Jógvan Heinesen, seront au petit soin pendant toute la durée du séjour.

MAISON DU PASTEUR

C'est ici qu'a réellement vécu Brenta, l'épouse de deux pasteurs, rebaptisée Barbara dans le roman de Jørgen-Frantz Jacobsen.

ÎLES DE SVINOY ET FUGLOY

Voilà une excursion qui ne coûtera pas cher ! On suit le guide ! On va faire un tour en bateau mémorable, au milieu des macareux gourmands qui plongent lourdement leur petit corps au milieu des vagues, et au pied des falaises dont les strates successives racontent l'histoire géologique du pays. Il faut prendre le petit ferry qui sert de bateau postal et de lien avec le reste de l'archipel pour les habitants de ces deux îles. Elles sont également équipées d'héliports, car la mer est particulièrement mauvaise dès que le temps tourne au gris et au vent fort. Le ferry *Másin* (ligne 58) part le matin (à 9h15) de Hvannasund, petit village qui fait face à un autre, entre les îles de Viðoy et Borðoy. Une digue entre les deux sert de pont, et créant ainsi une crique pour les bateaux. Le petit chalutier (rien à voir avec les gros ferrys) fait d'abord une halte à Svínoy. On peut y rester pour prendre un café dans le petit hameau qui donne son nom à l'île : le bateau repasse 1 heure 30 plus tard pour rentrer à Hvannasund.

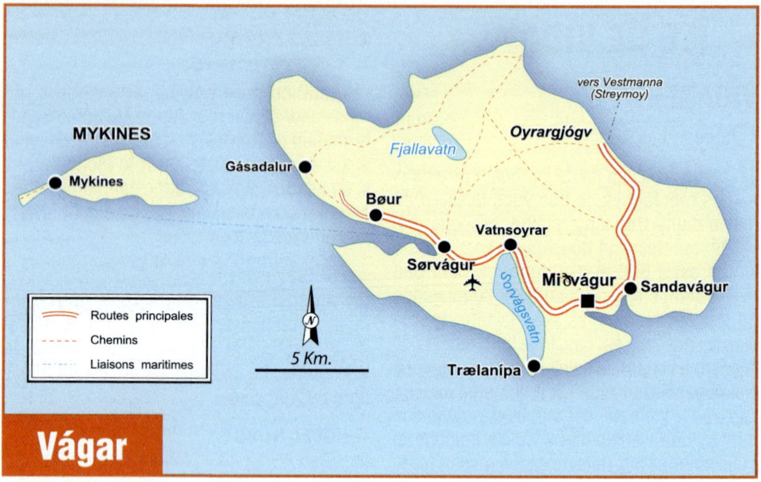

On peut également demeurer à bord et se contenter de faire tout le parcours, en passant à Svínoy, sans descendre. On sera de toute façon de retour à 12h30. Coût de la balade : environ 100 Dkr aller-retour, alors que les tour-opérateurs demandent parfois 10 fois plus pour ce même genre de plaisir. On prévoira un thermos de café chaud, car le ferry est trop petit pour offrir les services d'une cafétéria (mais suffisamment grand pour être ponté et disposer de tables à l'abri dans la cale !). Il est possible également d'atteindre Fugloy par hélicoptère au départ de Klaksvík, et pourquoi pas, d'y séjourner. Il y a deux petits villages (Kirkja et Hattarvík) où l'on peut louer des chambres chez l'habitant. En juin 2000, la reine de Danemark, Margrethe II, a visité l'île, et notamment l'école de Kirkja, la plus petite de tout le royaume, puisqu'elle accueille au maximum six enfants, ce qui n'arrive d'ailleurs jamais.

VÁGAR

C'est l'île où l'on arrive en avion. Son aéroport a été construit par les Britanniques, à l'abri de hautes montagnes sur une plaine, lors de la seconde guerre mondiale… A l'abri, un peu à l'étroit, et souvent noyé dans la brume, ce qui oblige parfois les avions à rebrousser chemin pour aller se poser en Norvège, parfois même en Islande… Le premier avion de ligne régulière s'est posé en 1963, en provenance d'Islande. Ce n'est qu'en 1987 qu'est née Atlantic Airways, la première compagnie féringienne et la seule actuellement qui dessert les îles Féroé. La piste de l'aéroport devrait être agrandie prochainement permettant ainsi à des avions plus grands d'atterrir à Vágar.

Pratique

- **Accès.** Ligne 300 de Bøur à Tórshavn.

OFFICES DU TOURISME

A l'aéroport
✆ +298 35 33 00
www.visitvagar.fo

- **Autre adresse :** à Sandavágur ✆ +298 33 34 55 – +298 21 34 55.

Hébergement – Restaurant

HÔTEL 62°N AIRPORT

A côté de l'aéroport
✆ +298 30 90 90
www.62n.fo

Ouvert toute l'année. Chambre simple 945 Dkr, chambre double 1 250 kr, petit déjeuner compris. Accepte toutes les cartes bancaires. Nombreuses réductions sur Internet.

Vastes chambres, meubles de bois clair, agréable hôtel de plain-pied et voisin de l'aéroport, mais les avions ne volant pas la nuit, on ne sera pas dérangé ! Excellente cuisine, avec une carte internationale et des plats féringiens. L'hôtel appartient à une grande agence de voyage de l'archipel. On peut louer des vélos et c'est bien le seul endroit dans les îles Féroé.

SANDAVAGUR

Accès : bus 300.

Elue ville la mieux préservée de tout l'archipel, Sandavágur s'étend non loin de sa voisine Miðvágur, à mi-chemin entre l'aéroport et Oyrargjov où s'effectue l'embarquement pour Vestmanna sur l'île de Streymoy. C'est dans cette région que se fabriquent encore les coques en bois des bateaux. Réalisés sur le modèle des embarcations vikings.

AUBERGE DE JEUNESSE GILJANES

✆ +298 33 34 65 – Fax : +298 33 29 01
giljanes@post.olivant.fo
Auberge de jeunesse basique avec une dizaine de chambres en face de la mer, la vue est superbe.

ÉGLISE

Pimpante, toute blanche avec son toit rouge et son liseré vert, elle a été bâtie en 1917, sur l'emplacement de deux églises précédentes. A l'intérieur, se trouve une pierre runique du XIIIe siècle, à la gloire de Thorkil Ønundarson, fondateur du village.

MIDVAGUR

Accès : bus 300.

Le village semble construit tout en longueur, entre la route en bord de mer et la montagne. On aperçoit, dans le jardin d'une maison moderne, la vieille habitation en pierre au toit de tourbe engazonné de Kalvalið.

KALVALIÐ

✆ +298 33 34 55
Visite sur rendez-vous.
C'est l'une des plus vieilles maisons de l'île : elle a été bâtie au XVIIe siècle pour les veuves de pasteurs. Habitée jusqu'en 1956 (mais sa dernière habitante, dont on verra la photo dans la chambre, n'avait pas eu de mari théologien !), cette minuscule bâtisse de pierre et de tourbe n'abrite que deux pièces, aujourd'hui remplies d'objets dont l'utilité sera expliquée par un guide... Des estomacs de vaches et de baleines séchées servant de bouées pour la pêche, des outils pour couper la tourbe, des lampes à huiles de baleine, des rouets, et dans la chambre, des chaussons d'intérieur : rouges pour les femmes, blancs pour les enfants, bleus pour les ancêtres... Les enfants dormaient dans le grenier, la veuve (qui était automatiquement épousée par le successeur de feu son mari) dans un lit en alcôve près de l'entrée. Pas de place perdue ! Cette demeure a aussi servi de modèle à la résidence de Barbara, l'héroïne de l'unique roman de Jørgen-Frantz Jacobsen : l'histoire d'une jeune femme très libérée, déjà veuve de plusieurs pasteurs, lorsqu'elle rencontre Monsieur Paul (encore un homme d'église), un nouvel amour...

MUSÉE DE LA GUERRE

Leitisvegur 58 ✆ +298 22 19 40
Ouvert toute l'année. Se renseigner sur les horaires auprès de l'office de tourisme de Vágar.

Barbara

« La brume se dissipait sous les rayons du soleil. La vapeur tissait autour d'eux une tiédeur qui baignait doucement leurs corps et les champs verts de Miðvágur riaient à travers les échappées de brume. Les boutons d'or et les primevères luisaient, jaunes dans l'herbe parmi les tiges de blé encore alourdies de rosée. [...] Barbara qui se sentait toute joyeuse, prit le bras de Monsieur Paul et décida qu'ils allaient partir se promener jusqu'au lac de Sørvagur. Quand ils atteignirent la lande brune, le soleil brillait de tout son éclat, séchait les bruyères et durcissait la terre sous leurs pas. [...] Ils arrivaient. Le lac brillait d'un éclat noir, les arêtes vertes et brunes des rochers d'alentour y reflétaient leur image. Ce lieu était familier à Monsieur Paul. Il y passait lorsqu'il se rendait à ses paroisses annexes, à Sørvagur et à Bøur, ou bien à l'île lointaine de Mykines. [...] Il se plaisait souvent aux évocations de ce paysage et il lui tardait d'y faire participer Barbara. Il y avait tout près de la rive un groupe de petites maisons inhabitées ; ce n'étaient que des réserves à tourbe et des hangars à barques, on eût dit pourtant un petit village. Il était en ce moment tout animé. En été, les gens de Miðvagur coupaient leur tourbe à Sørvagur de l'autre côté du lac, et ces jours-ci, les premières tourbes étaient sèches, on s'occupait à les transporter d'une rive à l'autre. »

Jørgen-Frantz Jacobsen, *Barbara*,
trad. par Karen et André Martinet, Arles, Actes Sud, 1991.

C'est un tout nouveau musée très intéressant situé dans un ancien blockhaus construit par les Anglais dans les années 1940 pour contrer les attaques nazies. Ce musée raconte à travers des photos, des articles, l'histoire des Féroé durant la seconde guerre mondiale. L'occupation par les troupes anglaises et leur grand impact dans la prise de conscience l'identité nationale féroïenne. Cette occupation va bouleverser la vie de l'archipel, c'est la première fois qu'un drapeau des îles Féroé est dressé et dès lors il ne redescendra plus. Dans cette partie de l'archipel, beaucoup sont restés proches de la culture anglaise et aujourd'hui encore, des mots anglais sont utilisés dans la vie quotidienne.

■ OFFICE DU TOURISME
Hammershaimbsvegur 1
✆ +298 33 34 55
www.vagar.fo – vagar@vagar.fo
Heures d'ouverture aléatoires, mieux vaut téléphoner avant de venir.
C'est ici qu'est basée l'association touristique de Vágar, qui se démène pour garder les touristes qui atterrissent ici et filent sur Tórshavn. Des brochures très bien conçues vous proposent de suivre certains chemins de l'île, avec ou sans guide, en précisant même la durée et le degré de difficulté de la balade. Précieux.

■ TRÆLANIPA
De ce promontoire à 142 m au-dessus de la mer, on jetait les esclaves trop âgés qui ne servaient plus à rien. On y accède depuis Miðvágur en suivant les rives du lac Sørvágsvatn, vers la mer. Durée de la promenade : environ 5 heures sans difficulté particulière, c'est assez plat. Superbe cascade qui tombe dans la mer. Retour à Miðvágur par l'est.

VATNSOYRAR

► **Accès :** bus 300.

C'est le seul village des Féroé qui ne soit pas sur une côte maritime. Construit au bord du plus grand lac de l'archipel, protégé des eaux de la mer par une mince bande de terre, c'est un endroit très prisé pour la pêche en eau douce.

SØRVAGUR

► **Accès :** bus 300.

Ce bourg, proche de l'aéroport, s'étend au fond d'un fjord qui porte son nom. C'est de là que part le ferry pour Mykines.

■ SØRVAGS BYGDASAVN
✆ +298 33 32 84 – +298 33 28 93
Ouvert sur demande.
Petit musée local près du port, présentant les machines et les produits de la pêche, de l'agriculture et de l'artisanat de Vágar. A voir en attendant le ferry pour Mykines.

BØUR

► **Accès :** le bus 300 y descend sur demande.

Ce petit village d'à peine 50 habitants est un vrai coup de cœur. Ramassé autour de sa petite église blanche, quelques fermes, la bonne odeur du foin coupé, une petite cascade, et au large, à l'entrée du fjord, le décor est planté par deux îlets aux formes très originales, presque en équilibre : Tindholmur (262 m de haut) et Gashomur, qui valent bien « le Géant et la Sorcière » près d'Eiði... C'est i-dy-lli-que ! Malheureusement, la pension qui s'était ouverte dans le village a fermé ses portes il y a quelques années. Mais sa sympathique ex-propriétaire exerce désormais ses talents culinaires au restaurant de l'hôtel Vágar.

GASADALUR

► **Accès.** C'est le dernier village de l'archipel à ne pas être encore joignable par la route. Le film de la réalisatrice danoise Ulla Boje-Rasmussen, *A 1700 mètres de l'éternité*, a largement contribué à la notoriété de la ville. Il devait aider à la concrétisation de la construction du tunnel qui n'est toujours pas achevé. La belle route bute sur la montagne et les pelleteuses ont rouillé sur place pendant de longues années. En attendant, le ravitaillement et le déplacement des villageois se font par bateau, ou par hélicoptère... On peut y faire une excursion, avec ou sans guide. Le chemin part du village de Bøur.

ÎLE DE MYKINES

Accès : par bateau (petit ferry n° 36) en 1 heure 15, départ à 10h de Sørvagur tous les jours entre le 1er mai et le 31 août, retour de Mykines à 16h55. Vérifiez les horaires auprès de l'office du tourisme de Vágar. En septembre et octobre, sur demande. Lorsque le temps le permet... On peut aussi y accéder par l'hélicoptère d'Atlantic Airways les dimanches, mercredis et vendredis, en prévoyant de réserver bien à l'avance. Compter 4 heures sur place ou prévoir de rester coincé et d'y dormir ! C'est ici qu'est né et qu'a grandi le peintre Mikines (une réforme orthographique a depuis modifié d'une petite lettre son patronyme). Si ce n'est pas encore un lieu de pèlerinage culturel, on y retrouve cependant tout ce qui a fait l'inspiration des tableaux sombres et tourmentés de l'artiste. C'est aussi le dernier bastion de l'archipel où la prohibition sur la vente d'alcool et la consommation en public garde encore ses droits. Les jeunes qui rejoignent Vágar par le bateau du retour ne peuvent pas s'empêcher d'ouvrir bouteilles de vin et de whisky, comme pour rattraper le temps perdu ! L'église doit affronter dans le village la concurrence de communautés chrétiennes parallèles (voir l'immense croix plantée sur le toit d'une ferme). Si loin des autres îles, à l'avant-poste dans l'océan, on devine les tourments qui agitent les esprits condamnés à l'isolement. La mer étant particulièrement mauvaise aux abords de Mykines, nombreux sont les touristes qui doivent repasser d'un jour à l'autre à Sørvagur pour pouvoir embarquer vers cette roche aux multiples promesses. Le petit bateau qui fait la traversée est obligé d'effectuer un grand détour, car la baie qui abrite le quai se trouve à l'autre bout de l'île. En hiver, il peut se passer un mois sans qu'un bateau ne parvienne jusque-là. L'hélicoptère lui-même ne peut pas toujours venir ravitailler les habitants (ils sont une cinquantaine l'été, à peine une quinzaine l'hiver). Malgré cet isolement, Mykines est curieusement en train de devenir l'attraction première des Féroé, le point de mire des touristes. Qu'est-ce qui attire ici autant de monde ? Un paysage fabuleux, des oiseaux criards par milliers, presque indifférents à la présence de l'homme : ils sont de toute façon en surnombre par rapport à nous et ne semblent nourrir aucune crainte ! En bas du village, le bateau accoste comme il peut dans une petite crique au creux d'une haute falaise à la roche blanchie de fiente d'oiseaux, et qui résonne de leurs cris démultipliés ! Même par temps calme, il faudra sauter en synchronisant le mouvement de la mer et l'arrivée du quai à sa hauteur !

Colonie d'oiseaux sur l'île de Mykines.

Il faudra ensuite monter un immense escalier qui mène au village. De là, un sentier conduit vers la pointe de l'île à travers les prés, en bord de mer. Le royaume des oiseaux le plus étonnant vous attend…

Hébergement

A part Kristianhus, il n'y a pas d'endroits pour manger ou pour se restaurer, penser à prendre des sandwichs ou des fruits car on ne trouvera rien sur l'île.

■ AUBERGE DE JEUNESSE GULA HUSID

✆ +298 31 29 14 – +298 53 26 14
www.gulahusid.com
Dortoir 125 Dkr avec un sac de couchage, 180 Dkr dans un vrai lit avec des draps.
Une maison jaune qui abrite des chambres pouvant loger 25 personnes. Deux salles de bains et deux cuisines pour préparer ses repas.

■ KRISTIANSHUS

✆ +298 32 19 85 – Fax : +298 31 09 85
www.mykines.fo – mykines@post.olivant.fo
Ouvert du 1er mai au 1er septembre.
Les chambres sont toutes petites et peu nombreuses. On peut y déjeuner, et même se faire préparer un panier de pique-nique.

Balades

■ BORGADALUR

Tour guidé possible d'une durée de 3 heures. Mieux vaut se faire accompagner. Le chemin part dans la rocaille, vers les montagnes. Il conduit au sommet de l'île, d'où l'on peut voir, par temps clair à l'horizon, toutes les îles de l'archipel des Féroé…

MYKINESHOLMUR

Tour guidé possible, d'une durée de 2 heures, en réservant à kristianshús. Paradisiaque promenade au milieu d'innombrables macareux qui nichent à même le sol dans les prés en pente. La balade est facile pour tout le monde, même sans guide : le chemin est balisé jusqu'au phare à la pointe de l'île et encadré de barrières dans les endroits les plus escarpés. En se retournant, on aperçoit le petit village et son clocher, entouré de pâturages et de vaches. Et l'on s'enfonce peu à peu dans le monde des oiseaux : les macareux volent par vagues et reviennent à leur « terrier ».
Un peu plus loin, un portail s'ouvre sur un pont grillagé, solidement suspendu au-dessus d'un précipice qui coupe la presqu'île en deux. L'armature est crottée de fiente, on est prévenu : tous aux abris ! On ne déploie pas une hâte fébrile dès son premier face à face, à 2 m de distance, avec un macareux. On ne le mitraille pas : on en rencontrera plusieurs dizaines un peu plus loin et d'encore plus près ! Il faut savoir s'asseoir dans un coin et observer. Le spectacle est époustouflant. On sera pris dans les cris et les mouvements incessants des oiseaux, embarqués avec eux. Ici commence un autre royaume, où l'homme se sent soudain étranger sur sa propre planète…

ÎLE DE SANDOY

▶ **Accès :** de Tórshavn : bus 101, puis ferry n° 60 (20 minutes de traversée) au port de Gamlaræt, près de Kirkjubøur, pour arriver à Skopun.

Une île plutôt plate, dont les côtes se terminent en falaises abruptes abritant des milliers d'oiseaux mais aussi, par endroits, en plages de sable fin, d'où son nom Sandoy qui signifie « île de sable ». Les Vikings ont habité ici en arrivant sur l'archipel, de nombreuses fouilles en témoignent.

SANDUR

▶ **Accès :** bus 600.

Un petit port très abrité, un village féringien alliant vieilles maisons et habitations modernes, des fouilles vikings : une belle étape. C'était le plus gros village des îles Féroé au Moyen Age.

Pratique

■ OFFICE DU TOURISME

✆ +298 36 18 36 – +298 22 20 78
www.visitsandoy.fo – sandinfo@post.olivant.fo
Ouvert en été du lundi au vendredi de 9h à 11h et de 14h à 16h, en hiver du lundi ou vendredi de 15h à 17h.
Au cœur du village. On s'y démène pour trouver des chambres aux touristes. Très efficace.

Points d'intérêt

ÉGLISE

Sous l'église actuelle, on a trouvé les fondations de la toute première église : elle était en bois, de style norvégien. Depuis, cinq églises ont été bâties successivement sur cet emplacement.

SANDUR VILLAGE MUSÉE

✆ +298 36 18 36

Situé près de l'hôtel Isansgarður. Ouvert du 1er juin au 31 août, le dimanche de 14h à 16h. Deux vieilles maisons en bois du village construite en 1812 sur des ruines datant de 1584.

THE ART MUSEUM

✆ +298 21 19 24

Ouvert du 1er juin au 30 août du mardi au dimanche de 14h à 16h. Un très beau musée dans une galerie moderne de Sandur construite par l'architecte J.P. Gregoriussen selon les plans de Sofus Olsen (1913-2006). Cet amoureux des arts a fait construire ce musée dans son village natal pour exposer les œuvres des artistes féringiens. Des fresques, des sculptures en bronzes, des céramiques et des tableaux, racontant plus d'un siècle d'art des îles y sont présentés. On peut admirer les œuvres des plus importants artistes comme S.J.Mikines, Janus Kamban ou Ingalvur av Reyni.

Les toiles représentant l'île de Mykines sont fascinantes. C'est aussi l'histoire d'un pécheur qui est devenu une grande figure de l'archipel. Engagé pendant la Seconde Guerre mondiale pour libérer l'Europe avec les alliés, il est à la tête d'une importante flotte de bateaux et devient ainsi le plus grand financier du pays. A sa mort, il léguera ses œuvres à la population de Sandur et une partie de sa fortune pour construire ce musée.

Balades

JOAN PETUR CLEMENTSEN
✆ +298 36 10 19
✆ +298 28 61 19
Sorties guidées en bateau, sur le *Hvíthamar*, de mai à fin août, autour de Sandoy et de Skúgvoy. Café servi à bord.

SKUVOY
Un ferry part de Sandur pour cette île toute proche (la traversée dure 35 minutes), célèbre pour les falaises de sa côte ouest, qui tombent à pic dans la mer, et où se pratique toujours le ramassage des œufs, encordé à ces parois verticales et vertigineuses…

SØLTUVIK
Une petite route vers la côte ouest mène à cet endroit : c'est une baie déserte mais très belle. On y arrive en une heure, sans effort, dans un cadre très agréable, et totalement différent des chemins de montagne du reste de l'archipel. Ici tout semble presque au niveau de la mer !

HUSAVIK

Accès : bus 601.

On y trouve les restes d'un ancien manoir médiéval et une vieille maison, bâtie en 1878, Jógvansbreyt, dans laquelle des gens vivaient il y a peu encore, à même la terre battue. On peut y voir une cheminée ouverte (avec simplement un trou dans le toit pour évacuer la fumée), comme dans toutes les maisons traditionnelles des Féroé, appelées *roykstova*.

ÎLE DE SUÐUROY

Accès : ferry n° 7 pour Tvøroyri ou Vágur.

On quitte la masse sombre et compacte des îles du Nord pour descendre vers le sud. Est-ce pour cette raison que les couleurs, le climat, les gens semblent différents, comme si c'était ici le Midi des Féroé ? En tout cas, l'arrivée à Tvøroyri, pour peu que le soleil se mette de la partie, amène tout droit au fond d'un fjord bordé de maisons colorées, éparpillées sur ces rives d'une façon qui semblera amusante ! Et au cours du séjour, on ne sera pas surpris d'entendre ici tout le monde siffloter : en bus, en faisant le ménage, en servant au restaurant ! Il n'est pas faux de parler du côté méridional de Suðuroy, car on descend assez loin dans le sud de l'Atlantique nord : Tórshavn est à 2 heures 15 de ferry. Le voyage est confortable, le ferry est imposant, avec une cafétéria à bord. Le climat est plus clément qu'ailleurs. Et l'île offre des paysages assez différents de ceux rencontrés dans le reste de l'archipel, avec ses mines de charbon et ses étranges formations de basalte qui semblent pousser de terre. Une étrange lumière baigne ses lacs de montagne verts, les villages de la côte ouest et les îles du Petit et du Grand Diamant (Lítla et Stórá Dímun aux légendes séculaires) que l'on voit au large.

TVØROYRI

Accès : bus 700, 701.

Attention, certaines cartes sont inexactes ! Le ferry n'arrive pas à Tvøroyri, mais en face à Drelnes, car le port se trouve de l'autre côté du fjord. Il faut rejoindre la ville à pied, en stop, ou en bus, si c'est sa destination première.

Pratique

BUREAU DE TOURISME
Suðuroyar Kunningarstovan
✆ +298 61 10 80 – www.visitsuduroy.fo
Ouvert de 9h à 12h et de 13h à 16h du lundi au vendredi. On y trouvera des brochures, des souvenirs, on pourra y réserver gratuitement des chambres d'hôtel ou chez l'habitant, ainsi que des tours en bateau ou des promenades guidées en montagne. Excursion en bus jusqu'à Hvalba et Sandvík. Excursion en bateau depuis Trongisvágur (possibilité d'utiliser un vieux voilier), promenade en montagne à Hvannhaga, escalade entre Trongisvágur et

La demeure des Walkyries

« Après avoir suivi la route habituelle des canaux d'Ecosse, avec escale à Tobermory et à Stornoway, nous avons mouillé vers la mi-juillet à Tórshavn, dans les Féroé. Puis nous avons louvoyé à travers ces îles dont les Scandinaves ont fait la demeure des Walkyries. Nous avons admiré tour à tour leurs falaises escarpées couronnées dénuées d'oiseaux, leurs grottes profondes sapées par la mer, où l'on aime à deviner le dernier refuge des petites divinités marines, leurs immenses murailles basaltiques, aux lignes capricieuses perdues dans la brume et balayées l'hiver par un vent furieux que des primitifs ont imaginé comme un vent céleste. Malgré la poésie attachante de ces îles sauvages, nous nous sommes décidés à gagner le nord, regardant, non sans regrets, le profil bleu des côtes disparaître lentement au ras des flots. »

Raymond Chevalier, *Au pied des volcans polaires*, Paris, Voyages et découvertes, 1925.

Fámjin (en passant par le lac de Kirkjuvatn), pêche et navigation, voyage en bus à Sumba, tout au sud de Suðuroy.

PHARMACIE
✆ +298 31 10 76
Près de l'office du tourisme.
Un hôpital a été construit juste derrière.

Hébergement – Restaurant

CHEZ L'HABITANT
Réservations auprès du bureau du tourisme. Chambre simple : 300 Dkr, chambre double : 450 Dkr, petit déjeuner (copieux) compris.
Il y a deux familles qui accueillent les touristes de passage. L'accueil est souvent des plus chaleureux, même si parfois l'anglais est moins que basique.

HÔTEL ORAVIK
Øravíksvegur 7, Øravík
✆ +298 37 13 02 – www.oravik.com
Au Sud de Tvoroyri, à 7 minutes à pied de là où vous dépose le ferry. Chambre simple 625 Dkr, chambre double de 750 à 940 Dkr, petit déjeuner compris. Hôtel situé un peu à l'écart de Tvoroyri mais très agréable. Belle vue sur l'Océan. C'est un endroit idéal pour faire des randonnées dans l'île. L'hôtel est pourvu d'un restaurant pizzeria ouvert de 17h à 22h.

Dans le village de Sumba.

Suduroy

STÓRA-DÍMUN
2,5 Km.
LÍTLA-DÍMUN
vers Tórshavn
Sandvík
Hvalba
Nes
Trongisvágur
TVØROYRI
Froðba
Drelnes
Øravík
Fámjin
Hov
Porkeri
VAGUR
Skuvanes
Akrar
Hamrabyrgi
Lopra
Sumba
Akraberg
Routes principales
Chemins
Liaisons maritimes

HÔTEL TVØROYRI
Miðbrekkan 5
✆ +298 37 11 71
Ouvert toute l'année. Chambre simple : à partir de 650 Dkr. Chambre double : à partir de 750 Dkr, petit déjeuner compris. Cartes bancaires acceptées.
Les chambres sont grandes et bien équipées. Un téléphone à carte est à la disposition des clients. On peut venir dîner dans la grande salle à manger de l'établissement, même si on n'y réside pas : c'est le seul grill restaurant de la ville. Une cafétéria derrière l'hôtel sert de lieu de rencontres aux jeunes du village, mais elle n'est ouverte que de façon épisodique.

Points d'intérêt

MINES DE CHARBON
Visites le dimanche de mai à août à 15h et 18h.
Se renseigner auprès du bureau de tourisme. Encore en activité il y a quelques années, elles sont désormais fermées. Situées à proximité du village, elles offrent l'occasion de faire une promenade.

TVØROYRAR BYGDA – MUSÉE MARITIME
Og Sjóarsavn
✆ +298 25 49 41 – +298 61 10 80
Ouvert de du 1er au 30 août le dimanche de 15h à 18h ou sur demande.
Musée de l'histoire maritime locale.

Balade

NAKKUR
On y accède par une petite route mal carrossée. Tvøroyri a d'ailleurs été la cible d'un bombardement. Les Britanniques y avaient installé leur poste d'observation pour prévenir les attaques aériennes allemandes. Les nazis ont voulu détruire le vaste entrepôt de sel (qui porte encore le mot *salt* en lettres blanches sur son armature de béton) sur l'autre rive du fleuve, où arrive le bateau aujourd'hui. Mais la bombe est tombée à côté dans la montagne, et n'a jamais explosé. Venu de Norvège, l'avion avait été saboté par des résistants norvégiens qui avaient remplacé l'explosif de la bombe par du sable…

HVALBA

Accès : bus 701.

Ce minibus part le matin de Tvøroyri et emporte le pain tout chaud à Sandvík et Hvalba. Son délicieux parfum vous accompagne tout au long de cette route de montagne qui descend vers les villages et leurs petites plages de sable.

Les femmes de Fámjin

Le nom du village viendrait du mot français « femme ». D'après la légende, il y a fort longtemps, un bateau français qui passait au large fut heurté par un gros poisson. Une femme et sa fille étant tombées à la mer, un marin sauta pour les sauver et tous trois échouèrent sur cette plage, fondant une petite famille. Ce qui fait dire ici que les habitants de Fámjin sont un peu français ! D'ailleurs, souligne-t-on, on y trouve beaucoup de bruns.

SANDVIK

Accès : bus 701.

Ici, en 1963, a été percé le premier tunnel des Féroé, pour relier Sandvík aux autres villes de Suðuroy. Du village, une petite route conduit sur la côte Ouest, en traversant toute une plaine d'où s'élève le gargouillis des torrents qui y fourmillent et les cris des oiseaux. A mi-chemin, on peut bifurquer à travers la montagne en suivant les tumulus de pierres jusqu'à Hvalba.

© THIERRY LAUZUN - ICONOTEC

Tvøroyri et ses maisons colorées construites tout autour du fjord..

LES ÎLES FÉROÉ

FÁMJIN

Accès : bus 701.

A partir d'Øravík, une route en cul-de-sac conduit à ce petit village qu'il faut voir le soir au coucher du soleil. Abrités derrière une haute falaise, ses 108 habitants, dans leurs maisons ramassées autour d'une petite église toute blanche, font face à la mer. La lumière qui baigne ce lieu attire les peintres du monde entier.

PREMIER DRAPEAU DES FÉROÉ
C'est à Fámjin qu'est né et mort le créateur du drapeau féringien, Merkið. Sa tombe se trouve face à l'entrée de la petite église, dans laquelle est conservé sous verre, le tout premier drapeau de l'archipel, confectionné en 1919. Il n'a été hissé légalement pour la première fois qu'au moment de la guerre, en 1940, par autorisation des Britanniques, comme le Danemark était occupé par les nazis. Après la guerre, en acquérant son statut d'autonomie, l'archipel a obtenu le droit de garder son étendard.

VÁGUR

Accès : bus 700.

Hébergement

HÔTEL BAKKIN
Vágsvegur 69
© +298 37 39 61
Fax : +298 37 39 62
www.hotelbakkin.com
Ouvert toute l'année. Chambre simple de 500 à 600 Dkr. Chambre double de 600 à 700 Dkr. Petit déjeuner compris. Cartes bancaires non acceptées. Il y a aussi un restaurant où l'on peut manger de bonnes pizza.

Balade

SKUVANES
Les seules falaises de l'archipel que l'on verra d'en haut ! On y accède très facilement depuis Vágur par une petite route goudronnée, bornée de mégalithes peints en blanc. Elle part de la route 21 qui mène au sud de l'île. Arrivé au bout de cette route, après des hangars abandonnés aux vitres brisées, on apercevra un abri et un cercle de ciment qui devait soutenir une DCA britannique pendant la seconde guerre mondiale. A ses pieds, les falaises, les oiseaux, le vent, le vide immense…

ÎLES DE LITLA DÍMUN ET STÓRA DÍMUN

Accès : à Stóra Dímun en bateau depuis Sandoy (se renseigner à l'office du tourisme) et en hélicoptère depuis Tórshavn. Pour Lítla Dimun, il n'existe que des excursions en bateau de pêche autour de l'île, au départ de Suðuroy.

Ces deux îles entre Suðuroy et Skúgvoy ont frappé l'imagination des Féringiens et donné naissance à de nombreuses légendes. Ainsi, on raconte aux enfants que si la plus petite des deux est très souvent coiffée d'un nuage, même au milieu d'un ciel tout bleu, c'est parce qu'un troll y fait sa cuisine… Lítla Dímun n'est pas habitée. On y a simplement laissé quelques boîtes de conserves, à la suite du naufrage d'un navire norvégien, dont les marins s'étaient réfugiés sur l'îlet. Installés dans une cavité, ils ont pu faire du feu et cuire un mouton, avant de commencer à périr les uns après les autres. L'un des survivants, à bout de forces, a lancé en l'air la cendre du foyer éteint, ce qui a attiré l'attention d'un pêcheur de Suðuroy. Depuis ce temps, on laisse toujours du charbon – il y a une petite mine à Suðuroy –, des allumettes, des conserves et de l'eau potable dans la cavité où pourraient venir se réfugier d'éventuels nouveaux naufragés. Les macareux sont très nombreux sur cette île et, au sommet, se trouve un lac dont l'eau est capable, dit-on, de guérir toutes les maladies… A Stórá Dímun vit une famille d'agriculteurs. Avant l'utilisation des hélicoptères, la ferme et ses dépendances n'étaient habitées qu'en été. L'herbe y est particulièrement grasse. Enrichie par les fientes d'oiseaux, elle donne à la viande de mouton une grande qualité. La légende raconte qu'un couple illégitime a vécu là jadis. Les amoureux avaient choisi Stóra Dímun pour vivre tranquillement leur passion, mais ils ont été vite repérés. L'amant a été conduit à Tórshavn pour y être pendu. La femme a été jetée à la mer pour y être noyée. Mais sa longue et abondante chevelure continuait à flotter à la surface : les habitants l'ont alors tirée par les cheveux et les ont coupés pour mieux en finir. On ne badine pas avec l'amour aux Féroé…

ORGANISER SON SÉJOUR

Statue de l'évêque Absalon à Hojbro Plads.

Pense futé

ARGENT

Monnaie

DKK ou Dkr. La monnaie danoise se décompose en pièces de 1, 2, 5, 10 et 20 couronnes. Centimes : les øre, pièces (trouées) de 25 et 50. A l'effigie de la reine Margrethe II (les nouveaux profils controversés des pièces de 10 et 20 Dkr mis en circulation à l'automne 2001 ont fait dire à certains que le menton de la reine ressemblait plutôt à celui de Mickey Rourke !). Billets de 50, 100, 200, 500 et 1 000 couronnes. En septembre 2000, les Danois ont rejeté l'adoption de l'euro à 53 %, mais le succès de la mise en place de la monnaie unique dans le reste de l'Union européenne (hors Suède et Grande Bretagne) en janvier 2002 a fait changer d'avis de nombreux Danois, si l'on en croit les sondages et un nouveau référendum n'est plus exclu par le gouvernement. Les euros sont toutefois acceptés dans les grandes surfaces, mais on rend la monnaie en couronnes.

Taux de change

- **En avril 2011**. 1 kr = 0,135 € et 1 €= 7,45 kr.

Coût de la vie

La Scandinavie, il faut bien le reconnaître, est une destination coûteuse, exception faite… du Danemark ! Les prix pratiqués y sont nettement plus avantageux que chez ses voisins norvégiens et suédois. Supermarchés discount, restaurants qui proposent des formules « buffet » à petits prix, nombreux choix de formules d'hébergement… Le gouvernement a même récemment décidé de baisser les taxes sur l'alcool et les cigarettes ! Nul besoin donc de se ruiner pour découvrir ce royaume qui se destine à toutes les bourses, avec des prix proposés qui s'alignent de plus en plus sur ceux pratiqués en France.

Budget

Le Danemark est assurément le pays scandinave le moins cher et les prix sont

assez proches de ceux que l'on pratique en France.

▸ **Petit budget.** Compter entre 120 et 180 kr pour se loger dans les dortoirs des auberges de jeunesse, et de 50 à 90 kr pour un repas. Attention toutefois aux extra, les cafés et sorties nocturnes sont souvent très onéreux...

▸ **Budget moyen.** Compter entre 400 et 900 kr (chambres doubles) pour l'hébergement en chambres familiales ou dans un hôtel confortable, et entre 160 et 350 kr pour un repas copieux.

▸ **Gros budget.** Vous n'aurez que l'embarras du choix... Le Danemark dispose d'une infrastructure hôtelière particulièrement moderne et luxueuse. De nombreux hôtels offrent des chambres à partir de 1 000 kr et jusqu'à plus de 2 500 kr pour les plus réputés. Compter au moins 600 kr pour un repas de gourmet.

Banques et change

Les banques sont généralement ouvertes du lundi au vendredi, de 9h30 – 10h à 16h, 18h le jeudi.

■ **NATIONAL CHANGE**
✆ 0 820 888 154
www.nationalchange.com
N'hésitez pas à contacter notre partenaire en mentionnant le code PF06 ou en consultant le site Internet. Vos devises et chèques de voyage vous seront envoyés à domicile.

Moyens de paiement

Les billetteries sont nombreuses dans toutes les villes et acceptent les cartes bancaires internationales. Ainsi que chez les commerçants, qui les acceptent quel qu'en soit le montant. On peut changer son argent dans les bureaux de poste, qui ont l'avantage d'être ouverts le samedi matin, à défaut d'avoir un meilleur taux de change que les banques. Il est également possible d'ouvrir un compte dans les banques danoises si vous optez pour un séjour prolongé (études ou raisons professionnelles). Vous disposerez ainsi d'une carte de retrait danoise (*dankort*), extrêmement pratique. Vous pourrez aussi régler vos achats pour un montant supérieur, le surcoût étant remboursé en espèces. (A l'instar du système Monéo encore très impopulaire en France à l'inverse du Danemark !)

Cash

Le Danemark étant une destination particulièrement sûre, vous aurez peu de risques de vous faire dévaliser... Et si toutefois vous égariez votre bien, un Danois bien intentionné se fera un plaisir de vous le restituer !

▸ **Transfert d'argent.** Avec ce système, on peut envoyer et recevoir de l'argent de n'importe où dans le monde en quelques minutes. Le principe est simple : un de vos proches se rend dans un point MoneyGram® ou Western Union® (poste, banque, station-service, épicerie...), il donne votre nom et verse une somme à son interlocuteur. De votre côté de la planète, vous vous rendez dans un point de la même filiale. Sur simple présentation d'une pièce d'identité avec photo et de la référence du transfert, on vous remettra aussitôt l'argent.

Carte de crédit

▸ **Avant votre départ,** pensez à vérifier avec votre conseiller bancaire la limitation de votre plafond de paiement et de retrait. Demandez, si besoin est, une autorisation exceptionnelle pour la période de votre voyage. Forts utiles, les règlements par carte sont très majoritairement acceptés dans les hôtels, les restaurants et les agences de voyages, moyennant une commission de 2 à 3 %.

▸ **En cas de perte** ou de vol de votre carte de paiement, appelez le serveur vocal du groupement des cartes bancaires Visa® et MasterCard® au ✆ (00 33) 892 705 705 ou (00 33) 836 690 880. Il est accessible 7j/7 et 24h/24. Si vous connaissez le numéro de votre carte bancaire, l'opposition est immédiate et confirmée. Dans le cas contraire, l'opposition est enregistrée mais vous devez confirmer l'annulation à votre banque par fax ou lettre recommandée.

▸ **En cas de dysfonctionnement** de votre carte de paiement ou si vous avez atteint votre plafond de retrait, vous pouvez bénéficier d'un *cash advance*. Proposé dans la plupart des grandes banques, ce service permet de retirer du liquide sur simple présentation de votre carte au guichet d'un établissement bancaire, que ce soit le vôtre ou non. On vous demandera souvent une pièce d'identité. En général, le plafond du cash advance est identique à celui des retraits, et les deux se cumulent (si votre plafond est fixé à 500 €, vous pouvez retirer 1 000 € : 500 € au distributeur, 500 € en cash advance). Quant au coût de l'opération, c'est celui d'un retrait à l'étranger.

Traveler's Cheques

Ce sont des chèques prépayés émis par une banque, valables partout, et qui permettent d'obtenir des espèces dans un établissement bancaire ou de payer directement ses achats auprès de très nombreux lieux affiliés (boutiques, hôtels, restaurants...). Ils sont valables à vie. Leur avantage principal est l'inviolabilité : un système de double signature (la deuxième étant faite par vous devant le commerçant) empêche toute utilisation frauduleuse. A la fin de votre séjour, s'il vous en reste, vous pourrez les changer contre des euros ou les restituer à votre banque qui les imputera à votre compte courant. A noter que le paiement par chèque classique est rarement possible à l'étranger. Lorsque c'est le cas, l'utilisation est compliquée et très coûteuse.

Pourboires et taxes

Le pourboire est de tradition récente au Danemark. Il est devenu d'usage de laisser quelques pièces de monnaie dans les restaurants et les cafés. En revanche, il n'a cours ni au théâtre ni chez les coiffeurs (de toute façon hors de prix !) ou pour les chauffeurs de taxi. Enfin, sachez que la TVA au Danemark est d'environ 25 % et qu'elle est incluse dans le prix.

Duty free

Lorsque vous vous rendez dans un pays membre de l'Union européenne, vous ne pouvez bénéficier du Duty Free (achats exonérés de taxes).

ASSURANCES

Simples touristes, étudiants, expatriés ou professionnels, il est possible de s'assurer selon ses besoins et pour une durée correspondant à son séjour. De la simple couverture temporaire s'adressant aux baroudeurs occasionnels à la garantie annuelle, très avantageuse pour les grands voyageurs, chacun pourra trouver le bon compromis. A condition toutefois de savoir lire entre les lignes.

Choisir son assureur

Voyagistes, assureurs, secteur bancaire et même employeurs : les prestataires sont aujourd'hui très nombreux et la qualité des produits proposés varie considérablement d'une enseigne à une autre. Pour bénéficier de la meilleure protection au prix le plus attractif, demandez des devis et faites jouer la concurrence. Quelques sites Internet peuvent être utiles dans ces démarches comme celui de la Fédération française des sociétés d'assurances (www.ffsa.fr), qui saura vous aiguiller selon vos besoins, ou le portail de l'Administration française (www.service-public.fr) pour toute question relative aux démarches à entreprendre.

Voyagistes

Ils ont développé leurs propres gammes d'assurances et ne manqueront pas de vous les proposer. Le premier avantage est celui de la simplicité. Pas besoin de courir après une police d'assurance. L'offre est faite pour s'adapter à la destination choisie et prend normalement en compte toutes les spécificités de celle-ci. Mais ces formules sont habituellement plus onéreuses que les prestations équivalentes proposées par des assureurs privés. C'est pourquoi il est plus judicieux de faire appel à son apériteur habituel si l'on dispose de temps et que l'on recherche le meilleur prix.

Assureurs

Les contrats souscrits à l'année comme l'assurance responsabilité civile couvrent parfois les risques liés au voyage. Il est important de connaître la portée de cette protection qui vous évitera peut-être d'avoir à souscrire un nouvel engagement. Dans le cas contraire, des produits spécifiques pourront vous être proposés à un coût généralement moindre. Les mutuelles couvrent également quelques risques liés au voyage. Il en est ainsi de certaines couvertures maladie qui incluent une protection concernant par exemple tout ce qui touche à des prestations médicales.

Employeurs

C'est une piste largement méconnue mais qui peut s'avérer payante. Les plus généreux accordent en effet à leurs employés quelques garanties applicables à l'étranger. Pensez à vérifier votre contrat de travail ou la convention collective en vigueur dans votre entreprise. Certains avantages non négligeables peuvent s'y cacher.

Cartes bancaires

Moyen de paiement privilégié par les Français, la carte bancaire permet également à ses détenteurs de bénéficier d'une assurance plus ou moins étendue. Visa®, MasterCard®, American Express®, toutes incluent une couverture spécifique qui varie selon le modèle de carte possédé. Responsabilité civile à l'étranger, aide juridique, avance des fonds, remboursement des frais médicaux : les prestations couvrent aussi bien les volets assurance (garanties contractuelles) qu'assistance (aide technique, juridique, etc.). Les cartes bancaires haut de gamme de type Gold® ou Visa Premier® permettent aisément de se passer d'assurance complémentaire. Ces services attachés à la carte peuvent donc se révéler d'un grand secours, l'étendue des prestations ne dépendant que de l'abonnement choisi. Il est néanmoins impératif de vérifier la liste des pays couverts, tous ne donnant pas droit aux mêmes prestations. De plus, certaines cartes bancaires assurent non seulement leurs titulaires mais aussi leurs proches parents lorsqu'ils voyagent ensemble, voire séparément. Pensez cependant à vérifier la date de validité de votre carte car l'expiration de celle-ci vous laisserait sans recours.

Précision utile : beaucoup pensent qu'il est nécessaire de régler son billet d'avion à l'aide de sa carte bancaire pour bénéficier de l'ensemble de ces avantages. Cette règle ne s'applique en fait qu'à la garantie annulation du billet de transport – si elle est prévue au contrat – et ne concerne que l'assurance, en aucun cas l'assistance. Les autres services, indépendants les uns des autres, ne nécessitent pas de répondre à cette condition afin de pouvoir être actionnés.

Choisir ses prestations

Garantie annulation

Elle reste l'une des prestations les plus utiles et offre la possibilité à un voyageur défaillant d'annuler tout ou partie de son voyage pour l'une des raisons mentionnées au contrat. Ce type de garantie peut couvrir toute sorte d'annulation : billet d'avion, séjour, location… Cela évite ainsi d'avoir à pâtir d'un événement imprévu en devant régler des pénalités bien souvent exorbitantes. Le remboursement est la plupart du temps conditionné à la survenance d'une maladie ou d'un accident grave, au décès du voyageur ayant contracté l'assurance ou à celui d'un membre de sa famille. L'attestation d'un médecin assermenté doit alors être fournie. Elle s'étend également à d'autres cas comme un licenciement économique, des dommages graves à son habitation ou son véhicule, ou encore à un refus de visa des autorités locales. Moyennant une surtaxe, il est également possible d'élargir sa couverture à d'autres motifs comme la modification de ses congés ou des examens de rattrapage. Les prix pouvant atteindre 5 % du montant global du séjour, il est donc important de bien vérifier les conditions de mise en œuvre qui peuvent réserver quelques surprises. Dernier conseil : s'assurer que l'indemnité prévue en cas d'annulation couvre bien l'intégralité du coût du voyage.

Assurance bagages

Voir la partie « Bagages ».

Assurance maladie

Voir la partie « Santé ».

Autres services

Les prestataires proposent la plupart du temps des formules dites « complètes » et y intègrent des services tels que des assurances contre le vol ou une assistance juridique et technique. Mais il est parfois recommandé de souscrire à des offres plus spécifiques afin d'être paré contre toute éventualité. L'assurance contre le vol en est un bon exemple. Les plafonds pour ce type d'incident se révèlent généralement trop faibles pour couvrir les biens perdus et les franchises peuvent finir par vous décourager. Pour tout ce qui est matériel photo ou vidéo, il peut donc être intéressant de choisir une couverture spécifique garantissant un remboursement à hauteur des frais engagés.

ORGANISER SON SÉJOUR

BAGAGES

Que mettre dans ses bagages ?

- **Une trousse de toilette :** pour l'hiver, pensez aux crèmes hydratantes, au baume à lèvres. Il est toujours pratique et agréable de voyager avec des produits de toilette, mais attention à la législation si vous prenez l'avion, vos flacons et tubes ne doivent pas faire plus de 100 ml chacun.
- **Trousse à pharmacie :** carnet de santé, fiche du groupe sanguin, crème solaire, pansements, antiseptique.
- **Vêtements adaptés :** en hiver, pour votre confort, adoptez le style danois, à savoir chaussettes chaudes (avec une base de laine de préférence), chaussures chaudes (de ski, de randonnée), sous-vêtements chauds (Damart®), gants, bonnet/chapeau, écharpe. Pour l'été, n'oubliez pas votre maillot de bain !
- **Documents importants :** adresses et numéros de téléphone de vos contacts dans le pays, adresses et numéros de téléphone de vos proches, guide de voyage.
- **Documents à avoir sur soi :** billets d'avion, porte-monnaie, passeport/pièce d'identité.

Réglementation

- **Bagages en soute.** Généralement, 20 à 23 kg de bagages sont autorisés en soute pour la classe économique et 30 à 40 kg pour la première classe et la classe affaires. Si vous prenez une des compagnies *low cost*, sachez qu'elles font souvent payer un supplément pour chaque bagage enregistré.
- **Bagages à main.** En classe éco, un bagage à main et un accessoire (sac à main, ordinateur portable) sont autorisés, le tout ne devant pas dépasser les 12 kg ni les 115 cm de dimension. En première et en classe affaires, deux bagages sont autorisés en cabine. Les liquides et gels sont désormais interdits : seuls les tubes et flacons de 100 ml maximum sont tolérés, et ce dans un sac en plastique transparent fermé (20 cm x 20 cm). Seules exceptions à la règle : les aliments pour bébé et médicaments accompagnés de leur ordonnance. Enfin, si vous souhaitez ramener des denrées typiquement françaises sur votre lieu de villégiature, sachez que les fromages à pâte molle et les bouteilles achetées hors du Duty Free ne sont pas acceptés en cabine. Pour un complément d'informations, contactez directement la compagnie aérienne concernée.

Excédent

Lorsqu'on en vient à parler d'excédent de bagages, les compagnies aériennes sont assez strictes. Elles vous laisseront souvent tranquille pour 1 ou 2 kg de trop, mais passé cette marge, le couperet tombe, et il tombe sévèrement : 30 € par kilo supplémentaire sur un vol long-courrier chez Air France, 120 € par bagage supplémentaire chez British Airways, 100 € chez American Airlines. A noter que les compagnies pratiquent parfois des remises de 20 à 30 % si vous réglez votre excédent de bagages sur leur site Web avant de vous rendre à l'aéroport. Si le coût demeure trop important, il vous reste la possibilité d'acheminer une partie de vos biens par voie postale.

Perte – Vol

En moyenne, 16 passagers sur 1 000 ne trouvent pas leurs bagages sur le tapis à l'arrivée. Si vous faites partie de ces malchanceux, rendez-vous au comptoir de votre compagnie pour déclarer l'absence de vos bagages. Pour que votre demande soit recevable, vous devez réagir dans les 21 jours suivant la perte. La compagnie vous remettra un formulaire qu'il faudra renvoyer en lettre recommandée avec accusé de réception à son service clientèle ou litiges bagages. Vous récupérerez le plus souvent vos valises au bout de quelques jours. Dans tous les cas, la compagnie est seule responsable et devra vous indemniser si vous ne revoyez pas la couleur de vos biens (ou si certains biens manquent à l'intérieur de votre bagage). Le plafond de remboursement est fixé à 20 € par kilo ou à une indemnisation forfaitaire de 1 200 €. Si vous considérez que la valeur de vos affaires dépasse ces plafonds, il est fortement conseillé de le préciser à votre compagnie au moment de l'enregistrement (le plafond sera augmenté moyennant finance) ou de souscrire à une assurance bagages. A noter que les bagages à main sont sous votre responsabilité et non sous celle de la compagnie.

Musée national.

Matériel de voyage

AU VIEUX CAMPEUR
www.auvieuxcampeur.fr
Fondé en 1941, Au Vieux Campeur est la référence incontournable lorsqu'il s'agit d'articles de sport et loisirs.

DELSEY
www.delsey.com
La 2e marque mondiale dans le domaine du bagage, présente dans plus de 100 pays, avec 6 000 points de vente.

INUKA
www.inuka.com
Ce site vous permet de commander en ligne tous les produits nécessaires à votre voyage, du matériel de survie à celui d'observation en passant par les gourdes ou la nourriture lyophilisée.

SAMSONITE
www.samsonite.com
Leader mondial de l'univers des solutions de voyage. Les produits sont distribués sous les marques Samsonite, Samsonite Black Label, American Tourister, Lacoste et Timberland.

TREKKING
www.trekking.fr
Trekking propose dans son catalogue tout ce dont le voyageur a besoin : trousses de voyage, ceintures multipoches, sacs à dos, sacoches, étuis... Une mine d'objets de qualité pour voyager futé et dans les meilleures conditions.

DÉCALAGE HORAIRE

Même heure à Copenhague qu'à Paris ou Bruxelles, 6 heures de plus qu'à Montréal. L'heure d'été est adoptée comme dans le reste de l'Union européenne, elle est appliquée du dernier dimanche de mars au dernier dimanche d'octobre.

ÉLECTRICITÉ, POIDS ET MESURES

Électricité. 220 volts et mêmes prises que dans le reste de l'Europe. Ce qui n'est pas le cas des prises de téléphone (attention si vous voulez ramener un combiné design chez vous !).

Poids et mesures. Comme en France, on utilise le système métrique et CGS.

Le retour en force des moulins à vent

5 600 éoliennes produisent 8 % de la production d'énergie du pays. Le Danemark, n° 1 européen dans ce domaine, espère couvrir en 2030 la moitié de ses besoins électriques par l'énergie de ses « moulins à vent » pour lesquels il a été inventé un design superbement profilé. On les trouve isolées ou par petit groupe, au milieu des champs, mais de plus en plus souvent regroupées par dizaines, au milieu de la mer. Leurs pales dépassent souvent les 50 m ! De quoi enflammer l'imagination futuriste d'un Jean-Michel Jarre, lorsqu'il a étudié un nouveau lieu inédit pour un concert : un champ d'éoliennes au Danemark ! Le numéro un mondial du secteur est d'ailleurs danois : Vestas construit aujourd'hui des éoliennes qui produisent 60 fois plus d'énergie que celles des années 1970 !

FORMALITÉS, VISA ET DOUANES

Pas de formalités particulières pour les ressortissants de l'UE, le Danemark étant dans la zone Schengen : n'oubliez pas votre carte d'identité (en cours de validité) ou votre passeport. En principe, seule la compagnie aérienne vous demandera l'un ou l'autre au moment de l'enregistrement, mais ça peut toujours servir en cas de pépin. Attention aux conditions d'entrée pour vos animaux de compagnie. Renseignez-vous avant votre départ pour savoir comment ils pourront vous accompagner. Vous pourrez consulter le site : www.anivoyage.fr

Obtention du passeport

Tous les passeports délivrés en France sont désormais biométriques. Ils comportent votre photo, vos empreintes digitales et une puce sécurisée. Pour l'obtenir, rendez-vous en mairie muni d'un timbre fiscal, d'un justificatif de domicile, d'une pièce d'identité et de deux photos d'identité. Le passeport est délivré sous trois semaines environ. Il est valable dix ans. Les enfants doivent disposer d'un passeport personnel (valable cinq ans).

Conseil futé. Avant de partir, pensez à photocopier tous les documents que vous emportez avec vous. Vous emporterez un exemplaire de chaque document et laisserez l'autre à quelqu'un en France. En cas de perte ou de vol, les démarches de renouvellement seront ainsi beaucoup plus simples auprès des autorités consulaires. Vous pouvez également conserver des copies sur le site internet officiel http://mon.service-public.fr – Il vous suffit de créer un compte et de scanner toutes vos pièces d'identité et autres documents importants dans l'espace confidentiel.

Formalités et visas

ACTION-VISAS
69, rue de la Glacière 75013 Paris
✆ 0 892 707 710 – www.action-visas.com

VISAS EXPRESS
54, rue de l'Ouest, BP 48
75661 Paris Cedex 14
✆ 0 825 08 10 20 – www.visas-express.fr

VSI
19-21, avenue Joffre
93800 Epinay-sur-Seine Cedex
✆ 0 826 46 79 19 – www.vsi.1er.fr

WORLD VISA
117, de Charenton 75012 Paris
✆ 06 09 83 82 29 – www.worldvisa.fr

Douanes

Si vous voyagez avec 10 000 € de devises ou plus, vous devez impérativement le signaler à la douane. En dehors de ce cas, vous n'avez rien à déclarer lors de votre retour en France. Vous êtes autorisé à acheter pour vos

Tabac	Cigarettes (cartouches)	5
	Tabac à fumer (g)	1000
	Cigares (unités)	200
Alcool (litres)	Vin	90
	Bière	110
	Produits intermédiaires (- 22°)	20
	Boissons spiritueuses (+ 22°)	10

besoins personnels des biens dans un autre Etat membre de l'Union européenne sans limitation de quantité ou de valeur. Seules exceptions : tabac et alcool pour l'achat desquels, au-delà des franchises indiquées, vous devez acquitter les droits de douane et la T.V.A. Les franchises ne sont pas cumulatives. Cela signifie que si vous choisissez de ramener du tabac, vous pouvez acheter 200 cigarettes ou 50 cigares, mais pas les deux. Idem pour l'alcool. Contactez la douane pour en savoir plus.

■ **DOUANES**
✆ 0 811 20 44 44 – www.douane.gouv.fr
dg-bic@douane.finances.gouv.fr

HORAIRES D'OUVERTURE

Faites bien attention aux horaires d'ouverture et de fermeture, très tôt selon notre point de vue français, des magasins danois. Comme les musées, les boutiques ferment souvent entre 16h30 et 18h, même si certains magasins restent ouverts jusqu'à 19h voire 20h en semaine (pour les grandes villes). Le samedi après-midi, souvent désert, certaines boutiques sont maintenant ouvertes jusqu'à 17h. Pensez donc à faire vos courses au même moment que vos visites car en fin d'après-midi vous n'avez plus qu'à prendre un verre ou aller dîner ; on en profite donc d'autant plus lorsqu'on se lève tôt.

▶ **Les commerces ferment tôt au Danemark,** mais ne font pas de pause entre 12h et 14h. Du lundi au jeudi de 9-10h à 17h30-18h, le vendredi jusqu'à 19-20h et le samedi de 9h à 13-14h. Certaines grandes surfaces ferment plus tard en soirée, les kiosques également.

INTERNET

Le Web est très développé au Danemark. Vous trouverez des cybercafés dans les grandes villes ou, plus simplement, vous pouvez aller dans une bibliothèque où des postes connectés sont à disposition. Si vous avez votre ordinateur portable, sachez que la plupart des auberges et hôtels du Danemark proposent une connexion wi-fi, souvent gratuite pour les clients.

JOURS FÉRIÉS

▶ **1er janvier** (jour de l'an).

▶ **Jeudi et vendredi Saints.**

▶ **Pâques et lundi de Pâques.**

▶ **Jour de la grande prière** (4e vendredi après Pâques).

▶ **Jeudi de l'Ascension.**

▶ **Lundi de Pentecôte.**

▶ **5 juin** (fête nationale célébrant la Constitution de 1849 instaurant une monarchie parlementaire – jour chômé seulement l'après-midi).

▶ **24 décembre :** veille de Noël.

▶ **25 décembre :** jour de Noël.

▶ **26 décembre :** lendemain de Noël.

▶ **31 décembre :** veille du jour de l'an.

LANGUES PARLÉES

L'anglais, deuxième langue naturelle des Danois, est obligatoire très tôt à l'école. L'allemand ensuite, et enfin le français (en recul), et le russe... En outre, les Danois de la Seeland, recevant parfaitement depuis longtemps les chaînes de télévision suédoises toutes proches, sont assez familiarisés avec la langue de Strindberg. Les Norvégiens, qui roulent les « r », les font plutôt rigoler !

Notez que peu de sites Internet danois se déclinent en français (en général toujours en anglais, quelques fois seulement en allemand ou en suédois !), et les offices du tourisme sont désormais peu nombreux à proposer de la documentation en français.

Apprendre le danois

Il existe différents moyens d'apprendre quelques bases de la langue et l'offre pour l'auto-apprentissage peut se faire sur différents supports : CD, DVD, cahiers d'exercices ou même directement sur Internet. Un avantage certain à apprendre le danois : vous pourrez également communiquer avec les Norvégiens et Suédois !

ASSIMIL

11, rue des Pyramides 75001 Paris
✆ 01 42 60 40 66 – www.assimil.com
La méthode Assimil se compose de deux phases. Durant la première, vous écoutez, lisez et répétez à haute voix des phrases simples pendant 20 à 30 minutes chaque jour. Durant la seconde, à partir de la cinquantième leçon, en plus des exercices habituels, vous traduisez la leçon.

GRAMMAIRE DANOISE EN FRANÇAIS

www.dansk.free.fr
Un site Internet propose des cours gratuits de grammaire danoise.

POLYGLOT

www.polyglot-learn-language.com
Ce site propose à des personnes désireuses d'apprendre une langue d'entrer en contact avec d'autres dont c'est la langue maternelle. Une manière conviviale de s'initier à la langue et d'échanger.

TELL ME MORE ONLINE

www.tellmemore-online.com
Sur ce site Internet, votre niveau est d'abord évalué et des objectifs sont fixés en conséquence. Ensuite, vous vous plongez parmi les 10 000 exercices et 2 000 heures de cours proposés. Enfin, votre niveau final est certifié selon les principaux tests de langues.

PHOTOS

Conseils pratiques

Vous prendrez les meilleures photos tôt le matin ou aux dernières heures de la journée. Un ciel bleu de midi ne correspond pas aux conditions optimales : la lumière est souvent trop verticale et trop blanche. En outre, une météo capricieuse offre souvent des atmosphères singulières, des sujets inhabituels et, par conséquent, des clichés plus intéressants.

Prenez votre temps. Promenez-vous jusqu'à découvrir le point de vue idéal pour prendre votre photo. Multipliez les essais : changez les angles, la composition, l'objectif... Vous avez réussi à cadrer un beau paysage, mais il manque un petit quelque chose ? Attendez que quelqu'un passe dans le champ ! Tous les grands photographes vous le diront : pour obtenir un bon cliché, il faut en prendre plusieurs.

Appliquez la règle des tiers. Divisez mentalement votre image en trois parties horizontales et verticales égales. Les points forts de votre photo doivent se trouver à l'intersection de ces lignes imaginaires. En effet, si on cadre son sujet au centre de l'image, la photo devient plate, car cela provoque une symétrie trop monotone. Pour un portrait, il faut donc placer les yeux sur un point fort et non au centre. Essayez aussi de laisser de l'espace dans le sens du regard.

Un coup d'œil aux cartes postales et livres de photos sur la région vous donnera des idées de prises de vue.

À savoir : les tons jaunes, orange, rouges et les volumes focalisent l'attention ; ils donnent une sensation de proximité à l'observateur. Les tons plus froids (vert ou bleu) créent de leur côté une impression d'éloignement.

Développer – Partager

Plusieurs sites proposent de stocker vos photos et de les partager directement en ligne avec vos proches.

FLICKR

www.flickr.com
Sur Flickr, vous pouvez créer des albums photo, retoucher vos clichés et les classer par mots-clés tout en déterminant s'ils seront visibles par tous ou uniquement par vos proches. Petit plus du site : vous avez la possibilité d'effectuer des recherches par lieux et ainsi découvrir votre destination à travers les prises de vue d'autres internautes. D'autant plus intéressant que nombre de photographes professionnels utilisent Flickr.

FOTOLIA
http://fr.fotolia.com
Fotolia est une banque d'images. Le principe est simple : vous téléchargez vos photos sur le site pour les vendre à qui voudra. Le prix d'achat de base est fixé à 0,83 € et peut monter jusqu'à 8,30 € par cliché. Pas de quoi payer vos prochaines vacances donc, mais peut-être assez pour réduire la note de vos tirages !

PHOTOWEB
www.photoweb.fr
Photoweb est un laboratoire photo en ligne. Vous pouvez y télécharger vos photos pour commander des tirages ou simplement créer un album virtuel. Le site conçoit aussi tout un tas d'objets à partir de vos clichés : tapis de souris, livres, posters, faire-part, agendas, tabliers, cartes postales… Les prix sont très compétitifs et les travaux de qualité.

POSTE

Les bureaux de poste sont ouverts du lundi au vendredi de 9-10h à 17-18h, et le samedi de 9h à 12h. Les timbres s'achètent à la poste ou dans les kiosques. On peut poster ou recevoir du courrier, passer un fax. On y fait la queue après avoir pris un numéro. Les postes vendent en plus de leurs activités habituelles des articles de papeterie, souvent en libre-service. Prix du timbre pour un courrier simple envoyé en France : 8 Dkr.

- **Dans le centre-ville.** Poste centrale sur Købmagergade attenante au musée de la Poste et des Télécommunications.
- **À Vesterbro.** Noter un bureau de poste sur Vesterbrogade, face au parc Tivoli, et une antenne postale dans le supermarché Best au 23 de Vesterbrogade.
- **À Christianshavn.** 40, Overgaden oven Vandet.
- **Poste restante.** Ecrire à « Poste restante » (en français), avec le nom du destinataire et celui de la ville.

QUAND PARTIR ?

Climat

On peut aussi bien partir en été qu'en hiver au Danemark. Chaque saison offre des opportunités qui permettent d'apprécier le pays sous des angles différents. Dès les premiers rayons de soleil, les Danois s'empressent d'étrenner leur garde-robe estivale, les terrasses sont bondées et l'humeur plus légère… Les mois de juillet, août et septembre sont particulièrement plaisants : les températures sont douces, et la proximité de la mer procure une brise qui rafraîchit agréablement l'ensemble du pays. Vous pourrez profiter des nombreuses activités balnéaires, des balades, mais aussi des festivals qui ont lieu pour la plupart pendant les mois d'été. Si les hivers peuvent parfois paraître longs et rudes, les Danois ont su pallier cette rigueur du climat en créant une ambiance bon enfant qui n'est pas sans rapport avec l'approche des fêtes de Noël : les magasins affichent leurs nouvelles vitrines dès le début du mois de novembre, on organise des marchés de Noël, et l'on perpétue la tradition des *julefrokost*, repas de Noël avant l'heure, que l'on partage entre amis. Les jardins botaniques sont pris d'assaut par les luges qui apparaissent dès les premiers flocons de neige !

MÉTÉO CONSULT
www.meteo-consult.com
Sur ce site vous trouverez les prévisions météorologiques pour le monde entier. Vous connaîtrez ainsi le temps qu'il fait sur place.

Haute et basse saison touristique

Du point de vue économique, les mois d'hiver représentent l'époque la plus intéressante pour séjourner à Copenhague, les hôtels consentant des rabais parfois importants. Mais le budget n'est pas tout, et il faut savoir qu'il peut faire froid (et surtout humide) et que la nuit tombe très vite. La saison la plus agréable se trouve à la charnière entre le printemps et l'été : les longues journées du mois de juin constituent la période idéale, même si la ville est alors souvent prise d'assaut par les touristes.

Manifestations spéciales

La capitale danoise s'enorgueillit de ce qu'elle a été la capitale du jazz européen : principal événement culturel de la ville, le festival de jazz organisé chaque année en juillet accueille sur scène des « pointures », et des milliers de fans. Par ailleurs, Copenhague accueille assez souvent d'importantes manifestations internationales (la dernière en date étant la conférence sur le climat) : inutile alors d'espérer trouver une chambre à plusieurs lieues à la ronde.

SANTÉ

Aucun vaccin n'est obligatoire. En cas d'accident ou de maladie soudaine, les soins sont gratuits dans les hôpitaux danois pour les étrangers de passage. Si vous avez besoin de voir un médecin ou d'acheter des médicaments, vous pouvez vous faire rembourser, à condition d'avoir emporté avec vous la carte européenne d'assurance maladie. Notez enfin que les médecins de garde n'acceptent que les règlements en espèces.

Conseils

Pour vous informer de l'état sanitaire du pays et recevoir des conseils, n'hésitez pas à consulter votre médecin. Vous pouvez aussi vous adresser à la Société de médecine des voyages du centre médical de l'Institut Pasteur au ✆ 01 40 61 38 46 (www.pasteur.fr/sante/cmed/voy/listpays.html) ou vous rendre sur le site du Cimed (www.cimed.org), du Ministère des Affaires étrangères à la rubrique « Conseils aux voyageurs » (www.diplomatie.gouv.fr/voyageurs) ou de l'Institut national de veille sanitaire (www.invs.sante.fr).

Centres de vaccination

Pour plus d'informations, vous pouvez consulter le site Internet du Ministère de la santé (www.sante-sports.gouv.fr) pour connaître les centres de vaccination proches de chez vous.

■ **CENTRE AIR FRANCE**
148, rue de l'Université 75007 Paris
✆ 01 43 17 22 00 – 08 92 68 63 64
✆ 01 48 64 98 03
http://centredevaccination-airfrance-paris.com

▶ **Autre adresse :** 3, place Londres Bâtiment Uranus 95703 Roissy-Charles-de-Gaulle.

■ **INSTITUT PASTEUR**
209, rue de Vaugirard 75015 Paris
✆ 0 890 710 811
✆ 03 20 87 78 00
www.pasteur.fr
www.pasteur-lille.fr

▶ **Autre adresse :** 1 rue du professeur Calmette 59019 Lille.

© VISITDENMARK/THOMAS NYKROG

Le parc et le château de Fredensborg.

Découvrir le monde avec LibertyTV
LibertyTV est une chaîne non cryptée sur Astra 19,2° Est (12 552 Mhz, polarisation verticale)
Cinéma du monde
Les coulisses du voyage
la télé des vacances
numericable canal 82
orange canal 110
CANALSAT canal 45
SFR canal 177
Bbox canal 117
Maroc Telecom
DARTY BOX canal 155
proximus
Alice canal 72
France CitéVision canal 144
free canal 154
canal 4
Monaco telecom canal 145
ASTRA
Mobistar
liberty TV
LibertyTV vous propose:
- des reportages sur le monde entier pour choisir vos prochaines vacances.
- des offres de vacances aux meilleurs prix toutes les 15 minutes.
- un journal sur le tourisme toutes les heures.
- des comparaisons sur toutes les destinations de vacances.
- les meilleures promotions de vacances en permanence.
0892 700 313 (0,34 €/min)
www.libertytv.fr

487 425 811 RCS PARIS
AU-DELÀ DE L'INFORMATION
Retrouvez FRANCE 24
sur le câble, le satellite,
l'ADSL, les mobiles et
en direct sur FRANCE24.com
L'ACTUALITÉ INTERNATIONALE 24H/24
INTERNATIONAL NEWS 24/7
FRANCE 24

En cas de maladie

Un réflexe : contacter le consulat français. Il se chargera de vous aider, de vous accompagner et vous fournira la liste des médecins francophones. En cas de problème grave, c'est lui qui prévient la famille et qui décide du rapatriement. Pour connaître les urgences et établissements aux standards internationaux : consulter les sites www.cimed.org – www.diplomatie.gouv.fr et www.pasteur.fr

Assurance rapatriement Assistance médicale

Si vous possédez une carte bancaire Visa® ou MasterCard®, vous bénéficiez automatiquement d'une assurance médicale et d'une assistance rapatriement sanitaire valables pour tout déplacement à l'étranger de moins de 90 jours (le paiement de votre voyage avec la carte n'est pas nécessaire pour être couvert, la simple détention d'une carte valide vous assure une couverture). Renseignez-vous auprès de votre banque et vérifiez attentivement le montant global de la couverture et des franchises ainsi que les conditions de prise en charge et les clauses d'exclusion. Si vous n'êtes pas couvert par l'une de ces cartes, n'oubliez surtout pas de souscrire une assistance médicale avant de partir.

Carte Bleue Visa®
✆ 01 41 85 88 81
www.europ-cartes.com

MasterCard®
✆ 01 45 16 65 65
www.mastercard.com

SÉCURITÉ SOCIALE
11, rue de la tour des Dames Cedex 09
75436 Paris ✆ 01 45 26 33 41
Fax : 01 49 95 06 50
www.cleiss.fr – www.ameli.fr
Plus d'informations sur l'assistance médicale à l'étranger au Centre des Liaisons Européennes et Internationales de la Sécurité Sociale

Médecins parlant français

DR ANNE-MARIE BAY-ANDERSEN
Algade 4, postboks 149
Copenhague ✆ +45 46 35 02 03

DR LOUISE RASMUSSEN
3tv, 2000 Frederiksberg, Smallgade 2
Copenhague ✆ +45 38 10 51 80

Hôpitaux – Clinique – Pharmacie

Les hôpitaux publics sont bien équipés et disposent pour la plupart d'un service d'urgence. Il existe également un service de garde pour les touristes exclusivement à Copenhague.

AMAGER HOSPITAL
1 Italiensvej, Copenhague
✆ +45 32 34 32 34
Voir la rubrique « Copenhague », « Pratique », « Santé ».

FREDERIKSBERG HOSPITAL
57 Nordre Fasanvej
Copenhague
✆ +45 38 16 38 16
Voir la rubrique « Copenhague », « Pratique », « Santé ».

SERVICE DE GARDE POUR TOURISTES
Copenhague
✆ +45 33 93 63 00
✆ +45 33 88 60 41

SØNDERBRO APOTEK
158 Amagerbrogade
Quartier Amagor, Copenhague
Voir la rubrique « Copenhague », « Pratique », « Santé ».

STENO APOTEK
6C Vesterbrogade, Copenhague
Voir la rubrique « Copenhague », « Pratique », « Santé ».

SÉCURITÉ ET ACCESSIBILITÉ

Dangers potentiels et conseils

Le Danemark est un pays relativement sûr, où la criminalité reste faible. La vigilance est nécessaire mais il est très rare d'être témoin ou victime d'un vol ou d'une agression. Pour connaître les dernières informations concernant la sécurité sur place, consultez la rubrique « Conseils aux voyageurs » du site du ministère des Affaires étrangères : www.diplomatie.gouv.fr/voyageurs – Sachez cependant que le site dresse une liste exhaustive des dangers potentiels et que cela donne parfois une image un peu alarmiste de la situation réelle du pays.

Femme seule en voyage

Outre le bénéfice d'un accueil sympathique, vous voyagerez en toute tranquillité au Danemark, un pays qui a la réputation d'être l'un des plus sûrs au monde. La mendicité est rare, conséquence d'un système social particulièrement efficace. Respect d'autrui, honnêteté et discrétion de la part des Danois : que vous soyez seule ou accompagnée, vous voyagerez en toute sécurité, ce qui n'exclut pourtant pas une certaine vigilance, les *pickpockets* sévissent aussi au Danemark !

Voyager avec des enfants

Il existe au Danemark beaucoup de réductions pour les enfants, dans les transports en communs et les musées. Du reste ceux-ci sont souvent interactifs, pédagogiques et propices aux visites en famille. Le Danemark regorge aussi de parcs d'attractions, de zoos. Les transports en commun spacieux et les nombreux espaces verts en ville font du pays un pays très agréable pour voyager avec sa marmaille. De plus, vous décrocherez plus d'un sourire bienveillant s'ils vous accompagnent !

Voyageur handicapé

Le Danemark a consenti des efforts importants pour faciliter la vie des visiteurs handicapés. L'accessibilité dans les transports (bus avec plates formes à niveau, métro avec ascenseurs, trains) n'est pas un vain mot. Les musées sont pour la plupart équipés d'ascenseurs et certains proposent gratuitement des chaises roulantes.
Si vous présentez un handicap physique ou mental ou que vous partez en vacances avec une personne dans cette situation, différents organismes et associations s'adressent à vous.

■ **ACTIS VOYAGES**
http://actis-voyages.fr
Voyages adaptés pour le public sourd et malentendant.

■ **ADAPTOURS**
www.adaptours.fr

■ **AILLEURS ET AUTREMENT**
www.ailleursetautrement.fr
Pour des personnes souffrant de handicap physique et/ou mental.

■ **COMPTOIR DES VOYAGES**
2 au 18 rue St Victor 75005 Paris
✆ 0892 239 339
www.comptoir.fr

■ **ÉVÈNEMENTS ET VOYAGES**
www.evenements-et-voyages.com

■ **HANDI VOYAGES**
12, rue du Singe, Nevers
✆ 0 872 32 90 91 – 06 80 41 45 00
http://handi.voyages.free.fr
Cette association assure l'aide aux personnes à mobilité réduite dans l'organisation de leurs voyages individuels ou en petits groupes. Elle propose un service d'aide à la recherche d'informations sur l'accessibilité mais aussi la mise en relation avec des volontaires compagnons de voyage. En outre, dans le cadre de l'opération « Des fauteuils en Afrique », Handi Voyages récupère du matériel pour personnes à mobilité réduite et le distribue en Afrique.

■ **OLÉ VACANCES**
www.olevacances.org
Olé Vacances propose d'accompagner des personnes adultes handicapées mentales.

■ **PARALYSÉS DE FRANCE**
www.apf.asso.fr
Informations, conseils et propositions de séjours.

Voyageur gay ou lesbien

Les homosexuels au Danemark peuvent se marier civilement depuis 1989 (une première mondiale) avec les mêmes droits qu'un couple hétérosexuel, en matière de fiscalité ou d'héritage par exemple, droit d'adoption excepté. Avis aux amateurs ou amatrices : l'un des deux époux doit être de nationalité danoise et résider dans son pays. Depuis 2001, ils peuvent également se marier à l'église (la célébration est assurée en partie par le maire de la commune, en accord avec le prêtre), ce qui montre le chemin accompli par l'église luthérienne nationale. En 2009, le Parlement danois a donné le feu vert à l'adoption pour les couples homosexuels devenant ainsi le seul pays sans le monde à l'autoriser. Un statut public qui marque bien le degré de tolérance des Danois à l'égard d'une homosexualité d'autant mieux acceptée qu'elle demande simplement le « droit à l'indifférence ». La vie *gay* copenhaguoise est particulièrement active, tant sur le plan associatif que sur celui de la vie nocturne.

© STÉPHANE SAVIGNARD

TÉLÉPHONE

Comment téléphoner

Pour appeler du Danemark vers la France, composez le +33 suivi du numéro de votre correspondant sans le 0. Pour appeler de France vers Danemark, composez le +45 suivi du numéro de votre correspondant.

Téléphone mobile

Utiliser son téléphone mobile : Si vous souhaitez garder votre forfait français, il faudra avant de partir, activer l'option internationale (généralement gratuite) en appelant le service clients de votre opérateur. Qui paie quoi ? La règle est la même chez tous les opérateurs. Lorsque vous utilisez votre téléphone français à l'étranger, vous payez la communication, que vous émettiez l'appel ou que vous le receviez. Dans le cas d'un appel reçu, votre correspondant paie lui aussi, mais seulement le prix d'une communication locale. Tous les appels passés depuis ou vers l'étranger sont hors forfait, y compris ceux vers la boîte vocale.

Skype et MSN

Pas besoin de combiné mais d'un ordinateur et d'une connexion Internet pour téléphoner avec Skype ou MSN. Les deux personnes cherchant à entrer en contact doivent avoir téléchargé l'un de ces deux logiciels gratuits. L'utilisation est ensuite très simple : un micro, un casque et une webcam si vous en avez une, et vous pouvez discuter pendant des heures sans payer un centime (connexion Internet exceptée). Attention, si vous voulez appeler sur un téléphone (fixe ou mobile) depuis Skype, il vous faudra créditer votre compte de 10 € minimum. Les tarifs sont néanmoins très avantageux.

TARIFS DES DIFFÉRENTS OPÉRATEURS

	Bouygues	Orange (HT)	SFR	SFR Vodafone (option gratuite)
Appel émis	0,55 €/min.	0,49 €/min.	0,55 €/min.	1 € + 0,37 €/min.
Appel reçu	0,26 €/min.	0,24 €/min.	0,26 €/min.	1 € par appel (jusqu'à 20 min.).
SMS	0,30 € – réception gratuite	0,29 € – réception gratuite	0,30 € – réception gratuite	0,30 € – réception gratuite

S'informer

– À VOIR – À LIRE

Librairies de voyage

Paris

■ **ESPACE IGN – LE MONDE DES CARTES**
50, rue de la Verrerie (4e)
✆ 01 43 98 80 00 – www.ign.fr
M° Franklin D. Roosevelt. Ouvert du mardi au vendredi de 11h à 19h, le samedi de 11h à 18h30 et le lundi de midi à 18h30. Vous trouverez dans cette belle librairie sur deux niveaux pléthore de cartes (on n'est pas à l'Institut géographique national pour rien), guides de toutes éditions, beaux livres, méthodes de langues en version poche, ouvrages sur la météo, mappemondes, conseils pour les voyages... Les enfants ont droit à un coin rien que pour eux avec des ouvrages sur la nature, les animaux, les civilisations, etc. Quant aux amateurs d'ancien, ils pourront se procurer des reproductions de cartes datant pour certaines du XVIIe siècle.

■ **ITINERAIRES**
60, rue Saint-Honoré (1er)
✆ 01 42 36 12 63 – www.itineraires.com
itineraires@itineraires.com
M° Louvre – Rivoli. Ouvert du lundi au samedi de 10h à 19h. Depuis sa fondation en 1985, cette librairie est idéale pour s'évader, choisir sa destination, commencer à organiser son voyage, ou pour s'imprégner de la culture d'un pays avant d'y séjourner. Toutes les possibilités sont ici à combiner. Une sélection aussi complète que possible qui offre en guise d'horizon un panorama complet des pays du monde entier. Car cette librairie se dit elle-même dédiée à la connaissance des pays du monde, et le tout est tout simplement classé par pays. 3, 2, 1, partez ?

■ **LIBRAIRIE EYROLLES PRATIQUE**
63, boulevard Saint-Germain (5e)
✆ 01 46 34 82 75 – www.eyrolles.com
M° Maubert – Mutualité ou Cluny – La Sorbonne et R.E.R. Saint-Michel. Ouvert de 9h30 à 19h30. Consacrée à la vie pratique, cette boutique se présente sur deux niveaux dont un entièrement dédié au tourisme. Voyageurs du monde, bienvenue au « paradis eyrollien ». Vous trouverez tout pour préparer votre escapade : cartes, guides, plans... Il ne vous reste plus qu'à prendre vos billets.

■ **LIBRAIRIE LA GÉOGRAPHIE**
184, boulevard Saint-Germain (6e)
✆ 01 45 48 03 82
www.librairie-la-geographie.com
livres@librairie-la-geographie.com
M° Saint-Germain ou Rue du Bac. Ouvert du lundi au samedi de 10h à 19h. Il y en a pour tous les goûts dans cette librairie gérée par deux amoureux du voyage. Aux ouvrages couvrant les sujets de la Société de géographie s'ajoutent des récits de voyage et d'aventures, des guides touristiques, des écrits géopolitiques, des cartes, etc. Voici un endroit convivial où l'on découvre et discute... Et ça ne s'arrête pas là : le site Internet et son blog fourmillent d'informations sur l'actualité du monde.

■ **LIBRAIRIE L'HARMATTAN**
16 et 21, rue des Ecoles (5e)
✆ 01 40 46 79 10 – 01 46 34 13 71
www.editions-harmattan.fr
M° Maubert – Mutualité. Ouvert du lundi au samedi de 10h à 12h30 et de 13h30 à 19h. Se consacrant essentiellement au continent africain, cette librairie propose toutefois de nombreux ouvrages sur l'Asie, l'Océanie, les pays de l'Est, le monde arabe et l'Amérique latine. Vous y trouverez littérature et études, dans des domaines aussi divers que la sociologie, l'anthropologie, l'analyse politique ou encore l'histoire.

■ **ULYSSE**
26, rue Saint-Louis-en-l'Ile (4e)
✆ 01 43 25 17 35
www.ulysse.fr – ulysse@ulysse.fr
M° Pont Marie. Ouvert du mardi au samedi de 14h à 20h. C'est le « kilomètre zéro du monde », comme le clame le slogan de la maison, d'où l'on peut en effet partir vers n'importe quelle destination grâce à un fonds extraordinaire de livres consacrés au voyage. Catherine Domain, la libraire et fondatrice depuis quarante ans de la librairie, est là pour vous aider dans votre recherche, notamment si vous voulez vous documenter avant d'entreprendre un court ou un long séjour. Membre de la Société des Explorateurs, du Club International des Grands Voyageurs, fondatrice du Cargo Club, du Club Ulysse des petites îles du monde et du Prix Pierre Loti, elle est vraiment une

spécialiste du voyage. Vous trouverez ici aussi de nombreuses cartes non disponibles dans les librairies habituelles.

LE VIEUX CAMPEUR
2, rue de Latran (5e) ✆ 01 53 10 48 27
www.auvieuxcampeur.fr
M° Maubert – Mutualité. Ouvert du lundi au samedi : lundi, mardi, mercredi et vendredi de 11h à 19h30, samedi de 10h à 19h30, nocturne le jeudi jusqu'à 21h. Les magasins Au Vieux Campeur disposent d'une librairie dédiée au tourisme sportif. Vous y trouverez guides, cartes, beaux livres, revues et un petit choix de vidéos principalement axés sur la France. Le premier étage met à l'honneur le sport, les exploits et découvertes. Vous pourrez vous y documenter sur l'escalade, le VTT, la plongée sous-marine, la randonnée, la voile, le ski… Commande possible par Internet.

Brest

LIBRAIRIE DES VOYAGEURS
14, rue Boussingault ✆ 02 98 33 61 72
Fax : 02 98 33 61 73 – www.georama.fr
Ouvert du lundi au samedi de 14h à 19h. Repaire incontestable pour tous les voyageurs en partance, cette librairie propose guides, cartes, atlas, mappemondes, littérature et récits de voyage... à feuilleter en buvant un verre au coin café. Pour les bambins globe-trotteurs, des jeux pédagogiques sont disponibles.

Caen

HÉMISPHÈRES
15, rue des Croisiers ✆ 02 31 86 67 26
www.librairie-hemispheres.blogspot.com
Ouvert du mardi au samedi de 9h à 19h sans interruption. Dans cette librairie dédiée au voyage, les livres sont classés par pays : guides, plans de villes, littérature étrangère, ethnologie, cartes et topoguides pour la randonnée. Les rayons portent aussi un beau choix de livres illustrés et comprennent un rayon musique. Le premier étage allie littérature et gastronomie et des expositions de photos y sont régulièrement proposées.

Clermont-Ferrand

LA BOUTIQUE MICHELIN
2, place de la Victoire ✆ 04 73 90 20 50
www.michelin-boutique.com
michelin@mdsfrance.fr
Ouvert du mardi au samedi de 10h à 13h et de 14h à 19h, le lundi après-midi l'été. Vous trouverez dans cette boutique toute la production Michelin, des Guides vert (en français, anglais ou allemand) aux Guides rouge en passant par les cartes France et étranger. Egalement bagagerie, articles de sport, vaisselles et tout le nécessaire pour vos voyages (du triangle au contrôleur de pression) et de nombreux produits dérivés.

Lille

LIBRAIRIE AUTOUR DU MONDE
65, rue de Paris ✆ 03 20 78 19 33
www.autourdumonde.biz
Ouvert le lundi de 14h à 19h et du mardi au samedi de 10h à 19h. Ouverte en 2006, cette librairie située au cœur du vieux Lille est tenue par un ancien professionnel du tourisme qui se fera un plaisir de vous conseiller. Romans, carnets de voyage, guides, cartes IGN, livres jeunesse, jeux et affiches remplissent les rayons de cette boutique. Pour s'y retrouver, c'est facile : les ouvrages sont rangés par continents, puis selon les quatre points cardinaux. Vous partez en Islande ? Rendez-vous au nord-ouest du magasin. Possibilité de commande sur le site de la librairie.

LIBRAIRIE DE VOYAGEURS DU MONDE
148, boulevard de la Liberté
✆ 03 20 06 76 30
Fax : 03 20 06 76 31 – www.vdm.com
Ouvert du lundi au samedi de 10h à 19h.
La librairie de Voyageurs du Monde lilloise est située dans le centre-ville. Elle compte pas moins de 14 000 références, livres et cartes, uniquement consacrées à la découverte de tous les pays du monde, de l'Albanie au Zimbabwe en passant par la Chine.

Lyon

AU VIEUX CAMPEUR
72, cours de la Liberté (3e) ✆ 04 78 60 81 00
www.auvieuxcampeur.fr
Ouvert du mardi au vendredi de 11h à 19h30, le samedi de 10h à 19h et le lundi de 11h à 19h. Les magasins Au Vieux Campeur disposent d'une librairie dédiée au tourisme sportif. Vous y trouverez guides, cartes, beaux livres, revues et un petit choix de vidéos principalement axés sur la France. Commande possible par Internet.

Marseille

AU VIEUX CAMPEUR
255, avenue du Prado (1er)
✆ 04 91 16 30 30 – Fax : 04 91 16 30 59
www.auvieuxcampeur.fr
infos@auvieuxcampeur.fr

Ouvert du mardi au vendredi de 10h30 à 19h30, le samedi de 10h à 19h et le lundi de 10h30 à 19h. Les magasins Au Vieux Campeur disposent d'une librairie dédiée au tourisme sportif. Vous y trouverez guides, cartes, beaux livres, revues et un petit choix de vidéos principalement axés sur la France.

■ LIBRAIRIE DES VOYAGEURS DU MONDE
25, rue Fort-Notre-Dame (1er)
✆ 04 96 17 89 26 – Fax : 04 96 17 89 18 (préciser pour la librairie)
http://librairie.vdm.com
http://vdm-marseille.com/
webmaster@librairie-maritime.com
Métro Vieux Port. Ouvert le lundi de midi à 19h et du mardi au samedi de 10h à 19h sans interruption. Sur le même site sont regroupés les bureaux des conseillers Voyageurs du Monde et ceux de Terres d'Aventure. La librairie détient plus de 5 000 références : romans, ouvrages thématiques sur l'histoire, spiritualité, cuisine, reportages, cartes géographiques, atlas, guides (en français et en anglais). L'espace propose également une sélection d'accessoires incontournables : moustiquaires, bagages…

■ LIBRAIRIE MARITIME OUTREMER
26, quai Rive-Neuve (1er)
✆ 04 91 54 79 40 – Fax : 04 91 54 79 49
www.librairie-maritime.com
webmaster@librairie-maritime.com
Ouvert du mardi au vendredi de 9h à 12h30 et de 14h à 18h30, le samedi de 10h à 12h30 et de 15h à 18h30. Que vous ayez le pied marin ou non, cette librairie vous ravira tant elle regorge d'ouvrages sur la mer. Ici, les histoires sont envoûtantes, les images incroyables... De quoi se mettre à rêver sans même avoir jeté l'ancre !

Montpellier

■ LES CINQ CONTINENTS
20, rue Jacques-Cœur ✆ 04 67 66 46 70
Fax : 04 67 66 46 73
www.lescinqcontinents.com
contact@lescinqcontinents.com
Ouvert le lundi de 13h à 19h et de 10h à 19h du mardi au samedi. Les libraires globe-trotters de cette boutique vous aideront à faire le bon choix parmi les nombreux ouvrages des cinq continents. Récits de voyage, guides touristiques, livres d'art, cartes géographiques et autres livres de cuisine ou musicaux vous permettront de mieux connaître divers pays du monde et régions de France. Régulièrement, la librairie organise des rencontres et animations (programme trimestriel disponible sur place).

Nantes

■ LIBRAIRIE DE VOYAGEURS DU MONDE
1-3, rue des Bons-Français
✆ 02 40 20 64 39 – www.vdm.com
Ouvert du mardi au samedi de 11h à 19h.
Tout comme ses homologues de Paris ou Marseille, la librairie propose un vaste choix de guides en français et anglais, de cartes géographiques et atlas, de récits de voyage et d'ouvrages thématiques. Également pour les voyageurs en herbe : des atlas, des albums et des romans d'aventures.

Strasbourg

■ AU VIEUX CAMPEUR
32, rue du 22-Novembre
www.auvieuxcampeur.fr
Ouvert du mardi au vendredi de 11h à 19h30, le samedi de 10h à 19h et le lundi de 11h à 19h. Les magasins Au Vieux Campeur disposent d'une librairie dédiée au tourisme sportif. Vous y trouverez guides, cartes, beaux livres, revues et un petit choix de vidéos principalement axés sur la France.

Toulouse

■ AU VIEUX CAMPEUR
23, rue de Sienne, Labège-Innopole
www.auvieuxcampeur.fr
infos@auvieuxcampeur.fr
Ouvert du mardi au vendredi de 11h à 19h30, le samedi de 10h à 19h et le lundi de 11h à 19h. Les magasins Au Vieux Campeur disposent d'une librairie dédiée au tourisme sportif. Vous y trouverez guides, cartes, beaux livres, revues et un petit choix de vidéos principalement axés sur la France.

■ OMBRES BLANCHES
48-50, rue Gambetta ✆ 05 34 45 53 33
Fax : 05 61 23 03 08
www.ombres-blanches.fr
info@ombres-blanches.fr
Ouvert du lundi au samedi de 10h à 19h, le samedi de 10h à 19h30.
Cette librairie est la petite sœur de la grande Ombres Blanches d'à côté. Dans cet espace spécialisé dans les voyages et le tourisme, vous trouverez beaux livres, récits de voyage, cartes de rando et de montagne, livres de photos… Le voyage avant même d'avoir quitté sa ville !

Tours

■ LA GÉOTHÈQUE, LE MASQUE ET LA PLUME
14, rue Néricault-Destouches
✆ 02 47 05 23 56 – Fax : 02 47 20 01 31
www.geotheque.com
geotheque-tours@geotheque.com
Ouvert du mardi au samedi de 10h à 12h30 et de 14h à 19h. Totalement destinée aux globe-trotters, cette librairie possède une très large gamme de guides et de cartes pour parcourir le monde. Et que les navigateurs des airs ou des mers sautent sur l'occasion : la librairie leur propose aussi des cartes, manuels, CD-ROM et GPS.

Belgique

■ LIBRAIRIE ANTICYCLONE DES AÇORES
34, rue Fossé-aux-Loups
Bruxelles ✆ +32 2 217 52 46
On va dans cette librairie située près de la Bourse pour ses guides et ses beaux livres mais surtout pour son large choix cartographique. Cartes topographiques, de randonnée, cyclotouristiques, plans de villes, cartes et atlas routiers, globes terrestres : vous ne vous lasserez pas de vous perdre dans les rayons de l'Anticyclone des Açores.

■ LIBRAIRIE PEUPLES ET CONTINENTS
17-19, Galerie Ravenstein, Bruxelles
✆ +32 2 511 27 75 – Fax : +32 2 514 57 20
www.peuplesetcontinents.com
info@peuplesetcontinents.com
Ouvert du mardi au vendredi de 9h à 18h et le samedi de 10h à 18h. Cette librairie indépendante propose guides de voyage et de randonnée, cartes routières, plans de villes, lexiques de conversation, guides d'identification botanique, atlas animaliers. Parmi plus de 5 000 titres, vous trouverez aussi des livres d'art sur les civilisations, des récits de voyage, historique, d'ethnologie, d'anthropologie et des beaux livres sur tous les pays du monde. Le tout en français, néerlandais ou anglais.

Québec

■ LIBRAIRIE ULYSSE
4176, rue Saint-Denis
560, rue Président-Kennedy, Montréal
✆ +1 514 843 9447
✆ +1 514 843 7222
La librairie des guides éponymes. Vous y trouverez près de 10 000 cartes et guides Ulysse en français et en anglais.

Suisse

■ LIBRAIRIE LE VENT DES ROUTES
50, rue des Bains, Genève
✆ +41 22 800 33 81
www.vdr.ch – info@vdr.ch
Le Vent des Routes réunit sous le même toit une librairie, une agence de voyages et un café-restaurant. Vous y trouverez guides, cartes, romans, idées de voyage et des libraires très disponibles qui vous feront part de leurs livres coup de cœur.

Bibliographie

Essais et documents

- ***Régis Boyer***, *La Vie quotidienne des Vikings*, Paris, Hachette, 1992.
- **Philippe Delerm**, *Intérieur*, Quincy Voisins, Flohic, 2001.
- **Bernard Delvaille**, *Journal 1963-1977*, Paris, La Table Ronde, 2001.
- **Frederik Durand**, *Les Vikings*, Paris, PUF, coll. « Que sais-je ? »,1985.
- **Astrid E. Helle**, *Histoire du Danemark*, Paris, Hatier, 1992.
- **Vincent Fournier**, *Le Voyage en Scandinavie*, Paris, Robert Laffont, coll. « Bouquins », 2001.
- **Margrethe II de Danemark**, *Le Métier de reine*, rédigé par A. Wolden-Reathinge, Paris, Fayard, 1989.
- **Henri de Monpezat,** *Destin oblige*, Paris, Plon, 1997 ; *Cantabiles*, Paris, Les Belles Lettres, 2001 ; *Intimité royale*, Paris, Félin, 2004.
- ***Dictionnaire du design. Scandinavie***, Paris, Seuil, 1999.

Romans français ou étrangers situés au Danemark

- **Céline**, *Rigodon*, Paris, Gallimard, 1969.
- **Philippe Delerm,** *Sundborn ou les jours de lumière*, Monaco, Editions du Rocher, 1996.
- **David Ebershoff,** *Danish Girl*, Paris, Stock, 2001.
- **Per Olov Enquist,** *Le Médecin personnel du roi*, Arles, Actes Sud, 2000.
- **Julien Green,** *L'Autre*, Paris, Seuil, coll. « Points », 1993.
- **Christian Combaz,** *Le Seigneur d'Uranie*, Paris, Flammarion, 1999.

AVANT SON DÉPART

Le rôle principal de l'ambassade est de s'occuper des relations entre les Etats, tandis que la section consulaire est responsable de sa communauté de ressortissants. Ainsi, pour tout problème concernant les papiers d'identité, la santé, le vote, la justice ou l'emploi, il faut s'adresser à la section consulaire de son pays. En cas de perte ou de vol de papiers d'identité, le consulat délivre un laissez-passer pour permettre uniquement le retour dans le pays d'origine, par le chemin le plus court. Il faut, bien entendu, avoir préalablement déclaré la perte ou le vol auprès des autorités locales.

Ambassades et consulats

■ **AMBASSADE ROYALE DU DANEMARK**
77, avenue Marceau 75016 Paris
✆ 01 44 31 21 21 – www.amb-danemark.fr
paramb@um.dk
Il existe 23 représentations consulaires en France dont vous trouverez la liste complète sur le site Internet de l'ambassade du Danemark.

Associations et institutions culturelles

■ **ASSOCIATION FRANCE-DANEMARK**
142, avenue des Champs-Elysées
75008 Paris ✆ 01 40 78 12 50
www.fondationdanoise.org/francedk
mdd@maisondudanemark.dk
Concerts, débats, conférences.

■ **BIBLIOTHÈQUE NORDIQUE**
6, rue Valette ✆ 01 44 41 97 50
Située dans la bibliothèque Sainte-Geneviève. On y trouve des livres en français et en langues scandinaves et finnoises, anciens et récents, des journaux, des documents… C'est le plus riche fonds scandinave hors de Scandinavie. Accès gratuit.

■ **ÉGLISE DANOISE**
Frederikskirken, 17, rue Lord-Byron
75008 Paris ✆ 01 45 63 82 31
Lieu de rendez-vous de la communauté danoise à Paris. A l'approche de Noël s'y déroule le *Jul bazaar*, marché danois où se déguste un délicieux vin chaud à la cannelle.

■ **MAISON DU DANEMARK**
142, avenue des Champs-Elysées
75008 Paris ✆ 01 44 31 21 21
www.maisondudanemark.dk
mdd@maisondudanemark.dk
Ce prestigieux bâtiment, conçu en 1953, a été totalement restauré en 2001. Salles d'exposition, boutique vendant des produits du Royal Copenhagen, comptoir au rez-de-chaussée où l'on peut acheter d'authentiques *wienerbrød*, deux restaurants (Le Copenhague, très chic, et le Flora Danica plus accessible, avec un agréable patio), un espace commercial consacré aux très design productions Bang & Olufsen, etc.

Bonnes adresses

■ **OLSE BORNHOLM**
9, rue du Commandant-Rivière
✆ 01 45 62 62 28
Pour y déguster les harengs et le saumon fumé de l'île danoise de Bornholm au sud de la Suède.

■ **RESTAURANT FLORA-DANICA**
142, avenue des Champs-Elysées
✆ 01 44 13 86 26 –www.floradanica-paris.com
A l'emplacement de la Maison du Danemark dans un cadre très agréable.

■ **RESTAURANT LA PETITE SIRÈNE**
47, rue Notre-Dame-de-Lorette
✆ 01 45 26 66 66
On y déguste une excellente cuisine franco-danoise, sous la photo du couple royal. Très bon rapport qualité-prix, accueil et service sympathiques.

SUR PLACE

Ambassades et consulats

■ **AMBASSADE DE FRANCE**
Kongens Nytorv 4, Copenhague
✆ +45 33 67 01 00
Voir la rubrique « Copenhague », « Pratique », « Représentations ».

■ **CONSULAT HONORAIRE DE FRANCE**
Julianna Klett, Bringsnagota 21
Torshavn
✆ +298 31 17 44
Voir la rubrique « Les îles Féroé », « Visite des îles Féroé », « Île de Streymoy », « Torshavn », « Pratique ».

■ **CONSULAT HONORAIRE DE FRANCE**
M. Jørgen Hansen
Århus ✆ +45 40 28 68 45
Voir la rubrique « Jutland », « Århus », « Pratique », « Représentations ».

Associations et institutions culturelles

■ **INSTITUT FRANÇAIS**
18 Østergade, 2e étage, Copenhague
✆ +45 33 38 77 00
www.institut-francais.dk
info@institut-francais.dk

Tourisme

■ **JENS-KJELD JENSEN**
Nølsoy ✆ +298 32 70 64
Voir la rubrique « Les îles Féroé », « Visite des îles Féroé », « Île de Streymoy », « Nølsoy », « Pratique ».

■ **KUNNINGARSTOVAN**
Vaglið, P. O. Box 379, Torshavn
✆ +298 30 24 25
Voir la rubrique « Les îles Féroé », « Visite des îles Féroé », « Île de Streymoy », « Torshavn », « Pratique », « Tourisme ».

■ **NINA**
Copenhague ✆ +45 23 23 44 96
Voir la rubrique « Copenhague », « Points d'intérêt », « À voir – À faire », « Christiana ».

■ **OFFICE DU TOURISME**
Petersen's Warehouse, Nølsoy
✆ +298 32 70 60
Voir la rubrique « Les îles Féroé », « Visite des îles Féroé », « Île de Streymoy », « Nølsoy », « Pratique ».

■ **OFFICE DU TOURISME**
Vestmanna ✆ +298 47 15 00
Voir la rubrique « Les îles Féroé », « Visite des îles Féroé », « Île de Streymoy », « Vestmanna ».

MAGAZINES ET ÉMISSIONS

Presse

■ **COURRIER INTERNATIONAL**
www.courrierinternational.com
Hebdomadaire regroupant les meilleurs articles de la presse internationale en version française.

■ **GÉO**
www.geo.fr
Le mensuel accorde une large place aux reportages photographiques. Il propose aussi des articles et actualités, l'ensemble étant désormais imprimé sur du papier provenant de forêts gérées dura-blement.

■ **GRANDS REPORTAGES**
www.grands-reportages.com
Le magazine de l'aventure et du voyage propose des dossiers, reportages photo et articles divers sur les peuples, civilisations, paysages et monuments. Chaque sujet est complété par un important volet pratique pour préparer son voyage.

■ **PETIT FUTÉ MAG**
www.petitfute.com
Notre journal bimestriel vous offre une foule de conseils pratiques pour vos voyages, des interviews, un agenda, le courrier des lecteurs... Le complément parfait à votre guide !

■ **RANDOS-BALADES**
www.randosbalades.fr
Magazine mensuel sur les randonnées en France et à l'étranger. L'approche est thématique (sentiers du littoral, itinéraires sauvages, thèmes culturels...) et la publication est riche en actualités, trucs et astuces, tests matériels, fiches topographiques et, en guides de randonnée.

■ **TERRE SAUVAGE**
www.terre-sauvage.com
Ce mensuel est spécialisé dans la faune et la flore sauvages. Au sommaire : des aventures dans le sillage des expéditions scientifiques, la découverte des écosystèmes, des enquêtes sur la protection de l'environnement ou encore des rubriques plus pratiques avec, par exemple, des conseils photo.

■ **ULYSSE**
www.ulyssemag.com
Ce magazine culturel du voyage est édité par *Courrier International*. Huit numéros par an pour découvrir le monde, avec une large place accordée à la photographie.

Radio

■ **RADIO FRANCE INTERNATIONALE**
www.rfi.fr
89 FM à Paris. Pour vous tenir au courant de l'actualité du monde partout sur la planète.

Télévision

ESCALES
www.escalestv.fr
Cette chaîne consacrée aux documentaires s'intéresse aux voyages et au tourisme, en France et à l'étranger. Ils se déclinent sous différentes thématiques, comme la nature, les animaux, la culture et la gastronomie.

FRANCE 24
www.france24.com
Chaîne d'information en continu, France 24 apporte 24h/24 et 7j/7, un regard nouveau à l'actualité internationale. Diffusée en 3 langues (français, anglais, arabe) dans plus de 160 pays, la chaîne est également disponible sur internet et le mobile sur www.france24.com pour vous accompagner tout au long de vos voyages.

LIBERTY TV
www.libertytv.com
Cette chaîne non cryptée propose des reportages sur le monde entier et un journal sur le tourisme toutes les heures. La « télé des vacances » met aussi en avant des offres de voyages et promotions touristiques toutes les 15 minutes.

PLANÈTE
www.planete.tm.fr
Depuis plus de 20 ans, Planète propose de découvrir le monde, ses origines, son fonctionnement et son probable devenir avec une grille de programmation documentaire éclectique : civilisation, histoire, société, investigation, reportages animaliers, faits divers, etc.

TV5 MONDE
www.tv5.org
La chaîne de télévision internationale francophone diffuse des émissions de ses partenaires nationaux (France Télévisions, RTBF, TSR et CTQC) et ses propres programmes.

USHUAÏA TV
www.ushuaiatv.fr
La chaîne découlant du magazine éponyme a un slogan clair : « Mieux comprendre la nature pour mieux la respecter ». Elle se veut télévision du développement durable et de la protection de la planète et propose nombre de documentaires, reportages et enquêtes.

VOYAGE
www.voyage.fr
Terres méconnues ou inconnues, grands espaces et mégapoles, lieux incontournables ou insolites, cultures et nouvelles tendances : Voyage TV vous propose d'explorer le monde dans toute sa richesse à l'aide de documentaires ou en compagnie de guides éclairés.

Sites Internet

Pour le å, utiliser *aa*, pour le æ utiliser *ae*, pour le ø, taper *oe*.

AOK GUIDE
www.aok.dk – chg@aok.dk
On y trouve toutes les infos touristiques nécessaires sur Copenhague, en danois et en anglais.

COPENHAGEN PORTAL
www.copenhagenet.dk
Une foule d'informations pratiques, en anglais.

COPENHAGEN THIS WEEK
www.ctw.dk
L'*Officiel des spectacles* de Copenhague. Site en anglais.

DANISH MUSEUMS ONLINE
www.dmol.dk
Un site qui ambitionne de devenir le musée virtuel de toutes les collections des musées danois.

IN & OUT
www.inout.dk
Le guide ses sorties à Copenhague.

SIMINN DANMARK
www.useit.dk – useit@kff.kk.dk
Recommandé pour les petits budgets.

THE COPENHAGEN POST
www.cphpost.dk – info@cphpost.dk
L'actualité du Danemark en version anglaise, site de l'hebdomadaire *The Copenhagen Post*.

UDENRIGSMINISTERIET
www.um.dk
Site du ministère des Affaires étrangères danois, comprenant une encyclopédie en ligne en français sur le Danemark.

VISIT AARHUS
www.visitaarhus.com
L'office du tourisme de Århus, deuxième ville du Danemark.

VISIT COPENHAGEN
www.visitcopenhagen.dk
L'office du tourisme de la capitale.

VISIT DENMARK
www.visitdenmark.com
Le portail de l'office du tourisme.

Comment partir ?

PARTIR EN VOYAGE ORGANISÉ

Vous n'aurez aucun mal à organiser votre séjour au Danemark et sur les îles Féroé. Les spécialistes sont à l'écoute pour mettre au point des autotours personnalisés (certains sont déjà tout prêts !) à la découverte de ces îles du bout du monde. Un large choix de courtes escapades et de week-ends est proposé à Copenhague ainsi que des circuits pour découvrir la nature danoise, les villages vikings et les châteaux du Moyen Age chargés d'histoire. Enfin, l'offre est importante concernant les combinés avec les autres pays scandinaves.

Voyagistes

Spécialistes

Vous trouverez ici les tour-opérateurs spécialisés dans votre destination. Ils produisent eux-mêmes leurs voyages et sont généralement de très bon conseil car ils connaissent la région sur le bout des doigts. À noter que leurs tarifs se révèlent souvent un peu plus élevés que ceux des généralistes.

66° NORD
2, rue Vaubecour, Lyon
✆ 04 78 92 30 80
Fax : 04 78 28 22 80
www.66nord.com
Ce spécialiste des terres polaires propose plusieurs formules (à la carte, chiens de traîneaux, ski de montagne, raid nordique) permettent d'appréhender les immensités sauvages du Groenland, du Svalbard, de l'Islande, du Québec et bien sûr du Danemark et des îles Féroé. Vers cet archipel mythique, 66° Nord organise des voyages à la carte entre novembre et mars (plusieurs forfaits selon les bouses sont envisageables) et un circuit guidé « La saga des Féringiens » de niveau facile qui amène le voyageur pendant 5 jours sur des lieux légendaires où vikings et explorateurs ont laissé leurs traces. Vous trouverez un circuit combiné Danemark-Suède de 13 jours, dont 6 demi-journées de marche. L'itinéraire relie Copenhague au sud de la Suède. Vous découvrirez la capitale danoise et sa culture scandinave.

ARTS & VIE
251, rue de Vaugirard 75015 Paris
✆ 01 40 43 20 21 – Fax : 01 40 43 20 29
www.artsetvie.com – info@artsetvie.com
Spécialiste des voyages culturels, Arts et Vie propose un circuit de 8 jours et 7 nuits sur les terres danoises avec une approche diversifiée et culturelle du pays. A l'honneur : poésie, littérature, arts et histoire. Accompagné par un guide, vous visiterez la capitale, l'ancienne capitale viking Roskilde et sa cathédrale ainsi que les châteaux de la Seeland du Nord. Vous pourrez également opter pour le « Grand périple scandinave » de 17 jours dont le 1er jour sera consacré à la découverte de Copenhague.

COMPTOIR DES VOYAGES
2/18, rue Saint-Victor 75005 Paris
✆ 0 892 239 339 – www.comptoir.fr
Comptoir des pays scandinaves propose de découvrir le Danemark à la carte et en individuel : week-ends ou séjours plus longs. Cette équipe de spécialistes suggère quelques itinéraires déjà tout prêts, comme cette « Balade en terres nordiques » en autotour de 8 jours et 7 nuits qui vous emmène à la découverte de la capitale mais également de l'île de Sjaelland, l'ancienne cité viking d'Arhus, les superbes lumières de Skagen. Sur votre chemin, vous visiterez les châteaux danois et les nombreux musées qui ont tant de choses à nous apprendre sur l'histoire du pays ! Un second autotour de 8 jours et 7 nuits combine le Danemark et la Suède pour découvrir les capitales scandinaves que sont Copenhague et Stockholm.

EVANEOS
✆ 09 70 40 89 28 – www.evaneos.com
Spécialiste sur Internet du voyage sur-mesure, Evaneos met ses clients en relation avec des agences francophones dans le monde entier. Ce voyagiste propose ainsi séjours et circuits à la carte sur tous les continents. De nombreux séjours sont déjà conçus mais si vous avez des désirs particuliers, n'hésitez pas à contacter l'agent local qui se fera un plaisir de vous préparer un séjour à la carte.

■ GRAND NORD – GRAND LARGE
15, rue du Cardinal-Lemoine 75005 Paris
✆ 01 40 46 05 14
Fax : 01 43 26 73 20
www.gngl.com
Ce spécialiste des voyages en terres polaires propose un autotour « Découverte des îles Féroé » de 8 jours avec au programme la visite des îles du nord et nord-est. Idéal pour prendre le temps de s'imprégner de l'ambiance mystérieuse des îles. Un second circuit « En liberté » de 8 jours vous permettra de découvrir l'archipel à travers le contact direct avec ses habitants. Vous emprunterez le ferry ou le bus pour vous déplacer et serez donc en contact direct avec la population. Une option intéressante pour les petits budgets.

■ LA ROUTE DES VOYAGES
59, rue Franklin 69002 Lyon
✆ 04 78 42 53 58
Fax : 04 72 56 02 86
www.route-voyages.com
lyon@route-voyages.com
Spécialiste du voyage sur mesure, ce tour-opérateur construit des voyages personnalisés, en direct avec les prestataires locaux. L'équipe a une excellente connaissance du terrain et propose de très nombreuses possibilités d'itinéraires sur mesure. Leur site Internet donnera un aperçu de leur programmation. La Route des Voyages propose notamment un séjour « Les canaux de Copenhague… » qui alternera entre visites guidées et quartiers libres.

■ NORD ESPACES
35, rue de la Tombe Issoire
75014 Paris
✆ 01 45 65 00 00
Fax : 01 45 65 32 22
www.nord-espaces.com
info@nord-espaces.com
Spécialiste des pays du nord, Nord Espaces propose, l'été, des week-ends de 3 à 4 jours à Copenhague, des circuits individuels en autotour ou encore des circuits accompagnés en combiné avec la Norvège ou la Suède, dont « Les beautés scandinaves » de 8 jours et « Le combiné nordique » de 13 jours.

■ NORTOURS
13, rue de Caumartin 75009 Paris
✆ 01 49 24 05 97
Fax : 01 40 17 05 00
www.nortours.fr – info@nortours.fr
Vous trouverez des week-ends pour la capitale danoise, ainsi que plusieurs circuits combinés avec les autres pays scandinaves ou les pays baltes. Le tour-opérateur propose également des locations de voitures pour le Danemark.

■ SCANDITOURS
36, rue de Saint-Pétersbourg 75008 Paris
✆ 01 42 85 64 30
Fax : 01 42 85 65 03
www.scanditours.fr
scandinavie.maison@kuoni.fr
Spécialiste de la Finlande, l'Islande et des autres pays scandinaves, Scanditours propose une large palette d'offres pour le Danemark. Week-ends à Copenhague, circuits accompagnés et combinés avec plusieurs autres pays du nord, vous n'aurez que l'embarras du choix !

■ TERRE ENTIÈRE
10, rue de Mézières 75006 Paris
✆ 01 44 39 03 03
Fax : 01 42 84 18 99
www.terreentiere.com
Métro ligne 4, Station Saint-Sulpice. Métro ligne 12, Station Rennes ou Sèvres-Babylone. L'agence est ouverte de 9h à 18h en continu.
Spécialiste des voyages culturels, Terre Entière propose une croisière pour visiter et découvrir « Les villes du nord » qui prévoit un passage à Copenhague et une visite guidée très complète de la capitale danoise.

■ TERRES D'AVENTURE
30, rue Saint-Augustin 75002 Paris
✆ 0 825 700 825
Fax : 01 43 25 69 37
www.terdav.com
infos@terdav.com
Spécialiste des voyages randonnée, Terres d'aventure propose un séjour de 10 jours entre la Danemark et la Suède. Il est accessible aux enfants, dès 8 ans : idéal pour partir en famille découvrir les réserves naturelles et les parcs nationaux scandinaves, ainsi que la capitale danoise très animée.

▸ **Autre adresse :** 6, rue Saint-Victor 75005 Paris.

Généralistes

Vous trouverez ici les tour-opérateurs dits « généralistes ». Ils produisent des offres et revendent le plus souvent des produits packagés par d'autres sur un large panel de destinations. S'ils délivrent des conseils moins pointus que les spécialistes, ils proposent des tarifs généralement plus attractifs.

ABCVOYAGE

www.abcvoyage.com

Regroupe les soldes de tous les voyagistes avec des descriptifs complets pour éviter les surprises. Les dernières offres saisies sont accessibles immédiatement à partir des listes de dernière minute.

Le serveur est couplé au site www.airway.net qui propose des vols réguliers à prix réduits, ainsi que toutes les promotions et nouveautés des compagnies aériennes.

AZUREVER

5 rue Daunou
75002 Paris
✆ 01 73 75 89 63
www.azurever.com

Azurever est un site internet dédié au tourisme et plus particulièrement aux activités que vous pouvez faire, lors de vos voyages ou chez vous. C'est un catalogue de plus de 7000 activités variées à faire partout dans le monde. Ces activités sont dénichées, comparées et sélectionnées par des spécialistes pour vous faire profiter au maximum des trésors cachés de chaque destination. De la traversée en camion de pompiers du Golden Gate Bridge à San Francisco en passant par le survol de la forêt de Fontainebleau en montgolfière ou la découverte de la gastronomie vénitienne (circuit des bars à Venise), Azurever vous propose quantité de bons plans insolites, originaux, classiques ou extrêmes à expérimenter aux 4 coins de la planète et à réserver en ligne, avant le départ.

DEGRIFTOUR

✆ 0 899 78 50 00
www.degriftour.fr

Vols secs, hôtels, location de voiture, séjours clé en main ou sur mesure... Degriftour s'occupe de vos vacances de A à Z, à des prix très compétitifs.

EXPEDIA FRANCE

✆ 0 892 301300
www.expedia.fr

Expedia est le site français du n°1 mondial du voyage en ligne. Un large choix de 500 compagnies aériennes, 105 000 hôtels, plus de 5 000 stations de prise en charge pour la location de voitures et la possibilité de réserver parmi 5 000 activités sur votre lieu de vacances. Cette approche sur mesure du voyage est enrichie par une offre très complète comprenant prix réduits, séjours tout compris, départs à la dernière minute...

GO VOYAGES

✆ 0 899 651 951
www.govoyages.com

Go Voyages propose le plus grand choix de vols secs, charters et réguliers, au meilleur prix, au départ et à destination des plus grandes villes. Possibilité également d'acheter des packages sur mesure « vol + hôtel » et des coffrets cadeaux. Grand choix de promotions sur tous les produits sans oublier la location de voitures. La réservation est simple et rapide, le choix multiple et les prix très compétitifs.

LASTMINUTE

✆ 04 66 92 30 29 – www.lastminute.fr

Des vols secs à prix négociés, dégriffés ou publics sont disponibles sur Lastminute. On y trouve également des week-ends, des séjours, de la location de voiture... Mais surtout Lastminute est le spécialiste des offres de dernière minute permettant ainsi aux vacanciers de voyager à petits prix. Que ce soit pour un week-end ou une semaine, une croisière ou simplement un vol, des promos sont proposées et renouvelées très régulièrement.

PROMOVACANCES

✆ 0 899 654 850
www.promovacances.com

Promovacances propose de nombreux séjours touristiques, des week-ends, ainsi qu'un très large choix de billets d'avion à tarifs négociés sur vols charters et réguliers, des locations, des hôtels à prix réduits. Egalement, des promotions de dernière minute, les bons plans du jour. Informations pratiques pour préparer son voyage : pays, santé, formalités, aéroports, voyagistes, compagnies aériennes.

THOMAS COOK

✆ 0 826 826 777 – www.thomascook.fr

Tout un éventail de produits pour composer son voyage : billets d'avion, location de voitures, chambres d'hôtel... Thomas Cook propose aussi des séjours dans ses villages-vacances et les « 24h de folies » : une journée de promos exceptionnelles tous les vendredis. Leurs conseillers vous donneront des conseils utiles sur les diverses prestations des voyagistes.

TRAVELPRICE

✆ 0 899 78 50 00 – www.travelprice.com

Un site Internet très complet de réservations en ligne pour préparer votre voyage : billets d'avion et de train, hôtels, locations de voitures, billetterie de spectacles.

WWW.EASYVOYAGE.COM
ON NE VOUS VEND RIEN...
ON VOUS DIT TOUT !
S'INFORMER
VISUALISER
ÉCHANGER
COMPARER
CHOISISSEZ !
EASY VOYAGE .com
Tout savoir pour mieux voyager
S'informer sur 250 destinations, décryptées et présentées par nos journalistes
Visualiser les tests et notes de nos experts sur plus de 6 000 Hôtels de loisir
Échanger en partageant vos impressions et notations entre voyageurs
Comparer les meilleurs offres des plus grands voyagistes en 1 clic
Choisissez parmi plus de 1 000 000 d'offres, celle qui vous est le plus adaptée !
PROMOTIONS - ACTUALITÉS - INFOS VOYAGEURS - SÉCURITÉ AÉRIENNE - FORUMS - JEUX - SONDAGES
GUIDE PAYS - AGENDA - REPORTAGES - CONSEILS PRATIQUES - VOLS - HOTELS - VOITURES - SÉJOURS
Agence Feu Sacré © 01 78 94 51 52

En ligne également : de précieux conseils, des informations pratiques sur les différents pays, les formalités à respecter pour entrer dans un pays.

Sites comparateurs et enchères

Plusieurs sites permettent de comparer les offres de voyages (packages, vols secs, etc.) et d'avoir ainsi un panel des possibilités et donc des prix. Ils renvoient ensuite l'internaute directement sur le site où est proposée l'offre sélectionnée.

■ EASYVOYAGE

www.easyvoyage.com

Le concept de Easyvoyage.com peut se résumer en trois mots : s'informer, comparer et réserver. Des infos pratiques sur quelque 255 destinations en ligne (saisonnalité, visa, agenda...) vous permettent de penser plus efficacement votre voyage. Après avoir choisi votre destination de départ selon votre profil (famille, budget...), Easyvoyage.com vous offre la possibilité d'interroger plusieurs sites à la fois concernant les vols, les séjours ou les circuits. Enfin grâce à ce méta-moteur performant, vous pouvez réserver directement sur plusieurs bases de réservation (Lastminute, Go Voyages, Directours, Anyway et bien d'autres).

■ ILLICOTRAVEL

www.illicotravel.com

Illicotravel permet de trouver le meilleur prix pour organiser vos voyages autour du monde. Vous y comparerez les billets d'avion, hôtels, locations de voitures et séjours. Ce site très simple offre des fonctionnalités très utiles comme le baromètre des prix pour connaître les meilleurs prix sur les vols à plus ou moins 8 jours. Le site propose également des filtres permettant de trouver facilement le produit qui répond à tous vos souhaits (escales, aéroport de départ, circuit, voyagiste...).

■ KELKOO

www.kelkoo.com

Ce site vous offre la possibilité de comparer les tarifs de vos vacances. Vols secs, hôtels, séjours, campings, circuits, croisières, ferries, locations, thalassos : vous trouverez les prix des nombreux voyagistes et pourrez y accéder en ligne grâce à Kelkoo.

■ LILIGO

www.liligo.com

Liligo interroge agences de voyage, compagnies aériennes (régulières et *low cost*), trains (TGV, Eurostar...), loueurs de voiture mais aussi 250 000 hôtels à travers le monde pour vous proposer les offres les plus intéressantes du moment. Les prix sont donnés TTC et incluent donc les frais de dossier, d'agence... Le site comprend aussi deux thématiques : « week-end » et « ski ».

■ MYZENCLUB

www.myzenclub.com

Le site recense les meilleures offres des voyagistes en ligne les plus importants. Myzenclub vous informe des bons plans et des promotions trouvées parmi toutes les agences pour vos vacances en France et à l'étranger, hôtels, croisières, thalasso, vols... L'inscription est gratuite.

■ PRIX DES VOYAGES

www.prixdesvoyages.com

Ce site est un comparateur de prix de voyages, permettant aux internautes d'avoir une vue d'ensemble sur les diverses offres de séjours proposées par des partenaires selon plusieurs critères (nombre de nuits, catégories d'hôtel, prix, etc.). Les internautes souhaitant avoir plus d'informations ou réserver un produit sont ensuite mis en relation avec le site du partenaire commercialisant la prestation. Sur Prix des Voyages, vous trouverez des billets d'avion, des hôtels et des séjours.

■ SPRICE

www.sprice.com

Un jeune site qui gagne à être connu. Vous pourrez y comparer vols secs, séjours, hôtels, locations de voitures ou biens immobiliers, thalassos et croisières. Le site débusque aussi les meilleures promos du Web parmi une cinquantaine de sites de voyages. Un site très ergonomique qui vous évitera bien des heures de recherches fastidieuses.

■ VOYAGER MOINS CHER

www.voyagermoinscher.com

Ce site Internet référence les offres de près de 100 agences de voyages et tour-opérateurs parmi les plus réputés du marché et donne ainsi accès à un large choix de voyages, de vols, de forfaits « vol + hôtel », de locations, etc. Il est également possible d'affiner sa recherche grâce au classement par thèmes : thalasso, randonnée, plongée, All Inclusive, voyages en famille, voyages de rêve, golf ou encore départs de province.

PARTIR SEUL

En avion

Prix moyen d'un vol Paris-Copenhague (220 € en haute saison, 150 € en basse saison). A noter que la variation de prix dépend de la compagnie empruntée mais, surtout, du délai de réservation. Pour obtenir des tarifs intéressants, il est indispensable de vous y prendre très en avance. Pensez à acheter vos billets six mois avant le départ !

Principales compagnies desservant la destination

Pour connaître le degré de sécurité de la compagnie aérienne que vous envisagez d'emprunter, rendez-vous sur le site Internet www.securvol.fr ou sur celui de la Direction générale de l'aviation civile : www.dgac.fr

AIR FRANCE

✆ 36 54 (0,34 €/min d'un poste fixe)
www.airfrance.fr
Au départ de Paris CDG, Air France dessert Copenhague à raison de 4 ou 5 vols directs quotidiens. Comptez 1 heure 55 de trajet. Vous pourrez également rejoindre la ville danoise Billund, mais il vous faudra faire escale à Amsterdam. Des vols quotidiens sont prévus, mais les prix sont nettement plus élevés que pour Copenhague.

ATLANTIC AIRWAYS

www.atlantic.fo
Il est possible de rejoindre les îles Féroé en avion grâce à cette compagnie. Cependant, aucun départ n'est assuré depuis Paris, il vous faudra rejoindre le Danemark (départ de Copenhague, Aalborg et Billund) ou Stavanger (Norvège) et Londres. L'été, départ le lundi et le vendredi de l'aéroport Stansted de Londres à 14h55. Atlantic Airways assure plusieurs vols quotidiens au départ de la capitale danoise.

AUSTRIAN AIRLINES GROUP

✆ 0 820 816 816 – www.aua.com/fr
Cette compagnie assure plusieurs liaisons quotidiennes directes entre Paris CDG et la capitale danoise. Il sera également possible de rejoindre la ville de Billung quotidiennement, mais cette fois avec escale (Francfort, Oslo, Munich ou Copenhague). Le billet électronique etix® est disponible pour tous les vols de la compagnie Austrian au départ de Paris. Il vous permet de réserver plus rapidement et facilement votre billet, de ne pas prendre le risque de l'oublier et enfin de gagner du temps lors de l'embarquement. D'autre part, il vous sera dorénavant possible de faire des réservations express, dans la limite des places disponibles, jusqu'à deux heures avant le vol.

EASYJET

✆ 0 826 10 26 11 – www.easyjet.com
La compagnie *low-cost* propose un aller-retour quotidien entre Paris et Copenhague.

LUFTHANSA

✆ 0 892 231 690 – www.lufthansa.fr
Membre de Star Alliance.
En partenariat avec la compagnie SAS, la compagnie nationale allemande dessert les villes de Copenhague, Aalborg, Aarhus, Billund. Vous trouverez plusieurs vols quotidiens pour Copenhague via plusieurs villes allemandes (Hanovre, Munich, Francfort et Hambourg). Comptez 4 heures 30 de trajet.

SAS – SCANDINAVIAN AIRLINES SYSTEM

www.scandinavian.net
Au départ de Paris CDG, SAS assure quatre vols quotidiens directs pour Copenhague. Comptez 1 heure 50 de trajet. Si vous réservez à l'avance, vous pourrez trouver des tarifs très avantageux. La compagnie dessert également Aalborg, Aarhus, Billund, Bornholm, Karup et Sonderborg.

Vous rendre à Roissy-CDG ou Orly

ROISSYBUS – ORLYBUS

✆ 0 892 68 77 14 – www.ratp.fr
La RATP permet de rejoindre facilement les deux grands aéroports parisiens grâce à des navettes ou des lignes régulières.

- **Roissy-CDG.** Au départ de la place de l'Opéra (à l'angle de la rue Scribe et la rue Auber), il y a des bus toutes les 15 ou 20 minutes entre 5h45 et 23h. Comptez 9,40 € l'aller simple et entre 45 et 60 minutes de trajet. Au départ de Paris-gare de l'Est (bus 350) et au départ de Paris-Nation (bus 351), vous pouvez aussi rejoindre l'aérogare 1 et 2, terminal 4, et le Roissypôle Gare-RER. La fréquence des bus est de 10 à 15 minutes en semaine, 20 à 35 minutes le week-end et les jours fériés. En RER, avec la ligne B, comptez 45 minutes au départ de Denfert-Rochereau (toutes les 10 à 15 minutes).

- **Orly.** Départ de l'Orlybus de la place Denfert-Rochereau de 5h30 à 23h toutes les 15 à 20 minutes. Comptez 6,60 € l'aller simple et 30 minutes de trajet. Au départ de porte de Choisy, le bus 183 vous mène aussi au terminal sud de l'aéroport d'Orly. Avec le RER C : 25 minutes de trajet entre Austerlitz et Orly, puis navette. Départ toutes les 15 minutes. Avec le RER B : allez jusqu'à Antony, puis métro Orlyval. Comptez alors 8 minutes de trajet pour rejoindre Orly (toutes les 4 à 7 minutes). Orly-Antony : 7,90 €; Orly-Paris : 10,25 €.

CARS AIR FRANCE
✆ 0 892 350 820
www.cars-airfrance.com
Pour vous rendre aux aéroports de Roissy-Charles-de-Gaulle et d'Orly, vous pouvez utiliser les services des cars Air France. Quatre lignes sont à votre disposition.

- **Ligne 1 :** Orly-Montparnasse-Arc de Triomphe : 11,50 € pour un aller simple, 18,50 € pour un aller-retour.
- **Ligne 2 :** CDG-Porte Maillot-Étoile : 15 € pour un aller simple et 24 € pour un aller-retour.
- **Ligne 3 :** Orly-CDG : 19 € pour un aller simple. Pas de tarifs spécifiques aller-retour.
- **Ligne 4 :** CDG-gare de Lyon-Montparnasse : 16,50 € pour un aller simple et 27 € pour un aller-retour. Tarif réduit pour les moins de 12 ans et les groupes de plus de 4 personnes.

Aéroports

BEAUVAIS
✆ 08 92 68 20 66
www.aeroportbeauvais.com

BORDEAUX
✆ 05 56 34 50 00 – www.bordeaux.aeroport.fr

BRUXELLES
✆ +32 2 753 77 53 – +32 9 007 00 00
www.brusselsairport.be

GENÈVE
✆ +41 90 057 15 00 – www.gva.ch/fr

LILLE-LESQUIN
✆ 0 891 67 32 10 – www.lille.aeroport.fr

LYON SAINT-EXUPERY
✆ 08 26 80 08 26 – www.lyon.aeroport.fr

MARSEILLE-PROVENCE
✆ 04 42 14 14 14
www.marseille.aeroport.fr

MONTPELLIER-MÉDITERRANÉE
✆ 04 67 20 85 00
www.montpellier.aeroport.fr

MONTRÉAL-TRUDEAU
✆ +1 800 465 1213 – www.admtl.com

NANTES-ATLANTIQUE
✆ 02 40 84 80 00
www.nantes.aeroport.fr

NICE-CÔTE-D'AZUR
✆ 0 820 423 333 – www.nice.aeroport.fr

PARIS ORLY
✆ 01 49 75 52 52
www.aeroportsdeparis.fr

PARIS ROISSY - CHARLES-DE-GAULLE
✆ 01 48 62 12 12
www.aeroportsdeparis.fr

QUÉBEC - JEAN-LESAGE
✆ +1 418 640 2600
www.aeroportdequebec.com

STRASBOURG
✆ 03 88 64 67 67
www.strasbourg.aeroport.fr

TOULOUSE-BLAGNAC
✆ 0 825 380 000
www.toulouse.aeroport.fr

Les sites comparateurs

Ces sites vous aideront à trouver des billets d'avion au meilleur prix. Certains d'entre eux comparent les prix des compagnies régulières et *lowcost*. Vous trouverez des vols secs (transport aérien vendu seul, sans autres prestations) au meilleur prix.

EASY VOLS
www.easyvols.fr

JET COST
www.jetcost.com

TERMINAL A
www.terminalA.com

En bus

EUROLINES
28, avenue du Général-de-Gaulle BP 313
Bagnolet ✆ 0 892 89 90 91
www.eurolines.fr

En CLASSE TEMPO, 25 dessins animés,
85 films sur écran individuel, glace pour les enfants
pour FAIRE DU CIEL LE PLUS BEL ENDROIT DE LA TERRE.
AIR FRANCE
AIR FRANCE KLM
AIRFRANCE.FR
SKYTEAM

Au départ de Gallieni en région parisienne, Eurolines propose des départs quotidiens pour le Danemark (Aalborg, Aarrhus, Copenhague, Kolding, Nykobing Falste, Rodby et Vejle). De nombreuses réductions sont prévues.

■ VOYAGE EN BUS

✆ 04 76 43 30 81 – www.voyagenbus.com

Voyagenbus.com propose des voyages en autocar grand tourisme à destination de Copenhague, des départs plusieurs fois par semaine depuis Paris et Lille. Formules à petits prix et tarifs promo à certaines dates, avec hébergement en *hostel* et hôtel 3-étoiles, petits déjeuners, temps libre sur place et option tour de ville en bus panoramique. Séjours sur mesure et à tarifs préférentiels pour les lycées, BDE, associations et comités d'entreprise.

En bateau

■ EUROMER

✆ 04 67 65 95 14 – www.euromer.com

Spécialiste des traversées maritimes, Euromer propose de rejoindre le Danemark en ferry depuis l'Angleterre (entre Harwitch et Esbjerg). Possibilité d'embarquer avec son véhicule. Attention, pas de réservation possible : les traversées se prennent sur place.

■ SMYRIL LINE

12, rue Auber 75009 Paris ✆ 01 53 43 36 36

Fax : 01 47 42 84 07 – www.voyages-gallia.fr

Représenté en France par Voyages Gallia Tourisme. Agent général pour la France de la Compagnie maritime Smyril Line, seule compagnie à relier l'Islande à partir du nord de l'Europe (Danemark, Norvège, Ecosse) via les îles Féroé. Avec une capacité de 1 500 passagers, comme un hôtel flottant avec toutes les facilités modernes (couchettes, large choix de cabines, solarium, piscine, salle de fitness, salle de cinéma, etc.) le *cruise-ferry Norröna* de la Smyril Line a commencé à naviguer au printemps 2003. L'été (du 14 juin au 29 août), il navigue chaque semaine au départ de Hanstholm (Danemark) pour rejoindre les îles Féroé. Horaires complets dans la brochure Smyril Line et sur le site.

Location de voiture

■ ALAMO – RENT A CAR – NATIONAL CITER

✆ 0 825 16 22 10 – 0 891 700 200

www.alamo.fr, www.rentacar.fr

Depuis près de 30 ans, Alamo Rent a Car est l'un des acteurs les plus importants de la location de véhicules. Actuellement, Alamo possède plus de 180 000 véhicules au service de 15 millions de voyageurs chaque année, répartis dans 1 248 agences implantées dans 43 pays. Des tarifs spécifiques sont proposés, comme Alamo Gold, le forfait de location de voiture tout compris incluant les assurances, les taxes, les frais d'aéroport, le plein d'essence et les conducteurs supplémentaires. Rent a Car et National Citer font partie du même groupe qu'Alamo.

■ AUTO ESCAPE

✆ 0892 46 46 10 – www.autoescape.com

En ville, à la gare ou dès votre descente d'avion. Cette compagnie qui réserve de gros volumes auprès des grandes compagnies de location de voitures vous fait bénéficier de ses tarifs négociés. Grande flexibilité. Pas de frais de dossier, pas de frais d'annulation, même à la dernière minute. Des informations et des conseils précieux, en particulier sur les assurances.

■ AUTO EUROPE

✆ 0 800 940 557 – www.autoeurope.fr

Réservez en toute simplicité sur plus de 4 000 stations dans le monde entier. Auto Europe négocie toute l'année des tarifs privilégiés auprès des loueurs internationaux et locaux afin de proposer à ses clients des prix compétitifs. Les conditions Auto Europe : le kilométrage illimité, les assurances et taxes incluses dans de tout petits prix et des surclassements gratuits pour certaines destinations.

■ AVIS

✆ 0 820 05 05 05 – www.avis.fr

Avis a installé ses équipes dans plus de 5 000 agences réparties dans 163 pays. De la simple réservation d'une journée à plus d'une semaine, Avis s'engage sur plusieurs critères, sans doute les plus importants. Proposition d'assurance, large choix de véhicules de l'économique au prestige avec un système de réservation rapide et efficace.

■ BSP AUTO

✆ 01 43 46 20 74 – Fax : 01 43 46 20 71

www.bsp-auto.com

La plus importante sélection de grands loueurs dans les gares, aéroports et centres-villes. Les prix proposés sont les plus compétitifs du marché. Les tarifs comprennent toujours le kilométrage illimité et les assurances. Les bonus BSP : réservez dès maintenant et payez seulement 5 jours avant la prise de votre véhicule, pas de frais de dossier ni d'annulation, la moins chère des options 0 franchise.

BUDGET FRANCE

✆ 0 825 00 35 64 – Fax : 01 70 99 35 95
www.budget.fr
Budget France est le troisième loueur mondial, avec 3 200 points de vente dans 120 pays. Le site www.budget.fr propose également des promotions temporaires. Si vous êtes jeune conducteur et que vous avez moins de 25 ans, vous devrez obligatoirement payer une surcharge.

ELOCATIONDEVOITURES

✆ 0 800 942 768
www.elocationdevoitures.fr
Vous avez la possibilité de louer votre voiture moyennant une caution et de ne rien payer de plus jusqu'à quatre semaines avant la prise en charge. Il n'y a pas de frais d'annulation, ni de frais de carte de crédit, ni de frais de modification.

EUROPCAR FRANCE

✆ 0 825 358 358 – Fax : 01 30 44 12 79
www.europcar.fr
Chez Europcar, vous aurez un large choix de tarifs et de véhicules : économiques, utilitaires, camping-cars, prestige, et même rétro. Vous pouvez réserver votre voiture via le site Internet et voir les catégories disponibles à l'aéroport – il faut se baser sur une catégorie B, les A étant souvent indisponibles.

HERTZ

✆ 0 810 347 347)– www.hertz.com
Vous pouvez obtenir différentes réductions si vous possédez la carte Hertz ou celle d'un partenaire Hertz. Le prix de la location comprend un kilométrage illimité, des assurances en option, ainsi que des frais si vous êtes jeune conducteur. Toutes les gammes de voitures sont représentées. Un service complet, d'où leur slogan « les premiers, les plus forts et les meilleurs ».

HOLIDAY AUTOS FRANCE

✆ 0 892 39 02 02
www.holidayautos.fr
Avec plus de 4 500 stations dans 87 pays, Holiday Autos vous offre une large gamme de véhicules allant de la petite voiture économique au grand break. Holiday Autos dispose également de voitures plus ludiques telles que les 4x4 et les décapotables.

LOCATIONDEVOITURE.FR

✆ 0 800 73 33 33
www.locationdevoiture.fr
Ce site vous permet de comparer les prix des différentes sociétés de location et ensuite de réserver la voiture qui correspond à vos attentes, en fonction des dates, modèles, assurances et prises en charge proposés. Les conseillers vous aiguillent aussi pour vous trouver l'assurance qui convient la mieux à votre location.

SIXT

✆ 0 820 00 74 98 – www.sixt.fr
Fournisseur de mobilité n° 1 en Europe, Sixt est présent dans plus de 3 500 agences réparties dans 50 pays. Cette agence de location vous propose une gamme variée de véhicules (utilitaires, cabriolets, 4x4, limousines...) aux meilleurs prix.

SÉJOURNER

Se loger

Hôtels

Un classement des hôtels du Danemark a été instauré en 1997 seulement. La plupart des établissements hôteliers du royaume ont désormais leurs étoiles (de 0 à 5) en fonction de leur niveau d'équipement et de service (Internet : www.dkhotellist.dk). Un panonceau bleu et rouge (avec la lettre *H*, ou *F* s'il s'agit d'un centre de vacances) apposé à la porte des établissements indique leur catégorie. C'est cette classification, à laquelle adhèrent les 500 hôtels affiliés à l'Horesta, qui a été retenue dans ce guide. Attention : l'absence d'étoile ne signifie pas systématiquement absence de confort, certains hôtels ayant préféré rester en dehors de ce système. Difficile de dormir dans un hôtel au Danemark pour moins de 500 Dkr pour une chambre simple (compter au minimum 750 Dkr pour 2 personnes). Mais il est toujours possible de négocier les tarifs pendant les week-ends et durant les vacances d'été dans les établissements qui vivent habituellement d'une clientèle d'affaire. Les hôtels de la chaîne Best Western ont systématisé ce principe (www.bestwestern.com). On peut aussi acheter une carte qui permet d'obtenir un tarif très intéressant dans les très beaux et très écolos (on y recycle le savon et le shampoing) hôtels de la chaîne Scandic (www.scandic-hotels.dk).

La Clef Verte

Un label La Clef Verte (*Den Grønne Nøgle*) a été créé, il est attribué aux établissements (auberges de jeunesse, hôtels, etc.) qui respectent un cahier des charges rigoureux, comportant une cinquantaine de principes : utiliser des détergents et des lessives non polluants, instaurer des chambres non-fumeur, maîtriser la consommation d'eau, ne pas mettre à disposition dans les chambres de gobelets jetables, etc. Le label est renouvelé chaque année. Renseignements : ✆ 35 24 80 80 – www.green-key.dk

Ou encore acheter dans les offices du tourisme des chèques, sorte de prépaiement pour des chambres dans les 71 hôtels affiliés à l'organisme Dansk krofrerie (www.dansk-kroferie) et les 10 établissements de Classics Hotels (www.classichotels.dk) qui permettent de ne payer que 645 Dkr, par exemple, la chambre double, petit déjeuner inclus (pas de chèques pour les chambres simples, possibilités de chèques pour des chambres familiales ou pour des réductions encore plus importantes sur 2 nuits, ou pour des demi-pensions sur une semaine). Même chose pour la chaîne ProSkandinavia. Mais attention, certains établissements vous feront payer un petit supplément sur le chèque que vous présenterez. Autre solution économique : les hôtels et restaurant qui adhèrent au réseau Larsen (www.larsen-hotel.dk) et permettent d'obtenir des tarifs très intéressants pour une demi-pension dans plus de 70 hôtels (et 5 châteaux !) : de 300 à 600 Dkr la nuit par personne, à condition d'acheter une carte Menu-bizz qui, pour 60 Dkr, offre le dîner et le petit déjeuner dans ces établissements. Renseignements dans quelques offices du tourisme, et achat dans les boutiques Jysk Sengetøslager.

■ **WONDERFUL COPENHAGEN**
Vesterbrogade 4An, Copenhague
✆ +45 70 22 24 42 – www.woco.dk
woco@woco.dk
Le site de l'office de tourisme sur lequel on peut, entre autres, réserver une chambre.

Chambres d'hôtes

Outre les logements chez l'habitant qui vous sont indiqués dans chaque office du tourisme, il existe une association qui fédère environ 200 *Bed and Breakfast* (à partir de 200 Dkr la nuit, le plus souvent à la campagne, mais on en trouve aussi à Copenhague à partir de 300 Dkr pour 1 personne, 400 Dkr pour 2), classés en cinq catégories (dans les 5-étoiles, toutes les chambres ont leur propre salle de bains).

■ **DANSK BED & BREAKFAST**
Sankt Peder Straede 41, København K
Copenhague ✆ +45 39 61 04 05
www.bbdk.dk – bed@bbdk.dk

Auberges de jeunesse

Rassemblées sous l'enseigne Danhostel, les auberges de jeunesse danoises sont une petite centaine, réparties sur tout le territoire. Elles sont classées avec des étoiles (de 1 à 5) et ouvertes à tous les types de voyageurs : pas de limite d'âge, des installations confortables (avec interdiction d'utiliser des sacs de couchage : apporter ses propres draps ou sa housse de couette, ou les louer sur place) ! Mieux vaut réserver pendant les périodes de vacances. Il faut acheter une carte internationale (au Danemark, elle vous coûtera 160 Dkr) pour y accéder. On peut aussi acheter une carte pour la nuit (35 Dkr), et certaines auberges de jeunesse n'en exigent même pas. Une nuit coûte entre 150 et 400 Dkr pour 1 à 4 personnes. Il existe également de petits dortoirs ou la nuit ne dépasse pas les 100 Dkr.

■ **DANHOSTEL DANMARKS VANDRERHJEM**
Vesterbrogade 39, 1620 København V
✆ +45 33 31 36 12
www.danhostel.dk
danhostel@danhostel.dk

Camping

Au Danemark, 510 terrains de camping sont agréés et signalés par le même panonceau : un triangle en forme de tente dont le sommet ressemble à celui d'un tipi indien. Tous sont d'un bon confort (congélateur, lave-linge). On peut y accéder sur présentation d'une carte de camping international (80 Dkr) ou, pour un court séjour, en achetant une simple carte de visiteur (20 Dkr) que l'on trouve dans les campings et les offices du tourisme. Compter de 50 à 60 Dkr par personne et par jour, selon la classification du camping (de 1 à 5-étoiles), réductions pour les enfants et de 5 à 12 Dkr pour un chien. Près de 85 % des campings danois sont proches de la mer. En dehors de l'association nationale indiquée plus haut, on notera que la plus importante fédération de campings s'appelle Dk-Camp, son site est accessible en anglais (www.dk-camp). On notera enfin que le camping sauvage est interdit.

CAMPING CHÈQUE
www.campingcheque.fr
Camping Chèque est la garantie d'un tarif unique de 15 € la nuit pour 2 personnes auprès de 588 campings 3, 4 et 5-étoiles, en basse saison dans 26 pays d'Europe (+ le Maroc). Quelle que soit la destination, ce Camping Chèque permet d'économiser de 10 à 60 % sur les tarifs des campings. Il comprend l'emplacement pour 2 personnes avec le camping-car, la caravane, la tente ou la caravane pliante + 1 voiture + l'électricité. Plus d'informations sur le site Internet.

Tourisme rural – Agritourisme

On peut aussi choisir de ne séjourner que dans des fermes bio : elles sont rassemblées au sein d'une autre association. Renseignements sur Internet : www.ecoholiday.dk

Se déplacer

Bateau

L'ouverture des ponts qui ont mis fin à l'insularité de la Fionie, puis de la Seeland, n'a pas fait disparaître les ferry-boats. Ils sont notamment encore beaucoup utilisés pour se rendre à Bornholm, ou bien en Norvège, ou sur des distances plus courtes, pour rejoindre des îles comme Ærø, qui n'ont aucun lien fixe avec le reste du pays. Ne pas hésiter à les emprunter, le bateau ajoute à l'agrément du voyage et permet de prendre le temps de mieux « sentir » le pays.

Bus

Un très important réseau quadrille tout le royaume, y compris dans les campagnes. Le ticket de bus en ville reste cher (17 Dkr à Copenhague).

Des ponts-tunnels gigantesques

ØRESUND (16 km). Le pont entre le Danemark et la Suède a été inauguré le 1er juillet 2000. C'était un vieux serpent de mer qui a fini par émerger du fond du détroit de l'Øresund, qui sépare les deux pays. Copenhague et Malmö sont désormais reliés par cet ouvrage qui n'est en réalité un pont que sur 8 km, ce qui en fait tout de même le plus long pont suspendu du monde. On y accède une fois passé un tunnel de 4 km (qui s'enfonce sous la mer, en partant du côté danois et abrite 4 voies d'autoroute, 2 voies de chemin de fer et une voie de service), puis une île artificielle elle-même longue de 4 km. Le trajet par le train de l'aéroport de Copenhague à Malmö est d'à peine un quart d'heure (même si parfois de petits ennuis techniques viennent tout bloquer : les Suédois n'ont pas la même tension électrique que les Danois sur leur réseau ferré !). Un ouvrage réalisé par un consortium dano-suédois, qui a coûté près de 15 milliards de couronnes (1,7 milliard d'euros). L'Union européenne y a participé pour 6,5 % du coût total, qui ne sera rentabilisé que d'ici à 30 ans. D'où des prix exorbitants à son inauguration, aménagés depuis, vu le trafic modéré. Compter 230 Dkr par voiture. Renseignements sur Internet : www.oeresundsbron.dk

STORE BÆLT (18 km). Inauguré en juin 1998, entre la Fionie et la Seeland, le lien fixe sur le Grand Bælt consiste en un pont suspendu de 6,8 km entre la Seeland et la petite île de Sprogø, au-delà de laquelle on roule sur un pont bas de 6,6 km qui aboutit à Nyborg, en Fionie. Les voies de chemin de fer empruntent un tunnel au niveau du pont suspendu et rejoignent ensuite l'île et le pont bas. Le chantier a duré près de 10 ans, marqué par de graves incidents qui ont retardé les travaux et considérablement alourdi la facture, qui au final a dépassé les 39 milliards de couronnes, contre 21 milliards prévus. Les ferrys qui sillonnaient le détroit du Grand Bælt depuis 1883, en emportant avec eux les trains de DSB, ont fait retentir leurs sirènes pour la dernière fois le 1er juin 1997. La compagnie danoise de chemin de fer fait désormais passer un train toutes les 20 minutes entre la Seeland et la Fionie, quadruplant sa capacité par rapport aux ferrys, et réduisant considérablement le temps de la traversée : on peut relier Copenhague à Odense en 1 heure 45 au lieu de 2 heures 30. Prix de la traversée pour les automobilistes : 250 Dkr, pour les motards : 125 Dkr. Renseignements sur Internet : www.storebaelt.dk

FEMER BÆLT. Un pont est à l'étude pour relier la Seeland à l'Allemagne. En septembre 2001, la Commission européenne envisageait d'inscrire ce projet sur la liste de ses projets prioritaires en matière d'infrastructures. Pour l'heure, il faut toujours prendre le bateau à Puttgarden pour rejoindre Rodbyhavn et gagner Copenhague.

Train

La société nationale DSB et quelques concessions privées assurent un excellent maillage du pays, complété par des liaisons par autocar. Important réseau dans la région de Copenhague et liaison rapide (17 minutes) entre l'aéroport de Kastrup et le centre de Copenhague.

Métro

Le réseau de Copenhague a été achevé en 2007. Le tout premier du pays.

Voiture

Autoroutes

Elles sont gratuites. Attention : la vitesse est limitée à 110 km/h ! Méfiez-vous sur les longues distances : en dehors des stations-service, il n'y a pas d'aires de repos, et encore moins de restaurants ! Une brochure est désormais disponible dans les offices du tourisme, comportant tous les détails pratiques pour bien voyager sur les autoroutes danoises.

Conduite sur route

Attention : les feux de croisement sont obligatoires le jour, en ville comme sur la route. Si les automobilistes que vous croisez vous font des appels de phares, c'est sans doute que vous les avez oubliés ! Sur la plupart des voitures au Danemark désormais, les feux de croisement s'allument automatiquement lorsqu'on met le contact et s'éteignent de la même façon, pas de risque de batterie à plat pour les touristes étourdis. Le civisme et un haut degré de responsabilité chez les Danois font que l'on ne prend pas le volant après une soirée plus ou moins bien arrosée : (taux d'alcoolémie maximum autorisé : 0,5 g/l). Ceinture de sécurité obligatoire, pour le conducteur comme pour les passagers. La vitesse est très limitée : 50 km/h en agglomération, 80 km/h sur route, 110 km/h sur autoroute (caravanes et remorques au maximum 70 km/h, autocars 80 km/h, sur route comme sur autoroute). Les amendes sont très sévères et payables immédiatement, sinon la voiture est confisquée, le temps qu'on se débrouille pour trouver de l'argent. Petit exemple de « tarifs » : 500 Dkr pour l'utilisation d'un téléphone portable au volant, 500 Dkr par personne ne portant pas la ceinture de sécurité dans la voiture (y compris à l'arrière), 1 000 Dkr pour un feu rouge grillé, 2 000 Dkr pour un excès de vitesse, avec retrait du permis immédiat s'il dépasse de 70 % la vitesse autorisée (90 km/h dans une zone limitée à 50 km/h par exemple).

Stations-service

Il y a peu de différences entre les différents distributeurs. A l'exception des stations à l'enseigne Jet, DK et OK, meilleur marché, qui sont souvent automatiques : on glisse un ou plusieurs billets (pas de monnaie ni de carte de paiement) de 50 ou 100 Dkr à la pompe qui vous délivre de l'essence pour le montant demandé. Notez enfin que *blyfri* signifie « sans plomb » et que le gazole se dit tout simplement *diesel*.

Taxi

Ils sont très chers (plus de 120 Dkr entre l'aéroport et Copenhague pour 10 km ou encore 70 Dkr une petite course dans le centre-ville). Mais ils offrent plusieurs avantages : ils accueillent jusqu'à quatre personnes sans problème, ils sont très nombreux le jour comme la nuit, ils acceptent les cartes bancaires, et ils sont tous équipés pour charger les vélos à l'arrière de leur coffre !

Deux-roues

- **Vélo.** La petite reine a les pleins pouvoirs dans ce pays. On peut louer des bicyclettes partout, en utiliser gratuitement dans le centre de Copenhague chaque été (comme un caddie de supermarché, on glisse une pièce de 20 Dkr que l'on récupère en garant le vélo dans l'un des nombreux emplacements prévus). Les pistes cyclables sont omniprésentes et particulièrement bien aménagées. Mieux : le vélo a priorité sur la voiture. A ne pas oublier quand on conduit en ville : lorsqu'on tourne à droite à un carrefour, les cyclistes qui arrivent par leur piste du même côté que vous, et qui vont tout droit, passent d'abord ! Les Danois se déplacent beaucoup à vélo, y compris pour aller travailler, l'attaché-case sur le porte-bagages, ou encore les enfants sur une petite caisse à roulettes à l'avant, souvent d'un design très profilé et couverte en cas de pluie !

Auto-stop

Interdit sur l'autoroute. Les Danois se déplacent assez peu en stop et les automobilistes n'ont pas l'habitude de prendre les auto-stoppeurs. Néanmoins, pour quitter Copenhague vers le sud (Allemagne) on peut se poster entre la station du S-train de Ellebjerg et Folehaven. Pour aller vers le nord de la Seeland, entre Vibenhus Runddel et la station Ryparken du S-train.

Chaque année, Action contre la Faim vient en aide à près de 5 millions de personnes dans le monde.
SOUTENEZ-NOUS
www.actioncontrelafaim.org
Dons sécurisés en ligne
ACTION CONTRE LA FAIM
ACF INTERNATIONAL
Ne jamais oublier, ne jamais renoncer

Liaisons maritimes

Formalités administratives

Passé un délai de trois mois, il vous faudra déposer une demande de permis de séjour auprès des autorités danoises : Overpraesidum. Hammerrensgade 1, 1267 København K. ✆ 33 12 23 80. Si vous résidez en dehors de Copenhague, inscrivez-vous auprès de la préfecture de votre commune, Stats Amt. Si vous n'êtes pas ressortissant de la Communauté européenne, adressez-vous à Udlaendingestyrelsen, Ryesgade 53, 2100 København Ø ✆ 35 36 66 00. Conditions d'obtention du permis de séjour :

- **Disposer d'au moins 5 200 kr par mois pendant la durée du séjour.** Après l'inscription à la préfecture, il faudra se rendre au registre de la population (Folkeregistret) de la commune dans laquelle vous résidez. On vous délivrera alors un numéro d'identité, CPR nummer indispensable pour vos démarches administratives et pour être couvert par la sécurité sociale danoise. L'obtention du permis de séjour diffère selon votre statut social au Danemark :
- **Fille au pair :** vous devrez disposer d'un contrat réglementaire et avoir moins de 30 ans. Salaire indicatif : 2 455 kr par mois.
- **Travailleur :** on vous accordera un permis de séjour de 5 ans si vous êtes titulaire d'un CDI. Smic danois : 85 kr par mois.
- **Étudiants :** vous devez être inscrit dans un établissement reconnu par l'Etat. On vous délivrera un premier permis de séjour valable un an, renouvelable tous les deux ans. Sachez que la bourse étudiante SU n'est accessible qu'aux étudiants danois sauf exceptions. Vous pouvez toujours vous renseigner auprès du secrétariat de votre établissement.

Étudier

Pour étudier ou poursuivre vos études supérieures, il vous faut prendre contact avec le service des relations internationales de votre université. Préparez-vous alors à des démarches longues. Mais le résultat d'un semestre ou d'une année à l'étranger vous fera oublier ces désagréments tant c'est une expérience personnelle et universitaire enrichissante. C'est aussi un atout précieux à mentionner sur votre CV.

AGENCE POUR L'ENSEIGNEMENT FRANÇAIS À L'ÉTRANGER
19-21, rue du Colonel Pierre Avia
75015 Paris
✆ 01 53 69 30 90 – www.aefe.fr
Sous la tutelle du ministère des Affaires étrangères, l'AEFE est chargée de l'animation de plus de 250 établissements à travers le monde.

- **Autre adresse :** 1, allée Baco, BP 21509 44015 Nantes Cedex 1 ✆ 02 51 77 29 03.

CIDJ
www.cidj.asso.fr
La rubrique « Partir en Europe » sur le serveur du CIDJ fournit des informations pratiques aux étudiants qui ont pour projet d'aller étudier à l'étranger.

CONSEIL DE L'EUROPE
www.egide.asso.fr
Rubrique sur le programme BFE (boursiers français à l'étranger). Obtenir une bourse d'études supérieures à l'étranger.

COOPÉRATION ÉDUCATIVE EUROPÉENNE
www.europa.eu.int

ÉDUCATION NATIONALE
www.education.gouv.fr
Sur le serveur du ministère de l'Education nationale, une rubrique « International » regroupe les informations essentielles sur la dimension européenne et internationale de l'éducation.

MINISTÈRE DES AFFAIRES ÉTRANGÈRES
www.diplomatie.gouv.fr
Les informations mises à disposition dans l'espace culturel du serveur du ministère des Affaires étrangères sont également précieuses.

Travailler – Trouver un stage

Le marché de l'emploi au Danemark n'est pas saturé et le taux de chômage peu élevé). La plupart des étudiants danois financent leurs études en travaillant à mi-temps dans des entreprises de nettoyage, des instituts de sondage, des restaurants ou cafés. Ces emplois sont relativement faciles à trouver, mais il faut impérativement parler le danois pour y prétendre !

On vous demandera également un numéro d'identité, CPR nummer, sans lequel aucun emploi ne vous sera accordé.

Une adresse utile pour trouver un emploi au Danemark : Anne Drouet Mejlgaard, Service emploi-formation ✆ 33 67 01 65.

ASSOCIATION TELI

2, chemin de Golemme, Seynod
✆ 04 50 52 26 58
www.teli.asso.fr

Le Club TELI est une association loi 1901 sans but lucratif d'aide à la mobilité internationale créée il y a 16 ans. Elle compte plus de 4 100 adhérents en France et dans 35 pays. Si vous souhaitez vous rendre à l'étranger, quel que soit votre projet, vous découvrirez avec le Club TELI des infos et des offres de stages, de jobs d'été et de travail pour francophones.

CAPCAMPUS

www.capcampus.com

Capcampus est le premier portail étudiant sur le Net en France et possède une rubrique spécialement dédiée aux stages, dans laquelle vous trouverez aussi des offres pour l'étranger. Mais le site propose également toutes les informations pratiques pour bien préparer votre départ et votre séjour à l'étranger.

© WWW.COPENHAGENMEDIACENTER.COM / TY STANGE

Planétarium Tycho Brahe.

MAISON DES FRANÇAIS À L'ÉTRANGER

48, rue de Javel 75015 Paris
✆ 01 43 17 60 79
www.mfe.org
mfe@mfe.org

La Maison des Français de l'étranger (MFE) est un service du ministère des Affaires étrangères qui a pour mission d'informer tous les Français envisageant de partir vivre ou travailler à l'étranger et propose le *Livret du Français à l'étranger* et 80 dossiers qui présentent le pays dans sa généralité et abordent tous les thèmes importants de l'expatriation (protection sociale, emploi, fiscalité, enseignement, etc.). Egalement consultables : des guides, revues et listes d'entreprises et, dans l'espace multimédia, tous les sites Internet ayant trait à la mobilité internationale.

RECRUTEMENT INTERNATIONAL

www.recrutement-international.com

Site spécialisé dans les offres d'emploi à l'étranger, le recrutement international, les carrières internationales, les jobs et stages à l'international.

VOLONTARIAT INTERNATIONAL

www.civiweb.com

Si vous avez entre 18 et 28 ans et êtes ressortissant de l'Espace économique européen, vous pouvez partir en volontariat international en entreprise (VIE) ou en administration (VIA). Il s'agit d'un contrat de 6 à 24 mois rémunéré et placé sous la tutelle de l'ambassade de France. Tous les métiers sont concernés et vous bénéficiez d'un statut public protecteur. Offres sur le site Internet.

WEP FRANCE

81, rue de la République 69002 Lyon
✆ 04 72 40 40 04
www.wep-france.org
info@wep.fr

Wep propose plus de 50 projets éducatifs originaux dans plus de 30 pays, de 1 semaine à 18 mois. Année scolaire à l'étranger, programmes combinés (1 semestre scolaire avec 1 projet humanitaire ou 1 chantier nature ou 1 vacances travail), projets humanitaires mais également stages en entreprise en Europe, Australie, Nouvelle-Zélande, Canada et Etats-Unis, et Jobs & Travel (visa vacances travail) en Australie et Nouvelle-Zélande : voici un petit aperçu des nombreuses possibilités disponibles.

Index

K

L

M

N

O